KB272179

잠언

어떻게 설교할 것인가

두란노 HOW주석 시리즈 20

잠언 어떻게 설교할 것인가

엮은이 | 목회와신학 편집부

펴낸곳 | 두란노아카데미
등록번호 | 제302-2007-00008호
주소 | 서울시 용산구 서빙고로 65길 38 두란노빌딩

편집부 | 02-2078-3484   academy@duranno.com http://www.duranno.com
영업부 | 02-2078-3333   FAX 080-749-3705
초판1쇄발행 | 2009. 3. 31.   8쇄 발행 | 2021. 4. 12

ISBN 978-89-6491-070-2   04230
ISBN 978-89-6491-045-0   04230(세트)

책값은 뒤표지에 있습니다.

두란노아카데미는 두란노의 '목회 전문' 브랜드입니다.

잠언
어떻게 설교할 것인가

• 목회와신학 편집부 엮음 •

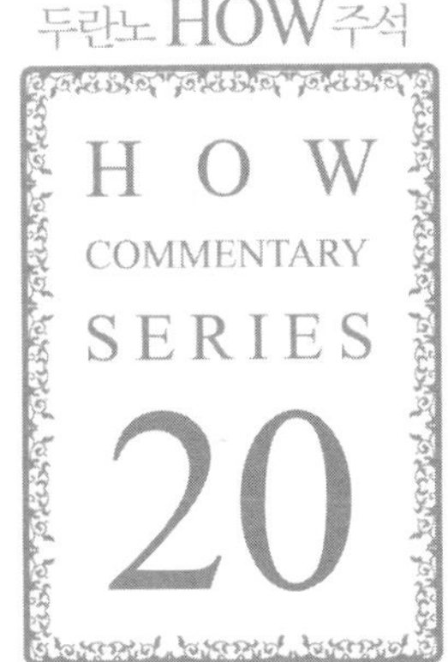

두란노아카데미

설교는 목회의 생명줄입니다

설교는 목회의 생명줄입니다. 교회 공동체를 향한 하나님의 음성입니다. 그래서 목회자는 설교에 목숨을 겁니다. 하나님의 말씀을 가감 없이 전하기 위해 최선을 다합니다.

이번에 출간한 「두란노 HOW주석 시리즈」는 한국 교회의 강단을 섬기는 마음으로 설교자를 위해 준비했습니다. 「목회와신학」의 별책부록 「그말씀」에 연재해온 것을 많은 목회자들의 요청으로 출간한 것입니다. 특별히 2007년부터는 표지를 새롭게 하고 내용을 더 알차게 보완하는 등 시리즈의 질적 향상을 추구하였습니다. 독자 여러분의 끊임없는 관심과 격려를 부탁드립니다.

「두란노 HOW주석 시리즈」는 성경 본문에 대한 주해를 기본 바탕으로 하면서도, 설교에 결정적으로 중요한 '적용'이라는 포인트를 놓치지 않았습니다. 또한 성경의 권위를 철저히 신뢰하는 복음주의적 관점을 견지하고자 노력했습니다. 또한 성경 각 권이 해당 분야를 전공한 탁월한 국내 신학자들에 의해 집필되었습니다.

학문적 차원의 주석서와는 차별되며, 현학적인 토론을 비껴가면서도 고밀도의 본문 연구와 해석이 전제된 실제적인 적용을 중요시하였습니다.

이 점에서는 목회자뿐만 아니라 성경공부를 인도하는 평신도 지도자들에게도 매우 귀중한 지침서가 될 것입니다.

오늘날 교회에게 주어진 사명은 땅 끝까지 이르러 예수 그리스도의 복음을 전파하는 것입니다. 사도행전적 바로 그 교회를 통해 새롭게 사도행전 29장을 써나가는 것입니다. 이 시리즈를 통해 설교자의 영성이 살아나고, 한국 교회의 강단에 선포되는 말씀 위에 성령의 기름부으심이 넘치기를 바랍니다. 이 땅에 말씀의 부흥과 치유의 역사가 일어나고, 설교의 능력이 회복되어 교회의 권세와 영광이 드러나기를 기도합니다.

바쁜 가운데서도 성의를 다하여 집필에 동참해 주시고, 이번 시리즈 출간에 동의해 주신 모든 집필자들에게 이 자리를 빌어 감사의 뜻을 전합니다.

두란노서원 원장

II. 본문연구

I. 배경연구

잠언 설교를 위한 서론적 논의

어느 사회이든지 그 사회의 구성원들로 하여금 지혜로운 삶을 살도록 교훈하는 격언들을 많이 가지고 있다. 고대 이스라엘도 예외는 아니었다. 야훼를 하나님으로 신봉했던 고대 이스라엘의 신앙적 현인들은 하나님과 사람들 앞에서 지혜롭게 살아가는 데 필요한 삶의 실제적인 원리들을 후손들에게 다양하게 제시했다. 이들의 교훈들을 모은 책 중의 하나가 잠언이다. 그런데 후대의 유대인들이나 그리스도인들이 생각할 때 잠언에서 제시하는 삶과 신앙의 원리들이 고대 이스라엘 백성들에게만이 아니라 당대의 백성들에게도 적용될 가치가 충분하다고 간주했기에 이 책을 구약성경의 정경 속에 포함시켰다. 그리고 잠언이 제공하는 삶과 신앙을 위한 교훈들을 실천하며 또 후손들에게 가르치기에 힘썼다.

그러나 근래의 교회 지도자들이나 설교자들은 잠언을 가르치고 설교하기를 꺼려하는 것 같다. 여기에는 여러 이유가 있겠지만, 특히 복음 전도나 교회 부흥을 강조하기 위한 메시지가 잠언에서 발견되지 않는다고 간주하기 때문이며, 또한 그리스도론적 메시지도 희박하다고 생각하기 때문이다. 언뜻 보기에 합당한 이유 같다. 그러나 잠언을 보다 폭넓은 관점으로 연구하다 보면 그 속에 그리스도인들이 지녀야 할 삶의 바람직한 자세, 행동 지침, 신앙적 교훈 등이 다양하게 제시되어 있고, 이러한 가르침들이 복음 전도나 교회 부흥을 강조하는 데도 적용될 수 있다는 점을 발견할 수 있을 것이다.

비록 그렇지 않다고 판단할지라도 잠언에서 독특하게 소개되는 삶과 신앙을 위한 다양한 교훈과 지침들은 그 나름대로의 가치를 지니고 있기에 강단에서 더욱 자주 설교되어야 한다. 이러한 전제 하에 필자는 잠언을 설교할 때 서론적으로 이해하면 도움이 될 점들을 몇 가지 소개하고자 한다. 지면상 잠언의 저자와 기록 연대, 처음 독자, 문학적 형태, 구조, 문학적 특징, 주제(주요 사상), 그리고 잠언 설교를 위한 제안 등에 관한 논의로 한정할 것이다.

잠언의 저자

잠언에서 언급되는 일곱 개의 표제들은(1:1, 10:1, 22:17, 24:23, 25:1, 30:1, 31:1) 저자와 기록 연대에 관하여 정보를 제공하고 있다. 그러나 그것들의 도움은 지극히 제한적이며 명확하지 못하다. 이 표제들 중의 세 개는 '솔로몬의 잠언'(1:1, 10:1, 25:1)이다. 히브리어적으로 볼 때, 이 표제는 솔로몬이 잠언을 직접 저작한 자로 이해하게 하기도 하지만, 잠언이 그에 의해 편집되거나 그에게 바쳐진 것일 수도 있다는 가능성을 배제하지 않는다. 뿐만 아니라 이전부터 전해져 온 격언들을 솔로몬이 하나님의 영감 속에 편집했을 가능성도 배제할 수 없다. 잠언에는 솔로몬을 비롯하여 신앙적 선조들이 제시한 격언들을 후대의 현인들이 편집한 내용도 있다는 점을 내증하고 있다. 예를 들어 25:1에서는 솔로몬의 잠언을 유다 왕 히스기야의 신하들이 편집했던 노력을 소개한다. 또한 30:1에서는 아굴이, 31:1에서는 르무엘 왕의 어머니가 그를 훈계한 내용을 그가 기록했음을 언급한다(르무엘왕이 누구인지에 관해 많은 논의가 있지만 단정적인 결론을 내리기가 어렵다). 아울러 22:17이나 24:23의 '지혜자의 말씀'이라는 구문에서 언급되는 '지혜자'는 고대 이스라엘 사회를 이끌어나간 지도자적 집단의 하나인 현인적 전통에 속한 인물로 간주할 수 있다.

이렇게 볼 때, 잠언의 완성에 기여한 자들은 솔로몬 왕을 비롯한 고대 이스라엘의 여러 신앙적 현인들이다. 이들은 가정이나 부족의 지도자들로서, 그리고 왕의 측근에서 국사를 조언하는 자들로서 후손들이 지혜로운 삶을 사는 데 필요한 교훈들을 가르치고 문서화한 주역들이다. 솔로몬 왕은 이러한 현인들의 활동에 적극적으로 참여하고, 장려하고 후원한 왕으로서 그 업적을 인정받고 있다.

그런데 잠언의 저자에 관한 논의를 마치는 시점에서 주지해야 할 점이 하나 있다. 잠언의 인간적인 저자나 편집자를 밝히는 것도 중요하지만, 그들이 누구이든 간에 그들에게 영감을 주셔서 하나의 오류나 실수도 없이 자신의 뜻이 전달되도록 하신 하나님이야말로 실제적인 저자라는 사실이다. 이것을 간과할 때, 저자에 관한 논의는 항상 신학적 논쟁으로 그치게 된다.

잠언의 기록 연대

잠언이 한 권의 책으로 완성된 연대를 구체적으로 밝힌다는 것은 무리이다. 그러나 다수의 구약학자들은 대략 솔로몬 시대(기원전 10세기)로부터 부분적으로 기록화 되어 발전된 잠언이 신구약 중간사 시대에 기록된 여러 지혜서들과 마찬가지로 기원전 2세기경에 한 권의 책으로 완성되었을 것으로 추정한다. 이러한 추정적 연대를 한 단계 더 좁혀본다면 히스기야 왕 이전 시대에는(기원전 700년 이전) 현재 형태의 잠언서가 완성되지 않았다는 사실을 성경 내증적으로 고려할 수 있다. 아울러 잠언의 여러 곳에서 언급되는 '교훈'(torah)이 포로기 이후 에스라 시대에 이해된 것처럼 오경이나 율법으로만 제한되지 않고 보다 보편적인 신앙적 가르침이나 현인들의 교훈을 포함하는 것으로 이해되었다는 점은 잠언서가 기원전 400년경 이전에 이미 완성되었을 가능성을 시사한다.

잠언의 처음 독자

이렇게 볼 때, 한 권의 책으로 완성된 잠언의 처음 독자들은 바벨론 포로기 시대나 그 후기 시대의 유대인들이었을 것이다. 그들은 당대에 널리 접할 수 있었던 여러 예언서들에서나 에스라, 느헤미야, 역대기 등에서 들을 수 없었던 독특한 메시지들을 잠언이나 그 이외의 지혜서들을 통해 공급받을 수 있었을 것이다. 그리하여 포로기 시대에 국가를 잃은 설움을 극복할 수 있는 방도를 찾을 수 있었을 뿐만 아니라, 포로기 이후 시대에 야훼를 신봉하는 국가를 새롭게 재건하는 데 요구되는 삶과 신앙의 교훈을 제공받을 수 있었다고 본다. 물론 그 시대에 활동했던 예언자들이나 사제들의 가르침을 현인들의 가르침과 비교하면서 말이다.

잠언의 문학적 형태

잠언서에는 다음과 같은 다양한 문학 형태들이 사용되고 있다.
1. 잠언(격언): 재치 있고도 기억할 만한 문체로 기록된 간결한 금언을 말한다. 여기에는 이야기식의 격언(삼상 24:14, 왕상 20:11, 렘 23:28)과 시적인 격언(잠 10:7, 11:24, 14:31, 15:33, 17:22~28, 18:16)이 포함된다.
2. 교훈: 일반적으로 평행법을 통해 소개되며 권위 있는 교사가 제자에게 전달하는 형태로 나타난다(잠 1~9장, 22:17~24:22). 이것은 내용면으로 볼 때 명령(8:33, 16:3, 31:6~9)과 금지(22:22~23, 30:10)로 나눌 수 있다.
3. 수수께끼: 대답하기 힘든 질문 형태이다(1:6, 6:16~19, 30:18~30)
4. 우화: 은유법을 확장시킨 것이다(5:15~23, 여기에서는 아내가 '우물'로 비유되고 있다).
5. 찬양시: 의인화된 지혜를 찬양하는 시다(1:20~33, 욥 28장).
6. 예화: 현인들에 의해 제시된 교훈들을 삶의 구체적 이야기 형태로 설

명하는 것이다(7:6~23, 24:30~34).
7. 자서전적 이야기, 고백: 현인이 자신의 경험을 제자들이나 독자들에게
   소개하는 형태이다(4:3~9).

잠언서에서 사용된 다양한 문학 형태들은 저자와 편집자들이 각 본문의
사상을 전달하는 데 가장 효과적이고, 또한 독자들로 하여금 가장 오랫동안
그 내용을 기억할 수 있게 하는 최선의 것이라고 간주한 결과로 사용된 것이
다. 다시 말하여 하나님의 영감 속에 택하여진 문학 형태들이다. 현대의 설
교자들이 이러한 사실을 인식한다면, 잠언을 설교하는 자들은 자신이 시도
하는 설교 구성과 설교 전달을 위한 노력 속에 잠언 본문의 영감 받은 문학
형태에 준한 채 설교하려는 관심을 배가하여야 할 것이다. 그리하여 설교 시
간에 격언을 함께 외우는 시간도 가져보고, 수수께끼를 함께 풀어보는 등의
경험도 가져볼 만하다. 이러한 시도야말로 우리의 설교를 듣는 청중들로 하
여금 우리의 설교에 보다 깨어있게 하며, 보다 적극적으로 참여하게 만드는
하나의 바람직한 길이 될 것이다.

잠언의 구조

신학적 사상들이나 신앙적 교훈들이 체계화되어 있지 않은 잠언의 구조
를 내용에 따라 분류하기는 어렵다. 그러므로 잠언 내에 언급되고 있는 표제
들을 중심으로 하여 구조를 분석하는 것이 바람직하다. 더 나아가 잠언에 내
포되어 있는 다양한 교훈들을 주제별로 나누어 잠언의 구조를 도표화시켜
보는 것도 유익할 것이다. 이러한 시도의 결과로 이루어진 도표는 뒤에 언급
되는 "잠언에 나타나는 다양한 교훈들의 주제적 분류도표"에서 소개될 것이
다. 여기서는 표제에 근거한 구조를 소개하고자 한다.

(1) 솔로몬의 잠언들: 첫째 모음집(1:1~9:18)

(2) 솔로몬의 잠인들: 둘째 모음집(10:1~22:16)

(3) 지혜자의 교훈 모음집(22:17~24:22)

(4) 지혜자의 교훈 모음집 부록(24:23~34)

(5) 히스기야의 신하들이 편집한 솔로몬의 잠언 모음집(25:1~29:27)

(6) 아굴의 잠언들(30:1~33)

(7) 르무엘왕의 교훈(31:1~9)

(8) 이상적인 아내(ideal wife)에 관한 잠언들(31:10~31)

잠언의 문학적 특징

잠언의 저자들은 그들이 전하고자 하는 신앙적 사상들이나 교훈들을 가장 적합하고도 아름다운 문학 형태로 소개하는 데 주의를 기울였다. 그 결과 잠언에서도 시편이나 예언서들에서 나타나는 문학적 기교가 발견된다. 특히 잠언의 저자들은 여러 수사법들(평행법, 유운법, 두운법, 답관체, 도치법 등)과 사상적 비유법들(직유법, 은유법, 대유법, 환유법, 의인법 등), 단어 유희(word play) 등을 사용하고, 다양한 이미지(시각적, 청각적, 미각적, 후각적, 성적 이미지 등을 포함)가 내포되어 있는 단어들을 사용하므로써 독자들이 독서하는 중에 잠언의 본문이 제공하는 세계로 빠져들어가 전인적인 감동을 느끼게 했다.

단적인 예를 들면, 말조심하라는 하나의 평범한 교훈을 "경우에 합당한 말은 아로새긴 은쟁반에 있는 금사과라"는 은유적 문장으로 표현하여 말을 조심하는 생활이 얼마나 가치 있는 것인지를 독자들의 두뇌에 영상적으로 심어준다. 또한 부부간의 다툼을 피하라는 교훈은 "마른 떡 한 조각만 있고도 화목하는 것이 육선이 집에 가득하고 다투는 것보다 나으니라"(17:1)는 두 개의 영상적 이미지가 대조되면서 대조법이 사용된 문장으로 제시되어 독자들로 하여금 부부간에 다투는 생활보다 화목한 생활을 취하려는 결단을 자연스럽게 내리도록 만든다.

그러므로 잠언을 설교하는 자들은 히브리어 본문이 제공하는 다양한 수사법들과 이미지들을 파악하여 히브리어 본문이 유대인 독자들과 청중들에게 제공했던 영상적, 청각적, 운율적 맛을 느껴보아야 한다. 그후에 그와 유사한 우리의 수사법들을 이용하여 설교를 듣는 우리의 청중들이 그 맛을 조금이라도 느낄 수 있도록 고려한 가운데 설교해야 한다.

잠언의 주제

잠언은 주제들을 체계적인 구조로 제시하고 있지 않다. 그러나 이 책을 거듭 읽어본 자들은 그 속에 크게 두 가지의 가르침이 깔려있음을 보게 된다. 첫째는 야훼를 신뢰하는 백성들이 이 세상에서 어떻게 살아야 하나님과 사람들 앞에서 인정받고 또 행복하게 살 수 있는지를 가르치고 있다. 이것을 우리는 신앙적 처세술이라고 부를 수 있을 것이다. '나쁜 친구를 사귀지 말라', '성실하고 근면하라', '말조심하라', '쉽사리 화를 내지말라', '뇌물을 받지 말라', '대인 관계에서 지혜롭게 행하라' 등의 일반적 생활지침, 윤리 지침, 대인 관계 지침들이 여기에 속한다. 그리고 이러한 지침들이 잠언에서 더 많은 양을 차지하고 있다(신앙적 처세술과 관련된 다양한 가르침들을 이 글의 마지막 부분에 소개되는 도표를 통해 이해할 수 있을 것이다).

그러므로 오늘의 설교자들은 세계화 시대와 무한경쟁 시대에 살고 있는 성도들에게 잠언에서 다양하게 소개되고 있는 신앙적 처세술들을 골고루 가르쳐야 한다. 그리할 때 그들이 이 세상살이에서 낙오하지 않고 하나님의 나라를 이 땅에서도 실현하는 주체가 될 수 있다. 오늘날 교회의 부흥을 목표로 하여 설교에 주력하는 자들이 기존의 성도들에게 복음 전도적 사명을 강조하면서, 시시때때로 그들이 가정이나 직장, 그리고 대인 관계 등에서 겪고 있는 다양한 갈등들을 직시에 제공해주지 못할 때 그들은 하나님께서 주시는 삶의 행복을 누리지 못하게 된다. 그리고 복음 전도적 열심도 사라지게 된다. 그러므로 잠언에서 소개하는 신앙적 처세술의 교훈은 교회의 지속적인 부흥을 위해서도 필수적으로 가르쳐야 한다. 잠언에서 소개되는 또 한 부류의 교훈은 하나님에 관한 것이다. 어떤 곳에서는 하나님께서 이 세상을 창조하신 분으로서 이 세상을 질서 있게, 또 정의롭게 이끌고 계시다는 점을 강조한다. 이러한 신학에 입각하여 인과응보 사상의 정당성도 비춰준다. "대저 패역한 자는 야웨의 미워하심을 입거니와 정직한 자에게는 그의 교통하심이 있으며 … 진실로 그는 거만한 자를 비웃으시며 겸손한 자에게 은혜를 베푸시나니"(3:32~34), "악인의 제사는 야웨께서 미워하셔도 정직한 자의 기도는 그가 기뻐하시느니라"(15:8) 등의 구절이 이러한 사상을 단적으로 소개한다.

그런데 잠언의 또 한부분에서는 하나님께서 하시는 일을 인간의 좁고 한정된 지혜로 모두 이해하기 어렵다는 점을 강조하면서, 하나님께서 인간의 역사와 온 세상 만물을 홀로 주관하시는 분이라는 점을 가르친다. 이러한 신학적 사상은 폰 라드의 말처럼 하나님께서 '자유자'되심을 강조하면서 동시에 인간 지혜의 한계를 지적한다. "마음의 경영은 사람에게 있어도 말의 응답은 야웨께로서 나느니라"(16:1), "너희는 마음을 다하여 야웨를 의뢰하고 네 명철을 의뢰하지 말라. 너는 범사에 그를 인정하라. 그리하면 네 길을 지도하시리라"(3:5~6)는 구절들이 그 대표적인 구절이다. 이러한 사상은 결국 하나님의 백성들이 하나님 앞에서 항상 겸손하게 살아가도록 교훈한다. 잠언에서 소개되는 이러한 신학 사상은 구약성경 지혜서에서 가장 깊이 있는 사상으로 간주되고 있는데, 욥기에 가서는 그 책의 전체적 주제로 대두되고 있다.

흔히 우리는 하나님에 관해 소개할 때 하나님이 창조주되시며, 공의로 역사를 이끄시는 분이라는 점을 강조한다. 그리하여 인과응보적 가르침에만 치중하는 경향이 있다. 하나님의 말씀에 순종하면 반드시 복을 받고 또 장수하게 된다고 가르쳤는데(신 30:15~20), 실제로 그러한 경험을 하지 못하는 자들이 문제를 제기할 때에는 어떻게 할 것인가? 평생 주님을 섬기며 의롭게 살아온 자들이 사업에 실패하고, 또 질병에 걸리거나 사고를 당해 죽게 될 때 우리는 어떻게 설교해야 하는가? 이러한 문제를 놓고 고심한 이스라엘의 현인들은 하나님의 자유자, 초월자 개념과 인간 지혜의 한계를 강조하므로써 해결하려 했다. 이제 한국 교회 내에서도 잠언이나 욥기 등에서 강조되는 하나님의 주권자(초월자, 자유자) 사상과 인간 지혜의 한계에 근거한 겸손을 요구하는 가르침이 널리 보급되어야 한다고 본다.

필자는 잠언에서 소개되는 다양한 가르침들을 보다 체계적으로 재구성해 보려고 시도한 바 있다. 필자의 신학교 대학원 과정에 재학하는 열 명 남짓의 목사님들, 전도사님들과 함께 "지혜서 강해 세미나"를 하면서 잠언에 나타나는 다양한 교훈들을 주제별로 구분해놓은 도표를 만들어보았다. 그 결과를 이 글의 맨 마지막 부분에 첨가했다. 이 도표는 설교자들이 잠언에 나타나는 다양한 교훈들을 주제별로 강해 설교할 때 커다란 도움을 줄 것이라 믿는다.

잠언 설교를 위한 제안

끝으로 잠언을 설교하려는 목회자들에게 몇 가지의 제안을 드린다면 다음과 같다. 첫째, 잠언의 연속적인 강해 설교를 위해서는 1장에서 시작하여 31장으로 끝나는 장별 설교보다는 중요한 주제들을 중심으로한 설교가 더욱 효과적이다. 이 일을 위해 마지막의 도표를 참고하라.

둘째, 본문이 간단한 격언이나 수수께끼, 교훈 등으로 되어 있다면 그것을 해설하는 시간을 줄이고 대신 성도들이 그 본문을 다양한 방법으로 암송할 수 있는 기회를 제공하라. 그리하여 설교자의 해석보다 본문 자체가 그들의 두뇌에 남아 있게 하라. 이 일을 위해서는 설교자가 본문을 낭독하는 시점에서 운율적으로 낭독할 책임이 있다. 마치 서당의 훈장이 그의 학생들을 가르칠 때의 기분을 내어볼 필요가 있다. 한걸음 나아가서 어떤 본문은 멜로디가 동반된 가운데 본문을 노래로 불러보는 것도 효과적일 것이다.

셋째, 본문의 내용과 유사한 내용이 있는 고대 근동의 지혜서들이나 오늘날의 격언집들을 참고하여 그 유사성과 특이성들을 비교하여 소개하라. 아니면 설교자가 본문과 연관된 현대적 잠언을 새롭게 만들어 소개해보라.

넷째, 본문의 메시지가 야웨 신앙 안에서 하나님의 백성들이 행해야 할 삶의 도리나 신앙적 처세술을 강조하는 것인지 아니면 하나님의 성품과 활동을 소개하려는 것인지를 구분해야 한다. 이러한 메시지 구분에 덧붙여 설교의 결론 부분에서 그 메시지를 예수 그리스도의 삶과 성품에 연관지어 소개하는 노력도 중요하다.

다섯째, 본문에서 사용되고 있는 특징적인 이미지(시각적, 청각적, 미각적, 후각적, 운동적 이미지 등)가 담긴 구체적인 용어들을 풀이하는 데 주력하라. 특히 잠언에서 시각적인 이미지가 뛰어난 격언들이 많이 소개되는 점을 고려한다면 본문에 나타나는 영상을 청중들의 두뇌에 심어줄 수 있는 영상적인 설교를 시도하라.

〈잠언에 나타나는 다양한 교훈들의 주제적 분류〉

	주제	성경
지혜로운 삶에의 초대	하나님의 말씀을 통한 지혜	1:2~6,20~33; 4:1~4,20,21; 5:1,2; 6:20,21; 7:1~4; 8:10~16,32~34; 9:1~6; 10:17; 12:1; 13:13; 15:5,20~21,31~32; 16:10; 19:16,20; 22:17,18; 23:12,23; 24:13,24; 27:11; 28:4,7,9; 29:18
	신앙을 통한 지혜 (여호와의 정의)	1:7~9,29; 2:1~21; 3:5~8,21~24; 8:13,17; 9:10; 10:27; 14:2; 15:16,24,33; 16:6~7; 19:23; 21:3; 22:1,2,19~21; 28:5,14,25; 29:25,26; 31:30
	지혜자의 길과 결과	1:9,33; 2:21~23; 3:1~4,11~18; 3:11~18,35; 4:5~10,13,18,22; 7:5; 8:18~21,35; 9:11,12; 10:6~9,13,14,16,23~25; 11:14,15; 12:2,3,5~8; 12:28; 13:14~16; 14:1,8,9,11,14~19,22,32~35; 16:7,20~23; 18:4,15,22; 19:8,11; 20:5,7,14,28,29; 21:8,21,21; 22:4,5,9,29; 23:24; 24:3~6,14; 27:12; 28:2,26; 29:3,6,8; 31:10~31
	어리석은 자의 길과 결과	1:10~19, 22~32; 2:13~15,22; 3:35; 4:19;5:22,23; 6:12~19; 8:36; 9:13~18; 10:6~9,16,23~25; 11:14~15,23; 12:2,3,5~8,20~22; 13:5;14:11,14~19,32~35; 15:10,12,14,32; 17:4,5,11~13; 18:1~3; 19:2,3,10; 20:1~4,6,17,21,25; 21:5,7,16,18; 21:5,7,16,18; 22:3,7,8; 23:8,21; 24:7,9,16,20; 26:1~12; 27:12,22; 29:6,10

주제			성경
	근면·성실하라		6:6~11; 10:4,5,15,26; 11:13; 12:10~12,24,27; 13:4,23; 14:23; 15:19; 16:26; 18:9; 19:1,5,24; 20:13,18; 21:17,25; 22:13; 24:33,34; 25:13; 26:13~16; 28:6,10,18~20; 31:13~19
	겸손하라		11:12; 14:3; 15:33; 16:5,18,19; 18:12; 21:24; 24:30~31; 15:6; 27:2; 28:11; 29:1,23; 30:12,13,32
	합당한 말과 대화를 하라		4:24; 8:6~8; 10:10,11,18~21,31,32; 11:12,13; 13:3~14, 17~19,23,25; 13:2,3; 15:1~4,7,22,23,26; 17:7,20,27,28; 18:6~8,13,20~21; 20:15,19; 21:23,28; 22:11; 23:9; 24:23,26,28; 25:11,14~15,18,23; 26:17~28; 27:2,9,21; 29:5,20; 30:6~9
	훈계·충고에 경청하라		12:15; 13:1,10,18;14:6;27:5~6;29:1
	징계·경책하라		9:8,9; 12:1;13:24; 17:10; 29:15,17; 19:18,25,27; 21:11; 22:6,10,15; 24:24,25
	물질에 관한 교훈	물질을 지혜롭게 사용하라	3:9~10; 11:28,29; 13:22; 14:24; 18:16; 19:4; 21:20,26; 22:26,27; 23:5,6; 25:21~22,27; 23:27; 28:8; 29:3
		뇌물을 피하라	15:27,28; 17:8,23; 21:6,14; 23:3; 29:4
		부당한 이익을 피하라	1:10~19; 16:8; 23:10; 24:15; 29:24
		가진 자는 물질만 의지	18:11; 21:27; 22:16
신앙적 행복론 (인과응보 사상)		탐욕을 멀리하라	30:15~16; 27:20, 25:27
	가난한 자를 도우라		3:27,28; 11:24~26; 14:20,21,31; 19:7,17; 21:13; 28:3,15,27; 29:7,14; 31:20
	대인 관계를 신중히 하라	가족·부부 관계	5:15~19; 10:1; 12:4; 15:17; 17:1,6,21,25; 19:13,26; 20:20; 21:9,19; 23:13~19,22~26; 24:21,22; 25:24; 28:24; 30:11,17; 31:10~31
		이웃·친구 관계	3:29~31; 6:1~5; 10:12; 11:12,13; 10:2; 11:4; 12:26; 13:20; 14:7; 16:27~29; 17:9,14,17~19; 18:19,24; 19:6,19,22; 21:10; 23:10; 24:11; 25:8~10,17~20; 27:5~6,10,13~17,19; 29:5
		상사 관계	16:14,15; 17:2; 19:12; 22:28; 25:2~7; 27:18;29:19,21; 30:10,22,29~32
	성적으로 깨끗하라		2:16~19; 5:3~4,20; 6:25~35; 7:6~27; 11:22; 29:3; 30:15~16,18~20; 31:3
	공의·정직을 행하라		3:31; 4:14~17,25~27; 8:20; 10:28~30; 11:1,5~11,16~20; 11:27; 12:2,3; 14:5,25; 16:11~13; 17:15,16,26; 18:5,17,18,23; 19:5,9,10,28,29; 20:8,11,16,26,30; 21:15; 22:22; 24:8; 25:26; 28:1~12,16,21~23; 29:2,4,12,14,16,27; 30:14; 31:3~9
	마음의 평정을 유지하라		4:23; 13:12; 14:10,30; 15:13; 17:22; 18:14
	감정을 절제하라		12:16; 14:29; 15:8; 16:32; 21:29;22:24,25; 23:1,2,4,7,27~35; 24:1~2,17, 19,29; 25:28;27:3~4;29:8~9,11,22; 30:32~33
창조주 되신 하나님	공의로우신 하나님		2:6~9; 3:32~34; 6:16~19, 8:6~8; 11:1,30,31; 10:3; 15:3,8,9,29; 16:4,5; 20:9,23; 21:12; 22:12,14,23; 24:12,18; 29:13,16
	지혜로우신 하나님		3:19~20; 8:22~31; 21:30
	창조의 하나님		30:24~28
	인도·보호하시는 하나님		3:25~26; 4:11,12; 6:22~24; 14:26,27; 15:25; 16:3,9; 18:10; 21:1; 23:11; 30:5
초월자 되신 하나님	초월자(자유자) 되신 하나님		5:21; 10:22; 15:11; 17:3; 19:14; 20:12,22,27; 21:2,31; 29:26; 30:1~5
	인간 지혜의 한계		14:12,13; 16:1,2,9,25,33; 19:14,21; 20:24; 21:4; 24:10; 27:1; 30:1~4

02

잠언의 주요 낱말 풀이

구약의 지혜문학을 대표하는 것으로 알려진 잠언은 인간의 삶에 대해 교훈하는 지혜의 말씀들을 모아 놓은 책이다. 달리 말해서 잠언은 세상을 성공적으로 살아가는 데 필요한 실제적인 교훈들을 수집해 놓은 책이다. 따라서 잠언에는 현세적인 행복과 사회적인 성공을 위한 실제적인 지침들 또는 격언들이 매우 많다. 이를테면 부모 공경, 자녀 교육, 음녀(淫女), 현숙한 여인, 부지런함, 겸손함, 언어생활, 거짓 증인, 뇌물, 금주(禁酒), 사회 정의, 보증, 분노 등에 관한 매우 다양한 주제들이 잠언에 나타난다.

잠언에 있는 이러한 가르침들은 실용주의적인 행복론과 병행하는 인과응보의 원리에 기초한 것들로써, 지혜라는 것은 참으로 인간의 모든 삶을 바른 길로 인도하는 지표가 되는 것임을 강조한다. 세상을 살면서 부닥치는 참으로 다양한 문제들을 해결하는데 있어서 올바른 기준을 제공해주는 것이 바로 지혜라는 것이다. 그러면서도 잠언은 모든 지혜와 지식의 근본이 야웨 하나님을 경외하는 데 있다고 결론지음으로 야웨 경외야말로 최고의 지혜요 하나님께서 주신 선물임을 강조한다(1:7,9:10).

이 점에 있어서 잠언의 지혜는 시간과 공간을 초월하여 모든 시대의 모든 사람들에게 똑같이 적용될 수 있는 보편적인 진리를 담고 있다. 오늘의 한국 교회와 그리스도인들에게도 예외가 아니다. 특히 요즘처럼 실생활과 밀접한 관련이 있는 가치나 윤리의 문제가 그리스도인들에게 크게 문제되고 있는 때에는 더욱 그러하다. 잠언의 가르침들이야말로 올바른 가치에 굶주려 있는 그리스도인들에게 삶에 대한 바른 자세를 가르쳐주고, 비도덕적인 세상을 살아가는 삶의 지혜를 제공해줄 것이기 때문이다. 이처럼 소중한 기회에 잠언에 있는 중요한 낱말들을 분석하고, 그것들이 오늘의 우리들에게 어떻게 적용되어야 할 것인지를 살피는 일은 매우 중요한 의미를 갖는다.

잠언

'잠언'(箴言 Proverbs)으로 번역된 히브리어 '마샬'(מָשָׁל)은 잠언서에서 모두 6회 사용되었는데(1:1, 6; 10:1; 25:1; 26:7, 9), 이는 '비슷하다. 닮다'는 뜻을 가진 동사에서 파생한 명사이다. 이것은 '마샬'이 비교를 통해서 어떤 사물의 속성이 드러나게 하는 것임을 의미한다. 어떤 이들은 '마샬'의 기본 의미를 '서다'(to stand)로 보아 '마샬'이 실제적인 문제들에 유익한 도움을 주는 잘 확립된 지혜의 가르침을 뜻한다고 풀이하는가 하면, '마샬'이 본래 '다스리다. 지배하다'는 뜻을 가진 것으로 보아 그것이 '주권적인 말씀' 내지는 '힘을 가진 말씀'을 뜻한다고 풀이하기도 한다. 어느 풀이에 의존하든 '마샬'이 지혜의 가르침을 뜻하는 것임에는 틀림이 없지만, 대체적으로 '마샬'이라는 낱말은 닮음, 모델, 표본 등의 의미를 강하게 가지고 있다고 할 수 있다. 이스라엘 사람들은 이러한 닮음을 발견한 사람들을 일컬어 지혜로운 자들이라고 불렀다.

잠언서를 보면 '마샬'은 매우 다양한 형태를 가지고 있음이 분명해진다. 즉 '마샬'은 유사성 비교, 대중적인 격언, 문학적인 금언, 조롱의 노래, 속담, 알레고리, 강론 등의 매우 다양한 문학 형태들을 가지고 있는 것이다. 이러한 다양한 문학 형태들 중에서도 구약 잠언의 성격을 가장 잘 드러내주는 것은 격언(또는 속담)일 것이다. 그리고 잠언은 그것이 어떤 형태로 되어 있든 관계없이 항상 경험(experience)에 기초해 있으며, 그것을 짧은 문장에 압축시킴으로써 진리를 표현하고자 한다. 따라서 잠언의 특징은 간결성(brevity)에 있다고 할 수 있다. 잠언은 신중하게 선택된 몇 마디의 말로써 많은 것을 말하는 것이다.

'관찰'(observation)과 '반성'(reflexion) 역시 잠언의 중요한 특징에 속한다. 잠언의 배후에는 우주와 세상에 있는 본질적인 조화와 질서 및 일상생활을 지배하는 법칙들을 발견하고, 그것들을 개개인의 삶에 적용하는 일련의 과정이 용해되어 있다. 이것은 잠언의 배후에 오랜 세월 동안 전해내려온 중요한 삶의 지혜들이 농축되어 있음을 의미한다. 그러기에 잠언은 어떤 지혜로운 한 개인의 견해를 대변하는 사적(私的)인 것이 결코 아니다. 그것은 모두에게 속한 것이다. 무엇보다도 잠언은 누구에게나 보편적으로 적용되는 진리를 구체화하고 있다. 그 까닭에 잠언을 듣는 사람은 자신이 모든 사람들에게 똑같이 옳은 진리를 듣고 있다는 느낌을 받는다.

지혜

우리가 흔히 '지혜'라고 번역하여 쓰는 낱말은 히브리어의 '호크마'(חכמה)로부터 번역한 것이다. 이 낱말의 형용사형인 '하캄'(חכם)은 문자 그대로 '지혜로운'이라는 형용사로 쓰이기도 하고, 또 때로는 '지혜로운 자'라는 명사형으로 쓰이기도 한다. 명사형인 '호크마'는 구약에 전부 147회 사용되는데, 그 중에 39회가 잠언에 나타나며, 형용사형인 '하캄'은 구약에서 전부 135회 사용되는데, 그 중에 47회가 잠언에 나타난다. 그리고 '호크마'의 동사형인 '하캄'은 구약의 26회 용례 중에서 12회가 잠언에 나타나고, 명사형의 변화형태인 '호크모트'(חכמות)는 구약의 4회 용례 중에 3회가 잠언에 나타난다.

지혜와 관련된 이상의 히브리어 낱말들은 구약의 전체 용어들 중에 절반 이상이 잠언, 욥기, 전도서 등에 나타나며, 그 중에서도 특히 잠언에 가장 많이 나타난다. 이러한 통계자료는 지혜와 관련된 낱말들이 잠언에서 갖는 중요성이 어느 정도인가를 가늠할 수 있게 한다. 실제로 '지혜'는 잠언을 비롯한 많은 책들을 지혜문학의 범주로 한데 묶어주는 개념이면서 동시에 잠언의 성격을 한마디로 규정하는 낱말이기도 하다. 그리고 이러한 지혜 개념의 연장선상에는 명철, 이해력, 신중함, 통찰 등의 낱말들이 포함된다.

그렇다면 지혜가 실제로 뜻하는 것은 무엇일까? 지혜는 일차적으로 훈련과 경험 및 특별한 재능에 의하여 얻은 비범한 기술이나 능력을 의미하며, 이차적으로는 세상의 도덕적인 질서에 맞추어 살 수 있는 능력을 뜻한다. 잠언에 있는 지혜 개념은 후자의 성격을 강하게 가지고 있다. 그리고 잠언의 지혜는 인간의 삶을 포함한 우주 만물 속에 일정한 질서와 원칙이 있다는 신념을 기본적인 전제 사항으로 가지고 있다. 이와 아울러 잠언의 지혜는 우주 안에 있는 질서가 하나님에 의하여 주어진 것이기에 인간의 이성 활동에 의하여 탐구될 수 있는 것이라고 보며, 이상적인 삶은 그 질서에 복종하는데 있다고 본다.

이러한 기본적인 시각에서 잠언은 참된 지혜가 무엇인지를 일상적인 삶속에서 찾고 있다. 구체적인 예를 들자면 지혜로운 자는 부모를 공경하는 자요(15:20; 23:22,25), 자녀를 바르게 교육하는 자요(13:24; 22:6), 음녀를 경계하는 자요(2:16~19), 현숙한 여인이요(31:10~31), 부지런한 자요(6:6), 겸손한 자요(15:33; 16:19), 언어생활에 조심하는 자요(10:19; 12:13~14; 17:27~28), 뇌물(15:27)과 거짓 증인(12:17)을 멀리하는 자요, 술을 금하는 자요(23:30~35), 구제를 좋아하는 자요(11:25~27; 28:27), 함부로 보증을 서지 않는 자요, 분노를 억제하는 자요(15:18; 16:32), 너그럽고 관대한 자(10:12)라는 것이다.

그러나 잠언은 이러한 세속적인 지혜만으로 지혜의 가르침이 완성되는 것이 결코 아님을 강조한다. 달리 말해서 잠언은 인간의 지혜가 삶 속에 있는 모든 문제들에 대한 최종적인 해답이 아님을 솔직하게 인정하고 있다. 그리하여 잠언은 인간의 지혜와 능력에 한계가 있음을 여러 군데에서 강조한다. '사람이 마음으로 자기의 길을 계획할지라도 그 걸음을 인도하는 자는 여호와시니라'(16:9)는 말씀이나 이와 비슷한 다른 말씀들(19:21; 20:24)이 그

점을 잘 보여준다.

그렇다면 진짜 참된 지혜는 무엇인가? 그것은 사람이 만들어낼 수 있는 것이 아니라 하나님에게서 비롯되는 것이요(2:6), 하나님의 창조사역이 시작되기 전에 이미 세움을 입은 피조물로서 신적인 기원을 가진 것이다(8:22~26). 이러한 지혜의 핵심은 하나님을 경외하는 데에 있다(1:7; 9:10). 하나님을 경외하는 것이야말로 모든 지혜와 지식의 시작이요, 최고의 우선적인 지혜라는 말이다. 하나님 경외의 최고 지혜를 소유하고 있는 자에게는 생명(10:27; 14:27), 풍족함(19:23; 22:4), 마음의 평안(15:16), 선한 삶(8:13; 16:6) 등의 다양한 복들이 약속되어 있다.

야웨 경외

잠언은 세속적인 지혜의 소중함을 강조하면서도 궁극적으로는 야웨 하나님을 경외하는 것이야말로 최고의 우선적인 지혜임을 여러 차례 강조한다. 여기서 '경외'라는 낱말은 히브리어로 '야레'(ירא)로서 구약 전체에서 320회 정도 사용되는데, 잠언에서는 그렇게 많이 나타나지는 않는다. 그러나 구약에서 30회 사용되는 '야웨 경외'(יראת יהוה 이르아트아웨)라는 표현의 절반 정도인 14회가 잠언에 나타난다는 것을 보면, '야웨 경외'가 잠언에서 차지하는 비중이 얼마나 큰가를 금방 알 수 있다.

그렇다면 '야웨 경외' 즉 야웨 하나님을 경외한다는 것은 구체적으로 무엇을 뜻하는가? 한 마디로 말해서 그것은 삶의 모든 영역 속에서 하나님의 절대주권을 인정하는 가운데 그를 두려워하는 태도를 뜻한다. 달리 말해서 그것은 하나님의 전능하심과 그의 역사 주권을 인정하는 동시에 그를 전적으로 의지하고 신뢰하는 삶의 자세를 의미한다. 그 가장 대표적인 예를 우리는 하나님의 명령에 순종하여 이삭을 제물로 바치고자 한 아브라함의 행위에서 찾을 수 있다. 이삭을 죽이려는 아브라함을 제지하신 하나님께서 그에게

하신 말씀은 아브라함이 하나님을 경외하는 자임을 분명하게 밝히고 있다
(창 22:12).

잠언의 경우도 예외가 아니다. 잠언은 인간 스스로의 지혜와 이해 능력을
과신하여 하나님께 대한 신뢰를 저버리는 오만에 빠지지 말 것을 사람들에
게 여러 차례 경고한다. 그 중에 대표적인 구절이 바로 3:5~7이다. 이 가르
침에 의하면 스스로를 지혜롭게 여기는 것은 곧 야웨 경외에 맞서는 죄악일
수도 있다. 이것은 결국 아무리 많은 지혜와 지식을 가지고 있어도 하나님을
경외함이 없을 경우에는 그 모든 지혜와 명철이 아무런 소용이 없다는 것을
뜻한다. 뒤집어서 얘기하면 야웨 하나님을 경외하지 않는 사람은 어느 누구
도 지혜롭다는 말을 들을 만큼 충분한 지혜를 얻지 못한다는 것이다.

따라서 진정으로 야웨 하나님을 경외하는 사람은 결코 자신을 지혜롭다
고 말하지 않는다. 또한 그는 인간이 스스로의 지혜와 능력으로 자신의 삶과
역사를 이끌어갈 수 없다는 것을 절실하게 느끼고 있다. 그는 창조주이시고
역사의 주관자이신 하나님이야말로 세상 역사를 이끌어 가시는 분임을 솔
직하게 인정한다. 야웨 경외를 신앙의 목표로 삼는 사람은 인간이 자신의 지
혜로 아무리 훌륭한 계획을 세워도 그것의 잘되고 못되는 것은 전적으로 하
나님께 달려 있다는 것을 잘 알고 있기 때문에(16:9; 20:4; 21:30~31), 인간의
지혜와 명철을 의지하기보다는 인간의 삶과 역사를 주관하시고 인도하시는
하나님의 지혜를 의뢰하며 범사에 그를 신뢰하고자 노력한다(16:1,3).

아울러 그는 범사에 하나님의 지혜를 인정하는 까닭에 하나님과 사람 앞
에서 늘 자신을 낮추고 겸손하기를 힘쓴다. 야웨 경외를 겸손과 관련시키는
15:33이나 22:4이 이 점을 뒷받침한다. 야웨를 경외하는 지혜를 가지고 있
는 사람은 또한 그것을 통치 원리로 삼아 나라를 다스림으로써 공의를 세울
수 있으며, 부귀와 재물과 의를 한꺼번에 얻을 수 있다(8:13~18).

의인과 악인

잠언에 나타나는 여러 가지 교훈들은 개인으로 하여금 생명을 얻고 하나님께로부터 은혜와 복을 누리게 하는 것이지만. 동시에 공동체의 구성원들이 건전하고 풍요로운 삶을 살며 평화와 안녕을 누리기를 원한다. 즉 잠언이 말하는 지혜는 단순히 개개인의 행복과 사회적인 성공만을 추구하는 것이 아니라 공동체 전체의 평화와 안녕을 지향하고 있다는 말이다.

잠언에서 지혜로운 자가 의로운 자(צַדִּיק차띠크) 또는 정직한 자(יָשָׁר야샤르)와 동일시되고 있다는 사실이 이 점을 잘 보여준다. 의로운 자나 정직한 자는 일반적으로 하나님께서 주신 계명들을 잘 지키는 사람이요, 신앙 공동체의 평화를 도모하는 사람이다. 그는 하나님과 올바른 관계를 가지고 있을 뿐만 아니라 이웃 사람들과도 바른 관계를 가지고 있어서 항상 남에게 유익을 주려고 노력하는 사람들이다.

더 구체적으로 얘기한다면 의로운 자는 고아와 과부와 나그네 등을 보살피는 자들이요, 힘없고 약한 자들의 재판을 돕는 자들이요, 가난한 자들에게 너그럽고 관대한 자들이요, 이웃에게 항상 선을 행하면서 그들과 바른 관계를 맺으려고 애쓰는 자다. 의인이 형통하면 성읍이 즐거워하고 악인이 패망하면 기뻐 외친다는 가르침(11:10~11, 14)이나, 제사를 드리는 것보다 의와 공평을 행하는 것을 하나님께서 더 기쁘게 여기신다고 보는 가르침(21:3)이 이에 속한다. 가난한 자들을 도와주고 그들을 업신여기지 말라는 가르침들도 이와 같은 차원에 속할 것이다(14:21; 22:16; 28:17 등)

그런가 하면 악인(רָשָׁע라샤)에 대한 가르침들 역시 지혜가 공동체의 평화와 안녕을 지향하는 것임을 밝히고 있다. 악인은 하나님의 뜻에 순종하기를 싫어하고 또 자신에게 있는 권세와 힘을 가지고 이웃 사람들, 특히 힘없고 약한 자들을 괴롭히는 것을 즐거워하는 자다. 그러나 잠언은 그처럼 악을 행하는 자들의 형통함을 부러워하지 말고 그들의 득의(得意)함을 인하여 분을 품지 말라고 가르친다(24:1, 19).

잠언은 또한 악을 행하는 자를 볼 경우에 수수방관하지 말고 그를 견책하는 것이 마땅하다고 가르침으로써(24:24~25), 참된 지혜는 공동체의 평화를 추구하는 것임을 간접적으로 암시한다. 원수나 행악자가 넘어지거나 엎드러질 때 기뻐하고 즐거워해서는 안된다는 가르침(24:17~18)이나, 원수에게 잘해 주는 것이 곧 하나님께서 원하시는 일이라는 가르침(25:11~12) 역시 같은 맥락에서 이해할 수 있을 것이다.

미련함과 어리석음

앞서 설명한 지혜와 반대되는 개념이 바로 미련함과 어리석음이다. 이 두 낱말은 잠언에서 히브리어로 '크씰'(כסיל), '에빌'(אויל), '하싸르렙'(חסר־לב) 등으로 나타나는데, 이 낱말들은 어렸을 때부터 타고난 지성이나 사회적인 신분과는 아무런 관계가 없다. 잠언에서 말하는 미련하고 어리석은 자는 지능이나 지성이 결핍된 자를 일컫기보다는 세상 속에 있는 기본적인 삶의 질서를 따르지 않는 사람을 가리킨다. 탐욕에 눈이 멀어 재물을 숨긴 아간의 행위(수 7:15)나 다윗에 대한 나발의 태도(삼상 25:25)와 사울의 태도(삼상 26:21)가 그 점을 잘 보여준다.

이것을 다른 말로 바꾸어 얘기하자면, 미련하고 어리석은 자는 지혜의 가르침들에 도무지 귀를 기울이지 않는 사람이다. 그는 지혜와 지식과 훈계를 멸시하는 자요(1:7, 22; 12:1), 지혜가 없는 까닭에 그 가르침들에 역행하는 행동을 취한다. 9:13~18은 그러한 어리석음을 의인화(personification) 함으로써 어리석은 자의 미련함을 매우 실감나게 표현하고 있다. 이 구절들에 의하면 어리석음은 아무 것도 알지 못하는 '미련한 계집'과도 같이 지나가는 사람들을 유혹하여 그들로 하여금 생명을 얻을 수 있는 지혜의 길에서 벗어나게 만든다. 이것은 지혜를 슬기로운 여인으로 의인화하여 묘사하는 것과 큰 대조를 이룬다(1:20~21; 8:2~3; 9:1~6).

　미련하고 어리석은 자에 관한 잠언의 설명들을 좀더 구체적으로 살펴보면, 그는 귀가 얇아서 아무 말이나 함부로 믿으며(14:15~16), 게으르기 이를 데 없는 자다(6:6; 19:24; 20:4; 26:13~15). 그는 또한 부모를 괴롭히고 심지어는 저주까지 하는 자요(19:26; 20:20; 30:17), 교만한 자요(16:18), 말이 많아서 남의 비밀을 누설하면서 남의 험담을 하는 자요(10:14,18; 11:13; 20:19; 26:7), 입을 지키지 못하여 야웨께 미움을 받는 자요(12:22; 13:2~3; 18:13, 16), 뇌물을 좋아하는 자요(15:27; 17:23), 술에 잠긴 자요(23:30~35), 음녀와 이방 계집의 유혹에 빠지는 자요(6:32; 7:4~13), 악을 행하기를 즐거워하는 자요(10:23), 탐욕을 품고서 가난한 사람을 학대하는 자요(14:31; 28:15~17), 재판할 때 악인을 변호하고 의인을 억울하게 하는 자요(18:5), 잘못된 저울추와 말로 속여 파는 자요(20:10), 마음이 조급하여 쉽게 분노하며(12:16; 14:17, 29, 15:18; 29:11), 다투는 자요(20:3), 마음에 미움과 증오심이 가득한 자(10:12)이다. 미련하고 어리석은 자는 지혜의 가르침에 귀를 기울이지 않을 뿐만 아니라 인간의 이성적인 능력과 지혜에 한계가 있다는 것을 도무지 인정하지 않는다. 그는 인간의 지혜만으로 모든 것을 성취할 수 있다고 생각한다. 그러기에 그는 하나님을 경외할 줄을 모르며(1:7), 하나님의 지혜에 생명과 구원이 있음을 믿지 않는다. 그에게 있어서 하나님은 절대적으로 신뢰해야 할 분이 아니다. 시편 14:1의 표현을 빌면 어리석은 자는 그 마음 속에 이르기를 '하나님은 없다'고 말한다.

　그는 이처럼 자신의 지혜와 명철에 도취해 있는 까닭에(26:12), 금이나 진주를 찾듯이 또는 감추인 보배를 찾듯이 하나님의 지혜를 구하지 않는다(1:4). 그는 미련하고 어리석어서 남의 유익을 도모하거나 자기가 속한 공동체의 평화와 안녕을 추구하기보다는 남을 해치고 괴롭히면서 자기 자신의 유익만을 위하여 최선을 다한다.

아버지와 아들

잠언은 지혜의 가르침을 매우 자주 아버지가 아들에게 훈계하는 형식으로 전달한다. 잠언의 처음부터 마지막까지 계속 이어지는 '내 아들아!'라는 표현이 그 점을 잘 보여준다(1:8, 10; 2:1; 3:1, 11, 21; 4:1, 10, 20; 5:1, 7, 20; 6:1, 20; 7:1, 24; 8:32; 19:27; 23:15, 19, 26; 24:13; 31:2). 이 형식은 본래 이스라엘 사람들이 일상 생활 속에서 널리 통용되던 다양한 지혜 요소들을 씨족이나 지파의 젊은 남자들에게 가르칠 때 사용하던 방식이었을 것이다. 달리 말해서 그것은 족장이나 아버지가 씨족 내지는 대가족 집단의 젊은이들에게 교훈을 주는 방식에 그 뿌리를 두고 있다는 얘기다.

아버지가 아들에게 가르치는 이러한 전통적인 지혜 교육의 방법은 나중에 지혜 운동이 본격화하면서, 지혜를 일반 대중에게 널리 보급하고 가르치는 지혜자들의 권위를 표현하는 방식으로 사용되었을 것으로 보인다. 그들은 다수의 사람들을 상대할 수 있는 성문 어귀나 광장, 또는 사람들이 많이 왕래하는 길머리나 사거리 등지를 중요한 교육 장소로 애용하였다(1:20~21; 8:2~3; 욥 29:7~10). 불특정 다수를 대상으로 하는 그들의 가르침에 아버지-아들 공식을 적용한 것은, 그것이 씨족이나 지파의 아버지가 주는 교훈과도 같은 까닭에 지혜를 배우는 사람은 마치 아버지에게서 듣는 것과도 같은 겸허한 자세로 지혜를 배워야 한다는 것을 뜻했다.

그것은 또한 왕족이나 귀족의 자제를 가르치는 공적인 교육을 담당하던 이른바 지혜 교사(wisdom teacher)의 권위를 표현하는 방식으로도 이해되었을 것이다. 지혜 교사는 왕정의 시작과 더불어 궁정 지혜가 확립되면서 지혜만을 전공하여 그것을 사람들에게 가르치는 독립된 사회 계층에 속한 사람으로서(사 29:14; 렘 8:8~9), 이스라엘의 왕정 안에서 서기관직에 종사하기도 하였으며 왕의 정치 고문 역할을 수행하기도 하였다(삼하 13:3; 14:1~24; 15:31~37; 왕상 12:3~14; 대하 25:16~17).

03

유대인의 지혜,[*]
그 본질과 발전 배경

한국은 물론 전 세계적으로 지도력(leadership)이 부각되는 시대가 되었고, 어떤 단체이든 국가이든간에 누가 지도자가 되느냐에 따라 그 공동체의 운명이 좌우되는 사건을 빈번하게 보고 듣는 세상이 되었다. 이와 같은 지도자의 중요성과 함께 지도자가 갖추어야 할 가장 중요한 덕목으로서의 '지혜'(신 1:13; 사 11:2; 행 6:3)를 거론함에 대하여 이의를 제기할 사람은 없을 것이다. 모든 지도자들에게 뿐만 아니라 삶의 현장에서 끊임없이 다가오는 난관들을 극복해야 하는 오늘의 현대인에게 있어서,[1] 도대체 그 지혜를 어디에서 그리고 누구를 통하여 공급받으며, 그 지혜라는 것이 무엇을 가리키는지, 그리고 궁극적으로는 그 지혜가 본래(originally) 누구(또는 무엇)에게서 비롯된 것인지… 등에 대하여 묻고 대답하는 일은 지극히 당연할 뿐만 아니라 반드시 짚고 넘어가야 할 과제가 아닐 수 없다.

'지혜'라는 단어를 들을 때 우선적으로 생각나는 것이 있다면, 그것은 유대인과 그들의 지혜 전통이다. 유대인[2] 만큼 지혜의 가치(잠 3:14~18; 16:16; 욥 28:15~19)와 근원 문제(욥 28:12, 20; 잠 9:10; 전 7:25)에 대하여 그토록 오랫동안 추구해 온 민족이 없고, 그들처럼 지도자가 갖추어야 할 덕목으로서의

---

[*]이 글은 "잠언 9:10 지혜는 어디에서 기원하나?"「교회와 신학」60호(2005 봄호), 76~86에 실린 글의 연속임을 밝힌다.

지혜를 강조하는 민족도 없을 것이다(신 1:13; 사 11:2; 행 6:3 등). 아마도 이 세상에서 유대인만큼 지혜와 관련된 전통과 유머를 풍부하게 많이 소유하고 있는 민족도 없을 것이다.[3]

유대인 또는 이스라엘 백성의 지혜는 구약성경 및 탈무드에 집약되어 있고 이와 같은 유대인의 지혜는 신약성경의 '십자가의 도(道)'(고전 1:18~25)에서 그 절정의 극치를 보여 주는데, 여기에서 우리는 신구약성경에만 국한하여 이스라엘의 지혜와 그 근원 및 배경에 대하여 탐구해 보고자 한다. 이와 같은 연구를 통하여 앞서 언급한 지혜와 관련된 현대인의 여러 가지 질문에 대답해 보려 한다.

지혜의 본질과 정의

구약성경의 지혜자가 항상 묻게 되는 두 가지의 질문이 있는데, 그것은 지혜의 정의("지혜는 무엇인가?")와 근원("지혜는 어디에서 기원하나?")에 대한 것이다. 먼저 지혜의 정의 문제를 다루고, 다음에서 지혜의 근원에 대하여 탐구해 보려 한다.

지혜의 정의, 즉 지혜의 정체(identity)는 무엇인가에 대한 질문과 답변은 이스라엘 백성에 앞서 아마도 인류 역사의 초기부터 시작된 유구한 전통이며, 이와 같은 질문은 이스라엘의 경우에 구약성경 지혜서(잠언, 전도, 욥기)에 집중적으로 다루어지고 있다.

지혜의 정의 문제와 관련하여 한 가지 흥미있는 사실은, 지혜를 표현할 때 구약에서 가장 많이 사용되는 용어는 '호크마'인데, 이 용어가 여성명사라는 사실, 그리고 이 용어가 빈번하게 '여인'(lady wisdom)으로[4] 의인화되어 소개된다는 사실이다.[5] 같은 맥락에서 더욱 흥미있는 사실은 지혜의 반대 개념인 '어리석음'(입벨레)도 여성명사인데, 이 용어도 지혜문학에서 빈번하게 '어리석은 여인', '기생' 또는 '음녀'로 의인화 되어 소개된다는 사실이다.[6]

지혜의 정체성과 관련하여 구약의 지혜문학에 나타나는 또 다른 특징이 있다면 그것은 '지혜'가 하나님의 천지창조 당시부터 하나님 곁에서 창조사역에 동참했거나 창조의 매개/중보자(또는 수단)로 사용된, 만세 전부터(from eternity) 존재한 선재적(先在的) 존재로 소개된다는 사실이다.[7] 창세기(1:2)에 의하면 이때 창조에 함께 참여하였던 존재가 '신(神)/영(靈)'[8](루아흐)라 지칭되어 있으며, 이 때 사용된 '영/신/성령'이라는 용어도 여성명사라는 사실이 흥미롭다.

지혜라는 용어가 여성의 이미지 특히 모성애적 성품을 소유한 존재로 표현된다는 것은 '지혜' 개념의 발전사에 있어서 의미하는 바가 크다. 왜냐하면, 신약에서 '성령'(프뉴마 '바람, 공기, 호흡, 영')의 최고 은사로서 그리고 (예수의 영으로 오신) 성령의 가장 핵심적 성품으로서 제시된 '사랑'이라는 용어도 구약(아하바)에서나 신약(아가페)에서 공통으로 여성명사로 표기되며 이와 같은 두 용어(아하바, 아가페)가 하나님의 사랑을 가장 잘 대변해 줄 뿐만 아니라 인간적 사랑의 극치인 '모성애적 사랑' 특히 희생적 사랑을 암시하고, 더 나아가 신약에서 성령의 성품이 어머니의 온유와 겸손, 바람처럼 부드러움, 은밀한 희생적 봉사에 비교되어 상징적으로 표현되며, 바울서신에서는 예수 그리스도가 지혜의 핵심으로(골 2:2~3), 특히 예수를 통하여 표현된 '십자가의 도(道, 지혜)'는 역설적 지혜이면서 동시에 신적(神的) 지혜의 최고봉이자 최후 종착점으로 소개되기 때문이다.

지혜의 정체에 대한 구약성경의 이해는 다음의 두 가지(외향적 지혜, 내향적 지혜)로 요약될 수 있다.

1. 외향적 지혜[대인(對人)적 삶의 지혜]

외향적 지혜는 인간 삶에 있어서 타인과의 관계 또는 사회적·국가적 활동에 있어서 필수적으로 요구되는 삶의 지혜를 가리킨다. 구약성경에서 우선 이 외향적 지혜의 대표적 인물로 대서특필 되는 사람은 단연 솔로몬이다.

솔로몬은 하나님께 지혜를 간구한 왕으로, 하나님께서 그의 간구를 들으시고 인류 역사상 전무후무한 지혜의 왕으로 만들어 주신 것으로 소개된다. 그가 하나님께로부터 받은 지혜가 어떤 것인지 알아보려면 그가 남긴 지혜로운 행적을 보면 알 수 있다.

1) 공의(justice=integrity[9]): 솔로몬의 지혜를 들으러 왔던 시바 여왕이 격찬했던 솔로몬의 지혜는 다름 아닌 '공과 의'(왕상 10:6~9; 시 72:1), 곧 공의로운 재판 능력 또는 판단력에 있었음을 알 수 있다. 구약에서 공의로운 재판은 샬롬(평안/평화/안정)의 기초로 이해되는 바 통치자가 백성에게 제공할 수 있는 가장 중요한 영향력이라 할 수 있을 것이다.

2) 통치적 행정능력: 열왕기상 4장에서 강조된 솔로몬의 또 다른 지혜는 곧 능숙한 행정능력 또는 용병술로써 적재적소에 인재를 등용하고(왕상 4:1~19) 백성들에게 풍성한 양식과 평안을 제공하며(4:20~25), 외적의 침입으로부터 국가를 보호할 수 있는 국방력(4:26~28)을 가리킨다.

3) 백과사전적 지식과 정보: 솔로몬의 지혜에서 세 번째로 강조되는 마지막 항목은 자연계의 현상을 관찰·분석하고 종합하여 이에 대한 백과사전적 정보를 제공하는 능력(왕상 4:29~34)으로서, 산천초목("백향목에서 우슬초까지")과 짐승과 새와 물고기의 생태를 관찰·분석하고 종합하여 이를 토대로 잠언(3,000)을 짓고 노래(1,005)를 작곡할 수 있었던 지적 능력이었다. 이와 같은 왕의 지혜는 백성들의 삶에 희열과 기쁨과 만족, 그리고 편리함과 의미를 제공하였다. 솔로몬이 남긴 지혜서로 간주되는 잠언서에서 빈번하게 지혜는 '지식'(다앝)과 동일시 되는 이유가 여기에 있다(잠 1:7; 14:7; 18:15; 21:11).

솔로몬의 행적 밖에서 소개되는 바 개인과 사회에 영향을 끼치는 외향적 지혜의 내용으로서 우리는 다음의 몇 가지를 추가할 수 있다.

4) 건축가 또는 장인(예술가)의 기술(재능): 출애굽기 35장에서 이해되는 지혜는 성막 제조에 참여했던 두 건축 기술자 곧 브살렐과 오홀리압(출 35:30~36[10])이 구비했던 예술적 재능을 가리키며, 시편 107:23~27에서는 선박 건설자 또는 뱃사공의 기술을 지혜(호크마)에서 비롯된 것으로 보았다.[11]

5) 온전한 행위: 구약의 지혜서, 특히 잠언에서 제시하는 지혜의 범주

가운데 하나로서 인간 행위의 온전함(잠 2:7, 21; 11:20; 13:6; 20:7; 29:10; 욥 22:3), 즉 가정과 사회와 국가의 질서를 유지케 해 주는 바 보편적 윤리 강령(a code of ethics)에 부합한 삶을 들 수 있는데, 지혜자는 이와 같은 온전한 삶의 행동 양식들을 지혜와 동일시하고 있다. 이것은 의(공의/공평)(잠 1:4, 10~19; 2:8~9; 8:15, 20; 11:1, 4, 6, 18; 12:28; 13:6; 14:34; 15:9; 16:8, 11, 12, 31; 17:15, 26; 18:5; 21:3, 15, 21; 23:24 등), 정직과 진실(잠 1:3; 2:9; 3:32; 4:11; 8:6; 10:29; 11:6, 11; 12:6, 19, 22; 14:2, 5, 11, 25; 16:13 등), 겸손(잠 3:34~35; 11:2; 13:10; 15:33; 16:5, 18~19; 18:12; 22:4; 29:23 등), 근신(잠 1:4; 2:11; 3:21; 4:23~27; 5:2; 8:12; 17:28 등), 인내(12:16; 14:29; 15:18; 16:32; 19:11; 29:11), 긍휼과 자비(11:17; 12:10; 14:21, 31; 19:6, 17, 22; 20:28; 21:13, 21; 24:11; 28:8 등), 선행(2:9; 3:3, 27~28; 13:22; 19:17; 21:26; 22:9 등), 부지런함(6:6~11; 10:5, 26; 11:16; 12:24, 27; 13:4; 15:19; 18:9; 19:15, 24; 20:4, 13; 21:5; 22:29; 24:30~34; 26:14 등), 부모 공경과 순종(1:8; 4:1~4, 10; 6:20; 10:1; 13:1; 15:5, 20; 17:25; 19:26; 23:22, 25; 30:17 등), 순화된 언어와 선한 말(10:8, 11, 13, 19~20, 31~32; 12:25; 13:2~3; 14:3; 15:1, 4, 26; 16:21, 24; 17:20; 21:23 등), 화목/화평(12:20; 17:1), 사랑과 용서(10:12; 13:24; 15:17; 17:9, 17; 19:11; 27:5 등), 충성(13:17; 20:6; 25:13; 27:9; 28:20; 등), 성실(11:3; 19:1; 28:6, 10, 18; 29:14; 등), 절제 (2:16~19; 5:3~14, 15~20; 6:24~35; 7:5~27; 20:1, 19; 21:17; 23:1~3, 20~21, 27~35; 28:7; 29:11 등) 등이다.

6) 장수(長壽)와 물질의 부요함: 지혜서에서 말하는 장수와 물질의 부요는 기본적으로 지혜로운 삶의 소득이요 열매로 간주되지만, 빈번하게 이와 같은 장수와 부요함이 지혜와 동일시 되는 경우를 볼 수 있다(잠 3:2, 16; 4:10; 8:18, 21; 9:11; 10:15, 22, 27; 14:20, 24; 15:6; 18:11, 23; 19:4; 21:5, 20; 22:4, 7 등).

7) 모략(지략)과 영리함: 백성을 통치하는 관리들이 국가적 위기를 타개하는 기술로서의 모략/전술(잠 1:5; 11:14; 15:22; 20:18; 24:6)은 물론 사람이 동물에게서 배워야 할 지혜 항목으로서 동물이 자신을 보호하고 안전을 추구하는 영리함과 영특함(잠 30:24~28[12])도 지혜의 범주에 포함된다.

2. 내향적 지혜[대신(對神)적 삶의 지혜]

내향적 지혜는 자신의 정신적(또는 영적) 삶에 영향을 미치는 지혜로서 대부분 대신(對神)적 삶의 지혜에 집중되어 있다. 따라서 이 내향적 지혜는 필연적으로 인간의 실존적 문제와 관련되어 있게 마련이며, 이 실존적 질문의 핵심에 신앙 및 경건의 주제가 자리잡고 있다. 내향적 지혜는 대체로 다음의 세 가지로 요약될 수 있다.

1) 신앙적 지혜

영적 동물로서의 인간의 우선적인 관계는 하나님과의 영적(신앙적) 관계인데, 이스라엘의 지혜자는 야웨 하나님을 경외할 뿐만 아니라 최선을 다하여 야웨 하나님을 신뢰하고 사랑하는 것을 지혜와 행복의 근본으로 강조하고 있다.[13]

이와 같은 대신(對神)적 지혜는 근본적으로 구약성경의 중심적 신학이라 할 수 있는 신론(또는 하나님의 정체성 이해)에 기초하는 바, 창조주시요 역사의 주관자이신 야웨 하나님께서 가장 강력한 모략과 지혜의 소유자일 뿐만 아니라(잠 21:30~31),[14] 각 사람의 행위대로 보응하고(잠 24:12; 욥 34:11) 외모보다 심령을 감찰하시며(16:2; 21:2), 의인의 기도를 들으실 뿐만 아니라(잠 15:29) 의인을 연단하시는(욥 23:10; 잠 17:3; 시 66:10) 하나님으로 믿고 경외하는 지혜를 가리킨다.

"내 아들아 여호와의 징계를 경히 여기지 말라 그 꾸지람을 싫어하지 말라 대저 여호와께서 그 사랑하시는 자를 징계하시기를 마치 아비가 그 기뻐하는 아들을 징계함 같이 하시느니라"(잠 3:11~12).

"너의 행사를 여호와께 맡기라 그리하면 네가 경영하는 것이 이루어지리라"(잠 16:3).

"삼가 말씀에 주의하는 자는 좋은 것을 얻나니 여호와를 의지하는 자는 복이 있느니라"(잠 16:20).

"사람이 마음으로 자기의 길을 계획할지라도 그의 걸음을 인도하시는 이는
여호와시니라"(잠 16:9).

"도가니는 은을, 풀무는 금을 연단하거니와 여호와는 마음을 연단하시느니
라"(잠 17:3).

"여호와의 이름은 견고한 망대라 의인은 그리로 달려가서 안전함을 얻느니
라"(잠 18:10).

"인간의 마음에 많은 계획이 있어도 오직 야웨의 뜻이 완전히 서리라"(잠
19:21).

"겸손과 여호와를 경외함의 보상은 재물과 영광과 생명이니라"(잠 22:4).

2) 악의 문제

대신(對神)적 지혜의 두 번째 항목으로서 이스라엘의 지혜자가 질문하는
문제는, 악(불의)에 대처하는 자세 또는 방법으로서 이 지혜도 결국은 창조주
시며(잠 22:2) 역사의 주관자이신 하나님 이해에 기초한다. 우선적으로 공의
의 하나님께서는 악인을 심판하시는 하나님(잠 21:12)이시지만, 악인도 악한
날에 적당하게 창조하셨기에(잠 16:4), 악인의 형통을 부러워 말고 야웨만 경
외할 것(잠 23:17~18; 24:1, 19)[15]을 권고한다.

3) 의인의 고난 문제

대신(對神)적 지혜의 세 번째 항목은 의인의 고난에 대한 질문과 이에 대한
해결책이다. 이 지혜를 집중적으로 다룬 지혜서가 다름아닌 욥기다. 어떤 의
미에서 지혜는 인간의 실존과 하나님의 정체에 대한 경험적 지식에서 비롯
된 것이라고 볼 수 있는데, 이에 대한 욥기의 답변은 다분히 소극적이고 역
설적인 요소를 내포하고 있다.[16] 즉 아무리 의로운 인간일지라도 욥처럼 고
난을 당할 수 있고, 그런 상황에서라도 인간은 하나님께 대한 자신의 충심
(integrity)을 포기하지 말아야 하며, 공의의 하나님께서는 반드시 최후에 복
과 기쁨으로 보답하신다는 것이다.

또 한편으로 욥기는 의인의 고난과 역경이 사탄의 계교에서 비롯될 수 있음을 암시하면서도, 이 고난의 원인에 대한 질문은 하나님이 답해 주시지 않는 한 인간의 지혜로는 터득할 수 없기에, 피조물인 인간은 다만 하나님의 역사 운행의 신비성과 불가해성(unpredictability of God), 특히 의인의 고난의 불가지론적 요소를 겸손히 수용하는 것이 오히려 지혜로운 자세임을 주지하고 있다.

지혜의 근원

지혜에 대한 이스라엘 지혜인의 근본적인 질문은 지혜의 '정의'에 대한 것보다 지혜의 '근원' 문제에 더 집중되어 있음을 알 수 있다. 과연 지혜는 어디에서 또는 누구로부터 기원하며, 지혜는 어디에서 또는 누구로부터 찾아 얻을 수 있는가(욥 28:12,20; 잠 1:7; 9:10; 15:33 등)?

지혜의 근원 문제에 대한 구약성경 저자들, 특히 지혜서(욥, 잠언, 전도서) 저자들의 견해는 지혜가 양면의 얼굴을 갖고 있다는 것(Janus-faced wisdom), 곧 지혜는 하나님에게서 기원하는(divine origin[17]) 하나님의 선물임과 동시에 이 지혜는 인간에게서 기원하는(human origin[18]) 인생 경험의 산물이라는 것이다.

지혜의 신적 기원론 즉 지혜가 창조주 하나님에게서 기원하는 하나님의 선물일 뿐만 아니라 지혜를 의인화할 경우에는 하나님 자신일 수도 있다는 견해에 대하여는 앞에서 지혜의 여성적 이미지에 대하여 설명하면서 부분적으로 언급된 내용이므로 여기서는 지면관계상 부연된 설명을 생략하고, 후자의 경우 즉 지혜의 인간적 기원론에 대하여만 집중적으로 고찰해 보려고 한다.

지혜의 인적(人的) 기원론은 근본적으로 인간의 합리적 사고능력을 긍정적으로 고려한 것으로서, 그 이면에는 하나님께서 인간에게만 주신 이성을 통하여 인간 스스로 삶의 지혜를 터득하고 그 지혜를 수집하고 후손에게 전달할 수 있다는 이론에 기초한다. 즉 이성을 소유한 인간은 필연적으로 반복되는 삶의 경험 속에서 합리적인 관찰과 사고(思考), 반성과 토론을 통하여 인생의 문제를 타개할 수 있는 원리(비결) 및 행복과 성공적 삶의 방법을 터득하게 되고 그 원리를 가정에서 또는 학교에서 후손들에게 전수시키게 되며, 특히 솔로몬 때부터 세워진 것으로 보이는 궁중의 지혜학교와 이 지혜학교에서 훈련받은 서기관들의 집대성(참고 잠 25:1)을 통하여 오늘의 지혜문학으로 남게 되었다는 것이다.

이와 같은 보편적 지혜의 인간적 기원론의 배후에는 '하나님의 형상'으로 창조된 인간의 능력에 대한 긍정, 즉 하나님의 창조능력에 버금가는 역사창조의 동반자로서의 인간의 능력에 대한 최대한의 인식이 깔려있다고 볼 수 있다. 이와 같은 관점에서 지혜서의 하나님은 일반적으로 율법서나 예언서에서 강조하는 바 '특별 계시' 로서의 '언약/계약의 하나님' 또는 '구원의 하나님' 사상(구속신학) 보다는 '자연계시'의 근저를 형성하는 창조신학에 근거를 둔 '창조주 하나님' 사상에 더 치우쳐 있음을 엿볼 수 있다.[19]

지혜의 인적 기원론을 가장 잘 대변해 주는 책이 전도서인데, 이 책에서 반복적으로 언급되는 어구들, 즉 "내가 본즉…", "내가 살피니…", "내가 내 마음에 이르기를…" 등과 같은 어구들은 지혜가 인간의 관찰(observation)[20]과 명상(meditation), 자각과 반성, 숙고와 토론 등의 이성적 과정을 거쳐 터득한 삶의 원칙이요 지혜임을 주지하고 있다.

> "(나 지혜자는) … 마음을 다하며 지혜를 써서 하늘 아래에서 행하는 모든 일을 연구하며 살핀즉 … 이는 괴로운 것이니 … 보라 모두 다 헛되어 바람을 잡으려는 것이로다"(전 1:13~14).
>
> "내가 보니 지혜가 우매보다 뛰어남이 빛이 어둠보다 뛰어남 같도다"(전 2:13).
>
> "사람이 먹고 마시며 수고하는 것보다 그의 마음을 더 기쁘게 하는 것은 없나니 내가 이것도 본즉 하나님의 손에서 나오는 것이로다"(전 2:24).

“나는 내 마음에 이르기를 자, 내가 시험삼아 너를 즐겁게 하리니 너는 낙을 누리라 하였으나 보라 이것도 헛되도다 … 내가 내 마음으로 깊이 생각하기를 내가 어떻게 하여야 내 마음을 지혜로 다스리면서 술로 내 육신을 즐겁게 할까 … 그 후에 내가 생각해 본즉 내 손으로 한 모든 일과 내가 수고한 모든 것이 다 헛되어 바람을 잡는 것이며 해 아래에서 무익한 것이로다”(전 2:1~3, 11). “내가 내 마음속으로 이르기를 우매자가 당한 것을 나도 당하리니 내게 지혜가 있었다 한들 내게 무슨 유익이 있으리요 하였도다 이에 내가 내 마음속으로 이르기를 이것도 헛되도다 하였도다”(전 2:15).

지혜자가 자신의 세상과 자연에 대한 관찰, 그리고 경건생활을 통하여 터득한 '자연계시적' 지혜는 다음의 몇 가지로 요약할 수 있는데, 이들 지혜의 근저에서 발견되는 사상은 믿음과 지식은 물론 성(religious)과 속(secular)을 구분하지 않을 뿐만 아니라, 더 나아가서 하나님 경험(experience of God)과 세상(자연) 경험(experience of the world)을 동일시한다는데21 그 독특성이 있다. 이와 같은 경험과 관찰에 기초한 보편적 지혜(잠 6:6~8; 30:24~28)의 전통은 우선 가족 또는 공동체에서 반복적으로 사용된 후에 그 타당성이 검증을 받아 마지막 단계에서 공동체적 잠언 또는 지혜로 채택됨으로써 마침내 오늘의 지혜서에 편입되게 되었을 것으로 보인다(잠 25:1).

1. 인과율 또는 인과응보의 원칙

아마도 구약의 지혜자가 자연계의 현상을 관찰함으로써 터득한 지혜 가운데 가장 대표적인 것을 들라 하면 그것은 두말할 것 없이 '인과율'(cause & effect)이라 할 것이다. 이 원리는 "심은대로 거둔다"는 원칙이고 동시에 함정을 파는 자가 오히려 그 함정에 빠지게 된다(잠 26:27)는 원칙이다. 인과율은 사람이 인과응보의 원칙에 순응하는 것이 행복하고 안전한 삶의 지름길임을 가르친다. 이와 같은 인과율은 지혜서에만 나오는 것이 아니고, 구약성경의 곳곳에 산재해 있다. 예를 들어, 형과 부친을 속인 야곱도 결국 외삼촌과 아들들에게 자신도 속임을 당하게 된다는 원칙이다. 이와 같은 인과율에 기초한 지혜와 잠언의 몇 가지 실례를 들어본다.

1) 언어와 관련된 지혜(잠 15:23; 25:11,15; 26:17; 27:14 등)

"사람은 그 입의 대답으로 말미암아 기쁨을 얻나니 때에 맞는 말이 얼마나 아름다운고"(15:23)!
"경우에 합당한 말은 아로새긴 은 쟁반에 금 사과니라"(25:11).
"오래 참으면 관원도 설득할 수 있나니 부드러운 혀는 뼈를 꺾느니라"(25:15).

2) 성실과 정직한 삶의 지혜(잠 10:4, 9; 19:15, 24; 24:30~34; 27:1 등)

"손을 게으르게 놀리는 자는 가난하게 되고 손이 부지런한 자는 부하게 되느니라"(10:4).
"게으름이 사람으로 깊이 잠들게 하나니 태만한 사람은 주릴 것이니라"(19:15).
"바른 길로 행하는 자는 걸음이 평안하려니와 굽은 길로 행하는 자는 드러나리라"(10:9).
"너는 내일 일을 자랑하지 말라 하루 동안에 무슨 일이 일어날는지 네가 알 수 없음이니라"(27:1).

3) 명예와 부유한 삶의 가치(잠 13:8; 18:11, 16; 21:20; 22:1 등)

"많은 재물보다 명예를 택할 것이요 은이나 금보다 은총을 더욱 택할 것이니라"(22:1).
'사람의 재물이 자기 생명의 속전일 수 있으나 가난한 자는 속량의 수단이 없느니라'(13:8 사역).

"부자의 재물은 그의 견고한 성이라 그가 높은 성벽 같이 여기느니라"(18:11).

"지혜 있는 자의 집에는 귀한 보배와 기름이 있으나 미련한 자는 이것을 다 삼켜 버리느니라"(21:20).

4) 인간 관계(용병술)의 슬기(잠 17:17; 20:6; 24:17, 28, 29; 25:17, 21~22; 26:6 등)

"미련한 자 편에 기별하는 것은 자기의 발을 베어 버림과 해를 받음과 같으니라"(26:6).

"많은 사람이 각기 자기의 인자함을 자랑하나니 충성된 자를 누가 만날 수 있으랴"(20:6).

"노를 품는 자와 사귀지 말며 울분한 자와 동행하지 말지니"(22:24).

"너는 까닭 없이 네 이웃을 쳐서 증인이 되지 말며 네 입술로 속이지 말지니라"(24:28).

"네 원수가 배고파하거든 음식을 먹이고 목말라하거든 물을 마시게 하라 그리 하는 것은 핀 숯을 그의 머리에 놓는 것과 일반이요 여호와께서 네게 갚아 주시리라"(25:21~22).

5) 겸손과 자기 절제의 지혜(잠 22:4; 25:28; 29:23 등)

"겸손과 여호와를 경외함의 보상은 재물과 영광과 생명이니라"(22:4).

"사람이 교만하면 낮아지게 되겠고 마음이 겸손하면 영예를 얻으리라"(29:23).

"자기의 마음을 제어하지 아니하는 자는 성읍이 무너지고 성벽이 없는 것과 같으니라"(25:28).●

6) 효도와 화목한 가정의 행복(잠 4:1; 6:20; 10:1; 13:1; 15:5, 17; 17:25; 23:25; 28:7; 30:17 등)

"채소를 먹으며 서로 사랑하는 것이 살진 소를 먹으며 서로 미워하는 것보다 나으니라"(15:17).

"아비의 훈계를 업신여기는 자는 미련한 자요 경계를 받는 자는 슬기를 얻을 자니라"(15:5)

"네 부모를 즐겁게 하며 너를 낳은 어미를 기쁘게 하라"(23:25)

7) 공동체 의식의 가치(잠 14:31; 19:17; 21:13; 28:27 등)

"가난한 자를 구제하는 자는 궁핍하지 아니하려니와 못 본 체하는 자에게는 저주가 크리라"(28:27)

"귀를 막고 가난한 자가 부르짖는 소리를 듣지 아니하면 자기가 부르짖을 때에도 들을 자가 없으리라"(21:13).

8) 의로운 삶의 가치(잠 3:33; 11:8; 12:7; 12:21; 13:9; 14:32; 15:29; 21:18; 24:16; 28:1; 29:2; 29:27 등)

"악인의 집에는 여호와의 저주가 있거니와 의인의 집에는 복이 있느니라"(3:33).

"악인은 엎드러져서 소멸되려니와 의인의 집은 서 있으리라"(12:7).

"의인의 빛은 환하게 빛나고 악인의 등불은 꺼지느니라"(13:9).

"악인은 그의 환난에 엎드러져도 의인은 그의 죽음에도 소망이 있느니라"(14:32).

"여호와는 악인을 멀리 하시고 의인의 기도를 들으시느니라"(15:29).

"악인은 의인의 속전이 되고 사악한 자는 정직한 자의 대신이 되느니라"(21:18).●

"대저 의인은 일곱 번 넘어질지라도 다시 일어나려니와 악인은 재앙으로 말미
암아 엎드러지느니라"(24:16).

"악인은 쫓아오는 자가 없어도 도망하나 의인은 사자 같이 담대하니라"
(28:1).

"의인이 많아지면 백성이 즐거워하고 악인이 권세를 잡으면 백성이 탄식하느
니라"(29:2).

2. 반인과율적 지혜

이스라엘의 지혜는 결코 일관된 인과론만으로 만족하지 않으며, 판에 박
힌(stereotyped) 인과응보적 획일성(monolithic)만을 보여주지 않는다. 이스라
엘의 지혜자는 인간 경험의 다양성과 인생사의 복잡성 및 불가해성을 과감
히 수용하여 역설적이고도 반인과율적인 지혜에도 길을 열어놓고 있음을
볼 수 있다. 이와 같은 반인과율적 지혜의 배후에는 유대인들이 자신들의 역
사 경험 가운데서 관찰하고 터득한 바, 보편적인 인과론의 원칙에 예외가 있
음을 간파한데서 기원했다고도 볼 수 있다.

반인과율적 지혜는 유신론을 기정사실로 전제하고 있는 이스라엘의 신앙
과 접목되어 생산된 필연적인 산물로서, 인과율(또는 신정론)로서 해결하기 힘
든 사건들의 배후에서 작용하고 있는 하나님의 주권적인 역사운행 원리, 즉
하나의 신비하고 인간의 이성으로 파악하기 힘든 비밀스런(mysterious) 신적
(神的) 지혜에[22] 착안하고 있는데, 그 대표적인 주제로서 앞에서 이미 논의한
(참고 욥기, 합 1장, 시 37, 73편) '의인의 고난'을 들 수 있을 것이다.

3. 초인과율적 원칙으로서의 신앙적 지혜(야웨 경외 사상)

이스라엘의 지혜자가 자연계시로서의 지혜 가운데 가장 중요시 여기는
지혜가 있다면 그것은 단연 신앙적 지혜 곧 '야웨 경외'의 지혜인데, 이 지혜
는 반인과율적(역설적)이면서 동시에 초인과율적 지혜로서 역시 이스라엘의
지혜자가 기본적으로 전제하는 유일신 사상에 기초한다. 즉 유일하신 참 하

나님이시며 만물의 창조자, 역사의 주관자이신 하나님은 인과론을 초월하실 뿐만 아니라 인간의 지혜로 파악하기 힘든(욥 9:22~24; 잠 16:4, 7)[23] 반인과론적인 신비한 방법으로 역사를 주관하시기에, 모든 이성적이고 합리적인 논리를 초월하여 지혜의 근본이신 야웨 하나님만을 의지하고 경외하는 것이 이 세상에서 가장 지혜로운 삶의 길이라는 사상이다.

신약적인 관점에서 볼 때, 이 초인과율적 지혜의 대표적인 사례가 예수께서 행하신 수많은 기적 사건과 '이신득의' 신앙, 즉 예수 그리스도의 십자가에서 역설적으로 만난 하나님의 공의와 사랑의 사건을 자신의 사건으로 믿음으로, 의로워지고 구원을 얻는 지혜라 할 수 있을 것이다.

신앙적 지혜(야웨 경외 사상)의 지리적 배경[24]

이스라엘의 지혜자가 지혜의 근본으로(잠 9:10) 그리고 지혜 가운데 지혜로 간주하여 가장 중요시 한 '야웨 경외'의 지혜는 어떤 관찰과 경험을 통하여 터득하고 발전시킨 것인가?

우리는 지금까지 성경에 나타나있는 바 유대인들의 삶의 지혜는 수천 년의 역사 과정에서 누적된 하나님 체험과 인생 경험에서 비롯되었다는 이론을 고찰하였으며, 이와 같은 결론은 필연적으로 '하나님 경외' 사상(지혜)도 유대인들이 자신들에게 주어진 역사 지리적 조건 속에서 관찰하고 터득하고 발전시킨 경험의 산물이라는 말인데, 그 발전 배경을 어떻게 설명할 수 있는가?

여기서는 이스라엘의 지혜의 정상이요 핵심이라 할 수 있는 '야웨 경외' 사상이 오늘의 형태로 발전되기까지 이스라엘 지혜자에게 주어졌던 지리적 배경에만 집중하여 고찰해 보려 한다.[25] 이스라엘의 '야웨 경외' 사상의 지리적 배경을 고찰함에 있어서 가장 먼저 제기되는 질문은 "왜 하필 가나안 땅인가?"라는 것이고, 이와 같은 질문의 배경에는 지정학적/지리적으로 '가나안 땅'이 안고 있는 부정적 조건이 전제되어 있다.

1. 고난의 용광로

가나안 땅이 갖고 있는 별명이 여러 가지인데, 그 가운데 하나가 '가난한 땅'이고, 아울러 '고난의 땅, 곤란한 땅, 고난의 용광로, 고난의 완충지대'라는 별명도 있다. 가나안 땅이 고난의 땅일 수밖에 없는 이유는 세 가지인데, 그 중 하나는 그 지정학적 조건에 있어서 강대국(제국)들 사이에 위치해 있기 때문이다. 가나안은 주변의 3대 문명권(이집트 문명, 메소포타미아 문명, 히타이트 문명) 그리고 이들 3대 문명권에 상존하는 3대 제국의 틈바구니에 끼어 있는 샌드위치로서 이들 강대국들 사이의 결전지로 사용되었고 3대 세력의 각축장으로서 짓밟히고 고난을 당할 수밖에 없었던 것이다. 이들 3대 제국들 사이에 전쟁이 일어났을 때 최후의 결전지로 사용된 곳은 다름 아닌 이즈르엘 평원이었고, 특히 므깃도는 그 평원의 한 가운데 서 있는 요충지였기에 가장 많은 전쟁의 자취를 안고 있는 텔(Tel)이 되었다. 므깃도는 이집트와 앗수르 또는 이집트와 히타이트 제국이 대결하기 위하여 각자의 위치에서 원정을 개시할 경우 거의 동시적으로 도착할 수 있는 등거리에 위치하기 때문이다.

신약성경에서 인류 최후의 전쟁을 '아마겟돈 전쟁'이라 부르는 것은 이와 같은 수많은 국제 전쟁(세계 대전)이 이곳에서 일어났기 때문이다. 이스라엘과 블레셋의 전쟁에서 사울 왕이 전사한 곳도 이곳이요, 요시야 왕이 전사한 곳도 이곳이다. '아마겟돈'이라는 말은 히브리어로 '므깃도 산'(하르 므깃도)의 헬라식 음역에서 생긴 용어이다.

가나안 땅이 3대 제국의 각축장이 될 수밖에 없는 또 다른 이유는 가나안의 지정학적 조건 때문이다. 즉 땅이 비좁고(한국의 경기도와 강원도를 합친 것보다 작음) 척박하여 강대국으로 부흥할 여건이 갖추어져 있지 않으며, 이스라엘 역사 가운데서 다윗-솔로몬 시대에 단 한번 (소)제국을 형성하여 '다윗 제국'(Davidic empire)이라 불렸지만 이집트 제국이나 앗수르(또는 바벨론/페르샤) 제국에 비하면 '새 발의 피'와 같이 작은 제국이었다. 그러므로 이스라엘은 남롱북호와 같은 제국들의 싸움에 희생당할 수밖에 없었고, "고래 싸움에 새우 등 터진다"는 동양격언처럼 그리고 한반도의 여건처럼 인류 역사상 가장 혹독한 고난의 경지를 경험할 수밖에 있었다.

가나안 땅에 사는 사람들이 필연적으로 고통과 눈물과 비극을 경험할 수밖에 없었던 세 번째 이유는 우선 이들 강대국 황제들의 정복욕구에서[26] 비롯된 빈번한 전쟁 때문이었고, 특히 고대 전쟁의 미개성과 잔인성과 무자비성 때문이었다.[27] 이스라엘과 유다 역사를 읽어보면 적어도 한 세대(25~30년)에 한 번 이상 가나안 땅에 이와 같은 참혹하고 잔인한 전쟁이 빈번하게[28] 일어났음을 알 수 있다. 그런 의미에서 한 인간이 가나안 땅에 태어났을 경우에 그의 생애 동안 적어도 한 번 이상 이와 같은 참혹한 전쟁을 목격하거나 참여함으로서 인간 비극의 한계상황을 경험하게 되었던 것이다.

또한 현대의 군인과는 달리 고대의 군사들은 칼과 창과 활과 돌멩이로 싸웠으며, 고대 전쟁은 패배할 경우 장정들은 참혹하게 죽임을 당하고, 그 시체가 공중의 새와 들짐승의 밥이 되어도 매장할 사람이 없었으며, 여인들 특히 처녀들은 성폭행을 당했고(사 13:16; 애 5:11; 슥 14:2), 아이 밴 여인들은 배가 갈리우고(왕하 8:12; 15:16; 암 1:13; 호 13:16), 성전과 왕궁들은 파괴되고 불태워졌으며, 국가의 중요한 문화재가 약탈당했고, 식량은 물론 개인의 금, 은 보석과 의복까지 모조리 승자에게 빼앗겨야 했던 것이다. 예수님의 '밭에 감추인 보화' 비유는 이러한 전쟁 상황을 전제로 한다.

이스라엘 백성이 겪었던 가장 참혹하고도 비극적인 전쟁의 실상은 사마리아의 멸망(주전 722/1)과 예루살렘의 멸망(주전 587/6) 사건에서 가장 극명하게 드러난다(왕하 17장; 25:1~12). 특히 예루살렘 성이 바벨론 군대에게 포위당했다가 함락될 당시의 처참한 상황이 예레미야애가서에 상세하게 묘사되어 있는데, 그것은 인류 전쟁사에 있어서 그 유례를 찾아보기 힘들 정도의 비극적 사건으로 무려 18개월 동안이나 예루살렘 성이 적군에게 포위당한 절망적 상태에서 끝까지 버티다가 사람을 잡아먹는 사태(cannibalism)까지 겪게 된다(애 2:20; 4:10; 왕하 6:26~40). 이와 같은 전쟁의 극한 상황에서 살아남는 사람들이 있다면 그들은 가난한 자들과 고아와 과부들이었는데, 오경 법전에서 형사취수제도와 함께 그 사회적 보호대상 가운데 반드시 가난한 자와 고아와 과부가 언급되는 것(출 22:22; 신 10:18; 14:29; 16:11, 14; 24:17~21; 26:12~13; 27:19 등)은 이와 같은 전쟁이 빈번했던 상황을 반영한다.

전쟁에 패하면 국가적으로도 엄청난 경제적 억압에 처하게 되었는데, 그것은 종주국이 속국에게 부과한 조공(GNP의 약 10%에 해당하였다 함) 때문이었고, 그 조공을 바칠 때는 미녀를 앞세워 상납하였다. 많은 속국(에돔, 모압, 암몬, 아람, 불레셋 등)을 거느렸던 솔로몬 제국 당시 수많은 왕비와 첩(1,000명)을 두었던 것도 이렇게 상납된 조공과 함께 들어온 미녀들이었을 것으로 본다. 특히 솔로몬의 후계자 르호보암은 암몬 여인 나아마가 낳은 아들이었음에 유의하라. 또한 고대 중동의 전쟁에서 패자가 되면 엄청난 수치를 당해야 했다. 승자 앞에서 패자는 자신의 분뇨를 마셔야 했으며(왕하 18:27; 사 36:12), 포로가 된 왕과 장수들은 눈이 뽑히우고(삿 16:21; 왕하 25:7), 왕족 또는 귀족들이 포로로 끌려갈 경우에는 코나 귀를 꿰인 채로 끌려가거나, 거세를 당하고 환관이 되어야 했다(왕하 20:18; 사 39:7).

이와 같은 맥락에서 한 가지 흥미로운 사실은, '포로'를 지칭하는 히브리어 '골레(남성형태)' 또는 '골라'(여성형태)는 다름아닌 '벌거벗긴 자'(갈라 '벌거벗기다, 드러내다') 곧 나체 또는 적신(애 1:8; 겔 16:37; 사 20:2)을 의미하는 바, 패전국의 백성들 특히 패전국의 지도층이 포로가 되어 끌려갈 때는 남녀 구별 없이 벌거벗긴 채로 끌려갔던 고대의 풍습을 반영하는 것이라 할 수 있다(사 32:11; 겔 16:39; 23:26; 나 2:7).

2. 고난 속에서 터득한 지혜

부정적인 지리적 조건 즉 가난과 전쟁과 눈물로 가득찬 '고난의 용광로'를 수없이 통과하면서 이스라엘 백성들이 터득하고 배운 삶의 철학과 신학은 무엇인가? 생사화복의 주관자이신 야웨 하나님께서 그의 섭리와 계획 가운데서 이스라엘 백성을 선택하시고, 그들에게 가나안 땅을 약속하시고 마침내 지리적 악조건으로 가득 찬 고난의 땅으로 인도하시어 자기 백성 이스라엘 백성에게 가르치고 훈련하시려 했던 것은 무엇이었던가? 그것은 한 마디로 '지혜'였다고 대답할 수 있을 것이다.

출애굽 사건과 가나안 정복(주전 13 세기)에서 시작하여 포로 이후 제2 성전시대 또는 헬라 제국시대(주전 3세기)까지 약 1,000년 동안, 이 가나안 땅에 거주했던 이스라엘 백성들이 전쟁과 가난과 눈물로 얼룩진 역사를 이어가면서 터득하고 배운 것이 있다면 그것은 무엇보다도 먼저 생존을 위한 삶의 지혜와 그 지혜의 최고 가치였던 것이다. 끊임없이 다가오는 전쟁과 샬롬의 위기 앞에서 이스라엘의 지혜자는 샬롬을 동경하고 추구하고 누리는 지혜를 터득하였고, 수없는 죽음의 위협과 그 현장을 목격하면서 죽음의 의미를 숙고하고 죽음의 공포 속에서 종말에 대한 소망과 용기를 갖는 지혜를 찾았으며, 눈물에 젖은 빵을 맛보면서[29] 마음의 평안과 기쁨을 잃지 않는 지혜를 터득하였고, 눈물과 애통을 통해 마음이 온유해지고 가난해지는(마 5:3~5) 지혜와 명철을 발견할 수 있었던 것이다.

세계 어느 민족보다도 지혜의 최고 가치를 추구하는 유대인의 의식구조는 이와 같은 역사 지리적 배경에서 비롯되었다고 볼 수 있다. 이스라엘 지혜의 집대성이라 할 수 있는 토라('교훈/instruction' 또는 '지혜'로도 번역될 수 있음)는 인류 역사상 가장 강도 높은 고난의 용광로에서 생산된 것으로서, 유다 왕국의 멸망 이래(주전 587/6년) 2,500년 이상 세상의 떠돌이로 방황했으면서도 결코 소멸되지 않고 살아 남을 수 있었던 비결을 보여주고 있다.

마치 섭씨 7,000도의 고온에서 값진 다이아몬드가 생산되듯이, 진주 조개가 자신의 살 속으로 침입한 고통스런 모래알을 녹여내기 위하여 오랜 세월 '나카로'라는 진액을 분비함으로써 마침내 아름다운 진주를 생산하는 것처럼, 그리고 모세가 목격한 '불타는 떨기나무처럼', 이스라엘 백성은 그 혹독한 전쟁과 고난의 풀무(신 4:20; 왕상 8:51; 렘 11:4; 사 48:10; 창 15:17; 잠 17:3)를 거치면서도 소멸되지 않으면서, 이 세상의 모든 가치에 우선하는 삶의 지혜를 터득하고 생산하였던 것이다.

3. '궁극적 지혜'의 발견

이스라엘 백성이 고난과 역경을 통해 터득한 삶의 지혜 가운데 가장 가치 있고 소중한 지혜 곧 영원하고 참된 궁극적인 지혜는 다름아닌 '신앙의 지혜' 였다. 이러한 이스라엘의 궁극적인 지혜는 구약성경 전체에 언급되어 있는 바, 이 세상의 어떤 사상과 철학과 종교도 가르쳐 본 적이 없는 지혜 중의 지혜요, 세상의 그 어떤 보화나 재물과도 바꿀 수 없는 값진 지혜였던 것이다. 이 궁극적 지혜는 고난의 극한 상황에서 터득한 지혜로서 하늘을 바라보는 지혜요 하나님께 부르짖는 지혜였다.

이것은 천지 만물을 창조하신 유일하신 하나님 곧 궁극적 하나님께 대한 궁극적인 신앙 그 자체를 가리키며, 그런 의미에서 이 세상의 모든 구원의 수단을 포기한 사람 곧 사방으로 모든 구원의 길이 막혀 있어 오직 하늘을 향하여 전적으로 생명을 걸고 부르짖는 길(렘 33:2~3) 밖에 없는, 하나님 앞 에서 가난하고 연약해진 사람만이 발견할 수 있는 궁극적 지혜였던 것이다.

이스라엘 백성의 궁극적 고난 속에서 생산된 이 궁극적 지혜는 다음의 네 가지로 요약될 수 있다.

1) 유일신(창조주) 사상

이 지혜는 가장 연약하고 무지하고 죄된 인간이 아무 공로 없이 다만 영 원히 살아 계시고 전능하시며 홀로 하나이신 창조주 하나님 야웨를 구원자 로, 왕으로, 목자로, 그리고 최고 사령관으로 의지하고 믿고 고백하고 영접 함으로써 하나님의 백성이 되고, 신하가 되고, 종이 되고, 친구가 되고, 아들 (또는 양자)이 되고, 어린양이 되고, 군사가 되어, 무한대의 부를 소유하신 창 조주 하나님의 재산을 물려받아 세상에서 가장 큰 부귀와 능력과 은혜와 구 원을 누리는 지혜 즉 모든 원수와 죄와 사망과 고난으로부터 구원을 받는 지 혜인 것이다. 이 지혜는 이스라엘만 터득한, 앨빈 토플러가 말한 세계를 지 배하는 3대 권력(무력, 경제력, 지력)까지도 능가하는, 제4의 능력(믿음의 능력)을 소유할 수 있는 비밀이요 비장의 무기였던 것이다. 그런 의미에서 이 지혜는, 종교개혁자 루터가 말한대로 창조주(왕하 19:15) 하나님이신 야웨(또는 예수)를 소유하면 만물을 소유하는 것이요 반대로 야웨 하나님(예수)을 상실하면 곧 모든 것을 상실한다는 것을 깨닫는 지혜이다.

2) 하나님께 부르짖는 지혜(렘 33:3)

약자 또는 가난한 자만이 풍전등화의 위기에서 하나님께 부르짖는다. '하나님께 부르짖는 지혜'에 대하여 특별히 강조한 사람 중 한 명은 선지자 예레미야였다. 예레미야는 유다 왕국과 예루살렘이 바벨론 군대에게 처참하게 멸망당하는 장면 곧 이스라엘 역사상 가장 참혹하고 비극적인 고난의 장면을 가까이에서 목격하면서 이스라엘 백성과 함께 많은 눈물로 하나님께 부르짖었던 그야말로 '탄식과 눈물의 예언자'로서, 그가 이러한 궁극적 위기상황에서 이스라엘에게 선포한 하나님의 말씀의 요지는 다른 것이 아닌 하나님께 부르짖는 지혜 곧 궁극적 신앙의 지혜였던 것이다.

> "너는 내게 부르짖으라. 내가 네게 응답하겠고 네가 알지 못하는 크고 비밀한 일을 네게 알게 하리라"(렘 33:3).

이와 같은 하나님께 부르짖는 신앙적 지혜를 가장 구체적으로 가르쳐 주는 책이 시편이고 시편 가운데서도 약 30%를 차지하는 것은 탄식시(또는 탄원시)이다. 현대 구약학자들이 공통적으로 인정하는 바, 고대 중동의 그 어느 서정시에서도 발견하기 힘든 이스라엘 서정시의 독특성 가운데 하나는 탄원시의 구조이며, 특히 탄원시의 구조 가운데 나타나는 소위 '분위기의 전환'(change of mood)이다.

이스라엘의 탄원시에 보편적으로 나타나는 이 '분위기 전환'은 시의 전반부에서 시인이 하나님께 자신이 처한 비극적 상황에 대하여 울며 부르짖다가 후반부에서 갑자기 분위기를 전환하여, 전반부에서 언급한 어둡고 침울한 분위기를 잊어버린 듯이 오히려 야웨 하나님의 응답과 구원을 기정 사실로 확신하고 찬양하고 감사하는 것이다. 이스라엘의 탄원시에서만 엿볼 수 있는 시적 구조로서의 '분위기 전환'은 이스라엘 시인의 탁월한 시적 창의력에서 비롯된 것이며, 그런 의미에서 이스라엘 시인의 창의성은 곧 그의 궁극적 신앙에서 비롯된 것이라고 볼 수밖에 없다. 고난과 역경 속에서 오히려 하나님의 들으심을 확신하고 미리 주님을 찬양하고 감사한다는 것은 이스라엘 시인에게서만 찾아볼 수 있는 신앙의 극치요, 그만큼 그들은 많은 고난 속에서 많이 부르짖고 그만큼 많은 도움과 구원을 체험했음을 반영한다고 볼 수 있다.

3) 부활 사상, 부활 신학(겔 37장)

고난의 용광로를 통하여 생산되는 이스라엘의 신앙적 지혜를 말함에 있어서 빼놓을 수 없는 주제 가운데 하나는, 앞에서 잠시 언급한 부활 사상 또는 부활 신학이다. 이 부활 신학이야말로 이스라엘의 고난과 역경이라는 토양에서 자라고 꽃 피운 하나의 찬란한 신학적 클라이맥스라 볼 수 있다. 이것은 출애굽 사건 이후의 이스라엘 역사 중 어느 때보다도 길고 짙게 시련과 고통을 맛보았던 바벨론 포로기와 헬라 제국의 혹독한 시련 속에서 즉 역사적 위기 가운데서 탄생되는 신학이며[30], 따라서 포로 이후의 문학들, 특히 욥기와 시편과 묵시문학(이사야, 에스겔, 다니엘)에서 두드러지게 나타난다.

이와 같은 맥락에서 다시 한 번 확인하는 사실은, 이 글의 서두에서 그리고 잠언에서 강조한 이스라엘의 지혜의 정의와 근원 문제, 곧 "야웨를 경외하는 것이 지혜의 근본이요 거룩하신 자를 아는 것이 명철"이라는 실천신학적 정의는 잠언서의 저자가 어느 날 아침에 갑자기 하나님께로부터 계시를 받아 적은 시구 또는 경구라기보다는, 적어도 천년 이상 가나안이라는 고난의 용광로 안에서 이스라엘 백성이 시련과 연단을 거쳐 터득한 지혜요 진리요 신학이라는 사실이다. 영적 진리의 차원에서 헤아려 볼 때 이 가나안 땅은 가난과 고통의 땅이 아니라 궁극적 지혜와 구원의 말씀을 생산하는, 그야말로 신령한 '젖과 꿀이 흐르는 땅'이었다.

4) 인류구원의 사명을 자각케 하는 지혜

엄밀한 의미에서 이스라엘 백성이 거주했던 가나안 땅의 부정적 여건이 야말로 이스라엘로 하여금 참 이스라엘이 되게 했던 요소였던 것이다. 다시 말하면, 가나안 땅이 안고 있는 부정적 여건이 있었기에 이스라엘은 하나님 께서 기대하신 세계 열방을 위한 '제사장 나라'(출 19:6)가 될 수 있었던 것이 다. 본래 제사장은 하나님과 인간 사이의 중보자로서 하나님과 인간 사이를 가로막고 있는 죄악을 제거함으로써 하나님과 인간이 가까이 만나도록 중 보/매개하는 역할을 위하여 선택된 자였다.

제사장의 우선적 임무는 인간의 죄 값이라 할 수 있는 죽음과 고난을 자 발적으로 대행함으로써 신(거룩한 절대자)과 인간(부정한 상대자) 사이의 관계가 회복될 수 있는 길을 열어놓는 것이었는데, 그런 의미에서 이스라엘이 전 세 계 만국 백성의 구원을 위하여 제사장 나라로 선택되었다는 것은(출 19:5~6; 사 53:1~12)[31]이스라엘이 제사장적 중보자로서 필연적으로 전 세계 만민의 죄를 대신해야 할 희생 제물로서 고난을 당해야 할 것을 예고한 것이라 할 수 있다. 물론 이스라엘이 이와 같은 '제사장 나라'로서의 사명을 자각한 것 은 대체로 포로기 이후부터였을 것으로 보이지만, 결과적으로 이러한 하나 님의 구원섭리에 따라 아브라함이 갈대아 우르에서 부름받은 그날부터 아 브라함의 자손인 이스라엘 백성은 자신의 고난과 희생을 통하여 인류의 죄 값을 치르도록 예정된 것이었고, 그들은 가나안 땅에서의 고난과 눈물로 얼 룩진 1,000년의 역사를 지탱함으로써 이 중차대한 역할을 성실하게 감당하 였다. 그 결과로 인류가 구원받는 길을 제시해 주는 성경이 탄생한 것이다.

04

잠언에 나타난 부의 개념: 이상과 현실 사이

잠언은 그 어떤 성경 본문보다도 '부'에 대한 언급이 빈번하며 그 관점 또한 긍정, 부정, 중립, 모호, 권장, 반대 등으로 매우 다양하다(예 10:22; 11:4; 22:2; 10:15; 22:7; 28:6 등).

잠언을 동서고금의 '세속적 교훈' 가운데 하나로 여기는 학자들은 '부'의 언급을 성공학 주제로 보는데, 이 경우 부정, 중립, 모호, 반대 등의 관점을 해석할 길이 없다. 아울러 잠언을 윤리적 측면에서 다루는 학자들은 '부'에 대한 언급이 단지 '빈민'에 대한 윤리적 교훈을 위한 것이라고 여긴다. 즉 '부'에 대한 언급은 잠언의 주제가 될 수 없고 단지 '빈곤'의 반대 개념이라는 것이다. 예를 들어, 다음과 같은 학술서의 제목들이 이런 생각을 잘 드러낸다. R. N. Whybray, *Wealth and Poverty in the Book of Proverbs* (1990); H. C. Washington, "Wealth and Poverty in the Instruction of Amenemope and the Hebrew Proverbs" (Diss., 1994); T. J. Sandoval, *The Discourse of Wealth and Poverty in the Book of Proverbs* (2006).

이 저서들의 제목에 명시된 '부'(wealth)는 그 뒤를 따르는 '빈곤'(poverty)의 수식어일 뿐 결코 잠언의 주제가 되지 못한다. 결과적으로 성경의 다른 텍스트와 비교할 때 잠언의 가장 큰 특징 가운데 하나라고 할 수 있는 '부'에 대한 주제는 제대로 다루어진 적이 없다. 잠언의 중요한 주제 가운데 하나가 제대로 다루어지지 않는다면, 잠언 전체의 이해도 불완전할 수밖에 없다.

이 글의 목적은 이제까지 무시되었던 잠언의 중요한 주제인 '부의 개념'을 통해 잠언의 본질을 이해하는 것이다. 법도 아니요, 예언자들의 선포도 아닌, 단지 '경구'의 나열처럼 보이는 잠언이 성경으로 받아들여진 것은 그 안에 '신학'이 있기 때문이다. 그러나 이 글에서는 '신학'이라는 용어 대신 이데아(Idea)라는 표현을 사용한다. 잠언에 신학은 있지만 그 신학이 율법이나 예언의 신학과 달리 '이스라엘'이라는 대상을 명시하지 않기 때문이다. 물론 여기서의 이데아는 플라톤 철학에서 말하는 '이데아' 사상과 관계가 없다. 단지 '아이디어'라는 외래어와 혼동을 피하기 위해 독일어로 발음한 것뿐이다. 그러나 이 단어를 '이념, 관념, 사상' 대신 '이상'이라 번역한 것은 본 논문의 이데아는 여전히 '신학'을 의도하고 있기 때문이다.

제목 그대로 잠언에 나타난 부의 개념은 이상과 현실 사이에 있다. 이 글에서는 어떤 경우에 어떤 의도로 부의 개념이 현실적으로 논해지는지, 어떤 방식으로 부의 개념이 이상이 될 수 있는지, 차례차례 설명할 것이다. 이 과정을 위해 선행된 작업은 부의 개념과 관계된 구절들을 취사선택하는 기준의 수립으로써, 해당 구절에 사용된 용어와 표현방식과 정황을 그 기준으로 삼았다. 용어라는 기준은 성경 전체에서 가장 빈번하게 쓰이는 단어지만 잠언에서는 사용 빈도수가 적은 '오차르'(보물, 곳간, 재물), 성경 전체에서 고루 사용되지만 빈도수는 잠언에 집중되는 '아샤르'(부요하게 하다)와 거기에서 파생된 단어들 '아쉬르'(부자), '오쉐르'(부, 재물), 거의 잠언의 용어라 할 수 있는 '혼'(재물), '호센' 등이며, 그 밖에 원래의 의미와는 다르게 사용되거나 상징적으로 쓰인 '샬랄', '코베츠', '예쉬', '쉐멘' 등이 해당된다.

물론 '금', '은', '진주', '보석' 등의 용어가 사용된 구절도 부의 개념에 관계된 구절에 포함되었다. 표현방식이라는 기준을 통해, '떡에 배부르다'(스베아 레헴), '집을 짓다'(리브노트 바이트), '종을 소유하다'(예쉬 로 에베드) 등이 포함되었고, 마지막으로 정황을 통해서, '뇌물'에 대한 것이 부의 개념과 관련된 구절로 선택 되었으며, '현숙한 여인에 대한 찬양'(잠 31:10~31)은 하나의 커다란 단락으로써, 전체적인 맥락이 '부의 개념'으로 다루어졌다.

이 글에서 '부'의 개념과 함께 '부자'의 개념을 따로 다룬다. '부의 개념'에서 '부자'의 모습을 따로 다뤄야 하는 이유는 '부자'에 대한 인식과 '부'에 대한 인식이 늘 일치하지 않기 때문이다. '재물' 자체는 긍정적으로 받아들이되, '부자'에 대해서는 부정적일 수 있다. 이런 현상은 성경의 다른 본문에도 잘 나타나 있다. 아울러 '부'의 개념은 단지 '오쉐르'라는 용어에 국한되지 않는다. 다양한 용어, 다양한 표현, 다양한 문맥을 통해서 '부'의 개념을 표현한다. 또한 '부'의 개념은 '부자'의 개념과 달리 잠언의 다른 주제들과 밀접한 관계를 맺고 있다. 대표적인 것이 '지혜'와 '여호와 신앙'이다.

성경의 다른 본문들에 나타난 부의 개념

히브리어 동사 '아샤르'(עשׁר)와 그 파생어 '아쉬르'(עשׁיר), '오쉐르'(עשׁר)를 기준으로 성경의 다른 본문들을 다루었다. 이 용어들은 잠언을 포함해서 성경 전반에 골고루 퍼져있기 때문에 잠언과 다른 본문들과의 차이점을 잘 드러내 준다.

1. 동사 '아샤르': 부요하게 되다, 부요하게 하다

이 동사의 용법에서 주된 관심은 '부요해짐'의 주체이기 때문에 '부요함' 자체에 대한 평가는 긍정적이지도 부정적이지도 않다. 다만 '부요해짐'의 방법과 주체가 문제이다.

성경의 다른 본문들	여호와는 부요함의 주체	창 10:23; 삼상 2:7; 욥 15:29; 슥 11:5
	여호와는 부요함을 지배	시 49:16(히 17절); 렘 5:27; 겔 27:33; 호 12:8(히 9절)
잠언	신앙적 영역	10:22
	세속적 영역	10:4; 13:7; 21:17; 23:4; 28:20

위의 도표는 각 구절을 해석한 결과다. 성경의 다른 본문들에서, 동사 '아샤르'는 오직 신앙의 영역에서만 사용된다. 그러나 잠언의 경우, 한 구절을 제외하고는 모두 세속적인 영역에 속해있다.

2. 명사 '오쉐르': 부, 재물

'오쉐르'의 표현 방식을 중심으로 성경 본문들을 유형별로 분류할 수 있는데, 이 유형을 분석한 결과는 다음과 같다.

1) 시대적으로 후대에 속하는 성경 본문에서는 '재물'에 대해서 긍정적이다(단 11:2; 대하 1:11~12; 9:22). 이러한 결론은 비슷한 어법을 사용한 다른 본문과의 비교를 통해 이루어졌다(삼상 17:25; 왕상 3:11, 13; 10:23).

2) '재물'의 원천은 여호와 하나님께로부터 말미암는다는 신앙적 관점은 후대에도 여전히 존재하지만(창 31:16; 대상 29:12), '왕'이 '부'의 주체라는 현실적 입장도 있다(삼하 17:25; 단 11:2).

3) 역시 후대에 속하는 본문에서 '부요함'(오쉐르)과 '존귀함'(카보드)이 '오쉐르 베카보드'라는 표현으로 고정되어 사용된다(대하 17:5; 18:1; 32:27; 에 1:4; 5:11; 전 6:2). 역대기에서는 오직 왕들에게 해당되는 표현이지만, 에스더에서는 왕의 신하인 하만에게도(5:11), 전도서에서는 보통사람에게도(6:2) 사용된다. 이러한 자료를 통해서 '오쉐르 베카보드'라는 표현이 사용되는 잠언 구절들(3:16; 8:18; 22:4 등) 역시 그 시기를 가늠할 수 있다.

4) '오쉐르'에 대하여 부정적인 견해를 보이는 것으로 여겨지는 본문 세 곳이 있는데[렘 9:23(히. 22절); 시 49:6(히. 7절); 52:7(히. 9절)], '부함을 자랑치 말라'(렘 9:23), '재물을 의지하는 자'(시 49:6), '재물의 풍부함을 의지하는 자'(시 52:7) 등의 표현이 나타난다. 히브리어로 세 표현은 아주 밀접한 관계가 있

다. 이 표현들은 결과적으로 '재물'을 비판하는 것이 아니라, 재물을 소유한 자의 '태도'를 비판하고 있다. 유사한 표현이 잠언 11:28에 사용되는데("자기의 재물을 의지하는 자는 패망하려니와…"), '재물 가진 자의 태도'에 대한 비판은 잠언 자체에서 비롯되었다기보다 성경적 전통에 의한 것일 수 있다.

3. 명사적 형용사 '아쉬르': 부자

잠언 외의 성경 본문에서 '아쉬르'의 용법을 세 가지로 분류할 수 있다.

1) '빈민'을 나타내는 용어와 함께 문학적 기법으로 사용된 경우(출 30:15; 룻 3:10; 시 49:3)

본문에서 '아쉬르'는 '달'과 '에비온'이라는 '빈민'을 가리키는 용어들과 함께(출 30:15; 룻 3:10; 시 49:3) '메리스무스'(Merismus)라는 독특한 문학적 기법으로 쓰인다. '메리스무스'란 양극단에 있는 단어를 사용함으로써 '전체'를 묘사하는 기법인데, 이를테면 '천지'라는 표현으로 온 세상을 나타내는 것처럼, '빈부'라는 용어가 해당 구절에서 '모든 부류의 사람'을 가리키는 용법으로 쓰인다.

2) 고귀한 신분의 대명사[시 45:13; 전 5:12(히 11절); 10:6, 20]

잠언과 같은 지혜문학에 속하는 텍스트로써, 본문은 '부자'에 대하여 부정적인 인식을 드러내기보다는 '부자일지라도' 삶 자체가 곤고할 수 있음을 보여 준다(5:12; 10:6). 그러나 동시에 '부자'는 '왕'의 동의어로 쓰인다(10:20).

3) 부정적인 모습 그 자체(삼하 12:1~4; 사 53:9; 렘 9:22; 미 6:12; 욥 27:19)

결과적으로 성경에서 부자에 대하여 보여주는 가장 대표적인 인식은 '악의 주체'가 될 수 있다는 것이다. 따라서 '부자'에 대한 성경의 인식은 경제적인 측면에 초점이 맞추어지지 않고 사회적·정치적 측면에 초점이 맞추어진다.

잠언에 나타난 '부자'의 모습

잠언에서 부자의 유형은 '아쉬르'라는 용어를 사용하느냐 하지 않느냐에 따라 둘로 나눌 수 있다. 물론 '아쉬르'를 사용하는 경우에도 잠언에 나타난 부자의 모습은 위에서 살펴 본 성경의 다른 본문에 나타난 모습과 차이가 있지만, '아쉬르'라는 용어를 사용하지 않고 '부자'를 표현하는 방식은 성경의 다른 본문에 나오는 방식과 전혀 다르다.

1. '아쉬르'라는 용어를 사용한 부자의 모습

"부자의 재물은 그의 견고한 성이요 가난한 자의 궁핍은 그의 패망이니라" (10:15).

"가난한 자는 그 이웃에게도 미움을 받게 되나 부요한 자는 친구가 많으니라"(14:20).

"가난한 자는 간절한 말로 구하여도 부자는 엄한 말로 대답 하느니라" (18:23).

"부자는 가난한 자를 주관하고 빚진 자는 채주의 종이 되느니라"(22:7).

'가난한 자' 보호에 대한 오경과 예언서의 윤리적 가르침을 '성경적 도그마'로 받아들인다면 본구절들은 성경에 포함될 수 없다. 부자들에게 '가난한 자' 배려할 것을 전혀 가르치지 않고 있기 때문이다. 그러나 본구절이 아무 것도 가르치지 않는다고 말할 수는 없다. '윤리적' 가르침만이 '가르침'은 아니기 때문이다. 잠언은 나름대로 가르쳐야 할 것을 가르친다. '교훈'만이 가르침은 아니다. '지식'도 가르침이다. 잠언이 오직 교훈이어야 한다는 전제는 성립할 수 없다. 성경의 다른 본문에서는 가르쳐주지 않았던 지식, '부자의 유익한 점은 무엇인가?'에 대한 충실한 답변이 잠언에 나타난 부자의 모습이다. 첫째, 부자를 지켜주는 견고하는 성은 오직 '재물'이다(10:15). 즉 부자란 '재물'의 보호를 받는 사람이라는 것이다. 너무 당연한 말인 듯 하나 현대에도 부자에 대한 정의는 "재물이 많아 살림이 넉넉한 사람"이라는 말 외에 다른 것은 없다. 둘째, 부자는 실제로 사람들의 미움을 받지 않는다. 오히려 친구가 많다(14:20). 셋째, 부자는 사람들을 지배할 수 있다(18:23; 22:7).

2. '아쉬르'라는 용어 없이 표현되는 부자의 모습

"스스로 부한체 하여도 아무 것도 없는 자가 있고, 스스로 가난한 체하여도
  재물이 많은 자가 있느니라"(13:7).
"비천히 여김을 받을지라도 종을 부리는 자는 스스로 높은 체하고도 음식이
  핍절한 자보다 나으니라"(12:9).

잠언 13:7은 번역 자체가 어려운 본문이다. '스스로 부한 체하여도'라는 말과 '스스로 가난한 체하여도'라는 말은 각각 히브리어로 '미트아쉐르'와 '미트로쉬시'이다. 이 두 단어의 해석은 구약 외경 '집회서' 11:18~19에서 사용된 용법(공동번역 "치부하는 사람")과 문법적 분석을 토대로 '~하는 체'로 해석되기 보다는 '~했었던'의 의미로 해석되는 것이 타당하다. 즉, 히브리어 '미트아쉐르와 '미트로쉐쉬'는 문법적으로 '히트파엘형' 동사라고 하는데, 히브리어의 히트파엘형 동사는 대체로 재귀용법, 수동태 용법, 상호관계표시(reciprocal)용법의 세 가지 용법으로 나누어진다. 그러나 이러한 용어들은 히브리어를 라틴어 문법 체계로 설명하는 과정에서 생겨난 것이지, 히브리어 용법 자체를 완벽하게 표현하는 것은 아니다. 따라서 성경의 본문을 해석할 때, 이런 범주로는 설명할 수 없는 히트파엘형 동사가 나타날 때도 있는데 잠언 13:7이 바로 그런 경우에 해당한다. 우리말 번역은 '재귀용법'을 따라, '스스로 부한 체하여도'와 '스스로 가난한 체하여도'라고 했지만, 이러한 해석이 받아들여지려면 최소한 한 두 군데 이상에서 비슷한 용법을 발견할 수 있어야 한다. 그러나 성경에는 '미트아쉐르'와 '미트로쉬시'가 더 이상 나타

나지 않고, 단지 외경인 '집회서'에 '미트아쉐르' 동사가 나오지만, 여기서는 문맥상 재귀용법으로 해석되지 않는다. 단순히 '~하게 되다'라는 의미일 뿐이다. 아울러 히브리어와 같은 셈어인 아카드어에서 히트파엘형과 비슷한 동사 어근 'tan-Form'은 '지속성'(durative)을 나타낼 수 있다. 따라서 이런 정황들을 고려하여 잠언 13:7의 '히트파엘형' 동사들은, 영어식 표현으로 '현재완료 경험'의 용법이라 할 수 있는 "~했었던"의 의미로 해석하는 것이 타당하다. 즉, '(과거에) 부자였어도 (현재) 아무 것도 없는 자가 있고, (과거에) 가난했어도 (현재) 재물이 많은 자가 있다'는 것이다. 이 구절에서 배울 수 있는 부자에 대한 개념은 잠언 10:15에 나타난 것과 같다. '재물을 소유한 자'가 부자라는 것이다. 이런 인식의 배경에는 결국 '한 번 부자는 영원한 부자'가 아니라는 의미가 내포되어 있다. 이러한 의미를 더욱 분명하게 드러내는 것이 바로 두 번째 구절이다(12:9). 본구절에서 놀라운 사실은 '비천히 여김을 받으면서도 종을 부릴 수 있다는 것'이다. 여기서 '비천히'는 히브리어로 '니클레', 사회적 신분이 낮은 것을 의미한다. '종을 부린다'로 번역된 표현을 히브리어로 직역하면 '종을 소유하다'는 뜻이다. '사회적 신분이 낮은 자가 종을 소유하다'라는 말은 역설처럼 들린다. 그러나 잠언에 나타난 부자의 개념을 적용하면, '부자'의 요건은 재물의 유무이지 신분의 높고 낮음이 아니다. 성경에서 '종'은 '재물'로 취급된다.

잠언 12:9하를 보면, "스스로 높은 체하여도 음식이 핍절한 자"라는 표현이 나온다. 여기서 '스스로 높은체하다'라는 말은 히브리어 '미트카베드'의 번역인데, 잠언 13:7에서도 살펴보았듯이 히브리어 동사 히트파엘형은 문맥에 따라 다양한 방식으로 번역되고, 본구절의 문맥은 '미트카베드'라는 동사가 앞부분의 '비천히 여김 받다'(니클레)와 대조를 이룬다. 따라서 '스스로 높은 체하다'라는 번역은 오히려 문맥에 어울리지 않는다. 차라리 '높임을 받다'라는 수동형의 의미로 해석하는 것이 적절하다. 그러므로 본구절은 "비천히 여김 받아도 종을 소유한 사람(= 부자)이, 높임을 받아도 끼니가 없는 사람(= 가난한 자)보다 낫다"라는 의미다. 잠언에 나타난 부자의 모습, 성경의 다른 본문에서는 전혀 등장하지 않는 지극히 현실적인 존재이다.

'부'와 '지혜'

1. '부'와 '지혜'의 관계

본 주제에 관련된 구절들을 아래 도표와 같이 정리할 수 있다.

	잠언 2, 3, 4장	잠언 8장	잠언 1~9장 밖의 본문
I	2:4		
II	4:7	8:10	17:16; 23:23
III	3:14	8:19	16:16
IV	3:15	8:11	
V	3:16	8:18, 21	24:3~4

위 도표에서 가로 줄(I~V)은 비슷한 표현이 사용된 구절들을 가리킨다. III을 예로 들어보면 다음과 같다.

3:14	8:19	16:16
이는 지혜를 얻는 것이 은을 얻는 것보다 낫고 그 이익이 정금보다 나음이니라	내 열매는 금이나 정금보다 나으며 내 소득은 천은보다 나으니라	지혜를 얻는 것이 금을 얻는 것보다 얼마나 나은고 명철을 얻는 것이 은을 얻는 것보다 더욱 나으니라

'부'와 '지혜'가 관련된 구절들은 잠언 1~9장에 집중된다. 그러나 잠언 8장이나 잠언 1~9장 밖의 구절들은 잠언 2~4장에 나오는 중요한 표현들을 반복하고 있다. 따라서 '지혜'와 관련된 '부의 개념'은 지극히 상투적이라는 것을 알 수 있다. 상투적이라는 말은 그만큼 익숙하고 고정된 개념이라는 의

미다. '지혜'와 관련된 '부의 개념'에서 중요한 것들을 정리하면, 첫째, 가치 판단의 기준이다. 어떤 것의 가치를 판단할 때는 비교할 수 있는 대상이 있어야 한다. 잠언에서 판단하고자 하는 가치는 지혜다. 거기에 대한 비교의 대상, 그것이 바로 '재물'이다. 따라서 잠언 1~9장에서 사용하는 '재물'의 개념은 구체적이고 현실적이다. '금', '은', '진주' 등의 명확한 '재화'를 기준으로 삼는다. 누구나 가치를 인정하는 대상이어야 하기 때문이다. 둘째, 상업적 기질이 촉구된다. '찾다', '구하다', '얻다', '사다' 등의 동사가 빈번히 사용되는데, '재물'을 구하는 시장의 정황을 나타낸다. 은밀하지 않고 공개적이다. 수동적이 아니라 적극적이다. 재물을 구하는 자(부자)들의 삶의 방식이 지혜를 구하는데도 그대로 적용된다. 재물을 구하는 자들의 태도는 적극 칭송되고 장려된다. 셋째, 지혜와 관련된 '부의 개념'에서 '부'는 오직 '재화'(금, 은, 진주 등)만 포함하는 것이 아니라, '자산'도 포함된다. 잠언 24:3~4; 14:1 등이 여기에 해당한다.

2. '부'와 '지혜로운 자'

"지혜 있는 자의 집에는 귀한 보배와 기름이 있으나 미련한 자는 이것을 다 삼켜 버리느니라"(21:20).

"지혜로운 자의 재물은 그의 면류관이요 미련한 자의 소유는 다만 그 미련한 것이니라"(14:24).

"슬기로운 종은 〈주인의〉 부끄러움을 끼치는 아들을 다스리겠고 또 그 아들들 중에서 유업을 나눠 얻으리라"(17:2).

"집과 재물은 조상에게서 상속하거니와 슬기로운 아내는 여호와께로서 말미암느니라"(19:14).

"부자는 자기를 지혜롭게 여겨도 명철한 가난한 자는 그를 살펴 아느니라"(28:11).

'재물'은 단지 '지혜'의 가치를 평가하는 기준이 될 뿐만 아니라 동시에 '지혜'의 결과다. 그러한 사실을 잘 보여주는 것이 '부'와 '지혜로운 자'의 관계다. 잠언 19:14에서, "집과 재물은 조상"으로부터, "슬기로운 아내는 여호와께로서"라는 대조는 '집과 재물'의 가치를 평가절하하려는 것이 아니라 '슬기로운 아내'의 가치를 극대화하기 위한 것이다. 즉, '집과 재물'은 현실적으로 가장 가치 있는 것이라는 점에서 비교 대상으로 사용되었다. 잠언 28:11에서 자기를 슬기롭게 여기는 '부자'(실제로는 어리석은 자)와 '명철한 가난한 자'가 대조를 이루는데, 잠언에서는 '한 번 부자는 영원한 부자가 아니다'라는 전제가 이미 명시되었다. 따라서 본구절은 '부자'의 가치를 떨어뜨리려는 것이 아니라, '명철함' 없이는 '부'를 유지할 수 없다는 의미일 뿐이다. 즉, 이상적인 부자는 명철함을 갖고 있다.

'부'와 '여호와 신앙'

"네 재물과 네 소산물의 처음 익은 열매로 여호와를 공경하라; 그리하면 네
  창고가 가득히 차고 네 즙 틀에 새 포도즙이 넘치리라"(3:9~10).
"여호와께서 복을 주시므로 〈사람으로〉 부하게 하시고 근심을 겸하여 주지
  아니하시느니라"(10:22).
"겸손과 여호와를 경외함의 보응은 재물과 영광과 생명이니라"(22:4).
"가산이 적어도 여호와를 경외하는 것이 크게 부하고 번뇌하는 것보다 나으
  니라"(15:16).
"〈곧〉 허탄과 거짓말을 내게서 멀리 하옵시며 나로 가난하게도 마옵시고 부
  하게도 마옵시고 〈오직〉 필요한 양식으로 내게 먹이시옵소서"(30:8).

잠언에서 '여호와 신앙'은 단순히 '부의 원천'을 말하지 않는다. '창고가 가득히 차고, 즙 틀에 새 포도즙이 넘치리라'(3:10)는 약속을 위해서 '여호와를

공경하라'(3:9)고 명령하지 않는다. '여호와를 공경할 때' 이미 '재물'과 '소산물'이 있고 그것으로 여호와를 공경하기 때문이다. '창고가 가득히 차고 즙틀에 새 포도즙이 넘치는 것'은 단지 여호와께 인정을 받았다는 표시일 뿐이다. 축복의 상징인 것이다. '여호와 신앙'과 관련된 '부의 개념'에서는 잠언에서 강조하는 '복의 개념'이 잘 나타난다. '지혜'의 가치를 강조하기 위해 '부의 개념'이 비교 대상으로 사용되었듯이, '여호와 신앙'에서는 '복'의 가치를 강조하기 위해 '부의 개념'이 사용된다. 현실적으로 가치 있는 것이 '재물'이라는 사실에는 반론의 여지가 없기 때문이다.

첫째, '부'가 복이 되려면 근심과 번뇌가 따라오지 않는 재물이어야 한다(10:22; 15:16). 복에 재물이 포함되는 것은 분명하지만, 재물 그 자체가 복이될 수는 없다는 것이다.

둘째, '부'가 복이 되려면 영광과 생명이 수반되어야 한다(22:4). 따라서 '겸손과 여호와를 경외하는 것'은 '부'를 얻는 방법이 아니라 '복'을 얻는 방법이다. 잠언에서는 '집과 재물을 조상에게서' 상속할 수 있다(19:14). 현실적으로 여호와만이 재물의 원천은 아니다. 그러나 복은 오직 여호와께로부터 말미암는다. 따라서 "슬기로운 아내는 여호와께로서 말미암느니라"(19:14)고 할 때, '슬기로운 아내'는 '집과 재물'이라는 '부'의 가치를 능가하는 '복'의 개념이다. 잠언 18:22에서, "아내를 얻은 자는 복을 얻고 여호와께 은총을 받는 자니라." 아내를 '복'이라고 할진대 '슬기로운 아내'는 두말할 필요도 없다.

셋째, 진정한 '복'은 죄를 짓지 않는 것이다. 사람에게도, 여호와께도 죄를 짓지 않는 것이 복이다. 그러한 사상이 가장 잘 표현된 곳이 잠언 30:7~9이다. '재물'이 죄를 짓게 한다면 '재물'보다 더 가치 있는 '복'을 위해서 특단의 조치를 취할 수 있다. 그러나 문제는 '재물'을 버려야 하는 것인가, 가져야하는 것인가? '재물'은 없어도 죄를 짓게 만들고 너무 많아도 죄를 짓게 만든다. 성경에서 '재물'의 딜레마를 이토록 잘 묘사한 부분은 없다. 현실에서는 이러한 딜레마를 해결할 길이 없다. 결국 "두 가지 일을 주께 구하였사오니 … 필요한 양식으로 내게 먹이시옵소서"(잠 30:7, 8).

이것은 현실이 아니라 '이상'이다. 사람의 힘으로는 불가능하다. 오직 여호와 하나님만이 하실 수 있는 일이다. 잠언에 나타난 부의 개념은 '여호와 신앙'과 함께 현실에서 '이상'으로 승화된다. 그러나 본구절이 한 개인의 신앙고백이라는 점에서 잠언에 나타난 부의 개념으로 일반화시키기엔 무리가 있다. 즉 '부'의 일반적 속성을 묘사했다기보다는 '부'와 관련된 개인의 성향을 고백한 것이기 때문이다.

'부'에 대한 현실적 권면들

1. '부'와 관련된 비윤리적 행위에 대한 경고

"이를 탐하는 자는 자기 집을 해롭게 하나 뇌물을 싫어하는 자는 사느니라"
(15:27).
"지혜를 사모하는 자는 아비를 즐겁게 하여도 창기를 사귀는 자는 재물을 없이 하느니라"(29:3).

잠언에서 '부'와 관련된 비윤리적 행위의 결과는 '부의 손실'이다. '부의 손실'이 경고라는 것은 '부의 가치'가 전제되어 있음을 의미한다. 가치 있는 것을 잃는 것이 비윤리적 행위의 대가인 것이다. '이를 탐하다'라는 표현은 히브리어로 '보쩨아 베짜아'인데, '베짜아'라는 단어 자체가 '부정하게 얻은 이익'이라는 뜻을 갖고 있기 때문에, 이 단어는 '부'의 본질을 나타내는 것이 아니라 어떤 '행위'의 본질을 가리키고 있다. '자기 집을 해롭게 하다'라는 표현은 '오케르 베토'인데, '오케르'는 원래 '뿌리 뽑다'는 뜻으로, '집을 해롭게 하는 것'은 경제적 손실에서 비롯된다.

2. '부'와 관련된 적극적인 권면

"사람의 재물이 그 생명을 속할 수는 있으나 가난한 자는 협박을 받을 일이
없느니라"(13:8).

"뇌물은 임자의 보기에 보석 같은즉 어디로 향하든지 형통케 하느니라"
(17:8).

"선물은 그 사람의 길을 너그럽게 하며 또 존귀한 자의 앞으로 그를 인도하
느니라"(18:16).

"은밀한 선물은 노를 쉬게 하고 품의 뇌물은 맹렬한 분을 그치게 하느니라"
(21:14).

본구절들은 적절한 '해석' 없이는 이해하기 힘들다. 잠언 13:8의 "가난한
자는 협박을 받을 일이 없느니라" 자체는 히브리어 문맥을 전혀 반영하고 있
지 않다. 히브리어로는 '베라쉬 로 샤마아 게아라'인데, 같은 장 1절에서는
'라쉬'(가난한 자) 대신 '레츠'(거만한 자)를 썼을 뿐 나머지는 다 같은 표현임에도
불구하고, '거만한 자는 '꾸지람'을 즐겨 듣지 아니하느니라'라고 '게아라'를
협박 대신 꾸지람으로 번역했다. '게아라'의 실제적인 의미도 '꾸지람'이다.
따라서 13:8의 '협박'을 원래의 의미인 '꾸지람'으로 받아들이면, 본문은 다
음과 같은 뜻이 된다. "사람의 재물이 그 생명을 속하는데도 불구하고 가난
한 자는 꾸지람을 듣지 않아서 (재물을 모으지 못한다)."

다음으로 '뇌물'과 관련된 구절들은 마치 '부'를 위해서는 수단방법을 가리
지 말라는 의미로 받아들여진다. 물론 본구절들을 제외하고는 성경의 어느
곳에서도 '뇌물'을 긍정적으로 평가하는 곳은 없다. 그렇다면 어떻게 된 일
일까? '뇌물'(쇼하드)과 관련된 동사들은 '주기'와 '받기'이다. 잠언의 본구절들
은 오직 '주기'에만 해당한다. 반면에 '뇌물'을 정죄하는 성경의 '모든' 본문들
은 오직 '받기'와 관련이 있다. 다시 말해서 잠언의 본구절들은 '뇌물공여죄'
라는 개념이 없는 상황을 반영하고 있다. 따라서 죄가 성립되지 않는 한, '뇌

물'은 단지 '선물'에 불과할 뿐이다. 그러므로 '부'와 관련되어 적극적인 권면을 할 수 있는 것이다.

3. '재산'을 지키는 것에 대한 권면

"망령되이 얻은 재물은 줄어가고 손으로 모은 것은 늘어 가느니라"(13:11).
"네 양떼의 형편을 부지런히 살피며 네 소떼에 마음을 두라. 대저 재물은 영영히 있지 못하나니 면류관이 어찌 대대에 있으랴. 풀을 벤 후에는 새로 움이 돋나니 산에서 꼴을 거둘 것이니라. 어린 양의 〈털〉은 네 옷이 되며 염소는 밭을 사는 값이 되며 염소의 젖은 넉넉하여 녀와 네 집 사람의 식물이 되며 네 여종의 먹을 것이 되느니라"(27:23~27).
"자기의 토지를 경작하는 자는 먹을 것이 많으려니와 방탕을 좇는 자는 궁핍함이 많으리라"(28:19).

세 본문의 공통점이 '재물의 손실'을 경고한다는 사실은 분명하다. 그러나 위에서 언급한 '비윤리적 행위'로 인한 '재물의 손실'과는 다르다. 여기서의 행위는 '비윤리적'이라기 보다는 '어리석음' 쪽에 더 가깝다. 잠언 13:11의 경우, 히브리어 원문의 어려움 때문에 다소 모호한 우리말 번역을 수정할 필요가 있다. "재물은 낭비 때문에 줄어들고, 손에 있는 '재산'(코베츠)은 점점 늘어난다"라고 번역되어야 한다. 즉 이미 소유하고 있는 재산을 '지킬 것'에 대한 권면인데, 마치 재물을 '모으는 방법'으로 해석되었다.

잠언 28:19의 경우, 강조점은 '자기의 토지'(아드마토)에 있다. 다시 말해서 '토지의 소유'를 확실히 한 사람에게 '먹을 것이 많다.' 이 표현은 히브리어로 '이스바아-레헴'인데, 잠언에서는 부의 개념을 나타내는 관용어로 볼 수 있다. '자기의 토지'를 굳게 지키는 사람은 '방탕'이든 뭐든 좇아다닐 이유가 없다.

같은 맥락에서 잠언 27:23~27의 경우는, 잠언 28:19와 의도는 같지만 내용이 다르다. 의도는 역시 주어진 조건('네 양떼, 네 소떼')을 잘 유지하라는 것이다. 그러나 '소유' 자체가 중요한 '토지'와 달리 '양떼와 소떼'는 지속적인 관리가 필요하다. 당장 먹을 것이 있다고 관리를 소홀히 하게 되면, 언젠가는 그 '재물'이 없어지게 될 것이다. 따라서 '풀도 베고, 꼴도 베는' 일을 해야 염소를 먹일 수 있고, 염소를 먹여야 털도 얻고 젖도 짜게 된다는 것이다. 이 것이 결국에는 '재물'을 지속적으로 유지할 수 있는 원동력이 된다.

이상적인 활동들 - '현숙한 여인'(31:10~31)

1. 본문 이해

외형적으로 이 본문은 한 여인의 활동을 묘사하며 찬양한다. 각 절이 히브리어 알파벳순으로 배열된 정교한 시로서, 잠언의 어떤 단락과도 관계가 없이 완전히 독립되어 있다. 본단락과 관련하여, 여기에 나타난 '현숙한 여인'은 고대의 실제적인 여인상을 반영하고 있느니, '지혜'를 의인화한 상징적인 표현이니 등으로 논란이 분분하지만, 이 글의 관심은 여기에 묘사된 '현숙한 여인'의 실체보다는 그 여인의 활동으로 묘사된 '사업'의 내용에 있다. 본문은 알파벳순이라는 형식에 초점이 맞추어져 있기 때문에 사업의 내용이 시간적 순서로 묘사되어 있지 않다. 따라서 본 글에서는 각 구절의 순서를 내용에 맞추어 임의로 배열하였다.

2. 생산(13, 19절) - 판매(18, 24절) - 구입(14~15, 16절)

"그는 양털과 삼을 구하여 부지런히 손으로 일하며"(13절).

"손으로 솜뭉치를 들고 손가락으로 가락을 잡으며"(19절).

"자기의 무역하는 것이 이로운 줄을 깨닫고 밤에 등불을 끄지 아니하고"(18절).

"그는 베로 옷을 지어 팔며 띠를 만들어 상고에게 맡기며"(24절).

"상고의 배와 같아서 먼데서 양식을 가져 오며"(14절).

"밤이 새기 전에 일어나서 그 집 사람에게 식물을 나눠주며 여종에게 일을 정
　하여 맡기며"(15절).
"밭을 간품하여 사며 그 손으로 번 것을 〈가지고〉 포도원을 심으며"(16절).

　전형적인 가내수공업을 묘사하고 있다. 이러한 '물레질'은 가정의 자급자
족을 위한 것일 수도 있고 판매를 염두에 둔 것일 수도 있지만, 이어지는 내용
에서 이 여인의 생산 활동은 이미 판매를 염두에 두었다는 것을 알 수 있다.
　24절의 '띠'는 성경에서 일반적으로 사용하는 형태인 '하고라' 대신 '하고
르'라는 매우 드문 형태를 사용했다. 판매용을 의도하는 것으로 보인다. '상
고'는 히브리어로 '케나아니', 곧 '가나안 사람'이라는 뜻인데, 성경에서는 전
문적인 상인을 의미한다. 흥미로운 점은 이러한 생산, 판매는 '먼데서 양식
을 가져오고'(14절), '밭을 사고 포도원을 심기 위한 것'(16절)이라는 사실이다.
'그 손으로 번 것을 가지고'(16절)라는 표현이 이 사실을 뒷받침한다.

3. 여인의 사업에 의한 결과

"그 집 사람들은 다 홍색 옷을 입었으므로 눈이 와도 그는 집 사람을 위하여
　두려워하지 아니하며"(21절).
"그는 자기를 위하여 아름다운 방석을 지으며 세마포와 자색 옷을 입으며"(22절).
"능력과 존귀로 옷을 삼고 후일을 웃으며"(25절).
"그런 자의 남편의 마음은 그를 믿나니 산업이 핍절치 아니하겠으며"(11절).
"그 남편은 그 땅의 장로로 더불어 성문에 앉으며 사람의 아는 바가 되며"(23절).

　본구절들에서 언급하는 옷은 모두 '부요함'의 상징이다. 25절에서는 아
예 '현숙한 여인'이 '능력'과 '존귀'를 입었다고 표현한다. '후일을 웃으며'라는
말은 '후일까지 웃으며'라고 해야 맞다. 결과적으로 '산업이 핍절치 않다'(11
절)라는 말은 더욱 확실하게 경제적 풍요를 가리킨다. 여기서 '산업'으로 번

역된 히브리어는 '샬랄'인데, 원래는 '약탈물'이라는 의미다. 그러나 '약탈물'이라고 해서 '샬랄' 자체를 정죄하지는 않는다. 누구로부터 빼앗은 것인지를 문제 삼을 뿐이다. 사무엘상 30:26에서 다윗은 '탈취물'(샬랄)을 그 친구 유다 장로들에게 '선물'로 보낸다. 이 때 다윗은 다음과 같이 말한다. "여호와의 원수에게서 탈취한 것을 너희에게 선사하노라." 아말렉, 곧 '여호와의 원수'에게서 탈취한 것이기에 아무런 문제가 없다. 그런 의미에서 본구절에 언급되는 '샬랄'은 이방과의 교역을 통해 얻은 이익을 의미할 수 있다.

결과적으로 본단락에서 언급되는 여인의 활동(사업)은 잠언에 나타난 '부의 개념'을 그대로 반영한다. '지혜'(26절), '여호와 경외'(30절)의 주제와 함께 나타나는 '상업적 활동', '부요함'에 대한 충분한 묘사 등은 본단락의 목적을 '부요함에 이르는 과정'이라고 해도 과언이 아니다. 그렇다면 여기서 제기되는 의문은, 이러한 '부요함에 이르는 과정'을 왜 하필이면 '현숙한 여인의 활동'으로 묘사했는가 하는 점이다. 이상적이지만 지극히 비현실적인 '현숙한 여인'과 지극히 현실적인 과정이지만 여인의 활동으로는 볼 수 없는 '부요함에 이르는 과정'의 절묘한 조화는 사실상 잠언에 나타난 부의 개념이라고 할 수 있다. 잠언에 나타난 부의 개념, 그 자체가 이상과 현실 사이에 놓여 있기 때문이다.

결론

첫째, '부자'의 모습은 이상적이다. 부자를 이상적인 모습으로 묘사하는데 윤리적이거나 종교적인 조건이 반드시 필요한 것은 아니다. 그러나 부자의 위치는 고정되어 있지 않다. 한 번 부자가 영원한 부자일 수는 없으며, 빈민이 부자가 될 수 없는 것은 절대로 아니다. 이러한 사실은 부요함에 이르는 과정이 사람들에게 충분히 납득된다는 것을 의미한다. 부요함에 이르는 과정이 개방적일 수 있는 사회는 아무래도 농업보다는 상업 활동이 활발할 것이다.

둘째, '부'는 많은 이익을 준다. '부요함'과 관련되어 종교적 위험이 언급되었지만, 이것은 '부' 자체의 속성을 말한 것이 아니라 '부'와 관련된 개인의 성향을 고백한 것이므로(30:7~9) '부' 자체는 위험하지 않다. 오히려 '부의 손실'이 위험한 상태이며 더 나아가서는 비난받을 일이다. 따라서 '부요함'을 지키려는 노력이 필요하다.

셋째, 그러나 '부'가 지고의 가치를 갖는 것은 아니다. 물론 '부요함' 자체도 가치는 있지만 그것은 현실적인 가치일 뿐, 이상적인 가치는 아니다. 이상적인 가치는 '지혜'와 '여호와 신앙'에서 찾을 수 있다. 그럼에도 '부'라는 현실적인 가치는 이러한 이상적인 가치들 앞에서 무시되지 않는다. 누구에게나 납득되는 가치이기 때문이다. '이상'은 '현실'과 분리되지 않는다. '이상'은 반드시 '현실'을 거쳐야만 가치가 있다.

넷째, 잠언에서는 '부요함'에 이르는 방법을 가르치지 않는다. 가장 적극적인 권면은 단지 주어진 '재물' 또는 '재산'을 지키라는 것이다. 다시 말해서 '부'의 가치와 중요성을 강조하고 있지만, '부요함'에 이르는 것이 잠언의 목표는 아니라는 것이다. 여기에 나타난 잠언의 본질은 결국 '세속적 성공학 교과서'와는 거리가 멀다는 것이다.

다섯째, 따라서 '여호와 신앙'이나 '지혜'는 결코 '부'에 이르는 방법 가운데 하나가 아니다. 오히려 '부요함'을 통해서 여호와를 공경할 수 있고, 지혜를 누릴 수 있다. 잠언에서 언급된 거의 유일한 '부자 되는 방법'은 '조상에게서 집과 재물을 상속받는 것'(19:14)이다. 잠언은 결코 '신앙'이나 '지혜'를 수단으로 묘사하지 않는다. '신앙'과 '지혜'는 잠언의 목표다.

마지막으로, 잠언의 특성상 대부분의 구절들은 상호 연관성 없이 잠언 전체에 분산되어 있지만, '부의 개념'을 중심으로 한데 모일 때에 일정한 '체계'를 수립할 수 있었다. 이것은 적어도 '부의 개념'에 관한 한, 잠언 안에 분산되어 있는 구절들이 비슷한 시대적 배경에서 비롯되었음을 의미한다. '부의 개념' 안에서 각 구절들 간의 시대적 편차는 그리 크지 않다.

갈등의 시대에
좋은 이웃이 되는 것에 대한
잠언의 가르침

　　요즈음 여러 영역에서 이해집단 간의 갈등을 볼 수 있다. 역사상 갈등은 언제나 존재했지만, 이해집단이 다양화된 오늘날에는 그 빈도가 더욱 높아졌고 정치, 경제, 문화, 이념, 연령, 혈연, 지연 등 여러 영역에서 갈등의 양상도 매우 다양해짐을 볼 수 있다. 우리나라는 남과 북의 이념적 대치와 전쟁을 겪으면서 그리고 급격한 산업화와 세계화를 경험하면서 그 갈등의 골이 더 깊어졌다. 이 글에서는 어느 한 편이 옳고 그르다고 쉽게 단정할 수 없는 욕구와 갈등에 대해, 성경에서 그 해결책을 찾아보려고 한다. 그중에서도 이스라엘의 초기 왕정시대에 나타나는 여러 갈등들, 특히 왕정이라는 통치체계와 재물에 대한 가치, 그리고 인간관계 속에서 나타나는 갈등에 대해, 잠언 10:1~22:16 안의 여러 경구(警句)들을 통해 어떤 해결책들을 제시하고 있는지 찾아보려고 한다. 그 중에서도 '인간관계에서의 갈등'에 대해서 집중하여 살펴볼 것이다.

왕위계승사화[1]와 잠언

　　'왕위계승사화'에서는 왕권이 누구에게 계승되었는가를 나타내는 단순한 역사서술이 아니라, 야훼의 언약과 그 언약을 보증하시는 야훼의 행위에 대한 신학적 서술이다. 그리고 잠언과 '왕위계승사화'는 '가능성의 인간에게 주어진 책임감'[2]이라는 공통된 사상을 갖고 있다. 그것은 '왕위계승사화'와 '잠언' 모두에서, 야훼께서 인간을 신뢰하시는 모습이 잘 나타나기 때문이다.[3] 즉 야훼는 계시 등으로 직접적인 간섭을 하시는 것이 아니라, 가능성의 인간에게 책임을 주시는 분으로 나타나신다. 이때에 야훼는 '드러나지 않는 손'으로 역사를 주관하신다.[4] 따라서 '왕위계승사화' 중에 걸림돌이 되었던 질문, 즉 "다윗이 생명의 길이 아닌 죽음의 길을 택했을 때(밧세바와 우리야 사건), 생명의 길은 어디에 있는가?"에 대해 대답해 준다. 그것은 야훼의 의지에 달려 있다. 사람이 어리석음을 선택하면 어려운 결과가 나타난다. 그런데 왕의 어리석은 선택에도 불구하고 그 왕조에게 주어진 약속이 무효가 되지 않은 것은, 바로 야훼의 의지 때문이다. 야훼의 약속은 인간의 어리석음에도 불구하고 무효로 되지 않는다. 그러므로 역사의 주인은 야훼이시다.

1. 왕정의 시작과 잠언의 교훈

지금까지는 잠언의 경구들이 특정한 시대와 지리적 배경이 없이, 격언처럼 전승된 것이라고 생각했다. 잠언의 수집물들은 1~9장, 10:1~22:16, 22:17~24:34, 25~29장, 30장, 31장으로 나눌 수 있다. 이 수집물들은 오랜 세월 동안 확장되었고, 잠언서의 최종 편집연대는 포로기 후기인 주전 5세기라고 할 수 있다. 하지만 일부 본문은 특정한 시대를 반영하며, 또 어떤 시대를 겨냥하여 기록되거나 수집된 것이다. 특히 10:1~22:16은 이스라엘 왕국시대의 시대상황을 반영하는 수집물이다.

그렇다면 왜 이 시기에 잠언이 수집되고 편집되었을까? 단편적으로 전승되던 격언들이 어떤 사회적 필요에 따라 수집되었다고 추정할 수 있는데, 이 시기에 이러한 형태의 격언을 필요로 하는 사회적 요구가 있었다고 할 수 있다. 그리고 사회적 필요에 따라 수집된 잠언의 격언들은 왕국의 통치와 백성들의 교육에 활용되었을 것이며, '왕위계승사화' 속에 나타나는 수많은 사건들 속에는 잠언의 가치관이 녹아 있음을 알 수 있다.

1) 지파사회와 왕권사회의 가치관의 갈등

다윗-솔로몬으로 이어지는 초기 왕국시대는, 친족공동체 중심의 사회에서 세계화된 도시화 사회로 변화하는 시기였다. 통치 형태도 지파사회에서 왕권 국가로 바뀌는 혁명적인 시기였다. 왕국으로 바뀌면서 이스라엘은 고대 근동의 문명세계에 그 존재를 드러내기 시작했으며, 중개무역을 통해 경제력이 확대될 뿐 아니라 외래문물이 수입되어 이스라엘 자체의 문명도 발달하였다. 경제력의 신장은 문화 전반에 걸쳐 발전을 이루는 원동력이 될 수 있다. 이 시기를 이스라엘의 '문예부흥기'로 볼 수 있다. 이처럼 지혜전승들이 보편화되어서, 왕실과 상류층 학생들 뿐 아니라 서로 관심사가 다른 범위의 사람들에게 널리 확대되었다.[5] 갑작스런 도시화로부터 시작된 갈등 속에서, 문예부흥기의 지혜전승은 탈출구가 될 수 있었다.

이스라엘은 주변의 다른 나라들과는 달리 강력한 지도력이 발휘되지 못하는 지파사회의 전통을 갖고 있다가, 사울 시대에 이르러 왕권이 나타나기 시작했다. 사울은 블레셋과 암몬 등 주변 국가들과의 전투를 통해 등장하였다. 당시 이스라엘 사회는 정예화 된 블레셋의 군대와 맞설 새로운 지도력을 요구하게 되었고, 이러한 지도력이 왕권으로 이어진 것이다. 사울은 기브아의 믹마스에서 블레셋과의 전투에서 승리하였고(삼상 13~14장), 또 길르앗 야베스를 침공하던 암몬 족속들(삼상 11장)을 물리침으로, 사사들처럼 카리스마적인 군사지도자(나기드)로 등장하였다. 사울은 옛 지파 동맹의 중심지였던 길갈에서 이스라엘의 환호를 받아(삼상 11:14~15) 세워짐으로, 옛 전통을 유지할 수 있었다. 또한 사울이 속한 베냐민 지파는 이스라엘의 중부에 위치했지만 연약한 지파이기 때문에 다른 지파들의 질투와 견제를 받지 않아, 왕위에 오를 수 있었으나 강력한 왕권을 세우기에는 한계가 있었다. 따라서 사울 왕국은 과도기적 '지파왕국'이라고 정의할 수 있다.

그렇지만 사울의 뒤를 이어 이스라엘의 왕이 된 다윗과 그의 아들 솔로몬 시대에는 주변 국가들과 비슷하게 왕권의 기틀이 세워졌다. 또 상비군과 용병제 등 군대조직과 함께 관료조직이 확립되면서, 많은 외국인들이 왕국 건설과 운영에 참여할 수 있었다. 왕국이 수립되기 이전의 이스라엘은 종교 전통을 중심으로 하는 지파사회의 모습을 유지해 왔지만, 왕국이 수립되면서 빈번한 교역 가운데 이방종교가 수입되어 종교 및 정신세계 가운데도 위기가 찾아왔다. 또한 왕국이 형성될 시점에 이미 사회에 계층화가 나타나, 다른 주변 국가들처럼 지배계층과 피지배계층의 구분이 확연해지고, 갈등의 조짐이 보이기 시작했다.

2) 갈등의 양상들

다윗-솔로몬 왕권이 정착되면서 정치·경제·사회·문화 전반에 걸쳐 커다란 변화가 일어났다. 이러한 변화의 와중에 이전의 가치체계와 새로운 가치체계 사이에 충돌이 많이 일어났다.

첫째로, '왕권에 대한 갈등'이 많이 일어났다. 특히 다윗에서 솔로몬으로 이어지는 왕권의 계승 이야기에서는, 아직 왕권이 확고하게 세워지지 않았기 때문에 나타나는 반(反) 왕권의 움직임이 여러 번 나타난다. 무엇보다 다윗과 밧세바와의 불륜에 대한 기록(삼하 11장)에서 찾아볼 수 있다. 인간 왕의 욕망이 백성들의 생명을 해칠 수 있음을 경고한 것이다.

드고아의 한 여인의 말(삼하 14:1~24)에서 재판권의 충돌에 대해 볼 수 있다. 씨족/촌락 공동체의 한 구성원이 상위의 제3자(왕국)에게 호소하는 모습이 나타난다. 왕국의 힘은 지역의 권위와 관습법의 권위를 압도하고 복종시킬 힘을 갖추었다. 지파 사회에서 가족의 권위가 왕국의 권위와 충돌할 수 있음을 보여주는 사례다. 그와 반대로 압살롬은 다윗 왕에게 재판받기 위해 오는 사람들에게, 왕이 그들의 소송을 해결해주지 않을 것이라고 말하면서 백성들의 마음을 훔쳤다(삼하 15:2~6). 압살롬은 예전부터 존재하였지만 지금은 위협을 받고 있는, 지파 구성원들의 권한을 들어 호소하여 자기 배후로 삼았다. 아버지의 정치적인 고향인 헤브론에서 기름부음을 받음으로, 왕권 시대에도 지파 사회의 권위가 존중되는 모습을 보여준다.

또한 지파 사회에서는 인간 왕을 두지 않았던 이스라엘이 인간 왕을 두게 되자 그의 능력에 대한 불안감을 갖게 되었다. 무엇보다 왕의 감정의 기복에 따라 백성들의 삶이 위태해질 가능성이 있기 때문이다(참고 삼상 8:11~18). '암논 : 다말-압살롬' 사이에 빚어진 사건(삼하 13장)에서, 다윗은 "이 일을 듣고 몹시 분개하였다(21절)"[6]는 말 뿐이다. 왕이 처벌을 하지 않았다는 이 구절을 통해, 다윗이 재판관으로서 역할을 제대로 감당하지 않았음에 대해 무언의 질책을 하고 있는 것이다. 결국 압살롬이 직접 복수하였다. 왕권이 법에 따라 공정한 재판을 해야 했는데, 왕 자신의 과거 약점 때문에 공정한 재판을 기대할 수 없다고 여길 때, 지파사회의 법집행 방식처럼 직접적인 복수가 행해졌음을 알 수 있다. 아직 지파사회의 가치관을 버리지 못한 사람들은 인간 왕에게 불안감을 느끼고 있음을 알 수 있다.

둘째로, 왕정 시대의 '경제적 부흥'은 사회계층을 나누었다. 토지 소유가 소수의 사람들에게 집중된 것과 빈부격차가 심해진 것이 다윗-솔로몬 이전부터 시작되었으나, 왕국 이전 사회에서는 지파 사회의 관습과 종교법이 이를 보완하였다. 하지만 중앙집권화 된 왕국에서는, 과세(課稅)권과 징병(徵兵)권을 가진 국가가 관료조직을 동원하여 부(富)를 집중시켰다. 소수 상부계급의 사치와 특권생활을 보장해주는 경제적인 불균형과 억압은 불만세력을 많이 만들었다. 그리고 이러한 불만세력은 왕권에 큰 부담이 되었다(참고 왕상 12:4).

또한 지파 사회의 유목민적 경제 패러다임에서 새로운 왕국의 패러다임으로 전환할 필요가 있었다. 지파 사회에서는 '친족'이 경제적 안전망이 될 수 있었지만, 왕국에서는 친족대신에 '재산'이 보호망이 될 수 있다. 다윗이 압살롬의 반역을 피해 마하나임에 머무는 동안 바르실래는 다윗에게 음식을 제공했다. 이에 다윗은 환궁하면서 그의 아들을 왕궁으로 데리고 갔을 뿐 아니라, 솔로몬에게 유언할 때 바르실래의 아들들의 안전을 부탁하였다(왕상 2:7). 반대로 나발은 재산이 많았지만, 여호와를 경외하지 않고(삼상 25:36) 아내의 말에 주의를 기울이지 않았기 때문에, 결국 망하고 만다. 이처럼 재산이 갑작스러운 재난을 피하고 또 위기에서도 구할 방도가 될 수 있다.

그리고 도시화된 사회에서는 개인에게 경제적 책임을 강하게 물었기 때문에, 지파 사회에서 가족과 친족의 보호 아래 있던 이들에게는 갈등이 생길 수밖에 없었다. 즉 지파 사회에서는 '게으름'이 가족 간의 훈계의 대상이 될 수 있지만, 그로 인해 생산성 차질 등의 사회문제로까지는 등장하지 않았다. 하지만 사회가 분화되면서 고용주와 피고용인의 관계가 형성되었을 때, 피고용인에게 게으름에 대한 경고가 강하게 주어졌을 것이다. 즉 게으름에 대한 경고를 통해, 개인의 책임에 대해 물었던 것이다. 이것은 개인의 책임에 대해서는 '보증서는 것'에 대한 경고에서도 잘 볼 수 있다. 지파 사회처럼 가난한 형제에 대한 일방적인 동정심과 도움을 주어야하는 규정은 거부되고, 경제적인 측면에서 개인의 책임이 중요하게 취급된다.

셋째로, '인간관계에서의 갈등'이 나타났다. 지파 사회에서는 가족이 매우 중요한 사회단위였다. 혈연이 무엇보다도 중요한 결속원리가 되고, 또 형제애(兄弟愛)는 의무사항처럼 보이기도 한다. 하지만 왕국이 형성되면서 이방인들과 함께 도시를 이루며 살게 되었고, 이로 인해 형제애의 결속원리와 의무가 희석되었다. 기존의 지파 사회의 가치관이 반영된 '혈연위주의 이웃관계'와 도시 사회의 '형제애가 희석된 이웃관계'는 갈등을 불러왔다. 다윗이 압살롬에게 쫓길 때, 다윗의 뒤를 따른 이들 가운데 용병(傭兵) 그렛 사람과 블렛 사람들, 그리고 가드에서 온 군사 육백 명이 있었다(삼하 15:18). 반면에 헤브론의 유다지파 사람들은 다윗이 왕위에 오르는데 가장 강력한 후원을 하였지만(삼하 2:4), 지금은 압살롬을 지지하고 있다. 그들은 자신들의 손으로 압살롬에게 기름 부어 왕으로 삼았다고 말한다(삼하 19:10). 즉 다윗을 지키고 피난처까지 따라간 이들은 이방인 용병들이지만, 다윗의 정치적 후원 그룹인 유다지파는 압살롬을 지지했다. 왕정이 강화되면서 기존의 이웃관계가 해체되는 모습을 보여준 것이다.

2. 잠언에 나타난 '왕권'에 대한 현상과 통합의 노력들

잠언에서 왕권과 관련하여 사용한 어휘들의 용례를 분석해 볼 때, 몇 가지 현상으로 나누어 볼 수 있다.

1) 왕이 하나님의 말씀을 지키면 재판할 때에 그릇된 판결을 내리지 않으며(16:10), 왕의 마음(이성과 감성)은 야훼의 손(결정)에 달려 있어서 야훼의 인도하심에 따라 결정하게 된다(21:1). 이 구절에서 시냇물은 생명을 낳는 물로써, 생명을 가져다주는 왕의 정책은 야훼의 뜻에 따라야 한다는 것을 의미한다. 또 왕은 힘이 있어서 그의 진노는 사람들을 두려워 떨게 만들지만, 그가 베푸는 은총은 백성에게 생명을 가져다준다(19:12). 이 구절에서 왕은 야훼의 대리자로서 백성들에게는 은총을, 대적들에게는 분노를 쏟아 붓는다. 이처럼 왕은 하나님의 대리자이며, 왕권은 하나님이 주신 것이다.

2) 히브리 성경에서 이상적인 왕을 대표하는 모습은 '공정한 재판'을 통해 나타난다. 공정한 재판장인 왕의 이미지는 왕권의 상징인 보좌가 '정의'로 이루어졌다는 개념으로 나타난다. 왕의 보좌를 지켜주는 것은 세습이나 권력이 아니라 공의와 정의를 실천하는 왕의 태도임을 밝히고 있다. 범죄가 공동체의 안녕과 질서를 위협하기 때문에, 그리고 왕에게 사회의 질서를 유지할 책임이 있기에 왕은 범죄를 미워한다(16:12). 그리고 범죄의 만연을 막음으로 사회질서를 지킴으로 왕권은 든든하게 세워질 수 있다. 그리고 왕은 야훼를 대신하여 재판을 관장하는 존재로 나타난다(20:8, 26). 특히 사회질서를 세우는 가운데 중요하게 대두되는 것은 '상거래에서의 질서'다. 야훼께서는 정확한 저울추를 지키기를 원하시는데(16:11; 11:1; 20:23), 왕은 저울추를 잘 관리함으로 정의를 세울 수 있다. 따라서 왕은 공정한 재판장으로서 정의를 실천하고 수호해야 한다.

3) 왕도 인간이기에 그 능력이 불완전하여 백성을 다스리는데 실수할 수 있다. 백성의 번영과 심지어는 생명 여탈(與奪)의 여부까지 왕에게 달려 있다. 왕의 분노가 죽음을 가져오게 하거나, 왕의 마음을 기쁘게 함으로 생명을 얻기도 한다(16:14, 15; 20:2). 왕을 노하게 하는 것은 자기의 생명을 해하는 것이며(20:2), 지혜로운 사람은 왕의 진노를 그치게 한다(16:14). 노하기를 더디 하는 것이 슬기로움이며, 남의 허물을 덮어줄 때 영광이 돌아온다. 왕

에게는 이 같은 자제력이 요구된다(19:11). 또한 왕의 태도 여하에 따라 백성들의 수가 증가하거나 감소할 수 있고, 백성의 수에 따라 왕에게 영광이 될 수도 있고 또는 욕이 될 수도 있다(14:28). 이처럼 왕권의 긍정적인 측면을 부각시킴으로 왕권을 옹호하는 격언과 왕권을 반대하는 이들의 의견이 반영된 것처럼 보이는 격언이 함께 나타난다. 지혜교사는 왕권의 부정적인 측면도 있음을 경고하고 있다.

4) 왕은 지혜로운 신하의 도움을 받을 때 선정(善政)을 베풀 수 있으며, 정직하고 의로운 말을 사랑하는 왕에게 지혜로운 신하가 모인다. 왕은 다양한 방식으로 다른 사람들과 관계를 맺어왔다. 왕과의 바른 관계는 주로 '의로운 말(言)'에 달려 있음을 알 수 있다. 왕은 참된 말을 기뻐하기 때문이다(16:13). 심지어 참된 말을 하는 사람은 왕의 친구가 될 수 있다(22:11). 좋은 말은 내면의 바른 생각에서 나오는 것이다. 또한 이스라엘은 지파사회에서 벗어나 국가의 형태를 이룸으로, 외부의 적을 막아 국가를 안정시킬 뿐 아니라 경제적으로도 번영으로 이끌어야 했다. 이러한 과제를 수행하기 위해서는 훌륭한 인재를 발굴하여 적절한 위치에 배치시켜야 한다(14:35).

5) 사람은 헤세드와 진리를 실천함으로 죄악을 용서받게 되며, 야훼를 경외함으로 악으로부터 멀어질 수 있다(16:6). 심지어 야훼를 기쁘시게 하는 행위는 원수의 마음까지 감동하게 하여 그와 화평을 이룰 수 있다(16:7). 왕은 헤세드와 진리를 지킴으로 자신의 왕권이 보장될 뿐 아니라 견고하게 이어갈 수 있다(20:28). 이처럼 왕권은 정의 뿐 아니라 헤세드와 진리를 실천할 때 보장될 수 있다.

3. 잠언에 나타난 '재물의 가치'에 대한 현상과 통합의 노력들

잠언에서 '재물'과 관련하여 사용된 어휘들의 용례를 분석해 보면, 몇 가지 현상을 찾아 볼 수 있다.

1) 부자의 재산은 자신을 보호해줄 수 있는 견고한 성으로 인정된다

(10:15; 18:11). 가난한 자는 이웃에게 환영받지 않지만, 부자는 친구들에게 환대를 받는다(14:20; 19:4, 7). 가난한 자는 간절한 말로 굽실거리며 도움을 청하지만, 부자는 냉정하게 거절한다(18:23). 가난하고 빚지면 종으로 전락한다(22:7). 부유한 사람은 재물로써 자기 목숨을 구명할 수 있어서 좋다고 하지만, 가난한 사람은 협박을 받을 일이 없다(13:8). 이 격언에 따라 가난한 사람은 도둑이나 강도의 위협을 받을 일이 없다고 반대로 해석할 수도 있다. 이처럼 부자가 재산을 소유하게 되면, 자신의 삶을 안전하게 지키는데 사용할 수 있어서 재산은 유용한 것이라고 할 수 있다.

그러나 가난한 자에 대한 야훼의 관심이 크기 때문에, 가난한 자를 배려하지 않으면 안전에 위협을 받는다. 이웃을 멸시하는 것은 죄를 짓는 일이며, 가난한 사람에게 은혜를 베푸는 사람은 복을 받는다(14:21). 심지어 가난한 자를 불쌍히 여기는 것은 야훼께 꾸어드리는 것이라고 말하기도 한다(19:17). 가난한 사람을 학대하는 것은 그를 지으신 분을 모욕하는 것이지만, 궁핍한 사람을 동정하는 것은 그를 지으신 분을 경외하는 것이다(14:31; 17:5에는 반대의 경우를 들고 있음). 그리고 가난한 자들을 돌보지 않고 오히려 무시할 때, 자신의 재물도 안전하게 지켜주지 못한다(22:2).

2) 어떻게 부자가 되고 또 가난한 자가 될 수 있는지에 대해, 잠언에서는 예언서 본문들과는 달리 구조적인 모순이나 사회적 악을 원인이라고 하지 않는다. 가난한 자는 돌보고 살펴야 할 대상이지만(14:31; 19:17; 21:13; 22:9, 16), 때로는 이들이 부정적으로 묘사되기도(10:15; 19:4) 한다. 지혜로운 자는 가난한 자의 필요를 돌보도록 훈련받았다. 통치자에게 이 지혜는 더욱더 요구되었다(잠 28:15; 29:14).

(1) 게으른 사람은 가난하게 되고 부지런한 사람은 부자가 된다(10:4; 12:27)는 가장 일반적인 격언으로부터, 게으른 사람은 고용주의 눈 밖에 난다(10:26)는 특별한 격언까지, 게으름과 부지런함에 대한 격언이 많다. 인간 관계에서 존경을 받는 요인은, 여자는 덕이 있을 때고 남자는 부지런히 일하여 재물을 얻을 때다(11:16). 게으른 사람은 재산을 잃고 남의 종이 될 수 있

다(12:24). 게으른 사람은 바라는 것을 충분히 누릴 만한 재산을 소유하지 못한다(13:4). 그러므로 게으른 사람의 인생은 가시로 덮여 고생스럽지만, 정직한 사람의 길은 탄탄대로다(15:19; 부지런한 사람 대신 정직한 사람으로 쓰임). 밤낮 잠만 자고 나태한 사람은 굶주린다(19:15; 20:4). 부지런한 사람은 계획을 세우고 부지런히 조사하고 노력하여 반드시 이익을 내지만, 조급한 사람은 가난해진다(21:5; 게으른 사람 대신 조급한 사람이 사용됨). 사치와 향락을 좋아하는 사람은 가난하게 된다(21:17). 이처럼 잠언에는 부지런함이 부자가 되는 길이며 게으름이 가난하게 되는 길이라는 것을 동시에 가르치는 격언이 많지만, '게으름'에 대한 경고를 더 많이 하고 있다. 이는 지혜교사가 '개인의 책임'에 대해 깊은 관심을 갖고 있기 때문이다.

(2) 어리석은 사람은 지혜로운 사람의 종이 될 것이며(11:29), 또 어리석음을 유산으로 물려받게 되지만 슬기로운 사람은 지식을 물려받는다(14:18). 그리고 지혜로운 사람은 재물을 소유하고 유지하지만, 어리석은 자는 재산을 탕진한다(21:20).

(3) 의로운 사람에게 재물이 생기는데, 심지어는 죄인이 버는 재물마저 의인에게 주어지게 될 것이다(13:22, 25). 즉 악인이 노력하여 재산을 벌어도 그 재산을 잃게 되는데(13:23), 이는 야훼께서는 의를 실천하는 것을 기뻐하시기 때문이다(21:3). 가난한 자들에게 양식을 나누어주는 사람은 하늘의 복을 받을 것이며(22:9), 자신의 이익 때문에 가난한 자를 억압하는 자는 당장 재산이 많아지는 것 같지만 결국에는 그 재산을 잃게 된다(22:16).

(4) 타인을 위해 보증을 서는 자는 자신의 주제를 알지 못하는 어리석은 자이며(17:18), 보증을 서 준 사람이 파산할 때 손해를 보게 될 것이다(11:15). 자신의 옷이나 심지어는 자신의 몸까지도 담보로 잡히게 만들어(20:15), 자칫하면 종으로 전락할 수도 있다. 개인의 책임이 중요시되는 왕국의 경제 상황에서, 타인의 보증을 서는 것은 매우 경계해야 할 일이다.[7]

(5) 잠언에서는 지혜롭고 선행을 행하는 자에게만 좋은 것이 유업으로 돌아오고, 어리석고 악을 행하는 자에게는 허무함이 상속된다고 말한다. 이것

역시 인간의 선택의 기회와 함께 선택에 따르는 책임을 말하고 있다. 잠언 17:2에서는 지혜로운 종이 부끄러운 짓을 하는 주인 아들의 자리를 차지하며, 심지어 그를 대신하여 유산을 받을 것이라고 말하고 있다.

3) 재물을 능가하는 가치

(1) 잠언에서는 재물을 부정적으로 보지 않는다. 지혜로운 자가 재물을 얻게 될 것이라고 말하며, 재물에 대해 긍정적인 입장을 나타낸다. 하지만 불의한 소득이나 재물보다 가난한 것이 낫다(淸貧)는 격언도 함께 한다(15:16; 16:8, 19; 19:1, 22). 또한 재물보다 야훼를 경외하는 것과 은총을 우선적으로 선택해야 한다는 것을 교훈하고 있다(22:1, 4). 특히 22:1~16을 주목해 보아야 한다. 여기서는 재산보다 더 가치 있는 것이 있음을 보여 준다(1절). 아울러 부자와 가난한 자를 새로운 시각으로 보게 하는 구절이 나온다. 즉 하나님이 부자와 가난한 자를 모두 창조하셨기 때문에, 재산의 유무를 근거로 계층을 나누어서는 안 된다(2절). 하지만 계층 구분은 인정된다(7절). 계층이 나뉘는 이유는, 빈부가 섞여 사는 사회에서 돈을 빌려주고 이를 이유로 노예로 전락하게 되기 때문이다(2, 7절). 그리고 후하게 나누어 주는 사람에게 축복이 임할 것을 가르치고 있다(9절). 가난한 자를 학대하고 부자의 편에만 서는 사람은 오히려 가난해 질 것이다(16절). 무엇보다 겸손한 사람과 '주를 경외하는' 사람이 재산과 영예와 장수를 보장받게 된다. 즉 이것이 지혜로운 삶이기 때문이다.[8]

(2) 재물은 갑작스런 재난 가운데 피할 방법이 되지 못하는 경우가 있다(10:2). 오히려 정의를 실천하는 것이 환난 날에 구원받을 방책이 된다(11:4, 18). 따라서 불의로 재물을 모으는 것은 안개처럼 허망하게 사라지게 되어, 그것을 의지하다가 죽음을 불러오게 되는 것이다(11:28; 21:6).

'인간관계'에 대해 나타난 현상

앞서 지파사회에서 왕국사회로 넘어가는 과도기에 나타나는 갈등을 '왕권'과 '경제적 부흥'과 '인간관계'라는 측면에서 살펴보았다. 여기서는 그 중에서 인간관계의 측면에서 나타난 갈등을 다루려고 한다. 즉 "좋은 이웃이 된다"는 것이 지파사회와 왕국사회에서 어떻게 다르게 나타나는지를 살펴려 한다.

다윗-솔로몬 시대는 이스라엘 역사상 가장 화려하고 부강한 시기로 영토가 크게 확장되어 팔레스타인의 대부분 지역을 장악하게 되었으며, 그에 따라 이스라엘 민족만이 아닌 가나안, 모압, 암몬, 블레셋 사람들이 왕국에 편입되어 국가를 형성하게 되었다. 직업적인 상비군(常備軍)이 조직되었고, 특히 솔로몬은 전차부대를 창설하여 국경지역을 감시하였다(왕상 9:5~19; 10:26~28). 이집트 및 두로, 시돈과 외교관계를 맺어 국가의 안전을 꾀했으며, 국가 사이의 무역을 확대하여 부의 증대를 이루었다. 또한 국가 간의 교역을 통해 많은 새로운 문화들이 유입되었다. 지중해 연안의 도시국가 두로(Tyre)의 장인(匠人)들이 예루살렘 성전과 왕궁을 건축하였고, 이집트 등에서 수준 높은 지혜문학이 소개되기도 하였다. 지혜문학의 유입과 더불어 인문주의(人文主義)가 발달하게 되어 인간에 대한 관심이 높아지며 세계화된 가치관을 갖게 되었다. 이처럼 출신지역이나 민족, 빈부격차나 종교 등으로 인해 나뉘어있던 계층 간의 차이를 통합하는, '이웃' 관계에 대한 새로운 질서의식이 나타날 여건이 충분히 조성되었다.

잠언 10:1~22:16에서 '이웃(또는 친구9)'과 관련하여 사용된 어휘들의 용례(用例)에 따라 대표 구절들을 분석하면, 다음과 같은 현상들을 찾아볼 수 있다.

첫째, 친구가 많은 사람도 어려움에 처했을 때 소용이 없는 경우도 많지만, 진정한 친구는 형제보다 가깝다(18:24). 지파사회에서는 어려움에 처했을 때 가족 또는 지파의 구성원들이 큰 힘이 되었다. 따라서 이웃 보다는 친족 사이의 형제애를 강조하였다. 유목사회의 배경에서는 이 같은 가족 사이의 유대감이 매우 중요하였다. 하지만 왕국으로 들어서면서 도시화된 사회에서는 친족보다 이웃과의 관계가 중요한 문제로 대두되었다. 따라서 이웃이 형제(친족)보다 삶의 안전을 더 보장해 준다고 가르치고 있다.

친구 사이에는 위기 때에도 의리를 지킨다. "사랑이 끊어지지 않는 것이 친구이고/ 고난을 함께 나누도록 태어난 것이 혈육이다"(17:17). 이 격언은 두 라인 사이에 나타나는 평행법(parallelism)을 동의(同意)적으로 이해할 것인가 아니면 반의(反意)적으로 할 것인가에 따라 큰 차이가 난다. 반의적으로 해석하면 '형제가 의리 있는 이웃보다 낫다'라고 이해할 수 있다. 즉 위기 때는 그래도 믿을 것은 형제밖에 없다고 해석할 수 있다. 하지만 동의적 해석에 따르면 '친구는 믿을 수 있어서 피를 나눈 형제처럼 된다'라고 해석할 수 있다. 또 히브리어에서 '친구'를 가리키는 단어에 정관사를 붙인 것은 '한결같다'는 의미를 갖는다. 그러므로 "진정한 친구는 평소 뿐 아니라 위기 때에도 의리를 지키는 것"이라고 해석하는 것이 좋다. 이처럼 이웃(친구)이 친척보다 나을 때가 있다는 격언은 지파사회에서는 찾아보기 어려운 현상으로, 도시화된 왕국에서 찾아볼 수 있는 모습이다.

아울러 이웃관계의 위험성에 대해서 경고하는 것을 잊지 않는다. "의인은 그 이웃의 인도자가 되지만, 악인들의 길은 타락으로 인도 된다"(12:26). 의인은 그의 삶을 지켜보는 많은 이웃들에게 영향을 미치게 될 것이기에 그의 삶은 모범이 되어야 한다. 그러나 악한 사람은 이웃을 악한 길로 들어서도록 꾄다. 또 악인은 폭력으로 이웃을 윽박질러서 좋지 않은 길로 가게 한다(16:29). 특히 16:27~30에서는 악인들의 악행을 연속적으로 고발한다. 무뢰한 사람의 파괴적인 말(27절), 중상하는 사람의 이간질(28절), 폭력을 행사하는 자의 공갈(29절), 음흉한 자의 흉계(30절)에 대해 고발한다.

둘째, 부자와 가난한 자에 대한 이웃들의 태도가 차이가 있다. "가난한 사람은 그 이웃에게도 미움을 받게 되지만, 부자에게는 많은 친구가 따른다"(14:20). 이 격언은 전형적으로 지혜가 다루는 주제, 즉 '가난한 사람이 되기

보다는 부자가 되는 것이 좋다'를 표현하고 있다. 가난한 자가 왜 이웃에게 미움을 받는가? 가난한 자가 이웃에게 구걸을 하면, 이웃들의 경제적 여유가 없어지기 때문이다. 반대로 부자에게는 얻게 될 것이 많기 때문에 따르기를 주저하지 않는다. 하지만 가난한 자가 언제나 미움을 받아서는 안 된다. 그래서 "그 이웃을 업신여기는 자는 죄를 범하는 자요, 빈곤한 자를 불쌍히 여기는 자는 복이 있는 자니라(14:21)"고 바로 다음 절에 교훈하고 있다. 그 외에도 '부자에게는 친구가 많지만, 가난한 자에게는 친구가 적다'는 요지의 격언을 찾아볼 수 있다(19:4, 6, 7).

셋째, 보증에 대한 경고이다. "지각이 없는 사람이 서약을 함부로 하고, 남의 빚보증을 잘 선다"(17:18). 타인을 위하여 보증 선 자는 손해를 당하고 자신의 옷과 몸까지 볼모가 될 수 있다. 6:1~5에는 그 결과가 잘 언급되어 있다. 타인에 대해 보증을 서는 것은 개인의 책임을 강조하는 왕정시대의 가치관과 거리가 있다.

넷째, 말에 대한 경고이다. "악인은 함부로 입으로 이웃을 망하게 하지만 의인은 지식으로 구원을 얻는다"(11:9). 여기서 '악인'이라고 번역된 히브리어 단어는 후기 문헌에서는 '위선자'의 의미로도 나타난다. 위선자로서 공동체를 파괴하는 말을 지어내고 이웃관계를 파괴하여 대적하게 만든다. 하지만 의인은 그러한 시도를 피할 방법을 잘 알고 또 다른 사람들에게 경고해 준다. 지혜가 없는 사람은 이웃을 모욕하는 말을 함부로 하지만, 지혜로운 사람은 다른 사람에 대해 침묵을 지킨다(11:12). 험담을 하는 사람은 다툼을 일으켜 친한 벗 사이를 갈라놓는다(16:28). 다른 사람의 말을 함부로 하는 것이 인간관계를 깨뜨린다. 또한 재판할 때 한쪽 편의 말만 들어서는 안 된다(18:17). 이처럼 이웃과의 관계에서 '말'은 매우 중요하다. 심지어 말을 잘하는 사람은 왕의 친구가 된다(22:11). 따라서 개인의 책임이 중요하게 대두되는 왕정사회에서, 험담을 하지 않고 지혜롭게 말을 하는 것은 이웃관계에서 매우 중요하다.

이러한 현상들은 개별적인 격언들로 보이지만, 지파사회에서 왕국으로 접어드는 시점이라는 점을 고려해보면 일관성이 있다. 즉 다윗-솔로몬 시대는 이스라엘의 영토가 크게 확장되어 팔레스타인의 전 지역을 장악하게 되었으며, 그에 따라 왕국에는 이스라엘 민족만이 아닌 가나안, 모압, 암몬, 블레셋 등의 사람들이 편입되어 국가를 형성하게 되었다. 부의 증대는 계층 간의 분화를 심화시켰다. 이제는 친족관계가 인간관계의 중심이 되기보다, '이웃'이 그 중심이 되어야 한다. 아울러 각각의 책임의식에 따라 인간관계를 맺으며, 자신이 배려받기 원하듯이 타인을 배려하는 마음으로 험담하지 말아야 한다는 것이다.

'인간관계'와 관련한 갈등과 통합의 노력들

잠언에는 다윗-솔로몬 시대의 이스라엘에서 인문주의가 꽃 피울 때, 왕국에 새로 편입되는 이방인들과 기존의 이스라엘 지파공동체 사이를 통합함으로 야기되는 문제들에 대한 격언이 많이 있다.[10]

1. 좋은 이웃은 형제보다 가깝다

첫째로, 형제(가족)와 그것이 확장되어 이루어진 친척은 어려울 때 서로 도와야 할 책임이 있다(신 15:7~11; 25:5~10). 이러한 혈연의식을 통해 친척 사이에 정치적·군사적 책임이 주어졌으며, 자발적인 도덕의 원리가 지배하는 유목민들의 공동체 의식이 형성되었다. 왕국 이전 시대에는 혈연의식에 따른 형제애(兄弟愛)가 중요하게 적용되었지만, 도시생활로 전환하고 국제화가 이루어진 다윗-솔로몬 시대에는 혈연관계를 갖는 형제와 친척만이 삶을 보호해주는 것이 아니라, 오히려 혈연과 상관이 없는 가까운 이웃이 삶을 보호해주고 지탱해 줄 수 있다는 사실을 가르쳐야 했다.

둘째로, 의인(義人)은 이웃을 생명의 길로 이끈다. 하지만 악한 사람은 이웃을 파멸에 빠뜨릴 수 있음을 알고 지혜롭게 대처해야 한다. 다윗의 맏아들인 암논이 이복누이 다말을 연애하였지만 어찌할지 몰라 병이 났을 때, 암논의 '친구' 요나답이 간교한 꾀를 내어 다말을 강제로 욕보이게 한다. 이것이 빌미가 되어서 암논은 다말의 오빠 압살롬에게 죽임을 당하는, 혈육 간의 살육(殺戮)이 벌어지게 된다(삼하13장).

이제 지파사회의 특징인 혈연의 결속이 우선적이 아니라, 혈연과 상관없는 도덕적 결속의 원리가 우선이 되는 시기가 되었다. "친구가 많은 사람도 어려움에 처했을 때 소용이 없는 경우도 많지만, 진정한 친구는 형제보다 가깝다"(18:24). "친구는 사랑이 끊어지지 아니하고 또한 위기 때에도 의리를 지킨다"(17:17). 잠언의 지혜교사들은 이러한 교훈을 통해, 개체사회에서 왕정으로 넘어오는 과정 가운데 나타나는 '인간관계의 갈등'에 대한 통합의 방향을 제시한 것이다. 신약의 교회 공동체가 갖는 '확대가족'(擴大家族)의 개념을 여기에서 찾아 볼 수 있다.

2. 재물에 대한 이웃들의 태도

첫째로, 잠언은 가난한 자에게는 친구가 적지만 많은 재물은 친구를 많이 사귀게 한다는 교훈을 하고 있다. 지혜교사는 현실을 관찰하여 객관적인 격언을 통해 재물의 가치에 대해 말하고 있다. 잠언 19:4, 6, 7에는 "부자는 이웃(친구) 사귀기가 쉬운데 반해 가난한 자는 이웃이 멀리한다"라고 가르친다. 이 구절처럼 '재물'과 '가난'이 함께 사용된 구절은 19:4 외에도 10:15; 28:8이 있다. 10:15과 19:4에서는 '재산'이 긍정적인 측면에서 사용되었지만, 28:8에서는 부정적인 측면에서 사용되었다. 이처럼 잠언에서는 '재산'에 대해 긍정적으로 볼 뿐 아니라 부정적인 면으로도 언급하고 있다. 가난에 대해서도 이와 같은 이중적인 태도를 취한다. 주로 재물의 가치에 대해 긍정적으로 말하지만, 19:22에서는 가난이 좋은 것이라고 말하기도 한다. 이처럼 물질 소유에 대한 개념이 혼돈(混沌)되어 있는 것은, 왕국의 사유재산제도와 지파사회의 공동재산제도가 공존하는 시기에 이 격언들이 쓰인 것임을 나타낸다. 특히 14:20, 21에서는 "가난한 자는 이웃에게 미움을 받는다"고 말하면서, 바로 다음 절에서 "빈곤한 이웃을 업신여기는 자는 죄를 범하는 것"이라고 상반된 견해를 말하고 있기 때문이다.[11]

둘째로, 잠언에서는 가난한 이웃을 돌보라는 요구를 하면서도 이웃에 대해 보증하는 것에 대해서는 반대하고 있다(11:15, 17:18, 20:16, 22:26, 27:13). 하지만 이스라엘의 고대의 법에는, 보증을 서는 정도를 넘어서 어려운 이웃에게 꾸어주고 이자를 받지 말라고 되어 있다[출 22:25(히. 24절)]. 고대 근동의 이웃 왕정국가의 법령들이 정착사회의 상업적인 목적에 따라 정해졌음에 반하여 이스라엘의 고대법은 유목 사회의 세계관에 따랐기에 형제의 가난을 돕기 위한 목적으로 대부(貸付) 제도를 생각하였다. 돈을 꾸는 사람들이 대부분 가난하여 갚을 길이 없는 사람들이기에 이자가 채무자를 파산시킬 수 있다고 보았고, 그래서 이자를 받지 말 것을 명하고 있다. 또한 이스라엘의 고대법은 담보(擔保)에 대한 규정에서 가난한 자를 살피도록 주문하고 있다(신 24:6, 10~11; 잠 22:27과 대조). 이처럼 고대 이스라엘의 지파사회의 법에서는 보증 자체를 금하지는 않았다.[12] 그렇지만 잠언에서는 재물에 대한 태도를 가르치면서, '보증을 서지 말라'는 것을 중요한 가르침으로 삼았다. 그 이유는 지혜 교사가 개인의 자유와 책임에 우선적인 가치를 두었기 때문이다. 따라서 가난한 자에 대한 일방적인 동정심은 걸림돌이 되었다.

3. 이웃 간에 험담을 하지 말아야 한다.

잠언에서는 말의 사용에 대해 많은 교훈을 남기고 있다. 두 개의 솔로몬의 수집물(10:1~22:16과 25:1~29:27)[13] 에서만 올바른 언어사용에 대해 다루고 있는 경구가 약 60개에 이른다. 이 경구들이 간결한 형태를 갖는 것처럼 적은 단어를 사용하는 것이 지혜로운 것이며, 말하는 사람은 말을 적게 할수록 과오를 저지르는 일이 적을 것이라는 사고방식이 경구들 안에 반영되어 있다. 또한 '침묵'의 중요성을 알고 침묵을 지키는 법을 알아야 한다고 이집트와 고대 근동의 여러 교훈문학에서 자주 언급하고 있다. 그 예를 들어 보면,

네가 한창 논쟁중인 사람을 만났는데

그가 너와 비슷한 자, 비슷한 계급의 사람이면

침묵함으로 그보다 우월함을 보여라

설사 그가 잘 못 말하고 있더라도

청중들이 이에 대해 옳고 그름을 말할 것이니

위대한 자(윗사람)들의 마음에 너의 좋은 평판이 새겨질 것이다.

(프타호텝의 교훈, 68~73행)[14]

험담을 하는 것은 계급이나 경제 상황과 무관하다. 따라서 왕권의 문제나 가난한 이웃에 대한 관심이나 보증에 관한 문제보다 더 폭 넓은 공감대를 이룰 수 있다. 여기에서 말하고 있는 험담에는 험담하는 자가 말하는 것이 사실일지라도 분별없이 말함으로 이웃을 곤경에 빠지게 하는 악의가 없는 험담(11:12; 17:9; 25:9)과, 이웃을 무너뜨릴 생각으로 거짓을 말하거나 자기 입장만 반영하는 악의가 담긴 험담(18:17; 24:28; 25:18)을 모두 반영하고 있다.

험담은 공동체를 파괴한다. 혈족 중심의 세계에서 벗어나 새로운 사회질서를 세워나가면서 친족이 아닌 이웃이 중심이 되는 새로운 공동체를 건설해 나갈 때, 공동체를 지탱해주는 재물 못지않게 공동체를 파괴할 수 있는 험담에 대해 관심을 기울이지 않을 수 없었다. 이러한 관심은 고대 근동 세계에서도 마찬가지로 나타난다. 그 예를 들어 보면,

그대의 [비밀]을 그대의 [친]구들 앞에서 드러내지 말라

그렇게 되면 그들 사이에 그대의 이름이 오르내릴 것이다.

(아히칼 ix 140~141행) [*ANET*, 429쪽].

비방하지 말고 좋은 것을 말하라

악을 말하지 말고 선을 말하라

남을 비방하거나 악을 말하는 자는

그 벌로 샤마쉬 신이 그의 머리에 저주를 내리실 것이다.

(아카디아 잠언, 「지혜의 조언」 뒷면A 27~30행) [*ANET*, 427쪽].

또한 이웃과의 관계에 있어서 개인의 행복을 중시하며, 그 권리를 방해하지 말라는 요구를 하는 잠언의 격언도 있다. 이러한 격언이 10:1~22:16에는 보이지 않지만, 초기 수집물의 하나로 알려진 잠언 25~29장 가운데 나타난다. "너는 이웃집에 자주 다니지 말라, 그가 너를 싫어하며 미워할까 두려우니라"(25:17). "이른 아침에 큰 소리로 자기 이웃을 축복하면, 도리어 저주같이 여기게 되리라"(27:14).

잠언 기자가 '이웃'과의 관계 속에서 말하려고 하는 것은 다음과 같이 정리할 수 있다.

첫째로 어려운 이웃을 돌보는데 있어서 율법에 규정되어 있기 때문에 가까운 친척에게만 선을 베풀 것이 아니라, 확대된 사회 구조 속에서 새롭게 이웃이 된 이방인들에게까지 인문주의(Humanism)의 정신에 따라 돌보아야 한다. 이는 야훼께서 인간을 신뢰하셔서 책임을 부여하시고, 또 야훼는 '보이지 않는 손'으로 역사를 주관하신다는 것을 전제(前提)한다. 둘째로 가난한 자보다 부자가 되는 것이 더 좋은 일이며, 가난한 자에 대한 무조건적인 동정심은 금지해야 한다. 그러나 가난한 자를 무시하지 말아야 한다. 셋째로 개인의 책임이 중요하기 때문에 보증을 서지 말아야 한다. 잠언이 말하려고 하는 것은 사회 구조를 뒤바꾸는 혁명이 아니라, 가진 자의 덕을 계발시키고 스스로의 결단으로 이웃을 돌보는 개혁이다. 위의 세 경우가 물질적인 면과 관계되는데 반하여 네 번째는 이웃과의 사이에 '언어생활'에 대한 교훈을 말한다. 말을 아끼고, 험담하지 않으며, 아첨하지 않고 책망을 싫어하지 않으며, 서로의 권익을 보호해주는 책임 있는 언어생활이 요구되었다.

이처럼 왕국 시대에 나타나는 인간관계의 갈등을 해결하려는 지혜자들의 교훈을 정리할 수 있다. 이러한 교훈은 잠언이 기록되고 수집, 편찬된 시기만이 아니라 오늘 우리에게도 해당되는 교훈이다.

잠언과 인간의 마음

잠언에서 '마음'이라 번역된 히브리어 단어는 주로 '레브'(לֵב)이며 드물게 나타나지만 '레바브'(לֵבָב)와 레브의 여성형인 '리바'(לִבָּה)도 마음으로 번역할 수 있는 단어이다. 잠언에서 '레브'는 93회 나타나며, '리바'는 4회(15:11; 17:3, 21:2; 24:12) 그리고 '레바브'는 2회(4:21; 6:25)나타난다. 이들 단어 전부가 잠언에서 마음으로만 번역된 것은 아니지만 대부분 마음으로 번역되며 그 빈도는 76회에 이른다.

마음의 자리매김

구약에 나타나는 '레브' 혹은 '레바브'는 전부 858회인데 그중에는 사람의 마음이 압도적인 숫자인 814회를 차지하고 그 다음 하나님의 마음이 26회를 차지한다. 나머지는 은유적 표현으로 자연 가운데 바다(11회), 동물(5회), 하늘(1회), 나무(1회) 등의 모습을 표현하는 데 사용되었다. 잠언에 나타나는 특이한 점은 '레브' 혹은 '레바브'가 하나님의 마음을 표현한 경우는 한번도 없으며 대부분 인간의 마음을 표현하고 아주 드물게 자연상태를 은유적으로 표현하고 있다는 사실이다. 이것은 지혜문학에서 강조되는 것이 하나님의 상태나 계시가 아니라 인간의 상태나 인간의 경험이 중시되기 때문에 일어나는 현상으로 이해할 수 있다. 잠언에서 마음으로 번역된 또다른 히브리어 단어로는 '네페쉬'(שֶׁפֶנ)와 '루아흐'(חַוּר)가 있다. 우선 히브리어 단어 '네페쉬'를 한글로 번역할 때 마음으로 번역한 것은 문제가 있다(6:16; 13:2,4, 19; 21:10; 29:17). '네페쉬'는 인간이 소유하는 인간의 한 부분을 가리키는 단어가 아니라 인간 전체 혹은 인간의 욕구를 가리키는 말이다. 따라서 인간의 한 부분인 마음으로 번역한 것은 정확한 번역으로 볼 수 없다. 이러한 현상은 영어번역에서 '네페쉬'를 주로 영혼(soul)으로 번역한 습관과도 닮은 면이 있다. 예를 들어 잠언 13:2을 보자. "사람은 입의 열매로 인하여 복록을 누리거니와 마음(שֶׁפֶנ)이 궤사한 자는 강포를 당하느니라."

이 절에서 '마음이 궤사한 자'는 '궤사한 자' 혹은 '반역자'로 번역하는 것이 더 정확하다. 잠언에서 마음으로 번역된 또다른 히브리어 단어는 '루아흐'인데(11:13; 16:32; 25:28), 이 단어는 기본적으로 '바람'이라는 뜻을 가지고 있고 '영'(spirit)으로 주로 번역되는 단어이다. 구약 전체에서 35퍼센트 정도가 '하나님의 영'이라는 의미로 번역되는 단어로 인간의 경우에는 힘을 동반한 어떤 상태를 나타낼 때 사용되는 단어이다. 예를 들어 잠언 16:32을 보자. "노하기를 더디하는 자는 용사보다 낫고 자기의 마음(חַוּר)을 다스리는 자는 성을 빼앗는 자보다 나으니라."

이 절에서 의미하는 '루아흐'는 인간의 감정이 자리잡고 있는 마음이 아니라 다양한 힘을 행사하는 인간 전체의 성질을 의미하는 것이다. 따라서 '자기의 마음'이라 번역하기보다 '자신' 혹은 '자신의 성질' 등으로 번역하는 것이 바람직하다. 결국 잠언에서 마음으로 번역될 수 있는 히브리어 단어는 '레브'와 '레바브' 그리고 '리바' 등으로 한정될 수 있기 때문에 앞으로 이 글에서는 이들의 용례를 중심으로 살펴볼 것이다.

인간 내면 깊은 곳에 있는 마음

'눈은 마음의 창'이라는 말이 있으며 "열 길 물속은 알아도 한 길 사람 속은 알 수 없다"라는 속담도 있다. 사람의 마음은 외부적으로 잘 드러나지 않고 감추어져 있으며 다른 사람이 들어갈 수 없는 비밀스러운 영역에 있다. 잠언에서는 이러한 모습을 다음과 같이 표현하고 있다.

"웃을 때에도 마음에 슬픔이 있고 즐거움 끝에도 근심이 있느니라"(14:13).
"마음의 고통은 자기가 알고 마음의 즐거움도 타인이 참여하지 못하느니라" (14:10).

그러나 모든 것을 감찰하시는 하나님의 불꽃 같은 눈 앞에는 인간 내면 깊숙이 숨어있는 마음도 그 정체를 감출 수 없다. 오직 하나님만이 인간의 마음을 명확하게 볼 수 있는 것이다. 심지어 자신도 분명히 모르는 것까지 하나님은 통찰하신다.

"사람의 행위가 자기 보기에는 모두 정직하여도 여호와는 심령을 감찰하시느니라"(21:2).
"음부와 유명도 여호와의 앞에 드러나거든 하물며 인생의 마음이리요"(15:11).

인간의 마음을 훤히 들여다보고 계시는 하나님과 대화를 할 때에는 우리의 자세도 마음 문을 활짝 열고 '마음을 쏟아놓을 수 있는' 자세를 가져야 한다. 인간의 마음이 깊은 곳에 감추어져 있으나 자신은 그 마음을 들여다볼 수 있다. 개역한글 잠언 27:19에는 이러한 표현이 있다. "물에 비취이면 얼굴이 서로 같은 것같이 사람의 마음도 서로 비취느니라." 이러한 번역은 사람의 마음이 다른 사람에게 특히 가까운 사람에게 투영되어 나타난다는 의미를 전달해 준다. 그러나 히브리어 본문을 연구해보면 다음과 같이 번역할 수도 있다. "얼굴과 얼굴이 물에서 마주보듯 사람은 자신의 마음과 마주볼 수 있다." 즉 자신의 마음을 자세히 들여다보면 자신의 참모습을 확연히 발견할 수 있다는 것이다. 자신의 참모습이 마음에 담겨져 있기에 지혜자는 마음을 강조하고 마음을 올바르게 인도하려고 교훈하며 애쓰는 것이다. 인간의 마음이 은밀하고도 깊숙한 곳에 있다는 의미는 종종 은유적으로 표현되어 있다. 잠언에서는 망망대해 한가운데가 바로 그러한 곳이라는 의미로 '레브'라는 단어가 사용되었다. 즉 "너는 바다 가운데 누운 자 같을 것이요…"(23:34)에서 '바다 가운데'(in the heart of the sea 혹은 in the midst of the sea)로 표현되는 곳에 '레브'가 사용된 것이다. 마찬가지로 '… 바다로 지나다니는 배의 자취'라는 표현에도 이 단어가 사용되었다(30:19).

감정이 자리잡고 있는 인간의 마음

기쁨과 슬픔으로 대표되는 감정의 파도가 끊임없이 물결치고 있는 곳이 바로 인간의 마음이다. 지혜자는 마음이 기쁘고 즐겁고 화평한 것이 '사람의 얼굴을 빛나게 하고'(15:13) 건강에도 도움이 되며(17:22) '육신의 생명'(14:30)이라 할 수 있을 만큼 좋은 것이라고 강조하였다. 그러나 즐거워하지 말아야 할 때도 있음을 알려준다. 즉 원수가 넘어질 때에 기뻐하지 말라고 충고한다(24:17). 사람은 자신의 마음에 있는 감정을 조절할 수 있어야 한다. 이것이 가능한 것은 인간의 마음에는 감정만 있는 것이 아니라 판단력과 의지도 있기 때문이다.

잠언 24:16~20에는 인간의 기쁨과 하나님의 기쁨이 다를 수 있음을 보여 준다. 인간은 원수가 엎드러질 때 기뻐할 수 있지만 하나님은 기뻐하지 아니하신다는 내용이다. 더 나아가서 원수가 엎드러질 때 기뻐하는 우리의 모습에 진노를 내리실 수도 있음을 알려 준다. 죄를 지은 인간이라도 인간을 깊이 사랑하시는 하나님의 마음을 읽을 수 있는 대목이다. 우리에게 덕이 되는 것은 우리가 넘어져도 다시 일어나는 것이지 원수가 넘어지기를 갈망하는 것은 아니다. 원수와 악인이 받을 재앙은 이러하다.

> "의인은 일곱 번 넘어질찌라도 다시 일어나려니와 악인은 재앙으로 인하여 엎드러지느니라"(24:16).

마음의 시기와 고통과 근심은 육신의 고통보다 더 사람을 상하게 만든다. 마음의 시기로 인해 뼈가 썩게 되고(14:30), 근심이 사람 마음에 있으면 머리를 어지럽힌다고 하였다(12:25). 마음의 고통은 다른 사람과 나누기에는 너무도 힘들며(14:10), 결국 사람의 마음을 세밀하게 알고 계시는 하나님과 고통을 나눌 수밖에 없는 것이다.

이성이 자리잡고 있는 인간의 마음

현대인들은 감정은 가슴(heart)에 이성은 머리(brain)의 활동으로 분리되어 있다고 생각하지만, 히브리인들은 사람의 마음에 감정과 이성이 함께 자리잡고 있다고 생각하였다. 따라서 마음에는 감정도 있지만 지식을 받아들여 저장하기도 하고 냉철하게 판별하며 사고하기도 하고 계획을 세우는 기능도 있다는 것이다. 특별히 지혜를 강조하는 잠언에서는 31회나 마음의 이성적 기능을 강조한다.

잠언에서 '무지'(6:32) 혹은 '지혜 없는 자'(7:7; 9:4, 16; 10:13; 10:21; 11:12; 17:18; 24:30)로 번역된 히브리어 구절은 '하사르레브'인데 그 뜻을 직역하면 '마음이 부족한 것'이 된다. 즉 지혜가 없다는 것은 마음이 어디론가 사라져 버리듯 마음이 제구실을 하지 못한다는 의미가 담겨있다. 지혜를 강조하는 잠언의 지혜자는 이토록 마음의 이성적 기능을 부각시켰다.

마음의 이성적 기능이 가능할 수 있는 것은 우선 감각의 대표적 기관인

귀와 눈이 있기 때문이다. 이들을 통해 들어온 지혜와 지식을(2:2, 10)마음은 판별하고 저장하기도 한다. 잠언에서는 특별히 "마음판에 새기라"(3:3; 6:21; 7:3)는 구절이 여러 번 반복된다. 지식과 지혜를 저장하는 마음의 이성적 기능을 나타내는 구절이지만 단순히 저장한다는 차원을 넘어서서 하나님의 법과 명령을 명심하며 수시로 생각나게 하는 마음의 기능을 강조한 것이다.

> "인자와 진리로 네게서 떠나지 않게 하고 그것을 네 목에 매며 네 마음판에 새기라"(3:3).

마음의 이성적 기능 가운데 중요한 것은 깊이 사고하고(15:28) 마음을 지혜로 가득 채우는 역할이다. 사람 마음에 지혜가 있으면 가르치는 자(부모, 지혜자, 하나님)가 즐겁고(23:15), 그 입은 슬기로운 말을 하게 되며(16:23), 그 마음은 더욱 지혜와 지식을 요구하게 된다(15:14).

의지가 자리잡고 있는 인간의 마음

사람의 마음은 여러 가지로부터 영향을 받게 되고 또 영향을 미치게 된다. 마음은 유혹을 받기도 하고(6:25; 7:25) 죄인의 형통을 부러워하기도 하며(23:17) 술을 많이 마시면 마음은 통제력을 잃게 되어 말에 실수가 있게 마련이다(23:33). 따라서 지혜자는 마음 지키기를 권유한다.

> "무릇 지킬 만한 것보다 더욱 네 마음을 지키라 생명의 근원이 이에서 남이니라"(4:23).

생명과 같은 지혜자의 말이 마음에 담겨져 그 말을 지킬 수 있게 되는데, 마음을 통제하는 통제력을 잃게 되면 지혜가 활동할 수 없고 따라서 사람은 정신적으로 생명을 잃게 된다는 것이다. 정신적인 생명력을 유지하려면 지혜를 얻어 자신의 마음을 언제나 올바른 길로 인도하려고 애쓰는 노력이 필요하다(23:19). 마음이 미련해지면 채찍이 효력을 발휘한다고 충고하는 지혜자는 특히 아이들의 미련함을 벗기는 데는 채찍이 특효약이라 권유한다(22:15). 마음을 훈련시키고 마음을 유혹으로부터 지키기 위해 하나님께서도 관심을 기울이시며 사람의 마음을 연단시키신다.

"도가니는 은을 풀무는 금을 연단하거니와 여호와는 마음을 연단하시느니라"(17:3).

마음의 중요한 기능은 바로 의지로 결단하는 것이다. 특별히 하나님의 명령과 법도를 순종하기로 결단하는 것이 중요하다.

"내 아들아 네 마음을 내게 주며 네 눈으로 내 길을 즐거워할지어다"(23:26).

지혜자의 말이나 하나님의 명령을 전폭적으로 수용하고 순종하는 길은 인간의 마음을 하나님께 맡기는 것이라고 권한다. 순종과 결단은 바로 듣는 행위와 관련이 있다. 히브리어 단어 '샤마'(שׁמע)는 '듣다'로 번역할 수 있고 '순종하다'로 번역할 수도 있다. 히브리인들의 사고방식에는 하나님의 명령을 듣고 마음에 두는 것은 곧 하나님의 명령을 순종하는 것을 의미하였다.

"너는 귀를 기울여 지혜 있는 자의 말씀을 들으며, 내 지식에 마음을 둘지어다"(22:17).

신앙의 자리인 인간의 마음

"믿음은 들음에서 난다"라는 말씀과 같이 하나님의 명령을 듣고 받아들이는 곳이 마음이라면 분명 신앙의 자리는 마음인 것이다. 따라서 지혜자는 '마음을 다하여'(3:5) 여호와를 의지하고 신뢰하기를 권한다.

악인과 의인의 구분은 마음의 상태로 정할 수 있다. 악인의 마음은 '패역한 마음'(6:14, 18), '사특한 마음'(17:20), '강포한 마음'(24:2), '강퍅한 마음'(28:14), '가증한 마음'(26:25), '마음이 패려한 자'(11:20; 12:8; 14:14) 등으로 표현되고 있다. 마음은 바로 악한 것을 계획하는 장소요(6:14, 18), 하나님을 원망하기도 하고(19:3) 하나님께 기쁨을 드리기도 한다. 하나님께서는 이러한 악한 마음을 미워하신다(11:20; 16:5).

인간의 마음은 변화와 유혹에 취약하며 통제력을 잃기 쉽다. 따라서 인간의 마음만을 의지하는 사람은 미련한 사람이요 지혜자가 취할 태도는 아니다(28:26). 한걸음 더 나아가서 인간이 자신의 마음에 통제력을 유지한다고 하여도 인간의 마음은 어떤 한계가 있다. 인간의 한계를 깨달은 지혜자는 인간이 많은 계획을 세우지만 결국 이루시는 분은 하나님이심을 고백한다.

"마음의 경영은 사람에게 있어도 말의 응답은 여호와께로서 나느니라"(16:1).
"사람이 마음으로 자신의 길을 계획할지라도, 그 걸음을 인도는 자는 여호와시니라"(16:9).
"사람의 마음에는 많은 계획이 있어도, 오직 여호와의 뜻이 완전히 서리라"(19:21).

잠언의 지혜자는 죄가 자리하는 곳이 사람의 마음이라 이야기한다. '마음이 교만한 것'(21:4)이 바로 죄라고 이야기하고 마음의 정결을 사모하도록 권유한다(22:11). 그러나 인간의 한계는 여기서도 발견된다. 사람은 마음의 정결을 사모하지만 스스로 자신의 죄를 찾지 못하는 한계가 바로 그것이다.

“내가 내 마음을 정하게 하였다 내 죄를 깨끗하게 하였다 할 자가 누구뇨”
(20:9).

지혜자는 인간의 마음이 지혜를 들을 수도 간직할 수도 있고 인간이 지혜로운 마음을 유지할 수도 있으며 지혜로운 말과 행동을 할 수 있다는 신념을 바탕으로 지혜를 이야기한다. 인간을 긍정적인 눈으로 보고 훈계와 교육을 통해 발전할 수 있는 가능성을 높이 평가하는 것이다. 그러나 인간의 한계를 도외시하는 것은 아니다. 그 가운데 대표적인 것이 바로 죄 문제에 관한 것이다. 죄는 하나님께서 용서의 은혜를 베풀어 주지 아니하시면 해결할 수 없다는 대전제를 바탕으로 지혜자는 지혜를 말하고 있다. 구체적으로 이야기한다면 당시의 속죄제와 속건제 등의 제사제도를 통해서 성전에서 죄 문제를 해결하는 신학을 지혜자도 받아들이고 있는 것이다.

여호와의 크신 뜻에 동참하여

잠언에서 인간의 ‘마음’으로 주로 번역되는 히브리어 단어 ‘레브’와 ‘레바브’ 그리고 ‘리바’를 분석한 결과 이 단어들은 인간의 내면적이며 심리적인 부분을 표현하는 단어임을 알 수 있다. 잠언에 나타나는 인간의 마음에는 감정과 이성 그리고 의지가 자리하고 있으며 하나님과 연관되는 신앙이 자리 잡고 있음도 발견할 수 있다.

잠언의 지혜자는 인간의 마음을 긍정적으로 보면서 지혜자의 훈육을 통해 올바른 방향으로 마음을 인도할 수 있다고 희망찬 시도를 한다. 그러나 이러한 희망은 한계가 있는 인간 자신의 노력만으로는 달성할 수 없으며 반드시 하나님의 인도와 연단을 통해서만 성취될 수 있다고 강조한다. 아무도 개인적인 마음의 고통과 기쁨에 참여할 수 없지만 오직 하나님만은 마음의 세밀한 것까지 알고 계시기에 하나님 앞에 마음을 쏟아놓고 마음을 열어 하

나님의 말씀을 받아들일 것을 권유한다. 마음판에 새긴 하나님의 말씀으로
비로소 지혜자가 될 수 있고 마음을 지키기로 결단하며 하나님을 신뢰함으
로 여호와의 크신 뜻에 동참할 수 있게 되는 것이다.

목회상담학적 관점에서 본 잠언: 1~4장을 중심으로

잠언의 목적은 1:2~5에 잘 서술되어 있다. 그것은 지혜와 훈계를 얻는 것, 통찰력이 있는 말씀을 이해하는 것, 훈련된 삶과 신중한 삶을 살게 하는 것, 옳고 의롭고 공명정대하게 살게 하는 것, 단순한 자를 신중하게 하는 것, 젊은이에게 지식과 신중함을 갖게 하는 것, 지혜 있는 자에게 배움을 더하는 것, 그리고 분별하는 능력이 있는 자에게 지도를 받게 하는 것이다.[1] 이와 같은 목적을 전체적으로 아우르는 목회적 돌봄의 기능은 '안내(지도)하기'이다. 지탱하기, 안내하기, 치유하기, 화해시키기라는 네 가지 대표적인 목회적 돌봄 기능 중에서 잠언은 안내하는 기능을 두드러지게 제공한다.

필자는 잠언 1~4장을 중심으로 관계적인 차원에 서로 관련성이 높은 구절들을 영역별로 모아 각 구절이 갖고 있는 의미를 살펴보되 상담학적인 이해를 덧붙이는 방식으로 글 쓰는 방법을 사용하였다. 따라서 전통적인 주석 방식보다는 각 구절에 내포된 상담학적인 이슈를 부각시킴으로써 설교를 준비하는 목회자들에게 성도들의 삶을 이해하면서 말씀을 적용하는데 도움을 주고자 한다. 하나님과의 관계, 대인관계, 음녀의 특징과 결과, 악인 또는 미련한 자의 특징과 결과, 지혜 있는 자의 특징과 결과라는 주제를 중심으로 글을 전개할 것이다.

하나님과의 관계

잠언의 대부분을 기록한 솔로몬은 "여호와를 경외하는 것이 지식의 근본 (시작)이다"라는 진술형의 말씀으로 잠언의 전체 내용을 요약한다(1:7). 이 말씀은 9:10; 15:33; 31:30하에서 반복된다. 모든 관계를 지혜롭게 유지하며 악인의 길에 들어서지 않는 가장 기본적이며 핵심적인 예방책과 처방책은 여호와를 경외하는데 있다는 것이다. 솔로몬은 하나님 중심적(theocentric) 삶, 즉 '하나님 앞에서'의 삶이 올바른 길을 가는 안내자의 역할을 한다고 보았다. 하나님을 경외하는 삶을 살려면 하나님이 누구신지 제대로 알아야 한다. 그리고 하나님이 어떤 일을 행하시는지, 어떤 삶을 원하시는지를 알아야 할 것이다. 하나님에 대한 지식이 분명할 때 인간은 정체성을 분명히 갖게 되며 의미 있는 삶을 살 수 있다. 그래서 먼저 하나님이 어떤 분이신지 그리고 어떤 일을 하시는지를 언급하는 본문들을 살펴보고자 한다.

"여호와께서는 지혜로 땅을 세우셨으며 명철로 하늘을 굳게 펴셨고 그 지식으로 해양이 갈라지게 하셨으며 공중에서 이슬이 내리게 하셨느니라"(3:19~20).

하나님은 창조주이시다. 그분은 인간이 발을 딛고 사는 땅의 기초를 든든하게 하셨다. 그리고 땅을 둘러싼 모든 공간을 '품어주는 환경'(holding environment)으로 만드시고 지탱하고 계신다. 땅에서 거주하는 모든 동식물들이 호흡할 수 있는 공기를 제공하시며 그들이 종족을 번식하여 생명을 이어가게 하신다. 대기오염으로 인하여 어려움을 겪기도 하지만 하나님은 여전히 그의 은총으로 우리가 숨쉴 수 있는 공기를 공급하고 계신다. 그리고 바람과 비, 천둥과 번개로 공기를 정화시키는 지혜를 베푸신다. 공중에서 이슬이 내리도록 하여 초목이 수분을 먹고 자랄 수 있게 하는 '잔잔한 은총'을 베푸신다. 종종 지진이 일어나 많은 사람들이 죽고 다치는 것을 보면서 우리는 흔들림이 없는 땅위에 살고 있는 것이 얼마나 감사한 일인지를 다시금 느끼게 된다.

"대저 하나님은 지혜를 주시며 지식과 명철을 그 입에서 내심이며"(2:6).

하나님은 찾는 자에게 주시며 구하는 자에게 응답하신다. 성령을 구하는 자에게 성령을 충만하게 하신다. 성령은 지혜의 영이시다. 예수님은 문을 두드리라고 말씀하시며 문이 열릴 것이라고 약속하셨다(마 7:7하).

솔로몬은 지혜를 구하였다(참고 대하 1:7~12). 하나님은 그에게 전무후무한 지혜를 부어주셨다. 야고보는 "너희 중에 누구든지 지혜가 부족하거든 모든 사람에게 후히 주시고 꾸짖지 아니하시는 하나님께 구하라 그리하면 주시리라"(약 1:5)고 말씀하였다. 구하는 자는 관심을 갖게 되며 관심을 가져야 생각을 여러 각도로 하게 된다. 그러면 생각들을 연결시킬 수 있는 능력인 지혜를 갖게 된다. 실제적으로 기도하는 중에 하나님이 지혜를 주시며 생각지 않았던 창의적인 생각이 떠오르는 것을 경험할 수 있다.

"그는 정직한 자를 위하여 완전한 지혜를 예비하시며 행실이 온전한 자에게 방패가 되시나니 대저 그는 공평의 길을 보호하시며 그 성도들의 길을 보전하려 하심이니라"(2:7~8); **"대저 여호와는 너의 의지할 자이시라 네 발을 지켜 걸리지 않게 하시리라"**(3:26).

NIV 성경은 정직한 자를 위하여 승리를 예비하신다고 번역하였다(holds victory in store). 하나님은 정직한 자가 잠시 패배하는 것 같지만 궁극적으로 의로운 자가 승리하도록 역사하신다. 그리고 "행실이 온전한 자"에게 방패의 역할을 하신다. 이 사실을 다니엘의 경우에 살펴볼 수 있다. 다리오 왕 시절 다니엘을 시기했던 총리들과 방백들이 "국사에 대하여 다니엘을 고소할 틈을 얻고자 하였으나 능히 아무 틈, 아무 허물을 얻지 못하였으니 이는 그가 충성되어 아무 그릇함도 없고 아무 허물도 없음이었더라"(단 6:4)라고 할 만큼 그는 "행실이 온전한"(blameless) 사람이었다. 그는 왕의 인이 찍힌 칙령에 대해서 알고 있었지만 "전에 행하던대로 하루 세 번씩 무릎을 꿇고 기도하며 그 하나님께 감사"(단 6:10)하였다. 마침내 그 행동으로 인하여 올무에 빠져 사자 굴에 던져졌다. 그러나 하나님은 사자 굴에서 다니엘을 보호해 주셨고 사자들이 그를 해치지 못하도록 방패 역할을 해주셨다. "나의 하나님이 이미 그 천사를 보내어 사자들의 입을 봉하셨으므로 사자들이 나를 상해치 아니하였사오니"(단 6:22).

8절은 같은 표현을 반복함으로써 강조하고 있다. "공평의 길"이라고 번역된 표현은 NIV 성경에서는 "의로운 자의 길"로 번역되었다. 그렇게 볼 때 뒤에 이어지는 "그 성도들의 길"과 같은 의미를 갖고 있다고 볼 수 있다. 따라서 하나님은 "보호하시며"(guards) "보호하시는"(protects) 분이시다. 하나님이 성도의 길을 감찰하시며 보호하시며 악과 파멸로부터 보호하신다는 사실을 기억할 때 성도들은 담대하게 이 세상을 살아갈 수 있다. 하나님의 허락 없이는 성도의 머리털 하나도 상하게 할 수 없다. 하나님은 다니엘의 세 친구를 극렬히 타는 풀무불 속에서도 머리털도 그슬리지 않도록 보호해 주셨다 (참고 단 3:27). 다윗의 경우에도 하나님은 사울 왕의 끊임없는 공격에도 불구하고 그의 생명을 보호해 주셨고 지켜주셨다. 하나님은 오늘도 동일하게 성도의 발걸음을 지켜주시며 보호해 주신다. 이 사실을 기억할 때 성도들은 안전감을 갖고 살아갈 수 있다.

"여호와는 너의 의지할 자이시라"는 표현을 NIV 성경은 "The Lord will be your confidence"라고 번역하였다. 이것은 24~25절에 나오는 "네가 누울 때에 두려워하지 아니하겠고 네가 누운즉 네 잠이 달리로다 너는 창졸간의 두려움이나 악인의 멸망이 임할 때나 두려워하지 말라"는 말씀과 연결되는 말씀이다. 우리가 자신감을 가지며 불안을 극복하고 평강 가운데 살 수 있는 것은 하나님이 우리의 생사화복을 지키시며 우리의 길을 인도하시는 목자가 되신다는 것을 믿기 때문이다. 영어 단어 'confidence'의 어근은 라틴어 *fides*'에서 왔는데 이것은 믿음 또는 신뢰감이란 뜻을 가지고 있다. 상담에서 내담자의 비밀보장을 지키는 것을 'keeping confidentiality'라고 하는데 비밀보장이란 단어에도 믿음과 신뢰감의 뜻이 담겨져 있다.

"진실로 그는 거만한 자를 비웃으시며 겸손한 자에게는 은혜를 베푸시나니"(3:34).

하나님은 교만한 자를 낮추신다. 반면 겸손한 자에게는 은혜를 베푸신다. 교만은 패망의 선봉이며 넘어짐의 앞잡이다(잠 16:18). 교만한 자들은 하나님을 경외하지 않는다. 왜냐하면 그들은 자기 과대성(self-grandiosity)과 자기 충족성(self-sufficiency)을 갖고 있기 때문이다. 이들은 하나님뿐만 아니라 사람들에게도 비웃음을 당한다. 대부분의 사람들은 교만한 사람을 싫어하고 겸손한 사람을 좋아한다. 한나는 "심히 교만한 말을 다시 하지 말 것이며 오만한 말을 너희 입에서 내지 말지어다 … 여호와는 가난하게도 하시고 부하게도 하시며 낮추기도 하시고 높이기도 하시는도다"(삼상 2;3~7)라고 기도하였다. 그렇다면 우리는 하나님과의 관계를 어떻게 하면서 살아야 할까? 이 질문에 대해서 다음의 말씀이 잠언에서 핵심적인 대답을 제공한다.

"너는 마음을 다하여 여호와를 의뢰하고 네 명철을 의지하지 말라 너는 범사에 그를 인정하라 그리하면 네 길을 지도하시리라"(3:5~6).

전심으로(with all your heart) 하나님을 신뢰하는 것은 3절에 나오는 "인자와 진리를 네 마음판에 새기는 것"과 연결된다. 하나님을 전심으로 사랑하며 전심으로 신뢰할 때 "하나님 중심적인" 삶을 살 수 있다. 우리 자신의 이해와 분석력을 의지하는 대신 하나님의 도우심과 지도, 인도하심을 모든 일에 바라며 기도하며 최선을 다하는 것이 '올바른 길' 즉 하나님의 뜻을 따라 사는 것이다.

전심으로 하나님을 사랑하며 신뢰하며 인정할 때 2장에서 언급한 음녀의 유혹에 빠지는 것을 방지할 수 있다. 구부러진 길과 사망의 길로 빠지지 않게 된다. "네 명철을 의지하지 말라"는 말씀은 "네 감정이 동하는대로 따르지 말라", "왜곡된 이성적 판단을 믿지 말라"는 의미로 이해할 수 있다. 세상에서 통하는 진리는 "자연스럽게 살라", "감정에 충실하라", "너 자신을 신뢰하라"는 것이다. 그러나 하나님으로부터 온 진리는 "자연스러운 것 자체가 타락한 것일 수 있다", "감정은 가변적일 수 있으며 우리가 속임을 당할 수 있다", "하나님을 신뢰하라"는 것이다. 이어지는 7절에서 이 사실을 볼 수 있다. "스스로 지혜롭게 여기지 말찌어다." NIV 성경에서 직역한다면 "네 눈으로 보기에 지혜로우면 안 된다"라는 것이다. 포스트모더니즘이 판을 치는 현대 사회에서는 각자가 보는 관점은 다 나름대로 의미가 있으며 진실을 담고 있다고 격려한다. 그러나 진리는 하나님이 보기에 지혜로운 것이며 시대에 따라 변화하는 것이 아니다. 우리의 인지와 해석은 여러 방어기제를 통해서 왜곡되며 오류가 있을 수밖에 없다.

"네 재물과 네 소산물의 처음 익은 열매로 여호와를 공경하라"(3:9).

하나님은 자기 자녀들에게 하나님을 사랑할 수 있는 구체적인 방법을 제시하셨다. 그것은 헌금 또는 헌물을 드림으로써 하나님을 사랑하는 것이다. 이 본문은 모세의 율법에 근거한 가르침이다(참고 출 23:19, 34:25, 신 26:2). 하나님이 은총을 베푸심으로 농사를 짓고 소출이 생길 때 첫 열매로 하나님께 드리도록 명하신 것이다. 농경 사회가 아닌 현대 사회에서 우리의 첫 열매는 경제적 활동에서 얻은 가장 소중한 것과 여러 형태의 헌금이다.

십일조와 기타 헌금을 드리는 것은 하나님의 자녀들이 탐욕이란 치명적인 죄에 빠지는 것을 막아주는 예방책이다. 예수님은 재물이 있는 곳에 마음이 있으며 재물과 하나님을 동시에 섬길 수 없다고 말씀하셨다(참고 마 6:24).

하나님이 은총으로 베푸셔서 얻은 재물과 소산을 자기의 것으로만 생각하고 움켜쥐는 사람이 되면 하나님이 원하시는 인간으로 살 수 없다. 이웃을 사랑하여 구제할 줄 모르며 오로지 자기만을 위해서 사용하거나 지나치게 인색한 삶을 살게 된다. 배금주의에 빠진 인간들이 사는 사회나 공동체는 인간성을 상실하게 되며 마침내 병리적인 삶의 모습이 나타난다. 지나치게 경제적으로 인색한 것은 강박성 성격장애의 한 증상이다.

신앙생활은 역설적이다. 움켜쥐려고 하면 잃게 된다. 재물을 모으는 데만 애쓰는 사람은 수전노가 된다. 마침내 건강마저 해치게 되어 제 수명을 채 살지 못하고 인생을 마감한다. 예수님의 비유에 나오는 어리석은 부자는 여러 해 먹을 양식을 창고에 가득 쌓아두고 "내 영혼아 먹고 즐기자"라고 했지만 그 날 밤에 그의 생명이 끝날 줄은 예상하지 못했다(참고 눅 12:16~21). 예수님은 "자기를 위하여 재물을 쌓아 두고 하나님께 대하여 부요치 못한 자가 이와 같으니라"고 말씀하셨다(눅 12:21).

잠언 기자는 하나님께 드리면 역설적인 복을 경험한다고 약속한다. "그리하면 네 창고가 가득히 차고 네 즙틀에 새 포도즙이 넘치리라"(10절). 재물도 하나님이 건강을 주셔야 저축이 된다. 아무리 돈을 저축해도 몸의 어느 한 부분에 병이 생기면 고생은 고생대로 하고 모아둔 돈은 날개가 달린 것처럼 날아 가버린다. 농사를 아무리 열심히 지어도 하나님이 때에 맞는 비를 내려주시지 않거나 우박을 내리시면 빚더미에 올라앉게 된다. 하나님이 지켜주시지 않으면 조류독감과 같은 바이러스 감염으로 인하여 닭, 오리 사업이 다 망할 수 있다.

하나님은 학개 선지자를 통해서 귀환한 유다 백성들의 실상을 다음과 같이 말씀하셨다. "그때에는 이십 석 곡식더미에 이른즉 십 석뿐이었고 포도즙 틀에 오십 그릇을 길으려 이른즉 이십 그릇뿐이었었느니라 나 만군의 여호와가 말하노라 내가 너희 손으로 지은 모든 일에 폭풍과 곰팡과 우박으로 쳤으나 너희가 내게로 돌이키지 아니하였었느니라"(학 2:16~17). 그 이유를 1장에서 하나님은 지적하셨다. "이것이 무슨 연고뇨 내 집은 황무하였으되 너희는 각각 자기의 집에 빨랐음이니라"(1:9). 첫 열매로 하나님께 드리면 하나님이 더 채워주시는데 유다 백성들은 믿음이 부족했던 것이다. 첫 열매는 가장 귀한 것, 생명과도 같은 것을 의미한다. 이것을 하나님께 드리고 포기할 때 하나님은 역설적으로 더 채워주시는 은혜를 베푸신다.

엘리야가 사르밧 과부의 집에 이르렀을 때 그는 남아 있는 밀가루와 기름으로 자신을 위해서 먼저 떡을 하나 구워 가져오고 그 후에 과부와 아들을 위해서 떡을 만들라고 명하였다. 그 말씀에 순종했을 때 "통의 가루가 다 하지 아니하고 병의 기름이 없어지지 아니하는" 기적이 있어났다(참고 열상 17:11~16).

"이것이 네 몸에 양약이 되어 네 골수로 윤택하게 하리라"(3:8).

하나님과의 관계를 맺으며 살아가는 사람은 결과적으로 풍성한 삶을 약속 받는다. 하나님과 이웃에 대한 사랑과 신실성을 실천하며 살아가는 사람은 전인적인 건강을 누릴 수 있다. 사랑을 실천하는 사람은 부정적인 감정을 덜 경험하며 기쁨과 행복감을 경험한다. 긍정적인 감정을 경험하는 사람은 몸이 건강하다. 웃음치료를 통해서 암세포까지 죽이는 경우에서 이 사실을 잘 발견할 수 있다. 하나님에 대한 신앙은 마음에 생기는 불안을 사라지게 하는 치료약이다. 빌립보서에서는 이 현상을 다음과 같이 표현하였다. "아무 것도 염려하지 말고 오직 모든 일에 기도와 간구로 너희 구할 것을 감사함으로 하나님께 아뢰라 그리하면 모든 지각에 뛰어난 하나님의 평강이 그리스도 예수 안에서 너희 마음과 생각을 지키시리라"(빌 4:6~7). 마음의 평화와 기쁨은 류머티스 관절염과 같은 병을 예방하며 치료할 수 있다.

대인관계

대인관계는 성격장애를 진단하는 네 가지 영역 중의 하나로 인간이 이 땅에서 살아가는 동안 매우 중요한 영역이다.[2] 가장 작은 사회인 가족 안에서 남편과 아내, 부모와 자녀, 형제와 형제, 자녀와 부모와의 관계는 중요한 대인관계가 이루어지는 관계이다. 예수님은 이웃사랑이 율법의 강령이라고 말씀하셨는데 대인관계를 잘 하는 것이 이웃사랑을 실천하는 지름길이라고 말할 수 있다. 1~4장에서 대인관계는 주로 소극적인 의미에서 이웃사랑을 하라는 내용이 주를 이룬다.

"네 손이 선을 베풀 힘이 있거든 마땅히 받을 자에게 베풀기를 아끼지 말며"(3:27).

이 말씀은 어떤 힘을 행사할 수 있는 위치에 있을 때 그 힘을 오용하여 일처리하지 말 것을 권면하는 말씀으로 이해할 수 있다. 예를 들면, 관공서에서 근무하는 건축공무원이 건축허가를 신청한 민원인의 서류를 이유 없이 지체시키거나 뒷돈을 요구하는 것은 자신의 직위를 오용하는 것이다. 이 말씀을 가정에 적용하면 부모는 자녀에게 사랑을 베풀 수 있는 능력을 갖고 있어야 하며 자녀는 부모로부터 사랑을 당연히 받아야 할 권리가 있다. 그런데 부모의 권위와 힘 그리고 능력이 주어졌음에도 자녀에게 사랑을 베풀지를 못하는 부모들이 많이 있다. 이것은 가장 가까운 이웃을 사랑하지 못하는 것이며 하나님의 뜻을 어기는 것이다. 에베소서에서 바울 사도는 "아비들아 너희 자녀를 노엽게 하지 말고 오직 주의 교양과 훈계로 양육하라"(엡 5:4)고 권면한다. 이 말씀은 제5계명에 숨겨진 계명이라고 이해해도 좋을 것이다.

반대로 성인자녀가 힘과 경제적인 능력이 있을 때 자녀로부터의 관심과 경제적인 지원을 받을 노인부모를 마땅히 돕는 것은 하나님의 뜻이다. 이것은 자녀가 부모를 존경하며 사랑하는 한 방법이다. 신체적으로 약해지고, 경제적으로도 부족한 부모에게 관심을 갖지 않거나 심한 경우 부모를 방치하는 것은 이웃을 네 몸과 같이 사랑하라는 율법의 정신을 무시하는 행동이다.

"네게 있거든 이웃에게 이르기를 갔다가 다시 오라 내일 주겠노라 하지 말며"(3:28).

돈이든지 물건이든지 갖고 있음에도 없다고 말하면서 내일 주겠다고 말하는 것은 사실상 주고 싶지 않은 마음을 표현하는 것이다. 빌리는 사람은 빌려주는 사람의 겉으로 하는 말과 속으로 갖고 있는 마음을 직감적으로 알아차린다. 그래서 다시 빌리러 오지 않게 될 것이다. 그래서 사실상 "다시 오라 내일 주겠노라"는 말은 자신의 입장을 살리면서 완곡하게 거절하는 것이다.

반대로 거절하기 힘든 상황을 역이용해서 당당하게 빌리는 사람들이 있다. 심지어 빌리고 갚을 생각을 하지 않는 채무자들도 있다. 필자는 얼굴도 본 적이 없는 사람이 사회복지기관을 사칭하며 전화해서 도와달라고 하는 경우를 여러 번 경험한 적이 있다. 이런 사람은 장애자들을 돕는데 쓰겠다는 명목으로 물건을 보내면서 적지 않은 금액을 후원금으로 보내달라며 거절하기 힘들게 하는 '이중구속'(double bind)적인 메시지를 사용한다. 예를 들어, '목사님 같은 분이 안 도와 주시면 누가 도와주겠습니까?'나 '목사님은 이웃사랑을 외치면서도 실제 상황에서는 실천하지 않는 것 같군요'라는 메시지를 암시적으로 보내는 경우다. 심리적으로 조종당하는 느낌을 주는 경우나 분명치 않은 기관일 때에는 분별력을 사용해서 과감하게 거절하는 용기가 필요하다.

"네 이웃이 네 곁에서 안연히 살거든 그를 모해하지 말며"(3:29).

주변에서 신실하게 살아가는 이웃에 대해서 상처를 주거나 상해하려고 모의하지 말라는 말씀이다. 모의(plot)를 한다는 것은 의도성을 갖고 공격하는 것을 말한다. 몰래 험담하고 사회적으로 매장하려고 루머를 만들어내고 악성 댓글로 상대방을 공격하는 것은 하나님이 미워하신다.

아합 왕의 아내 이세벨은 나봇의 포도원을 빼앗기 위하여 하나님을 저주하는 나봇의 말을 들었다고 주장하는 거짓증인들을 만들도록 해서 결국 나봇을 돌로 쳐죽이는 죄악을 저지르고 말았다. 하나님은 그녀의 죄를 물으셨고 그녀의 종말은 처참하게 끝나고 말았다(참고 열상 21:1~25; 열하 9:25~37).

"사람이 네게 악을 행하지 아니하였거든 까닭 없이 더불어 다투지 말며"(3:30).

인간은 사회 속에서 살아가는 존재다. 더불어 사는 존재로서 남이 나를 공격하며 손해를 끼치지 않기를 바라는 마음처럼 내가 남을 공격하지 않으며 손해를 끼치지 않는 것이 소극적인 의미에서 이웃사랑이다. 이웃이 자신에게 아무런 해를 끼친 적도 없는데 공연히 그를 소송하거나 공격하는 것은 병리적인 행동이다.

소송하는 것을 즐겨하는 병리적인 사람들이 있다. 이들은 자기 기분이 상하면 아무나 소송하며 괴롭힌다. 조그만 실수를 용납하지 못하고 상대방을 고소하여 고통에 빠지게 하면서도 자신은 밤에 잠을 잘 자는 사람이다. 최근에 미국에서 있었던 법정 소송 사건은 이와 같은 사람의 예를 잘 말해 준다. 세탁소에서 자신의 바지 한 벌을 잃어버렸다고 한인 세탁소 주인을 향하여 수십만 불의 손해배상액을 요구한 미국인 변호사의 경우다.

"포학한 자를 부러워하지 말며 그 아무 행위든지 좇지 말라"(3:31).

"포학한 자"(violent man)를 부러워하는 경우는 흔치 않다. 대부분의 사람들은 공격성을 드러내며 신체적으로나 심리적으로 폭행하며 폭언하는 사람들을 싫어하기 때문이다. 그러나 그렇게 하는 사람들이 갖고 있는 파워에 대해서는 부러워하는 경향이 있다. 마음대로 좌지우지하며 다른 사람들을 압도하는 힘을 행사할 수 있는 사람을 양가감정적으로 부러워할 수 있기 때문이다. 이 사실은 폭언과 폭행이 일어나는 가정에서 자란 자녀들에게서 찾아볼 수 있다. 포학한 아버지나 어머니의 모습에 상처를 받으며 피해자로 성장하지만 마음 한편에는 어른이 되면 자신을 가해한 부모에게 포학한 모습을 보이는 상상을 하며 자신의 분노를 달래는 것이다. 실제로 힘을 가질 수 있는 나이나 위치가 되었을 때 가해자가 되어 '눈에는 눈, 이에는 이'로 보복하거나 자신보다 약한 사람들에게 포학한 자가 되는 '평행과정'을 반복할 가능성이 높다. 그래서 그 포학한 사람의 '행위를 좇을'(choose) 가능성이 높다.

음녀와의 관계

음녀는 배우자와 자녀들과의 관계만 파괴시키지 않는다. 음녀와 관계를 맺게 되면 하나님과의 관계는 무너지게 된다. 그래서 잠언은 음녀에 대한 반복적인 경고를 한다.

"지혜가 또 너를 음녀에게서, 말로 호리는 이방 계집에게서 구원하리니 그는 소시의 짝을 버리며 그 하나님의 언약을 잊어버린 자라"(2:16~17); "이것이 너를 지켜서 악한 계집(immoral woman)에게, 이방 계집의 혀로 호리는 말(the smooth tongue)에 빠지지 않게 하리라"(6:24).

이 본문들에서 음녀(adulteress) 또는 이방계집(wayward wife)은 간음을 행하는 여성을 의미한다. "이방계집"으로 번역된 'wayward'란 영어 단어는 방탕하고 성적으로 충동적인 성향을 의미한다. 그리고 이방계집은 원문에서 '외국인(alien, foreign)'의 의미를 갖고 있다.[3] 솔로몬이 스스로 수많은 외국 여성들과 결혼을 함으로써 겪었던 영적 타락을 뼈저리게 느꼈기 때문에 신앙이 다른 외국 여성들을 멀리하라고 아들 르호보암에게 경계한 것으로 해석할 수 있다. "음녀"라는 표현은 남성중심적 관점에서 사용되었지만 남성이나 여성 모두에게 적용된다. 제7계명인 '간음하지 말라'는 계명을 지키는 것이 지혜로운 것이며 결혼한 이후에는 배우자에게 정절을 지키는 것이 하나님의 뜻이다.

하나님과 사람들 앞에서 맺는 결혼 언약을 되새기며 기억하면 성적인 유혹에 빠지는 것과 간음하는 관계에서 헤어나올 수 있다. '신전의식'이 실제적으로 작동하지 않게 될 때 은밀하게 간음이 진행되며 치명적인 결과를 가져오게 된다.

요셉은 하나님을 경외하는 마음과 태도를 견지했기 때문에 혈기왕성한 청년임에도 보디발의 아내의 성적인 유혹을 뿌리칠 수 있었다. 반면 삼손은 자신의 취약함을 인식하지 못한 채 블레셋 여인의 유혹에 자신의 비밀을 누설하여 두 눈이 뽑히는 수모를 당하였다. 예수님은 "우리를 시험에 들지 말게 하옵시고 다만 악에서 구하여 주옵소서"라는 기도를 가르쳐 주셨다. 그만큼 우리는 유혹에 취약하며 유혹으로 인하여 사망의 길에 설 수 있는 위험성이 높기 때문이다. 특히 성적인 유혹은 그 어떤 유혹의 역동성보다 강하기 때문에 웬만한 자아(ego)의 힘으로는 감당하기가 어렵다. 프로이트가 포괄적인 개념으로 사용했지만 성적인 에너지를 어떻게 처리하느냐에 따라 정신질환이 발생하기도 하고 심리적 성숙이 일어나기도 한다고 보았다.

결혼을 했음에도 다른 이성에게 성적으로 관심을 갖고 접근하는 것은 경계선을 넘는 행동이다. "말로 호리는" 이방 계집이라는 표현 역시 남성이나 여성 모두에게 적용된다. 일반적으로 여성들이 약한 것은 '유혹적인 말'이며

'청각적'인 유혹에 약하다고 한다. 반면 남성이 약한 것은 '시각적'인 유혹이라고 말한다. 실제적으로 그런 면이 많다. 그러나 기혼자들의 경우에는 모두 '대화가 통하는' 사람들에게 유혹되기 쉽다. 결혼관계에서 잘 되지 않던 대화가 다른 남성이나 여성과 이루어진다고 느낄 때 성적인 경계선까지 넘어갈 위험성이 높아진다. 배우자에게서 듣지 못했던 칭찬이나 인정, 관심과 배려를 표현하는 말을 들을 때 그 말은 '유혹적인 말'(seductive words)이 되어 이성을 잃게 만드는 것이다. 칼 브로데릭은 외도의 역동성에서 이 사실을 다음과 같이 표현하였다. "나는 많은 사람들이 어떤 이기적 동기보다 공감과 관심과 동정을 통해 외도의 고통에 빠진다고 확신한다. 세상은 공감할 수 있는 귀와 기대고 울부짖을 수 있는 어깨와 굶주리고 외롭고 쉽게 상처받은 사람들로 가득하다. … 조그만 도움으로 시작된 동정심이 다정함으로 자연스럽게 이끌려가고 그 다정함이 사생활의 필요를 채워주고 그 사생활이 육체의 위안을 주게 되고 그 위안이 곧바로 외도에 빠지게 한다."[4]

6장에서는 "부드러운 말" 또는 "부드러운 혀"라는 표현을 사용하였다. 우선 듣기에 좋은 말에 귀를 기울이는 것은 '감언이설'(甘言利說)에 속는 것과 같은 결과를 가져올 것이다. 말세의 인간상의 한 모습은 "귀가 가려워서 자기의 사욕을 좇을 스승을 많이 두고 또 그 귀를 진리에서 돌이켜 허탄한 이야기를 좇는" 것이다(딤후 4:3~4). 영적 삶에서의 혼탁한 모습과 성적으로 문란해지는 현대 사회의 모습은 서로 관련성이 높다. 자기의 사욕을 좇는다는 것은 현대인들이 점점 자기애성 성격장애화되어 갈 가능성이 높다는 것이다. 성적인 문란과 간음에서도 자기중심성이 두드러진다. 자신의 쾌락과 이익을 위해서 다른 사람들을 이용하거나 가족들에게 상처를 입히는 점에서 성적 문란과 간음은 자기중심적인 행동이다.

본문에서 "이방 계집"으로 번역된 계집은 NIV 성경에서는 "아내"로 번역되었다. 성적으로 문란한 아내나 남편, 즉 외도하는 배우자는 이미 결혼생활을 해본 경험 속에서 상대방의 취약한 부분에 대해서 잘 알고 있다. 그래서 공감적인 표현과 이해하는 말로 이야기하면 외도의 대상자에게 그것은 유혹적일 수 있다.

솔로몬은 음녀의 유혹적인 말과 태도에 대해서 7장에서 마치 영화를 보여주듯이 묘사하였다. 그녀는 "내가 화목제를 드려서 서원한 것을 오늘날 갚았노라"라고 신앙적인 표현으로 상대방 청년을 무장 해제시킨다. 음녀가 반드시 세속적이며 비신앙적인 사람은 아닐 수 있음을 여기서 알 수 있다. 음녀는 신앙적인 용어를 사용하며 실제 했는지는 분명치 않지만 서원을 하며 화목제까지 드렸다는 표현을 쓰고 있다. 즉 신앙인의 삶을 산다고 하면서도 성적인 부분의 죄는 발생하며 진행될 수 있음을 말해준다. 이것은 특히 크리스천들 사이에서 외도가 일어날 때 신앙적인 합리화가 일어나는 것과 연결될 수 있는 표현이다.

"내가 너를 맞으려고 나와서 네 얼굴을 찾다가 너를 만났도다"(15절)라는 표현에서 상대방에 대한 관심과 인정, 칭찬을 하면서 이 잘못된 만남을 마치 하나님의 섭리 속에서 만난 것처럼 왜곡하여 표현하고 있다. 음녀는 성적인 유혹을 이어서 적극적으로 한다. "내 침상에는 화문 요와 애굽의 문채 있는 이불을 폈고 몰약과 침향과 계피를 뿌렸노라"(16~17절). 시각적이며 후각적인 묘사를 통해서 상대방을 유혹한다. 그리고 "오라 우리가 아침까지 흡족하게 서로 사랑하며 사랑함으로 희락하자"(18절)고 말한다. 이 음녀는 유부녀임을 스스로 드러낸다. "남편은 집을 떠나 먼 길을 갔는데 은주머니를 가졌은즉 보름에나 집에 돌아오리라"(20절).

본문에서 상대방 청년이 기혼자인지 미혼자인지 정확하게 표현되지 않는다. 만약 미혼자일 경우에 유부녀의 유혹은 정신분석학적으로 볼 때 청년이 갖고 있는 해결되지 않은 '외디푸스 콤플렉스'(Oedipus complex)의 역동성을 건드리는 것이다. 나이 어린 남자 청년에게 있어서 유부녀는 엄마와 같은 푸근함을 제공하는 대상(object)이다. 그리고 유부녀의 가슴은 오래 전에 잃어버렸던 엄마의 가슴을 무의식적으로 연상시키는 것이다. 솔로몬은 음녀의 행동에 대해서 21절에서 "여러 가지 고운 말로 혹하게 하며 입술의 호리는 말로 유혹했다"고 표현한다.

솔로몬이 음녀에 대해서 잠언에서 강하게 경고하고 훈계한 것은 정신분석학적으로 볼 때 두 가지의 역동성으로 이해할 수 있다. 솔로몬 자신의 삶에서 수많은 음녀들에게 유혹을 받고 성적으로 문란했던 모습에서 자신의 아들에게 '역전이'(countertransference)의 이슈를 갖고 '투사동일시'(projective identification)를 경험했다고 볼 수 있다. 솔로몬 자신이 경험했던 것을 아들이 경험할 위험성이 있어 보일 때 솔로몬은 자신의 경험을 통하여 아들을 이해하려 했다고 볼 수 있는데 이 역동성을 역전이라고 볼 수 있다. 전이 또는 역전이는 일종의 '평행과정'(parallel process)이다.[5] 투사와 투사동일시는 차이가 있는데 투사동일시라는 기제는 아이들의 발달단계에서 투사라는 방어기제보다는 좀더 발달한 기제다. 솔로몬은 자신의 이슈를 아들, 또는 잠언을 읽는 사람들에게 투사하여 권면했다고 말할 수 있다. 동시에 그 투사된 모습 속에서 자신의 모습을 아울러 인식했다는 점에서 투사동일시의 역동성이 있다고 말할 수 있다. 어떤 의미에서 솔로몬은 자신의 삶의 시행착오를 통해서 후대의 신앙인들에게 경고하며 격려하는 '상처 입은 치료자'였다.

"소시의 짝을 버리며 그 하나님의 언약을 잊어버린 자라"라는 말씀에서 '조강지처'(糟糠之妻)라는 단어가 떠오른다. 음녀나 음남에게 빠지면 조강지처, 조강지남을 헌신짝 버리듯이 버릴 가능성이 높아진다. 음녀가 조강지처보다 더 나아 보이기 때문에 잘못 선택하는 것이다. 어린아이들은 전체를 보고 판단하는 능력이 충분히 발달되어 있지 않다. 그래서 모습이 일부 좋아 보일 때 이미 갖고 있던 것을 내려놓고 새로운 것을 선택한다. 마찬가지로 소시의 짝을 버리는 행동을 하는 사람은 심리적으로 미성숙한 성인 아이들이다. 이들은 조강지처의 마음의 중심을 보고 소중히 여기는 태도를 갖지 못한다. 반면 음녀의 외모나 유혹하는 말에 미혹되어 소중한 것을 포기한다.

이스라엘은 하나님의 신부였다. 그들은 하나님보다 더 멋있어 보이는 이방 신들을 좇았으며 음녀같이 음란하게 우상 숭배하였다. 예레미야는 멸망을 앞둔 유다의 모습을 다음과 같이 진단하였다. "너는 광야에 익숙한 들 암나귀가 그 성욕이 동하므로 헐떡거림 같았도다 그 성욕의 때에 누가 그것을 막으리요"(렘 2:24). "네 발을 제어하여 벗은 발이 되게 말며 목을 갈하게 말라 하였으나 오직 너는 말하기를 아니라 이는 헛된 말이라 내가 이방 신을 사랑하였은즉 그를 따라 가겠노라 하도다"(렘 2:25).

"그 하나님의 언약을 잊어버린 자라"는 표현을 NIV 성경은 '하나님 앞에서 이전에 맺었던 언약을 무시했다'라는 의미로 번역했다. 결혼식을 할 때 하나님 앞에서, 그리고 많은 증인들 앞에서 성경에 손을 얹고 아내를 또는 남편을 배우자로 맞아 평생 어떤 환경에서도 사랑하며 부부의 정절을 지키겠다고 서약한 사실을 되새기는 것은 외도를 방지하는 중요한 예방책이다. 그런데 본문의 음녀는 결혼 서약을 무시하거나 기억하지 못하고 십계명의 칠계명을 무시한 것이다.[6]

"그 집은 사망으로, 그 길은 음부로 기울어졌나니 누구든지 그에게로 가는 자는 돌아오지 못하며 또 생명길을 얻지 못하느니라"(2:18~19); "대저 그가 많은 사람을 상하여 엎드러지게 하였나니 그에게 죽은 자가 허다하니라 그 집은 음부의 길이라 사망의 방으로 내려가느니라"(6:26~27).

이 본문은 음녀와 관계할 때 따라오는 결과를 경고하고 있다. "그 집"(her house)은 음녀의 집을 말한다. 즉 간음을 행하는 배우자가 있는 가정은 죽음과 파멸로 이어질 가능성이 높다는 것이다. 배우자의 부정이 있는 가정은 부부관계가 깨어짐으로써 부부 사이에 심리적으로 죽음을 경험한다. 배우자의 부정은 상대방에게 심리적으로 살인하는 것과 같기 때문이다. 외도가 있는 가정에서 자라나는 자녀들 또한 죽음에 맞먹는 심리적 충격을 경험하며 아빠나 엄마에 대한 신뢰감을 상실한다. 외도로 인하여 부모가 갈등하며 다툴 때 불안과 분노, 혼란, 충격, 우울을 경험한다. 특히 외도로 인하여 이혼으로 이어질 때 그 가정은 사망신고를 하는 것과 같다. 자녀들은 예기치 않게 부모로부터 신체적, 감정적, 정신적으로 버림을 받는 경험을 하는 것이다. 이 모든 역동성을 잘 알고 계시는 하나님은 십계명에 "간음하지 말라"는 계명을 주셔서 행복한 가정생활을 하기 원하신다. 간음을 금지한 것은 성적 억압을 위해서가 아니라 가정의 행복을 지키기 위한 적극적인 뜻이 있기 때문이다.

음녀에게 가는 자는 누구든지 돌아오지 못한다는 표현은 강한 경고를 담고 있다. 다른 죄와 달리 간음(외도)은 다른 인격체와 하나가 되는 경험을 하는 것이다. 그래서 관계적으로 성적으로 중독이 되기 때문에 웬만한 경우에는 그 관계에서 빠져나오기가 어렵다. 바울은 "창기와 합하는 자는 저와 한 몸인 줄을 알지 못하느냐 일렀으되 둘이 한 육체가 된다 하셨나니"라고 간음의 역동성을 지적하였다(고전 6:16). 탕자의 비유에서 보이듯이 외도자는 모든 것을 잃고 빈손이 되기 전에는 정신을 차려 원래의 가정으로 돌아오려는 결단을 하기가 어렵다. 성적인 죄 뒤에서 역사 하는 마귀는 한번 잡은 포로를 웬만해서는 놓아주지 않는다. 다른 죄의 역동성에서도 마찬가지지만 애굽의 바로가 이스라엘을 포로생활에서 놓아주기까지는 아홉 번이나 약속을 번복했다는 사실은 죄의 중독성을 잘 드러낸다.

"생명 길을 얻지 못하느니라"는 말씀에서 음행의 종착역은 사망이며 지옥이라는 사실을 경고한다. 음행이 반복되고 간음이 계속 진행될 때 그 사람은 영적으로 하나님과 회복하기 어렵다. 현재의 간음의 관계를 유지하기 위하여 영원한 생명을 포기하는 어리석은 자가 된다. 갈라디아서에서는 육체의 현저한 일에 대해서 언급하면서 "음행과 더러운 것과 호색"을 앞부분에서 지적하면서 "이런 일을 하는 자들은 하나님의 나라를 유업으로 받지 못할 것이요"라고 분명히 밝힌다(참고 갈 5:19~21).

6장에서는 성적으로 유혹을 받아 음녀에게 들어가는 청년의 결과에 대해서 비유적으로 묘사하였다. "소년이 곧 그를 따랐으니 소가 푸주로 가는 것 같고 미련한 자가 벌을 받으려고 쇠사슬에 매이러 가는 것과 일반이라"(6:22), "필경은 살이 그 간을 뚫기까지에 이를 것이라 새가 빨리 그물로 들어가되 그 생명을 잃어버릴 줄을 알지 못함과 일반이니라"(6:23). 단기적인 만족을 위해서 장기적인 파멸을 선택하는 것은 비합리적인 것이라고 심리학에서도 지적한다. 잠시 잠깐의 성적인 만족을 위해서 자신의 영혼을 팔며,

가족들에게 상처를 주는 사람은 참으로 어리석다. 이 세상에 어떤 즐거움도 우리를 영원히 만족시킬 수 없다. 이 세상의 어떤 인간과의 관계도 우리에게 진정한 기쁨과 만족을 제공할 수 없다. 이 기본적인 진리를 철저하게 인식하는 사람만이 간음과 음란의 죄로부터 벗어날 수 있다.

솔로몬은 전도서에서 자신의 삶을 통하여 간증하였다. "무엇이든지 내 눈이 원하는 것을 내가 금하지 아니하며 무엇이든지 내 마음이 즐거워하는 것을 내가 막지 아니하였으니… 그 후에 본즉 내 손으로 한 모든 일과 수고한 모든 수고가 다 헛되어 바람을 잡으려는 것이며 해 아래서 무익한 것이로다"(전 2:10~11), "만물의 피곤함을 사람이 말로 다 할 수 없나니 눈은 보아도 족함이 없고 귀는 들어도 차지 아니 하는도다"(1:8). 안타깝게도 많은 사람들은 다른 사람의 간접 경험을 통해서 배울 수 있음에도 직접 시행착오를 겪지 않고는 배우지 못하는 '고집스러움'(stubbornness)과 '곧은 목'(stiff neck)을 갖고 있다.

악인의 특징과 결과

대인관계를 잘하려면 인간이해가 필요하다. 인간은 백퍼센트 착한 사람이 아니다. 동시에 백 퍼센트 악한 사람도 아니다. 대부분의 경우 좋은 면과 나쁜 면이 공존한다. 그러나 일부의 사람들은 나쁜 면이 주로 있고 좋은 면은 발달이 안되어 있거나 억압된 성격을 가지고 있다. 잠언에서는 이들을 악인이라 부른다. 악인들의 특징을 잘 이해할 때 우리는 세상에서 비둘기처럼 순하고 뱀처럼 지혜롭게 생활할 수 있다.

"내 아들아 악한 자가 너를 꾈지라도 좇지 말라 그들이 네게 말하기를 우리와 함께 가자 우리가 가만히 엎드렸다가 사람의 피를 흘리자 죄 없는 자를 까닭 없이 숨어 기다리다가 음부 같이 그들을 산채로 삼키며 무덤에 내려가는 자 같게

통으로 삼키자 우리가 온갖 보와를 얻으며 빼앗은 것으로 우리 집에 채우리니 너는 우리와 함께 제비를 뽑고 우리가 함께 전대 하나만 두자 할찌라도 내 아들아 그들과 함께 길에 다니지 말라 네 발을 금하여 그 길을 밟지 말라 대저 그 발은 악으로 달려가며 피를 흘리는데 빠름이니라"(1:10~16).

이 본문에서 동사를 주목하면 악한 자들의 행동의 특징을 볼 수 있다.

첫째, 그들은 '꾀며'(entice) 유혹한다. 꾀는 것은 속이는 것을 말한다. 겉으로는 친구처럼 행동하지만 실제는 넘어뜨리는 걸림돌이 되는 것이다. 좋게 보이는 미끼를 달아 꾀어 걸리면 잡으려고 하는 것이다. 17절의 표현처럼 새 모이를 주어 새를 꾀어 그물에 잡으려는 사냥꾼의 심리와 같은 것이 악한 자들의 심리다.

둘째, "우리와 함께 가자"라는 표현에서 악한 자들은 동료의식을 부추긴다. 소속감이 없거나 외로워 하는 자들에게 '유사 친근감'(pseudo-closeness)을 갖게 하여 한솥밥 먹는 식구라는 느낌을 주는 것이다. 이들은 "전대 하나만 두자"고 꾄다. 동업자가 되자는 것이다. 그러나 실제 이들은 자신의 이익을 위하여 꾄 사람을 이용하며 사기하는 사람이다. 더 나아가 공범자를 만드는 것이다. 이것은 마귀의 전략이다. 마귀는 혼자서 지옥에 가지 않고 많은 친구들을 만들어 함께 지옥에 가기 위해 몸부림치고 있다.

셋째, 악인의 특징은 '죄 없는 자의 생명을 죽이는' 것이다. 무작위적으로 공격하거나 살인하는 것이다. '묻지마 살인'과 같은 사회적 병리현상에는 영적으로 마귀적인 요소가 있다. 마귀는 살인자의 심리적 이슈를 격동시켜 길 가는 사람들을 아무 연고 없이 공격하는 보이지 않는 세력이라고 볼 수 있다. 때로는 환청이나 환시같은 현상을 이용해서 가해자가 현실감 없이 살인을 행하도록 역사한다(정신분열증에서 나타나는 환각 경험과 구별되는 의미에서). 이런 사람들은 타인의 입장에서 느낄 수 있는 공감능력이 거의 없는 반사회성 성격장애를 갖고 있다.

넷째, 악한 자들은 '숨어서 기다리며 공격하는' 것이 특징이다. 정정당당하게 자신을 드러내는 것이 아니라 익명성을 유지하면서 공격하며 자신의 정체를 은폐하며 상대방을 공격한다. 전쟁터에서는 매복하여 공격하는 것은 전투의 전략이다. 전쟁도 아닌 일상적인 삶에서 매복하여 공격하는 것은 비신사적이다. 악한 자들은 정체를 드러내지 않기 위해서 마스크를 쓰고 지문을 남기지 않도록 주도면밀하게 자신을 은폐하는데 지혜가 발달한 것이 특징이다. 이들은 어두움에 거하는 자들이며 어두움에서 행하는 자들이다.

다섯째, 이들은 "빼앗은 것으로 우리의 집을 채우"는 자들이다. 불로소득으로 자신의 집을 채우는 것은 매우 이기적인 행동이다. 타인이 노력한 것을 빼앗아 자기의 것으로 만드는 자는 도둑이며 강도다. 바울은 다음과 같이 권면하였다. "도적질하는 자는 다시 도적질하지 말고 돌이켜 빈궁한 자에게 구제할 것이 있기 위하여 제 손으로 수고하여 선한 일을 하라"(엡 4:28). 의인은 수고하여 얻은 것으로 가난한 자들을 구제하며 나누어주는 자다

여섯째, "그들의 발은 악으로 달려가며 피를 흘리는데 빠른" 것이 특징이다. 이들은 악을 행함에 있어서 정상적인 사람들이 겪는 갈등을 거의 겪지 않는다. 공격적인 충동성을 이성이 통제하지 않는다. 양심의 가책을 느끼지도 않는다. 그래서 범죄한 후에도 마치 아무런 일도 없었다는 듯이 돌아다닐 수 있는 사람들이다. 심지어 체포된 후에 범죄현장을 재현하는 자리에서도 태연하게 재현해 보인다.

"그들은 악을 행하지 못하면 잠이 오지 아니하며 사람을 넘어뜨리지 못하면 잠이 오지 아니하며 불의의 떡을 먹으며 강포의 술을 마심이니라"(4:17).

악인은 마치 프로이트가 말한 '사나토스'(thanatos), 즉 죽음의 본능에 따라 사는 사람들과 같다. 이들은 파괴적인 본능의 욕구가 만족될 때까지는 불안해하는 자들이다. 마치 성욕구를 채우지 못하면 채워질 때까지 성적 대상을 찾는 것과 마찬가지다. 크리스천 정신과 의사 스콧 펙 박사는 '악의 심리'라는 새로운 진단명을 사용할 것을 제안한 바 있다.[7] 양심의 가책을 전혀 느끼지 못하며 문제의식조차 없으며 파괴적인 행동을 즐겨하는 사람들이 세상에는 존재하기 때문이다. 이들은 '악을 행하는 것에서 기쁨을 얻는' 가학적

인 인간들이다. 이들은 노력하지 않고 얻은 재물로 자신의 집을 채우며 폭력으로 빼앗은 재물로 즐기는 자들이다.

개인뿐 아니라 집단이나 국가도 이렇게 사악해질 수 있음을 독일과 일본의 예에서 찾아볼 수 있다. 그리고 공산주의 국가들과 가까운 북한의 정치체제에서 볼 수 있다. 사람의 양심을 가지고서는 도저히 행할 수 없는 유대인 대학살과 같은 만행을 하고도 히틀러와 그를 추종하는 사람들은 기뻐하고 즐거워했다. 무력과 전쟁으로 다른 나라들을 침략하여 주권을 빼앗고 억압하는 것은 마귀적이다. 독도의 영유권을 주장하는 일본은 자신들이 "불의의 떡을 먹으며 강포의 술을 마"셨던 과거의 잘못에 대해서 뉘우침이 없음을 행동으로 보여주고 있는 것이다. 이것은 악의 심리가 집단적으로 피어나는 증상이다.

"악인의 길은 어두움(deep darkness) 같아서 그가 거쳐 넘어져도 그것이 무엇인지 깨닫지 못하느니라"(4:19).

'악인의 길은 깊은 어두움과 같다'는 표현은 심리학적으로 이해할 때 그들의 행동은 대부분 무의식의 지배를 받는 것이라고 볼 수 있다. 악인은 문제 행동의 원인과 그 역동성에 대해서 거의 통찰력이 없는 것이 특징이다. 자기가 누구인지도 정확하게 인식하지 못하며 세상에 대해서도 제대로 인식하지 못한다. 즉 그들은 눈은 있어도 제대로 보지 못하는 장님과 같고 어두움 속에서 행함으로 부정적인 결과가 왔을 때에도 깨닫지 못하는 한계를 갖고 있다. 따라서 잘못이나 실수를 통해서 무엇인가를 배우고 깨닫고 성장하지 못한다. 여전히 무의식화된 역동성에 휘둘려 동일한 악행을 반복하는 악인의 삶을 살아가는 것이다. 반복해서 교도소에서 재범으로 복역하며 심한 경우에는 사형에 이르는 자기 파괴적이며 타인 파괴적인 삶으로 종결하게 되는 것이다.

악인들의 악행의 결과에 대해서 잠언은 확실하게 진술한다. 단기적인 유익은 있을지 몰라도 장기적으로 볼 때 결국 스스로에게도 타인에게도 해가 되는 인생이 되고 말 것이라는 것이다.

"그들의 가만히 엎드림은 자기의 피를 흘릴 뿐이요 숨어 기다림은 자기의 생명을 해할 뿐이나"(1:18); "너희가 재앙을 만날 때에 … 너희에게 두려움이 임할 때에"(1:26); "너희의 두려움이 광풍 같이 임하겠고 너희의 재앙이 폭풍 같이 이르겠고 너희에게 근심과 슬픔이 임하리니"(1:26~27).

악인에게 파멸과 재앙이 예기치 않게 갑자기 닥칠 것이다. 마치 예수님의 비유에 나오는 어리석은 부자처럼 여러 해 먹을 양식을 창고에 가득 쌓아 놓고 "내 영혼아 즐기자"라고 할 때 그날 밤에 죽음이 찾아올 수 있다. 그러나 이것은 반드시 악인만 경험하는 것은 아니다. 믿음의 사람 욥이 이와 같은 경험을 하였다. 믿는 자들에게도 이 땅에서는 원인을 설명하기가 어려운 고통과 위험과 재앙이 찾아올 수 있다. 곤란과 스트레스("distress and trouble overwhelm you" 1:27)가 감당하기 힘들 정도로 찾아올 수 있다. 이 땅에서는 악인과 의인이 함께 고통을 받을 수 있다는 사실을 잊지 말아야 한다.

"악인의 집에는 여호와의 저주가 있거니와 의인의 집에는 복이 있느니라"(3:33).

복과 저주는 모두 하나님으로부터 임한다. 하나님은 신명기에서 약속한 것처럼 율법을 순종하지 않는 자들과 집에는 저주를 임하게 하신다. 반면 하나님의 말씀에 순종하는 자들에게는 복을 베푸신다. 마귀가 저주를 베푸는 것이 아님을 명심해야 한다. 하나님은 세우기도 하시며 무너뜨리기도 하시는 주권적인 왕이시다.

"그들과 함께 길에 다니지 말라 네 발을 금하여 그 길을 밟지 말라"(1:15); "사특한 자의 첩경에 들어가지 말며 악인의 길로 다니지 말지어다 그 길을 피하고 지나가지 말며 돌이켜 떠나갈지어다"(4:14~15).

잠언은 악인들과 대인관계할 때 대처방안에 대해서도 언급한다. 본문에서 길은 삶의 양식과 태도, 행동을 의미한다. 악인과 동행하게 되면 그들의 언행심사에 동참하게 되며 영향을 받게 된다. 악인들에게 영향을 주기란 매우 어렵다. 그러나 악인들에게서 영향을 받기는 매우 쉽다. 그리고 그 길은 중독적이어서 한 번 그 길에 들어서게 되면 쉽게 빠져나오기가 어렵다. 혹시라도 그 길에 들어선 자들은 빨리 깨닫고 희생이 따르더라도 "돌이켜 떠나는" 회개의 결단이 필요하다.

미련한 자(어리석은 자)의 특징과 결과

"미련한 자는 지혜와 훈계를 멸시하느니라"(1:7하); **"너희 어리석은 자들은 어리석음을 언제까지 좋아하겠느냐"**(1:22); **"미련한 자는 지식을 미워하니 어느 때까지 하겠느냐"**(1:22).

바보는 배우는 것을 싫어하는 사람이다. 새로운 변화를 시도하기보다는 현재를 고수하려는 사람이다. 빛이 어두움에 비취되 깨닫지도 못하며 적극적으로 혐오하며 분노하는 자들이다. 예수님의 말씀을 들었을 때 그의 지혜로운 말씀에 혐오를 느끼고 살인적인 분노를 느꼈던 바리새인들과 서기관들은 바보였다. 그들은 스스로 지혜가 있다고 생각했지만 실상은 바보였다.

"지혜와 훈계를 멸시하느니라"는 표현에서 미련한 자의 자기애성 성격장애적 요소를 발견할 수 있다. 자기애성 성격장애를 가진 사람은 자기를 매우 괜찮은 사람으로 인식한다. 그래서 다른 사람들로부터 배우려고 하거나 충고나 조언을 소화하지 않는다. 무시하고 깔본다. 심지어 분노한다. 자기가 약하다고 말하는 것으로 오해하기 때문이다.

미련한 자들은 적극적으로 지식을 미워한다. 마치 믿지 않는 자들 중에 적극적으로 신앙을 가진 자들을 미워하며 혐오하는 것과 마찬가지다. 자신의 현재의 어리석음을 어리석음으로 보지 않는다. 좋게 평가하기 때문에 문제가 있다고 말해주는 사람을 미워한다.

“패역을 말하는 자”(2:12).

패역을 말하는 자란 “말을 할 때 자기 말만 고집하고 상대방의 올바른 말에 대해서 수용하지 못하는 자”를 말한다. 이런 결과는 상대방의 말을 경청하거나 이해하려는 태도를 갖는 대신 합리화, 이성화라는 방어기제를 사용하기 때문에 생기는 것이다. 이런 자는 미련한 자다. 의사소통이 기본적으로 되지 않는 자다.

스스로 옳다 여기는 자는 어리석은 자다. 하나님의 분명한 말씀이 있음에도 불구하고 들을 생각을 전혀 하지 않고 자기 생각을 고집하며 말하는 자다. 구약의 많은 선지자들이 진리의 말씀으로 예언하였지만 대부분의 경우 백성들은 고집스럽게 듣지 않았고 선지자들을 돌로 쳐죽였다. 이런 자들에게 과연 직언의 말을 해줄 필요가 있을까 의문이다. ‘우이독경’이란 말이 있듯이 효과가 없는 말은 변화를 가져올 수 없다. 잠언 기자는 이런 자들을 대할 때 신중하게 직언할 것을 권면한다. “거만한 자를 징계하는 자는 도리어 능욕을 받고 악인을 책망하는 자는 도리어 흠을 잡히느니라 거만한 자를 책망하지 말라 그가 너를 미워할까 두려우니라 지혜 있는 자를 책망하라 그가 너를 사랑하리라”(9:7~8).

부부간에도 상대방 배우자의 말을 경청하지 못하고 자기 주장만 하고 상대방을 ‘탓하기’만 하는 사람이 있다. 일부의 말을 과장해서 전체인 것처럼 왜곡하고 자기에게 유리한 것만 말하고 자신에게 적용되는 말은 다 부인하고 반격하는 의사소통을 하는 자는 여러 성격장애를 갖고 있다고 해도 과언이 아니다.

“이 무리는 정직한 길을 떠나 어두운 길로 행하며”(2:13).

“정직한 길”은 ‘곧은 길’이며 공명정대한 길이다. 의로운 길이며 말씀에 순종하는 길이다. 또한 “어두운 길”과 연결하여 생각한다면 정직한 길은 ‘밝은 길’”이며 ‘빛의 길’이다. ‘천성으로 가는 길’이다. 패역한 자들은 술 취한 자처럼 인지가 왜곡되어 올바른 길에서 자꾸 벗어난다. 자신들이 보는 관점에서는 "어두운 길"이 밝은 길처럼 보이며 즐거운 길처럼 인식되기 때문이다.

"어두운 길"을 행하는 것은 그들이 등불 역할을 하는 말씀에 대해서 무지하거나 말씀을 알아도 순종하지 않기 때문이다. 어두운 길을 갈 때 그들의 숨은 행위를 은폐할 수 있다고 생각한다. 그들은 숨어서 모의하며 몰래 악을 행하며, 심지어 증거인멸을 시도한다. 어두운 길을 행할 때 그 결과는 뻔하다. 돌부리가 있어도 보지 못하여 걸려 넘어지며 스스로 파놓은 함정에 빠지게 되어 파멸하게 될 것이다.

"행악하기를 기뻐하며 악인의 패역을 즐거워하나니"(2:14).

잘못된 행동을 할 때 감정적으로 기쁨과 즐거움을 느끼는 것은 정상이 아니다. 하나님이 원하시는 인간의 모습은 올바른 행동을 할 때 기쁨과 즐거움을 느끼는 것이다. 그러나 타락한 인간은 잘못된 행동과 악한 일을 할 때 더 쾌감을 느끼며 흥분감을 느낀다는 것이다. 가학적이거나 피학적인 상황에서 기쁨을 누리는 이상심리를 가진 사람들이 있다. 심지어 초등학생들조차 한 친구를 왕따 시키며 폭력을 사용해서 괴롭히면서 재미있어하는 세상이 되었다. 상대방의 아픔과 고통을 공감하는 능력은 없고 오히려 상대방을 괴롭히거나 죽일 때 카타르시스를 느끼는 사람들은 인간이 아니다.

고린도전서 13장에서 "사랑은 악을 행하는 것을 기뻐하지 않는 것이다"라고 말씀한다. 파괴적인 행동을 할 때 기뻐하는 것은 마귀적이며 성격장애적이다. 특히 반사회성 성격장애자들은 양심의 발달이 잘 되어 있지 않아서 악을 행해도 양심의 가책을 느끼지 못한다. 돈 몇 만원을 뺏기 위해서 사람을 죽이는 비이성적인 행동까지 한다. 그리고 그 돈을 유흥비로 쓰면서 즐거워한다. 이런 점에서 악인은 동물보다 훨씬 그 기능이 떨어지는 사람들이다.

마귀는 행악하는 자들에게 기쁨과 즐거움이라는 감정을 느끼게 하여 그 행동을 반복하게 하는 전략을 사용한다. 고속도로에서 무모하게 과속으로 질주하는 운전자들은 그 스릴을 맛보며 즐거워한다. 오토바이 폭주족들은 경찰의 단속이 있으면 더 쾌감을 느끼며 도로를 광란적으로 질주한다. 마약을 복용하는 사람들은 그것이 법적으로 금지된 것이며 처벌이 따른다는 사실을 알면서도 마약이 가져다주는 기쁨과 쾌감을 즐기려고 한다.

악행을 저지를 때 기뻐하는 사람들은 성격장애화 되어 있어서 그런 행동을 일관성 있게 유지하며 예측할 수 있게 반복한다. 웬만한 노력과 결심이 없이는 중독적인 행동을 멈추지 못한다.

악을 행하기는 쉽다. 선을 가르치기는 어렵고 선행을 하려면 노력이 많이 든다. 심리적으로 성숙하지 못한 사람은 쉬운 길을 택하며 어려운 길은 쉽게 포기한다. 한탕주의로 사기를 치거나 불로소득의 결과를 기뻐하며 타인의 소유를 빼앗아서라도 자신의 유익을 추구한다. 도둑질하는 사람들은 쉽게 번 돈을 유흥비로 쓰는 등 쉽게 써버리는 경향이 높다.

"그 길은 구부러지고 그 행위는 패역하니라"(2:15).

'구부러진'(crooked) 것과 '패역한'(devious) 것은 모두 정상에서 벗어나는 것을 의미한다. 이런 행동은 일반 사회에서도 '이상'(abnormal) 행동으로 진단하며 치료가 필요하다고 본다. 문제는 이런 행악이 사회의 전반적인 행동으로 보편화될 때의 위험성이다. 일반 심리학에서는 보편적인 것을 정상으로 보는 경향이 높기 때문이다.

우리도 하나님을 알기 전에는 "다 양 같아서 그릇 행하여 각기 제 길로 갔던" 악인들이었다(사 53:6). 각자의 소견에 좋은대로 행하던 자들이었다(참고 삿 21:25). 길이요 진리요 생명이신 예수 그리스도가 "실상은 많은 사람의 죄를 지며 범죄자를 위하여 기도하였기"(사 53:12) 때문에 우리가 올바른 길로 갈 수 있는 의인이 된 것이다. 불신자들은 스스로 자신의 길이 옳다고 생각하며 의롭다고 여길 수 있다. 그러나 목자되신 하나님과 관계없는 여정은 구부러지고 치우칠 수밖에 없다.

"그때에(재앙을 만나고 위기를 당할 때에) 너희가 나를 부르리라 그래도 내가 대답지 아니하겠고 부지런히 나를 찾으리라 그래도 나를 만나지 못하리니 대저

너희가 지식을 미워하며 여호와 경외하기를 즐거워하지 아니하며 나의 교훈을 받지 아니하고 나의 모든 책망을 업신여겼음이라"(1:28~30).

역사적으로 이 사건은 유다가 멸망하는 과정에서 실제로 일어났다. 북방에서 폭풍처럼 밀려온 바벨론 앞에서 유다는 하나님께 부르짖었지만 그들의 죄악으로 결국 멸망하고 말았다. 그나마 재앙을 만나 하나님을 찾는 자는 어리석음의 때를 벗을 수 있는 가능성이 있는 자다. 위기를 겪으면서 어리석음의 껍질들을 하나씩 벗고 자기중심적인 성격장애를 벗을 수 있다면 그것은 은총이다.

"그러므로 자기 행위의 열매를 먹으며 자기 꾀에 배부르리라"(1:31).

어리석고 미련하게 행동한 사람은 그 행동으로 인한 결과를 맞게 되며 자기의 꾀에 스스로 빠지는 오류를 범한다. 갈라디아서에서 바울은 "스스로 속이지 말라 하나님은 만홀히 여김을 받지 아니 하시나니 사람이 무엇으로 심든지 그대로 거두리라 자기의 육체를 위하여 심는 자는 육체로부터 썩어진 것을 거두고"(갈 6:7~8)라고 이 사실을 잘 지적한다.

"어리석은 자의 퇴보는 자기를 죽이며 미련한 자의 안일은 자기를 멸망시키려니와"(1:32).

심리학에서는 이와 같은 행동을 '자기 패배적인 행동'(self-defeating behaviors)이라고 부른다. 의식적으로 또는 무의식적으로 자기에게 손실이 오도록 하는 행동을 하는 것을 말한다. 그런 점에서 어리석고 미련한 자는 자신에 대해서 제대로 인식하지 못하며 무의식에 휘둘리는 사람이라고 말할 수도 있다. 이런 사람은 자기 패배적인 행동을 반복하는 것이 특징이며 그런 행동으로부터 학습할 수 있는 능력이 없다. 성숙한 사람은 실수하거나 잘못할 수 있지만 그 경험을 반추하여 같은 실수나 잘못을 반복하지 않는다. 자기 패배적인 행동이 하나둘 반복될 때 마침내 자신의 삶을 파멸로 이끌어가는 것이다. 이런 점에서 어리석은 자와 미련한 자는 점진적으로 자살을 하는 사람이라고 말할 수 있다. 어리석은 자는 악인과는 대조적이다. 악인은 타인을 살해하며 멸망시키려는 동기가 강한 반면 어리석은 자는 자신을 죽이며 멸망시키려는 동기가 강하다.

지혜로운 자(성숙한 자)의 특징과 결과

"내 아들아 네가 만일 나의 말을 받으며 나의 계명을 네게 간직하며 네 귀를 지혜에 기울이며 네 마음을 명철에 두며 지식을 불러 구하며 명철을 얻으려고 소리를 높이며 은을 구하는 것 같이 그것을 구하며 감추인 보배를 찾는 것 같이 그것을 찾으면"(2:1~4).

지혜로운 자의 특징은 수용력이 있으며 가르침을 내면화하여 기억하는 것이다. 그리고 지혜에 관심을 쏟으며 여러 상황에 적용할 수 있는 능력이 있다. 적극적으로 통찰하려고 애쓰며 지식을 가진 자에게 배우려고 하고 관심을 갖고 연구하고 탐구하는 자세를 갖고 있다.

지혜로운 자는 새로운 정보와 가르침에 대해서 수용하는 태도, 개방적인 태도를 취한다. 그리고 참으로 그러한가 반추해보며 확인한다. 지혜가 마음에 들어가서 '내면화'(internalization)되어 '자기화'되면 그는 지혜로운 자가 되는 것이다. 특히 지혜의 근본인 하나님을 마음에 영접하고 수용하면 그 사람은 하나님과 연결된 정체성을 가지며 지혜로운 성령이 내주하는 사람이 되며 지혜로운 생각과 판단, 결정을 내릴 수 있게 된다.

이 내용과 "베뢰아 사람들은 데살로니가 사람들보다 더 신사적이어서(of more noble character) 간절한 마음으로 말씀을 받고 이것이 그러한가 하여 날마다 성경을 상고하였다"(행 17:11)는 말씀이 연결될 수 있다. 보다 성숙한 성품을 가진 사람으로서 베뢰아 사람들은 더 열정적으로 바울의 가르침을 받았을 뿐 아니라 그 말씀을 가지고 성경과 비교하며 반추하는 지혜를 갖고 있었다는 것이다.

새로운 지식을 습득하게 될 때 오는 기쁨을 누리는 것은 성숙한 자의 특징이다. "곧 지혜가 네 마음에 들어가며 지식이 네 영혼에 즐겁게 될 것이요"(2:10). 무지했던 것에서 알게 될 때 더 하나님의 뜻을 따라 살 수 있게 된다. 무의식적으로 행동했던 것에 대한 이유와 원인을 발견하고 통찰할 때 그 사람은 '아하'의 순간을 경험하게 되고 자신을 좀더 이해하게 되는 기쁨을 맛보며 변화의 삶으로 나아갈 가능성이 높아진다. 하나님이 창조하신 피조세계의 원리와 법칙에 대해서 깨닫게 될 때 경외심을 갖게 되며 그분의 놀라운 창조의 솜씨와 섭리에 대해서 찬송하게 된다.

"나의 법을 잊어버리지 말고 네 마음으로 나의 명령을 지키라"(3:1).

두 동사에 초점을 맞추면 첫째는 "나의 법" 즉 부모의 가르침, 선생의 가르침, 성경의 가르침 등과 같은 좋은 가르침을 '기억하는' 것이다. 비록 들을 때에는 딱딱하기도 하고 마음에 불편할 수도 있지만 그 중심을 헤아려 듣고 소화하고 기억장치에 입력해두는 것은 매우 중요하다. '양약(良藥)은 고구(苦口)이나 이어병(利於病)이요, 충언(忠言)은 역이(逆耳)이나 이어행(利於行)이라'는 말이 있다. 어떤 상황에 부딪혔을 때 그 내용을 다시 기억해내고 연결하고 해석하여 현명한 판단과 결정을 하는 것이 지혜로운 삶을 사는 방법이다.

기억한다는 것은 학습할 수 있는 능력과 관계가 있다. 이전의 실수를 기억해서 다시 동일한 실수를 반복하지 않는 것은 새로운 것을 학습했기 때문에 가능한 것이다. 학습능력이 떨어지는 사람은 아무리 가르쳐도 금방 잊어버리고 연결 지어 생각하지 못한다. 하나를 가르치면 하나조차 기억해서 써먹지 못한다. 이스라엘 백성들은 광야에서 이와 같이 어리석은 삶을 반복했다. 하나님의 기적적인 인도하심을 여러 번 경험했지만 그들은 새로운 위기가 왔을 때 그 경험을 기억해내어 연결하여 새로운 위기를 해석하지 못했다. 더 나아가 율법을 받았음에도 불구하고 여호수아의 세대가 끝나기가 무섭게 그들은 하나님의 율법을 기억하지 못했고 '자행자지'(自行自志)함으로써 영적인 암흑기를 반복하는 사사시대를 거쳤다.

둘째는 마음 속에 좋은 가르침을 '간직하는'(지키는) 것이다. 이것은 좋은 가르침을 잘 소화해서 자기화 하는 것을 말한다. 좋은 가르침이 '좋은 대상'(good object)으로서 외부에서 내면화되어 '자기'가 되면 '좋은 자기'(good self)가 된다. 좋은 가르침을 받아 잘 소화하면 좋은 사람이 되는 것이다. 적절한 수준에서 초자아가 잘 발달되어 이 세상에서 살 때 타인과 더불어 살 수 있는 인간이 된다. 더 나아가 하나님을 경외하는 겸손한 인간이 될 수 있다. 이 좋은 가르침에 반드시 하나님의 말씀이 포함되어야 하나님을 경외하는 인간이 된다.

반대로 부모의 가르침이 강박적이거나 병리적일 때 그 가르침을 마음에 간직하는 자녀는 '나쁜 자기'를 형성하며 신경증적인 죄책감에 시달린다. 자존감이 낮고 수치심을 지나치게 느끼는 인간이 될 수 있다. 따라서 하나님의 말씀을 가르치는 자의 심리적, 영적 성숙도 역시 매우 중요하다. 하나님의 말씀을 왜곡하거나 과장, 축소하거나 일부분만 강조하여 가르치면 그 가르침을 받은 자녀나 성도는 두려움과 불안에 사로잡히는 인간이 되고 만다.

"인자와 진리로 네게서 떠나지 않게 하고 그것을 네 목에 매며 네 마음판에 새기라"(3:3).

3:1에서 "나의 법"과 "나의 명령"의 핵심이 "인자"(love)와 "진리"(faithfulness)임을 알 수 있다. "네 마음으로 나의 명령을 지키라"는 말씀과 "네 마음판에 새기라"는 말씀은 같은 의미를 갖고 있기 때문이다.

율법의 핵심은 첫째는 하나님을 전심으로 사랑하는 것이며 둘째는 이웃을 네 몸과 같이 사랑하는 것이라고 예수님은 말씀하셨다. 머리만의 사랑이 아니라 가슴으로 사랑을 반복적으로 경험한 사람은 사랑할 수 있는 능력을 갖춘 성숙한 사람이 된다. 모든 상황에서 사랑의 마음으로 실천하려는 자녀를 가진 부모는 자녀에 대해서 더 이상 염려하지 않는다.

진정한 사랑의 능력을 가진 사람은 2장에 나오는 음녀에게 빠지는 행동을 하지 않는다. 진정한 사랑의 능력을 가진 사람은 간음함으로써 배우자와 자녀들, 그리고 주변 사람에게 상처를 주지 않는다.

'신실성'을 가진 사람은 참으로 믿을만한 사람이다. 언행이 일치가 되어 가족들에게 믿을만한 부모가 되며 배우자가 된다. 신앙적으로는 하나님을 경외하는 믿음이 강한 사람이다. 욥은 신실한 믿음의 사람이었다. 좋은 환경 속에서 하나님을 경외했을 뿐 아니라 모든 것을 다 빼앗기는 큰 위기를 당했을 때에도 하나님을 저주하지 않았다.

"그리하면 네가 하나님과 사람 앞에서 은총과 귀중히 여김을 받으리라"(3:4).

사랑과 신실성이 마음판에 새겨진 사람은 그러한 삶이 성격화되어 있어 자연스럽게 사랑하며 신실하게 대인관계를 맺으며 신앙생활을 지속한다. 즉 이 사람은 하나님과 좋은 대상관계를 맺으며 이웃과도 좋은 대상관계를 맺는다. 하나님은 하나님을 사랑하며 신실하게 신앙을 지키는 사람을 "내 마음에 합한 자"라고 칭하시며 은총(favor)을 베푸신다. 이웃을 사랑하며 사람들과의 신의를 지키면 사람들이 따르며 존경한다. 다윗은 이런 사람의 대표적인 성경인물이다. 불신자들이 크리스천들에게 기대하는 모습이 바로 이런 모습이다.

"내 아들아 완전한 지혜와 근신을 지키고 이것들로 네 눈 앞에서 떠나지 않게 하라"(3:21).

"완전한 지혜와 근신"을 NIV성경에서는 "sound judgment and discernment"라고 번역하였다. "완전한"의 의미를 '건강한' 또는 '균형 잡힌'의 뜻으로 이해하면 좋을 것이다. '판단과 분별'은 이 땅에서 살아가는 동안에 일반적인 사회생활에서 뿐 아니라 신앙생활에서도 중요한 자질이다. 좌로나 우로나 치우치지 않는 판단력, 옳고 그름을 분별하는 판단력, 선과 악을 분별하는 분별력은 우리의 성격으로서 자리 잡아야 할 자질이자 덕목이다. 판단을 잘못하면 오해하거나, 왜곡하여 해석하거나, 충동적으로 결정하여 일을 그르칠 가능성이 높다. 23절의 표현을 빌리자면 '발에 걸려 넘어질' 가능성이 높다.

솔로몬은 하나님으로부터 지혜를 선물로 받아 왕으로서 판결할 때 건강하고 명쾌하고 탁월한 판단을 하였다. 판결을 해야 할 첫 시험대에서 한 아기를 두고 자기 아기라고 우기는 두 여인에게 솔로몬은 참과 거짓을 분별하며 진짜 엄마와 가짜 엄마를 명쾌하게 구별해내는 판결을 내렸다.

지혜의 근본이신 하나님은 완전하며, 건강하며, 균형 잡힌 심판자(Judge) 이시다. 재림주로 오실 예수 그리스도는 온 천하만민을 양과 염소의 무리로 분별하며 사랑과 정의로 명쾌하게 판단하며 심판하실 것이다. 양의 무리에 속한 이들에게는 영원한 생명으로 보상하시며 염소의 무리에 속한 이들에게는 영원한 저주와 고통으로 심판하실 것이다.

08

설교자에게 주어진 보물창고, *
잠언

최원준_흔히 예언 문학은 하나님과 인간의 수직적 관계, 지혜 문학은 세계 내적 질서에 주목하는 수평적 관계라고 이야기합니다. 지혜 문학과 예언 문학의 차이를 비교해 주시고, 지혜 문학이 갖는 독특성에 대해서 말씀해 주십시오.

유윤종_예언 문학이라는 장르는 '여호와께서 이렇게 말씀하셨다'는 것에서 시작합니다. 예언자들은 기본적으로 하나님의 말씀을 직접 받아서 전달하기 때문에 예언 문학의 본질은 예언자를 통하여 계시하는 원천 자체가 하나님께 있습니다. 지혜 문학은 말씀의 권위가 하나님께 있는 것이 아니라 출발점이 인간에게 있습니다. 인간이 출발점이 되어 하나님께 다가가려는 노력, 계시의 기능 자체가 반대로 되어 있습니다. 다시 말해 예언 문학이 하늘에서 땅으로 향해 있다면 지혜 문학은 인간에서 하나님으로 향해 있다고 볼 수 있습니다. 이런 대조점이 있는 반면에 공통점도 있습니다. 그것은 예언 문학이나 지혜 문학이나 기본 바탕에는 하나님의 창조 질서에 대한 이해가 전제되어 있다는 점입니다.

---

*이 글은 2008년 10월 17일 「목회와신학」 최원준 편집장의 진행으로 고대근동 언어를 전공한 유윤종(평택대학교 구약학) 교수와 잠언을 전공한 조용식(명지대학교 사회교육원 원목) 박사가 대담한 내용이다.

조용식_유윤종 박사님께서 차이점과 기원, 방향에 대해서 설명해 주셨는데 저는 두 가지 접촉점을 문학이라는 표현에서 찾을 수 있다고 봅니다. 사람들에게 예언을 전달하는 수단이 문학의 형식을 가질 때에는 싫든 좋든 인위적인 방법이 개입될 수밖에 없습니다. 그런 의미에서 예언에 문학이라는 표현을 붙일 수 있습니다. 예언 문학이 '코 아마르 아도나이'라는 기원에서 출발했어도 사람들에게 전달될 때 문학이라는 형식을 취하기 때문입니다. 지혜 문학 역시 하나님께 전달하는 수단으로 문학이라는 형식을 취합니다. 그런데 여기서 성경 시대의 문학이란 현대의 개념과 엄청난 차이가 있습니다. 쉽게 말씀드리면 현대는 플롯(plot)을 염두에 두지만 고대에서는 글로 전달하는 그 자체가 문학이었습니다. 그런 의미에서 일단 문학이라는 표현이 들어가면 예언 문학이나 지혜 문학이나 큰 차이가 없습니다.

유윤종_장르를 따진다면 예언 문학과 지혜 문학은 시입니다. 예언 문학에서 예언자들이 하나님의 말씀을 직접 받는 장르 자체는 산문으로 되어 있지만 그것을 전달할 때는 시의 형태를 띱니다. 그래서 대중의 입장에서 예언 문학이나 지혜 문학은 같은 종류의 시로 인식되는 것입니다. 따라서 문학이라는 형태는 같은 방식으로 인식됩니다.

조용식_문학이라는 말 자체가 이미 인간의 활동을 전제로 합니다. 예언은 위에서 아래로 내려오는 것이고 지혜는 아래에서 위로 올라가는 것인데, 그 중간에 문학이라고 하는 것이 콘덴서(condenser) 역할을 합니다. 하나님의 말씀이 위에서 내려올 때도 문학이라는 과정을 거치고, 인간에 대한 어떤 상황이나 신에 대한 탐구가 밑에서 위로 올라갈 때도 문학이라는 과정을 거칩니다. 그 중간에서 콘덴서 역할을 하는 문학이란 무엇일까요?

제가 이스라엘에 있을 때 팔레스타인 사람들의 문맹률은 60% 정도였습니다. 팔레스타인에서 글을 안다는 것은 굉장한 권위를 가진 것과 같습니다. 예를 들어 어떤 사람이 재판에 기소가 됐습니다. 그런데 동네 사람들이 그 사람의 무죄를 주장하면서 이런 말을 합니다. "이 사람은 읽고 쓸

줄 아는 사람인데 그런 파렴치한 죄를 지었을 리가 없다." 현대에도 이러한데 고대 사회에서 글을 읽고 쓰는 것은 하나의 권력이었을 것입니다. 또한 글 쓰는 재료도 일반인들은 구하기 힘들었을 것입니다. 글을 읽고 쓰는 것이 특수한 계층에 국한된 사회에서는 문학이라는 것이 신적인 능력으로도 이해할 수 있습니다. 그렇기 때문에 지혜와 예언의 신학적인 차이를 분류하는 것이 지나친 극단적 분류법이라고 생각합니다.

최원준_지혜 문학, 특히 잠언은 예수님을 믿지 않는 사람들도 쉽게 공감할 수 있다고 생각합니다. 삶의 경험을 통한 통찰력과 인생의 지혜를 이야기하기 때문입니다. 목회자들이 불신자들에게 복음을 전하거나 성경을 안내할 때 지혜 문학으로 접근하는 것에 대해 어떻게 생각하십니까.

조용식_잠언이 삶의 보편성에서 얻어진 어떤 지혜라는 말씀은 제게 비신학적이라는 의미로 받아들여집니다. 초신자들이 쉽게 접할 수 있는 성경 본문이 잠언인 이유도 신학적인 내용보다 세속적인 접촉점을 발견할 수 있기 때문이라고 생각하는 것 같습니다. 그러나 이것은 대단한 오해입니다. 칼 바르트의 유명한 이야기가 있습니다. 한 손에는 성경을 들고, 한 손에는 신문을 든다는 말입니다. 이 말은 성경과 신문을 모두 강조한 것입니다. 사도 바울이 로마서에서 자연 계시에 대해서 이야기한 것처럼 계시의 그 소스는 다양합니다. 결국 인간의 삶의 보편성에도 하나님의 계시를 발견할 수 있다는 것입니다. 계시가 꼭 예언자의 입을 통해서만 주어지는 것이 아니라 삶의 자리에서도 얼마든지 얻을 수 있는 것입니다.

흔히 잠언에는 신학을 발견하기 어렵다고 이야기하지만 그 전제는 서구학자들이 신학을 수립할 때 이스라엘 역사와 신학을 동일시했기 때문입니다. 잠언에는 이스라엘 역사가 전혀 언급되지 않는다고 해서 잠언에 신학이 없을까요? 저는 잠언에 대한 신학적인 접근에서 출발해야 된다고 생각합니다.

유윤종_전통적으로 창조 신앙은 믿는 자나 믿지 않는 자에게 똑같이 비를 내려 주시고 햇빛을 주시는 보편성을 이야기하고, 출애굽 신앙은 어떤 민족 고유의 신앙으로 봅니다. 토라의 입장에서 보면 잠언에 신학이 없다는 것은 아니지만 약하다는 측면은 인정해야 합니다. 우리가 잠언 문학의 특징을 얘기할 때 세속적인 것이 먼저이고 신학적인 것이 나중에 증가되었다는 접근 방법이 보편적이었다면, 최근에는 이런 구분 자체가 처음부터 가능했던가라는 의문이 제기되었습니다. 그래서 잠언의 신학과 토라의 신학이 다르지 않다는 의견이 많습니다. 지혜 문학과 토라의 두 기능이 같은 것이지, 잠언이 신학적으로 열등하다거나 아니면 신학이 없다는 것은 잘못이라는 측면으로 방향이 전환되고 있습니다. 일반 사람들에게 다가갈 수 있다는 측면에서 보면 오늘날 시대적인 상황에서 지혜 문학이 조금 더 다가가기 쉽다고 생각합니다.

조용식_성경을 보면 예수님께서 씨 뿌리는 비유를 말씀하시고 제자들에게 따로 설명하시는 장면이 나옵니다. 이 비유가 단지 씨 뿌리는 농부의 이야기로 끝나면 그것은 지극히 세속적입니다. 하지만 제자들에게 이 비유를 다시 설명하시면 그것이 천국의 비유가 됩니다. 하늘과 땅 차이입니다. 예수님께서 비유에 대한 설명을 하시기 전에는 그저 농부가 씨를 뿌리는 세상 이야기인데, 그 비유를 제자들에게 풀어 주시면 하늘의 이야기가 되는 것입니다. 잠언의 경우도 예수님의 비유와 같다고 생각합니다. 잠언을 눈으로 읽으면 성경이라도 땅의 이야기가 될 뿐입니다. 하지만 그 의미를 파악하고 본다면 그것은 하늘의 이야기입니다. 이런 의미에서 목회자가 잠언을 설교하는 것은 예수님이 비유를 설명하는 것과 같습니다.

최원준_잠언 8장이나 28장을 보면 지혜 사상이 나타납니다. 이런 지혜 사상의 맥락은 요한복음 1장의 로고스 기독론의 배경이 되기도 합니다. 예수님을 지혜로 바라보는 마태복음이나 누가복음의 지혜 기독론, 즉 하나의 큰 전승사적 흐름이 잠언 8장에 나옵니다. 이처럼 잠언에도 신학적인 부분이 나옵니다. 하지만 몇 가지 부분을 제외한다면 어디에 신학적인 콘텍스트(context)가 있냐고들 합니다.

유윤종_ 저는 개인적으로 잠언을 설교하기가 어렵습니다. 다양한 종류의 신학적 개념이 있으면 설교하기가 편한데 신학적인 설교 개념이 없기 때문에 힘듭니다. 잠언은 한 구절을 가지고도 설교가 가능하지 않습니까? 이것이 가능한 것은 잠언에 기본적으로 많은 경험이 쌓여서 세대를 넘어 축적된 것이기 때문입니다. 엑기스인 것입니다. 이것을 성도들에게 전달할 때 압축 파일을 풀듯 풀어서 전달하면 됩니다. 이 과정에 문학적인 것들을 동원해서 재구성해야 합니다.

조용식_ 잠언에 신학의 개념이 없다 혹은 약하다는 말은 개념을 발견하지 못했기 때문이 아닌가 합니다. 잠언은 보물 창고입니다. 보물은 쉽게 발견할 수 있는 것이 아닙니다. 발견할 수 없다고 해서 없는 것은 아닙니다. 쉽게 발견할 수 없는 것이지 보물이 없는 것이 아닙니다. 잠언에는 신학의 개념이 8장 말고도 수없이 많습니다. 가장 대표적인 예가 30:8의 "나로 가난하게도 마옵시고 부하게도 마옵시고 오직 필요한 양식으로 내게 먹이시옵소서"라는 구절입니다. 인간의 가장 원초적인 문제인 먹고사는 문제에서 부하지도 가난하게도 말게 해달라고 합니다. 자신이 도적질해서 다른 사람에게 피해를 준다고 표현하지 않고 내가 도적질을 함으로써 하나님의 이름을 욕되게 할까 두렵다고 합니다. 즉 가난하여 하나님의 이름을 욕되게 할까 두렵다고 합니다. 모든 것이 하나님께 향해 있습니다. 이 외에도 굉장히 많습니다. 유 교수님께서도 말씀하셨던 것처럼 압축 파일을 풀지 못하는 것뿐입니다.

최원준_ 목회자들에게 잠언은 성경의 다른 책 65권과 동등한 권위를 가진다고 생각합니다. 그런데 설교를 할 때 구체적으로 여호와가 언급된 본문에서는 흔히 말하는 '신학적으로' 설교합니다. 그런데 그 외의 다른 본문을 설교할 때는 신학적이기보다는 인간의 일반적인 지혜 담론을 이야기합니다. 이것은 한국 교회 목회자들이 잠언을 설교할 때 일반적으로 범할 수 있는 오류라고 생각합니다.

조용식_ 먼저 전제가 잘못됐다고 생각합니다. 목회자들이 범하는 오류는 잠언을 설교할 때뿐만 아니라 오경이나 예언서, 역사서에서도 범할 수 있는 오류입니다. 잠언에서만 나타나는 특수한 현상이 아니라 성경 전체에 대한 공통적인 현상입니다. 성경의 어떤 내용을 이야기할 때 스토리를 이야기하고 누구처럼 되려면 어떻게 해야 된다는 식의 설교는 다 포함됩니다. 문맥을 고려하지 않고, 성경 전체의 관계성을 고려하지 않는 것입니다.

최원준_ 잠언의 키워드는 하나님을 경외하라는 것이라고 생각합니다. 평상시 이 주제를 묵상하셨을 텐데요, 하나님 경외란 무엇입니까?

유윤종_ 이것은 신학적으로 종종 제기되는 문제입니다. 이삭을 바치라며 아브라함을 시험한 내용이 바로 여호와 경외입니다. 신학자 오토는 하나님을 만났을 때 인간이 가질 수 있는 첫 번째 감정이나 자세는 떨리는 두려움이라고 했습니다. 그런 측면에서 본다면 하나님과의 깊은 묵상에서 나오는 경외는 두려운 마음, 또는 환희를 포함하는 종합적인 개념이라고 생각합니다. 이것은 두려움이라는 공포도 있지만 빛이라는 개념으로 보면 희망도 있습니다. 여호와 경외는 인생의 쓴맛과 단맛을 모두 알 수 있는 힘입니다. 잠언에서의 여호와 경외는 하나님께서 보편적인 것과 세속적인 것 자체를 구분하기 전에 창조 신앙에 근거했다는 것입니다. 창조 신앙은 기본적으로 하나님의 자연에 대한 주권과 인간의 삶에 대한 주권 전체를 인정하는 것입니다. 그런 의미에서 일상적인 삶 가운데서도 하나님께서 함께 하시고 모든 것을 관장하신다는 신학적인 선포가 가능하다고 생각합니다.

조용식_ 저는 여호와 경외를 왜 강조하는가에 대해서 말씀드리고 싶습니다. 잠언이 '세속적이다', '보편적이다' 하는 것에 저도 동의합니다. 하지만 세속적이고 보편적인 틀 안에서도 하나님의 계시가 나타납니다. 만약 교회 안에 여호와 경외가 있다면 이야기할 필요가 없습니다. 하나님과 함께 할 수 없는 상황이기 때문에 역설적으로 여호와를 경외하라고 요구하는 것입니다. 하루하루 먹고살기 바쁜 사람들이기 때문에 여호와를 경외해야 한다는 것을 의식하지 않으면 자칫 하나님을 잊을 수 있어서 그렇습니다. 그래서 신명기 6장의 '쉐마'에서 하나님의 말씀을 잊지 않도록 여러 가지 방법을 말하고 있는 것입니다.

최원준_ 하나님 경외라는 신학적 주제가 신약과 구약을 관통할 수 있는 대표적인 신학 사상이라고 말할 수 있을 것 같습니다. 어떻게 생각하십니까?

유윤종_ 전체적으로 보면 그걸 부인하기는 어려울 것입니다. 잠언 같은 경우 여호와 경외라는 말이 15차례 나옵니다. 잠언이 자칫하면 세속적인 책으로 인식될 수 있는 것을 이 부분이 막아 주고 있지요. 모든 삶의 영역을 '여호와 경외'로 읽으라는 것이 키워드로서의 역할을 가능하게 합니다. '여호와 경외'의 내공은 아브라함 시대부터 나옵니다. 신약에서도 비슷한 용어들이 나옵니다. 그런 의미에서 신약과 구약을 관통할 수 있다고 생각합니다.

조용식_ 저 또한 신학적인 입장에서 여호와 경외가 신구약을 관통한다고 확신합니다. 여호와 경외는 하나님의 말씀을 기억하는 것입니다. 창세기에서 인간의 범죄라는 것도 하나님의 말씀을 듣지 않는 것에서 시작합니다. 창세기에서도 중요하게 다루는 주제가 하나님의 말씀입니다. 이것은 결국 여호와를 경외하느냐 경외하지 않느냐는 것입니다. 잠언에서도 핵심적인 요구가 하나님의 말씀을 들으라는 것입니다. 여호와를 경외하라는 것이지요. 복음서에서 예수님이 내 말을 듣고 나를 믿는 자는 영생을 얻고, 나를 인정하는 자는 나도 인정하겠다고 하셨습니다. 이것도 여호와 경외와 연결됩니다. 요한계시록에서는 예언의 말씀을 하나라도 빼놓는 사람은 성경책에서 빼버릴 것이고, 이 말씀을 더하는 사람에게는 죄를 더한다고 했습니다. 이것도 결국 예언의 말씀을 지키느냐 지키지 않느냐는 것입니다. 이것도 여호와 경외와 연결된 것입니다.

최원준_ 잠언 하면 지혜이고 지혜 하면 신약의 지혜 기독론에서 예수님을 이야기합니다. 신약의 기독론은 구약 지혜서의 지혜 사상과 밀접한 관련이 있습니다. 잠언과 신약, 좀 더 넓게는 지혜 문학과 신약에 대한 관계에 대해서 평소 생각하는 바를 말씀해 주시면 감사하겠습니다.

유윤종_ 예수님의 가르침은 그 방법에 있어서 자연적이고 목가적이며 관찰적입니다. 그런 맥락 자체가 잠언의 형성과 밀접한 관련이 있다고 생각합니다. 예수님의 어떤 방법론도 그 자체는 지혜적인 방법론입니다.

조용식_ 잠언의 모든 구절이 예수 그리스도의 말씀이든 예수 그리스도의 모습이든 예수 그리스도의 사역이든 그것과 연결하려는 시도 자체를 한때는 보수적이고 닫힌 사람들이 추구하는 비학문적인 방법이라고 치부했습니다. 하지만 사실은 그것이 잠언이 잠언 되게 하는 가장 근본적인 행위가 아닐까 생각합니다. 구체적으로 말씀드리면 예수님은 지혜, 하나님의 지혜를 항상 십자가의 지혜론으로 이야기했습니다. 고린도전서 1, 2장이 특히 그렇습니다. 십자가의 신학과 지혜가 만나는 것입니다. 이 부분은 구약에 나타난 지혜를 좀 더 극복한 것이라고 생각합니다. 십자가는 유대인에게는 꺼리는 것이요 헬라인들에게는 미련한 것입니다. 십자가의 사상을 잠언에 적용하면 잠언에서 두 개의 그룹이 등장합니다. 지혜로운 자와 어리석은 자, 게으른 자와 부지런한 자, 악인과 선인입니다. 그런데 지혜로운 자와 어리석은 자를 구분하는 기준이 우리가 생각하는 것과 조금 다릅니다. 잠언에서 말하는 지혜는 원수가 주릴 때 먹을 것을 주고 목말랐을 때에 마실 것을 주는 것입니다. 이렇듯 지혜, 부지런함, 정의 등등 잠언에서 얘기하는 모든 개념들은 굉장히 역설적입니다. 역설적이라는 의미에서 저는 십자가의 신학과 접촉점을 찾을 수 있지 않을까 생각합니다.

II. 본문 연구

솔로몬의 첫 번째 잠언:
"내 아들아!"

잠언 1~9장 주해와 적용

잠언에 대한 몇 가지 오해

1. 잠언은 쉽다는 오해

잠언을 이해하는데 '이스라엘 역사'와 같은 별도의 지식이 요구되지는 않는다. 특별한 문화적 배경을 알 필요도 없다. 잠언에서 다루는 문제들은 아주 보편적인 것들이고 잠언에서 제시하는 의견들은 누구나 공감할 수 있는 것들이다. 그래서 다른 성경 본문과 달리 잠언은 비교적 쉽다고 생각한다. 그러나 이것은 '번역'을 통해 잠언을 읽을 때에 해당될 뿐, 잠언의 원문 자체는 성경의 다른 본문에 비해 상당히 어렵다. 그것은 잠언에 나오는 어휘들 중에 성경의 다른 본문에서는 사용되지 않는 '유일한 어휘들'(*hapax legomena*)이 많고, 성경의 다른 곳에 나타나는 같은 단어라도 잠언에서는 전혀 다른 의미를 나타내는 경우들이 있으며 또한 잠언에서는 그 의미를 유추할 수 있는 어떤 맥락도 없는 경우들이 많기 때문이다. 그 결과 잠언의 정확한 해석은 아직도 해결되지 않은 문제다. 따라서 잠언을 이해하는 데는 그 어떤 성경 본문보다 더욱 전문적인 연구가 필요하다.

그렇다고 잠언이 전문가들의 전유물이라는 뜻은 아니다. 다만 신중하게 잠언을 대하자는 것이다. '경의 모든 예언은 사사로이 풀 것이 아니니'(벧후

1:20)라는 말씀을 잠언에도 적용하자는 것이다. 더욱 깊이 생각하고 연구해서 잠언도 성령이 우리에게 주신 은사, 곧 '지혜의 말씀', '지식의 말씀'으로 풀자는 것이다.

2. 잠언의 내용이 윤리, 도덕적 교훈이라는 오해

'착하게 살자'는 것은 동서고금을 막론하고 윤리와 도덕의 핵심이다. 그러나 '착하게 사는 것'은 때와 장소에 따라 다르다. 따라서 잠언을 윤리, 도덕적 교훈으로 대하는 순간, 잠언은 특정한 시대, 특정한 장소에서만 의미가 있었던 '고전'으로 전락하게 된다. 이 시대 우리가 살고 있는 상황에는 어울리지 않는 부분이 있기 때문이다. 잠언의 윤리·도덕적 내용을 있는 그대로 받아들일 수 없다는 사실은, 잠언과 그리 멀지 않은 시대에 속한 '집회서'라는 외경에도 잘 반영되어 있다. 잠언의 교훈들이 집회서에서 '현실에 맞게' 바뀌는 경우가 나타나기 때문이다. 그럼에도 집회서는 정경에 포함되지 않은 반면 잠언은 정경으로 인정되었다.

성경은 하나님의 말씀이다. 하나님의 말씀은 진리다. 때와 장소에 제한 받지 않는다. 잠언은 윤리와 도덕이라는 질그릇에 담긴 보배, 곧 진리다. 여전히 잠언을 '윤리'와 '도덕'이라는 안경을 쓰고 이해한다면, 이것은 마치 보배는 버리고 질그릇만 챙기는 격이다. 잠언이 만약 윤리·도덕 지침서였다면, 유대인들은 '벤-시라'(집회서), '피르케 아봇'을 비롯해서 미쉬나, 탈무드에 이르기까지 그들의 윤리와 도덕 문제에 관한 지침서를 수없이 발전시킬 이유가 하나도 없었을 것이다. 잠언은 그들의 신앙과 관계된 문서였기 때문에, 유대인들은 또 다른 윤리지침서들을 필요로 했던 것이다.

3. 잠언은 세속적 담론이라는 오해

잠언의 배경이 고대 이스라엘과 그 주변 민족들의 삶과 문화에 놓여 있는 것은 사실이다. 따라서 잠언을 민속학이나 인류학적 방법론으로 연구하려는 시도들도 있다. 그러한 이해 방식의 하나가 잠언을 유대민족의 '속담 모음집'으로 여기는 것이다. 이러한 방법론들이 잠언의 형식이나 내용 이해에 도움을 주는 것은 사실이다. 그러나 형식은 비슷할지언정, 추구하는 목표에 있어서 잠언은 유대 민족의 단순한 '속담 모음집'이 아니다. 그야말로 같은 옷을 입었다고 동일한 사람이라 주장할 수 없는 것과 같은 이치다.

민중의 속담은 세속적인 담론이다. 그러나 잠언은 신앙적인 선포다. '속담'에서도 신념을 가르칠지 모르나 잠언에서 가르치는 신앙과는 다르다. 신념은 스스로의 계획과 목표를 실천하는 것이고 신앙은 '주어진 길'을 믿음으로 가는 것이기 때문이다. 예수께서 인간으로 오셔, 인간의 말로 선포하셨다고 해서 그 분의 메시지를 소크라테스의 대화나 공자의 말씀과 같은 수준으로 받아들일 수 없는 것과 같다. 잠언에서 세속적인 분위기를 강조하는 것으로 끝난다면, 마치 예수 그리스도의 복음을 유대 땅에 살았던 한 독특한 목수의 담론으로 여기는 것과 같다. 잠언은 '이솝 우화'나 '명심보감'이 아니다.

잠언 1~9장의 개요

적어도 잠언 1~9장 단락은 형식과 내용에서 이른바 '속담'(proverb)과 밀접한 관련이 없다. '지혜'가 의인화되어 나타나는 부분을 제외하고는 (1:20~33; 8:1~31; 9:1~18) 각 문단이 '내 아들아' 또는 '아들들아'로 시작되어 아비가 자식에게 말하는 형식을 취하고 있는데, 이러한 형식은 대상만 이스라엘에서 아들로 바뀌었을 뿐, 신명기를 연상시킨다.

"이스라엘아 이제 내가 너희에게 가르치는 규례와 법도를 듣고 준행하라 그리하면 너희가 살 것이요 너희의열조와 하나님 여호와께서 너희에게 주시는 땅에 들어가서 그것을 얻게 되리라"(신 4:1).

"내 아들아 나의 법을 잊어버리지 말고 네 마음으로 나의 명령을 지키라 그리하면 그것이 너로 장수하여 많은 해를 누리게 하며 평강을 더하게 하리라"(잠 3:1~2).

그런데 이러한 '담화'들은 표면상 아비가 아들에게 말하는 형식으로 되어 있지만, 실제로는 아비, 지혜, 여호와의 세 축이 중심이다. 이 셋은 각각 담화의 대상(듣는 자)과 원초적 관계를 맺고 있는데, 아비는 인간 육신의 근본으로, 지혜는 인간 정신의 근본으로, 여호와는 인간 존재의 근본으로 관계하게 된다.

본단락의 초반부에 해당하는 1~3장에서는 이 셋이 분명하게 구분되지 않고, 아비의 말이 곧 지혜이고 여호와 경외하는 것이며(2:1~5) 아비의 권면이 곧 여호와께 은총을 얻는 것인데(3:1~4), 여호와께 은총을 얻은 자는 지혜와 명철을 얻은 것이며(3:11~18) 지혜를 얻은 자는 여호와께 의지할 수 있다(3:21~26). 후반부에 해당하는 4~7장의 특징 가운데 하나는 '여호와'에 대한 언급이 거의 없다는 것이다. 5장에서 여호와에 대한 언급은 단 한 절(21절)이 문맥에 맞지 않게 나올 뿐이며, 6장에서는 '여호와의 미워하시는 것'에 대한 목록이 한 단락을 이룰 뿐이다(16~19절). 4장과 7장에서는 아예 '여호와'라는 언급 자체가 없다. 그럼에도 본단락들이 윤리적인 훈계에 머물지 않는 것이 특이하다. 특히 아비가 훈계로써 금지하는 것들이 곧 여호와께서 싫어하시는 것들(6:12~19)이라는 개념에서 그 사실이 더욱 분명하다. 그러나 아비의 말에는 지혜, 여호와라는 두 개의 축과 직접적으로 연결되지 않는 나름대로의 독특한 가르침도 있는데(1:10~19; 6:1~11), 주로 경제적인 문제와 관련된다.

다음으로 1~9장에는 지혜가 의인화되어 나타나는 독특한 단락들이 있다(1:20~33; 8:1~31; 9:1~18). 이 부분은 '지혜의 연설' 형식으로 되어 있다. 여기서 '여호와'라는 축은 분명하게 드러나는 반면, '아비'라는 축은 '지혜 연설'의 내용에 포함되지 않고 단지 이웃한 단락으로만 연결된다(1:20~33; 8:32~36). '지혜의 연설'들은 원래 아비의 훈계와 관계 없는 독립된 부분이었을 것이다.

잠언 1~9장의 구조는 '아비의 훈계'와 '지혜'의 긴밀한 관계를 전제로 '아비의 훈계'를 내세우는 4~7장과 '지혜'와 '여호와' 하나님의 긴밀한 관계를 전제로 '지혜'를 내세우는 8~9장이 대조되는 가운데 이 두 부분을 하나로 합쳐, '아비의 훈계', '지혜', '여호와'를 세 축으로 연결하는 1~3장의 세 부분으로 이루어져 있다.

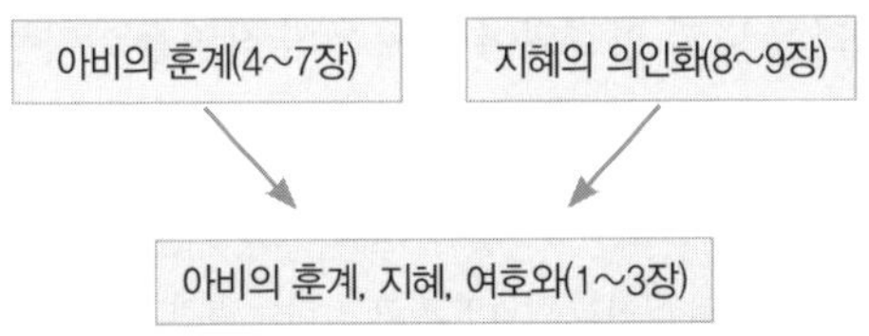

이어지는 본문 주해에서 '지혜의 연설'(1:20~33; 8:1~31; 9:1~18) 단락들과 '음녀에 대한 경고'(2:16~20; 5장; 6:20~35; 7장) 단락들은 서로의 비교를 위해 잠언 본문의 순서와 상관 없이 함께 다루도록 할 것이다. 비슷한 주제들의 차이점과 공통점을 비교하는 것은 본문을 이해하는 가장 좋은 방법이기 때문이다.

잠언이란 무엇인가(1:1~9)

1. 본문의 개요

잠언 1장은 네 부분으로 나눌 수 있다. 제목(1:1)과 잠언의 목적을 밝히고 있는 서론(1:2~7)과 아비의 훈계(1:8~19) 그리고 지혜의 연설(1:20~33)이다. 이 중에서 '지혜의 연설' 부분은 8장, 9장의 '지혜 연설'과 함께 다룰 것이다.

2. 본문 주해

1) '잠언'이라는 제목에 대하여(1절)

'잠언'이라는 제목은 히브리어 본문에서 제일 처음 언급되는 구절 '다윗의 아들 이스라엘 왕 솔로몬의 잠언이라'(1:1)에서 비롯되었다. 히브리어로는 '잠언'이라는 단어를 '미슐레이'라고 하는데, 히브리어 본문에서는 이 단어가 문장의 제일 처음에 등장하기 때문에 결국 전체 본문의 제목으로 쓰이게 되었다. 그런데 '미슐레이'라는 단어는 '마샬' 이라는 단어의 복수형으로써, 그 뒤에 '솔로몬'이라는 말과 연결되어 '솔로몬의 잠언들'이라는 의미로 사용되었다.

'마샬' 곧 잠언이 솔로몬과 연결된 것은 열왕기상 4:32(히. 5:12)와 밀접한 관계가 있다("저가 잠언 삼천을 말하였고 그 노래는 일천 다섯이며"). 여기서 '잠언'에 해당하는 단어가 히브리어 '마샬'이기 때문이다. 그러나 알렉산드리아의 유대인들은 열왕기상 4:32 (헬, 히. 5:12)을 번역할 때는 '잠언'에 대해서 '파라볼라스'라는 단어를 썼지만, 잠언 1:1에 나오는 '잠언'에 대해서는 '파로이미아이'라는 단어를 썼다. 히브리어에서는 같은 단어를 사용했어도 헬라어로는 다른 단어를 사용했다. 다시 말해서 열왕기상 4:32에서 말하는 '잠언'과 성경의 한 권인 '잠언'은 의미가 다르다. 헬라어 '파라볼라스(원형: 파라볼레)'는 흔히 '비유'(parable)라고 번역되고 '파로이미아이'(원형: 파로이미아)는 '격언'(proverb)으로 해석된다. 그러나 더 중요한 사실은 성경에서 히브리어 '마샬'이 나오는 경우 대부분 '파라볼레'로 번역되는 반면, 오직 잠언의 두 구절(1:1; 26:7)에서만 '파로이미아'로 번역되었다는 것이다. 잠언 25:1의 경우, 알렉산드리아 사본과 시나이 사본에서는 '파로이미아'로 나와 있으나, 바티칸 사본에서는 '파우데이아'(훈계, 교훈)로 나와 있는데, 랄프(A. Ralf)의 칠십인역 성경에서는 바티칸 사본을 따랐다. 아울러 시대적으로 잠언보다 훨씬 후대에 나온 외경의 하나로서, 헬라어 사본 외에 히브리어 사본까지 발견된 '집회서'의 경우, 역시 잠언과 마찬가지로 '마샬'이라는 히브리어를 '파로이미아'로 번역한 구절이 다섯 군데에 달한다.

그렇다고 해서 잠언서나 집회서에서 '마샬'을 항상 '파로이미아'로 번역했다는 것은 아니다. 잠언에서도 '마샬'을 '파라볼레'로 번역한 곳이 있다. "잠언과 비유와 지혜 있는 자의 말과 그 오묘한 말을 깨달으리라"(1:6)라는 구절에서, 1절과 달리 '잠언'을 '파라볼레'로 번역했다. 본구절의 의미는 나중에 다루기로 하고, 일단 여기서 다음과 같은 결론을 내릴 수 있다. 잠언의 같은 장(1장)에서조차 '마샬'은 서로 다른 뜻으로 사용될 수 있다는 것이다.

그렇다면 '마샬'이 '파로이미아'라고 번역될 때의 의미는 무엇일까? 특별히 신약성경의 용법이 흥미롭다. 신약성경에서 '파라볼레'가 빈번하게 사용되는데 반해, '파로이미아'는 단지 네 번 나타나며, 그 중에 세 번이 요한복음에 나오는 예수님 말씀의 본질을 설명하고 있다. "예수께서 이 비유로 저희에게 말씀하셨으나 저희는 그 하신 말씀이 무엇인지 알지 못하니라"(요 10:6 양의 문에 대한 말씀), "이것을 비사로 너희에게 일렀거니와 때가 이르면 다시비사로 너희에게 이르지 않고 아버지에 대한 것을 밝히 이르리라"(요 16:25), "제자들이 말하되 지금은 밝히 말씀하시고 아무 비사도 하지 아니하시니"(요 16:29).

'비사'라는 한글 번역 자체가 '파로이미아'의 의미를 잘 드러내고 있다. 감추어진 말씀, 때가 이르기 전에는 알 수 없는 말씀, 가르침을 받아야만 깨달을 수 있는 말씀이 바로 요한복음에서 사용되고 있는 '파로이미아'의 본질이다. 그런데 이 헬라어 표현이 구약에서는 잠언서에만, 신약에서는 요한복음에서만 사용된다는 사실을 염두에 둘 때, 적어도 칠십인역에 관계된 인물들은 잠언서를 평범한 '격언'(속담) 모음집으로 여기지 않은 것은 분명하다. 비록 구약의 잠언서와 신약의 요한복음 사이에는 몇 백년이라는 시대적 차이가 있지만, '파로이미아'라는 표현을 사용한 의도는 다르지 않다. 하나님께서 허락하시고 도와 주시지 않으면 이 세상 어느 누구라도 깨달을 수 없는 말씀에 대하여 '파로이미아'라는 단어를 사용한 것이다. 그런 의미에서 이미 '잠언의 오해' 부분에서 지적했듯이, '솔로몬의 잠언'은 철저하게 신학적인 접근을 요구하고 있는 것이다.

2) 다윗의 아들 이스라엘 왕 솔로몬의 잠언(1절)

1절의 '미슐레이'(잠언)가 헬라어로 '파로이미아이'라고 번역되었다는 사실자체만으로도 잠언의 제목에 사용된 '마샬'은 성경의 다른 곳에서 사용되는의미와 아주 다르다는 것을 알 수 있다. 그러나 단지 헬라어 번역만으로 이러한 결론을 내리는 것은 어렵다. 따라서 관련 어구와 함께 본구절(1절) 전체를 해석할 필요가 있다. 히브리어로 1절은 다음과 같이 표현된다. '미슐레이

슐로모 벤-다비드 멜렉 이스라엘.'

'미슐레이'(잠언)는 '마샬'의 복수형 '메샬림'이 소유격을 나타내는 연결형으로 쓰인 것이고, '슐로모'는 솔로몬을 히브리어로 표기한 것이다. 직역하면 '솔로몬의 잠언들'이라고 할 수 있다. 그런데 '솔로몬의 잠언'이라는 표현에 대해서 대부분 솔로몬이 잠언의 저자라는 뜻으로 받아들인다. 하지만 열왕기서에 솔로몬과 관련된 책으로 '디브레이 슐로모'("솔로몬의 행장" 개역한글)라는 제목이 나오는데, "솔로몬의 남은 사적과 무릇 저의 행한 일과 그 지혜는 솔로몬의 행장에 기록되지 아니하였느냐(왕상 11:14)"라는 문맥을 참고할 때, '솔로몬의 행장'이라는 말은 솔로몬이 그 '행장'의 저자라는 의미가 아니다. '솔로몬의 행장(언행)'에 대해서 (후대에 다른 사람이) 기록한 책이라는 뜻이다.

그렇다면 '미슐레이 슐로모' 역시 솔로몬의 저작이라고 해석할 필요는 없다. '솔로몬의 잠언'을 다른 사람이 기록 또는 정리한 책이라는 의미로 해석할 수 있다. 흥미롭게도 이 '다른 사람'의 존재가 잠언 25:1("이것도 솔로몬의 잠언이요 유다 왕 히스기야의 신하들이 편집한 것이니라")에 명시되어 있다. '유다 왕 히스기야의 신하들'이 바로 이 '다른 사람들'로 등장한다. 여기서 말하는 '편집'은 현대적 의미와는 다르다. 히브리어로는 '헤에티쿠', 복사기가 없던 시절 후세에 전할 목적으로 '베껴썼다'라는 의미다(BDB 렉시콘에서는 transcribe). 문서를 '베끼기' 위해서는 원문의 확보(수집)가 우선일텐데, 솔로몬과 히스기야 사이의 시대적 차이를 고려할 때(약 200년), 히스기야의 신하들이 사용한 문서도 솔로몬 시대의 원본이라기 보다는 그 이후의 사본이었을 가능성이 많다. 다시 말해서 이러한 문서의 '편집' 활동은 단순히 히스기야 시대에만 있었던 것이 아니라 그 이전에도 얼마든지 존재할 수 있었다는 것이다. 그렇다면 히스기야 시대의 신하들이 접할 수 있었던 '솔로몬의 잠언'은 단순히 한 권의 문서가 아니었을 것이다. 내용이 다른 문서들도 많았겠지만, 같은 내용을 여러 사람이 베껴 쓴 사본들도 있었을 것이며, 한 문서를 여러 시대에 걸쳐 중복해서 베껴 쓴 결과 만들어진 사본들도 있었을 것이다. 같은 내용을 여러 사람이 베껴 쓴 경우나 한 문서를 여러 시대에 걸쳐 중복해서 베껴 쓴 경우, 기계가 아닌 이상 오자나 탈자 심지어는 문장 전체, 단락 전체의 변형은 불가피할 수 밖에 없다. 교회에서 성경필사대회를 해 보면 이러한 현상을 쉽게 경험할 수 있다. 구약성경 잠언서에도 같은 문제가 보인다. 같은 구절이 반복되는가 하면(6:11과 24:33하~34; 3:15과 8:10 등), 같은 내용이 서로 다르게 표현되기도 한다(1:7과 9:10; 1:8과 6:20 등).

그런데 보다 더 중요한 사실은 잠언 1:1 외에도 잠언 안에 두 번 더 '미슐레이 슐로모'(솔로몬의 잠언)가 제목처럼 나타난다는 것이다(10:1; 25:1). 게다가 이러한 '미슐레이 슐로모'는 각각 서로 다른 형식을 가진 단락의 제목으로 사용되는데, 첫 번째 단락인 잠언 1~9장은 한 눈에 봐도 '속담'과는 거리가 먼 형식으로 '아비의 훈계', '지혜의 연설' 등이 시적인 문체로 이루어져 있고, 다음으로 10:1~22:16은 전형적인 '속담집' 형식으로 짤막한 격언들이 내용의 통일성 없이 이어지고 있으며, 마지막으로 25~29장은 단순한 '격언집'인 듯하면서도 10:1~22:16과는 문학적 스타일도 다르고 나름대로 주제별 배열도 염두에 두고 있다. 이것만 보더라도 잠언서는 다양한 형식들이 모여서 이루어졌다는 사실을 알 수 있는데, 사실 잠언서는 '미슐레이 슐로모'(솔로몬의 잠언)만으로 이루어진 것은 아니다. '디브레이 하카밈'("지혜있는 자의 말씀" 22:17), '디브레이 아굴'("아굴의 잠언" 30:1) '디브레이 르무엘'("르무엘왕의 말씀한 바" 31:1) 등의 제목들이 이들은 나름대로 독특한 단락이라는 사실을 암시한다.

아울러 제목이 붙어있지는 않지만, 31:10~31의 경우 '현숙한 여인'을 찬양하는 구절들이 히브리어의 알파벳 순서에 따라 배열되어 있는데('아크로스티콘' 형식), 이 부분을 독립된 하나의 단락으로 취급하는데는 의심의 여지가 없다. 한 마디로 잠언서는 솔로몬 뿐만 아니라 다양한 인물들과 관계된 잠언과 말씀들을 수집해서 우리에게 전하고 있는데, '솔로몬의 잠언들' 조차도 그 형식과 내용에서 많은 차이가 있다.

그렇다면 이제 본문으로 돌아가서 다음과 같은 질문을 할 수 있다. 잠언 1:1은 잠언 전체를 대상으로 한 제목인가, 아니면 잠언서의 첫 단락인 1~9장만 가리키는 제목인가? 학자들 사이에 많은 논란이 있지만, 두 가지 이유에서 1:1이 잠언서 전체를 대상으로 한 제목이라고 본다.

첫째, 솔로몬에 대해서 '다윗의 아들 이스라엘 왕 솔로몬'이라는 칭호를 사용했다는 점이다. 이러한 칭호는 잠언 1:1을 제외하고 성경의 다른 두 곳에 등장한다. 히스기야 시대의 절기를 묘사할 때와(대하 30:26), 요시야 시대에 유월절과 관련해서 언급되는 표현인데(대하 35:3), 비록 개역한글에서는 '이스라엘 왕 다윗의 아들 솔로몬'이라고 함으로써 '다윗의 아들 이스라엘 왕 솔로몬'이라고 되어 있는 1:1과 '이스라엘 왕'이라는 표현의 순서가 다른 것 같지만, 히브리어로는 세 군데 모두 '슐로모 벤-다비드 멜렉 이스라엘'이라는 동일한 어구다. 이러한 표현이 히스기야와 요시야 시대 것이라는 사실만으로도 1:1은 적어도 유다 왕국 말기에 사용된 제목일 것이라는 추측이 가능한데, 역대기는 열왕기와 달리 '성문서'에 속하는 텍스트로 내용상으로도 유다 왕국이 바벨론 제국에 멸망 당하고 칠십 년간 포로 생활을 하다가 유다 땅으로 다시 돌아오는 시기까지 언급하고 있다(대상 9:1~2; 대하 36:22~23). 따라서 역대기는 아무리 이르게 잡아도 그 연대가 포로기 이후보다 앞당겨질 수는 없다. 그렇다면 잠언 1:1은 적어도 히스기야 시대를 언급하는 잠언 25:1보다는 더 늦은 시기에 붙여진 것이고 단순히 '솔로몬의 잠언'이라는 제목 대신 '다윗의 아들 이스라엘 왕 솔로몬의 잠언'이라는 '공식적인' 칭호를 제목으로 사용했다는 점에서, 1:1의 제목은 1~9장만을 대상으로 한 것이 아니라 잠언 전체를 의식한 것으로 볼 수 있다.

둘째, 잠언 1:1의 제목은 거기서 끝나는 것이 아니라 7절까지 이어지는 추가 설명을 수반하고 있다. 2~7절은 형식면에서도 내용면에서도 아주 잘 짜여진 구조를 보여주는데 1절에서 말한 '잠언'의 목적과 의의를 강조하고 있다. 한 마디로 '잠언'에 대한 서론이라고 할 수 있다. 그런 면에서 1:1의 제목과 2~7절의 서론은 서로 뗄레야 뗄 수 없는 관계를 갖고 있는데, 이 서론의 내용을 보면 오직 1~9장만을 대상으로 한다고 보기는 어렵다. 이 서론의 말미인 6절("잠언과 비유와 지혜 있는 자의 말과 그 오묘한 말을 깨달으리라")에 잠언과 관계된 다양한 표현들이 나타난다.

여기서 '잠언', '비유', '지혜 있는 자의 말', '오묘한 말' 등은 여러 형식을 가리키고 있다. 이미 위에서 언급했듯이, 6절의 '잠언' 조차도 1절에서 언급되는 '잠언'과 다른 형식을 나타낸다. 제목의 '잠언'에 대해서는 '파로이미아이'라는 헬라어를 사용한 반면, 6절의 '잠언'은 '파라볼레'라는 헬라어로 번역되었기 때문이다. 다음으로 '비유'는 히브리어로 '멜리짜'라고 하는데, 본구절을 제외하고는 하박국에 '조롱하는 시'라는 뜻으로 한 번 더 나온다(합 2:6). 하박국에서 '멜리짜'라는 단어는 잠언 1:6과 마찬가지로 '마샬'과 함께 나오는데, 하박국에서는 잠언 1:6과 달리 '잠언'이라 번역되지 않고 '속담'이라 번역되었다. 따라서 '비유'는 '잠언'이나 '속담'과 다른 일종의 시 형식이라는 것을 알 수 있다.

이어서 '지혜 있는 자의 말'은 히브리어로 '디브레이 하카밈'으로써 잠언 22:17에서 역시 '지혜 있는 자의 말'로 번역되는데, 히브리어 성경에서는 잠언 22:17부터 그 이전과는 전혀 다른 문학 형식이 시작되기 때문에 '지혜 있는 자의 말'을 '솔로몬의 잠언'처럼 하나의 제목으로 볼 수 있다. 그러므로 '지혜 있는 자의 말'도 '잠언'이나 '비유'와는 다른 일종의 문학형식을 나타내고 있다. 끝으로 1:6에서 '그 오묘한 말'에 해당하는 히브리어 '히다'[본문에서는 '그들'이라는 대명사가 어미로 사용된 복수형으로 '히도탐']가 사용되는데, 한글성경에서는 '은밀한 말'(민 12:8), '수수께끼'(삿 14:12~19; 겔 17:2), '어려운 문제'(왕상 10:1; 대하 9:1), '비밀한 말'(시 78:2), '풍자'(합 2:6) 등으로 해석되는 바, 시편 49:5에서 잠언 1:6과 마찬가지로 '오묘한 말'이라는 표현을 사용했다. 한 마디로 잠언 1:6에서 언급되는 이렇게 다양한 형식들은 잠언서 전체에 나타날 수 있는 것이지, 잠언 1~9장의 단락 안에 포함될 수 있는 것이 아니다. 따라서 다양한 형식을 언급하고 있는 잠언의 서론(1:2~7) 부분과 첫 제목 사이의 밀접한 관계는 결국 이 제목이 잠언 전체를 대상으로 한다는 사실을 보여준다.

3) 잠언의 서론과 목적(2~7절)

서론(1:2~7)에서는 제목에 해당하는 '솔로몬의 잠언'(1:1)과 관련하여 다양한 정보를 얻을 수 있다. 히브리어 본문에서는 각 절의 첫 단어가 동사로 시작되는데, 이 동사들은 '잠언'의 목적과 결과를 설명해준다. 이어서 동사들 뒤에는 '잠언'의 내용과 관계 있는 명사들이 수반되며, 마지막으로 7절에서 '잠언'과 관계된 일종의 방법론이 나타나는데, "여호와를 경외하는 것이 지식의 근본"이라는 선포가 '솔로몬의 잠언'에 관한 근본적인 원칙을 제시하고 있다.

(1) 잠언의 목적(2~4절)

2절부터 4절까지 '잠언'의 목적이 다음 네 개의 동사로 나타난다. '알게 하며'(2상절 לדעת), '깨닫게 하며'(2하절 להבין), '받게 하며'(3절 לקחת), '주기 위한 것이니'(4절 לתת). '알게 하며'와 '깨닫게 하며'는 2절에서 대구로 사용되는데, 동의어로 볼 수 있다. 그러나 3절과 4절에 각각 한 번씩 나오는 동사 '(훈계를) 받게 하며'와 '주기 위한 것이니'는 그 순서에 주목할 필요가 있다. '잠언'은 무조건 '주는' 것이 아니라, 그 전에 먼저 '받아야' 한다는 의미가 있기 때문이다. 소를 냇가에 끌고 갈 수는 있지만 물을 먹일 수는 없다. 마찬가지로 먼저 '받고자' 하지 않는다면 아무리 좋은 것도 줄 수 없다는 것이다.

그런데 무엇을 받게 한다는 것일까? 바로 '훈계를 받게 하며'(3절)이다. 결국 기꺼이 훈계를 받을 수 있게 된 사람만이 비로소 4절에서 '주기 위한 것'들을 얻을 수 있다는 것이다. 따라서 이러한 동사의 순서는 의도적이라 할 수 있다. 그렇다면 2절의 동사도 논리적인 순서에 포함시킬 수 있을까? 3절과 연결시킬 때, '아는 것'과 '깨닫는 것'이 '받는 것'보다 앞서는 것은 지극히 당연하다. 이제 1:2~4에 나타나는 잠언의 목적은 가르치는 자와 배우는 자 사이에 다음과 같은 나름대로의 논리적 순서가 있다는 사실을 보여준다.

첫째, 배우는 자의 자각(2절: '알게 하며' '깨닫게 하며').

둘째, 배우는 자의 실천적 수긍(3절: '훈계를 받게 하며').

마지막으로, 가르치는 자의 사명 완수(4절: '주기 위한 것').

동사 뿐만 아니라 이 동사들과 함께 나오는 명사들 역시 이러한 순서체계에 포함시킬 수 있다. 2절에 보면 '지혜', '훈계', '명철의 말씀'이라는 세 개의 명사가 나타난다. 이 단어들은 각각 히브리어로 '호크마', '무사르', '이므레이 비나' 인데, '호크마'는 한글성경에서 거의 대부분 '지혜'로 번역되지만[예외: '슬기로운'(출 35:26); '공교한'(대상 28:21); '지각'(시 107:27); '재주'(단 1:4, 17)], '무사르'의 경우 다양한 의미로 사용된다. 예를 들면 '징계'(신 11:2; 잠 3:11; 15:10; 22:15; 사 53:5; 렘 5:3; 30:14), '경책'(욥 5:17), '징책'(렘 2:30; 호 5:2), '책망'(욥 20:3), '벌, 징벌'(잠 7:22; 사 26:16), '교훈'(욥 36:10; 시 50:17; 잠 19:27; 렘 7:28; 17:23; 32:33; 35:13; 습 3:2, 7), '훈계'(잠 1:2, 3, 7, 8; 4:1, 13; 5:12, 23; 6:23; 8:10, 33; 10:17; 12:1; 13:1, 18; 15:5, 32, 33; 19:20; 23:12, 13, 23; 24:32), '경계'(겔 5:15), '(열왕의) 맨 것'(욥 12:18), '(우상의) 도'(렘 10:8) 등이다.

여기서 사용 빈도에 따라 크게 세 가지 의미가 '무사르'에 적용되는데, '징계', '교훈', '훈계'이다. 흥미로운 점은 개역한글판의 번역자들이 어떤 원칙을 갖고 있었는지는 알 수 없지만, '교훈'과 '징계'라고 번역된 구절들은 거의 대부분 그 주체가 여호와 하나님이고(잠 13:24; 19:27; 22:15는 예외, 그 외는 잠언에서도 마찬가지임), '훈계'라고 번역된 경우는 오직 잠언에만 해당된다는 사실이다. 그러나 실제로는 '훈계' 역시 '징계'와 별로 차이가 없다. 이를테면, "지혜로운 아들은 아비의 훈계를 들으나 거만한 자는 꾸지람을 즐겨 듣지 아니하느니라"(잠 13:1), "아이를 훈계하지 아니치 말라 채찍으로 그를 때릴지라도 죽지 아니하리라"(잠 23:13) 같은 구절들에서 '훈계'는 실제로 꾸지람이거나 심지어는 채찍으로 때리는 것일 수도 있다. 따라서 '무사르'의 다양한 의미에서 우리가 발견할 수 있는 사실은 어떤 의미가 되었건 사람들이 그것을 선뜻 받아들이기는 쉽지 않다는 것이다. 그러나 꾸지람이거나 채찍으로 때리는 것일지라도, '무사르'의 목적은 그 대상을 괴롭히는 것이 아니다. 오히려 유익을 주고 살리는 것이다. 그러므로 '무사르', 곧 '훈계'를 통해 유익을 얻기 위해서는 먼저 '훈계'가 무엇인지를 알아야 한다. '훈계'의 본질을 알게 된 사람만이 '훈계'를 받아들일 수 있기 때문이다.

그런데 이러한 '훈계'의 본질을 파악할 수 있는 능력은 어디서 비롯되는가? 바로 '지혜'로부터다. '지혜'를 알지 못하는 사람은 '훈계'가 무엇인지를 파악할 수 있는 능력 자체가 없다. 그래서 '훈계'의 본질을 '알게 하기' 전에 먼저 '지혜'를 알게 한다. 본구절(2절)에서 "이는 지혜와 훈계를 알게 하며"라고 하여, '지혜'를 '훈계'보다 앞세운 이유다.

다음으로 '명철의 말씀'을 보자. 히브리어로 '이므레이 비나'라고 표현된 이 어구는 '말, 말씀' 등으로 번역되는 히브리어 '에메르'의 복수 연결형 '이므레이'와 '총명, 명철, 지혜' 등으로 번역되는 '비나'의 합성어다. 히브리어의 구조에서 이렇게 명사와 명사가 연결될 경우 뒤의 명사는 앞의 명사를 수식하게 되는데, 연결되는 명사들의 종류와 그 연결된 합성어가 사용되는 문맥에 따라 그 뉘앙스는 아주 다르게 나타난다. 우리말로 '명철의 말씀'이라고 번역된 이 어구는 이를테면 '명철에 관한 말씀'이라는 뜻일 수도 있고, '명철한 말씀'이라는 의미일 수도 있다. 그러나 '이므레이'의 독립형인 '아마림' 자체는 지혜와 관계된 특별한 의미로 사용되지 않는다. 항상 연결형 '이므레이'로써 그 뒤에 오는 말이 의미를 좌우한다. 예를 들어 잠언 8:8에서 '내 입의 말'이라고 할 때, 이 어구는 '말'이라는 단어보다는 '내 입의'라는 표현에 강조점이 놓이게 되는데, 단순한 말이 아니라 '지혜의 입에서 나오는 말이기 때문에 의롭다'라는 뉘앙스를 나타낸다. 따라서 '선한 말'(잠 15:26; 16:24), '진리의 확실한 말씀'(잠 22:21), '지식의 말씀'(잠 19:27)이라는 표현에서도 결국 이 어구는 뒤에 나오는 단어를 강조하는 표현임을 알 수 있다. 그러므로 본구절, '명철의 말씀'에서 중요한 것은 '명철'이라는 단어인데, 이 단어는 잠언 뿐만 아니라 성경의 다른 본문에서도 '호크마'의 대구로 사용된다(잠 4:5, 7; 7:4; 9:10; 16:16; 욥 28:12, 20, 28; 단 1:20; 사 11:2). 구약성경에서 두 단어가 대구로 사용되는 경우 문맥에 따라 반의어나 동의어를 나타내게 되는데, '비나'와 '호크마'는 거의 동의어로 볼 수 있다.

2절의 문장구조와 관련하여, '지혜'와 '훈계'는 '알게 하며'라는 동사와 함께 문장의 전반부에, '명철의 말씀'은 '깨닫게 하며'라는 동사와 함께 문장의 후반부에 위치하는데, 이것은 히브리 시의 전형적인 대구법으로 문장의 전반부와 후반부는 같은 내용을 말하고 있기 때문에 후반부는 결국 전반부를 반복·강조하는 셈이다. 그렇다면 문장의 후반부에 있는 '명철의 말씀'은 문장의 전반부에 있는 '지혜'와 '훈계'를 다 포괄하는 어구가 되는 것이다.

2절에서 두 개의 동사가 각각 문장의 전반부와 후반부에 위치하며 세 개의 명사를 취했지만, 3절에서는 오직 하나의 동사에 다섯 개의 명사 상당 어구인 '지혜, 의, 공평, 정직, 훈계'를 취한다(한글성경에서는 앞의 네 명사가 모두 '훈계'를 수식하는 것으로 번역함). 그러나 히브리어 본문에서는 '훈계, 지혜, 의, 공평, 정직'의 순서로 되어 있는데, '훈계'와 '지혜'는 연결형 명사구의 구조를 이루고 있다.

위에서 언급했듯이 3절의 핵심은 '받게 하며'인데, 무엇을 받게 할 것인지 그 내용을 이루는 것이 바로 이 명사 상당 어구들이다. 본구절의 구조를 보면, 문장의 전반부에서는 동사와 함께 '무사르 하스켈'이라는 표현이 나오고 후반부에는 '쩨덱', '미슈파트', '메샤림'이라는 명사들만 나열되어 있는데, 먼저 '무사르 하스켈'이라는 어구를 분석하도록 한다.

'무사르'는 이미 언급한대로 잠언에서 대개 '훈계'로 번역된다. '하스켈'은 '사칼'이라는 어원의 히필형 부정사인데, '사칼'의 히필형 용법에서 가장 유명한 것은 분사형으로 쓰이는 '마스길'로써, 시편의 제목으로(32:1; 42:1; 44:1; 45:1 등) 빈번하게 나오는 이 표현은 개역한글성경의 각주에서 '교훈'으로 번역되어 있다. '하스켈'이라는 히필형 부정사는 본구절의 '무사르 하스켈'처럼 21:16에서도 '데렉 하스켈'이라는 어구 안에 나타나는데, 우리말로는 '명철의 길'로 번역되어 '하스켈'이 앞에 있는 '데렉'(길)이라는 명사를 수식하고 있다. 그런 의미에서 본구절에서도 '무사르 하스켈'을 '지혜롭게 행할 일에 대한 훈계'라고 번역한 것은 적절하다고 여겨진다.

그러나 문장의 후반부에 열거되는 세 개의 명사까지 마치 '무사르 하스켈'의 구조 안에 포함되는 것처럼 번역한 것은 문제가 있다. 즉, '지혜롭게' 다음에 '의(롭게)', '공평(하게)', '정직(하게)'를 연결시켜서 마치 이 단어들 모두 '하스켈'과 문법적 기능이 같은 것처럼 해석한 것이다. 이미 언급했듯이 '하스켈'은 동사의 부정사로써 단지 문법상 명사적 용법으로 이해되는 것이지만, '의', '공평', '정직'으로 해석되는 이 세 단어는 본질적으로 명사다. 즉 '훈계'와 대등한 개념어인 것이다. 더군다나 '무사르 하스켈'은 문장의 전반부에, '의', '공평', '정직'이라는 세 명사는 문장의 후반부에 위치한다는 사실은 '무사르 하스켈'과 이 세 명사는 서로 대구를 이루고 있음을 가르쳐 준다. 즉, '지혜롭게 할 훈계'(무사르 하스켈)는 곧 '의' '공평', '정직'에 관한 훈계라는 것이다.

2절에서 언급했듯이 '훈계'는 쉽게 받아들일 수 없는 것이라, 그것을 알고 깨닫는데도 '지혜'가 필요하다. 3절에서는 이러한 '훈계'를 받아들이도록 하기 위해 '훈계'가 어떤 것인지를 좀 더 자세하게 알려주고 있다. 그래서 3절은 2절과 달리 단순히 '훈계'라 하지 않고 '지혜롭게 하는 훈계'라 말하고, 후반부에서 그 내용을 더욱 분명하게 정의해 준다. 이러한 맥락에서 본구절을 정리한다면 다음과 같이 해석할 수 있다. "지혜롭게 할 훈계, 곧 의와 공평과 정직(에 관한 훈계)을 받게 하며."

4절에서는 처음으로 '어리석은 자'와 '젊은 자'라는 잠언의 대상이 언급된다. 그 외에는 3절과 마찬가지로 동사 하나(주다)에 세 개의 명사들('슬기로움', '지식', '근신함')이 문장의 전반부에 한 개, 후반부에 두 개씩 위치하고 있다. 전반부의 '슬기롭게 하며'에 해당하는 히브리어 명사는 '오르마'이며, 후반부의 '지식'과 '근신함'에 해당하는 히브리어는 각각 '다아트'와 '메짐마'이다. 흥미로운 사실은 이 세 단어가 본구절에서는 '잠언'의 이상적인 목적을 나타내는데 사용되고 있지만, 성경의 다른 본문에서는 아주 부정적인 뜻을 나타내고 있다는 점이다.

우선 '다아트'의 경우, 창세기에 등장하는 '선악과'의 명칭이 '에츠 하다아트 토브 베라아' 이다(창 2:9). 여호와 하나님께서 금지하신 나무, 그것으로부터는 아무것도 먹지 말라고 명령하신 나무(창 2:17)의 이름에 '다아트'가 사용된다는 것은 의미심장한 일이다. '다아트'라는 단어가 사용된 나무의 열매를 먹으면 죽는다라는 말씀에서 '지식'(다아트)의 한 속성, 곧 지극히 부정적인 속성을 발견할 수 있다.

다음으로 '오르마'의 경우, 출애굽기 21:14에서 이 단어는 '계획적인 살인'을 나타내기 위해 사용되고 있다. 전치사 'ב'와 함께 부사로 쓰여서 '베오르마'라는 형태가 '짐짓'으로 번역되는데, 이렇게 꾀를 내어 계획적으로 즉 '짐짓' 살인을 한 경우에는 용서받을 수 없다. 여호수아 9:4에서는 기브온 거민들이 여호수아를 속인 사건에 대해 역시 '오르마'를 사용하여 기브온 거민들이 '꾀를 내었다'고 표현한다.

마지막으로 '메짐마'의 경우 그 정도가 더 심하다. 욥기 21:27에서는 '궤휼'로 번역되었는데 해당 구절의 문맥상 이러한 번역은 타당하다. 시편 10:2에서는 악한 자가 베푼 '꾀', 시편 21:12에서는 해하려는 '계교', 시편 37:7에서는 아예 '악한 꾀'로 나온다. 이 단어는 심지어 잠언에서도 부정적인 의미로 사용되는데, 잠언 12:2; 14:17; 24:8에서 각각 '악을 꾀하는', '악한 계교를 꾀하는', '사특한' 등의 의미로 나온다.

그렇다면 이렇게 부정적인 의미로도 사용되는 개념들이 잠언의 목적으로 언급되는 이유가 무엇일까? 우리는 여기서 이러한 개념들이 어떤 경우에 부정적으로 사용되는지 살펴볼 필요가 있다. '지식'의 경우, 무엇을 알기 위한 '지식'인가의 여부가 중요하다. '선과 악'을 아는 것이 금지된 것이지 '아는 것' 자체가 금지된 것은 아니다. 만약 '아는 것' 자체가 금지되었다면 '지식'이라는 개념이 잠언의 목적이 될 수는 없기 때문이다. 그래서 잠언 1:7은 '여호와를 경외하는 것'이 근본적으로 알아야 할 지식, 곧 '지식의 근본'이라고 하여 '지식'의 대상이 '여호와 경외하기'임을 강조하고 있으며, 잠언 2:5에서도 '하나님을 알게 되는 것'이 권면사항인 것이다. 다음으로 '오르마'와 '메짐마'의 경우, '누가' 이러한 개념들을 사용하는가의 여부가 중요하다. 악인들이 이 단어들의 주체가 될 때 이 단어들이 표현하는 슬기로운 지적 활동들은 결국 남을 해치는 수단이 되기 때문이다. 이를테면 똑같은 칼이라 하더라도 강도의 손에 들린 칼과 요리사의 손에 들린 칼이 각각 정반대의 기능을 하는 것과 같다고나 할까?

따라서 본구절의 명사들은 어떤 의미에서 잠언의 가장 현실적이고 가장 실용적인 기능을 나타낸다고 할 수 있는데, 처음부터 이러한 기능을 잠언의 목적으로 언급하지 아니하고 여러 단계를 거친 후에 마지막 단계에서 소개하는 것은 바로 이러한 위험성 때문일 것이다. 호세아 4:6에서는 "내 백성이 지식이 없음으로 망하는도다"라고 했다. 비록 위험성이 있어도 '지식' 없이는 살아갈 수 없는 것이 또한 우리 운명인 것이다. 그런데 호세아 4:6에서는 왜 '지식'에 정관사 'ה'를 붙여서 '하다아트'라고 했을까? 같은 장 1절에서 그 땅에 '하나님을 아는 지식도 없고'라는 한탄이 나온다. 6절의 '하다아트'는 바로 1절의 '다아트 엘로힘'을 가리키고 있는 것이다. 대상을 잘못 고르면 인류를 죽음으로 몰고 갈 수도 있는 '지식', 그러나 그것이 없다면 우리가 망할 수 밖에 없는 '지식', 잠언은 그 '지식'을 주는 것이 목적이지만 그 '지식'을 갖기 전에 '지혜'와 '훈계'를 알고 깨닫고(참고 잠 1:2) '슬기롭게 하는 훈계', 곧 '의'와 '공평'과 '정직'을 받은 후에야(참고 잠 1:3) 이러한 '지식'을 줄 수 있다는 것이다.

(2) 잠언의 결과(5~6절)

5절과 6절에서도 각 문장의 첫 단어는 동사로 시작된다. '듣고(5상절 ישמע)', '더하고(5중절 ויוסף)', '얻을 것이라(5하절 יקנה)', '깨달으리라(6절 לבין)'는 동사다. 그러나 5절에서는 이제까지의 부정사 형태와 다른 미완료형 동사가 나타나는데, 본 서론의 첫 구절인 2절에서는 두 개의 동사가 각각 문장의 전반부와 후반부에 등장했으나, 5절에서는 세 개의 동사가 한 문장에 나온다. 이러한 형식상의 차이는 5절이 2~4절 단락과 구별되는 새로운 의미단락임을 암시한다. 6절에서는 2~4절 단락과 마찬가지로 부정사 형태의 동사로 시작되며 그 동사는 2하절에 언급되었던 '깨닫다' 동사이지만, 문맥상 6절에서의 '깨닫다' 동사는 2절의 '깨닫다'와 다른 의미를 나타낸다. 2~4절까지의 단락이 '잠언의 목적'을 언급한 것이라면, 5~6절은 이러한 목적이 달성된 후의 '결과'를 강조하고 있다.

4절의 대상은 '어리석은 자', '젊은 자'였으나 5절에서는 '지혜 있는 자'와 '명철한 자'다. 히브리어로는 각각 '하캄'과 '나본'인데, '하캄'은 단순히 '지혜 있는 자'라고만 이해되지는 않는다. 애굽과 두로와 그발의 '하카밈'(하캄의 복수형)에 대해서 개역한글성경은 '박사'라는 표현을 사용하고 있는데(창 41:8; 출 7:11; 겔 27:8, 9), 문맥상 애굽의 '하카밈'들은 왕궁에서 활동하는 특정분야의 '전문가'라는 사실에서, 두로와 그발의 '하카밈'들은 항해 전문가를 가리키고 있다는 점에서, '박사'라는 표현은 적절하다. 특히 에스더서에서는 "왕이 사례를 아는 박사들에게 묻되"(에 1:13)라는 말 뒤에 "왕이 규례와 법률을 아는 자에게 묻는 전례가 있는데"라는 설명을 덧붙여서 '박사'라고 번역된 '하카밈'들이 왕국의 법률 전문가라는 사실을 가르쳐준다. 같은 맥락에서 '공교한 공장(장인)' 또는 '공교한 자'라는 해석도 흥미롭다[대하 2:7, 13 (히. 6, 14절); 사 3:3; 렘 10:9]. 이들은 무엇인가를 만들어내는 기술적인 활동과 관계 있는데, 히브리어로는 이들 역시 '하카밈'이라 표현하기 때문이다.

따라서 '하카밈'의 다양한 의미와 관련하여, 본구절에서 의도하는 '하캄'의 의미를 이해할 필요가 있다. 만약 본구절에서 의도하는 '하캄'이 특별한 기술을 가진 '전문가'를 의도한 것이라면 잠언과 관련된 모든 개념들도 그러한 의도 안에서 재해석되어야 하기 때문이다. 그런 의미에서 본구절의 후반부에 언급된 '나본'("명철한 자")의 용법이 중요하다. 여러 번 언급했듯이 성경의 어법상, 문장의 전반부와 후반부에서 대구로 사용되는 어휘들은 동의어가 될 수 있기 때문이다.

'나본'은 창세기에서 요셉에게 사용된다. 위에서 언급했듯이 특정 분야의 전문가를 지칭하는 의미에서 애굽의 '하카밈'은 '박사'로 번역되는데(창 41:8), 바로의 꿈을 해몽한 요셉에 대해서는 '나본 베 하캄'이라는 말로, '하캄' 외에 '나본'이라는 표현이 덧붙여진다("명철하고 지혜 있는 자" 창 41:39). 여기서 '나본'

은 요셉의 '하캄'이 애굽의 '하카밈'과 다른 종류임을 암시하고 있다. 아울러 창세기의 같은 본문 바로 앞 절(38절)에서, "바로가 그 신하들에게 이르되 이와 같이 하나님의 신이 감동한 사람을 우리가 어찌 얻을 수 있으리요 하고" 말하는 것을 보면 요셉에 대해 언급한 '명철하고 지혜 있는 자'라는 표현은 요셉의 지혜가 세속적인 것이 아니라 신적인 것임을 알려 준다. 여기서 두 번 반복되는 동사는 '깨달음'이다. 부정사의 형태로 잠언의 '목적'과 '결과'를 가리키고 있는데, 결국 '잠언'의 궁극적 목표는 '깨달음'이라는 것이다.

4) 아비의 훈계와 어미의 법: 아름다운 관, 금사슬(8~9절)

본문에서는 아비의 입을 통해 주어지는 잠언이 어떤 것인지 설명하고 있다. 8하절에 '어미'가 언급되지만(참고 6:20), 실제적인 부모를 의미하기 위한 것이 아니라, 히브리 시의 대구법을 따르기 위한 문학적 기술이다. 여기서 '훈계'와 '법'은 히브리어로 각각 '무사르'와 '토라'인데, '토라'는 잠언 전체에서 12번 언급된다. 본 잠언 1~9장 단락에서 '토라'가 대개 '명령'(미츠바)과 대구를 이루는 것을 볼 때(잠 3:1; 6:20, 23; 7:2), 그 의미에 '강제성'이 내포되어 있음을 알 수 있다. 즉 '법'이라는 것은 해도 되고 안 해도 되는 선택사항이 아니라, 반드시 해야만 하는 의무사항이라는 것이다. 그런 의미에서 아비의 잠언은 단순한 조언이나 충고가 아니라 반드시 지켜야만 하는 '법'이다.

'훈계'는 이미 앞에서 언급했듯이['무사르'에 대한 설명은 앞을 참고하라(1:2, 3)], 본질적으로 받아들이기 힘들다. '훈계'를 좋아할 사람은 없다. 그래서 본구절은 '훈계' 다음에 '법'이라는 단어를 추가하고 있다. 의무적으로 받아들여야 할 것이라는 암시가 내포되어 있다.

그러나 8절의 이러한 설명은 잠언의 원칙이 그렇다는 것일 뿐, 9절에서 곧바로 이러한 '훈계'와 '법'이 얼마나 유익한 것인지 친절하게 설명해 주며 "머리의 아름다운 관", "목의 금사슬"이라고 한다. 히브리어로 '아름다운 관'은 '리브야트 헨', '금사슬'은 '아나킴'이다. '리브야트 헨'은 성경 전체에서 오직 잠언에만 두 번 나오는 표현인데, 본구절 외에 잠언 4:9에서 한 번 더 나온다. 그런데 잠언 4:9에서는 "아름다운 관"(리브야트 헨)이 "영화로운 면류관"(아테레트 티프에레트)이라는 말과 대구로서 동의어처럼 사용되는 바, "영화로운 면류관"은 각각 '영화로운'과 '면류관'으로도 성경에 빈번하게 나타난다. '면류관'은 당연히 왕이 쓰는 것이지만(삼하 12:30; 대하 20:2) 에스더서에서는 모르드개(에 8:15)가, 스가랴에서는 대제사장 여호수아가 이러한 '면류관'을 쓰게 되는데(슥 6:11, 14), 두말할 필요도 없이 영광과 존귀의 상징이다. 여기에 '영화로운'이라는 수식어까지 붙어서 '훈계'와 '법'이 가져다 주는 멋진 결과를 나타내고 있는 것이다. 본구절에서 '금사슬'로 번역된 '아나킴'은 사사기 8:26에서 약대 목에 두른 '사슬'로 나오는데, 이 '사슬'은 비록 약대(낙타) 목에 두른 것이지만 기드온이 에봇을 제작하는데 사용되는 금붙이 가운데 하나다(참고 24~27절). 또 한 군데 아가 4:9에서 단수형 '아나크'로 '구슬'이라 번역되는데, 이 구슬은 애인의 마음을 빼앗은 신부의 장신구를 나타낸다. 따라서 잠언 1:8~9의 의도는 분명하다. 8절에서 말한 잠언의 본질이 '훈계'와 '법'으로써 비록 받아들이기 힘든 것이지만, 이러한 것들을 받아들였을 때 영광과 존귀에 이를 수 있다는 것이다.

5) 목숨이냐 재물이냐: 강도 행위에 동참하지 말 것을 명령함(10~19절)

이미 언급한대로 본단락은 잠언 1~9장의 세 축 가운데 '지혜'와 '여호와'는 언급되지 않고 오직 아비의 강한 부정명령으로 시작되며(10절) '악한 자'의 말이 직접화법으로 인용되어 그들이 무엇을 할 것인지 구체적으로 설명한 후에(11~14절) 다시 한 번 아비의 간곡한 권면이 나온 후(15절) 그러한 행동에 대한 평가와 그 말로가 어떤 것인지를 알려주는 것으로 마친다(16~19절).

"내 아들아 악한 자가 너를 꾈찌라도 좇지 말라"(10절).

여기서 '악한 자'를 히브리어로는 '하타임'이라고 한다. 명사 복수형으로 단수형은 '하타'인데, 잠언의 본구절을 제외하고는 성경의 다른 곳에서 거의 '죄인'이라고 번역된다(창 13:13; 왕상 1:21; 시 1:1 등). 창세기 13:13에서 소돔 사람들을 "여호와 앞에 큰 죄인(하타임)이었더라"라고 했는데 이러한 표현 자체가 창세기 19장에서 소돔성이 멸망할 것을 암시하고 있다. 아울러 열왕기상 1:21에서 밧세바는 솔로몬이 왕이 되지 못할 경우에 자신과 솔로몬은 '죄인'(하타임)이 될 것이라고 하는데, 이 말은 자신들이 죽임을 당할 것이라는 의미다. 또한 시편 26:9에서 "내 영혼을 '죄인'(하타임)과 함께 내 생명을 살인자와 함께 거두지 마소서"라는 표현이 나오는데, 여기서 '죄인'은 곧 '살인자'라는 의미다. 그러므로 잠언 1:10에서 아들을 꾀게 될 인물에 대하여 '하타임'(악한 자)이라고 한 것은 그들이 모의할 행동들이 이미 심각한 '범죄'임을 암시하고 있다.

"그들이 네게 말하기를 우리와 함께 가자 우리가 가만히 엎드렸다가 사람의 피를 흘리자 죄 없는 자를 까닭 없이 숨어 기다리다가"(11절).

본구절의 표현은 다소 어색하다. '악한 자'의 입에서 "죄 없는 자를 까닭 없이"라는 말이 나올 것 같지는 않다. '악한 자'의 말을 직접화법으로 인용하면서도 이 말을 인용하는 사람의 윤리적 판단이 개입되었기 때문이다. 그러나 한편으로는 히브리어의 용법을 정확하게 이해하지 못했기 때문일 수도 있다. "우리가 가만히 엎드렸다가 사람의 피를 흘리자"라는 장황한 표현이 히브리어로는 간단히 '네에르바 레-담'이다. '매복하다'라는 뜻을 가진 '아라브' 동사의 1인칭 복수 권유형(let's의 의미)이 '네에르바'이고, '레'는 '~을 위하여'라는 뜻을 가진 전치사, '담'은 '피'라는 뜻이다. 직역하면 '피를 위해 매복하자'인데, 이 말은 결국 '매복했다가 죽이자'라는 뜻이다.

"죄 없는 자를 까닭 없이 숨어 기다리다가" 역시 히브리어로는 간단하게 '니츠페나 레-나키 힌남'이다. '숨다, 은폐하다'의 뜻을 가진 '짜판' 동사의 1인칭 복수 권유형이 '니츠페나'이고, '나키'는 성경에서 대부분 '무죄한'이라는 말로 해석되지만 문맥에 따라 '상관 없는'(창 24:41), '한가히'(신 24:5) 등으로도 번역된다. 마지막으로 '힌남'은 '공으로, 값 없이, 거저, 무고히, 무죄한, 까닭 없이, 헛일, 무료로' 등으로 번역되는데, 이제 본구절로 돌아가서 문맥을 염두에 둔다면 '레-나키 힌남'은 '아무나'라고 해석할 수 있다. '힌남'은 '나키'와 비슷한 의미로 '나키'의 의미(아무나)를 더욱 강조하는 기능을 한다고 볼 수 있다. 청부살인이 아닌 단순강도라면 '묻지마 살인'일 수 밖에 없다. 그러므로 강도짓에 가담할 것을 권유하는 '악한 자'의 입에서 나올 수 있는 말은 "매복했다가 죽이자, 아무나 숨어서 기다리면 어때?"라고 할 수 있다.

"우리가 온갖 보화를 얻으며 빼앗은 것으로 우리 집에 채우리니"(13절).

강도가 할 수 있는 당연한 말이라고 생각할 것이다. 하지만 이 구절에서 사용되는 히브리어 표현은 강도의 문제가 '빼앗은 것'에 있지 않다는 사실을 가르쳐준다. '빼앗은 것'이라는 표현은 히브리어로 '솰랄'이다. '탈취물, 노략물' 등으로 번역되기 때문에 부정적인 의미로 받아들여지지만, 창세기 49:27에서 베냐민에 대한 축복 가운데 "베냐민은 물어 뜯는 이리라 아침에는 빼앗을 것을 먹고 저녁에는 '움킨 것을' 나누리로다"라고 할 때, '움킨 것'이 바로 '솰랄'이다. 즉 '솰랄'은 베냐민에게 축복이다. 사무엘상 30:26에서는 '탈취물'이 다윗이 유다 장로들에게 보내는 선물로 사용되며 역대하 15:11에서는 아사 왕이 '노략하여 온 물건 중에서' 여호와께 제사를 드린다. 이러한 맥락에서 이사야서는 "주께서 이 나라를 창성케 하시며 그 즐거움을 더하게 하셨으므로 추수하는 즐거움과 '탈취물'을 나누는 때의 즐거움 같이 그들이 주의 앞에서 즐거워하오니"(사 9:2), 시편에서는 "사람이 많은 '탈취물'을 얻은 것처럼 나는 주의 말씀을 즐거워하나이다"(시 119:162)라고 하여, '탈취물'을 나누는 것은 추수하는 것 심지어는 주의 말씀과 비교될 수 있는 즐거움이라고까지 표현한다. 그러므로 '솰랄'이 '재물'(대하 28:8), '재산'(에 3:13; 8:11)으로 이해되는 것도 지극히 당연하다.

잠언에서는 '현숙한 여인'(잠 31:10~31)을 찬양하는 와중에 "그런 자의 남편은 그를 믿나니 '산업이' 핍절치 아니하겠으며"(11절)라고 하여 '솰랄'은 '현숙한 여인' 덕분에 번성하는 '산업'으로 나타난다. '솰랄'은 원래 전투를 통해 얻는 전리품이다. 승자에게는 '정당한' 재물이다. 따라서 성경에서도 '쇨랄' 자체에 대해서는 문제삼지 않는다. 문제는 '누구로부터' 빼앗은 전리품이냐는 것이다. 마치 '쇨랄' 자체를 문제삼는 것처럼 보이는 잠언 16:19("겸손한 자와 함께하여 마음을 낮추는 것이 교만한 자와 함께하여 탈취물을 나누는 것보다 나으니라")의 경우 문맥을 자세히 살펴보면 '탈취물을 나누는 행위'보다는 '교만한 자와 함께하는 것'이 문제임을 알 수 있다. 본구절에서도 문제는 '쇨랄'의 주체가 '악한 자'(하타임)라는데 있다. 그리고 이미 11절에서 살펴보았듯이 '쇨랄'의 대상이 '아무 상관 없는 자'라는 사실에서 정죄받는 것이다.

"너는 우리와 함께 제비를 뽑고 우리가 함께 전대 하나만 두자 할찌라도 내 아들아 그들과 함께 길에 다니지 말라 네 발을 금하여 그 길을 밟지 말라"(14~15절).

위에서 언급했듯이 '탈취물'(쇨랄)은 기본적으로 분배하게 되어 있다. 그럼에도 불구하고 본구절의 후반부에서는 '전대 하나만' 둘 것을 말하고 있다. '전대'는 히브리어로 '키스', 저울 추를 담는 용도로 언급되지만(신 25:13; 잠 16:11; 미 6:11), 금과 은을 쏟아내는 주머니로도 사용된다(사 46:6). 따라서 본구절에서 '전대'의 용도는 빼앗은 재물을 담아두는 것이다. 그렇다면 왜 '빼앗은 재물'(쇨랄)을 분배하지 않고 다 함께 모아두는 것일까? 물론 앞 부분에 '제비를 뽑고'라는 말이 있지만, 제비를 뽑은 후에도 전대를 하나만 둔다는 것은 어울리지 않는다. 그러므로 제비를 뽑는 것이 꼭 재물을 나누기 위한 것이 아닐 수도 있다. 역할을 분담하는데 또는 멤버십을 결정하기 위해 제비를 뽑을 수도 있다. '전대 하나만 두자'는 의도는 재물을 분배하지 않고 계속 모으자는 것인데, 이것은 강도짓이 한 번에 끝나지 않고 계속 지속된다는 사실을 의미할 수 있다. 따라서 14절은 '빼앗은 재물'로 권유하기보다는 '멤버십'을 미끼로 계속 동참할 것을 요구한다고 볼 수 있다.

이러한 추론은 15절에서 뒷받침된다. 10절과 마찬가지로 또 다시 아비의 직접적인 명령이 나오는데, 10절에서는 단지 '악한 자의 꾀임'을 말하고 있지만 여기서는 '그들과 함께 하는 길'을 강조하고 있다. '길'이라는 단어는 히브리어로 각각 '데렉'과 '네티바'로 표현된다. '함께 길을 간다'는 표현이 '멤버십'과 관계 있다는 사실은 시편 1:1에 잘 나타난다. '악인의 꾀를 따르지('걷지') 않는 것'과 '죄인의 길에 서지 않는 것'과 '오만한 자의 자리에 앉지 않는 것'이 일련의 동어반복적 표현으로 나타나는데, '걷는 것'과 '길에 서는 것'이 '자리에 앉는 것'과 동일시되는 것은 결국 같은 멤버가 된다는 것으로 이해할 수 있다.

"무릇 새가 그물 치는 것을 보면 헛일이겠거늘"(17절).

16~19절은 '악한 자'의 모의에 대한 평가다. 이들의 발이 피를 흘리는데 빠르지만(16절), 결국에는 '자기의 피를 흘리고'(18절) '자기의 생명을 잃을 뿐이다'(18, 19절). 어째서 이런 일이 생겨날 수 있을까? 거기에 대한 해답이 바로 17절이다. '헛일'이라는 단어가 이 모든 결과를 함축하고 있다. 그런데 '헛일'의 이유로 언급되는 표현, '새가 그물치는 것을 보면'이라는 말은 무슨 뜻일까? '그물'의 의미는 분명하다. 강도의 대상을 몰래 숨어 기다리는 '악한 자들'의 행위를 가리킨다. 그렇다면 '새가 그것을 본다'는 의미는 무엇일까? 여기서 '새'로 번역된 히브리어는 '바알 카나프'이다. '바알'은 '주인, 남편, 가나안의 신' 등을 나타내지만, 다른 명사 앞에 붙어서 그 명사의 특징을 가진 존재를 나타낼 수 있다. 예를 들면 '노를 품은 자'(잠 22:24)라는 표현에서 히브리어 '아프'는 '노, 분노'라는 뜻인데, 여기에 '바알'이 붙어서 '노를 품은 자'라는 의미가 되었다(참고 잠 29:22; 홈 1:2 등). 다음으로 '카나프'라는 단어는 '날개'라는 뜻이다. 성경에서 '카나프' 자체가 '새' 또는 '날짐승'의 의미로 사용된 경우는 잠언 1:17과 전도서 10:20 (〈케레〉형태로) 밖에 없다. '새'라는 뜻을 가진 '찌포르'라는 단어를 주로 사용하고, '카나프'를 쓰더라도 '찌포르'가 함께 나온다(창 1:21; 7:14 등). 따라서 본구절의 '새'는 생물학적인 의미보다는 '날개'라는 특성에 부합되는 상징적인 뜻으로 사용된다.

전도서 10:20에서는 '바알 케나파임'(복수형)이 조류를 뜻하는 '오프'와 대구를 이루기 때문에 생물학적인 의미의 '새'로 해석할 수 있지만, 여기서도 강조되는 것이 '왕과 부자를 은밀하게 저주하는 말'이 '바알 케나파임'을 통해서 알려진다는 사실임을 염두에 둘 때, 잠언 본구절의 의도 역시 생물학적인 '새'를 말하려는 것이 아니라 '은밀하게 숨어 있는' 강도들의 정체를 드러내는 존재가 있다는 사실을 강조하는 것이다. 바로 이 존재, '바알 카나프'로 인해서 정체가 드러난 강도들은 결국 자신들의 생명을 잃게 된다는 것이다.

"무릇 이를 탐하는 자의 길은 다 이러하여 자기의 생명을 잃게 하느니라"(19절).

본구절은 이 단락(잠 1:10~19)과 관련하여 제기되는 의문을 풀어준다. 그 의문은 잠언 1~9장에서 왜 하필이면 '강도짓에 동참하지 말 것'이 첫 번째 훈계냐는 것이다. '강도짓에 동참하도록 꾀임 받는 것'이 첫 번째 훈계의 주제가 될 정도로 보편적인 문제냐는 것이다. 사실 이러한 '조직적 범죄'를 모의한다는 것은 현대 사회에서도 특수한 계층, 특별한 상황에서나 가능하다. 따라서 시공간을 초월한 보편적 문제를 다루는 잠언에서 이러한 '조직범죄'에 대한 경계는 어울리지 않는다. 그러나 맨 마지막 구절에 나오는 표현, '이를 탐하는 자의 길'이라는 말에서 본단락이 첫 번째로 등장하게 된 이유를 이해하게 된다.

히브리어로는 '오르호트 콜－보쩨아 바짜아'인데, '오르호트'는 '길', '콜'은 '모든'(all)이라는 뜻이며, '보쩨아'는 '이익을 얻다, 탐내다'라는 뜻을 가진 '바짜아' 동사의 현재분사형으로 행위의 주체를 의미하는 '탐하는 자'가 되었고, 맨 마지막의 '바짜아'는 원래 '베짜아'라는 명사형이지만 '아트나흐'라는 액센트 기호 때문에 발음이 '베'에서 '바'로 바뀐 것인데, '바짜아' 동사의 동족 목적어로써 '보쩨아 바짜아'가 '이를(이익을) 탐하는 자'가 되었다. '베짜아'는 용법 자체에 이미 '불의한 이익'이라는 뜻이 내포되어 있다(참고 출 18:21; 겔 22:27 등). 우리는 10절의 '악한 자'가 본구절에서 '이익을 탐하는 자'로 바뀌었다는 사실에 주목해야 한다. 10절부터 18절까지 '악한 자'의 행위와 그 결과("자신의 생명을 해할 뿐" 18절)를 설명한 후에, 본구절에서 "무릇 이익을 탐하는 자의 길도 다 이렇다 － (이들도) 자기의 생명을 잃게 된다"라고 선포한다.

그렇다! 본단락에서 훈계의 대상은 '강도' 또는 '강도의 꾀임을 받는 자'가 아니라 '이익을 탐하는 자'인 것이다. 12~13절의 묘사는 '강도'의 바람이면서 사실상 '이익을 탐하는 자'의 목표이기도 하다. 그러므로 '이익을 탐하는 자의 길'이 '악으로 달려가며 피를 흘리는데 빠른 길'이라는 것이다. 따라서 '가만히 엎드려 무죄한 피를 흘리려는' 강도가 결국에는 '자기의 피를 흘릴 뿐이요 자기의 생명을 해할 뿐'이듯, '이익을 탐하는 자의 길도 자기의 생명을 잃게 할 뿐'이라는 경고가 가능한 것이다'(19절). 이렇게 '강도'와 '이익을 탐하는 자'를 일치시킴으로써, 결국 본단락에서 훈계하려는 것은 자신의 '이익' 때문에 무죄한 자의 피를 흘리고 은밀하게 악을 행하고 자신의 집에 온갖 보화와 재물로 채우려는 인간의 '탐욕'인 것이다.

3. 설교를 위한 적용

1) 복음에 이르는 순서(1:2~6)

지혜는 바로 얻을 수 있는 것이 아니다. '지혜롭게, 의롭게, 공평하게, 정직하게'라는 윤리적 바탕이 형성된 후에야(3절), 비로소 슬기롭게 되고 근신함을 얻으며(4절) 학식과 모략을 얻으며(5절), 궁극적으로 '깨달음'에 도달할 수 있다. 주님께서 선포하신 진리, 곧 복음을 받아들이는 것도 마찬가지다. 바울이 로마서 10:10에서 "사람이 마음으로 믿어 의에 이르고 입으로 시인하여 구원에 이르느니라"고 한 것을 이 순서에 적용시키면 '구원에 이르는 과정'도 '자각'(마음으로 믿기)과 '수긍'(입으로 시인하기)의 단계로 구분할 수 있다. 그래서 바울은 지극히 논리적인 순서로 구원에 이르는 과정을 다시 설명하고 있다. "그런즉 저희가 믿지 아니하는 이를 어찌 부르리요 듣지도 못한 이를 어찌 믿으리요 전파하는 자가 없이 어찌 들으리요 보내심을 받지 아니하였으면 어찌 전파하리요…"(롬 10:14~15). 이 구절을 역순으로 바꾸면, 복음이 받아들여지는 과정은 보내심-전파-들음-믿음-주의 이름 부르기(입으로 시인)와 같다.

2) '깨달음'에서 '깨달음'으로(1:2~6)

2~6절은 잠언의 목적을 언급하는 부분이다. 이 단락의 특징은 '깨닫다'라는 동사로 시작해서(2절) '깨달으리라'(6절)는 동사로 끝난다는데 있다. 히브리어로는 둘 다 '레하빈'이라는 같은 단어를 사용했다. 그렇다면 첫 번째 '깨달음'은 무엇일까? 그것은 지혜와 훈계와 명철의 말씀에 대한 필요성을 자각하는 것이다. 그러한 필요성의 자각은 말씀의 가치를 이해할 때 이루어질 수 있다.

두 번째 '깨달음'은 그러한 필요성에 대한 인식을 바탕으로 깨달음의 대상을 온전히 이해하는 것이다. 자기 것으로 만드는 것이다. 바울은 로마서 1:17에서 "복음에는 하나님의 의가 나타나서 믿음으로 믿음에 이르게 하나니 기록된 바 오직 의인은 믿음으로 말미암아 살리라 함과 같으니라"고 했는데, 여기서도 두 가지의 '믿음'이 언급된다. 잠언에서의 '깨달음'과 관련해서 첫 번째 믿음은 복음의 가치를 이해하는 것이고, 두 번째 믿음은 그러한 이해를 바탕으로 결국 '하나님의 의'에 이르는 것이다. 사람의 의가 아닌, 하나님의 의다.

3) 복음의 대상(1:4~5)

로마서에서 바울은 다음과 같이 고백한다. "헬라인이나 야만이나 지혜 있는 자나 어리석은 자에게 다 내가 빚진 자라 그러므로 나는 할 수 있는대로 로마에 있는 너희에게도 복음 전하기를 원하노라"(1:14~15). 여기서 '헬라인'과 '야만', '지혜 있는 자'와 '어리석은 자'라는 상대적인 표현은 바울 시대의 모든 계층을 다 나타내고 있다. 바울은 이러한 표현을 통해서 율법과 '복음'의 차이점을 강조하는데, 유대인들이 자신들에게만 주어졌다고 믿었던 '율법'과 달리 '복음'은 이 세상 어느 누구에게든지 주어질 수 있다는 것이다.

잠언 1:4~5에 같은 개념이 나타난다. 4절에서 '어리석은 자'와 '젊은 자', 5절에서 '지혜있는 자'와 '명철한 자'가 각각 '잠언'의 대상으로 언급되는데, 5절에서 '지혜있는 자'와 '명철한 자'가 동의어라는 점을 염두에 두면, 반대 개

넘을 표현하고 있는 4절에서도 '어리석은 자'와 '젊은 자'는 동의어로 보인다. 경험이 부족하고 성급하다는 사실에서 '젊은 자'를 '어리석은 자'의 동의어로 사용하는데는 큰 문제가 없다. 훈민정음에 나오는 '어린 백성이'라는 표현에서도 '어리다'라는 단어가 '어리석다'라는 뜻으로 사용되고 있다. '솔로몬의 잠언'은 특별한 계층만을 위한 것이 아니라 '어리석은 자'도 '지혜 있는 자'도 이 '잠언'의 혜택을 받을 수 있다는 것이다. '어리석은 자'와 '젊은 자'는 슬기와 지혜와 근신을 받을 수 있고, '지혜로운 자'와 '명철한 자'는 학식이 더하고 모략을 얻을 수 있으니 이 '잠언'은 누구에게나 유익한 것이라는 사상이 함축되어 있다. 그런데 이러한 사상은 '솔로몬의 잠언'에 국한된 것이 아니라, '하나님의 말씀'에 대한 성경의 기본적인 정신인 것이다(시 19:7; 119:130).

4) 우리의 상급(1:8~9)

잠언을 통해 우리는 '훈계'와 '법', 곧 '율법'에 의해서도 '아름다운 관'을 머리에 쓸 수 있고 '금사슬'을 목에 걸 수 있이는 사실을 알았다. 다시 말해서 '억지로', '의무적으로' 하는 일에 대해서도 보상이 따른다는 것이다. 그렇다면 억지로 하지 않고 자발적으로 감당하는 일이라면? 의무적으로 하는 것이 아니라 즐겁고 기뻐서 하는 일이라면 어떨까? 그 일의 결과가 상급이 아니라, 그 일을 하는 것 자체가 상급이요 축복인 것이다. 이것이 바로 '율법'과 '복음'의 차이점이다.

율법은 "눈물을 흘리며 씨를 뿌리고 기쁨으로 단을 거두는 것"(참고 시 126:5~6)이지만, 복음은 씨 뿌리는 것 자체가 기쁨이다. "아름답도다 좋은 소식을 전하는 자들의 발이여 함과 같으니라"(롬 10:15). 복음을 전한 후에 그 발이 아름다운 것이 아니라, 복음을 전하는 순간 이미 그 발은 아름다운 것이다. 율법은 복음에 이르는 '몽학선생'인 바(갈 3:24), '훈계'와 '법'은 택한 백성일지라도 꺼리는 것이지만, 복음(그리스도)은 '부르심을 입은 자들에게는 하나님의 능력이요 하나님의 지혜'요(고전 1:24) 그 자체로서 '보배'이다. "우리가 이 보배를 질그릇에 가졌으니…"(고후 4:7).

5) 무엇을 원할 것인가(1:10~19)

'악한 자의 꾀임에 대한 경고'에서 이 훈계는 '강도짓'의 위험을 강조하고 있지만 보다 근본적인 문제는, 재물을 얻기 위해 피를 흘리는 폭력행위 그 자체가 아니라 '이익을 탐하는 것'(19절)에 있다. 따라서 18~19절은 '가만히 숨어있는 자'의 운명과 '이익을 탐하는 자'의 운명을 동일하게 말하고 있는데, 그것은 자기의 생명을 잃게 된다는 것이다. 둘의 행위를 같다고 보는 것이다. 그렇다면, 잠언은 '이익', 곧 '재물' 그 자체를 배격하는가? 이미 주해에서 19절의 '이익'이 어떤 의미인지 살펴 보았듯이 여기서의 '이익'이라는 말 자체에 부정적인 의미가 있다. 그런 면에서 잠언은 재물 그 자체를 부정하려는 것이 아니다. 문제는 '탐욕'이다.

솔로몬이 '지혜'를 구했을 때에 "하나님이 솔로몬에게 이르시되 이런 마음이 네게 있어서 부나 재물이나 존영이나 원수의 생명 멸하기를 구하지 아니하며 장수도 구하지 아니하고…"(대하 1:11)라고 칭찬하는 모습에서 '지혜'로운 자가 가장 먼저 주의해야 할 것이 '부'와 '재물'이라는 사실을 알 수 있다. '지혜'와 '잠언'은 결코 부와 재물을 버리라고 하지 않는다. "그러므로 내가 네게 지혜와 지식을 주고 부와 재물과 존영도 주리니…"(대하 11:12), 즉 실제로는 '부'와 '재물'도 누리게 되었다. 다만, 그 순서가 '지혜'와 '지식' 다음인 것이다. 즉 '우선순위'의 문제이지 이것이냐 저것이냐라는 '선택의 문제'가 아닌 것이다. 그런 의미에서 무엇인가를 원하는 것 자체를 모두 '탐심'이라고 하지는 않는다. '탐심'은 순서가 잘못된 욕구를 말한다. 골로새서 3:5에서 '탐심은 우상숭배'라고 했는데, 왜 탐심이 우상숭배일까? 순서가 잘못되었기 때문이다. 우상이란 숭배받을 차례에 들지도 못하는 허망한 것들이다. 그런 허망한 것들의 위치를 바꾸어 하나님 자리에 놓고 숭배의 대상으로 섬기는 것이기 때문이다. 주님께서는 "너희가 하나님과 재물을 겸하여 섬기지 못하느니라"(마 6:24)라고 하여, 아예 동등한 순서에도 놓지 못하게 하셨다. "멸망의 가증한 것이 거룩한 곳에 선 것"(마 24:15)은 오직 인간의 '탐욕', 곧 원하지 말아야 할 것을 원했던 결과다.

지혜가 부르다(1:20~33; 8:1~31; 9:1~18)

1. 본문의 개요

잠언 1~9장에서 지혜가 의인화되어 나타나는 부분들이다. 여기서는 '지혜'가 연설자로 등장한다. 그 연설의 내용들을 비교하여 공통점과 차이점을 구분하는 것이 본문을 이해하는데 도움이 될 것이다. 주해에서는 아래 표에 언급되지 않은 '지혜의 연설 내용'을 설명하도록 할 것이다.

		1:20~33	8:1~31	9:1~18
A	'지혜' 히브리어	'호크모트'(חָכְמוֹת)	'호크마'(חָכְמָה)	'호크모트'(חָכְמוֹת)
B	지혜의 위치	길거리 광장 훤화하는 길 머리 성문 어귀 성중	길가의 높은 곳 사거리 성문 곁 문 어귀 여러 출입하는 문	지혜가 지은 집 성중 높은 곳
C	지혜와 여호와의 관계	여호와 경외 = 지식, 지혜의 교훈	창조주와 '창조자'의 관계	여호와 경외 = 지혜의 근본

[A] 1:20과 9:1의 형태는 '호크마'의 복수형이다. 그러나 두 구절 모두 '호크모트'와 관련된 동사는 단수를 사용함으로써(1:20은 복수형에도 쓸 수 있는 동사임), '호크모트'가 형태는 복수형이지만 실제로는 단수취급된다. '호크모트'라는 형태는 성경에서 '하나님'을 '엘로힘'이라는 복수형으로 사용하는 것과 같은 의도라고 보기도 한다. 어쨌든 이러한 형태는 지혜를 '의인화'하는 것과 관계가 있다. 지혜의 의인화와 상관 없이 '호크모트'라는 형태가 성경에 두 번 더 등장하지만(시 49:4; 잠 24:7), 이 경우는 모두 '복수형'으로 취급된다.

[B] 1장과 8장에서는 지혜가 공개적인 장소에서 외친다는 사실이 강조되지만, 9장에서 지혜는 집 안에 머문다. '성중 높은 곳'이라는 표현은 지혜의 집이 위치한 곳을 의미할 것이다. 세 단락에서 이렇게 공개적인 장소가 강조되는 것은 '지혜'가 감추어져 있지 않다는 것을 가르치려는 의도로 보인다.

욥기 28장에서는 지혜를 찾을 길 없다며 한탄한다. 그러나 잠언에서 지혜는 모든 사람이 볼 수 있는 곳에 있고, 사람들이 가장 많이 왕래하는 곳에서 외친다. 따라서 지혜를 보지 못했다면, 지혜가 외치는 소리를 듣지 못했다면 그것은 사람들의 잘못이다.

[C] 1장에서 지식을 미워하는 것이 곧 여호와 경외하기를 즐기지 않는 것이다(29절). 지혜를 불러도 대답이 없고, 지혜를 부지런히 찾아도 만나지 못하는(28절) 이유는, 여호와 경외하기를 즐기지 않았기 때문이다. 이것을 9장에서는 단 한 줄로 요약한다. "여호와를 경외하는 것이 지혜의 근본이요 거룩하신 자를 아는 것이 명철이니라"(9:10). 이렇게 '여호와 경외'와 관련하여 1장에서는 그 의미를 설명하려는 의도가 보이고, 9장에서는 요점만 간추린다. 8장은 전혀 다른 내용을 전한다. 지혜의 기원을 설명하면서(22절 이하) 여호와 하나님의 창조사역 이전으로 거슬러 올라가, '지혜' 자신이 창조주 곁에서 '창조자'였다는 사실을 말한다. 8장에서는 '지혜의 의인화'를 넘어 '지혜의 신격화'가 나타난다.

2. 본문 주해

지혜 연설의 내용을 비교해 보자. 8장에서는 지혜의 경고가 없다. 오직 권면으로 시작해서 권면으로 끝난다. 1장과 9장에서는 경고가 나오는데, 9장에서는 경고의 대상이 오직 거만한 자에게 적용되며, 그 경고의 내용은 마치 '음녀의 경고'와 마찬가지로 '미련한 계집'의 유혹을 말하고 있다. 그 외의 자세한 내용은 다음의 해설에서 다룰 것이다.

1) 대상

지혜의 대상은 제한되지 않는다. 이미 서론(잠 1:4~5)에서 언급했듯이, 어리석은 자도, 젊은 자도, 지혜 있는 자도, 명철한 자도 모두 혜택을 받는다. 그러나 그것은 아직 지혜를 듣지 않았다는 사실을 전제로 한다. 만약 지혜

	1:22~33	8:4~31	9:4~9
대상	[22절] 어리석은 자 거만한 자 미련한 자	[5절] 어리석은 자 미련한자	[4절] 어리석은 자 지혜 없는 자
주제	[23절] 책망을 듣고 돌이키라 신을 부으리라 말을 보이리라	[6~16절] 지혜의 능력을 알라 [22~31절] 지혜의 기원을 알라	[5절] 지혜의 식물과 포도주를 라고 마시라
유익	[33절] 재앙의 두려움 없음 평안함	[18절] 부귀 장구한 재물 의	[6절] 생명을 얻음

를 들었는데도 여전히 '어리석은 자'라면 그것은 그가 지혜를 거부했기 때문이지, 지혜가 감추어져 있거나 지혜가 너무 높아서 미치지 못했기 때문이 아니다.

1장의 지혜 연설에서 지혜를 듣기 전의 '어리석은 자'와 지혜를 들은 후의 '어리석은 자'는 구분되지 않는다. 지혜의 권면 대상으로 언급되는 경우에 '어리석은 자'와 '미련한 자'는 각각 히브리어로 '페타임', '케실림'이다(22절). 그런데 지혜를 들은 후에도 받아들이지 않고 결국에는 멸망에 이르게 되는 '어리석은 자'와 '미련한 자'도 역시 '페타임'과 '케실림'이다(32절). 따라서 똑같이 '어리석은 자' 혹은 '미련한 자'라 하더라도 잠언에서는 지혜를 들었는지 듣지 않았는지에 따라 차원이 다르다. 같은 '페타임'이라도, 지혜를 듣기 전이라면 소망이 있는 '어리석은 자'이나, 일단 지혜를 들은 다음이라면 이 '어리석은 자'는 구제불능이다.

8장의 지혜연설에서도 '어리석은 자'와 '미련한 자'는 각각 '페타임'과 '케실림'이다(5절). 여기서의 '페타임'은 1:22의 '페타임'과 철자가 다른데, 중간의 '알레프'(א)가 묵음이기 때문에 발음이나 의미상의 차이는 없다. 그럼에도 이러한 철자상의 차이는 두 본문의 때와 장소가 서로 다를 수도 있음을 암시한다. 중간에 '알레프' 묵음을 사용하지 않은 경우는, 1장의 지혜 연설(22, 32절)과 잠언 22:3, 시편 119:130에만 있다.

9장에서는 '페타임'의 단수형인 '페티'와 그 대구로 '지혜 없는 자'(חסר-לב 하사르 레브)라는 표현을 썼다(4절). 6절에 히브리어로는 '페타임'이란 단어를 사용했지만, 문맥상 '어리석은 자'를 의미한 것인지 '어리석음'을 의미한 것인지 불분명하다. 여기서 흥미로운 점은, '지혜 없는 자'라는 표현이 '어리석은 자'를 나타내면서 동시에 '지혜를 듣기 전의 상태'를 의미한다는 것이다. 즉 1장의 지혜 연설에서는 지혜를 듣기 전이나 들은 후나 모두 '어리석은 자'라는 표현을 사용한 반면, 9장의 지혜 연설에서는 지혜를 듣기 전의 상태는 '지혜 없는 자'라고 말한다.

그렇다면 지혜를 들은 후의 어리석은 자를 9장에서는 어떻게 표현할까? '거만한 자'(לץ 레츠)라고 표현한다(7, 8, 12절). 1장의 지혜 연설에서는 '거만한 자'(לצים 레침, 레츠의 복수형)조차도 지혜를 듣기 전에는 가능성이 있다고 보았지만, 9장의 지혜 연설에서는 '레츠'의 경우, 지혜를 들은 이후는 말할 것도 없고(12절), 사실상 지혜를 듣기 전에도 구제 불능이라고 본다(8절). 따라서 '지혜 연설'의 대상 관련, 각 단락이 조금씩 다르다. 특히 9장의 경우, 1장의 내용에 대해 약간의 변화를 시도하고 있다. 이러한 차이는 마치 신약에 네 복음서가 존재하는 것처럼, '지혜'에 관하여 서로 다른 견해가 있음을 보여준다. 그럼에도 불구하고 공통적인 관점이 존재하는 바, 지혜를 듣기 전에는 어리석음이 용납되지만, 일단 지혜를 들은 이후에는 핑계할 수 없다는 사실이다.

2) 주제

1장의 지혜 연설에서는 그 내용을 단 한 마디로 '돌이키라'(תשובו 타슈부)로 요약할 수 있다(23절). 이러한 권면은 예언서의 핵심 주제다(신 30:10; 렘 3:12; 4:1; 15:19; 25:5; 31:21; 겔 3:19; 14:6; 18:23; 33:11; 슥 1:4; 말 3:7 등). 그런데 돌이키는 수단은 지혜의 '책망'(תוכחת토카하)이며, 지혜의 '신'(רוח루악)이며, 지혜의 '말'(דברים데바림)이다(23절). 사실은 이 모든 것들이 예언자들의 수단이다. '책망'은 예언자들의 전유물이다. '신'과 관련하여 이사야는 다음과 같이 선포한다. "주 여호와의 신(רוח יהוה אדני루악 아도나이 엘로힘)이 내게 임하셨으니…"(사 61:1). 아울러 역대기에서는 "하나님의 신이 오뎃의 아들 아사랴에게 임하시매"(대하 9:4), 다윗조차도, "여호와의 신이 나를 빙자하여 말씀하심이여"(삼하 23:2)라고 했다. 더군다나 여기서 '말'로 번역된 히브리어 '데바림'은 선지자들의 글에서 '여호와의 말씀이니라' 할 때의 그 '말'이다. 그러므로 1장의 '지혜 연설'은 '예언자의 모습'을 정확하게 표현하고 있다.

8장의 내용 두 가지, '지혜의 능력'과 '지혜의 기원'에서 지혜는 한 마디로 왕과 '창조자'의 위치에 있다. 여기서 '창조자'(30절)로 번역된 히브리어 '아몬'은 고유명사로 사람 이름(왕상 22:26; 왕하 21:18; 느 7:59 등)과 애굽의 신 이름(렘 46:25; 훔 3:38)으로 사용된 것 외에는 오직 본구절에서만 사용된 표현이다. 따라서 현재까지 그 의미가 분명치 않은데, 모음을 변화시켜서 '오멘'으로 이해할 경우 '양육자'(참고 에 2:7)라는 의미로, 아카드어에서 차용된 가나안어 '움마누'와 관련시킬 경우 '기술자, 장인' 등으로 이해할 수 있다. 하지만 그 어떤 것도 만족할만한 해답은 되지 않는다. 다만 창조주 하나님 곁에서 함께 기뻐하고 즐거워하는 '창조자'가 되었다는 설명(30절)을 통해, "하나님의 보시기에 좋았더라"(창 1:4, 10, 12 등)와 "하나님이 가라사대 우리의 형상을 따라 우리의 모양대로 우리가 사람을 만들고…"(창 1:26)와 대략 연결지을 수 있을 따름이다. 여기서 또한, "나로 말미암아 왕들이 치리하며 방백들이 공의를 세우며 나로 말미암아 재상과 존귀한 자 곧 세상의 모든 재판관들이 다스리느니라"(잠 8:15~16)라는 구절은 '솔로몬의 소원'에 관한 기사를 떠올리게 한다(왕상 3:1~15; 대하 1:3~12). 성경은 솔로몬이 왕으로서 가장 절실했던 것은 '지혜'였다고 강조한다. 성공한 왕이 되는데 가장 필요한 것이 '지혜'라는 것이다. 따라서 8장의 지혜 연설은 솔로몬의 에피소드를 암시하고 있다. '지혜 연설'이라는 잠언의 독특한 형식은, 그 내용이 성경의 주제와 일치하고 있다.

9장에 나타나는 지혜의 모습은 더욱 특이하다. 집을 짓고 기둥을 세우는 존재로 등장한다(1절). 일곱 기둥을 다듬는데, 문맥상 이 기둥은 집을 떠 받치기 위한 것으로 보이지 않는다. 단순히 집을 지탱하기 위한 기둥이라면, 기둥에 대한 언급이 먼저 나왔어야 할 것이다. '기둥을 다듬다'라는 말이 '집을 짓다'의 대구적 표현이라고 생각할 수도 있으나, 만약 그런 의도라면 기둥을 '다듬다'라는 말은 맞지 않다. 기둥을 '세우다'라고 했어야 한다. 여기서 '다듬다'라는 동사는 히브리어로 '하짜브', 돌과 관련해서는 돌을 쪼아 다듬는다는 의미다. 따라서 '기둥을 다듬다'는 표현은 적어도 기둥의 모양을 만들거나 장식을 넣는다는 의미지, 집을 짓기 위해 기둥을 세운다는 뜻은 아니다.

그렇다면 집을 짓고, '장식용'으로 기둥을 세우는 것은 어떤 경우일까? 솔로몬 성전에서 비슷한 경우를 발견할 수 있다. 바로 '야긴'과 '보아스'라는 기둥이 이런 용도로 사용되었다. 열왕기상 7:13~22에 따르면, '야긴'과 '보아스'라는 두 기둥은 전의 낭실을 위해(우리말로는 '앞에') 세워진 것인데, 이미 6장에서 전 건축이 마쳐진 다음에 세워진 기둥이므로 전을 지탱하는 기능과는 상관없다는 사실을 알 수 있다. 그렇다면, 잠언 9:1에서 지혜가 집을 짓고 일곱 기둥을 다듬었다는 것은 무엇을 의도한 것일까?

여기서 우리는 잠언에 나타난 '지혜 연설들'이 사람들의 관심을 어디로 향하게 하려는지 알아야 한다. 잠언 1장의 지혜 연설에서, 결국 사람들의 관심은 예언자들이 선포했던 것과 같은 '말씀'으로 향하게 된다. 다음으로 잠언 8장에서는 온 천하 만물을 주관하시는 '창조주 하나님'에게로 향하게 한다. 마지막으로 잠언 9장에서는 바로 그분을 만날 수 있는 곳인 '하나님의 집'으로 향하게 한다.

3) 유익

'지혜'의 유익은 무엇인가? 재앙의 두려움이 없는 평안함이다(잠 1:33). 이것은 오직 '여호와 하나님의 말씀'으로만 가능하다. "나 여호와가 말하노라 내 종 야곱아 두려워 말라 이스라엘아 놀라지 말라 내가 너를 원방에서 구원하고 네 자손을 포로된 땅에서 구원하리니 야곱이 돌아와서 태평과 안락을 얻을 것이라 너를 두렵게 할 자 없으리라"(렘 30:10).

'지혜'의 유익은 무엇인가? 부귀와 장구한 재물과 의를 얻는 것이다(잠 8:18). 이것은 오직 '창조주 하나님'께 나온다. 지혜를 구한 솔로몬에게 하나님이 말씀하셨다. "그러므로 내가 네게 지혜와 지식을 주고 부와 재물과 존영도 주리니…"(대하 1:12). '지혜'의 유익은 무엇인가? 생명이다(잠 9:6). 지혜는 사람으로 하여금 '하나님의 집'에서 먹고 마시게 한다. 떡과 포도주는 생명을 상징한다. "하나님이여 주의 인자하심이 어찌 그리 보배로우신지요 인생이 주의 날개 그늘 아래 피하나이다 저희가 주의 집의 살찐 것으로 풍족할 것이라 주께서 주의 복락의 강수로 마시우시리이다 대저 생명의 원천이 주께 있사오니 주의 광명 중에 우리가 광명을 보리이다"(시 36:7~9).

3. 설교를 위한 적용

1) 지금도 성령께서(1:20~33)

성령은 '보혜사'다(요 15:26). 그 분께서 하실 일은 '가르치시고 주님께서 말한 모든 것을 생각나게 하시는 일'(요 14:26)이며, 이것은 평안을 위함이다. 물론 이 평안은 세상이 주는 것과 비교할 수 없는 평안이다(요 14:27). 이것은 잠언에서 지혜가 큰 소리로 높여 외치던 것이다(잠 1:23, 33). 지혜가 길거리에서 외치듯 성령께서도 밝히 증거하신다. 성령께서 하실 일은 또한 "죄에 대하여 의에 대하여 심판에 대하여 세상을 책망하시는 것"(요 16:8)이다. 성령께서는 지혜가 어리석은 자들, 미련한 자들, 거만한 자들을 책망하듯이 믿지 않는 이 세상을 책망하신다(요 16:9).

성령을 훼방치 말라. 용서 받을 수 없다. 성령을 거역치 말라. 장차 오는 세상에서도 사하심을 얻을 수 없다(마 12:31~32). 지혜의 교훈을 멸시하고 그 책망을 받지 않았을 때, 재앙과 두려움이 임하는 것(잠 1:25~27)보다 더 심각하다. 성령을 소멸치 말라(살전 5:19). 지혜가 성문 높은 곳과 길거리에서 외쳤던 것을 지금 이 시대에는 성령께서 각 사람 마음속에서 친히 말씀하고 계시다.

2) 지금도 주님께서(8:1~31)

주님은 어떤 분이신가? 지금도 "하나님 우편에 계신 자요 우리를 위하여 간구하시는 자"(롬 8:34)시다. 지혜가 '하나님 곁에 있어서 날마다 그 기뻐하신 바가 되었으며, 인자들을 기뻐하였던 것처럼'(잠 8:30) 말이다. "만물이 그로 말미암아 지은바 되었으니 지은 것이 하나도 그가 없이는 된 것이 없다"(요 1:3). 지혜로 말미암아 "왕들이 치리하며 방백들이 공의를 세우며 재상과 존귀한 자 곧 세상의 모든 재판관들이 다스리듯"(잠 8:15~16), 하나님께서는 "하늘에 있는 자들과 땅에 있는 자들과 땅 아래 있는 자들로 모든 무릎을 예수의 이름에 꿇게 하시고 모든 입으로 예수 그리스도를 주라 시인하게"(빌 2:10~11) 하셨다. 그리스도는 "하나님의 능력이요 하나님의 지혜"(고전 1:24)이시기 때문이다.

지혜에게 "도략과 참 지식이 있고 능력이 있다"(잠 8:14). 그러나 그것은 바로 주님에게 해당되는 말씀이다. 이새의 뿌리에 결실한 가지로서, 주님은 "여호와의 신 곧 지혜와 총명의 신이요 모략과 재능의 신이요 지식과 여호와를 경외하는 신이 그 위에 강림하신"(사 11:1~2) 분이시다. 지혜에게는 "부귀가 있고 장구한 재물과 의"가 있지만(잠 8:18), 그리스도는 그분 자신이 "하나님께 택하심을 입은 보배로운 산 돌"(벧전 2:4)이시다.

3) 떡과 포도주를 마시라(9:1~18)

지혜가 어리석은 자들을 돌이켜 자신의 집으로 인도하고, 거기에서 떡과 포도주를 먹이고 마시우는 것은 생명을 주기 위함이다(잠 9:5~6). 지금 이 시대, 우리는 주님께서 주신 떡과 포도주를 먹는다. 왜? 생명, 영원한 생명을 얻기 위함이다. 지혜가 주는 떡과 포도주를 먹는다는 것은 지혜와 함께 거한다는 것을 의미한다. 바울에 의하면, 지금 이 시대 주님의 떡과 포도주를 마시는 것은 "주의 죽으심을 오실 때까지 전하는 것"(고전 11:26)이다. 물론 지혜만 먹을 것을 주는 것은 아니다. '미련한 계집'도 지나가는 사람들을 불러 세워 떡과 포도주 대신, '도적질한 물과 몰래 먹는 떡'을 공급한다(잠 9:13~17). 입에는 달고 맛이 있을지 모르지만 그것을 먹는 자는 죽게 된다(잠 9:18).

이 시대에도 주님께서 주신 떡과 포도주 대신, '미련한 계집'이 건네는 '도적질한 물과 몰래 먹는 떡'을 아주 달고 맛있게 먹는 사람들이 많지 아니한가? 이 세상이 주는 달고 맛있는 사상과 문화가 사실은 도적질한 것이요 몰래 먹는 것이라는 사실을 모르는가? 심지어는 교회에서조차 '주의 죽으심'을 전하는 대신, 달고 맛있는 세상의 향락을 전하고나 있지는 않는가? 지혜가 주는 것을 마다하고 '미련한 계집'이 주는 것을 받으러 몰려 드는 사람들을 향해, 지금 이 시대에도 성경은 다음과 같이 경고한다. "간음하는 여자들이여 세상과 벗된 것이 하나님의 원수임을 알지 못하느뇨 그런즉 누구든지 세상과 벗이 되고자 하는 자는 스스로 하나님과 원수되게 하는 것이니라"(약 4:4).

이 땅에 사는 법(2장)

1. 본문의 개요

잠언 2장에서 아비의 '말'과 '계명'이 목표로 삼은 현실적인 약속은 마지막에 언급되는 '땅'에 대한 것이다(20~22절). 마지막 두 구절을 제외한 나머지 부분들은 모두 이 목표에 도달하는 과정을 단계별로 제시하는데, 이 단계들은 '조건'(1~4절)과 그 조건에 대한 '귀결'(5~19절)로 구성되어 있다. 그리고 '귀결' 부분은 '여호와 단락'(5~8절)과 '지혜 단락'(9~19절) 두 부분으로 나뉘고, '지혜 단락'은 또 다시 '악한 자' 부분(12~15절)과 '음녀' 부분(16~19절)으로 나뉜다.

2. 본문 주해

1) 조건(1~4절)

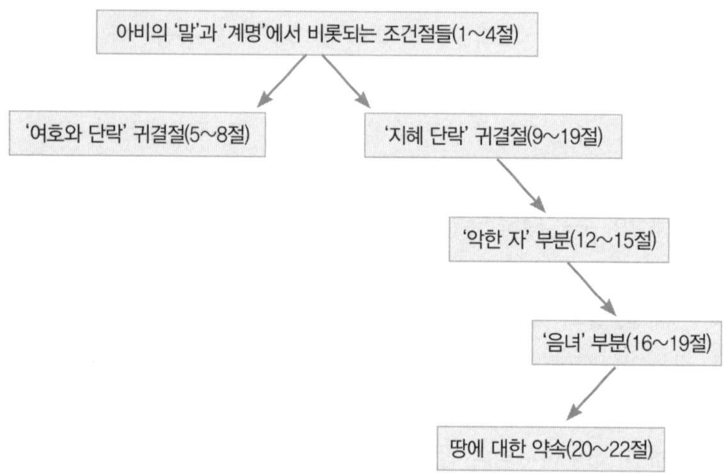

한글성경에서는 4절에서 ' … 하면'이라는 조건의 형식을 볼 수 있다. 그러나 히브리어 본문에서는 2절만 제외하고는 '조건절'을 이끄는 불변화사 '임'이 각 절(1, 3, 4절)마다 나타난다. '조건'의 내용이 1~4절에 연속적으로 등장하지만 실제적으로 같은 내용이 반복된다. 이러한 형식을 취한 의도는 아비의 '말'과 '계명'을 '강조'하는데 있다. 그러나 1~2절은 내적인 태도를 말하는 반면, 3~4절은 외적인 태도를 요구하고 있다.

"내 아들아 네가 만일 나의 말을 받으며 나의 계명을 네게 간직하며 네 귀를 지혜에 기울이며 네 마음을 명철에 두며"(1~2절).

'말'(에메르)과 '계명'(미츠바)과 '지혜'(호크마)와 '명철'(테부나)이 같은 의미로 이해된다. 여기서 '말'은 '나의 말'이라는 의미로 '아마라이'라고 표현되는데, 성경에서 '말'(에메르) 자체가 단독으로 사용되는 경우는 없다. 항상 인칭어미나 다른 명사와 연결되어 '~의 말'이라는 형태로 나타난다. 따라서 '말' 자체 보다는 '누구의 말'인가를 더 중요하다. 그런데 1절에 나오는 '나의 말', '나의 계명'은 단지 '아비의 말과 계명'에 불과한 것이기 때문에 2절에 나오는 '지혜'와 '명철'로써 그 권위를 더욱 강화할 필요가 있다. '명철'로 번역된 '테부나'는 '호크마'와 거의 동의어로 사용되는데, '총명'(출 31:3; 35:31; 36:1; 왕상 5:9; 7:14)으로 번역된 곳에서는 주로 손재주와 기술을 의미한다. 그 외에 '지식'(신 32:28), '지혜'(욥 26:12; 시 136:5; 147:5)로도 번역되었다. 여기서 내면적인 태도가 요구된다. 2절에서 '귀'(오젠)와 '마음'(레브)이 언급되는데, 성경에 '귀를 기울여 듣다'라는 표현은 많이 등장하지만, 정작 '귀'라는 단어를 같이 사용한 경우는 잠언의 본구절과 시편 10:17의 경우다. 그런데 흥미로운 점은 시편 10:17에서 '귀를 기울여 듣는' 주체는 여호와로서 '주는 겸손한 자의 소원을 귀를 기울여 들으시고'라고 표현한다. 그러므로 비록 내적인 태도라고 해서 그것이 소극적인 태도를 의미하지는 않는다. 내적이면서도 상당히 적극적인 태도를 요구하고 있다.

"지식을 불러 구하며 명철을 얻으려고 소리를 높이며 은을 구하는 것 같이 그것을 구하며 감추인 보배를 찾는 것 같이 그것을 찾으면"(3~4절).

이미 언급했듯이 본구절들에서는 '불러 구하고'(티크라), '(네) 소리를 높이며'(티텐 콜레카) 같은 외적인 태도를 요구한다. 그런데 이러한 태도는 바로 앞 장, 잠언 1:20~21에서 '의인화된 지혜'가 어리석은 자들을 돌이키기 위해 취했던 태도다. 잠언 8:1에서도 '지혜'는 역시 똑같은 태도를 보여준다. 한 마디로 '(의인화된) 지혜'가 하듯이 행동하라는 것이다. 그러나 무작정 '지혜'를 따라 하라는 것은 너무 이상적인 요구일지도 모른다. 이러한 이상적인 요구를 충족시킬 수 있는 더욱 현실적이고 설득력 있는 요구가 다음 4절에서 뒤따른다. 그것은 바로 '지식'(비나)과 '명철'(테부나)을 '은'(케세프)과 '보배'(마트모님)처럼 여겨보라는 것이다. 방법은 '은'이나 '보배'를 찾는 것처럼, 그러나 목표는 '은'과 '보배' 대신 '지식'과 '명철'에 두라는 것이다. 이 구절(4절)은 인간 사회의 원초적 욕망에 입각한 보편적 비유일 수도 있지만, '강도짓 참여를 금지하는 훈계'인 1:10~19 단락을 염두에 둔 것일 수도 있다.

이미 언급했듯이, 잠언 1:10~19은 이익 추구를 위해 무슨 짓이든 다 하려는 '악한 자'의 말로를 자세히 묘사하고 있는데 그 결과는 자기의 목숨을 잃을 뿐이다. 대상과 목표가 잘못되었기 때문이다. 그러나 대상과 목표가 잘못되어 있다는 사실을 제외한다면, '악한 자'의 행동 자체는 그 이상 적극적일 수 없다. 바로 이 점에서 '은'을 구하고 '보배'를 찾는 태도를 취하되, 그 대상과 목표만 '지식'과 '명철'로 바꾼다면 가장 이상적인 행동이 될 것이다.

본문에서 '보배'로 번역된 히브리어 '마트모님'은 '감추다, 숨기다, 넣다' 등의 의미를 가진 '타만'이라는 동사에서 유래한 명사의 복수형으로서, 단수형은 '마트몬'이다. 성경에는 불과 다섯 번 나오는 단어인데(창 43:23; 욥 3:21; 잠 2:4; 사 45:3; 렘 41:8), 예레미야 41:8에서는 '보배'나 '재물' 대신 '(밭에) 감추어 둔 (농산물)'로 번역하고 있다. 그러나 고대 사회뿐만 아니라 현대 사회에서도 지역에 따라 농산물은 얼마든지 화폐의 대용으로 사용될 수 있다. 참고로 히브리어에서 '케세프'는 '은'(silver)이라는 의미 외에도 '돈'(money)이라는 의미로 널리 사용된다.

2) 귀결(5~19절)

히브리어 본문에서 부사 '아즈'가 5절과 9절에 나타나는데, '그런즉'(then)이라는 의미로서(참고 9절), 조건문의 귀결절임을 강조해 준다. 흥미로운 사실은 5~8절과 9~12절이 히브리어 본문에서 거의 유사한 문장구조로 이루어져 있다는 점이다.

[참고]

[5~8절]	[9~12절]
(5절) … אָז 아즈	(9절) … אָז 아즈
(6절) … כִּי 키	(10절) … כִּי 키
(7절) … 동사 + 부사구 + 주어	(11절) 주어 + 동사 + 부사구
(8절) … 부정사(לְבִלְתִּי 리느초르)	(12절) 부정사(לְהַצִּילְךָ 르하치레카)

그러나 5~8절은 주체가 '여호와'이고(참고 6절), 9~12절은 주체가 '지혜'이므로(참고 10절) 이 귀결절 부분을 각각 '여호와 단락', '지혜 단락'으로 구분했다. 따라서 두 단락이 서로 다른 내용을 말하는 것 같지만, 실제로는 '여호와' = '지혜'라는 사실을 강조한다. '지혜단락'은 9~12절에 한정되지 않고 19절까지 이어지는데, 그 안에 각각 유혹의 대상으로서 '악한 자'를 언급하는 부분과(12~15절), '음녀'를 언급하는 부분(16~19절)이 나타난다.

(1) '여호와 단락' 귀결절(5~8절)

5절에서 '여호와 경외하기를 깨달으며'라고 했는데, 6~8절은 '여호와 경외하기'를 설명하고 있다. 6절에는 명시되어 있지 않지만, 7절과 8절에서는 여호와께서 각각 '정직한 자'(예샤림), '행실이 온전한 자', '성도들'(케리, 하시다브)에게 은혜를 베푸신다고 강조하는 바, 논리적으로 이러한 무리들을 '여호와 경외하기를 깨달으며 하나님을 알게 된' 사람들이라고 할 수 있다.

"여호와 경외하기를 깨달으며 하나님을 알게 되리니"(5절). 본구절의 후반부 '하나님을 알게 되리니'는 히브리어 본문을 정확하게 반영하고 있지 않다. 히브리어로는 '하나님' 대신 '다아트 엘로힘', 즉 '하나님의 지식'이라고 되어 있다. 따라서 본구절을 정확하게 해석하면, "여호와 경외하기를 깨달으며 '하나님의 지식'을 알게 되리니(발견하리니)"라고 할 수 있다. 그렇다면 '하나님의 지식'이란 어떤 의미일까? 하나님께서 '주신' 지식일까? 아니면 하나님에 '관한' 지식일까?

잠언 30:3에서 '다아트 케도심'이라는 비슷한 표현을 "거룩하신 자를 아는 지식"으로 번역한 것을 염두에 둘 때, '다아트 엘로힘' 역시 "하나님을 아는 지식"으로 해석하는 것이 무방할 것이다. 여기서 '여호와 경외하기'와 '하나님을 아는 지식'은 서로 대구를 이루고 있다. 같은 의미를 다르게 표현하는 방식이다. '여호와 경외하기'는 '하나님을 아는 지식', 다시 말해서 '하나님이 어떤 분이신지 아는 것'이라고 할 수 있다. 그렇다면 '여호와 경외하기'는 어떤 행동을 요구하지 않고 내면적인 마음 상태를 요구한다. 그것은 하나님이 어떤 분이신지 '배우고자 하는 열정'이다. 배움 자체는 행위라도, 배우려는 의지는 마음에 달려 있다.

"대저 그는 공평의 길을 보호하시며 그 성도들의 길을 보전하려 하심이니라"(8절). '여호와' 단락의 결론으로써 '길'을 강조한다. 히브리어로 전반부의 '길'은 '오르호트', 후반부는 '데렉'인데, 영어의 'way' 가 걸어다니는 '길', 삶의 '방식', '방법' 등을 의미하는 것과 마찬가지로, 히브리어 역시 단순한 '길' 외에 '행위', '행실', '도' 등을 나타낸다. 1장에서 '악한 자의 꾀임'과 관련하여 '데렉'(15절)과 '오르호트'(19절)가 언급되었는데, 지리적 개념으로서의 '길'이 아니라 이익을 추구하는 '방식'으로서의 '길'을 가리킨다. 본구절에서도 '공평의 길'과 '성도의 길'은 각각 공평하게 성도로서 살아가는 삶의 '방식'을 의미한다. 여기서 '공평'이라는 단어는 히브리어로 '미슈파트'인데 직역하면 '법대로'라는 뜻이다.

(2) '지혜 단락' 귀결절(9~19절)

본단락도 '악한 자 부분'(12~15절)과 '음녀 부분'(16~19절)의 두 부분으로 나누어진다. 두 부분은 각각 '레하찔카'라는 히브리어로 시작된다(12, 16절). 문법상 목적을 나타내는 부정사 용법으로 이해할 수 있지만 꼭 '~하기 위해'라고 해석할 필요는 없다. 본문에서는 각각 '(너를) 건져 내리라'(12절), '(너를) 구원하리니'(16절)라고 번역되었다. 따라서 '지혜'를 통해 소기의 목적을 달성하는 바, 그것은 각각 '악한 자의 길'과 '음녀로부터' 구원해 내는 것이다.

"그런즉 네가 공의와 공평과 정직 곧 모든 선한 길을 깨달을 것이라 곧 지혜가 네 마음에 들어가며 지식이 네 영혼에 즐겁게 될 것이요 근신이 너를 지키며 명철이 너를 보호하여"(9~11절). 처음부터 지혜관련 어구들이 언급되지 않고 윤리적 지침들이 먼저 나온다. 이미 잠언 1:3~5 주해에서 지적했듯이, '지혜'는 윤리적 바탕 위에 세워진다. 그리고 이러한 윤리적 바탕은 '여호와 경외하기, 곧 '하나님을 아는 지식'에서 비롯된다. 신앙과 윤리와 지식이라는 이 셋의 상관 관계가 밀접하다는 점을 다시 확인하게 된다. 본단락의 9

절과 잠언 1:3을 비교해 보자.

잠언 1:3	히브리어	잠언 2:9
(지혜롭게) 의롭게	'쩨덱'(צדק)	공의
공평하게	'미슈파트'(משפט)	공평
정직하게	'메사림'(מישרים)	정직(선한 길)

잠언 2:9에서 생략된 요소는 '지혜롭게'(무사르 하스켈)이며, 새롭게 추가된 요소는 '선한 길'(마에갈-토브)이다. 그 외에는 같다. '마에갈'은 성경에 16회 나타나는데, 사무엘상에 '(군대의) 진, 진영'이라는 의미로 세 번(17:20; 26:5, 7), 시편에 '길'이라는 뜻으로 네 번(17:5; 23:3; 65:12; 140:5), 이사야서에 '첩경', '행하는 곳'이라는 뜻으로 두 번(26:7; 59:8) 사용되었다. 나머지는 모두 잠언에서 쓰이는 바, '길', '행위', '첩경' 등으로 해석된다. 따라서 이미 '길'이라는 뜻으로 사용되었던 '데렉', '오르호트' 등과 용법상의 차이는 없다. 이어지는 내용은 '악한 자' 부분(12~15절)과 '음녀' 부분(16~19절)인데, 이 부분은 잠언 1~9장의 핵심 주제들로 다른 본문들에서 다양한 모습으로 다루어진다. 따라서 여기서 설명은 생략하기로 하고, 20~22절의 '땅에 대한 약속'으로 넘어가고자 한다.

'땅'에 관한 약속과 성취는 창세기로부터 여호수아까지 사실은 바벨론 포로기 이후까지 이어지는 중요한 주제지만, '택한 백성'에 대한 약속과 성취라는 사상 외에 '의인'에게 주어지는 상급이라는 사상도 있다. 본구절에서 땅을 차지하는 자는 '정직한 자'(예샤림)와 '완전한 자'(테미밈)이다. 그리고 그 상대적인 입장으로 '악인'(레샤임)과 '궤휼한 자'(보그딤)가 있는데, '정직한 자'나 '악인'은 이미 여러 번 등장했던 표현이지만 '완전한 자'(테미밈)와 '궤휼한 자'(보그딤)는 잠언 1~9장 단락에서는 오직 본구절에만 사용된다[잠 1:12의 테미밈은 다른 의미로 사용 됨 – '통으로'(삼키자)]. 따라서 이 두 단어 앞에 나오는 '정직한 자'나 '악인'은 단지 포괄적인 의미만 전달할 뿐, 실제적인 뜻은 이 두 단어에 있다.

흥미로운 점은 '테미밈'의 단수형태인 '타밈'이 창세기에서 노아(6:9)와 아브라함(17:1)에 사용되었다는 사실이다. 노아와 아브라함은 둘 다 '땅'과 밀접한 관련이 있다. 노아는 홍수로 새로워진 땅에서 농업을 시작하고, 아브라함은 '땅'에 대한 약속을 받았다. 물론 여기의 '테미밈'이 노아와 아브라함을 의식하고 '땅'과 연결되었는지 알 수는 없지만, 둘 사이의 관계는 흥미롭다. 그 상대적 개념인 '궤휼한 자'(보그딤)은 원래 '속이다'(출 21:8), '배반하다'(삿 9:23)의 뜻으로 사용되는 동사 '바가드'의 현재분사 복수형이다. 따라서 '아내에게 궤사를 행치 말라'(말 2:15)는 구절에서도 '바가드'가 사용되었는데, 결국 '아내를 배신하지 말라'는 의미다. 따라서 본구절의 '완전한 자'는 그 상대적 개념과 비교할 때, '끝까지 의리를 지키는 자'의 의미로 이해할 수 있다. 이런 사람이 '땅'에 남아 있게 된다는 것이다. 본단락은 '여호와'와 '지혜'가 두 축을 이루고 있다. 따라서 '끝까지 지켜야 할 의리'의 대상이 여호와라는 것은 의심의 여지가 없다. 그러므로 '완전한 자'란 윤리적 · 도덕적 개념이라기 보다는 신앙적 · 종교적 개념이라고 할 수 있다.

3. 설교를 위한 적용

1) 우리가 찾아야 할 것(2:1~8)

아비는 지혜를 얻으려고 은과 보배를 찾는 것 같이 그것을 찾으면 여호와 경외하기를 깨닫고 하나님을 알게 된다고 가르친다(잠 2:3~5). 그러나 복음은 예수 그리스도를 통해 이미 하나님을 알게 되었으니, 오히려 '그의 나라와 그의 의'를 구하라고 가르친다(마 6:33). 옛 계약에 따르면 하나님을 알기 위해 밭에 감추인 보화를 찾아 다녀야 했으나, 새 계약은 이미 발견했으니 와서 사기만 하면 된다고 한다(마 13:44). 하나님을 아는 것은 이미 전제되었다. "사랑하는 자들아 우리가 서로 사랑하자 … 사랑하는 자마다 하나님께로서 나서 하나님을 알고"(요일 4:7). 여호와를 경외하는 방법도 이미 알게 되었다. 여호와를 경외하는 것은 곧 그 분의 일에 동참하는 것인데, "… 하나님의 보내신 자를 믿는 것이 하나님의 일이니라 하시니"(요 6:29). "구하라 – 하나님의 의를, 찾으라 – 하나님의 일을, 두드리라 – 천국 문을!"

2) '땅'에 대한 약속들(2:20~22)

여호와 경외하기를 깨닫고(5절), 악인의 길에 빠지지 않고(12절), '음녀'에게서 구원받아(16절), '완전한 자'로 존재하게 되면 땅에 남아 있을 수 있다. 땅에 거주할 수 있게 된다는 뜻이다. 그런데 시편 37편은 단순히 '거주하는 것'이 아니라 땅을 '차지하는' 방법도 가르쳐 준다. 첫째, 여호와를 소망하는 자(9절), 둘째, 온유한 자(11절), 셋째, 주의 복을 받은 자(22절), 넷째, 의인(29절), 다섯째, 여호와를 바라고 그 도를 지키면(34절) 된다. 굳이 아브라함과 이삭과 야곱에게 하신 약속을 언급하지 않아도 구약에서 땅에 대한 약속은 중요하다. 그러나 주님은 '땅을 얻는 것'(= 기업으로 받다, 차지하다)이 단지 여러 복들 중의 하나라고 말씀하신다. "심령이 가난한 자는 복이 있나니 천국이 저희 것임이요 애통하는 자는 복이 있나니 저희가 위로를 받을 것임이요 온유한 자는 복이 있나니 저희가 땅을 기업으로 받을 것임이요 … 의를 위하여 핍박을 받은 자는 복이 있나니 천국이 저희 것임이라"(마 5:3~10).

그런데 여기에 두 번 반복되는 복이 있다. 바로 '천국이 저희 것임이요'라는 말씀이다. 복의 목록 중에서 처음과 나중에 위치하여, 그 가운데 있는 복들을 둘러싸고 있는 형국이다. 이것은 무엇을 암시하는가? 두 번 반복되었으니 그것을 강조하고 있다는 사실은 제쳐놓더라도, 처음과 나중에 이 복이 언급된다는 사실을 통해 다음과 같이 생각해 본다. 결국 그 안에 어떤 복음이 들어 있어도 그것들을 둘러싸고 있는 '천국이 저희 것임이요'라는 말씀이 없다면, 모든 것이 허망한 것이다. 위로를 받아도, 배가 불러도, 땅을 기업으로 받아도, 긍휼히 여김을 받아도, 하나님을 보았어도, 하나님의 아들이라 일컬음을 받아도, 천국이 없다면, 이 모든 것은 아무런 의미가 없다. 따라서 이 시대 우리들은 '땅'에 대한 소망이 '천국의 소망'으로 바뀌어야 한다. 그래야만 온전한 복을 받는 것이다.

하나님 사랑, 이웃 사랑(3장)

1. 본문의 개요

잠언 1장과 2장에서 '내 아들아'라는 표현은 각 장에 한 번씩만 나왔으나 (1:10; 2:1) 3장부터는 이 표현이 여러 번 반복된다(1, 11, 21절). 그렇다고 해서 이 표현들이 내용상의 단락 구분에 사용되지는 않는다. 잠언 3장은 내용과 형식에 따라 세 부분으로 나뉘는데, 첫 번째는 '여호와 경외와 공경'(1~12절), 두 번째는 '지혜를 얻은 자'(13~24절), 세 번째는 '실천 과제들'(25~35절)이다.

2. 본문 주해

1) 여호와 경외와 공경(1~12절)

본단락의 특징은 아비의 훈계와 그 훈계에서 비롯되는 유익함이 매 구절 마다 교차한다는 점이다(10절까지). 이를 정리해 보면 다음과 같다.

법과 명령(1절)	장수와 평강(2절)
인자와 진리(3절)	은총과 귀중히 여김(4절)
여호와 의뢰 및 인정(5절, 6상절)	길을 지도(6하절)
여호와 경외(악을 떠나기)(7절)	양약, 골수 윤택(8절)
여호와 공경(9절)	창고 가득, 포도즙 넘침(10절)

이 단락만큼 '여호와'를 빈번하게 집중적으로 언급하는 곳도 없고, 이와 관련하여 현실적이고 구체적인 물질적 보상을 묘사하는 곳도 없다. 물질적 인 복과 은혜는 오직 여호와 하나님으로부터만 가능하다는 사고가 전제되 어 있다. 특별히 '여호와 경외'(7절)와 '여호와 공경'(9절)의 차이점을 비교해 보 자. 히브리어로 '여호와 경외'는 '예라 에트 아도나이', '여호와 공경'은 '카베 드 에트 아도나이'다. 여기서 '공경'이라는 동사는 십계명 중에 "네 부모를 공

경하라"[카베드 에트 아비카 베에트 임메카(출 20:12; 신 5:16)]에도 그대로 사용되었다. 흥미로운 점은 '부모를 공경하라'에서는 구체적으로 어떻게 하라는 지침이 없으나, '여호와 공경'에서는 "네 재물과 네 소산물의 처음 익은 열매로"(잠 3:9)라는 구체적인 방법이 명시되었다는 사실이다. 따라서 '여호와 경외'와 비교할 때, '여호와 공경'의 가장 큰 특징은 '재물'로 한다는데 있다. 그리고 잠언 1~9장 단락에서 가장 현실적으로 언급하는 '재물의 복'(10절)은 바로 이러한 '여호와 공경'의 결과라는 점이다.

11절과 12절은 '여호와의 징계'를 설명하고 있는데 전체 문맥에 맞지 않지만, 본질적으로는 '여호와 경외'의 한 방식으로 이해할 수 있다.

2) 지혜를 얻은 자(13~24절)

한글성경으로는 13절에서 새로운 단락이 시작된다는 사실을 알기 어렵다. 그러나 히브리어로는 문장의 형식이 달라지기 때문에 13절 이하를 새로운 단락으로 여기는데 문제가 없다. 13절은 '아슈레이 아담'이라는 히브리어로 시작하는데, 이 표현은 시편 1: 1과 거의 같다(아슈레이 하 – 이쉬). 우리말로는 히브리어 '아담'이나 '이쉬'나 다 '사람'이라는 뜻이다. 따라서 잠언 3:13 역시 시편 1:1과 비슷하게 '복 있는 사람은 지혜와 명철을 얻은 자니'라고 번역할 수 있다. 지혜와 관련하여 복을 언급한 이상 그 이후에 지혜와 명철이 주는 이익을 말하는 것이 당연하다.

14~15절은 지혜와 명철의 가치를 알려주는데, 은, 정금, 진주 그외 '사모하는 모든 것' 보다 낫다. 지혜와 명철이 주는 이익의 내용이 무엇이건, 객관적 가치가 높다는데 의의가 있다. 그러한 가치의 파생상품으로써, 16절에서는 장수와 부귀, 17절에서는 즐거운 길과 평강, 18절은 생명을 말하는데, 여기서 또 한 번 "복되도다"(메우샤르)라는 사실을 상기시킨다. 그 무엇보다 '생명'이 가장 큰 유익이다.

19~20절에서 '지혜'는 '여호와'의 능력으로 묘사된다. 이 부분은 '여호와' 하나님과의 관계를 가르치는 1~12절 단락과 '지혜'의 유익을 말하는

13~18절 단락을 서로 연결하는 구실을 한다. 이미 언급했듯이 '아비 훈계'와 '여호와 경외' 그리고 '지혜 추구'는 서로 분리되지 않는다.

이어서 21~24절은 또 다시 '지혜의 유익'을 설명하는데, 21절에 나오는 지혜 관련 어휘는 '완전한 지혜'(투시야)와 '근신'(메짐마)으로써, 히브리어 '투시야'는 우리말로 '완전한 지혜'(잠 2:7; 3:21; 미 6:9), '참 지식, 참 지혜'(잠 8:14; 18:2) 등으로 번역된다. 이사야 28:29과 욥기 6:13; 11:6; 12:16; 26:3에서는 단순히 '지혜', '지식'으로 번역되는데, 욥기 5:12의 경우 궤휼한 자의 손으로 하는 '일'로 해석된다. '메짐마'와 마찬가지로(잠 1:4에 대한 설명을 참고하라), 지혜의 지극히 현실적이고 실제적인 모습에서 가능한 현상이다. 이 경우 '지혜의 능력' 자체보다는, 지혜의 '주체'가 누구냐는 사실이 중요하다. 따라서 '지혜'와 '여호와'의 관련성이 강조된다.

22~24절까지 '지혜의 유익'이 연속으로 나타난다. '영혼의 생명, 목의 장식'(22절), '길을 안연히 행함, 발이 거치지 않음'(23절), '누울 때 두려움 없음, 단잠'(24절). 22절의 '네 영혼의 생명'(하임 나프세카)과 '목의 장식'(헨 레-가르게로테카)이라는 표현은 다소 상징적인데, 히브리어에서 '네페쉬'라는 단어는 단순히 '육체'의 반대 의미로서 '영혼'을 말하는 것이 아니고 영육을 다 포함하는 넓은 의미다. '네페쉬' 용법의 보기로 '쉐마'(신 6:4 이하)를 들 수 있는데, 5절에서 "너는 마음을 다하고 성품을 다하고 힘을 다하여 네 하나님 여호와를 사랑하라"고 할 때의 '성품을 다하고'가 히브리어로 '베-콜 나프셰카'이다.

여기서 '마음'과 '성품'과 '힘'은 의미상의 동어반복이다. 우리말로 옮기면 '정성'이라고 할 수 있다. '정성'은 '온갖 힘을 다하려는 참되고 성실한 마음'이다. 히브리어 '네페쉬'는 영과 육을 다 포괄하는 단어지만, 그 강조점은 내면에 있다. 그러나 그 내면은 '영'(soul)이라기 보다는 '마음'(mind)이라고 보는 것이 맞다. '영'은 우리가 의식할 수 없는 영역이지만, '마음'은 우리가 느끼고 조절하고 영향을 받으면서, 동시에 영향을 끼칠 수 있는 부분이기 때문이다. 따라서 '영혼의 생명'이라는 상징적 표현은 '마음에 활력이 있는 의욕적인 상태'를 가리킨다.

상대적인 개념으로 사용된 '목의 장식'이라는 표현에서, '장식'으로 번역된 히브리어 '헨'은 원래 '아름다운'이라는 뜻이다(참고 "아름다운 관" 잠 1:9). 그리고 '목'으로 해석된 '가르게로트'는 오직 잠언에만 네 번 나오는데, 잠언 1~9장 단락에만 나온다(1:9; 3:3, 22; 6:21). 두 번은 '금사슬'과 '장식'을 걸기 위해(1:9; 3:22), 두 번은 '인자와 진리' 또는 '아비의 법과 어미의 명령'을 매기 위해서다(3:3; 6:21). '목'이라는 단어를 사용한 의도는 무엇인가 밖으로 드러나도록 하려는데 있다. '목의 장식'이라는 표현도 외적인 아름다움을 강조한다.

따라서 '영혼의 생명'과 '목의 장식'이라는 구절은 '마음에 활력이 있는 의욕적인 상태'와 '(거기에서 비롯된) 외적인 아름다움'을 나타낸다. 물론 여기서의 '아름다움'은 이목구비를 말하는 것이 아니라, 자신감이 넘쳐 흐르는 모습을 말한다. 흥미로운 점은 이러한 안팎의 대조가 신명기의 '쉐마' 명령에서도 발견된다는 사실이다.

신명기 6:5~9을 보면 5~6절은 내적인 명령이지만("너는 마음에 새기고"), 7~9절은 외적인 명령으로 '자녀에게 강론하고'(7절), '손목에 매어 기호를 삼고 미간에 붙여 표를 삼으며'(8절), 심지어는 '집 문설주와 바깥 문에 기록'(9절)할 것을 말하고 있다.

22절의 이러한 의미를 파악하면 23~24절은 거기에 따르는 당연한 결과이다. '마음에 활력과 의욕이 넘치며 겉으로 보기에도 아름다운 사람'(22절)의 발걸음은 '당당하고 그 발에 거칠 것이 없다'(23절). '잠자리에서 근심할 것이 없으니 잠을 달게 잘 수 밖에 없다'(24절). 23절의 '안연히'라는 말은 히브리어로 '라-베탁'이다. '안전하게'라고 직역할 수 있지만, 문맥상 '당당하게'로 해석하는 것이 낫다.

3) 실천 과제들(25~35절)

[25절] 두려워하지 말라(אל תירא מפחד 알 티라 미파하드)
[26절] 대저 여호와는…(כי־ביהוה 키 '아도나이')

[27절] 아끼지 말며(אל־תמנע 알 팀니아)
[28절] (내일 주겠노라) [말] 하지 말며(אל־תאמר 알 토마르)
[29절] 모해하지 말며(אל־תחרש 알 타하로쉬)
[30절] 다투지 말며(אל־תריב 알 타리브 '케리')

[31절] 부러워하지 말며(אל־תקנא 알 테칸네)
[32절] 대저 … 여호와의 미워하심을(כי תובעת יהוה 키 토바아트 '아도나이')

25절부터 32절까지의 히브리어 본문에서 반복되는 형식이 눈에 띈다. 문단의 첫 머리인 25~26절과 마지막 부분인 31~32절은 각각 부정명령문을 나타내는 '알'(אל)과 그 이유를 나타내는 '키'(כ)라는 어구로 시작하고, 그 사이에 있는 27~30절은 각 절의 첫 문장이 부정명령문을 나타내는 '알'로 시작한다.

33절 이하는 25~26절과 31~32절처럼 '부정명령+이유'의 형식을 취하지 않는다. 그럼에도 25절에서 언급한 '악인'(레샤임, 복수형)이 또 다시 등장한다는 점에서(라샤아, 단수형), 그리고 32절과 33절 이하가 서로 대조되는 인물을 비교하고 있다는 점에서[이를테면 패역한 자 / 정직한 자(32절); 악인 / 의인(33절) 등], 33절 이하도 위 단락과 내용상 연결된다. 따라서 전체적으로 25~35절을 하나의 문단으로 취급할 수 있다.

[32절]	패역한 자 / 정직한 자	여호와의 미워하심/교통하심
[33절]	익인 / 의인	여호와의 저주 / 복
[34절]	거만한 자 / 겸손한 자	비웃으심 / 은혜 베푸심
[35절]	지혜로운 자 / 미련한 자	영광을 기업으로 / 현달함이 욕

32절의 '패역한 자'는 히브리어로 '날로즈'이다. '루즈'가 기본어근으로 성경에 여섯 번 나온다. 잠언 3:21에서 '얄루주', 잠언 4:21에서 '얄리주'의 형태로써 '(지키지 못하고) 떠나게 하다'라는 뜻으로 쓰인다. 그 외에는 '날로즈' 또는 '넬로짐'(복수형) 형태로 '패역, 패역한 자'(잠 2:15; 3:32; 14:2), '허망'(사 30:12)이라고 해석되었다. 이 단어와 대조가 되는 '정직한 자'(예샤림)는 히브리어 '야샤르'에서 비롯되었는데 '(길을) 곧게 하다, 평탄케 하다'의 뜻이다(참고 사 40:3). 따라서 '패역'은 '곧게 하다'(straight)의 반대 의미로서 '굽게 하다'라고 해석할 수 있다. "그 길은 구부러지고 그 행위는 패역하니라"라는 구절을 참고할 때(잠 2:15), '패역'의 의미는 더욱 분명하다. '패역한 자'는 정도를 걷지 않고 편법을 구사하는 자, '모로 가도 서울만 가면 된다'는 식의 사고방식을 가진 자라고 볼 수 있다. 때로는 '편법'이 지혜로운 행동으로 여겨질 수도 있다. 그러나 여호와께서는 이런 자를 미워하신다. '편법'으로 당장 이익을 보는 것 같아도, 여호와께 미움을 받는다면 그 길은 곧 막힌다. 반면에 먼 길도 묵묵히 걸어가는 '정직한 자'는 하나님과 '교통한다'(소드). '소드'는 '비밀'이라는 뜻인데, 여기서는 '비밀을 나눈다'는 의미로 사용되었다.

"미련한 자의 현달함은 욕이 되느니라"(35절)에서 '현달함'은 히브리어로 '메림'인데, 사람에게 사용될 경우 '지위'나 '신분'을 높인다는 의미다. '미련한 자는 지위가 높아져도 그에게 도리어 욕이 된다'는 뜻이다. 그런데 미련한 자의 지위가 어떻게 높아질 수 있는가? 출세는 지혜로운 자의 전유물이 아닌가? 본문이 말하는 '미련한 자'는 지적 수준이 낮은 사람이 아니다. 세상에서 얼마든지 행세할 수 있는(= 출세) 능력이 있어도, 지식이 있어도, 여호와 보시기에 '패역한 자'(32절)요 '악인'(33절)이요 '거만한 자'(34절)라면 그는 미련한 사람이다. 반면에 지혜로운 자는 여호와 보시기에 '정직한 자'(32절)요, '의인'(33절)이요, '겸손한 자'(34절)다.

3. 설교를 위한 적용

1) 심은대로 거두리라(3:1~10)?

본문에서 여러 가지 복과 은혜가 언급되는데 이러한 복과 은혜는 법과 명령을 지킨 결과다. 법과 명령도 여러 가지가 있는데, 그 내용에 따라서 주어지는 복도 다르다. 법을 잊지 않고 마음으로 지킨 결과는 장수와 평강(1~2절), 인자와 진리로 인해서는 하나님과 사람 앞에 은총과 귀중히 여김 받음(3~4절), 마음을 다해 여호와를 의뢰하고 그를 인정한 결과는 길을 지도하심(5~6절) 등이다. 한 마디로 '심은 대로 거둔다'는 말을 적용할 수 있다. 그러나 복음에서는 이 말이 적용되지 않는다. '복음'은 '기쁜 소식'이라는 뜻인데, 만약 심은 대로 거둔다면 무엇이 그리 기쁘겠는가? 지극히 당연한 일에 기뻐하는 것은 어울리지 않는다. 예상치 못했던 일, 전혀 기대하지 않았던 소식을 들었을 때 기뻐하는 것이 맞지 않을까? '재물과 소산물의 처음 익은 열매로 여호와를 공경한' 결과 '창고가 가득히 채워지고 즙틀에 포도즙이 넘친'(잠 3:9~10)다면 이것이 무슨 '복음'이겠는가? 바치기는 커녕 하나님의 것을 도둑질한 죄인인데 처벌은 커녕 오히려 창고를 가득 채워준다면, 그것이 '복음'인 것이다. 그러므로 잠언 3:1~10 단락에서 명령과 복이 서로 교차하는 모습은 무엇인가를 해야 받을 수 있는 전형적인 율법적 사고이다.

복음은 결코 심은 대로 거둔다고 하지 않는다. 바울이 '심은 대로 거둔다'는 말을 사용할 때는 복음을 설명하는 것이 아니라 사람과 사람 사이의 관계를 설명하기 위함이었다[고후 9:6(성도를 섬기는 일); 갈 6:7~8(가르침을 받는 자와 가르치는 자)]. 바울조차도 복음에 관한 한 다음과 같이 선언한다. "죽은 자의 부활도 이와 같으니 썩을 것으로 심고 썩지 아니할 것으로 다시 살며 욕된 것으로 심고 영광스러운 것으로 다시 살며 약한 것으로 심고 강한 것으로 다시 살며 육의 몸으로 심고 신령한 몸으로 다시 사나니…"(고전 15:42~44). 죽은 자의 부활이야말로 복음 중의 복음이 아니던가? 복음은 '심은 대로 거두지' 않는다.

생명의 근원(4장)

1. 본문의 개요

3장과 마찬가지로 4장에도 '아들'을 부르는 부분이 세 군데 있다(1, 10, 20절). 그러나 3장과 달리 '아들'을 부르는 곳마다 새로운 주제가 나타나며 거기에서 단락이 나누어진다. 따라서 4장은 '지혜의 유익함'(1~9절), '악인의 길에 대한 경계'(10~19절), '새로운 지침'(20~27절)로 나눌 수 있다. 이미 앞 장에서 다룬 내용들과 별 차이가 없는 듯 하지만, 서론에서 언급했듯이 4장은 '여호와'에 대한 언급이 전혀 없다는 사실을 염두에 두어야 한다. 아비의 훈계가 '여호와'를 언급할 때와 언급하지 않을 때의 차이점을 발견하는 것도 의미있는 과제다.

2. 본문 주해

1) 지혜의 유익함(1~9절)

본단락은 두 부분으로 이루어져 있다. 1~4절은 '아비의 훈계'가 대를 이어 전해지는 것임을 강조하고, 5~9절은 지혜가 주는 유익함을 설명한다. 아비의 훈계가 대를 이어 전해진 것임을 강조하는 의도는 분명하다. '경험'에 의해 그 효과가 입증되었다는 것이다. 따라서 지혜의 유익함을 설명할 때는 확신이 있다. 지혜는 사랑할만한 가치가 있다. 보호하고 지켜줄 수 있기 때문이다(6절). 지혜가 제일이다. 갖고 있는 모든 것을 투자해서 지혜를 얻을 만한 가치가 있다(7절). 심지어는 지혜를 높이고 품에 안을 수도 있다. 지혜를 통해 영광을 누릴 수 있기 때문이다(8~9절).

6절과 8절은 지혜에 대한 가치 부여를 아내에 대한 남편의 애정 표현으로 묘사한다. 6절에서는 '(지혜를) 버리지 말라'(알 타아즈베하), '(그를) 사랑하라'(에하베하)라는 표현이 대구를 이루고 있는데, 히브리어는 두 동사에 모두 여성 목적격 어미를 붙여서 직역을 하면 '그녀를 떠나지 말라', '그녀를 사랑하라'이

다. 8절에서도 '그를 높이라', '그를 품으면'으로 되어 있지만, 히브리어 동사
의 목적격 어미는 여성형으로, '그녀를 높이라', '그녀를 품으면'이다. 여기서
'그녀를 품다'(테하베켄나)에 사용된 동사는 남녀의 애정행위를 표현할 때 사용
할 수 있다(잠 5:20; 아 2:6; 8:3). 따라서 단순히 '사랑하라'는 표현보다 더욱 구
체적이다.

7절의 요구는 이러한 맥락에서만 가능하다. "지혜가 제일이니 지혜를 얻
으라, 무릇 너의 얻은 것을 가져 명철을 얻을찌니라"에서, '지혜를 얻으라'(케
네 호크마)는 말은 히브리어 의미상 '지혜를 사라(to buy)'는 뜻이다. 물론 지혜를
사기 위해서는 값을 치루어야 하는데, 그 값는 '너의 얻은 것을 가져'(베콜 킨야네
카), 직역하면 '네 가진 것 모두'라는 의미다. 아내를 얻기 위해 어떤 대가라도
치루려는 모습을 야곱의 딸 디나와 하몰의 아들 세겜 이야기에서 볼 수 있다
(창 34:12). 아울러 아내를 얻는데 본구절에 사용되는 '카나' 동사를 사용한 경
우는 룻과 보아스의 이야기에 있다(룻 4:10).

'지혜의 유익함'을 말하는 본단락에서, '지혜'에 대한 태도를 아내에 대한
남편의 태도에 비유한 것은 지혜를 얻는 것이 필요에 의해 일시적으로 이루
어지는 일이 아니라, 한 번 얻으면 끝까지 간직해야 하는 원초적 관계를 맺
는 것임을 강조하려는 의도이다. 이러한 의도는 다음 장에서 언급되는 '음
녀'에 대한 경고에도 잘 나타나 있다.

2) 악인의 길에 대한 경계(10~19절)

10~13절까지는 본단락의 서론인 동시에 결론으로써 '아비의 훈계'가 어
떤 것임을 설명한다. 아비의 훈계는 아들에게 '생명'을 주는 것이고(13절), 그
'생명'을 길게 하는 것이다(10절). 그것을 위해 아비는 '지혜로운 길'과 '정직한
첩경'으로 가르친 것인데(11절), 이 길은 넘어질 위험이 없기 때문에 '달릴 수
도 있다'(12절). 따라서 아비가 훈계하는 그 '길'로 가면 원하는 목표에 더 빨리
도달할 수 있다. 그러나 문제는 '다른 길'에 들지 말아야 한다는 것이다. 바로
이 '다른 길', 곧 '악인의 길'에 대한 경계가 본단락의 후반부인 14~19절의

내용이다.

14절에서 "사특한 자의 첩경에"(베오라흐 레샤임), "악인의 길로"(베데레크 라임)의 표현들은 동어반복이다. "사특한 자"로 번역된 '레샤임'은 잠언에서도 대개 '악인'으로 번역된다(참고 3:25, 33 등). 따라서 '사특한 자'와 '악인'의 차이는 없다. 이어지는 구절에서 이들의 행위는 하나로 취급되고, 19절에서 최종적으로 '악인의 길'을 언급할 때는 '데레크 레샤임'이다. 마찬가지로 '첩경'으로 해석된 '오라흐'나 '길'로 해석된 '데레크' 역시 본단락에서는 전혀 의미상의 차이를 두지 않는다.

16~17절에서는 악인의 길을, 그들의 행위를 들어 구체적으로 설명한다. 첫째, 그들이 행하는 악은 곧 사람을 넘어뜨리는 것이다(16절). "악을 행하지 못하면 자지 못하며 사람을 넘어뜨리지 못하면 잠이 오지 아니하며"에서, '잠'과 관련된 반복적인 표현을 통해서 '악을 행함' = '사람을 넘어뜨림'이라는 의도를 파악할 수 있다. 사람을 넘어뜨린다는 표현에서 사용된 히브리어 '야크쉴루〈케리〉'는 히필형으로써, 전쟁터에서 적을 쓰러뜨린다는 의미다(참고 대하 25:8; 28:23). 따라서 이 표현은 잠언 1:10~19에 묘사된 '강도 행위'를 연상시킨다. 아울러 '잠이 오지 아니하며'라는 표현에서도 '강도 행위'를 상징하는데, '니그젤라 쉐나탐'이라는 히브리어를 직역하면, '그들의 잠이'(쉐나탐) '강탈당했다'(니그젤라)이다. '가잘'이라는 히브리어는 성경에서 '늑탈, 강탈, 겁탈, 탈취, 억탈, 노략'(창 21:25; 레 19:13; 신 28:29, 31; 삿 9:25; 렘 21:12; 겔 18:7, 12, 16, 18), '빼앗다'[창 31:31; 레 6:4(히. 5:23); 미 2:2], '도적질'(잠 28:24) 등으로 해석되므로 악인들의 불면증에 대해서 이 표현을 사용한 것은 지극히 의도적이라 할 수 있다.

둘째, 그러한 일을 통해 그들이 먹는 떡은 '불의의 떡'(레헴 레샤아)이요, 그들이 마시는 술은 '강포의 술'(야인 하마심)이다(17절). 그런데 이 표현은 그들이 불의와 강포를 통해서 자신들의 식량을 조달한다는 의미일 수도 있지만, 먹고 마시는 행위는 늘 반복되는 일이라는 점에서 악인들의 불의와 강포가 '떡 먹듯이' 일상 생활처럼 이루어지는 상태를 묘사한다고 볼 수 있다. 보통 사람들이 먹고 마시지 않고는 살 수 없듯이, 악인들은 불의와 강포를 먹고 마시지 않고서 살 수 없다는 것이다. 따라서 '악인의 길'에 빠지면 늘 반복되는 일상적인 불의와 강포에서 벗어날 수 없다.

18~19절은 '악인의 길'과 '의인의 길'이 빛과 어둠으로 대조된다. "의인의 길은 돋는 햇볕 같아서"(18절)라는 표현에서, '돋는 햇볕'은 히브리어로 '오르 노가'를 번역한 것인데, '오르'는 단순히 '빛'이란 뜻이고, '노가'는 동사로 이해할 경우 '비추다'(shine), 명사로 이해할 경우 '광채'(brightness)라는 의미다(동사의 현재 분사형과 명사형의 형태가 같다). '노가'를 명사로 이해할 경우, '노가'는 '오르' 뒤에 오는 명사로써 '광채(의 빛)'로 해석되며, 18절의 문장은 "의인의 길은 '광채의 빛'과 같아서"라고 번역된다. '노가'를 동사로 이해할 경우 '노가'의 주어는 '의인의 길'로써, "의인의 길은 빛처럼 광채를 낸다"라고 번역된다. 그러나 19절의 "악인의 길은 어둠 같아서"(데렉 레샤임 카아펠라)와 대구를 이룰 때, '노가'를 명사로 보는 것이 타당하다. 즉 '카아펠라' = '케오르 노가'이다.

그렇다면 단순히 '빛과 같아서'(케오르)라고 해도 될 것을 굳이 '광채의 빛과 같아서'(케오르 노가)라고 표현한 의도는 무엇일까? '광채'로 해석되는 명사형 '노가'는 완전히 밝아진 상태에서 넓게 퍼져있는 빛을 나타내기보다는, 동틀 무렵 아직 어둠이 남아 있는 하늘에 비추는 빛으로 일종의 선 모양으로 나타나는 빛을 의미한다. 그러한 의미가 사무엘하 23:4에 잘 묘사되어 있다. "저는 돋는 해 아침 빛 같고 구름 없는 아침 같고 비 후의 광선으로 땅에서 움이 돋는 새 풀 같으니라 하시도다." 그런 의미에서 현대 히브리어는 샛별(금성, 샛별)을 '노가'로 부른다. 그러므로 잠언의 본구절에서 '의인의 길'을 '오르 노가'에 비유한 것은 처음에는 비록 한 줄기 빛에 불과하지만, 점점 밝아져서 결국에는 어둠을 물리치게 되는 '광채'의 속성과, 처음에는 미약하지만 결과적으로는 악과 싸워 승리하는 '정의'의 속성을 일치시키기 위함이다.

3) 새로운 지침(20~27절)

'내 아들아'로 시작되는 서두와 그 뒤에 이어지는 익숙한 주제들은 본단락의 제목을 '새로운 지침'보다는 '반복되는 지침'으로 하는 것이 더 낫다고 생각하게 만든다. 그러나 본단락의 지침은 이제까지와는 다른 새로운 형식과 내용을 보여 준다.

첫째, '생명'과 관련, 몸과 마음을 분리해서 언급한다. '육체'라는 단어와 '마음'이라는 단어를 대조함으로써, '마음'의 중요성을 더욱 부각하려는 의도다. 잠언에서 '육체'(바사르)라는 단어는 단 네 번 등장한다(4:22; 5:11; 14:30; 23:20). 그 중에서 잠언 1~9장 단락에 두 번 나오는데, 본단락 22절과 5:11('음녀에 대한 경고')에 사용된다.

흥미로운 점은 '육체의 건강'(22절)이 바로 앞 절(21절)에서 나오는 '마음속에 지키라'는 권면의 결과라는 사실이다. 마음을 지켰더니 결과적으로 '육체까지' 건강해진다는 것이다. 이러한 정황은 이미 23절에 또 반복된다. "무릇 지킬만한 것보다 더욱 네 마음을 지키라 생명의 근원이 이에서 남이니라." '새로운 지침'의 핵심은 '마음'에 있다고 해도 과언이 아니다.

둘째, 지침과 관련하여 거의 모든 감각기관을 언급한다. '귀'(20절), '입'과 '입술'(24절), '눈'과 '눈꺼풀'(25절), '발'(26~27절). 결국 '온 몸'을 가리키는 것인데, 비록 '마음'을 지키는 것이 중요하지만(23절), 그 밖의 어느 한 부분도 소홀히 할 수 없다는 의미로 받아들일 수 있다. 결국 아비의 훈계는 단순히 귀로 듣는 것에 그치는 것이 아니라 온 몸과 마음을 다 하는 전인격적이고 실천적인 과제라는 것이다.

셋째, 결국 '악한 길'의 위험은 외부의 꾀임에 있는 것이 아니라, 자기 자신에게 있다. 궤휼이나 사곡은 바로 자신의 입과 입술에 있으며, 좌우로 치우치는 것과 악에 빠지는 것은 본인의 눈과 눈꺼풀, 발을 조심하지 않은 결과라는 것이다. 1:10에서 '악한 사의 꾀임' 때문에 악에 빠지는 것과 전혀 다른 정황을 보여 준다.

'여호와'를 언급하지 않는 부분에서는 구체적인 이익이나 복에 대한 현실적인 약속이 없다. 비록 긍정적인 결과를 말하고 있지만 그러한 결과들은 매우 추상적이다. 반면에 여호와를 언급하는 곳에서는 그 이익이 물질적이며 구체적이다. 그 차이점은 3장과 4장을 비교해 보면 잘 나타난다. 4장은 3장보다 좀 더 사변적이며 신학적이다.

3장	4장
창고가 가득히 차고 즙틀에 새 포도주 넘침(10절)	영화롭게 하리(8절)
우편 손에 장수 좌편 손에 부귀(16절)	생명의 해가 길리라(10절)
누운즉 잠이 달리라(24절)	온 육체의 건강이 됨이라(22절)

3. 설교를 위한 적용

1) 믿음의 가문(4:1~9)

본문에서 아들들을 훈계하는 아비는 자신도 그 아비로부터 들은 것을 전하는 것에 불과하다고 고백한다. 4~9절의 내용은 아비의 자신의 아비로부터 들은 말을 그대로 인용하는 것이다. 여기서 후손들의 교육에 전념하는 한 가문의 전통을 볼 수 있다. 그런데 성경에서는 이러한 가문의 전통을 이미 '쉐마'에서 명령하고 있다. 신명기 6:4~9은 '이스라엘아 들으라'(쉐마)로 잘 알려진 본문인데, 5절에 나오는 "너는 마음을 다하고 성품을 다하고 힘을 다하여 네 하나님 여호와를 사랑하라"는 말씀이 가장 유명하다(신약에서).

그 다음에 이어지는 6~9절의 내용은 5절의 명령을 수행하기 위한 구체적 행동지침으로, 첫째, 말씀을 마음에 새길 것(6절), 둘째, 자녀에게 부지런히 가르칠 것(7절), 셋째, 손목에 매고 미간에 붙여 기호와 표를 삼을 것(8절), 넷째, 집 문설주와 바깥 문에 기록할 것(9절) 등이다. 여기서 가장 강조되는 구절이 바로 7절이다. 단순히 '가르치라'고 명령한 것이 아니라, '집에 앉았

을 때에든지, 길에 행할 때에든지, 누웠을 때에든지, 일어날 때에든지' 이 말
씀을 강론하라는 것이다. 즉, 항상 쉬지 말고 범사에 가르치는 것이 '부지런
히'의 의미다. 정작 본인에게 해당되는 '마음에 새기고' '손목과 미간에 기호
와 표를 하는 것'은 그 정도나 기간을 명시하지 않았다. 오직 '자녀에게 부지
런히 가르치는 것'에 구체적 행동지침이 집중하고 있다는 사실을 알 수 있
다. 따라서 이스라엘 가문의 '가르치는 전통'은 실제로 가장 중요한 명령이
요 '쉐마'의 실천행위인 것이다. 잠언의 본문에 나타난 이 가문의 전통은 성
경에서 요구하는 것을 보여줄 따름이다.

그렇다면 우리에게도 성경의 이러한 요구는 유효하다. 하지만 우리가 가
르치고 전해야 할 것은 율법이 아니라 복음이라는 사실을 잊어서는 안 된다.
복음을 가르치고 전하라는 요구는 '쉐마'의 지침을 따르지 않는다. 그것은
예수 그리스도의 지상명령을 따른다. "그러므로 너희는 가서 모든 족속으로
제자를 삼아 아버지와 아들과 성령의 이름으로 세례를 주고 내가 너희에게
분부한 모든 것을 가르쳐 지키게 하라 볼찌어다 내가 세상 끝날까지 너희와
항상 함께 있으리라 하시니라"(마 28:19~20).

율법은 택한 백성에게만 해당된다. 따라서 자기 자신, 자기 자식, 자기 집
안이라는 범위를 벗어날 필요가 없었다. 오직 '가문의 영광'을 목표로 하면
되었다. 하지만 복음은 "곧 예수 그리스도를 믿음으로 말미암아 모든 믿는
자에게 미치는 하나님의 의니 차별이 없느니라"(롬 3:22)고 했기 때문에 자기
집안 식구만으로 제한되지 않는다. 복음은 오히려 집안 식구들끼리는 원수
가 되게 한다(마 10:21). 그러므로 복음은 '가서 모든 족속으로 제자를 삼으라'
고 명령한다. 복음으로 모든 민족에게 가서 제자를 삼는 것, 이 시대의 '쉐마'
요, 이 시대의 아들들에게 전하는 아비의 훈계인 것이다.

후회하지 마라(5장)

1. 본문의 개요

잠언 1~9장 단락에서 '음녀에 대한 경고'의 비중은 매우 크다. 이 주제는 여러 번 반복되는데다가(2:16~29; 5장; 6:20~35; 7장), 그 중에서도 5장과 7장은 본문 전체가 이 주제만을 다루고 있다. 따라서 5장을 연구할 때, 같은 주제를 다루는 다른 본문들과 비교할 필요가 있다. 이러한 비교를 통해서 공통점과 차이점을 분석하게 되고 5장의 의도를 파악할 수 있기 때문이다. 일단 5장의 구조를 살펴보면, '음녀에 대한 묘사'(1~6절), '음녀로 인한 여러 가지 피해 설명'(7~14절), '대안 제시'(15~23절)의 세 부분으로 나눌 수 있다.

2. 본문 주해

1) 음녀에 대한 묘사(1~6절)

1~2절은 '아비의 훈계'에서 늘 반복되는 표현처럼 보이지만, 2절의 "네 입술로 지식을 지키도록 하라"는 표현은 잠언에서 예외적이다. '지식을 지키라'고 할 때의 '지키다'(인쪼루) 동사는 이미 잠언 3:1에서 '마음'(레브)이라는 단어와 함께 사용되었다. 그렇다고 해서 '나짜르' 동사가 '입술'(세파타임)과 전혀 어울리지 않는 것은 아니다(참고 시 141:3). 중요한 것은 이러한 표현을 사용한 의도다.

3절에서 "대저 음녀의 입술은(시프테이 자라) 꿀을 떨어뜨리며"라고 할 때, 음녀에게서 가장 주의해야 할 부분이 바로 '입술'이다. 그것은 "쑥 같이 쓰고 두 날 가진 칼 같이 날카롭기"(4절) 때문이다. 그러므로 '입술로 지식을 지키라'(2절)는 명령은, 3절을 염두에 둘 때 음녀와의 '대화'에 주의하라는 의도일 수 있다. '대화'의 와중에 '음녀의 발은 사지로 내려가며 그 걸음은 음부로 나아가는데'(5절) 그 사실을 음녀 자신도 알지 못한다는 것이다(6절). 여기서 '사지'는 '죽음'(마벳), '음부'는 '스올'로써, 한 마디로 생명을 잃게 된다는 의미다.

2) 음녀로 인한 여러 가지 피해 설명(7~14절)

음녀의 위험성은 이미 앞 절에서 언급되었기 때문에 8절의 "네 길을 그에게서 멀리하라 그 집 문에도 가까이 가지 말라"는 경고는 너무나 당연하다. 그러나 좀 더 구체적인 위험을 설명할 필요가 있다. 어쩌면 '죽음' 그 자체보다 더욱 고통스러울 수 있는 위험들이 나열된다.

첫째, '존영과 수한'을 빼앗길 수 있다(9절). 여기서 '존영'은 히브리어로 '호드'인데, 문맥에 따라 다양하게 해석된다. '존귀'[민 27:20; 대상 16:27; 시 21:5(히. 6절); 111:3; 145:5]; '위엄'(대상 29:11, 25; 욥 37:22; 39:20); '영광'[욥 40:10; 시 8:1(히. 2절); 148:13; 렘 22:18; 단 11:21; 합 3:3; 슥 6:13]; '아름다움'[단 10:8; 호 14:6(히. 7절)] 등이다. '수한'은 히브리어로 '쉐노트', '수명'이라는 뜻이다. 한마디로 평생 쌓아 온 '명예'를 한 순간에 잃게 된다는 것이다. 그런데 이러한 '명예'를 빼앗는 사람들을 '남'(아헤림) 또는 '잔포자'(아크자리)라고 표현하는데, '잔포자'는 '잔인하고 포악한 사람'이라는 의미로써 인터넷에 악성 댓글을 올리는 사람들을 연상하면 된다. 때로는 명예를 잃는 것이 죽음보다 더 큰 고통일 수 있다.

둘째, '평생 수고해서 얻은 재물'을 잃게 된다(10절). 여기서 '네 재물'로 번역된 히브리어 '코헤카'는 원래 '힘'이라는 뜻이다. 그러나 문맥상 수고의 열매라는 의미에서 '재물'로 번역될 수 있다(참고 욥 6:22). '네 수고한 것'을 뜻하는 히브리어 '아짜베카'의 '에쩨브'는 원래 여자가 '수고하여' 자식을 낳는 징벌에 사용되었지만(창 3:16), 잠언에서는 이익을 가져오는 재물축적의 수단이다(잠 14:23).

셋째, '몸과 육체가 쇠패하게 된다'(11절). '육체'에 해당하는 히브리어 '바사르'는 잠언 1~9장에서 4:22과 오직 본구절에만 나온다. 이 단어의 사용 자체가 본구절의 경고는 지극히 현실적이라는 것을 보여 준다. 여기서 '쇠패'라고 번역 된 히브리어 '비클로트'는 '칼라' 동사의 부정사 연결형에 전치사가 붙은 형태로, 늙거나 병들어서 기운이 없는 상태를 나타낸다(참고 시 71:9). 물론 여기서는 '음녀' 때문에 명예 잃고 돈 버리고 몸까지 버리게 된 것이다.

"많은 무리들이 모인 중에서 모든 악에 거의 빠지게 되었었노라"(14절)라는 문장에 사용된 '모든 악'이라는 표현은 히브리어 '라아'를 번역한 것인데, 이 단어는 윤리적인 의미로 '악'을 나타낼 뿐만 아니라 '재앙'이나 '화', '환난'을 뜻한다(창 48:16; 신 30:15; 31:17; 욥 2:10; 30:26 등, 참고 시 23:4). 따라서 문맥상 본구절은 '악' 보다는 '재앙'으로 해석하는 것이 낫다. 명예와 재물과 건강까지 잃은 상태를 '모든 악에 빠졌다'고 표현하는 것 보다는 '모든 재앙에 빠졌다'고 표현하는 것이 더 타당하다.

3) 대안 제시(15~23절)

'음녀'로 인하여 고통 당하지 않는 방법이 한 번은 상징적으로, 나머지 한 번은 직설적으로 두 번 반복되고, 세 번째로 '여호와의 눈'을 의식하라고 권면한다.

첫째, "그 물로 네게만 있게 하고 타인으로 더불어 그것을 나누지 말라"(17절). 상징적인 표현으로 '물'을 사용했다. 이 물과 관련해서 15~16절에 각각 '우물'과 '샘'과 '샘물'과 '도랑물'이 언급되는데, 15절의 '우물'과 '샘'은 히브리어로 '보르'와 '베에르'이고, 다음 16절의 '샘물'과 '도랑물'은 히브리어로 '마으예노트'와 '팔게이-마임'이다. 여기서 '팔게이 마임'은 '시냇물'이라는 표현이 더 적절하다(참고 시 1:3). 그런데 히브리어에서 15절과 16절에 사용된 물 근원의 명칭들은 결정적 차이가 있다. 15절에 사용된 단어들은 사람이 인위적으로 만들 수 있는 것들이고, 16절에 사용된 단어들은 자연적으로 형성된 물 근원을 가리킨다. 이 사실을 염두에 두면, 15절의 '우물'(보르)과 '샘'(베에르)은 소유자가 분명한 반면, 16절의 '샘물'(마으예노트)과 '시냇물'(팔게이-마임)은 특정인이 소유권을 주장할 수 없다. 이와 같은 맥락에서 16절은 다음과 같이 해석할 수 있다. "밖에 (어떻게) 너의 샘물이 넘치겠으며, 거리에 (네가 물을 얻을 수 있는) '시냇물'이 흐르겠느냐." 즉, 밖에서는 물을 얻을 수 없다는 뜻이다. 칠십인역에서는 16절의 동사 '야푸추' 앞에 부정 명령을 나타내는 '메'

를 첨가하여 "밖에 네 샘물을 흘러 넘치게 말며, 거리에 '시냇물'이 흐르게 말라"라고 번역했지만, 개역한글판처럼 히브리어 본문을 수사의문문으로 이해하는 것이 타당하다.

17절의 현재 번역 "그 물로 네게만 있게 하고 타인으로 더불어 그것을 나누지 말라"에서, '타인으로 더불어 나누지 말라'(에인 레자림 이탁)의 히브리어 문장은 그것이 '자신의 물'인지, '타인의 물'인지 명시하지 않는다. 그렇다면 문맥상 본문의 의도는 '타인의 물'을 자신과 나누려고 하지 말라는 뜻이다.

둘째, "네 샘으로 복되게 하라 네가 젊어서 취한 아내를 즐거워하라"(18절). 직설적인 표현으로 같은 내용을 반복하고 있다. '네 샘으로'는 히브리어로 '메코르카', 직역하면 '너의 물 근원'이라는 뜻이다. 15~16절에 언급된, 물과 관련된 모든 단어를 다 포함하는 단어다. 여기서 '물 근원'은 바로 '(젊어서 취한) 아내'를 의미한다. 그 아내를 사랑하고 기뻐하는 것이 바로 '음녀'의 위험에서 벗어날 수 있는 대안이다.

셋째, "대저 사람의 길은 여호와의 눈 앞에 있나니…"(21절). 갑작스러운 '여호와'의 언급이 문맥에 어울리지 않는 것 같지만, 성경에서는 '부부관계'가 '여호와 하나님 앞에서의 언약'이다. 아담의 '독처'에 여호와 하나님께서 개입하시는 것(창 2:18)이나, 아내에게 행한 궤사 때문에 여호와께서 예물을 받지 않는 것(말 2:13~15) 등은 성경에서 지극히 자연스러운 현상이며, 잠언에서도 이미 '음녀'에 대하여 "그는 소시의 짝을 버리며 그 하나님의 언약을 잊어버린 자라"(2:17)고 묘사한다. 따라서 '음녀'의 위험에서 벗어나는 또 다른 길은 '여호와의 눈'을 의식하며 사는 것이다.

22절에서 "악인은 자기의 악에 걸리며"라고 했는데, 여기서의 '악인'은 히브리어로 '아보노타브', 원래는 '죄인'이라는 뜻이다. '음녀'와 관계를 갖는 것을 '악인'이라고 표현하는 것 보다는 '죄인'이라고 표현하는 것이 합당하다. '여호와의 눈' 앞에서 행한 일이기 때문이다.

3. 설교를 위한 적용

1) 잠언의 '코람 데오'(5:20~23)

'코람데오'(Coram Deo), 종교개혁가들이 부르짖었던 신앙실천의 원리다. 모든 일을 '하나님 앞에서'라는 의식을 갖고 수행하자는 것이다. 이러한 원리가 잠언에 나타난다는 사실이 흥미롭다. 아니, 당연하다. 잠언은 '속담' 모음집이 아니라 성경이기 때문이다. 이미 주해를 통해 언급했지만, 본문 21절은 잠언 5장의 핵심 주제인 '음녀로부터의 유혹'을 이겨낼 수 있는 방법론으로 제시되었다. '여호와의 눈 앞에' 있다는 의식을 갖고 있다면 그 어떤 달콤한 말을 듣거나 이성을 마비시키는 유혹을 받더라도 극복할 수 있다.

이 원리는 반대로 적용할 수도 있다. '악인의 꾀임'에 빠지거나 '음녀의 유혹'에 넘어간 사람이라면 적어도 그 순간만큼은 하나님을 잊었던 것이다. 바로 이 점에서 성경이 '악인의 꾀임'이나 '음녀의 유혹'을 단순한 윤리적 문제가 아니라 심각한 신앙적 도전이라고 보는 것은 지극히 타당하다. 여인이 그 젖 먹는 자식을, 자기 태에서 난 아들을 혹시 잊을지라도 "나는 너희를 잊지 아니할 것이라"(사 49:15) 하신 여호와를 잠시라도 잊는 것은 불신이요 죄악인 것이다.

성경은 요셉의 이야기를 통해서 '코람 데오'는 단순한 이론이 아니라 아주 강력한 실천 원리임을 보여준다. 보디발 아내의 유혹을 거절하는 요셉의 말에 그러한 사상이 잘 나타나 있다. "… 그런즉 내가 어찌 이 큰 악을 행하여 하나님께 득죄하리이까"(창 39:9). 신약에서 주님은 왜 "여자를 보고 음욕을 품는 자마다 마음에 이미 간음하였느니라"(마 5:28)고 하셨을까? 하나님께서는 '마음을 감찰하시는 이'(롬 8:27)므로, 그 '음욕'을 사람은 몰라도 하나님께서는 아시기 때문이다. 즉, 예수께서도 '간음'의 문제를 하나님 앞에 짓는 죄로 여기셨던 것이다. '여호와의 눈 앞에' 또는 '하나님 앞에서'라는 의식, 이것이 지혜요 생명이다.

이렇게 살지 마라(6:1~19)

1. 본문의 개요

잠언 6장은 1~9장 단락에서 가장 다양한 주제들이 섞여 있는 본문이며, '지혜'에 대한 언급이 전혀 없는 유일한 본문이다. 서두는 비록 "내 아들아"로 시작하지만, 다른 본문들과 달리 그 뒤에 상투적인 문장들이 전혀 따르지 않고 곧바로 현실적인 문제를 다룬다. 잠언 1:10~19 단락의 시작과 유사하다. 그러나 '간통' 문제를 다루는 20절 이하는 또 다시 "내 아들아"로 시작하며 다른 본문들과 비슷한 형식을 보이지만, 역시 '지혜'는 언급되지 않는다.

잠언 6장은 주제에 따라 '담보와 보증에서 벗어나는 법'(1~5절), '게으름에 대한 경고'(6~11절), '불량하고 악한 자와 여호와의 미워하시는 것'(12~19절), '간통에 대한 경고'(20~35절)의 네 부분으로 나눌 수 있다. 그런데 '간통에 대한 경고'는 본문 전체가 '음녀'의 문제를 다루는 7장과 연결된다. 그러므로 여기서 논하지 않고 7장과 함께 다루어질 것이다. 여기서는 잠언 6:1~19에 나오는 세 가지 주제만 주해하도록 한다.

2. 본문 주해

1) 담보와 보증에서 벗어나는 법(1~5절)

'보증'에 대한 경고는 본문에만 나오는 것이 아니라 잠언의 다른 부분에도 여러 번 나온다[11:15; 17:18; 22:26~27; 27:13(= 20:16)]. 그러나 단지 보증의 위험에 대해 경고할 뿐, 본문처럼 '보증에서 벗어나는 법'을 가르쳐 주는 곳은 없다.

본문 1절에서 '담보'와 '보증'으로 사용된 히브리어는 각각 '아라브'와 '타카아 카프'이다. 위의 보증 관련 구절들에 '아라브'가 늘 사용되는 반면, '타카아 카프'는 항상 나오지 않는다. '카프' 없이 '타카아'라는 동사만 사용한 경우와(잠 11:15), 아예 '타카아 카프'가 나오지 않는 경우[잠 27:13(= 20:16)]도 있다. 잠언 27:13(= 20:16)에서는 대신 '하발'이라는 동사를 사용한다.

'타카아'라는 동사는 원래 '나팔을 불다'(민 10:3; 수 6:4; 왕상 1:34; 느 4:12), '텐트를 치다'(창 31:25; 렘 6:3), '(칼로) 찌르다'(삿 3:21; 삼하 18:14), '손뼉을 치다'[시 47:1(히. 2절), 홈 3:19]라는 의미인데, 추측컨대 보증이나 담보를 할 때 손(바닥)을 치는 고대근동의 관습에서 이 단어가 '보증하다'라는 뜻도 갖게 되었다. 따라서 욥기 17:3에 "청컨대 보증물을 주시고 친히 나의 보주가 되시옵소서 주 외에 나로 더불어 손을 칠 자가 누구리이까"라고 나오며, 잠언 17:18에서도 "지혜 없는 자는 남의 손을 잡고 그 이웃 앞에서 보증이 되느니라" 또한 잠언 22:26에서도 "너는 사람으로 더불어 손을 잡지 말며 남의 빚에 보증이 되지 말라"는 말씀을 볼 수 있다. 여기서 '카프'라는 단어는 '손바닥'이란 뜻이다.

'아라브'는 '타카아'와 달리 원래부터 '보증, 담보'의 의미로 사용되는 단어다(창 43:9; 44:32; 느 5:3; 시 119:122; 사 38:14). 이러한 의미에서 '내기하다'(왕하 18:23; 사 36:8), '무역하다, 장사'(겔 27:9, 27), '섞이다(혼혈)'(스 9:2; 시 106:35), '담대히'(렘 30:21) 등의 뜻으로도 쓰이게 되었다. 따라서 '아라브'는 다른 단어의 도움 없이 '보증, 담보'의 의미를 나타낼 수 있지만, '타카아' 동사의 경우는 오직 '아라브'와 함께 사용될 때만 '보증, 담보'의 뜻으로 쓰일 수 있다. 그렇다면 잠언에서 '아라브'라는 동사와 함께 '타카아'를 병용한 이유는 '보증'의 정황이 당사자를 위한 것이 아니라, 제3자를 위한 것임을 나타내려는 의도다. '아라브'는 자기 자신을 위해 담보나 약속을 제공하는 경우에도 사용되기 때문이다(느 5:3).

물론 유다가 베냐민을 위해 담보하는 경우도 제3자를 위한 것이라 할 수 있다(창 43:9; 44:32). 베냐민을 돌려보내는 것은 요셉의 의지임에도 불구하고, 당사자가 아닌 제3자인 유다가 베냐민의 복귀를 보증하고 있기 때문이다. 그렇다면 여기서도 '타카아' 동사가 사용되어야겠지만, 유다의 이야기에서는 정황상 '아라브' 동사만으로도 제3자 보증을 나타낼 수 있다. 반면에 아무런 정황 없이 단 한 두 구절로 의미를 표현하는 잠언의 경우, 좀 더 분명한 전문용어라고 할 수 있는 '타카아' 동사를 필요로 한다.

　그런데 잠언에서는 왜 보증을 금지하는가? 각 구절에 나타난 표면상의 이유를 보면 두말할 필요도 없이 손해날 위험이 있기 때문이다. 그렇다면 잠언은 단지 자신의 이익만을 추구하도록 가르치는 '경제실용서'인가? 그러나 '경제실용서'에서도 자신만의 이익을 추구하도록 가르치지는 않는다. 인간이란 더불어 살게 되어 있기 때문이다. 잠언은 '성경'이다. 따라서 실용적인 이유 외에 '성경'으로서 또 다른 이유가 있을 것이다. 분명한 사실은 성경에서 '보증' 자체에 대해서는 부정적이지 않다는 것이다. 하나님께 드리는 절실한 탄원의 하나가 자신들을 위해 '보증'이 되어 달라는 것이다(욥 17:3; 시 119:122; 사 38:14). 이미 언급했듯이, 유다가 베냐민을 위해 담보한 것은 아무런 손해 없이 오히려 온 가족의 구원 수단이 되었다. 그렇다면 무엇이 문제일까? 바로 '대상'이 문제다.

　2절에서 "네 입의 말로 네가 얽혔으며 네 입의 말로 잡히게 되었느니라"는 말은 보증을 한 사람의 실수를 지적하는 것 같지만, '얽히다'와 '잡히다'라는 표현은 누군가의 고의적이고 악의적인 계획을 암시하고 있다. 이러한 해석은 5절에서 더욱 분명해진다. "노루가 사냥꾼의 손에서 벗어나는 것 같이 새가 그물치는 자의 손에서 벗어나는 것 같이 스스로 구원하라." 여기서 '사냥꾼'과 '그물치는 자'는 두말할 필요도 없이 3절에서 말하는 '이웃'이다. 3절에서도 "네가 네 이웃의 손에 빠졌은즉"이라고 하여 결국 그 '이웃'이 (네 입의) 말을 빌미로 사냥꾼처럼, 그물치는 자처럼 행세하고 있다. 문제는 바로 그러한 '이웃을 위하여' 담보했다는 것이다!

　'이웃'(레아)이라는 말 자체는 좋은 뜻이다. 그러나 그 '이웃'이 나쁜 의도를 갖고 계획적으로 일을 꾸밀 경우에는 거기에 빠지지 않는 것이 상책이다. 이미 1절에서 '이웃'(레아)이란 단어를 '타인'(자르)이라는 단어와 대구로 사용했다. 이웃은 이웃이로되 '타인'과 다를 바 없는 '이웃'이라는 사실을 암시한다. '원수'일지라도 "배고파하거든 식물을 먹이고 목말라하거든 물을 마시우게" (잠 25:21) 할 수 있다. 그러나 악의적인 계획을 갖고 있는 '이웃'과의 경제적인 거래, 특히 '보증'이나 '담보'는 노루가 사냥꾼의 손에, 새가 그물치는 자의 손에 빠지는 것과 다를 바 없다. 노루가 사냥꾼에게 자신의 몸을, 새가 그물치는 자에게 자신의 몸을 먹이로 제공하는 것과 같은 일이다.

본단락에서 훈계의 포인트는 이러한 '이웃'의 의도를 미리 간파하고 절대로 '담보'나 '보증'을 하지 말라는 것이 아니다. 사실 '이웃'에게서 '타인'의 속성을 간파하기는 쉽지 않다. 아예 누구에게든지 '담보'나 '보증'을 하지 않으면 모르지만, 때로는 보증을 서 주어야 할 이웃도 있다. 여기서의 핵심은 '이웃'을 위하여 담보했더니, 그것이 '타인'을 위하여 보증한 것과 다를 바 없다는 사실을 깨닫게 된 후의 행동지침이다. 싸우면 안 된다. 오히려 '겸손히' 간구해야 한다(3절). 한 두 번으로 말 것이 아니라 부지런히 간구해야 한다(4절). 자신의 생명을 구하는 일이기 때문에 감정적으로 대처해서는 안 된다. 끝까지 겸손하게, 이것이 바로 지혜다.

2) 게으름에 대한 경고(6~11절)

'게으른 자'는 히브리어로 '아첼'로 오직 잠언에만 나오는 단어다(6:6, 9; 10:26; 13:4; 15:19; 19:24; 20:4; 21:25; 22:13; 24:30; 26:13, 14, 15, 16). 그 외 동사형 '아짤'이 사사기 18:9에서 '게을리(하다)'(테아츨루)로, '아츨라'라는 여성형이 잠언 19:15와 전도서 10:18에 '게으름'이라는 추상 명사의 의미로, '아츨루트'는 형태가 잠언 31:27에서 '게을리 얻은(양식)'이라는 뜻으로 나온다.

'게으름'에 대한 경고는 동서고금을 막론하고 빈번하게 등장하는 주제다. 하지만 바로 이 점에서 의문을 갖게 된다. '성경'에서 이런 주제를 다루는 의도는 무엇일까? 솔로몬이 젊은 관리들을 교육할 목적으로 했던 잠언의 내용이, 솔로몬의 잠언을 성경으로 받아들이면서 자연스럽게 성경의 한 주제로 자리잡은 것에 불과한 것일까? '게으른 자'(아첼)라는 단어가 오직 '잠언'에만 나타난다는 사실이 이러한 추정을 가능케 한다. 성경의 신학적인 주제들과 상관 없는 독립적인 교훈이었다는 것이다. 그러나 그것은 오직 '아첼'이라는 단어에만 해당되는 사실이다. 이 단어를 중심으로 이루어진 문맥은 오히려 '잠언'이 성경의 신학적인 주제와 밀접한 관계가 있음을 보여 준다. 항아리만 보고 그 속에 있는 내용물이 고추장이다, 된장이다라고 단정할 수 없는 것처럼, '게으름'이라는 제목만 보고 그 내용을 동서고금의 저명한 교훈들과 같다고 단정해서는 안 된다. 본단락의 '게으름'에 대한 경고는 윤리적인 훈계가 아니다. 신학적인 메시지다.

그 단서는 7절에 있다. "개미는 두령도 없고, 간역자도 없고, 주권자도 없으되." 이 구절만 없으면 나머지 내용은 이솝 우화의 '개미와 베짱이'를 설명한 것과 다를 바 없다. 이 구절은 개미로부터 배워야 할 것이 단순히 '먹을 것을 여름 동안에 예비하는 것' 또는 '추수 때에 양식을 모으는 것'(8절)만이 아니라는 사실을 암시한다. 물론 개미의 '자발적인' 행위를 강조하기 위함이라고 해석할 수도 있겠지만, 부지런함이 늘 자발적으로 시작되는 것은 아니다. 따라서 7절을 통해 '게으른 자'에게 가르치려는 것은 단순히 '부지런함'이 아니다.

잠언에서 '게으른 자'를 항상 훈계하는 것은 아니다. 본단락과 24:30~34에서만 '게으른 자'를 훈계할 뿐, 나머지 구절들은 '게으른 자'가 어떤 존재라는 것을 알리는데 더 중점을 두고 있다. '게으른 자'는 당연히 '그릇에 손을 넣고도 입으로 올리기를 괴로워하고'(19:24), '가을에 밭 갈지 않고'(20:4), '손으로 일하기 싫어하고'(21:25), '침상에서 구으고'(26:14), 그 결과 '마음으로 원하여도 얻지 못하고'(13:4), '가시울타리 길을 걷는 자이며'(15:19), '정욕이 그를 죽이는'(21:25) 자다. 그런데 이러한 모습은 단지 몸을 움직이기 싫어하는데서 비롯된 것이 아니다. '게으른 자'에게도 나름대로 합당한 핑계가 있다. "말하기를 사자가 밖에 있은즉 내가 나가면 거리에서 찢기겠다 하느니라"(22:13, 참고 26:13). 문제는 이것이 단순한 '핑계'가 아니라 "게으른 자는 선히 대답하는 사람 일곱보다 자기를 지혜롭게 여기는"(26:16) 것에서 비롯되었다는데 있다. 잠언에서 문제 삼는 것은 '게으른 자'의 '스스로 지혜롭게 여기는' 나름대로의 이데올로기와 거기에서 비롯된 '핑계'인 것이다.

다시 7절로 돌아가서 "두령도 없고, 간역자도 없고, 주권자도 없으되"라는 말은 ‘게으른 자’의 핑계에 대한 답변이다. ‘게으른 자’는 아무런 이유 없이 잠을 자는 것이 아니라, ‘무정부 상태’이기 때문에 자신이 할 일은 없다는 것이다. 할 일이 없기 때문에 잠을 자는 것이다. 이러한 상황은 이스라엘 역사에 여러 번 나타난다. 애굽에서 노예로 살 때에 그랬고 사사 시대에도 그랬고 바벨론에 의해 유다 왕국이 멸망당한 이후에도 그랬다. 성경은 “이스라엘 자손들이 많은 날 동안 왕도 없고 군도 없고 제사도 없고 주상도 없고 에봇도 없고 드라빔도 없이 지내다가”(호 3:4) 그 후에 저희가 돌아오게 될 것을 말하고 있다(5절).

잠언 6:6~11에 암시된 ‘게으른 자’의 논리는 어쩌면 바벨론 포로 70년의 세월 동안 이스라엘 백성들이 갖고 있던 ‘무기력함’을 반영할 수도 있다. ‘개미와 베짱이’ 우화에 준하는 구조 속에 ‘정치적인 암시’가 들어 있다는 사실을 발견하는 것만으로도 본단락이 ‘게으름’에 대한 단순한 윤리적 훈계가 아님을 깨달을 수 있다. 이러한 ‘정치적 암시’는 7절에만 나타나지 않는다.

11절 “네 빈궁이 강도 같이 오며, 네 곤핍이 군사 같이 이르리라”에서 ‘강도’와 ‘군사’로 해석된 히브리어 단어 ‘메할렉’과 ‘이쉬 마겐’은 그 의미가 다소 불분명하다. ‘메할렉’의 경우 단순히 ‘걷다’의 의미를 가진 ‘할라크’ 동사의 피엘형 현재 분사로써 직역하면 ‘행인’인데, 이 형태는 시편 104:3에서는 여호와 하나님에 대하여 “(바람 날개로) 다니시며”, 전도서 4:15에서는 “(해 아래서) 다니는 인생들”이라고 번역되었다. 따라서 본문의 의도는 ‘(일정한 거처 없이) 이리저리 돌아다니는 무리’를 나타내려는데 있다.

‘이쉬 마겐’은 ‘방패’라는 뜻을 가진 ‘마겐’ 덕분에 ‘무장한 사람’으로 해석할 수 있다. 우가릿어에서 ‘mgn’이라는 어근이 ‘간청하다’라는데 착안하여, 히브리어의 ‘이쉬 마겐’을 ‘구걸하는 자’라고 번역하기도 하지만, 히브리어 ‘마겐’이 우가릿어 ‘mgn’과 직접적인 관계가 있는지는 알 수 없다. 비록 히브리어 어휘들의 분명한 의미는 알려지지 않았어도 본문의 의도는 ‘게으른 자’가 겪게 될 ‘빈궁’과 ‘곤핍’이 ‘무장하고 약탈하는 무리’와 관계 있다는 사실을 말하려는 것이 분명하다.

그런데 만약 '빈궁과 곤핍은 무장하고 약탈하는 무리와 같다'라고 해석한다면, 도대체 '빈궁'과 '곤핍'이 가져갈 수 있는 것이 무엇일까? '빈궁'과 '곤핍'은 약탈당한 이후의 상태다. 따라서 본구절의 의미는 다음과 같이 해석되어야 한다. "약탈하는 자들이 왔을 때처럼 빈궁과 곤핍이 올 것이다." 즉, '약탈하는 자들'이 왔을 때 초래하는 것과 같은 빈궁과 곤핍이 온다는 뜻이다. 빈궁과 곤핍은 '약탈하는 자(강도와 군사)'로부터 초래된다는 것이다.

본단락의 의도가 단순히 '게으른 자'에 대한 윤리적인 훈계라면, 11절에서 말하는 결과는 '게으른 자'의 운명과 어울리지 않는다. '게으른 자'는 강도와 군사 없이도 빈궁과 곤핍을 겪을 수 밖에 없기 때문이다. 본단락의 '게으른 자'에 대한 훈계는 주변 환경을 핑계로 무력감을 당연하게 여기는 어떤 세태에 대한 신학적 권면이라 할 수 있다.

3) 불량하고 악한 자와 여호와의 미워하시는 것(12~19절)

본단락은 내용상 두 부분으로 나눌 수 있다. 첫 번째는 '불량하고 악한 자'에 대한 묘사이고, 두 번째는 '여호와의 미워하시는 것'에 대한 내용이다. 본단락의 의도는 이 둘을 연결하는데 있다. '불량하고 악한 자'의 행동이 결국 '여호와의 미워하시는 것'에 해당된다는 것이다. 이 둘을 비교해 보면 다음과 같다.

불량하고 악한 자(12~15절)	여호와의 미워하시는 것(16~19절)
그 행동에 궤휼한 입을 벌림	교만한 눈
눈짓을 함	거짓된 혀
발로 뜻을 보임	무죄한 자의 피를 흘리는 손
손가락질로 알게 함	악한 계교를 꾀하는 마음
마음에 패역을 품음	빨리 악으로 달리는 발
항상 악을 꾀함	거짓을 말하는 망령된 증인
다툼을 일으킴	형제 사이를 이간하는 자

12절에서 '불량한 자'는 히브리어로 '아담 벨리알'이고 우리말로는 '잡류,

비류, 난류'[신 13:13(히 14절); 삿 19:22; 20:13; 삼하 20:1; 왕상 21:13], '불량한 자'(삼상 2:12; 25:17, 25), '악인'[훔 1:15(히. 2:1)], '사악한 자'(삼하 23:6) 등으로 번역된다. 요즘 말로 '무법자' 정도로 이해할 수 있다. '불량한 자'는 실제로 범법 행위를 하지는 않았어도 평소의 태도를 보아 범죄에 연루될 소지가 다분한 인물에게 사용되는 표현이다. 따라서 '불량한 자'라고 해서 반드시 죄를 지은 것은 아니다. 반면에 '악한 자'로 해석된 히브리어 '이쉬 아벤'의 경우, '아벤'(또는 '아웰') 자체가 '죄, 죄악, 악, 불의'(삼상 15:23; 욥 11:14; 시 66:18; 119:133; 잠 19:28; 사 10:1; 29:20 등)이기 때문에 '악한 자'라는 말은 이미 죄를 지었다는 사실을 전제로 하고 있다. 바로 이 점에서 12절의 "불량하고 악한 자는…" 이라는 해석이 어색하다. 아울러 히브리어 문장에서 두 어구는 중간에 'and' 역할을 하는 접속사 '바브' 없이 나열되어 있다(아담 벨리알 이쉬 아벤). 만약 본문이 '불량하고 악한 자'라는 의미로 사용되었다면, 이 문장은 '아담 벨리알 베(and) 이쉬 아벤' 이어야 한다. 이렇게 'and' 없이, 단순히 명사가 나열될 경우, 히브리어에서는 두 명사 상당 어구를 주어와 보어의 관계로 이해해야 한다. 따라서 12절을 다시 해석하면 "불량한 자는 곧 악한 자로서 그 행동에 궤휼한 입을 벌리며"와 같다.

그렇다면 12~19절 단락의 의도는 분명해진다. '불량한 자가 곧 악한 자'임을 설명하기 위해 이어지는 구절에 불량한 자의 행동을 설명한 후, '여호와의 미워하시는 것'과 비교하도록 하는 것이다. 표를 통해 비교해 볼 때 모든 항목들이 완전히 일치하는 것은 아니지만 기본적인 요소들은 같다. 그러므로 단순히 '눈짓, 발짓, 손짓'을 하고(13절), '속으로만 악을 꾀하였어도'(14절), 이들에게 "갑자기 재앙이 임한즉 도움을 얻지 못하고 당장에 패망하리라"(15절)는 말이 결코 과장이 아니다. '불량함'이 범죄 그 자체는 아닐지언정, 그들의 행동 하나 하나는 '여호와의 미워하시는 것이요 곧 그 마음에 싫어하시는 것'(16절)이기 때문이다.

여기서 우리는 잠언이 단순히 윤리적 훈계에 머물지 않고 종교적 문제로 연결되는 것을 본다. 이러한 연결은 '잠언'에만 국한된 것이 아니라 성경 자체의 주제이다. '불량함'은 '거만함'에서 비롯된다. '거만한 자'는 여호와께서 비웃으신다(잠 3:34). '불량함'은 또한 '어리석음'이다. 사무엘상 25:25에 나오는 나발의 평가를 보면, 그는 '불량한 사람(이쉬 하벨리알)'이요 '미련한 자(나발)'이다. "어리석은 자(나발)는 그 마음에 이르기를 하나님이 없다 하도다 저희는 부패하며 가증한 악을 행함이여 선을 행하는 자가 없도다"[시 53:1(히. 2절)]. 성경의 관점에서 볼 때, 지적 결함 때문이 아닌 불량한 태도에서 기인하는 '어리석음'은 유치가 아니라 죄악이다.

3. 설교를 위한 적용

1) 이 시대에 보증 문제를 어떻게 설교할 것인가(6:1~5)

본문의 정확한 의도를 이해하지 않으면 이 본문은 교회에서 절대 다룰 수 없다. 사도신경으로 '성도가 서로 교통하는 것'을 늘 고백하는 성도들이 서로 담보하고 보증할 수 없다면 교회 생활 자체가 불가능하지 않겠는가? 물론 '사랑'이라는 전가의 보도를 사용할 수 있겠지만, '사랑'이라는 칼날에 이 귀중한 본문이 희생되는 것을 감수해야 한다. 이미 주해를 통해 설명했듯이 본문은 '대상'의 문제다. 보증 자체의 문제를 다루는 것이 아니라 '음녀'나 '악인'처럼 대상의 위험을 경고하는 것이다. 이러한 원칙을 염두에 두고 신약을 참고하면, "너희는 믿지 않는 자와 멍에를 같이 하지 말라"(고후 6:14)는 구절을 떠올리게 된다. 여기의 핵심은 무엇일까?

계속 이어지는 내용에서 '믿지 않는 자'는 '불법', '어두움', '벨리알' 등으로 바뀌다가 또 다시 '믿지 않는 자'로 나타난다(15절). 여기서도 핵심은 '믿지 않는 자'라는 대상이다. 물론 그렇다고 해서 믿지 않는 자와의 교제를 무조건 단절하라는 것은 아니다. "그리하려면 세상 밖으로 나가야 할 것이라"(고전 5:10). 대상도 대상이지만 그 대상과 관계된 일이 무엇이냐는 것이다. 그것은 '멍에'다. 함께 멍에를 메면 서로 다른 방향으로 갈 수 없다. 싫든 좋든 끝까지 함께 갈 수 밖에 없다. '악한 자'가 차라리 속옷을 달라하면 겉옷까지도 줄 수 있고, 구하는 자에게 주고 꾸고자 하는 자에게 거절할 수는 없다'(마 5:39, 42). 그러나 이들에게도 줄 수 없는 것이 있고 거절할 수 밖에 없는 것이 있다. '악한 의도'(구약에서는 경제적 파멸, 신약에서는 신앙적·영적 파멸)를 가지고 이 러한 요구를 한다면 들어줄 수 없다. 겉옷은 줄 수 있어도 그리스도를 배신 하는 일은 해 줄 수 없다. 잠언의 '보증', '담보'는 이 시대에 그리스도의 제자 들이 '타인'에게 결코 '들어줄 수 없는 일'의 상징적 의미라고 해석할 수 있다.

2) 불량함에 대하여(6:12~19)

주해에서 이미 강조했듯이, 잠언 6:12~19 단락은 12~15절의 '불량함' 과 '악한 자'의 행동이 16~19절의 '여호와의 미워하시고 그 마음에 싫어하시 는 육 칠 가지'와 밀접한 관련이 있다는 사실을 보여 준다. 12~13절에서 13 절의 '다툼을 일으키는 것'을 제외하고는 실제로 죄라고는 할 수 없는 행동들 이 열거된다. 그럼에도 15절에서 이들에게 재앙이 임하고 당장 패망할 것을 말한 후에, 16절부터 그 이유를 설명한다. '여호와의 미워하시는고 그 마음 에 싫어하시는 육 칠 가지'와 같기 때문이다.

신앙을 문화에 접속시킨다는 명목으로 교회 안에서 '불량함'이 심지어는 '악함'도 용납되는 것을 본다. 도를 넘은 지나친 노출, 지나친 화려함, 지나 친 과시, 지나친 방종은 불량함이 아니라 '악함'이다. "또 이와 같이 여자들 도 아담한 옷을 입으며 염치와 정절로 자기를 단장하고 땋은 머리와 금이나 진주나 값진 옷으로 하지 말고 오직 선행으로 하기를 원하라 이것이 하나님 을 공경한다 하는 자들에게 마땅한 것이니라"(딤전 2:9~10). 아울러 '불량함' 은 외모의 문제만이 아니다. "무릇 더러운 말은 너희 입밖에도 내지 말고 오 직 덕을 세우는데 소용되는 대로 선한 말을 하여 듣는 자들에게 은혜를 끼치 게 하라"(엡 4:29), "누추함과 어리석은 말이나 희롱의 말이 마땅치 아니하니 돌이켜 감사하는 말을 하라"(엡 5:4).

목숨이냐 쾌락이냐(6:20~7:27)

1. 본문의 개요

2:16 이하와 5장을 통해 '음녀에 대한 경고'가 잠언 1~9장의 주요 주제 가운데 하나임을 알 수 있다. 2:16~19은 이 경고의 핵심 요소만을 언급하고 있는데, 첫째, '음녀'는 이방여인이다. 둘째, '음녀'는 말로 호린다. 셋째, 그녀는 유부녀이다(소시의 짝이 있다). 넷째, 그녀는 상대방의 생명을 빼앗는다. 5장에서는 셋째 요소가 생략되었지만, 대신 '음녀'에게서 벗어날 수 있는 '대안'(젊어서 취한 아내, 여호와의 눈 앞에)이 제시되었다. '음녀에 대한 경고'의 기본 요소 중에 한 가지가 생략되고, 그 '대안'이 제시되었다는 점에서 5장을 별도로 다루었는데 잠언 6:20~35 단락과 7장의 경우, 2:16~19에서 나오는 기본 요소가 모두 더욱 확대되어 나타난다. 따라서 이 단락들을 함께 살펴보고 공통점을 통해 결국 잠언 1~9장에서 전하고자 하는 의도가 무엇인지, 또한 차이점을 통해 서로 다른 단락이 생겨나게 된 이유가 무엇인지 알아보고자 한다.

	잠언 6:20~35	잠언 7장
A	내 아들아 네 아비의 명령을 지키며 네 어미의 법을 떠나지 말고	내 아들아 내 말을 지키며 내 명령을 네게 간직하라 내 명령을 지켜서 살며 내 법을 네 눈동자처럼 지키라
B	그것을 항상 네 마음에 새기며 네 목에 매라	이것을 네 손가락에 매며 이것을 네 마음판에 새기라
C		지혜에게 너는 내 누이라 하며 명철에게 너는 내 친족이라 하라
D	그것이 너의 다닐 때에 너를 인도하며 너의 잘 때에 너를 보호하며 너의 깰 때에 너로 더불어 말하리니 대저 명령은 등불이요 법은 빛이요 훈계의 책망은 곧 생명의 길이라	
E	이것이 너를 지켜서 악한 계집에게, 이방 계집의 혀로 호리는 말에 빠지지 않게 하리라	그리하면 이것이 너를 지켜서 음녀에게, 말로 호리는 이방 계집에게 빠지지 않게 하리라

F	네 마음에 그 아름다운 색을 탐하지 말며 그 눈꺼풀에 홀리지 말라 음녀로 인하여 사람이 한 조각 떡만 남게 됨이며 음란한 계집은 귀한 생명을 사냥함이니라	
G	사람이 불을 품에 품고야 어찌 그 옷이 타지 아니하겠으며 사람이 숯불을 밟고야 어찌 그 발이 데지 아니하겠느냐 남의 아내와 통간하는 자도 이와 같을 것이라 무릇 그를 만지기만 하는자도 죄 없게 되지 아니하리라 도적이 만일 주릴 때에 배를 채우려고 도적질하면 사람이 그를 멸시치는 아니하려니와 들키면 칠배를 갚아야 하리니 심지어 자기 집에 있는 것을 다 내어 주게 되리라 부녀와 간음하는 자는 무지한 자라 이것을 행하는 자는 자기의 영혼을 망하게 하며 상함과 능욕을 받고 부끄러움을 씻을 수 없게 되나니	내가 내 집 들창으로, 살창으로 내어다보다가 어리석은 자 중에, 소년 중에 한 지혜 없는 자를 보았노라 그가 거리를 지나 음녀의 골목 모퉁이로 가까이 하여 그 집으로 들어가는데 저물 때, 황혼 때, 깊은 밤 흑암 중에라 그 때에 기생의 옷을 입은 간교한 계집이 그를 맞으니 이 계집은 떠들며 완패하며 그 발이 집에 머물지 아니하여 어떤 때에는 거리, 어떤 때에는 광장 모퉁이, 모퉁이에 서서 〈사람을〉 기다리는 자라 그 계집이 그를 붙잡고 입을 맞추며 부끄러움을 모르는 얼굴로 말하되 내가 화목제를 드려서 서원한 것을 오늘 날 갚았노라 이러므로 내가 너를 맞으려고 나와서 네 얼굴을 찾다가 너를 만났도다 내 침상에는 화문 요와 애굽의 문채 있는 이불을 폈고 몰약과 침향과 계피를 뿌렸노라 오라 우리가 아침까지 흡족하게 서로 사랑하며 사랑함으로 희락하자
H	그 남편이 투기함으로 분노하여 원수를 갚는 날에 용서하지 아니하고 아무 벌금도 돌아보지 아니하며 많은 선물을 줄지라도 듣지 아니하리라	남편은 집을 떠나 먼 길을 갔는데 은 주머니를 가졌은즉 보름에나 집에 돌아오리라 하여
I		여러가지 고운 말로 혹하게 하며 입술의 호리는 말로 꾀므로 소년이 곧 그를 따랐으니 소가 푸주로 가는 것 같고 미련한 자가 벌을 받으려고 쇠사슬에 매이러 가는 것과 일반이라 필경은 살이 그 간을 뚫기까지에 이를 것이라 새가 빨리 그물로 들어가되 그 생명을 잃어버릴줄을 알지 못함과 일반이니라
J		아들들아 나를 듣고 내 입의 말에 주의하라 네 마음이 음녀의 길로 치우치지 말며 그 길에 미혹지 말찌어다 대저 그가 많은 사람을 상하여 엎드러지게 하였나니 그에게 죽은 자가 허다하니라 그 집은 음부의 길이라 사망의 방으로 내려가느니라

2. 본문 주해

[A] '네 아비의 명령을 지키고'(6:20)라는 표현과 '내 말을 지키며'(7:1)라는 표현이 우리말로는 비슷하지만, '지키다'에 해당하는 히브리어는 서로 다르다. 6:20의 경우, '네쪼르'라는 단어를 사용했고, 7:1의 경우 '쉐모르'라는 단

어를 썼다. 7:2에서 '눈동자처럼'이라는 표현을 사용했는데, 히브리어로는 '이숀'으로 성경에 총 다섯 번밖에 나오지 않는 단어인데, 잠언에서만 세 번 나오고 7장에서만 두 번 사용되었다(7:2, 9; 20:20). 그 외 신명기 32:10에서 여호와께서 이스라엘을 '자기 눈동자처럼 지키셨도다'고, 시편 17:8에서는 다윗의 시에 "나를 눈동자 같이 지키시고"라는 표현으로 사용했는데, 잠언 7:9과 20:20에서는 '눈동자' 대신 '흑암', '유암'으로 해석되었는데, 상징적으로 사용되었다.

[B] 각각 "네 마음에 새기며 네 목에 매라"(6:21), "네 손가락에 매며 네 마음판에 새기라"(7:3)라는 표현을 썼는데, 우리말로는 '새기다'라는 동사를 같은 단어인 것처럼 번역했지만, 히브리어로는 '매다'라는 동사가 같은 단어다 (코슈렘). 즉, 네 마음에 '새기며'(6:21) 대신 네 마음에 '매며'라고 해야 한다. 같은 동사에 다른 신체 부위를 사용했는데, 성경 전체에서 '손가락에 매며'라는 표현은 오직 잠언 7:3에만 나온다.

[C] '지혜'에 대한 언급은 두 본문에서 오직 여기에 단 한 번 사용되었다 (7:4). 흥미로운 점은 지혜를 '누이'에 비유함으로써 의인화하고 있다는 사실이다. 따라서 '지혜의 의인화'는 지혜 연설에만 나타나는 독특한 현상이라기보다는 보편적으로 사용될 수 있는 상징 기법으로 보인다.

[D~E] D 부분은 비록 잠언 6:23의 내용이지만, 7:4의 내용에 해당하는 C 항목과 매끄럽게 이어진다. 이 부분을 C 항목과 연결시키지 않고 이해한다면, 여기의 주어는 6:20에서 말하는 '아비의 명령'과 '어미의 법'인데 이것들이 '인도하고'(탄헤), '보호하고'(티슈모르)라는 표현에는 어색하지 않지만, '너로 더불어 말하리니'(테시헤카)라는 표현과는 어울리지 않는다. 법과 명령이 '대화'까지 할 수는 없는 것이다. 그러나 C 항목에서 지혜는 이미 '누이'라고 의인화되어 있기 때문에 D 항목을 C 항목과 연결시키면 '대화한다'는 표현이 자연스럽다. 또한, 6장과 7장에 모두 나오는 E 항목은 표에서 보듯이 두 본문이 거의 차이가 없다. 따라서 D 항목의 6장 내용이 7장의 빈 칸에 들어 있다고 가정하면, C-D-E 는 매끄럽게 연결된다.

[F~G] F 항목은 잠언 6:25~26의 내용인데, 26절에서 '음녀'와 '음란한 계집'은 각각 히브리어로 '이샤 조나'와 '에쉐트 이쉬'이다. '에쉐트 이쉬'는 성경에 단 두 번 등장하는 표현으로서 본구절 외에 레위기 20:10에서 사용된다. 흥미로운 사실은 레위기 20:10에서 '남의 아내'라고 번역되었는데, 곧바로 '에쉐트 레에후'(이웃의 아내)라는 표현을 덧붙여서 "누구든지 남의 아내와 간음하는 자 곧 그 이웃의 아내와 간음하는 자는…" 이라고 설명하였다. 이 사실로 미루어 '에쉐트 이쉬' 그 자체만으로는 '타인의 아내'라는 의미가 분명치 않다는 것을 알 수 있다. 그런 의미에서 잠언 본구절의 '음란한 계집'이라는 번역은 다소 의역이기는 하나 틀린 해석은 아니다. 아무하고나 잠자리를 한다는 의미에서 불특정 인물을 뜻하는 '이쉬'를 써서 '에쉐트 이쉬'라는 표현을 사용했을 수 있다.

'조나'는 '창기'라는 뜻인데(잠 29:3), 잠언 1~9장 단락에서는 본구절과 7:10의 '기생의 옷'(쉬트 조나)이라는 표현에 나온다. 문제는 이어지는 G 항목을 참고할 때, 6장에 언급되는 여인은 오직 '남의 아내'(에쉐트 레에후)일 뿐(29절), '창기'와는 거리가 멀다는 점이다. 반면에 7장에서는 '기생의 옷'(7:10)이라는 직접적인 표현 외에도 그녀의 행동에 대한 묘사가 평범한 가정주부가 아니라는 사실을 암시한다. "이 계집은 떠들며 완패하며 그 발이 집에 머물지 아니하여 어떤 때에는 거리, 어떤 때에는 광장 모퉁이, 모퉁이에 서서 사람을 기다리는 자라"(11~12절). 따라서 '창기'라는 표현이 나오는 F 항목이 6장 보다는 7장에 더 적합하다.

[G~I] 본 항목의 경우 6장과 7장은 다음과 같은 차이가 있다.

이러한 차이는 두 본문의 실제 배경이 다른데서 기인한다. 6장은 '간통'의 정황이고 7장은 '음행'의 정황인데, '간통'의 정황에서는 과정이 어떻든 그 결과가 중요하다는 점에서 '남편의 직접적인 실력 행사'를 현실적으로 묘사하고, 그 과정은 단지 '비유'로써 현장감 보다는 사태의 심각성을 전하는데 역점을 두었다. 반면에 '음행'의 정황에서는 어떠한 과정을 통해 유혹을 받게 되었는지 자세히 설명할 필요가 있어, 음녀의 입을 통해 직접 화법으로 실감

	6:27~35	7:6~23
과정	〈비유〉 불을 품어 옷 태우기(27절) 숯불 밟아 발 데기(28절) 도적질하다 들키기(30~31절)	음녀의 입을 통한 직접화법 (13~20절)
결과	남편의 직접적인 실력행사 (34~35절)	〈비유〉 푸주로 가는 소(22상절) 미련한 자가 벌 받기(22하절) 그물로 들어가는 새(23절)

나게 묘사했다.

그녀는 크게 세 가지 사실을 강조하는데, 첫째, "화목제를 드려서 서원한 것을 오늘날 갚았다"(14절). 소년과의 만남은 탈선이 아니라는 정당성을 부여하기 위해 '종교적' 구실을 댄다. 그녀 자신에게도, 소년에게도 나름대로의 명분을 줄 수 있다. 둘째, "내 침상에는 화문 요와 애굽의 문채 있는 이불, 몰약, 침향, 계피…"(16~18절). 소년에게 '감각적인 즐거움'을 약속한다. 침실에 대한 환락적인 묘사는 젊은이로 하여금 이성적인 판단을 할 수 없도록 만든다. 셋째, "남편은 집을 떠나 먼 길을 갔는데…"(19~20절). 이 구절을 히브리어로는 '에인 하 이쉬 베베토'이며 직역하면 "그의 집에는 그 사람이 없고"라는 뜻으로 7장에서 이미 묘사된 그녀의 모습이나 행동을 감안할 때, 단순히 '남편'이라고 보기는 힘들다. 이 여자가 살고 있는 집 주인으로 해석할 수도 있고, 혹은 이 여자의 고용주를 의미할 수도 있다. 어쨌든 집에 사람이 없다는 말은 소년의 심리적 부담감을 덜어준다. 아무런 방해도 받지 않고 단둘이 즐길 수 있다는 기대를 갖게 한다.

이렇듯 '음행'의 정황에서는 그 과정에 해당하는 '유혹의 기술'을 잘 알아야 거기에 대비할 수 있다. 그러나 '간통'의 정황과 달리, '음행'의 정황이 항상 법적인 문제를 야기하는 것은 아니다. 신앙적으로도, 윤리적으로도, 문제가 있는 행위임에는 틀림 없지만, 처벌의 여부조차 명확하지 않은 경우가 있다는 점을 염두에 둘 때, 그 결과를 현실감 있게 설명하기는 어렵다. 이것이 바로 7장에서는 그 결과가 비록 위협적이기는 하지만, 비유적으로 추상적으로 묘사된 이유다.

[J] 이 항목은 첫 서두를 '아들들아'라는 복수형으로 시작한다. 대부분 '내 아들아'로 시작하지만, 이렇게 복수형을 사용하는 경우가 몇 군데(4:1; 5:7; 8:32) 더 있다. 본 항목을 포함해서, 4:1의 경우를 제외하고는, 모두 각 장의 중간이나 마지막 단락에 들어 있다. 마찬가지로 4:1을 제외하고는, '아들들아'로 시작하는 단락은 생명의 위협을 강조한다. 특히 7:27과 8:36을 비교할 때, '사망'(마베트)이라는 단어가 핵심이다. '아들들아'로 시작하는 단락은 4장 이후에만 나오는 바, '지혜'와 관련된 부분이 4:1~9; 8:32~36 단락, '음녀'와 관련된 부분이 5:7~14; 7:24~27 단락이다.

3. 설교를 위한 적용

1) 죄악의 적: 자기 합리화(6:27~35)

핑계없는 무덤 없다는 말처럼, 그 어떤 흉악한 범죄를 저지른 사람도 나름대로는 다 이유가 있고, 자기 행위를 정당화할 수 있는 구실이 있다. 남의 아내와의 간통에 대하여 본문은 비유를 들어 핑계 자체가 성립되지 않음을 보여 준다. 불을 품에 품으면 옷이 타는 것은 당연하고, 숯불을 밟으면 발을 데는 것은 당연하다는 것이다(27~28절). 그렇다면 불에 옷이 타지 않고 발을 데지 않는 방법은 무엇인가? 그것은 불을 멀리하면 된다. 이 단순한 원리를 남의 아내에게도 적용하라는 것이다. '만지기만 해도 죄가 있다'(29절)는 것이다. 방법은 가까이 하지 않는 것 뿐이다. 핑계는 대부분 자기 자신의 죄를 인정하지 않는데서 시작된다. 하와가 선악과를 먹었을 때, 성경은 이미 하와의 눈에 "먹음직도 하고 보암직도 하고 지혜롭게 할만큼 탐스럽기도 한 나무"(창 3:6)였다는 사실을 밝히고 있다. 그럼에도 불구하고 하와는 여호와 하나님의 추궁에 대해, "뱀이 나를 꾀므로 먹었다"(13절)고 핑계를 댄다. 그런 의미에서 잠언의 본문은 '여자가 꾀었어도' 그 책임은 여자에게 가까이 한 남자에게 있다고 한다. 남자가 그 여인의 근처에 가지 않았다면, 꾀임을 당할 이유도 없다는 것이다. 옷을 타게 한 것은 불이지만, 불을 품은 것은 바로 그 사람 자신이라는 것이다.

두 번째 합리화는 정당성 보다는 불가피성을 말한다. 마치 "사흘 굶어 도둑질하지 않을 사람 없다"는 말처럼, '옷차림 때문에', '술김에', '분위기 때문에', '젊어서' 등의 여러 가지 불가피성을 말하지만, 잠언은 그럼에도 그 도적의 책임이 면제되는 것은 아니며 '집에 있는 것을 다 내어 주게 되리라'(31절)는 것이다. 따라서 그 어떤 불가피함에도 불구하고 간통을 행한 자는 그 남편의 분노를 모면할 길이 없다고 한다. 이것은 법이다. 주님께서 무리들이 간음한 여인을 끌고 왔을 때(요 8:1~11), 사실상 주님께서 보여주신 것은 그 여인을 '정죄하지 않는 모습'이 아니라, 사람들의 자기합리화였다. "너희 중에 죄 없는 자가"(7절)라는 말씀 한 마디에 정당성과 불가피성으로 무장한 사람들의 자기합리화는 무너졌고, 여인은 목숨을 건질 수 있었다. "가서 다시는 죄를 범치 말라"(11절)는 말씀으로 주님도 여인의 행위가 '죄'임은 인정하신다. 다만, 그 여인이, 어쩌면 더 큰 죄를 지었을지도 모르는 자기합리화에 빠진 사람들의 손에 죽을 필요는 없다고 여기신 것이다.

의인의 삶과 악인의 삶

잠언 10~11장 주해와 적용

10장 이후부터 잠언은 지금까지의 1~9장과는 현저히 다른 성격의 글이다. 1~9장까지는 주로 권면하는 내용이었지만 10장 이후부터는 객관적인 진술이 주를 이룬다. 1~9장은 전체가 어떤 계획을 가지고 제시된 교훈인 데 반해 10장 이후의 진술들은 오랫 동안의 경험에서 얻어진 단일 금언들을 일정한 문맥 없이(국소적인 문맥이 없는 것은 아니지만 전체적으로는 1~9장 같은 체계적인 문맥이 발견되지 않음) 배열한 것들이다. 이처럼 10장 이후는 글의 성격이 현저히 달라지므로 10장 이후를 주해하기 위해서는 먼저 이 부분에 대한 서론적인 설명이 필요할 것이다. 따라서 이 글은 10~11장의 성격 및 특징을 설명하는 서론과 10~15장을 주석하는 주해의 두 부분으로 나누어 전개될 것이다. 먼저 잠언의 성격과 특징을 살펴보자.

10~15장의 성격 및 특징

1. 잠언을 이루는 문학 장르: 훈계와 금언

잠언을 주의 깊게 읽어본 독자라면 1~9장과 10장 이후는 무언가 분위기가 달라진다는 것을 알 수 있을 것이다. 1~9장은 의로운 삶(곧 지혜)을 권면하는 뜨거운 열정이 느껴지는 분위기인데 반해, 10장 이후는 객관적인 관찰의 내용만을 제시하면서 독자 스스로 판단할 것을 촉구하는 듯한 사뭇 가라앉은 분위기다. 이러한 분위기의 차이를 가져오는 것이 바로 장르다. 1~9장에 (대종으로) 쓰인 장르를 '훈계'(Admonitions)라 하고 10장 이후에 쓰인 장르를 '금언'(Sayings)이라 한다. 사실 잠언에 쓰인 장르는 몇 가지가 더 있지만 여기서는 설명을 단순화하기 위해 이 두 장르만 취급하고자 한다.

1) 훈계

훈계(Admonitions)는 무엇을 하라거나 말라는 식으로 명령하거나 권고하는 것을 말한다. 교훈(Instructions) 또는 강의(Lectures, Lessons)라는 이름으로 불러도 좋다. 긍정적으로 무엇을 하라고 훈계하는 것은 명령(Command), 부정적으로 무엇을 하지 말라고 훈계하는 것은 금지(Prohibition)라 할 수 있다. 명령과 금지는 각각 쓰이기도 하고 함께 쓰여서 하나의 훈계를 이루기도 한다. 훈계는 보통 2인칭 명령법(imperative)으로 주어진다. 화자가 청자를 앞에 두고 하라 또는 하지 말라고 명하거나 권고하는 것이다. 간혹 2인칭 명령법 대신 3인칭 명령법(jussive)이 쓰이는 수도 있다. 훈계에는 종종 동기부여절(motive clauses)이 덧붙여지는데 명령과 금지를 하는 이유를 제시하는 것이다. 피교육자로 하여금 훈계에 순종할 때 따르는 유익과 불순종할 때 따르는 불이익에 대해 경고 받게 하려는 것이다. 훈계는 호소하고 권면하는 강렬한 톤을 지닌다. 지시적이다(prescriptive). 훈계는 잠언 1:8~9:18(단위 제목: "아들"을 향한 권면)과 22:17~24:22(첫 번째 지혜자들의 말씀 모음)을 형성하는 기본 장르다. 24:23~34(두 번째 지혜자들의 말씀 모음)의 일부도 훈계다. 31:1~9(르무엘 왕의 말 모음)도 훈계로 되어 있다. 훈계의 예로 잠언 1:8~9, 4:6, 1:15, 18, 22:22~23를 들 수 있다.

2) 금언

금언(Sayings)이란 경험과 관찰의 내용을 간략하게 진술한 것을 말한다. 바로 10~15장의 장르가 금언이다. 어떤 내용을 진술한 것이므로 3인칭 직설법으로 되어 있다. 진리를 객관적으로 제시하는 방식이며 따라서 문장의 톤은 냉정하다. 명제적이며(propositional) 서술적이다(descriptive). 금언은 10~15장이 들어 있는 10:1~22:16(첫 번째 솔로몬의 금언 모음)과 25~29장(두 번째 솔로몬의 금언 모음)을 형성하는 기본 장르다. 모든 금언은 평행법으로 이루어진 한 줄의 시구(詩句)로 되어 있다.[1] 대부분 전반절(the first colon)과 이에 호응하는 후반절(the second colon)이 한 쌍을 이룬 두 반절(半節) 평행시다(bicolon 또는 distich).[2] 잠언의 금언들은 동의평행, 반의평행, 종합평행이 골고루 섞여 있다. 그러나 수적으로 반의평행이 가장 많은 편이다. 다음의 금언들은 동의평행, 반의평행, 종합평행의 순으로 각각 두 개씩 예를 든 것이다.

"공평한 간칭과 명칭은 여호와의 것이요//
　주머니 속의 추돌들도 다 그의 지으신 것이니라"(16:11).
"교만은 패망의 선봉이요//
　거만한 마음은 넘어짐의 앞잡이니라"(16:18).

"지혜로운 아들은 아비로 기쁘게 하거니와//
　미련한 아들은 어미의 근심이니라"(10:1).
"여호와께서 의인의 영혼은 주리지 않게 하시나//
　악인의 소욕은 물리치시느니라"(10:3).

"불량한 자는 악을 꾀하나니//
　그 입술에는 맹렬한 불 같은 것이 있느니라"(16:27).
"패려한 자는 다툼을 일으키고//
　말장이는 친한 벗을 이간하느니라"(16:28).

2. 잠언 10~15장의 문학적 성격

10~15장은 잠언의 두 번째 큰 단위인 10:1~22:16(첫 번째 솔로몬의 금언 모

음)의 일부이다. 학자들은 10:1~22:16이 크게 두 부분, 즉 10:1~15:33과 16:1~22:16로 나눠지는 것에 동의하는데, 10~15장은 그 첫 부분이다.

10:1~22:16이 첫째 부분(10:1~ 15:33)과 둘째 부분(16:1~22:16)으로 나눠지는 것은 두 부분이 지니는 평행법에 관한 성격 때문이다. 첫째 부분은 반의평행(antithetic parallelism)을 압도적으로 많이 사용한다는 점에서 둘째 부분과 구별된다. 첫째 부분은 전체 184개의 금언(성경 한 절이 금언 하나이므로 이는 곧 성경 184절이기도 함) 중 반의평행이 무려 163개다. 전체의 88.6%에 해당하는 수치다. 이러한 반의평행의 우세는 둘째 부분에는 나타나지 않는다. 그저 동의, 반의, 종합 평행이 골고루 분포되어 있을 따름이다. 전체 금언 191개 중 동의평행은 52개(27.2%), 반의평행은 47개(24.6%), 종합평행은 37개(19.4%)이다(여기 백분율 통계에 포함되지 않는 금언들은 동의, 반의, 종합 등 세 범주로 분류하기 어려운 것들임. 금언들 중에는 평행법의 개념에 포함시키기 어려운 것들도 있음). 반의평행의 분포의 차이는 첫째 부분과 둘째 부분을 구분 짓는 기준이 되고 있다. 한 학자는 각 부분에 다음과 같은 제목을 붙이기도 했다. '의(righteousness)와 악(wickedness)의 대조'(10:1~15:33), '여호와와 왕에 관한 내용들' (16:1~22:16).³ 10~15장이 반의평행을 많이 채용한 것은 지혜로운 삶과 어리석은 삶, 의로운 삶과 악한 삶을 대조해 보이려는 저자의 의도에 반의평행이 적합했기 때문으로 보인다.

3. 금언들의 메시지: 의로운 생활(바른 생활)과 보응의 원리⁴

10~15장을 포함해서 잠언은 전체적으로 '의로운 생활'이라는 메시지를 지니고 있다. 잠언의 주제가 지혜인데 지혜란 인간의 삶에 대해 통달하는 (mastery) 것을 말한다. 그런데 삶을 통달하는 요체는 바로 의로운 생활이다. 다시 말하면 인간은 의롭게(바르게) 살 때에 생에 참된 성공을 얻을 수 있다는 것이다. 잠언은 이러한 삶의 원리를 가르치는 책이다. 이러한 삶의 원리를 생의 가치로 하여 이 원리를 살아가는 인격을 훈련해 내고자 하는 것이 잠언의 목표다. 이 점은 10~15장에서 더욱 두드러진다. 10~15장은 반의평행을

사용하면서 지혜와 우매, 의인과 악인을 대조하는 일에 치중하기 때문이다. 이러한 대조를 하는 목표는 말할 것도 없이 의와 악에 따르는 결과를 보여 주므로 의의 생활을 독려하고자 하는 것이다. 10장 이후의 금언들은 얼핏보면 일정한 방향이나 계획이 없이 이러저러한 금언들이 단순 나열된 것처럼 보인다. 개별 금언을 해석하는 데 도움을 얻을 만한 문맥을 설정하는 것 자체가 쉽지 않다(실제로 이러한 점이 금언 부분들의 해석에 수반되는 가장 큰 난점이다).

그러나 아무리 문학적—문맥적 관점에 있어 만족할 만한 규칙이 발견되지 않는다 하더라도 한 가지 분명한 사실은 있다. 그것은 금언들은 전체적으로 지혜, 즉 의로운 생활이라는 하나의 큰 주제를 중심으로 주어진 다양한 교훈들이라는 점이다(사실 이 점은 1~9장의 훈계도 마찬가지다). 대다수의 금언이 지혜나 의에 관해 말할 뿐 아니라 지혜나 의를 직접 언급하지 않는 금언들도 사실상 넓게는 의로운 생활이라는 포괄적인 주제와 연결이 되어 있는 것이다(이 점은 다음의 '잠언의 대표 교훈인 의로운 생활'에서 상세히 논의하게 된다). 의로운 생활 또는 의로움(바름)을 추구하는 인격이 금언들의 목표요 주제인 점은 의심할 바가 없어 보인다. 그러므로 금언들을 바르게 주석하기 위해서는 이 의로운 생활이라는 교훈을 잘 이해하는 일이 무엇보다 중요하다. 그래서 여기서는 개별 금언의 주석에 앞서 의로운 생활이라는 금언들의 핵심 사상에 대해 먼저 살펴보려 한다. 더불어 소위 보응의 원리라는 것에 대해서도 살펴볼 것이다. 보응의 원리는 금언들이 의로운 생활을 독려할 때 사용한 자극제이다. 이 원리는 잠언이 하나님께서 인간이 살아가는 세계에 심어놓았다고 생각하는 우주적 법칙인데 이 도덕 원리가 있기에 인간은 의로운 생활에 대해 강한 동기를 부여받게 된다. 그러나 보응의 원리는 여러 면으로 오해도 많이 받아 온 개념이다. 여기서는 보응의 원리에 관련된 오해를 제거하는 노력도 할 것이다. 어쨌든 의로운 생활과 보응의 원리에 관해 바른 이해를 정립하는 것은 10~15장의 해석을 위해 매우 중요하다. 잠언 전체를 배경으로 이 두 가지에 대해 토론함으로 10~15장의 개별 금언들을 주해하기 위한 기초를 다지고자 한다.

1) 잠언의 대표 교훈인 의로운 생활

지혜는 쉽게 말하면 '삶의 기술'(the art of living)이다. 즉 어떻게 사는 것이 '잘 사는'(to live well) 것이며 '성공적으로 사는'(to be successful) 것인가 하는 것이다. 잠언은 이 문제에 대해 답을 주고자 하는 책이다. 즉, 잠언은 지혜, 다시 말하면 '잘 사는 기술'(the art of living well)에 대해 알려주고 이 기술을 따라 살아 참된 '성공'에 이르도록 젊은이들을 독려하고 안내하는 책이다.

그러면 잠언이 가르치고자 하는 지혜, 즉 '잘 사는 기술'이란 무엇인가. 한마디로 말하면 '의롭게 사는 것'이다. 의롭게 사는 것이 성공과 행복에 이르는 길이기 때문이다.[5] 젊은이는 거짓되고 구부러진 사악한 길을 택해선 안 되고 정직하고 곧은 의로운 길을 택해 살아야 한다. 의로운 길만이 인간에게 참된 성공과 번영, 소위 '생명'을(3:18; 8:35) 보장해 준다. 잠언은 이처럼 의(義)를 가르치는 책이다. 의만을 가르치는 책은 아니라 하더라도 적어도 의가 중심 교훈인 것만은 사실이다. 이 글은 잠언이 의의 교훈을 주는 책이라는 이해의 전제 위에 논의를 전개하고자 한다.

잠언에 있어 의는 중심 교훈이며 대표 교훈이라 할 수 있다. 이 점을 잠시 살펴보자. 첫째, 의는 잠언에서 가장 중요한 교훈이다. 이것은 그것이 등장하는 빈도로부터 알 수 있다. 의에 대한 교훈은 다른 어느 교훈보다도 높은 빈도로 나타나는데[6] 빈도란 중요성을 측정하는 가늠자이므로 의에 대한 교훈은 여러 교훈 중 가장 중요한 교훈이라 할 수 있다. 그리고 의의 교훈은 책의 처음부터 시작해서 끝 무렵까지 쉬지 않고 가르쳐지는 교훈이다. 이러저러한 다른 교훈이 나오다가도 잠언의 관심은 이내 의의 문제로 돌아가곤 하는 것을 거듭 확인할 수 있다. 이러한 점들로 인해 의는 잠언의 중심 교훈이요 중심 관심사라 말할 수 있다.

둘째, 의는 다른 모든 교훈을 수렴하는 교훈이다. 잠언에는 의(義) 이외의 여러 교훈이 있다. 겸손, 근면, 정결, 언어의 절제, 정직, 신실, 분변, 인내, 자기 절제, 관대, 약자에 대한 친절, 교육의 의의(意義) 등이다. 그러나 이 모든 것들도 면밀히 따져보면 모두가 어떻게 사는 것이 바른 삶인가를 가르치고자 하는 교훈에 다름 아니기 때문에 결국 의라는 교훈 하나로 환원될 수 있음을 확인할 수 있다. 여러 교훈이 있지만 그것들이 의라는 주제 하나로 집약되는 것이다. 그런 점에서 의, 곧 의로운 생활은 잠언에서 다른 모든 교훈을 아우르는 대표 교훈이라 해도 무리가 없어 보인다.

의가 잠언의 중심 교훈이며 대표 교훈인 것은 또 하나의 증거가 결정적으로 뒷받침한다. 그것은 잠언이 지혜와 의를 거의 동의어 취급을 한다는 사실이다.[7] 지혜와 의, 지혜로운 자와 의로운 자가 평행으로 등장하며 서로 치환이 가능한 말들로 쓰인다(물론 어리석음과 악, 어리석은 자와 악인도 서로 평행어요, 치환이 가능한 말들이다). 지혜는 잠언의 주제 그 자체이므로 잠언이 지혜와 의를 동의어로 간주한다는 점은 바로 의가 잠언의 주제임을 말해주는 결정적 증거다. 이런 근거들로 인해 이 글은 의 곧 의로운 생활을 잠언의 중심적인 혹은 더 나아가서는 유일의 주제요 교훈으로 이해하고 있다.

2) 보응의 원리란 무엇인가

그러면 잠언이 어떻게 해서 의를 그토록 열정적으로, 책의 중심에 놓고 가르치게 되었는지 그 배경을 살펴보자.[8] 잠언에서 의가 인간을 성공으로 인도하는 삶의 방식임을 알고 그것을 열심히 가르치게 된 것은 바로 잠언이 지닌 '보응의 원리'라는 세계이해 때문이다. 세계는 질서없이 우연들이 아무렇게나 이어져 가는 장소가 아니다. 그곳은 행동과 결과 사이에 부정할 수 없는 엄격한 상관성이 작용하는 엄밀한 도덕적 질서의 세계다. 이 질서(혹은 상관성)를 보응의 원리라고 하는데, 그것은 '의로운 생활을 하는 자에게는 성공과 번영이 따르고 악한 생활을 하는 자에게는 실패와 파멸이 따른다'는 법칙을 말한다. 잠언은 의롭게 살 것을 거듭 촉구하면서 더불어 이 보응의 원리를 쉼없이 가르치는 것을 볼 수 있다.[9]

보응의 원리를 가르치는 구절은 수없이 많다. 적어도 다음의 구절들이 보응의 원리를 가르치고 있다. 잠언 2:21~22; 3:33; 4:18~19; 10:3, 9, 14, 16, 17, 21, 24, 25, 27, 28, 29, 30, 31; 11:3, 5~8, 17, 18, 19, 20, 21,

23, 30, 31; 12:2, 3, 7, 12, 13, 21, 26, 28; 13:6, 9, 21, 22, 25; 14:9, 11, 14, 19, 32; 15:3, 6, 9; 16:4, 17, 31; 17:20; 18:10; 21:7, 12, 18; 22:5, 8; 24:12, 16, 20; 25:26; 28:1,10,18.

보응의 원리란 무엇인가. '의롭게 사는 것'이 잠언의 중심 교훈이라면 보응의 원리는 이를 뒷받침하는 사상적 근거이다. 하나님은 우주를 지으실 때 그곳에 하나의 질서를 심어(implant) 놓으셨다. 바로 보응의 원리라는 도덕 질서다. 인간의 한 행동에는 그에 상응하는 결과가 따른다. 아무렇게나 말하고 아무렇게나 행동하면서 좋은 결과가 오기를 기대해서는 안 된다. 인생에 요행이란 없다. 반드시 선하고 의롭고 지혜로운 행동이라야 그에 상응하는 축복된 결과를 기대할 수 있다. 남에게 해를 끼치는 악한 행동을 한다면 불가피하게 실패와 패망이라는 쓰디쓴 결과를 맛보아야 한다. 이와 같은 행위와 결과간의 상관 법칙(the law of the act-consequence relationship)이 바로 보응의 원리다. 잠언은(뿐만 아니라 지혜 사상에 관계된 지혜 스승들 모두는) 바로 이 보응의 원리를 하나님께서 우주에 심어놓으신 내적 법칙(built-in principle)으로 보았다. 하나님이 지으신 이 우주는 도덕적 우주다. 도덕적 우주에는 보응의 원리라는 대원리가 작용하고 있어서 인간이 진정한 성공을 맛보고자 한다면 이 원리를 애초부터 유념하고 의로운 생활에로의 확고한 선택을 하면서 살아가야 한다. 이 원리를 무시하거나 이 원리에 조화되지 않고 멋대로 악을 선택하여 살면 파멸만이 기다릴 뿐이다. 이것이 바로 잠언 전체를 흐르는 주요 사상(교훈)이며 잠언이 진정 가르치고자 하는 바다.[10] 잠언에 있어 지혜로운 사람이란 바로 이 보응의 원리를 깨달은 사람이며 그 깨달음에 기초하여 의로운(바른) 생활에로 과단성 있게 결단하는 사람이다.[11]

3) 보응의 원리와 관련된 오해의 불식과 보응의 원리가 그리스도인의 삶에서
   지니는 의의

이상에서 살펴본 바와 같이 잠언은 의로운 생활(바른 생활)과 보응의 원리를 역설하는 책이다. 인간이 성공적인 인생을 살기 위해서는 의의 삶을 살아

야 한다. 그런데 이를 위해서는 하나님이 이 우주에 심어놓으신 보응의 원리라는 대 질서에 대한 앎(소위 크랜쇼의 말대로 '실천적 지식')을 터득해야 한다. 잠언에 의하면 이 보응의 원리에 대한 실천적 지식이야말로 인간이 소유해야 할 가장 중요하고도 기초적인 삶의 자원이다.

그런데 한 가지 어려운 문제가 있다. 보응의 원리가 이렇게 중요한데 그것이 그리스도인의 삶과는 어떤 연관을 가지는가 하는 점이다. 잠언이 정경인 이상 보응의 원리는 분명히 그리스도인에게도 의미 있는 원리임에 틀림없다. 마땅히 그 원리에 준하여 사고하고 그 원리에 순종하여 살아야 한다는 결론을 내릴 수 있다. 그러나 실제로 이 원리를 복음적 은혜 아래 살아가는 그리스도인의 삶의 원리로 제시해 내는 일, 즉 그것을 그리스도인의 삶을 위한 신학 체계 안으로 통합해내는 일은 그리 쉬운 일이 될 것 같지 않아 보인다. 액면 그대로만 보면 보응의 원리는 매우 율법적이고 심지어 인본적이라고까지 느껴지기 때문이다. 여기에 보응의 원리를 복음 안에서 적절하게 재해석해내는 일이 하나의 큰 과제로 대두된다.

보응의 원리를 그리스도인의 삶에 있어 의미 있고 유용한 원리가 되도록 통합해내기 위해서는 두 개의 관문을 통과해야 한다. 하나는 언어의 선입견에 관한 관문이고, 다른 하나는 위에서 지적한 바와 같이 신학적 해석의 관문이다.

먼저 언어의 선입견의 관문에 대해 살펴보자. 보응이라는 말은 동서양을 막론하고 학자들이나 일반 대중에게 적지 않은 거부감을 주는 말이다. 이 거부감이 보응의 원리를 그리스도인의 삶을 위한 신학의 체계 안으로 융합해 들이는 데 첫째 걸림돌이 될 수 있다. 동양에서는 보응하면 쉽게 불교의 인과응보를 연상하게 된다. 불교의 인과응보는 원인과 결과가 가차 없이 적용되는 기계적인 숙명과도 같은 것이다. 인간 스스로의 힘으로는 도저히 빠져나갈 수 없는 그물과 같다. '세계와 인간사에 개입하시는 신의 인격' 같은 개념이 없는 동양의 문화에 젖어온 사람들에게는 특히 큰 부담으로 다가올 수 있다. 서양에서도 언어의 편견이 주는 심각성은 마찬가지다. 우선 서양인들에 있어 '보응'(영: retribution, 독: Vergeltung)이라는 단어는 부정적인 함의가 너무 강한 말 같다. 잘한 일에 대한 포상이라는(reward) 의미가 없는 것은 아니지만 잘못한 것에 대해 응징하거나 보복(reprisal, retaliation) 내지는 심판한다는(judgment) 의미가 더 압도하는 듯하다. 그래서인지 학자들은 그 원리의 존재에 대해서는 예외 없이 인정을 하면서도 정작 그것을 '보응의 원리'라는 말로 표현하는 것은 적이 꺼리는 경향이 있다. 이것은 근자의 학자들에게서 볼 수 있는 일반적인 현상이다.[12] 예컨대 폰 라드, 코흐, 클리포드 등의 글을 보면 쉽게 확인된다.[13] 학자들은 보응의 원리란 말은 피하고 그저 '세계의 내적 질서'(inherent order embedded in the world), '행동과 결과의 상관구조'(act-consequence construct) 정도의 중성적 표현에 만족하려 한다.

명칭이 '내적 질서'든 '행동과 결과의 상관구조'든 '보응의 원리'이든 의미는 마찬가지다. 보응의 원리라는 이미 전통적으로 써온 표현을 사용하더라도 보응이라는 말을 잘 정의하여 쓰면 될 것이다. 보응이라는 단어를 성경의 취지로 이해하여 쓰기만 하면 된다. 하나님께서 우주를 창조하시면서 손수 그 곳에 하나님이 원하시는 도덕질서를 심어놓으셨다. 인간이 옳고 바르게 살면 당당한 축복을 받게 되고 거짓되고 사악하게 살면 패망을 맛보게 된다는 질서다. 이 질서가 보응이다. 이것은 인간을 과거를 문제 삼아 심판한다든지 응보의 그물에 옭아 넣으려고 구상하신 질서가 아니다. 인간을 인간답게 살고 최고의 의미 가운데 살도록 하기 위해 주신 인간성 회복의 질서다. 인간은 이 법칙으로 말미암아 불의에 대해 경계를 받고, 의라는 높은 도덕적 이상을 향해서는 독려와 자극을 받는다. 인간은 의를 행하므로 말미암아 하나님을 만족시키고 사회를 안정시키며 자신은 번영과 행복의 사람이 될 수 있다. 이처럼 보응의 원리는 부정적이 아니고 긍정적인 삶의 법칙이다. 인간을 인간답게 만드는 건강한 복지의 원리다.

게다가 보응의 원리는 순수하게 자체로만 돌아가는 자율의 법칙이 아님을 유념하는 것이 또한 중요하다.[14] 보응의 원리는 우주에 내재된(inherent) 원리인 것은 사실이지만 동시에 하나님이 직접 통제하시고 운영하시는 원리다. 그저 '자동으로' 돌아가는 하나님 통제 밖의 법칙이 아니라는 말이다. 코흐는 우주 내에 존재하는 '행동과 결과의 상관구조'는 우주의 내적 법칙인 관계로 외부의 통제적 권위 운운하는 것은 전혀 맞지 않는 말이라고 주장한다(그는 이러한 이유로 '보응'이란 말을 쓰는 것을 거부했다).[15] 그러나 이러한 생각은 지나친 관념적 사유의 결과라 생각된다. 성경의 언명들을 인간의 이성의 한계 내에서만 이해하려 한 것이다. 잠언은 한편으로는 우주가 보응의 원리에 의해 돌아간다고 하면서도 다른 한편으로는 하나님이 보응을 시행하신다고 말씀한다.

성경이 두 가지를 동시에 말씀하니 우리는 이것을 그대로 받아들여야 한다. 우주의 내적 법칙이라는 것과 그것을 하나님이 통제하신다는 사실 사이에는 아무런 모순이 없다. 인간의 이성은 이것을 모순으로 느끼지만 그것은 인간의 이성이 지닌 자체의 한계에서 온 것이고, 사실 그것은 잠언의 계시가 (또는 성경의 지혜 사상이) 지닌 고유의 신비라 해야 할 것이다. 하나님은 자신이 원하시는 질서를 세계에 심어 놓으셨다. 그러나 동시에 최종의 권위로서 그것을 직접 관리·운영하고 계시다. 보응의 원리는 비인격적인 내재율도, 인간을 무자비하게 구속하는 비정의 법칙도 아니다. 인간을 사랑하시고 기뻐하시는 하나님께서(잠 8:31) 친히 세우신 원리이며 그 자신이 주권적 은혜로 직접 시행해 나가시는 원리다. 이에 조화하여 사는 사람으로 하여금 '생명'의 수혜자가 되게 하는 원리다.

언어의 선입견의 관문을 통과하기 위하여 이상과 같이 보응이란 말이 지닌 긍정적 함의와 그를 시행하는 하나님의 주권적 사랑에 대해 살폈다. 다음은 신학적 해석의 관문에 대해 살펴보자. '보응'이라는 말에 대한 선입견이 해결되었다 하더라도 여전히 보응의 원리는 그 자체만으로는 그리스도인의 삶의 법칙으로 자리매김하기가 쉽지 않다. 보응의 원리에는 불가피하게 한두 가지 오해가 따라다니기 때문이다. 첫째는, 율법주의의 오해다. 보응의 원리는 그 자체만으로는 인간이 자신의 공적으로 무언가를 얻어낼 수 있음을 가르치는 공식으로 오해될 수 있다. 둘째는, 인본주의 내지는 심지어 마술주의의 오해다. 사람에게는 스스로 무엇을 할(심을) 수 있는 능력이 충분하다는 것을 전제하는 것으로 들릴 수 있고, 또한 무언가 심기만 하면 으레 상응하는 무언가를 되돌려 받을 수 있다고 가르치는 것으로 들릴 수 있다. 모두 기독교 복음과는 양립될 수 없는 오해요 생각들이다. 이처럼 보응의 원리는 자체만 가지고는 심각한 오해의 소지들을 노정한다. 그러면 어떻게 하면 이처럼 자체적으로 불안정한 원리를 복음적 은혜 가운데 사는 그리스도인을 위해 의미 있는 삶의 법칙이 되도록 제시해낼 수 있을 것인가. 아마 세 가지 정도의 신학적 의미 조정(qualification)을 가하면 가능하지 않을까 생각한다. 보응의 원리를 다음 세 가지의 조망 아래 보면 되지 않을까 하는 것이다.

첫째, 보응의 원리는 하나님의 은혜의 우산 아래 운영되는 원리다. 잠언 자체에서도 보응의 원리는 인간을 사랑하시는 하나님께서 세우신 원리이며 또 하나님 자신이 직접 운영하시는 원리다. 그리스도인에게도 마찬가지다. 구속의 은혜를 받은 하나님의 자녀는 이미 영원한 하나님의 보호와 축복 가운데 있다. 보응의 원리는 이와 같이 은혜 아래 있는 하나님의 자녀의 삶의 질과 방향을 정해 주는 길잡이인 것이다. 하나님의 자녀에게 인간답게 사는 법을 가르쳐 그가 지상에서 참된 번영과 행복을 누리도록 인도하는 나침반이다. 은혜와는 상관없이 인간의 공적만으로 마술적 효과를 얻어 보겠다는 식의 율법적 인본적 사상이 아니다. 하나님의 은혜는 이미 받았다. 보응의 원리에 따라 살면 다시 좋은 것을 보응으로 받는다. 보응의 원리는 은혜의 자녀들에게 이중 축복의 기회가 되는 것이다.

둘째, 보응의 원리는 미래를 지향하는 원리다. 이는 첫째 조망의 연속이다. 동서양을 막론하고 '보응'하면 과거의 잘잘못에 집착하는 경향이 있는 것 같다. 특히 현재 자신이 처한 어려운 상황을 해석해내는 방편으로 과거의 과오를 상정하여 의미 연관을 정립하려고 한다. 그러나 보응의 원리는 과거를 해석하는 방법이 아니다. 애초부터 미래를 지향한 교육이었고 상담이었다. 보응의 원리는 젊은이들에게 우주에 존재하는 엄연한 도덕 질서를 일깨워 줌으로 단 한번의 인생을 착오가 없는 것으로 설계하도록 하고자 하는 깊은 애정이 담긴 교훈이다.

셋째, 보응의 원리는 하나님의 자녀의 책임과 성실을 촉구하는 원리다. 첫째, 둘째 조망에 이어진다. 복음의 은혜 가운데 사는 하나님의 자녀는 그 은혜를 값싸게 낭비하면 안 된다. 받은 은혜와 자유가 크므로 이제 삶 전체를 드려 응답하는 삶을 살아야 한다. 보응의 원리는 원리 자체가 중요한 것이 아니라 그것이 추구하는 목적, 즉 하나님 자녀의 '의(義)의 삶'이 중요하다. 하나님의 자녀는 의의 삶으로 하나님과 세상에 대한 책임을 다해야 한다. 하나님의 자녀는 자신의 이기적인 목적만을 위해 부르심 받은 존재가 아니다. 하나님 나라의 건설이라는 높디높은 이상을 향하여 부르심을 받았다. 하나님의 자녀는 부르심 받은 책임을 위하여 성실을 다하는 삶을 살아야 한다. 이제 의와 순종은 무엇을 얻기 위한 수단이 아니다. 오직 은혜 주신 이의 만족만을 지향하는 목적적 성격의 것이다. 여기에 순순하게 드려지는 성결과 사랑과 정의가 있다. 이처럼 하나님의 은혜를 먼저 상정하며, 미래를 지향하는 것으로 이해하고, 자녀의 참다운 책임을 재촉하는 원리로 이해하면 보응의 원리는 그리스도인의 삶의 법칙이 되기에 충분한 자격을 갖추게 된다. 인본적이고 율법적인 원리가 아니라 은혜 가운데 사는 자녀의 삶의 질을 결정하는 복되고 값진 원리가 되는 것이다.

이상과 같이 보응의 원리에 대해 언어 선입견의 관문과 신학적 해석의 관문을 통과하는 작업을 마쳤다. 보응의 원리는 애초에 젊은이들을 의로운 생활로 인도하기 위해 가르쳐진 교리다. 이제는 복음 아래 살아가는 그리스도인이 따라야 할 삶의 원리가 되었다. 은혜 아래 사는 하나님의 자녀는 자기 자신만을 지향하던 이기적인 안목을 버리고 이제는 자신에게 주어진 책임을 다하고자 하는 '나라'의 안목을 구비해야 할 것이다. 그것이 자유 얻은 자의 마땅한 응답이 될 것이다. 그러나 보응의 원리는 의의 삶에 성실을 다하는 자녀들을 결코 빈손으로 돌려보내지 않을 것이다. 이 땅의 좋은 많은 것을 누리는 복을 '덤'으로 얹혀 주실 것이 틀림없다. 그것이 보응의 원리가 지닌 "생명"(잠 3:18; 8:35; 11:30; 12:28)의 법칙이기 때문이다.

금언들의 중심 메시지인 '의로운 생활'과 그를 독려하는 보응의 원리에 대해 정리를 마쳤으므로 이제는 10~15장(혹은 잠언 내의 모든 금언모음들)의 금언들이 배열된 성격을 잠시 살핀 다음 각 장에 대한 주해로 들어가기로 한다.

4. 금언 배열의 성격

잠언 내의 금언모음(10:1~22:16; 25:1~29:27 등)들은 모음 내에 전체적으로 적용된 금언 배열의 원칙이나 논리 같은 것이 없는 것으로 생각된다. 금언들은 전후의 금언들과 필연적인 의미 연관을 지니지 않은 채 배열되어 있는 것이다. 따라서 주제별로 문단을 나누는 일이라든지 주제의 발전을 찾는 일이라든지 하는 것은 애초부터 기대하기가 어렵다. 이 점이 잠언을 읽는 독자나 주석가들을 가장 당황케 하는 점이다.

실제로 이런 어려움 때문에 주석들 중에는 10장 이후를 장별 절별로 주경해 나가는 대신 중심 주제를 중심으로(예컨대 진실, 근면, 말, 겸손 등) 해설하는 경우도 있다.[16] 개별 금언들의 해석에 도움을 얻을 주변 문맥이 존재하지 않으므로 금언들의 해석은 금언 하나하나를 각각 독립적으로 ―아마도 인간의 삶이라는 일반적인 배경만을 염두에 두고― 묵상하는 수밖에 없는 것 같다.

금언모음들의 전체적 성격은 그러하다. 그러나 그렇다고 금언들이 무조건 마구잡이로만 배열된 것은 아니다. 부분적으로는 금언을 모으는데 어떤 작은 규칙들이 적용되기도 했다. 국소적이긴 하지만 무언가 연관이 있는 금언들을 의도적으로 모은 흔적을 여기저기서 볼 수 있다. 예컨대 형태소(morphemes), 캐치워드(catchwords), 화두(topics)와 같은 것들이다. 이 기준들을 중심으로 금언들이 몇 개씩 모여 있는 경우들이 있다.

먼저 형태소를 중심으로 금언을 모은 경우를 살펴보자(여기서는 같은 단위 10:1~22:16에 속해 있는 16:1~22:16까지 함께 생각하기로 한다). 11:9~12는 모두 '베트'(ㄱ)로 시작하는 금언들을 모은 것이다.[17] 18:20~22의 세 금언은 모두 문장 첫 알파벳이 '멤'(ㄲ)인 금언들을 모은 것이다. 캐치워드를 중심으로 모은 경우도 있다. 15:13~15의 세 금언은 '레브'(ㄱㄴ 마음)이라는 공통어를 중심으로 모아져 있다. 거기다 15~17절 세 절에는 '톱'(סוב 좋은)이라는 말이 공통 어로 들어가 있다. 따라서 15:13~17의 다섯 개의 금언은 '레브'과 '톱'에 의 해 연결되어 있는 셈이다. 16:27~29의 세 금언에는 모두 '이쉬'(איש 사람)란 단어가 공통으로 들어가 있다(그리고 이 단어가 금언들의 첫 단어이다). 마지막으로 공통된 화두/주제를 중심으로 모은 경우를 살펴보자. 16:10~15의 여섯 금 언은 왕들에 관해 말하는 금언들을 모은 것이다.

10~15장(또는 10:1~22:16)은 주제적 배열이라는 제약에 구속되지 않는 만 큼 여러 가지 관심을 다양하게 다루고 있다. 의(지혜)와 불의(어리석음)라는 대 표적인 주제 외에 교만, 언어 습관, 중상, 거짓, 게으름, 빚 보증, 부와 가난, 뇌물, 음주, 탐욕, 분노의 통제 등 하루하루의 생활을 살아가는 데 늘 부닥치 는 문제들에 대해 예리한 관찰을 제시한다. 절제된 생활, 정직과 신실, 이웃 에게 너그러이 베풂 등 사회 윤리적인 덕목을 추천하는 데도 인색하지 않다. 이상에서 다룬 바와 같은 배경 지식의 바탕 위에 본문을 주해하기로 한다.

본문 주해(10, 11장)

앞에서 금언들은 문단 나누기가 큰 의미가 없음을 말했다. 그러나 주제/ 화두든, 캐치워드든, 형태소든 주변 금언들을 묶는 기능이 있는 경우는 하 나의 문단으로 보았다. 즉 10장에서는 1~3절, 4~5절, 6~7절, 8~12절, 13~17절, 18~25절, 26~32절으로 묶어 주해하였고, 11장에서는 1~8절, 9~13절, 14~19절, 20~28절, 29~31절으로 묶어 주해하였다.

1. 의로운 삶과 그릇된 삶에 따르는 보응(10장)

[1절] "솔로몬의 잠언이라"는 제목은 다음 제목이 22:17에 가서야 나타나 므로('지혜자들의 말씀들') 10:1에서 시작해서 22:16까지 이르는 부분 전체를 아우르는 제목으로 생각된다. "아들"을 언급한 것은 앞의 1~9장이 "아들"

에게 준 훈계들로 되어있는 것을 감안하면(참고 1:8, 10; 2:1; 3:1, 21; 4:1, 10, 20; 5:1 등) 10:1~22:16은 1~9장에 이어지는 교훈임을 암시하는 것 같다. 1~9장에서 교훈을 받은 "아들"의 삶은 어떤 것이어야 하는가를 금언으로 말해 놓은 것이 10:1~22:16이라는 의미가 된다. "지혜로운 아들"은 13:1과 15:20에도 나온다. 이 말은 10~15장의 시작과 중간, 그리고 마지막에 나오므로 구조적으로 10~15장을 대표하는 말이 된다. 10~15장은 지혜, 또는 지혜로운 삶이 무엇인가가 중심 관심사이다.

[2절] "악하게 얻은 재물은 유익이 없으나 의는 죽음에서 구원한다."[18] "지혜"라는 주제를 언급한 1절에 이어 첫 교훈에 해당하는 2절은 보응의 원리를 말한다. 10:1~22:16(또는 적어도 10~15장)은 의로운 생활 또는 보응의 원리가 대표 교훈임을 짐작하게 한다. "죽음에서 구원받는 것"은 말은 단순히 오래 산다는 뜻도 되겠지만 매우 불리한 환경에서 살아남는 것을 의미할 수도 있다(참고 수 2:13; 시 33:19).[19] 하나님이 주신 질서의 세계에서는 수단 방법 가리지 않고 모은 재산이 아니라 의로운 삶만이 인간을 죽음과 같은 역경에서 지켜주는 안전장치가 된다. 히브리 원문은 전반절이 네 개의 오(/ō/ 또는 /ô/) 소리로 묶이고 후반절이 네 개의 아(/a/ 또는 /ā/) 소리로 묶이는 소리 유희가 발견된다.[20] 이 소리 유희는 의인이 처할 운명과 악인이 처할 운명을 강조하는 듯하다.

[3절] "의" 또는 "의인"이 캐치워드로 3절을 2절에 이어지게 한다. 의인과 악인의 운명이 극명하게 대조된다. 하나님은 의인의 (물질적) 필요를 채우실 것이나 악인의 욕심은 좌절시키신다. 전형적인 보응의 원리의 진술이다.

[4, 5절] 2, 3절에 이어 6, 7절 이후에도 의로운 생활과 보응의 원리에 대한 교훈은 계속된다. 4, 5절의 근면에 관한 교훈은 이러한 문맥 속에 주어져 있다. 근면의 교훈도 바른 생활을 위한 교훈의 일부임을 시사하는 대목이다. 10~15장 내의 많은 다른 구절들처럼 4절과 5절도 반의평행으로 되어 있는데, 게으름이 초래하는 결과와 근면이 초래하는 결과가 뚜렷이 대조되는 효과를 보인다. 게으른 자는 가난을 자초하게 되며 근면한 자라야 부를 이룰

수 있다. 자명해 보이는 진리지만 인간이 언제나 진리에 걸맞게 살아가지는 못한다. 잠언은 고차원적이고 어려운 원리를 제시하여 그 기준에 맞추어 살라고 하지 않는다. 다만 기본에 충실한 삶을 살 것을 추천하고 충고할 따름이다. 근면은 사람이 살아가는 기본이다.

4, 5절은 전체로 하나의 교차대칭구조(chiastic structure)를 이룬다. 4절에서 한 차례 언급된 게으름과 근면이 5절에서는 역순으로 언급된다. '게으름 (A) ― 근면(B) ― 근면(B′) ― 게으름(A′)'. 하나의 탄탄한 통일성을 가지고 근면 교훈이 주어지고 있다. 근면 교훈이 부수적인 교훈이 아니라 바른 생활을 위한 핵심 교훈임을 강조하려는 듯 하다. 4절의 "손을 게으르게 놀리는 자"와 "손이 부지런한 자"는 원문으로는 '늘어진 손(손바닥)'과 '근면한 자들의 손'이다. '늘어진 손'이란 생에 대해 어떤 목표나 열정이 없이 안이하고 나태하게 살아가는 사람을 가리키는 은유다.

[6절] 6절 역시 의로운 생활을 추천하는 금언에 다름 아니다. 그러나 6절은 나름대로 어려움을 지니고 있다. 상절은 의인에게 돌아오는 보상에 대해 말하는데 하절은 악인의 범죄 자체를 말하고 있어 평행이 성립하지 않아 보이기 때문이다. 그래서 '하마스'(개역한글 "독")를 악인의 입(즉, 언어 습관)에 대한 꾸중이나 징계로 이해하여 후반절을 '악인의 입에는 징계가 주어진다'는 의미로 해석할 수 있다. 물론 이것은 KJV 성경처럼 '하마스'를 주어로 '악인의 입'을 목적어로 할 때 가능한 해석이다. 하지만 역시 '하마스'의 자연스러운 의미는 "폭력"과 같은 악행(violence)이다. 그 폭력을 징계의 폭력으로 해석하는 것은 무리가 있을 것이다. 따라서 '하마스'는 여전히 악인의 악행이라는 차원의 의미로 취하는 게 옳을 것 같다. 여기서는 입과 관련된 악행이므로 '악의를 지닌 사악한 말' 정도의 의미가 될 것이다. 균형이 깨진 평행을 이처럼 불현듯 채용하는 것도 저자의 재치라 보아야 할 것이다. 6절은 의인은 (늘 좋은 말과 행동을 하여) 복을 받는데 비해 악인은 이에 아랑곳 하지 않고 계속해서 입 속에 사악한 말을 품고 (또 그 말을 하고) 다니니 그 결과가 어떻게 되겠느냐는 의미가 될 것이다.

[7절] 6절과 7절이 "축복"이라는 캐치워드로 연결되는 것으로 보인다. 의로운 행위와 악행은 지상에 살아 있는 동안만 효과가 있는 것이 아니라 죽은 다음에도 그 효과가 지속된다.

[8절] 첫 절의 지혜-우매 화두로 다시 돌아간다. 지혜란 곧 계명을 지키는 것이다. 말씀에 순종함으로 의로운 생활을 하는 것이다. 우매는 말만 하고 실천하지 않는 것이다. 8절도 6절처럼 정확한 평행이 아니다. 여기서는 6절과 반대로 전반절이 지혜자의 의로운 행위 자체를 언급하는데 반해 후반절은 우매자(악인)가 받을 보응을 말한다.

[9절] 역시 보응의 원리이며 잠언이 가르치는 바른 생활의 교훈의 진수가 표현되어 있다. 전반절은 바른 생활, 즉 온전한 삶이 확신과 안전의 기초라 말한다. 후반절은 아무리 자신이 하는 일을 숨기고 꼬아도 그것은 결국 발각되고 만다고 한다. 동양의 사필귀정(事必歸正)이라는 말이 이에 해당할 것이다. 곧게 나아가는 사람은 결국 평탄한 길을 만나고 형통하게 된다. 잔 수나 부리면서 정직히 행치 않는 사람은 결국은 그 속임수가 드러나고 말 것이다.[21]

잠언이 가르치는 바른 생활의 교훈은 곧게 뻗은 고속도로를 연상시킨다. 거짓이나 술수 따위로 우회하지 말고 곧게 뻗은 길로 정정당당한 삶을 살아서 성공이라는 목표에 정확히 안착하라는 것이다. 인생은 잔꾀가 아니다. 정직한 정면 승부이다. 사자성어 대도무문(大道無門)이란 말이 이 교훈과 의미가 통한다. 잠언의 대표 교훈답게 전반절은 뛰어난 소리 유희로 되어 있다. 원문을 읽으면 '홀 렉바톰 옐렉 베타흐'(holek battom yelek betah)가 되는데 l과 k가 반복되고 b와 t가 반복된다. 또 /o/ 소리와 /e/ 소리도 다른 방식으로 반복된다.[22]

[10절] "눈짓하는"(winks the eye) 것은 9절의 "길을 굽게 하는" 행동에 속하는 일일 것이다. 곧고 정정당당하게 살아가지 못하고 교묘한 속임수나 잔꾀를 쓰는 신실하지 못한 삶의 태도를 말할 것이다.

[11절] 의인은 좋은 말로 다른 사람에게 유익을 끼치고 다른 사람의 생명

도 구한다(잠언에서 '생명'이란 이 땅에 살아가는 동안 유익한 모든 것을 포괄적으로 이르는 말임). 악인은 항상 마음속에 나쁜 말, 해로운 말을 품고 있어 다른 사람에게 해를 끼치거나 파괴한다. 말은 마음의 표현이며 행동의 출발이다. 올바른 생활을 역설하는 잠언이 말에 관해 거듭 교훈하는 것은 자연스러운 일이다. 6, 8, 10, 11절을 보면 의로운 생활, 악한 생활이 말의 문제와 연결되어 있다.

[12절] "덮는다"는 캐치워드가 11절과 12절을 연결한다(같은 단어를 개역한글은 11절에서는 "머금었느니라"로 12절에서는 "가리우느니라"로 옮기고 있음). 그러나 "덮는다"의 의미는 11절에서는 부정적이었던 것이 12절에서는 허물을 덮는다는 매우 긍정적인 것이 되었다.

[13절] 지혜라는 최초의 주제로 다시 돌아간다. 후반절의 "지각이 부족한 자"는[23] 곧 말을 분별없이 하는(개역한글에 의하면 "입술에 명철이 없는") 자다.

[14절] 지혜로운 자는 적절한 때에 말하려고 지식을 드러내지 않고 아껴 둔다. 어리석은 자는 자신의 어리석음을 아무 때나 발설하여 자신과 남을 곤경에 빠뜨린다. 후반절의 원문은 그대로 옮기면 '바보의 입, 가까운 파멸'이다. 히브리어에는 이와 같은 비동사문장(동사 없이 쓰인 문장)이 흔한데 비동사문장들 중에서도 이 경우는 특히 강렬한 스타카토를 보여준다.

[15절] "파멸"이 14절과 15절은 잇는 캐치워드다. 금언은 크게 두 종류로 나누어진다. 교훈적인 내용을 전달하는 교훈, 금언(didactic sayings)과 단순한 관찰의 내용을 전달함으로써 미래 예측에 도움을 얻게 하는 관찰 금언(observational sayings)이 그것이다.[24] 15절은 부와 가난에 대한 가치 판단은 유보한 채 관찰을 통해 얻은 경험적 지식만을 중성적으로 전하고 있다. 15절의 문장 구조는 전반절에서는 주어-술어의 순으로 말한 다음 후반절에서는 그것의 역순, 즉 술어-주어의 순으로 말하는 교차대칭구조이다.

[16절] 의인은 수고해서 얻은 것을 (자신과 남의) 생명을 살리는 일에 쓰고 악인은 자신의 수입을 가지고 죄를 짓는 일에 쓴다. 같은 수입을 가지고도 선용하느냐 악용하느냐에 따라 그 결과는 심각히 달라진다. 15절에서 부(富)는 소유한 자에게 일단 유익한 것으로 말한 다음 16절에서는 그것을 선용할 것

을 권고하는 것이다.

[17절] 1~9장을 연상시키는 매우 일반적인 교훈이다. 교훈(훈계)를 지키는 자가 지혜롭고 의로운 자요, 그러한 자만이 생명을 얻는다.

[18~20절] 말에 관한 네 개의 금언이다. 미움을 숨기고 교언영색(巧言令色) 하는 것이나 그 미움을 비방으로 드러내는 것 모두 악한 일이다(18절). 말은 절제하는 것이 가장 잘 쓰는 것이다(19절). 말의 가치는 그것을 쓰는 사람이 누구냐에 달려 있다(20절).

[21절] "의인의 입술은 많은 사람을 먹이나[25] 미련한 자는 지각이 없으므로 죽느니라." "먹이나"는 목자가 양을 치는 것을 가리켜 쓰는 단어다. 의인은 바른 말을 잘 사용함으로 사람을 돌보고 돕는 목자가 된다. 미련한 자들 (바보들)은 의인들이 사람들에게 나눠주는 지혜를 받을 줄 몰라서 망한다. 21 절에서 "의인"과 "미련한 자"가 반의대구(反意對句)가 된 것을 주목하라. "의인"과 "악인"이, 또는 "지혜자"와 "미련한 자"가 대구가 되었어야 옳을 것이다. 그러나 이것은 곧 잠언이 "의인"을 "지혜자"와, "악인"을 "우매자"와 동일시한다는 증거가 되어 준다.

[22절] 하나님의 보응의 원리는 지상에서의 삶을 윤택케 한다. 부(富)는 의의 생활에서 얻어지는 것으로 정당하고 자랑스러운 것이다. 잠언은 이처럼 지상에서의 부귀와 번영을 망설임 없이 긍정한다. 여호와의 축복은 순수하며 불순물이 없다.

[23절] 지혜자는 지혜로운 행위를 즐거워하므로 지혜자이고 우매자는 어리석은 행위(악행)를 즐거워하므로 우매자이다.

[24, 25절] 이 두 절은 잠언의 기본 사상인 보응의 원리를 잘 설명한다. 25 절은 역경이 휩쓸고 지나간 후 의인과 악인에게 닥치는 운명에 대해 비교한다. 의인과 악인은 순경(順境)에서는 거의 구별되지 않는다. 그러나 환난이 지나고 나면 그 운명이 확연히 구별되는데 오직 의인만이 영원한 터를 확보한다. 조금도 구부러짐 없는 우주의 도덕질서가 명료하게 제시되었다.[26] 24 절은 재앙을 두려워하는 것이 악인의 특징임을 또한 말해 준다(참고 잠 28:1).

[26절] 4~5절에 이어 게으름뱅이가 다시 등장한다. 게으름뱅이는 자신에게 해를 끼칠 뿐 아니라 고용주에게도 큰 골칫거리가 된다. 반대로 충성된 일꾼은 주인의 마음을 유쾌하게 하기 마련이다(25:23)

[27~30절] 다시 원리적 교훈으로 되돌아온다. 보응의 원리를 설파하는 금언 네 개가 모여 있다. 이 교훈의 등장 빈도는 가히 보응의 원리가 잠언의 기초 사상임을 짐작케 한다. 의인은 장수하고(27절) 소원하는 바가 이루어지며(28절) 하나님이 힘과 피난처가 되시고(29절)[27] 땅을 기업으로 차지한다(30절). 하나님은 모든 좋은 것으로 의인을 복 주시는 것이다. 악인은 그 반대다. 모든 결과에 있어 의인의 반대의 것을 받는다. 즉 단명, 좌절, 파멸, 퇴출 등이다. 27절은 '의'(義)가 있어야함직한 자리에 '여호와 경외'가 자리해 있다. 잠언이 하나님 경외를 의(또는 지혜)와 동일시하는 것을 엿보게 한다. 30절은 산상수훈에서 예수님에 의해 더 발전된다. "의인"이 "온유한 자"로 대치된다(마 5:5).

[31, 32절] 11~14절, 18~21절에 이어 다시 말에 관한 교훈이다. 역시 앞에서처럼 언어 습관은 의인/악인의 생활의 일부로 이해된다. 의인의 입은 항상 지혜롭고 호감이 가는 말을 내는데 악인의 입에서는 뒤틀린(개역한글 "패역") 말이 나온다. 31, 32절의 단어 사용을 보면, 의인의 언어 습관을 묘사하는 단어에는 변화를 주는데("지혜", "기쁘게 할 것") 악인의 언어 습관과 관련해서는 같은 단어("패역")를[28] 반복하는 것을 본다. 이러한 현상이 주는 효과는 악인의 말에 대한 깊은 부정적인 인상이다.

2. 그릇된 삶의 여러 면들(11장)

10장은 보응의 원리를 중심으로 악을 억제하고 의를 추천하는 금언들이 주를 이뤘다. 동시에 근면, 언어생활 등도 다루었다. 11장은 인간의 삶의 그릇된(왜곡된) 면과 그 결과를 집중적으로 부각한다. 이를 통해 바른 생활을 권장하고자 함이다. 11장이 다루는 삶의 왜곡된 면들은 다음과 같다. 장사(사업)에 있어서의 부정직, 패망과 교만, 사특한 자가 행하는 패역, 허망한 부,

사악한 욕망, 갑자기 허물어지는 악인의 운명, 파괴적인 말, 의와 악이 공공 생활에 미치는 영향, 험담꾼, 보증의 위험, 소원과 성취, 인내를 잃음, 무법함과 보복 등이다.

[1절] 부정직한 상업행위는 분명한 악이며 하나님이 싫어하시는 바다. 잠언에서 의(義)는 사회정의의 차원까지 확대되는 개념이다.

[2절] 지혜는 겸손과도 직접 연결된다. 교만은 영광이 아니라 수치를 가져올 뿐이다.

[3절] 역시 엄중한 도덕질서(보응의 원리)를 말한다. 정직한 자의 온전함(인격)은 그의 미래를 탄탄대로로 인도한다. 잔꾀와 속임수로 점철된 거짓된 삶은 스스로 패망의 길을 자초할 뿐이다. 3절은 보다 신학적인 의미가 깃들어 있다고도 볼 수 있다. 개역한글성경에 "사특한"으로 번역된 '보그딤'이란 말은 종종 하나님과 맺은 언약을 위반한 자를 의미하기도 한다. 그러한 자의 삶은 거짓되며 왜곡되기 마련이고 따라서 멸망의 길을 갈 수 밖에 없다.

[4절] 다시 일련의 보응의 원리 교훈이 이어진다. "부는 진노의 날에 유익이 없고 의는 죽음에서 건지느니라."[29] 진노의 날에(그것이 심한 역경이든, 재난이든, 죽음이든 간에) 구원하는 능력은 인간이 지닌 재화에[30] 있지 않다. 오직 의로운 생활만이 인간을 구원한다. 의로운 생활이 가져다 주는 효과를 이처럼 강하게 설파한 곳도 드물 것이다. 인간의 불행은 자신이 자신의 삶을 지배하거나 통제하지(master) 못한다는 것이다. 유익하게 사는 길을 알지 못할 뿐더러 알아도 실천하지 못한다. 따라서 미래도 예측할 수 없다. 이 금언은 의로운 생활이야말로 참되이 자신의 삶을 통제하는 길임을 가르쳐 주고 있다. 의로움만이 생을 터득(정통)하는 방법이다. 그리스도인에게 이 금언은 그 이상의 의미를 지닐 수 있다. 그리스도께서 이루신 의는 우리로 하여금 심판을 이기고 영원한 생명을 보장받게 한다. 그리스도의 의야말로 인간에게 허락된 참된 생의 터득이다.

[5절] 5절 역시 전형적인 보응의 원리다. 의인의 의는 의인 자신에게 대로(형통)가 되어주나 악인은 그 누구나 무엇 때문이 아닌 바로 자신의 악 때문에

멸망한다.

[6절] 악인(사특한 자)을 함정에 빠뜨리고 넘어지게 하는 것은 바로 자신들의 못된 잔꾀요 악한 소욕이다.

[7절] 드물게 만나게 되는 동의평행이다. 악인이 제아무리 재화가 많고 권력 따위를 지녔다 해도 죽음에 임해서는 그것으로 인해 아무런 소망도 가질 수 없다. 심지어 자손에게 무엇을 남기는 것도 기대할 수 없다. 악인의 운명을 종말론적인 관점에서 조망했다.

[8절] 악인들은 자신들의 잔꾀와 술수로 위험을 모면한다고 생각하나 오히려 우직하게 의를 행하는 의인이 구원을 받을 뿐이다. 의인이 모면한 재난은 언제나 악인의 차지다.

[9절] 불경한 자(개역한글 "사특한 자")는 말로 이웃을 파괴한다. 그것이 유혹이 되었건, 험담이 되었건, 부정적인 말이건 간에 말의 힘은 실로 가공하다. 이로부터 자신을 보호하는 것은 의인의 "지식"이다. 지혜와 지식은 남의 말에 쉽게 휘둘리지 않도록 의인을 보호한다.

[10, 11절] 의인과 악인의 행동은 자신의 운명뿐 아니라 함께 사는 공동체의 운명에도 영향을 끼친다. 의인이 잘 되거나 악인이 멸망하면 공동체에도 좋은 일이다. 의인이 하나님의 축복을 받으면 공동체 자체도 위상이 높아진다. 그러나 악인의 나쁜 말 때문에 공동체가 전복되는 수도 있다. 이 절들에서 의인과 악인은 공동체(개역한글 "성읍")의 지도자들을 지칭하는 것일 수 있다. 지도자들이 지혜롭고 의로우면 도시는 번영하고 영광을 얻는다. 한편 지도자들이 우매하고 악하면 그들의 구상에 의해(11하절의 "입"은 악한 지도자들의 그릇된 정책 따위를 의미할 수 있음) 도시가 망하게 된다.

[12, 13절] 11절에 이어 말에 관한 교훈이 계속된다. 남을 얕보는 것은 어리석은 일이다. 지혜로운 사람은 쉽사리 판단하지 아니하고 일단 침묵하고 기다린다. 말쟁이는 공연히 남에게 불리한 비밀을 떠벌리고 다니지만 신실한 사람은 침묵으로 남의 비밀을 지켜 준다.

[14절] 나라를 다스리는 데 있어 모사들의 지혜로운 책략은 필수적이다.

하나님의 은혜가 물론 가장 중요하겠으나 잠언은 인간의 두뇌에서 나오는 전략을 결코 무시하지 않는다. 현대에 있어서도 우수하고 경험이 풍부한 정치가나 행정가, 학자들의 국가발전전략 같은 것들이 나라의 안전과 번영을 위해 필수적인 요소다. 기획력을 갖춘 유능한 인재를 두루 등용하는 것은 국가 경영을 위해 언제나 필요한 일이다.

[15절] 옛날이나 오늘이나 빚보증처럼 위험하고 어리석은 일은 없다. 그 것은 앉아서 재산을 탕진하는 첩경이기 때문이다. 빚보증이 세상에 가장 어리석은 일인 줄을 우리 주께서도 아셨다. 그리고 그 빚을 대신 져 주기로 하셨다. 그것이 바로 주께서 우리를 위해 "더 좋은 언약의 보증"이 되신(히 7:22) 일이다.

[16절] 상절과 하절이 다른 금언들처럼 동의나 반의 평행을 이루지 않는다. 칠십인역은 16절이 의미 있는 평행(들)이 되도록 상당 분량의 내용을 두 반절 사이에 첨가하였다.[31] 주변의 다른 금언들과는 다르지만 금언이 모두 동의나 반의 평행이 되기를 기대할 필요는 없다. 여기서는 단순히 두 가지 사실을 병렬한 것일 수도 있고, 가장 좋은 해결책은 두 반절을 비교로 보는 방법이다. 은혜로운 여인은 공격적인(폭력적인) 사람이[32] 노획물을 획득하는 것이 확실시 되듯이 확실히 영광을 얻게 되어 있다.

[17절] 17절부터 19절까지는 다시 보응의 원리가 이어진다. 개역한글에 "인자한 자"라고 되어 있는 것은 원문으로는 "인자의 사람"이다. 즉 언약적 사랑인 '헤세드'를 실천하는 사람이라는 뜻이다. 하나님이 자신에게 성실하게 자비를 베푸신 것처럼 하나님을 사랑하고 이웃을 사랑하는 사람이다. 사랑하고 살면 무엇보다 자기 자신에게 큰 유익이 된다. 사랑은 그 자체로 영혼과 인생 전체를 위해 최고의 묘약이기 때문이다. 잔인한 사람, 즉 언약을 무시하고 사랑에 무관심한 사람은 도리어 자기 자신이 해를 받는다.

[18절] 악인의 소득은 대단해 보여도 가짜 소득이고 의인이 얻는 소득이야 말로 진짜 소득, 즉 삶에 지속적인 유익을 주는 소득이라는 말이다. 악인의 소득을 수식하는 말은 '쉐켈'인데 '거짓', '속임수'란 뜻이고, 의인의 소득을

수식하는 것은 '에메트'인데 '진리', '견고함'이란 뜻이다. 악인은 무엇을 얻은 것 같지만 실상 아무것도 얻은 것이 없다. 무언가 얻은 줄 알았는데 속고 있을 따름이다. 의인이야 말로 진실한 소득, 즉 실체가 확실하며 오래 사용할 수 있는 소득을 얻은 것이다.

[19절] 17, 18절에 제시된 보응의 원리가 19절에 와서 정점에 달하는 듯하다. 의의 결과는 생명이요, 악의 결과는 사망이라는 포괄적이며 결정적인 결론을 내리기 때문이다. 히브리어 본문은 번역하는 데 약간의 난점이 있다. 첫 단어 '켄'(כֵּן)을 어떻게 이해하느냐가 문제다. 이 단어를 '꾸준한, 확고한, 불변의'(steadfast)란 뜻으로 이해하면 19절은 '의에 견고한 사람은 생명에 이르고 악을 추구하는 자는 자신의 죽음에 이른다'가 될 것이다. 여러 영역과 개역한글이 이 해석을 따르고 있다.[33]

그러나 '켄'을 많이 쓰이는 용법대로 '그래서, 그렇게'로 이해하면 '그렇게(그처럼, 그리하여) 의는 생명에 이르고 악을 추구하는 자는 자신의 죽음에 이른다'가 된다.[34] 이 경우 상절의 주어는 추상명사가 되고("의") 하절의 주어는 사람이 되어 균형이 깨지는 듯하나 히브리 어법상 말이 안되는 것은 아니다. 후자처럼 번역하면 19절은 그야말로 17, 18절의 종합이다. 원문은 악인의 죽음에 '자신의'란 말을 덧붙이고 있다(개역한글에는 안 나타남). 악인은 누가 따로 심판할 필요도 없이 자신이 자신의 불행을 자초하는 사람이라는 의미다.

[20절] 하나님은 마음이 구부러진 사람을 혐오하신다. 하나님은 흠 없이 곧은 길을 가는 사람을 기뻐하신다. 마음의 생각에 있어서건 드러나는 행동에 있어서건 하나님은 곧게 편 사람을 사랑하신다. 역시 '대로행'(大路行)을 추천하는 말이다.

[21절] 악인은 정녕코 벌을 면제 받지 못한다. 의인은 그 후손들까지도 위험을 면한다. 과장법으로 표현된 보응의 원리다.

[22절] 조금은 분류가 어려운 금언이 들어와 있다. 개역한글에 "삼가지 아니하는"으로 번역된 부분은 정확히 번역하면 '맛이 간'인데 오히려 우리말의 이 표현이 풍자조가 곁들여 있어 적절한 번역이다. 아무리 예뻐도 맛이 간

(즉, 분별이 없는35) 여자는 돼지 코에 금고리를 걸어 놓은 것과 같다. 분별이 없
으면 외양적인 미모가 소용이 없다는 것이니 내면의 아름다움, 즉 지혜를 추
천하는 말이다.

[23절] '의인의 소원이 선하다' 할 때 '선함'은 소원 자체가 선하다는 말일
수도 있고 소원이 좋은 결과를 맺는다는 말일 수도 있다. 하절이 '악인의 소
망은 진노(를 이룬다)'고 했기 때문에 상절의 "선함"도 결과로 보는 게 나을 것
같다.

[24~26절] 24~28절은 공동체 내에서 사랑을 나누는 삶과 보응의 원리가
결합되어 있다. 사랑은 더 큰 부로 보상이 되나 인색은 더 큰 가난으로 되갚
아질 뿐이다. 24~26절은 인색함으로 부자가 되는 것이 아니고 오히려 나눔
으로 부자가 되는 것이라고 가르친다. 가격을 올리려고 곡식을 풀지 않는 것
은 저주받을 일이다.

[27절] 선을 열심히 추구하는 자는 사실상 (하나님과 사람으로부터 오는) 은혜
를 구하는 셈이다(그처럼 좋은 것으로 되돌아온다). 악을 추구하면 결국 그 악은 자
신에게 돌아오게 되어 있다. 하절의 "악"(רעה라아)은 소위 '야누스 기능'(Janus
function)이라 해서 한 단어가 문장 내에서 두 개의 기능을 하는 경우이다. 즉
'추구하는'(개역한글 "더듬어 찾는")의 목적어이면서 동시에 '돌아온다'(개역한글
"임하리라")의 주어도 된다. 추구한 그 악이 돌아오는 바로 그 악이란 점을 문
법적으로 보여주고 있는 셈이다.

[28절] 자신의 재물에서 안전을 보장받으려고 과도히 인색한 자는 끝이 안
좋다. 결국 망한다. 안전은 오직 하나님께 맡기고 자선과 사랑을 베푸는 의
인은 푸른 잎사귀같이 번성할 것이다.

[29절] 29절 역시 약간 분류가 어려운 금언이다. 의미도 다소 모호하다.
자신의 가정과 식구들을 편안케 하지 못하고 해를 주거나 하는 사람은 스스
로 자신의 미래를 파괴하는 사람이다. 바람을 상속한다는 말은 안전한 미래
가 없다는 말이다. 이 가정이란 주제가 하절에도 이어지는 것으로 본다. 자
기 가정을 소란케 하는 자가 바로 바보(어리석은 자)인데 이 사람은 자기의 가

정을 잘 지키고 양육하는 지혜로운 사람의 종이 되고 만다.

[30절] 보응의 원리가 잠언의 대표 상징을 통해 표현되었다. 의인의 열매는 생명나무이다! 의인은 곧 지혜자인데 그는 사람의 영혼을(또는 사람의 생명을) 얻는다. 의인(지혜자)은 자신의 생명을 구원할뿐 아니라 남의 생명까지 구원하는 사람이다. 3:18에서는 지혜를 가리켜 생명나무라 했다.

[31절] 의인과 악인은 지상에서 보응을 받는다. "하물며"와 같은 표현을 쓰는 것으로 보아 악인의 보응을 더 힘주어 강조하는 것 같다. 악인의 보응을 나중에 말했고 게다가 "악인" 다음에 "죄인"까지 덧붙여 말한 것도 악인의 보응을 강조하고자 한 것으로 보인다. 사람은 그릇된 길로 들어서기가 바른 길에 서는 것보다 훨씬 쉽다. 이 쉬운 가능성을 차단코자 하는 것이 금언 교훈의 목표다. 잘못된 길을 피하면 그것은 곧 옳은 길에 들어서는 첩경이 된다.

03

지혜가 주는 마지막 훈계:
야웨를 경외하라

잠언 12~15장 주해와 적용

잠언은 욥기, 전도서와 더불어 구약성경의 지혜문서에 속해 있으면서 지혜문서만의 독특한 특징이 잘 나타나는 책이다. 지혜문서는 구약성경 중 가장 국제적인 성격을 지니고 있는 책으로, 발달된 문명과 학문이 꽃 피웠던 이스라엘 주변의 이집트나 메소포타미아 지역과의 활발한 학문적 교류를 통해 가장 이국적인 성격을 가지고 있는 책이다.

하지만 구약 지혜문서는 철저한 야웨 신앙화 작업을 통해 국제적 성격의 지혜문서를 이스라엘화하는데 성공하였는데, 잠언에도 이러한 특징이 잘 나타나고 있다. 잠언은 지혜문서의 공통된 신학적 주제인 '야웨를 경외하라'를 1장부터 강조하여 전체 말씀을 통해 야웨 경외함을 강조하며, 지혜를 소유한 사람에게는 생명을, 그렇지 못한 사람에게는 죽음이 주어짐을 일관되게 강조한다.

잠언은 전체 구조상 신학적 지혜에 대해 다루고 있는 1~9장과, 실용적 지혜에 대해 다루고 있는 10~31장으로 크게 나눌 수 있다. 본문인 12~15장은 실용적 지혜 부분 중 솔로몬의 375개 잠언이 나와 있는 10:1~22:16에 속해 있으면서 실용적 지혜를 통해 잠언의 주제인 하나님을 경외할 것을 강조하는데, 12~15장의 내용을 분석하면 다음과 같다.

의로운 사람의 길에는 생명이 있지만 미련한 사람의 길에는 죽음이 있다(12장)

지혜자의 가르침은 생명의 샘이다(13장)

지혜는 집을 세우지만 어리석음은 집을 무너트린다(14장)

야웨를 경외하는 지혜자(15장)

12~15장은 전체 잠언의 구조 속에서 일관되게 잠언의 신학적 주제를 강조하며 시종일관 야웨를 경외하는 길만이 생명을 얻는 길임을 말하고 있다. 12~15장의 말씀을 더욱 정확히 알기 위해선 전체 잠언의 구조 속에서의 위치와 그 배경의 연구가 반드시 선행되어야 한다.

잠언 12~15장의 배경과 주변 문맥

1. 잠언의 배경

잠언이 속해 있는 지혜문서는 앞에서 언급한 대로 이스라엘에서 자생적으로 나온 말씀이 아닌 외국에서 수입한 지혜문서를 이스라엘화해서 만든 국제적인 성격의 말씀이다. 구약성경 지혜문서에 영향을 끼쳤던 외국 지혜문서는 크게 두 지역으로 나누어 볼 수 있다. 첫 번째 지역은 메소포타미아 지역의 지혜문서다. 메소포타미아 지역은 유프라테스강과 티그리스강을 중심으로 찬란한 고대 문명이 일어났던 지역이다. 비옥한 초승달 지대라는 특징과 같이 넓게 펼쳐진 평야와 가파르게 흐르는 티그리스강과 하상교통이 발달한 유프라테스강 주변의 개방성은 활발한 물물교류와 함께 많은 학문적 발달을 가져오게 하였다.

하지만 이 지역의 개방성은 오히려 방비하기 쉽지 않은 지형적 문제를 가져왔고 그로 말미암은 예측 불가능한 미래와 빈번한 외적의 침입이나 왕조의 교체는 사람들로 하여금 낙관주의적 성향보다는 비관주의적 성향을 가지게 하였다. 그래서 이러한 성향이 지혜문서에도 그대로 반영되어 죽음에 대한 이해도 두렵고 고달픈 것으로 비관적으로 생각하였고 왕 역시 신의 대변자 정도로만 생각했으며, 종교관도 절대 전능한 신의 모습이 아닌 사람과 별로 다를 바 없는 모습으로 신을 나타내고 있다. 이러한 생각 때문에 '나는 지혜의 주를 찬양한다' 나 '한 사람과 그의 신' 같이 비관주의적 지혜문학이 많이 나와 있는데 구약성경 욥기나 전도서에 큰 영향을 미쳤다.[1]

구약 지혜문서에 영향을 끼쳤던 두 번째 지역은 이집트다. 이집트는 완만하게 흐르는 나일강을 중심으로 고대문명을 일으켰던 지역이다. '이집트는 나일강의 선물이다'라는 말이 있듯이 나일강이 없는 이집트 문명은 생각할 수 없을 것이다. 이집트는 나일강이 흐르는 지역만 녹지고 나머지 국토는 불모의 사막이었기 때문에 자연스럽게 메소포타미아 지역과는 대조적으로 폐쇄적인 지형적 특징을 보이고 있다. 하지만 이러한 폐쇄성은 오히려 외적의 침입을 힘들게 했고 나일강의 주기적 범람 등으로 말미암아 예측 가능한 삶을 살 수 있었는데, 이러한 환경적 영향으로 말미암아 낙관적인 지혜문서가 많이 나타나고 있다. 구약성경의 지혜문서는 특히 잠언이 이집트 지혜문서의 영향을 받았는데 '암멘 엠 오페트의 교훈' 같은 경우는 30개의 말씀이 잠언 22:17~24:22에 사용되어질 정도로 그 영향이 긴밀하다.[2]

그렇기 때문에 잠언은 주로 이집트와의 학문적 교류의 결과라 할 수 있다. 하지만 우리가 간과해서는 안 될 것이 있다. 이스라엘의 지혜문서는 외국 지혜 문서의 모방이 아니라 철저한 야웨신앙화를 통해 이스라엘화했다는 사실이다. 다시 말해 외국 지혜문서와 학문적 교류를 했지만 능동적으로 대처하여 이스라엘적인 것으로 토착화했다. 그렇기 때문에 잠언의 경우에도 결국 강조되는 것은 야웨 경외이지 이집트적 지혜의 강조가 아니라는 점이다. 결론적으로 잠언은 배경상 이집트와의 학문적 교류를 통해 그 영향을 받았지만 이를 이스라엘화하여 야웨를 경외하는 것이 모든 지혜의 근본임을 말하고 있는 책이라 할 수 있다.

2. 본문의 주변 문맥

잠언의 주제는 1:7에 나온 대로 모든 지혜의 근본인 '야웨를 경외하는 것'
이다. 잠언은 여기서 한 걸음 더 나아가 야웨를 경외하면 생명을 얻을 것이
며 어리석은 길을 걸어가면 결국은 사망에 이른다고 말하며 지혜로운 삶을
통해 생명을 얻을 것을 강조한다. 잠언의 이러한 야웨 경외 사상은 신학적
지혜 부분(1~9장)과 실용적 지혜(10~31장) 부분으로 나눠 볼 수 있다.

신학적 지혜 부분의 가장 큰 특징은 지혜가 여인의 모습 혹은 창조 이전
부터 존재했던 하나님의 조력자로 등장하는 지혜의 의인화·신격화를 통해
어리석음을 좇는 사람들을 향해 야웨를 경외할 것을 강조하는 것이다. 반면
실용적 지혜는 인간의 이성과 삶의 경험을 통해 얻어지는 지혜를 통해 하나
님에게 접근하려는 방법을 취하는 것으로 신앙고백적인 전승과는 전혀 다
른 방향인 아래에서 위로 올라가는 방법으로 야웨를 경외할 것을 강조하고
있다. 본문의 말씀은(12~15장) 실용적 지혜부분에 속해 있는데 전체 실용적
잠언 부분을 구분해 보면 아래와 같다.

10:1~22:16	솔로몬의 잠언(375개의 잠언)
22:17~24:22	아멘엠오페트의 잠언(30개의 잠언)
24:23~34	지혜자의 다른 말씀
25:1~29:27	히스기야 시대 때 신하들이 솔로몬의 잠언을 편집한 것(130개)
30:1~33	아굴의 잠언
31:1~9	르무엘 왕의 잠언
31:10~31	어진 여인에 대한 잠언

이상의 실용적 잠언 중 본문은 솔로몬의 375개 잠언 수집물을 모아놓은
부분에 속해 있다. 잠언에서 실용적인 지혜부분은 일반적으로 신학적인 지
혜부분이 일관성을 가지고 야웨 경외라는 잠언의 주제를 분명히 드러내고
있는데 비해, 주제의 강조가 약하며 일관성이 떨어지고 있다는 평가를 주로

받아왔다. 이러한 주장은 지혜문서를 연구하는 많은 학자들이 주장했는데 누구든지 잠언 10~29장을 처음 읽을 때 갖는 생각이다.

하지만 이는 피상적인 평가일 뿐이다. 우리가 잠언을 조금만 자세히 살펴본다면 실용적인 지혜 부분에서도 잠언의 신학적 주제를 집요하리만큼 일관되게 주장하고 있다는 사실을 쉽게 알 수 있을 것이다. 실용적인 지혜 부분에서는 앞의 신학적인 지혜 강조 부분보다는 느슨한 구조로 되어 있지만 신학적인 지혜에서 강조하였던 '지혜는 생명으로, 어리석음은 사망으로'라는 주제가 분명히 나타나고 있고 다양성 가운데 분명한 통일성이 나타나고 있다.

본문인 12~15장도 이러한 면에서 이전 가족생활 혹은 씨족·부족 생활 중 얻은 지혜를 야웨 경외 사상으로 승화시켜 일관되게 생명으로 이끄는 지혜로운 삶을 살 것을 강조한다. 특히 12~15장은 10장부터 이어져 내려온 반의어 평행에 의한 대조를 통해 주제에 접근하는 형식이 끝나는 장이며, 16장부터 새로운 형식으로 시작되는 솔로몬의 지혜와 이전 장을 연결시켜주는 기능도 아울러 담당하고 있는 부분이다. 주변문맥을 살펴볼 때 결론적으로 잠언 12~15장은 실용적 지혜 잠언에 속해있으면서 특히 반의어 평행법을 사용하여 야웨 경외함을 통해 하나님의 지혜를 소유하고 다시 이를 통해 생명에 이를 것을 강하게 주장하고 있다.

의로운 사람의 길에는 생명이 있지만 미련한 사람의 길에는 죽음이 있다(12장)

실용적 지혜 부분에 속한 12장의 말씀은 일상생활에서 일어날 수 있는 다양한 지혜들을 잠언의 주제에 일치시키며 기술한다. 복잡하고 통일성이 없어 보이는 12장에서도 다양한 구성을 세밀히 연구해 보면 모든 지혜의 말씀이 28절의 말씀에 집중하고 있음을 알 수 있다. 즉, 지혜를 소유한 자를 상징하는 의인의 길에는 생명이 있지만 지혜가 없는 미련한 자의 길에는 사망이 있다는 것이다. 그렇기 때문에 궁극적으로 생명을 소유하기 위해선 잠언의 주제와 같이 야웨 경외함을 통해 지혜를 소유하라 명령하고 있는 것이다.

12장을 분석해 보면 첫 단락인 1~14절에서는 다양한 삶의 경험을 통해 야웨 경외를 강조하고, 첫 단락과 비슷한 구조의 두 번째 단락인 15~28절에서는 야웨 경외를 재차 강조한다. 이를 각각 분석해 보자.

1. 본문 주해

1) 지식을 사랑하는 자와 어리석은 자의 결말(1~14절)

(1) 의인의 뿌리는 흔들리지 아니한다(1~4절)

1절에서는 훈계를 좋아하는 사람과 책망받기를 싫어하는 사람의 대조와, 지식을 사랑함과 짐승같이 우둔함이 대조를 이룬다. 여기에서 잠언의 기자는 지혜를 얻기 위한 첫걸음이 남의 훈계에 귀를 기울이는 삶이라고 말한다. 인생의 과정은 지혜를 배워가는 과정이라 할 수 있는데 남의 이야기에 귀를 기울이지 않고 자신의 생각대로 사는 사람을 향해 잠언의 기자는 자기 본능대로만 살아가는 짐승같은 사람이라고 말한다. 즉, 잠언의 기자는 책망을 받아들이지 않는 사람을 향해 사망에 이르는 우둔한 삶을 사는 사람이라 평가하면서 훈계를 좋아하고 책망을 받음을 통해 발전하며 생명의 지혜를 소유한 사람이 되라 명령하고 있다.

2절에서는 역시 반의적 평행법으로 선한 사람과 악한 사람을 평가하고 있다. 이 구절에서는 설명이 필요 없을 정도로 명쾌한 표현으로 '선한 사람은 야웨로부터 은총을 받지만 악을 꾀하는 사람은 정죄함을 받는다'며 야웨의 은총을 받을 사람이 될 것을 권고하고 있다. 또한 2절은 1절과 연관시켜 해석해야 하는데 훈계받기를 좋아하고 지혜를 사랑하여 자신을 변화시킨 사람이 야웨의 은총을 받을 수 있는 선한 사람임을 아울러 강조한다.

3절에서도 2절과 마찬가지로 의인과 악의 삶을 대조한다. 즉, 악인은 굳게 서지 못하지만 의인은 이미 뿌리를 깊이 내린 나무와 같아서 흔들리지 않는다는 것이다. 유명한 시편 1편에서 의인이 시냇가에 심은 나무로 비유된 것과 같이 이 구절에선 뿌리를 깊이 내려 어떠한 풍파에도 흔들이지 않는 나무로 의인을 비유하면서 그의 신앙은 결코 흔들리지 않을 것임을 강조한다.

4절에서는 어진 아내와 욕을 끼치는 아내의 비교를 통해 지혜와 어리석음을 대조하고 있다. 이는 지혜를 소유하는 것은 어진 아내와 평생을 지내는 것과 같이 복되다는 말씀이다. 이 구절을 읽으면 누구든지 잠언의 마지막 장인 31:10~31에 나타나 있는 어진 여인의 모습이 떠오를 것이다. 잠언은 어진 아내를 칭송하는 구절을 통해 어진 아내로 의인화된 지혜를 소유한 사람이 얼마나 하나님께서 주신 복을 누리고 있는가를 보여준다. 다시 말해 어진 아내가 남편의 면류관이듯이 야웨를 경외하는 사람은 자신의 머리에 면류관을 쓰고 있는 사람과 같이 영화스러운 사람이라 할 수 있다는 것이다. 하지만 욕을 끼치는 아내는 남편의 뼈 속까지 썩게 만드는 사람으로 결국 남편을 사망에 이르게 하는 사람이다. 이 말 역시 지혜와 대조되는 어리석음을 좇는 사람을 통박하고 있는 말씀으로, 욕을 끼치는 아내를 얻은 남편이 사망에 이르듯이 어리석을 좇는 사람도 결국에는 사망에 이를 수밖에 없음을 말한다.

(2) 지혜는 칭찬 받지만 마음이 굽은 자는 멸시를 받는다(5~8절)

이 소단락에서는(5~8절) 의인과 악인의 생각과 말이 서로 다른 결과를 가져올 수밖에 없음을 말한다. 5절에서는 의인과 악인의 삶의 결과가 확연히 차이 날 수밖에 없음을 마지막 절에서(8절) 논증하기 위해 구체적인 대조를 하는데, 처음에는 생각의 차이를 대조한다. 즉, 의인의 생각은 정직하지만 악인의 궁리는 속임수로 가득 차 있다는 것이다. 이 말은 하나님을 경외하는 의인은 정의롭게 살지만 어리석은 악인은 하는 모든 일이 정의와 상관없는 속임수로 일관하기 때문에 누구나 예측하는 최악의 결과가 나올 수밖에 없음을 말하는 것이다.

6절에서는 악인과 의인이 하는 말의 차이를 말한다. 악인의 말은 무슨 말을 하여도 그 결과가 다른 사람을 해하는 음모로 가득 차 있지만, 정직한 사람의 입은 이미 해함을 받은 사람이라 할지라도 구해낼 수 있는 능력을 발휘한다고 말한다. 외경의 지혜문서인 집회서에 의하면 "칼로 죽은 사람이 많이 있지만 혀에 의해서 죽은 사람이 더 많다"(집회서 28:18)라는 표현을 통해 사람의 말이 육체를 해하는 칼보다 무서운 도구로 사용될 수 있음을 말한다. 이렇게 야웨를 경외하는 지혜로운 의인은 남을 구하는데 자신의 말을 사용하지만 어리석은 악인은 피 흘릴 도모만을 하고 있음을 보여 준다.

7절에서는 생각(5절)과 말(6절)에서 큰 차이를 보인 의인과 악인에게 마지막 야웨의 심판이 어떻게 그들에게 각각 임하는지를 보여 준다. 잠언의 기자는 모든 일에 속임수와 음모로 가득 찼던 악인과 그 집안은 쓰러질 것이지만 의인의 집은 든든히 서 있을 것이라 말한다. 역시 시편 1편의 "의인의 길은 주께서 인정하시나 악인의 길은 망한다"(시 1:6)는 말씀과 같이 야웨께서는 모든 것을 다 알고 계시기에 어리석은 악인의 집안은 무너뜨리고 야웨를 경외하는 의인의 집안은 세우실 것임을 말하고 있다.

8절은 의인과 악인의 모든 행위의 결론에 대해 한 마디로 표현한다. 즉, 야웨를 경외하는 지혜로운 의인은 자기가 가진 지혜만큼 칭찬을 받지만 마음이 삐뚤어지고 지혜가 없는 악인은 멸시만 받게 됨을 말한다. 이 구절 역시 잠언의 주제를 강조하고 있는 구절로써, 야웨를 경외하는 사람은 그 지혜로 야웨와 모든 사람에게 칭찬을 받지만 야웨를 경외하지 않는 어리석은 사람은 그가 지혜가 없기 때문에 야웨와 모든 사람에게 멸시를 받게 됨을 말한다. 또한 야웨를 경외하는 의로운 사람은 하나님께서 그의 집을 든든히 세워주시고 늘 칭찬받기 때문에 모든 이스라엘은 이러한 지혜로운 사람이 되어야 함을 강조한다.

(3) 불의한 이익을 탐하는 악인과 뿌리로 결실하는 의인(9~12절)

9절은 지금까지 악인과 의인의 대조와 잠시 다른 대조를 한다. 하지만 야
웨를 경외하는 지혜로운 사람이 어떤 사람인지를 분명히 제시하고 있는 말
씀이다. 이 구절은 업신여김을 받더라도 허식을 부리지 않고 실속을 차리는
사람이 가진 것 없이 허세를 부리는 사람보다 훨씬 낫다는 말이다. 다시 말
해 야웨를 경외하는 지혜로운 사람은 남들은 알아주지 않더라도 내실있는
삶을 사는 사람이며, 야웨를 경외하지 않는 어리석은 사람은 남들에게 큰소
리치며 살긴 하지만 아무것도 이룬 것이 없는 사람이라는 것이다.

10절에서는 다시 의인과 악인의 비교로 그 시각이 돌아간다. 여기서는 농
경사회의 삶의 배경이 강하게 작용한 지혜를 선보인다. 농경사회에서 가축
은 중요한 재산이자 삶의 도구였는데 이를 잘 돌보는 것 역시 지혜로운 사람
만이 할 수 있는 일이라고 잠언 기자는 말한다. 의인은 짐승들의 생명을 돌
보고 그들에게 쉴만한 터전을 주며 세심히 배려하지만, 악인은 자기 딴에는
긍휼을 베푼다고 하지만 그 모든 결과는 잔혹함으로 끝나게 된다는 것을 반
어법으로 표현하고 있다. 다시 말해 악인에게는 긍휼이 있을 수 없으며 그가
하는 긍휼조차도 잔혹하게 끝날 수밖에 없음을 상징적으로 보여 준다.

11절에서도 역시 농경사회의 삶의 배경 속에서 지혜를 말하는데 열심히
자기 토지를 경작하는 사람과 헛된 것을 꿈꾸는 사람을 대조한다. 즉, 하루
하루 성실히 자기 땅을 기경하며 정당한 노동의 대가를 바라며 사는 사람이,
허황된 꿈을 꾸며 농경사회에서 노동의 의미를 모르고 한탕을 꿈꾸며 사는
사람보다 훨씬 지혜로운 사람이라는 것이다.

12절에서는 소단락을 결론지으며 11절의 말씀과 연결시켜 지혜로운 사
람과 어리석은 사람을 평가하고 있다. 11절에서 지혜로운 사람은 하루하루
성실히 밭을 가는 사람이지만 어리석은 사람은 한탕주의에 빠져 헛된 것을
꿈꾸는 사람이라고 말한다. 그 연장선상에서 12절은 헛된 것을 꿈꾸는 악인
은 불의한 이득을 탐내지만 하루하루 성실히 살아가는 지혜로운 의인은 씨
를 뿌리고 기경하여 싹을 틔우고 열매를 맺어 추수하는 이치를 깨달은 사람

으로 정당한 노력에 의해 정당한 대가를 받는 사람이라 평가한다. 잠언의 기자는 지혜로운 사람과 같이 자신의 땅에서 땀흘려 노력한 대가를 정당하게 받는 것이 하나님의 지혜를 소유한 자의 모습이라 결론짓는다. 이렇듯 실용적 잠언은 자신의 삶의 배경을 통해 잠언의 주제인 야웨 경외에 접근한다.

(4) 지혜로운 사람과 어리석은 사람의 말과 행실(13~14절)

잠언의 기자는 더욱 구체적으로 지혜로운 사람과 어리석은 사람의 말과 행실에 대해 평가하고 있다. 13절에서는 말에 있어서 악인과 의인이 큰 차이를 보이고 있다고 말한다. 악인은 그의 입술을 덫과 같이 놀려 의인을 잡으려 하지만 결국 그 덫에 걸리고 마는 것은 자기 자신이다. 하지만 의인의 말은 악인이 자신을 해하기 위해 쳐놓은 덫을 피하고 재난에서 벗어나게 해준다고 말한다. 결국 악인은 남을 해하기 위해 입술을 놀리지만 자신이 큰 해를 당하게 될 것이며 의인은 악인이 자신의 생명을 찾기 위해 덫을 놀지라도 그는 재난에서 벗어나 생명을 얻게 된다고 말하며, 지혜로운 자는 생명을 얻고 어리석은 자는 사망에 이른다는 잠언의 주제를 재확인한다.

14절에서는 13절의 의미가 확대되어 나오지만 자주 나타났던 반의어 평행법은 나타나지 않는다. 대신 지금까지 강조하였던 말과 행동에 대한 문제를 하나로 묶어 지혜로운 사람의 말과 행동이 어떤 결과를 가져오는지에 대해 말한다. 지혜로운 사람의 말은 그 결과 열매를 통해 자신에게 선한 결과로 돌아오게 하며, 그의 행동 역시 자기가 행동한 것만큼 반드시 돌려받게 될 것이라고 말한다. 이 말은 또한 '심은 대로 거둔다'는 속담과 같이 지혜로운 의인은 반드시 정당한 대가를 받게 된다는 강조를 하고 있다.

2. 설교를 위한 적용

본문의 말씀을 통해 잠언의 기자는 야웨를 경외하는 것이 지혜의 근본이라는 잠언의 주제를 다양한 삶의 경험을 통해 실용적 지혜로 우리에게 전달한다. 이미 1~9장의 신학적 지혜 부분을 통하여 잠언의 기자는 지혜는 사람에게 생명을 주고 어리석음은 사망을 준다고 강조한 바 있다. 잠언의 기자는 이제 실용적 지혜부분에서도 이미 강조했던 잠언의 신학적 주제들을 독자들로 하여금 이해하기 쉽도록 하기 위해 주로 반어적인 평행법을 통해 지혜로운 사람과 어리석은 사람, 의인과 악인, 생명의 길과 사망의 길 등을 서로 대조시키면서 이 말씀을 읽는 독자들로 하여금 바른 길을 선택할 것을 강조한다. 본문의 말씀에서 주로 강조하는 대조는 의인과 악인의 대조다. 잠언의 기자는 지혜로운 사람을 상징하는 의인의 모습을 어리숙한 사람을 상징하는 악인과 대조시키면서, 말씀을 크게 네 단락으로 분류하여 의인과 악인의 말과 생각과 행동을 대조한다.

첫째 단락(1~4절)에서 잠언 기자는 의인은 야웨로부터 은총을 받으며 절대 흔들리지 않는 깊이 뿌리를 내린 나무와 같지만 악인은 정죄함을 받으며 자기의 터전 위에 뿌리를 내릴 수 없다고 말한다. 그리고 이러한 삶의 결과를 어진 아내에 비유하면서 지혜를 소유한 사람은 어진 아내를 소유한 사람 같이 영화스럽지만 그렇지 못한 사람은 뼈 속까지 썩는 사망을 가져오는 사람이라 말하며, 야웨의 지혜를 소유하여 지혜로운 사람의 길을 갈 것을 말한다. 현대를 살면서 우리는 자신의 지식을 마치 최고의 지혜인양 착각하고 살 때가 많다. 하지만 성경은 그러한 지식은 뿌리를 내리지 못하고 사라질 공허한 것이라 말한다. 오직 야웨를 경외하는 지식만이 굳건히 뿌리내리고 서 있는 지혜이며 영원한 생명을 주는 지혜라 말한다.

두 번째 단락(5~8절)에서는 악인의 생각과 말을 의인의 것과 대조시키면서 이 둘이 삶을 통해 각각 어떤 다른 결과가 나타나는지 보여 준다. 하나님께서는 악인에게는 멸시를, 의인에게는 칭찬을 더해주신다고 약속하신다. 하지만 우리는 잠시 있다 사라질 악인의 말에 귀를 더 기울이고 지혜롭지 못한 행동에 열심을 내어 몰두할 때가 종종 있다. 잠언은 이러한 어리석은 사람들을 향하여 하나님께서는 각자의 행동을 분명히 지켜보시고 악인에게는 사망과 같은 멸시를 의인에게는 생명과 같은 칭찬을 심판의 대가로 주실 것임을 선언한다.

세 번째 단락(9~12절)에서는 농경사회의 삶의 배경이 잘 나타난 지혜가 나온다. 집짐승을 돌보는 사람들을 바라보며 혹은 묵묵히 씨를 뿌리고 농사를 짓는 사람들을 바라보면서, 잠언 기자는 의인의 삶과 악인의 삶을 구별하여 의인은 집짐승의 생명을 돌보아 주는 사람이며 묵묵히 밭을 갈며 그 열매를 수확하는 땀흘린 대가를 아는 사람이라 평가한다. 이를 통해 우리도 그냥 지나쳐 버릴 수도 있는 삶의 모습 속에서 야웨를 경외하는 지혜를 발견하는 잠언 기자의 모습을 본받아야 한다. 또한 복잡하고 피곤한 현대 생활 속에서도 야웨 경외함을 통해 잔잔한 기쁨을 느껴야 할 것이다.

이제 마지막 단락(13~14절)에서 잠언 기자는 본문의 말씀을 결론 내리면서 말과 행실을 통해 생명을 얻을 수 있는 지혜로운 삶을 살라고 다시금 강조한다. 조금은 손해를 보는 것 같더라도 지혜로운 사람은 일확천금을 꿈꾸지 않고 정직한 땀을 흘리며 야웨께 정진하는 사람이라는 잠언 기자의 평가를 우리도 기억해야 한다. 일상 속에 만연해 있는 일확천금의 꿈이 하나님의 뜻이 아님을 분명히 해야 한다. 하나님은 분명 일한 만큼 돌려주시는 분이시다.

3. 본문 주해

1) 의인의 길에는 생명이 있다(15~28절)

(1) 충고에 귀를 기울이는 지혜자(15~16절)

새로 시작하는 문단의 첫 절인 15절에서는 반의어 평행법이 다시 사용되면서 1절과 같이 훈계에 귀를 기울이는 지혜로운 사람이 복되다는 말씀으로 지혜의 선언을 시작한다. 여기서는 어리석은 사람의 잘못된 행동을 먼저 비판하며 상대적으로 올바르고 지혜로운 사람의 행동을 칭찬한다. 잠언이 말하는 어리석은 사람은 1:7에서 말하고 있는 바와 같이 단순히 성격적으로 우둔한 삶을 가리키는 것이 아니라 도덕적으로 결함이 있는 사람을 지칭한다. 그렇기 때문에 그는 야웨를 경외하지 않고 옳지도 않은 자신의 행실에

만족하고 있는 어리석은 사람이라는 것이다. 하지만 지혜로운 사람은 늘 그랬듯이 충고에 귀를 기울이며 자신의 행실을 고쳐나가는 사람이라 말한다.

16절에서도 역시 반의어 평행법을 사용하여 15절에서 제시한 의인과 악인의 행동을 반영하고 있다. 즉, 자극을 받으면 즉각적으로 감정을 드러내는 미련한 사람과는 달리 지혜로운 사람은 늘 자제하고 비록 모욕된 공격을 받는다 할지라도 차분한 마음으로 지혜롭게 대응하는 사람이라는 것이다. 자기 생각대로 행동하는 어리석은 사람은 분노를 폭발시키는 것이 자신을 보호하는 길이라 생각할는지 모르지만 결과적으로 볼 때 대적의 의도대로 움직이는 사람이다. 하지만 지혜로운 사람은 대적들에게 그러한 틈을 주지 않고 모욕을 참으며 대적자들의 의도를 분쇄하며 결과적으로 승리하는 사람이다.

(2) 법정에서의 지혜자(17~22절)

17~22절까지는 특히 법정상황을 배경으로 하는데 법정에서 증언할 때 지혜로운 사람과 그렇지 못한 사람의 차이를 명쾌하게 설명한다. 참고로 구약시대의 법정은 우리와 같이 특별한 사람 혹은 관심있는 사람만이 참여하는 개념이 아니다. 구약의 재판은 주로 사람들이 자주 모이는 성문 어귀에서 공개적으로 진행되었기 때문에 사람들이 자주 접할 수 있는 일상적인 광경이었다. 이렇게 재판과 관련된 말씀은 구약성경에서 종종 등장하고 있는데 예언자들의 재판양식이나(미 6:1~8) 지혜가 여인의 모습으로 성문 앞에서 외치고 있는 장면은(잠 1:20) 자신들이 흔히 보아온 재판장면을 염두에 둔 말씀이다.

17절에서는 재판할 당시 지혜로운 증인과 어리석은 증인을 대조하여 보여준다. 이 말씀은 '네 이웃을 해하려고 거짓증거 하지 말라'는 제9계명을 떠오르게 하는 말씀으로 지혜로운 사람은 자신에게 유리한지 불리한지를 떠나 언제나 정직한 증거를 보이지만, 어리석은 사람은 진실을 왜곡하고 자신의 이익을 위해 이웃을 해하려는 의도에서 거짓 증거를 하는 사람이라 말한다. 그렇기 때문에 거짓 증거를 하는 어리석은 사람은 하나님의 계명을 범한 죄를 저지른 사람이며 이러한 사람의 죄는 사망에 이를 수밖에 없음을 잠언 기자는 말한다.

18절도 역시 재판장면을 배경으로 하는데 17절과 연결되어 함부로 말하는 사람의 증언은 그 말이 날카로운 칼이 되어 다른 사람에게 치명적인 상처를 주지만, 지혜로운 사람의 증언은 오히려 다른 사람의 상처를 치료하는 효과를 나타낸다고 말한다. 이 구절에서도 강조하는 것은 거짓 증언은 비수와 같이 다른 사람도 죽이고 자신도 사망으로 이끌지만 바른 증언은 다른 사람의 상처를 치유하고 자신에게도 생명을 주게 됨을 증언한다.

19절 이하에서는 재판정에서의 거짓증언과 바른 증언의 효력에 대해 말한다. 즉, 지혜로운 사람이 증언한 진실한 말은 영원히 남지만 어리석은 사람이 말한 거짓 증언은 곧 사라지게 된다고 말한다. 그렇기 때문에 야웨께서 책망하실 곧 사라질 거짓 증언 대신 야웨께서 기뻐하시는 진실된 증언을 할 것을 모두에게 강조하고 있다.

20절 역시 거짓 증언과 바른 증거 이후의 효과에 대해 말한다. 거짓증언을 한 어리석은 악인은 자신의 이익을 위해 하나님의 계명을 버렸기 때문에 그의 마음속에는 이미 속임수가 들어와 자리를 잡고 있지만, 야웨의 계명을 지키고 그를 경외하는 의인은 서로 화평케 하는 사람이며 그의 마음속에는 기쁨이 있음을 말한다.

21절은 이제 앞 절의 말씀의 결과 의인과 악인이 받게 될 심판의 결과에 대해 말한다. 거짓증언을 통해 남을 해하고 악을 꾀했던 사람들은 재난에 파묻혀 살 정도로 비참할 것이지만, 진실된 증언을 하고 평화를 도모하는 의인은 야웨의 보호 아래에서 아무런 해도 받지 않을 것임을 강하게 선언하고 있다.

22절에서는 마지막 야웨의 선언이 나타난다. 야웨는 거짓 증언을 일삼는 거짓을 말하는 입술을 미워하시고 진실된 증언을 하는 사람을 바라보며 기뻐하신다고 말씀하신다. 이는 야웨께서 진실된 증언을 하는 지혜로운 사람에게는 생명을 주시고, 거짓 증언을 하는 어리석은 사람에게는 사망을 내리심을 보여주면서, 생명의 길인 지혜로운 자의 길을 갈 것을 강조하는 말씀이다.

(3) 생명에 이르는 지혜자(23~28절)

12장을 통해 다양한 실용적 지혜를 우리에게 알려준 잠언 기자는 이제 12장을 마무리하면서 지혜를 추구했던 사람의 결말에 대해 말한다. 23절에서는 결말의 전단계로 지혜로운 사람은 그의 지식을 남에게 드러내지 않고 감추어 두지만, 어리석은 사람은 자신의 모든 것을 드러냄을 통해 결과적으로 파멸을 초래할 수밖에 없음을 암시한다.

이어지는 24~27절까지는 본격적으로 잠언 기자가 말하려 했던 지혜자와 어리석은 자의 결말이 나온다. 지혜자는 남을 다스리게 될 것이지만 어리석은 자는 남의 부림을 받게 될 것이며(24절), 지혜자는 선한 말로 사람을 기쁘게 하지만 어리석은 자의 말은 번민을 자아내게 하며(25절), 지혜자는 주변 사람들을 바른 길로 걸어가게 하지만 어리석은 사람은 그 주변사람까지도 나쁜 길로 빠져 들어가게 하고(26절), 지혜자는 귀한 재물을 얻지만 어리석은 사람은 쉽게 구할 수 있는 것조차 구하지 못할 것이라고(27절) 말한다. 하지만 이러한 것이 끝이 아니다. 잠언 기자는 이제 12장의 마지막 절을 통하여 단호히 자신의 신학적 메시지를 선언하고 있다.

28절에서는 12장의 결론이자 전체 잠언의 신학적 주제에 부응하는 결론을 내리고 있다. 즉, 야웨를 경외하는 의로운 사람이 가는 길에는 생명이 있지만 어리석은 사람의 길에는 사망이 있다는 것이다. 다시 말해 잠언 기자는 야웨는 지혜를 소유한 사람에게 생명을 주고 지혜와 거리가 먼 어리석은 사람에게 사망을 주고 있음을 보여 주면서 생명을 주는 지혜를 소유할 것을 강조한다.

4. 설교를 위한 적용

이상에서 살펴본 12: 15~28의 말씀에서 잠언의 기자는 야웨를 경외하는 세 가지 경우의 지혜자의 모습을 소개하면서 지혜를 소유함이 우리 삶의 목표가 되어야 함을 말한다.

잠언 기자는 첫째 단락(15~16절)에서 다른 사람의 충고에 귀를 기울이는 지혜자의 모습을 보여 준다. 다른 지혜문서인 욥기에서도 지혜롭지 못한 욥의 세 친구들의 가장 큰 문제는 누구의 말에도 귀를 기울이지 않는 태도임을 주목할 필요가 있다. 다른 사람의 형편과 처지를 전혀 고려하지 않은 채 자신의 말을 많이 하는 것이 자신의 지혜를 드높이는 일이라고 착각하는 사람들을 향해 잠언의 기자는, 남의 충고에 귀를 기울이지 않는 삶은 야웨를 경외하지 않고 자기뿐 아니라 다른 사람들도 사망에 이르게 하는 잘못을 범한다고 외치는 것이다. 말로써 남을 설득하려는 태도 대신 남의 이야기를 경청하고 그 충고를 묵묵히 받아들이는 태도가 성경이 말하는 지혜로운 삶의 첫걸음이라 할 수 있다.

둘째 단락(17~22절)에서 잠언 기자는 구약시대 일상생활에서 익숙한 법정 장면을 배경으로 지혜자의 모습을 보여 준다. 공정한 재판을 할 때 제일 중요한 것 중 하나는 재판장의 판단과 더불어 증인의 거짓 없는 증언일 것이다. 오경 중에서 사회적 약자의 돌봄에 대해 큰 관심을 보이고 있는 책인 신명기에 의하면 힘이 없는 사람이 재판에서 불공정한 대우를 받아서는 안된다고 강조한다(신 24:17). 이는 아합 당시 나봇의 포도원 사건과 같이 힘이 없는 사람을 무시하고 거짓 증인을 세워 무고한 사람의 피를 흘리게 할 수도 있기 때문에(왕상 21장) 구약성경에서는 이를 철저히 금지하는 것이다. 잠언의 기자 역시 이러한 맥락에서 거짓증언을 해서는 안 된다고 말한다. 야웨께서는 거짓된 입술을 미워하고 진실한 사람을 기뻐하신다고 말하며 거짓 증언은 야웨를 경외하는 행동이 아니라고 단언한다.

최근 주변의 삶을 돌아볼 때 약자의 편에 서기를 거부하고 권력있는 자, 재물을 가진 자의 편에 서는 교회의 모습을 많이 발견하게 된다. 잠언 기자에 의하면 이러한 교회는 야웨 경외를 포기하고 거짓 증인의 행렬에 앞장서 걸어가는 교회이다. 우리의 교회가 진정으로 잠언의 목소리에 귀를 기울인다면 법정에 선 지혜자의 모습으로 야웨를 경외하며 힘든 하루를 보내고 있는 약자를 위한 증언의 목소리를 끝까지 발하여야 할 것이다.

셋째 단락(23~28절)에서 잠언 기자는 야웨를 경외하는 지혜자의 결말이 생명으로 끝나게 됨을 말한다. 지혜로운 사람과 어리석은 사람의 많은 대조를 통해 잠언의 기자는 그 결말로 지혜자는 생명으로, 어리석은 자는 사망으로 결론짓게 된다고 말한다. 다시 말해 잠언의 기자는 이 둘의 길이 극명하게 나누어질 수밖에 없기 때문에 우리에게 생명의 길에 설 것을 요구한다. 그렇기에 본문의 말씀은 오늘 우리의 삶에 적용할 수 있는 말씀일 것이다. 아직도 야웨를 경외하지 않고 "내 생각에는"이라고 말하며 자기 아집을 세우고 있는 사람들에게, 혹은 자기 이익을 위해서라면 가족도, 친구도, 자식도 버릴 준비가 되어 있고 심지어 하나님마저도 이용가치가 떨어지면 용도 폐기하려 하는 이 시대의 어리석은 사람들에게, 이 말씀은 결국에는 사망에 이를 세상의 헛된 지혜와 구태를 버리고 오로지 야웨만을 경외하여 그가 주시는 생명을 얻을 것을 호소하는 것이다.

지혜자의 가르침은 생명의 샘이다(13장)

잠언 13장은 12장과 같이 언뜻 보기에 주제의 통일성이 전혀 발견되지 않는 실용적 지혜의 나열로 보이기 쉽다. 하지만 13장 역시 자세히 살펴보면 집요할 정도로 잠언의 신학적 주제인 야웨를 경외할 것을 강조하며 일정한 통일성을 보이는데 이를 구분하면 다음과 같다.

1. 본문 주해

1) 지혜자의 언행(1~6절)

1절은 이어지는 지혜의 교훈을 유념하게 만드는 서론적인 말씀으로 12: 1, 15의 말씀과 같이 지혜로운 사람은 다른 사람의 훈계를 듣고 자신의 행동을 고치는 사람이라고 말한다. 이러한 말씀을 다시 반복해서 강조하는 이유는 지혜의 말씀을 듣고 자신의 생각과 다르더라도 자신을 쳐서 지혜의 말씀에 복종시키는 사람이 복된 인생을 사는 사람이라는 것을 제시하기 위해서다. 하지만 아직도 거만한 사람은 지혜의 말씀을 외면하고 파멸의 길을 가고 있다.

2절은 1절 말씀을 듣고 행한 사람과 그렇지 않은 사람의 결과가 각각 제시된다. 아버지의 훈계를 받아들인 지혜로운 사람은 그의 인생이 열매를 맺고 풍요롭게 되지만 훈계를 거부한 어리석은 사람은 그의 인생에서 무슨 일을 한다 할지라도 강포한 결과를 낳게 될 뿐이다.

3절은 2절에 이어 다시 훈계를 받아들인 사람과 그렇지 않은 사람의 결과를 말한다. 지혜로운 사람은 그의 입을 통해 나오는 모든 말을 절제하고 조심하지만 어리석은 사람은 자기의 생각대로 아무 말이나 지껄인다. 하지만 이들의 언어생활의 결과는 극명하게 구분되어 나타난다. 언어를 절제한 지혜로운 사람은 생명을 보존하지만 함부로 입을 연 어리석은 사람은 파멸만이 그를 기다린다.

4절도 역시 1절 말씀의 논리적 결론으로 나타난다. 즉 지혜로운 사람(부지런한 사람)은 바라는 것을 충분히 얻을 수 있지만, 어리석은 사람(게으른 사람)은 아무리 바라는 것이 있어도 절대 아무것도 얻을 수 없음을 말한다. 훈계를 듣는 사람과 거부한 사람의 처음 차이는 미미할지 모르나 그 결과는 엄청남을 보이면서 훈계를 받아들이는 지혜로운 사람이 될 것을 재차 강조한다.

5절은 2~3절과 같이 선하고 진실된 말의 중요성을 다시 한 번 강조한다. 여기서는 거짓말이 지혜로운 자와 악인을 구별하게 하는 소재로 등장하는데, 지혜로운 의인은 거짓말을 싫어하지만 어리석은 악인은 거짓말을 할 뿐 아니라 그에 수반되는 부끄러운 일까지도 마다하지 않고 하고 있다고 말한다. 결국 악인은 망할 수밖에 없는 행동을 스스로 하고 있는 것이다.

6절은 소단락의 결론을 내리고 있다. 여기서는 특이하게 신학적 지혜 부분(1~9장)에 나왔던 지혜의 의인화와 같이 의와 악이 의인화되어, 의는 정직한 자를 보호해 주고 악은 죄인을 패망케 한다고 말한다. 이는 잠언의 주제를 다른 방식으로 표현하는 말씀으로, 지혜를 나타내는 의는 그를 따르는 사람들에게 생명을 주고 어리석음을 나타내는 악은 그를 따르는 사람들에게 사망을 가져다 준다고 말하는 것이다.

2) 지혜자의 재물 문제(7~11절)

7절 이하에서는 언행을 주로 다루었던 1~6절과는 달리 지혜로운 사람의 재산에 대해 다루고 있다. 이는 언행 못지않게 지혜로운 사람의 재물관계가 중요함을 보여주는 말씀이다. 7절의 말씀은 12:9을 연상시킨다. 즉, 가진 것이 없어도 허세를 부리는 어리석은 사람이 있는 반면에 가난한 것 같으나 실제로는 부자인 지혜로운 사람이 있다는 것이다. 이 말씀은 실속없이 허세를 부리며 어리석게 살지 말고 야웨를 경외하며 내실있게 지혜로운 삶을 살라는 뼈있는 충고라 할 수 있다.

8절에서도 부요한 자와 가난한 자의 대조가 이어진다. 잠언의 기자는 세상의 통념에 도전하면서 부요한 사람들이라고 해서 다 행복한 사람이 아니며 가난한 사람이라 해서 다 불행한 사람이 아니라고 말한다. 왜냐하면 부요한 자의 재물이 근심거리가 될 수 있고 가난한 자는 재물이 없음으로 오히려 근심과 협박 자체가 없을 수 있기 때문이다. 이 말씀은 부와 가난 중 어느 하나가 나쁘고 어느 하나가 좋다고 하는 말이 아니다. 부하든 가난하든 가장 중요한 것은 야웨를 경외하며 지혜롭게 사는 것임을 암시하는 것이다.

9절에서는 소단락의 주제가 나타난다. 지혜자를 상징하는 의인의 빛은 밝게 빛나지만 어리석은 자를 상징하는 악인의 등불은 꺼져버린다는 것이다. 이 말씀은 잠언의 주제를 강하게 나타내는 말이기도 하며 의인의 길은 야웨께서 인정하시지만 악인의 길은 망할 것이라는 시편 1: 6의 말씀같이, 야웨께서 지혜자에게는 빛이 상징하는 생명을, 어리석은 자에게는 어둠이 상징하는 사망을 줄 것임을 경고하는 말씀이기도 하다.

10절도 재물과 연관된 지혜라 볼 수 있다. 교만은 허세로써 자신의 것을 과시하려는 것인데 7절의 가진 것 없어도 허세를 부리는 사람과 일맥상통한

다. 교만은 자신의 것을 위장한 것이기 때문에 수단 방법을 가리지 않고서라
도 더 많은 재물을 끌어 모으기 원해 결과적으로 큰 다툼이 일어나지만, 지
혜있는 사람은 남의 충고를 받아들임으로 재물로 말미암아 다툼이 일어날
일이 없다는 것이다. 이 말씀은 올바른 재물관에 대한 충고의 말씀이다.

11절은 재물과 관련된 소단락을 마무리하면서 삶의 지혜를 들려 준다. 이
미 9절에서 소단락의 주제가 나타났기 때문에 11절은 평상시의 삶을 통해
쉽게 접할 수 있는 말씀으로 구절을 마무리한다. 즉, 헛되이 모은 재산은 필
연적으로 줄어들지만 손수 모은 재산은 늘어간다는 것인데 이는 정당하게
노동의 대가를 지불하고 모은 재산은 늘어나지만, 정당한 대가를 지불하지
않고 모은 헛된 재산은 반드시 사라질 수밖에 없다는 것이다. 즉, 지혜로운
사람은 정당한 재산을 형성해야 한다는 재산형성의 윤리성을 강조하는 말
씀이기도 하다.

3) 지혜자의 생명의 가르침(12~19절)

12절부터는 이제 새로운 주제의 소단락이 시작되는데 주로 지혜자의 선
한 가르침이 생명에 이르게 됨을 말한다. 사람들은 자신의 소망이 이루어지
지 않으면 마음에 큰 병이 나지만 이루어진다면 생명나무를 얻는 것과 같은
기쁨이 있음을 말한다. 다시 말해 지혜자의 가르침이 이루어지면 생명을 얻
을 수 있다는 것이다. 여기서 생명나무의 은유가 나오는데 잠언의 맥락에서
생명나무는 지혜의 가르침을 받아 행복하게 사는 삶을 주로 나타낸다(참고
3:18).

13절에는 지혜자가 말하는 생명을 얻기 위한 가르침이 더욱 구체적으로
나온다. 잠언의 기자는 생명을 얻기 위해 하나님의 말씀을 두려워해야 한다
고 말한다. 두려워하는 것은 경외(敬畏)하는 행위 중 하나로 '야웨 경외'의 중
심에 말씀을 두려움으로 대하는 것이 포함되어 있음을 말한다. 그렇기 때문
에 당연히 말씀을 멸시하는 사람들은 망할 수밖에 없는 것이다.

14절에는 이 소단락의 주제이자 전체 13장의 주제가 될 말씀이 나온다.

14:27에서 반복·강조되는 이 말씀은 이전까지의 반의어 평행법 대신 주제에 대한 메시지를 강하게 전달한다. 즉, 지혜자의 가르침은 생명의 근원이 되기 때문에 사람들로 하여금 죽음의 그물에서 벗어나게 해 준다는 것이다. 다시 말해 야웨를 경외하는 사람이 찾는 교훈은 모든 생명의 원천이 되며 말씀을 멸시하는 사람이 당할 죽음의 사슬을 끊고 생명으로 옮길 수 있게 해 준다는 것이다. 죽음의 그물은 잠언 7:23에 어리석은 자를 비유하며 새를 죽음으로 몰아넣은 그물과 같이 어리석음의 결과로 해석할 수 있다. 결론적으로 우리는 이 말씀에서 전체 잠언의 주제인 야웨를 경외하는 사람이 생명을 얻는다는 주제가 다시 강조되고 있음을 볼 수 있다.

15절에서는 주제 구절인 14절에 대한 부연 설명을 한다. 속임수가 없는 선한 지혜는 은혜를 베풀지만 지혜를 배신한 사람의 길은 스스로 사망을 향해 험한 길을 걸어가는 것과 같다고 말한다. 여기서 말하는 '선한 지혜'는 선한 분별력을 가리킨다(참고 3:4).

16절은 지혜로운 사람과 어리석은 사람의 행동 특징을 대조하면서 잠언 기자는 독자들에게 어리석은 자의 길을 걸어서는 안 된다는 것을 재차 강조한다. 어리석은 자는 말씀을 무시하고 죽음의 그물에 갇혀 사망의 때를 기다리는 사람이며 스스로 멸망의 길로 들어선 사람이기 때문에, 그가 하는 모든 행동은 어리석음만을 드러낸다며 질타한다. 이는 독자들에게 지혜로운 자의 길을 걸으라는 명령의 말이기도 하다.

17절은 16절과 같은 성격으로 지혜로운 사람의 길을 걸어가야 한다는 것을 또 다른 사례를 통해 보여 준다. 지혜로운 사신은 그를 파견한 왕과 백성들에게 유익한 결과를 가져오지만, 어리석은 사신은 모든 사람을 재앙에 빠뜨리는 최악의 결과를 가져옴을 시례로 말한다. 지혜는 생명의 샘이고 어리석음은 사망의 그물이라는 말씀에 부합되게 어리석은 사신은 사망을, 지혜로운 사신은 생명을 가져다 줌을 말한다.

18절은 13:1의 말씀에 대한 반복으로 훈계를 받아들이는 사람과 그렇지 못한 사람의 모습을 다시 한 번 보여준다. 잠언 기자는 우리에게 이미 익숙한 형태대로 훈계를 받아들이는 지혜로운 사람은 존경을 받지만 훈계를 저버리는 사람은 가난과 수치를 당하게 될 것이라고 경고한다.

19절에서는 소단락의 첫 구절과 같이 '소원'의 문제를 다루며 단락을 마무리한다. 즉, 지혜자의 가르침이 이루어지면 생명나무를 얻듯이(12절) 마음이 즐거워지지만, 어리석은 자는 지혜로운 사람들이 즐거워 하는 와중에도 악에서 떠나지 않고 그 가운데 머무는 사람이라고 말한다. 잠언의 기자는 결론적으로 지혜자는 한없이 즐거운 삶을 사는 사람이며, 어리석은 사람은 악의 길의 끝에 있는 사망을 향하여 끝없이 달려가고 있는 사람이라 말한다.

4) 지혜자가 받을 보상(20~25절)

20절 이하부터는 지혜로운 사람이 받을 보상과 어리석은 사람이 받을 재앙에 대해서 말한다. 잠언의 기자는 소단락의 서두에서 지혜와 어리석음은 그 힘이 함께 다니는 사람에게 미칠 정도로 크게 영향을 끼칠 수 있다고 말한다. 지혜로운 사람과 함께 다니면 지혜를 얻지만 어리석은 사람과 함께 다니면 해를 입는다는 것은 '붉은 것을 가까이 하면 붉어지고 검은 것을 가까이 하면 검어진다(근주자적 근묵자흑 近朱者赤 近墨者黑)'는 말과 일맥상통하는 것으로 삶 가까이에 지혜, 혹은 지혜로운 사람을 둘 것을 강조한다.

21절은 20절에 대한 발전으로 지혜자와 어리석은 사람의 삶의 결과가 반드시 그들의 뒤를 따라 올 것을 말한다. 즉, 지혜로운 의인에게는 보상이, 어리석은 악인에게는 재앙이 따름을 말한다. 여기 나오는 '보상'이나 '재앙'은 문학적으로 의인화되어 각각 의인과 악인을 쫓아가는 존재로 표현된 특징이 있다.

22절은 독특하게 선한 사람의 결과와 악한 사람의 결과를 나타낸다. 즉, 선한 사람의 유산은 당연히 자기 당대에 누릴 뿐 아니라 자손 대대로 이어지지만 악한 사람의 재산은 자기도 누리지 못할 뿐 아니라 자손에게 물려주기는커녕 그가 현재 가지고 있는 것도 의인의 소유가 되어 버린다는 것이다. 이러한 극단적인 설정은 독자들에게 어리석은 악인의 길을 간다면 그가 평생 모은 모든 것이 의인에게 넘어갈 정도로 그의 인생이 헛된 것임을 보여 주면서 지혜로운 의인의 길을 걸어가라고 명하는 말이다.

23절의 말씀은 22절과 서로 반대 경우를 제시하는 것으로 가난한 자의 얼마 안 되는 밭에서도 노력 여하에 따라 많은 소출을 거둘 수 있지만, 사회적 불의함 때문에 때에 따라서는 그의 것을 빼앗길 수도 있다는 것을 보여 준다. 지혜로운 의인이 항상 잘될 것임을 말한 지금까지의 잠언 분위기에 미루어 보았을 때 이 말씀은 상당히 파격적인 말씀으로, 사회적 불의로 말미암아 지혜로운 사람이 정당한 대가를 받지 않을 수도 있음을 말하는 것이다. 하지만 이러한 상황 역시 지혜가 부족한 사회의 지도자로 말미암은 일시적인 현상일 따름이며 이어지는 25절의 말씀을 통해 의인은 반드시 정당한 대가를 받을 것임을 분명히 말한다.

24절에서 잠언 기자는 그 말씀의 방향을 교육에 돌리고 있다. 그는 매를 아끼는 것은 자식을 사랑하지 않는 것이며 자식을 사랑하는 사람은 훈계를 통해 양육한다고 말한다. 이 말씀은 잠언의 기자가 이제까지 강조했던 지혜로운 사람으로 그의 자식을 만들기 위해선 방관이 아닌 적극적인 훈계를 통해서 매질을 해서라도 자녀를 지혜로운 자의 반열로 이끌 수 있다는 말씀이다. 잠언 기자가 지혜자가 받을 보상을 말하면서 자녀 교육문제를 언급하는 것은 자신뿐 아니라 자녀들에게도, 재앙이 임할 어리석은 사람의 길이 아닌 야웨의 보상을 받을 지혜로운 사람의 길로 걸어갈 것을 외치기 위함이다.

25절은 지혜자의 보상에 대해 말하는 소단락의 주제를 강조하며 13장을 마치고 있다. 의인은 배불리 먹지만 악인은 배를 주릴 정도로 배고픔 당할 것을 보여 주면서 지혜로운 자의 풍성함과 어리석은 자의 빈곤함을 대조한다. 또한 이 말은 문자적으로 물질의 풍요를 이야기하는 것이 아니라 지혜자에게는 영적·정신적·물질적으로 모든 풍요가 내릴 것임을 강조하는 것이다. 잠언의 기자는 13장을 마무리하면서 지혜로운 의인은 반드시 보상 받을 것임을 말한다.

2. 설교를 위한 적용

실용적 지혜에 속하는 잠언 13장에서는 네 개의 소단락을 통해 지혜자와 어리석은 자의 삶을 대조하며 독자들에게 지혜롭게 살 것을 강조한다. 첫 번째 단락(1~6절)에서는 지혜자의 언행에 대해 말하는데, 한마디로 지혜자는 언행을 조심하고 남의 이야기에 귀를 기울이고 거짓말을 하지 않는 사람이다.

이 말씀은 우리에게도 실용이고도 중요한 교훈을 준다. 우리는 남의 말에 귀를 기울이지 않으면서도 남의 이야기는 함부로 하는 경향이 있고, 자신의 이익을 위해선 거짓말도 서슴지 않고 할 때가 많다. 이러한 행동은 어리석은 악인이 주로 하는 행동으로 잠언이 말하는 지혜자가 되기 위해선 절제된 언어생활과 사소한 충고에도 귀를 기울여야 할 것이다.

두 번째 단락(7~11절)에서는 지혜자의 재물문제에 대해 다룬다. 잠언의 기자는 지혜자란 재물문제에 있어서도 항상 야웨를 경외하는 마음으로 의롭게 사는 사람이라 말한다. 그에게 부는 더 이상 가장 큰 관심사가 아니다. 잠언의 기자는 지혜자를 허세 부리지 않으며, 가난할지라도 근심이 없고, 재물이 늘어도 재물로 말미암아 다툴 일이 없으며, 재산의 형성에도 정당한 절차를 밟는 사람이라고 소개한다. 언제부터인가 결과가 좋으면 과정이 어떠한들 상관없다는 생각이 사람들의 마음을 지배하게 되었다. 재산을 형성할 때도 무슨 일을 하든 무슨 행동을 하든 결과만 좋으면 그 과정에서의 잘못이 용서되는 풍조가 만연한데, 잠언의 말씀은 이에 대해 지혜롭지 못한 행동이라고 분명히 말한다. 잠언의 기자는 현실이 비록 가진 자가 대우 받는 세상이라 할지라도 진정 지혜로운 사람은, 하나님이 아닌 사람에게 인정받기 위해 허세 부리는 사람이 아니며, 재물이 많아지고 주는 것에 일희일비(一喜一悲)하는 사람이 아니며, 정당하지 않은 재물을 조금도 탐하지 않는 사람임을 분명히 말한다. 분명치 않은 물질관과 재산형성 때문에 세상 사람들로부터 많은 비난을 받고 있는 이 시대 교회는 잠언의 목소리에 더욱 귀를 기울어야 할 것이다.

세 번째 단락(12~19절)에서 잠언의 기자는 지혜자의 가르침이 생명에 이르게 함을 말한다. 하나님의 말씀을 경외함으로 얻을 수 있는 지혜는 그 모든 결과가 생명에 이르지만, 하나님의 말씀을 멸시하는 어리석은 자의 행동은 그 모든 행동이 사망에 이르고 있음을 보여 준다. 지혜의 모든 근원은 하나님의 말씀으로부터 나오며 그 말씀이 생명의 샘이 됨을 말하는 잠언은, 오늘 우리에게 신앙생활의 모든 출발을 말씀으로부터 시작하라고 명령한다. 하나님의 말씀에 대한 자의적 해석이나 말씀의 본질을 무시하고 아전인수(我田引水)격으로 해석하는 풍조가 만연한 우리 교회의 모습은 마치 제어장치가 고장난 폭주 기관차처럼 멸망을 향해 치달려 가고 있는 인상을 준다. 이제 교회는 말씀을 두려워하고 사람들을 죽음의 그물에서 벗어나게 해야 하며, 마치 지혜로운 사신처럼 모든 사람을 멸망으로부터 구하여 생명의 샘으로 인도하는 사명을 감당해야 할 것이다.

마지막 네 번째 단락(20~25절)에서는 지혜자가 받을 보상에 대해 말한다. 지혜자가 걸어가야 할 길은 사람의 눈에 보기에 평탄한 탄탄대로는 아닐 것이다. 때에 따라서는 많은 소출을 내고도 그것을 가지지 못하는 불상사가 생길 수도 있다는 것이다. 하지만 그 모든 일의 결국에는 지혜자에게는 보상을, 어리석은 사람에게는 재앙이 올 것임을 잠언 기자는 분명히 말한다. 이 말씀은 지혜자가 고생하는 모든 것을 야웨께서 알고 계신다는 약속의 말씀이기도 하며, 잠시 인생의 불합리한 결과가 일어날지라도 그것이 결론이 아니며 하나님께서는 마지막에 항상 의인의 손을 들어 주실 것임을 말한다. 대신 정당하지 못한 방법으로 잠시 인생에서 앞서 나가는듯한 어리석은 자가 있다 할지라도 그 역시 끝이 아니며 그의 끝은 재앙으로 끝나게 될 것을 말한다. 결국 이 말씀은 하나님께서 지혜자의 인생을 보장해주시며 큰 보상을 내려줄 것을 믿으며 지혜롭게 현실을 살아갈 것을 강조하는 말씀이다.

지혜는 집을 세우지만 어리석음은 집을 무너뜨린다(14장)

14장 역시 실용적 지혜의 일부분으로 다양한 일상생활의 삶의 지혜를 통해 야웨 경외라는 잠언의 주제에 접근하고 있다. 이전 장들과 마찬가지로 14장 역시 통일성보다는 다양성이 많이 나타나 보인다. 하지만 잠언 기자는 1절의 말씀인 지혜는 집을 세우지만 어리석음은 집을 무너뜨린다는 주제를 중심으로 분명히 통일된 메시지를 선포한다.

1. 본문주해

1) 지혜자의 말은 자신을 지켜 준다(1~7절)

1절에서는 14장 전체의 결론이 먼저 나오면서 주제를 강조한다. 잠언에서 종종 표현하듯이 여기서도 지혜가 여인의 모습으로 의인화되어 나온다. 잠언에 나타난 지혜로운 여인은 어리석은 사람들을 향하여 광장에서 큰 소리로 외치며 지혜를 소유할 것을 외치기도 하였고(1:20 이하; 8:1~10), 때로는 창조의 동역자로 하나님과 창조 사역을 함께한 신격화한 모습으로도 나타났다(8:22~31). 이러한 의인화된 지혜의 모습이 다시 등장하여 1절에서 지혜로운 여인은 집을 세우지만 어리석은 여인은 자기 손으로 집을 허문다고 말한다. 이 말씀은 한 집안에 지혜로운 여인을 맞아 들여야지 그렇지 않으면 패가망신할 수도 있다는 경고의 말씀으로 해석할 수도 있을 것이다. 하지만 이러한 해석은 잠언의 배경을 망각한 피상적 해석이며 지혜롭지 못한 해석이다. 잠언의 기자는 집을 일으키고 부수는 비유를 통해 마치 집안이 일어나듯이 야웨를 경외하는 지혜로운 사람은 모든 일이 잘될 것이며, 야웨를 경멸하는 어리석은 사람은 그가 하는 모든 일이 무너져 버릴 것이라 말한다. 이렇듯 잠언의 기자는 처음부터 신학적 주제를 강조하며 지혜롭게 살 것을 명한다.

2절에서는 1절에서 강조한 야웨 경외라는 주제를 부연 설명한다. 집을 세우는 지혜로운 사람은 바른 길을 걸으며 야웨를 경외하지만, 집을 무너뜨리며 그릇된 길을 걷는 어리석은 사람은 야웨를 경멸하는 사람이라는 것이다. 이 말씀은 단순한 행동의 윤리성 여부를 뛰어넘어 그 동안의 반복을 통해 독자들이 이미 깨닫고 있듯이 근본적인 잠언의 주제인 지혜로운 사람만이 생명을 얻을 수 있고 어리석은 자는 사망에 이를 수밖에 없다는 주제를 암시한다.

3절에서도 역시 1절의 야웨 경외 주제의 구체적 실례를 보여 준다. 어리석은 자의 말은 교만하여서 매를 자청하지만 지혜로운 자의 말은 자신을 지켜 준다는 것이다. 즉, 어리석은 자는 지혜가 없기 때문에 자신을 절제하지 못하고 허세를 부리며 교만하게 말을 하지만, 지혜로운 사람은 말을 많이 하지 않을지라도 절제하는 방법을 알고 있으며 교만하여 다른 사람에게 상처를 주는 말 대신 사려 깊은 사고로 남을 배려하는 말을 하기 때문에 결국 말로 인해 낭패를 보지 않고 자신을 지켜 준다고 말한다. 야웨를 경외하는 지혜자는 언어생활도 남다름을 보여 준다.

4절에서도 야웨 경외 주제의 실례를 보여 주는데 그 내용이 너무 실질적이라 주제와 동떨어진 내용이 아닌가 하는 오해를 하기 쉽다. 하지만 4절의 내용 역시 농경사회의 정황을 배경으로 잠언의 주제를 강조하는 말씀이다. 4절에서는 농사를 짓는데 가장 필요한 짐승인 소를 구체적인 예로 든다. 즉, 소가 없으면 외양간은 깨끗할 수 있지만 농사를 할 때 소가 없다면 그만큼 추수한 곡식의 양은 줄어들 수밖에 없다는 것이다. 달리 말해 집안을 단지 조금 깨끗하게 하기 위해 소를 키우지 않으면서 풍성한 소출을 기대하는 것은 어리석은 행동이라는 것이다. 지혜로운 사람은 눈앞에 보이는 조그만 이를 탐하면서 궁극적으로 해야 할 것을 망각하는 사람이 아니다. 지혜로운 자는 조그마한 것을 희생해서라도 더 커다란 기쁨을 얻는다.

5절에서도 1절에서 이야기한 신학적인 주제가 실례를 통해 나타난다. 지혜를 따라 사는 복된 삶 가운데는 절대 거짓 증언을 하지 않는 삶도 포함되어 있다. 위에서 언급하였듯이 구약시대에는 성문 앞 광장 등에서 자주 재판이 있었고 이웃 사이의 사소한 다툼에서도 재판에 참여하는 경우가 종종 있었다. 이때 자신의 조그마한 이익을 위해서 거짓증언을 하게 된다면 이는 집 안을 깨끗하게 하기 위하여 소를 키우지 않는 농사꾼처럼 어리석은 행동이라는 것이다. 지혜로운 사람은 거짓증언을 하지 않고 사람 앞에서나 야웨 앞에서 항상 신실한 말을 통해 생명의 길을 선택하는 사람이다.

6절에서는 어리석음을 상징하는 거만한 자가 지혜를 구하는 이상한 상황이 설정된다. 어리석은 사람은 지혜를 구하지 않는 사람인데 이 어리석은 사람이 지혜를 구하는 상황을 설정해 놓은 것이다. "지혜는 구하는 사람이 구하기만 하면 누구나 얻을 수 있는 것인가?"라는 질문을 설정해 놓은 것이다. 이러한 질문에 대해 잠언 기자는 단호히 선언한다. 야웨를 경외하지 않은 거만한 사람은 지혜를 구한다 할지라도 절대 지혜를 얻을 수 없다는 것이다. 지혜는 본인의 선택에 의해 아무나 구할 수 있는 것이 아니라, 야웨를 경외하고 신실히 살아간 사람에게 주시는 하나님의 선물이라는 것이다. 그렇기 때문에 생명의 길은 야웨를 경외하는 지혜로운 사람만이 받을 수 있는 특권이라 말한다.

7절은 6절 말씀의 논리적 귀결이자 첫 번째 소단락의 주제를 강화시키는 말씀을 전한다. 즉, 어리석은 사람은 지혜를 구하려고 하여도 절대 구하지 못한다는 6절 말씀을 발전시켜 그러한 이유 때문에 지혜로운 사람은 어리석은 자에게서 지혜를 얻을 수 없고, 그와 어울릴 경우 함께 파멸의 길로 들어설 수도 있기에 절대 관계를 맺지 말 것을 강조한다. "까마귀 노는 곳에 백로야 가지 말라"는 우리 옛말과 같이 지혜로운 사람이 어리석은 사람과 어울릴 경우 함께 파멸로 갈 수밖에 없음을 강조하며 오로지 지혜만이 지혜자를 지켜 줄 수 있다는 소단락의 주제를 확인시켜 주고 있다.

2) 지혜자는 사리를 분별한다(8~15절)

두 번째 소단락에서는 보이는 것과 보이지 않는 부분을 분명히 분별하여 행동하는 지혜자와 그렇지 못한 어리석은 사람을 구분하여 보여 준다. 물론 여기서의 지혜도 우리 주변에서 일어나는 실용적인 지혜가 주류를 이루고 있다.

8절은 소단락의 주제 구절로 지혜는 모든 일의 사리를 분별할 수 있는 능력을 준다는 대전제에서 시작하여 지혜에 대해 말한다. 그렇기 때문에 지혜로운 사람은 자기가 가는 길을 자신이 소유한 지혜로 다 알 수 있다. 하지만 어리석은 사람은 지혜가 없기 때문에 자신이 무엇을 하는지 어느 길로 가는지 분별하지 못하고, 사망의 길로 달려간다. 잠언 기자는 자신도 속이고 다른 사람도 속이는 어리석음을 떠나 생명으로 이끄는 지혜를 선택할 것을 모두에게 외친다.

9절에서는 8절 주제의 실질적인 예를 든다. 어리석은 사람은 자신이 지은 죄를 깨닫지도 못하고, 깨닫는다 할지라도 죄를 우습게 여기기 때문에 하나님께 죄의 용서를 간구하는 속건제까지도 우습게 여긴다. 죄를 짓지 않을 수는 없겠지만, 만일 죄를 짓는다면 깨닫고 하나님을 향해 용서를 구하는 것이 지혜로운 사람의 모습일 것이다. 하지만 어리석은 사람은 죄의 대가가 얼마나 무서운지 모르고 속건제마저 우습게 여기며 자신의 현실을 분별치 못하고 사망의 길로 달려간다. 결론적으로 지혜로운 사람은 하나님께 무릎을 꿇는 사람이기에, 자신의 죄를 분명히 깨닫고 용서를 구하는 사람이며 그로 말미암아 하나님의 은총을 받고 생명의 길로 나아가는 사람이다.

10절에서는 지혜자의 분별력이라는 주제에 조금 동떨어진 듯한 말씀이 나온다. "마음의 고통은 자신만 알고 마음의 기쁨도 다른 사람과 나누어 가지지 못한다." 하지만 이 말씀 역시 자세히 살펴보면 주제를 부각시키는 말임을 곧 알게 된다. 즉, 자신의 희로애락은 자신만이 알 수 있다는 말인데 이를 제대로 통제할 수 없다면 8절에서 말한 자신이 가는 길을 분별할 수 없다는 것이다. 지혜자는 자신의 기쁨과 슬픔을 분별하고 어느 환경에 처하든지 생명길을 걷고 있는 것이다.

11절에서는 지혜로써 사리를 분별하는 결과에 대해 말한다. 이 결과는 우리에게 너무 익숙한 결과로 악인의 집은 망하고 의인의 장막은 흥한다는 것이다. 모든 일을 지혜롭게 분별할 수 있는 사람은 하나님을 경외하고 자기가 가는 길을 알고 있기 때문에 그가 하는 일은 흥할 수밖에 없을 것이다. 하지만 그렇지 못한 악인은 잠언의 기자가 여러 곳에서 강조하였듯이 반드시 망할 것이다.

12절에서는 지혜롭게 사리를 분별하기 어려운 환경을 소개한다. 즉 사람의 눈에는 바른 길 같지만 그 결과가 사망에 이르는 길이 있을 수 있기 때문이다. 야웨를 경외하는 지혜로운 사람은 모든 일을 분별할 때 자신의 지혜나 생각으로 하지 않고 야웨께서 주신 지혜를 가지고 정확히 판단하여 앞으로 나아간다. 그렇기 때문에 그는 사람이 보기에 바른 길이라 여겨져도 야웨의 지혜에 근거할 때 바른 길이 아니면 가지 않을 것이며, 반대로 사람이 보기에 가지 못할 길로 여겨져도 야웨의 지혜의 기준에 바른 길이면 혼자라도 그 길을 걸어갈 것이다. 지혜자는 사람의 판단 기준이 아닌 야웨의 지혜를 가지고 모든 일을 판단한다.

13절은 12절과 마찬가지로 분별하기 어려운 세상일에 대해 말한다. "웃어도 마음이 아플 때가 있고 처음에는 즐거워도 결국에는 슬플 때가 있다"는 것이다. 남들이 보았을 때 웃을 환경이지만 당사자는 울고 있는 경우가 있고 시작은 즐겁게 시작했지만 끝은 근심으로 끝나는 경우가 인생에서 비일비재하기 때문이다. 이 말씀을 10절의 말씀과 연관지어 살펴본다면 그렇기 때문에 마음의 고통과 기쁨을 자신만 알지 다른 사람과 나누어 가질 수 없다고 잠언 기자는 말하는 것이다. 하지만 잠언 기자는 지혜자는 분명 바른 분별력으로 이 모든 역설적인 환경을 이기며 앞으로 나아가는 사람이라고 말한다.

14절은 다시 8절의 말씀을 받아 소단락 주제에 대한 결과를 강조한다. 즉, 마음이 비뚤어진 사람이나 선한 사람이나 모두 자신이 한 만큼 보응을 받게 된다는 것이다. 이 말은 모든 사람들이 그 행한 대로 반드시 심판을 받는다는 말인데 모든 일에 사리를 분별한 지혜자는 하나님의 칭찬을, 기분 내키는 대로 살았던 어리석은 자는 필경 사망으로 이르는 심판을 받게 된다는 것이다. 야웨는 지혜자의 모든 수고와 고난에 반드시 보응해 주신다.

15절은 8절의 주제를 다시 한 번 강조함으로 수미상관(首尾相觀)법으로 소단락을 마친다. 8절부터 강조해온 내용이 지혜자는 모든 이치를 바른 분별력을 가지고 판단하는 사람이라는 것이다. 이제 소단락을 마무리하면서 잠언의 기자는 어리석은 사람은 분별력 없이 모든 사람의 말을 다 믿지만, 지혜로운 사람은 사려 깊은 분별력으로 그 행동을 삼가는 사람이라 말한다. 이러한 지혜자의 삶의 결과는 생명만이 있을 뿐이다.

3) 지혜자는 악을 피한다(16~24절)

16절에서는 소단락의 주제를 제시하며 지혜로운 사람과 어리석은 사람의 삶의 모습 중, 악에 대한 태도를 대조를 통해 보여 준다. 지혜로운 사람은 스스로 분별하고 조심성이 있기 때문에 악을 근원부터 피해 다니지만, 어리석은 자는 자신의 지혜 없음을 깨닫지 못하고 스스로를 믿기 때문에 조심성 없이 행동하고 악을 향해 달려간다. 지혜로운 사람은 생명을 선택했고 어리석은 사람은 사망을 향해 달려감을 다시 한 번 강조하는 말씀이다.

17절에서는 다른 소단락에서와 같이 16절의 주제에 대한 구체적인 실례가 나온다. 16절에서 어리석은 자는 스스로를 믿는 사람이라 했는데 17절에 나타난 어리석은 자는 화를 잘 내며 악한 일을 꾀하는 사람이다. 즉, 그들은 자기감정을 다스리지 못하여 다른 사람들로부터 어리석다고 평가되는 사람이며, 여기서 한 걸음 더 나아가 다른 사람들을 해하기 위한 음모를 모의하여 사람들의 미움을 받는 사람이다. 조심성 없는 악인의 행동은 많은 사람들의 지탄을 받으며 사망을 향해 달려가고 있다.

18절은 주제에 대한 첫 번째 결과가 나온다. 어리석은 사람은 그 어리석음을 유산으로 물려받지만 지혜로운 사람은 그 지혜를 면류관으로 머리에 쓰고 다닌다. "콩 심은데 콩나고 팥 심은데 팥난다"라는 속담과 같이 하나님의 말씀을 무시하는 어리석은 사람은 어리석음을 유산으로 물려받아 그 결과가 마침내 사망에 이르게 된다고 경고한다. 하지만 야웨를 경외하는 지혜로운 사람은 그의 지혜가 자랑스러운 면류관이 될 것이고, 그의 삶의 결과는 생명에 이르게 될 것이라 말한다. 어리석음은 사망에, 지혜는 생명에 이르게 된다는 잠언의 주제가 다시 한 번 확인된다.

19절에서는 동의어 평행법이 쓰이는데 18절의 주제에 대한 결과를 더욱 발전시켜 보여 준다. 즉, 악인은 스스로 망하는 것에서 끝나는 것이 아니라 그가 괴롭혔던 의인 앞에서 굴욕 당하게 될 것임을 말한다. 어리석은 악인은 지혜자에게 엎드려 복종을 표시하고 그의 문 앞에 엎드려서 충성을 서약하면서 철저히 파멸되었음을 보여 준다. 조심성 없이 악과 함께하며 어리석은 자의 길을 좇았던 사람의 결과는 사망이 있을 뿐이다.

20~21절은 함께 연결하여 생각해야 바른 해석을 할 수 있다. 즉 20절의 첫째 연의 상황에 대해 21절의 첫째 연에서 대답을 주고, 20절의 둘째 연의 상황에 대해 21절의 둘째 연에서 대답을 해주는 구조로 지혜의 말씀이 서로 연결되어 있다. 이를 근거로 말씀을 해석해 보면 "가난한 사람은 이웃에게도 미움을 받지만"(20상절). "이웃을 멸시하는 사람은 죄를 짓는 사람"(21상절)이라는 것이다. 그 이웃이 부요하다고 굽실거리고 가난하다하여 업신여기는 사람은 어리석은 자의 길을 가는 사람이라 할 수 있다. 또한 "부요한 사람은 친구가 많으나"(20하절) "가난한 사람에게 은혜를 베푸는 사람이 복이 있는 사람"(21하절)이라는 것이다. 가난한 사람을 업신여기면서 부자를 친구로 삼는 어리석은 사람보다 소외받고 가난한 사람에게 은혜를 베풀며 그들과 아픔을 같이 하는 지혜로운 사람에게 하나님께서 복 주신다는 말씀을 통해서 소외된 자와 함께함이 악에서 떠난 지혜로운 행동임을 보여 준다.

22절은 앞선 20~21절의 말씀의 결과를 제시한다. 가난한 사람을 멸시하며 악을 도모하는 어리석은 사람은 분명 잘못된 길을 가고 있는 사람이며, 빈곤한 자를 불쌍히 여기며 선을 도모하는 지혜로운 삶을 사는 사람은 올바른 선택을 한 사람이다. 그에게는 하나님께서 베푸시는 인자(헤세드)와 진리(에메트)가 임할 것이라 말한다.

23절은 다시 농경사회의 삶을 배경으로 하여 악을 피하고 지혜에 이르는 삶을 말한다. 농사를 짓는 사람이 일정한 삶을 누리기 위해선 정당한 노력과 수고를 해야 되며 그렇지 않고 입으로만 헛되이 시간을 보낼 경우 궁핍에 빠질 수밖에 없다. 마찬가지로 지혜로운 사람은 어리석은 사람이 말로만 일을 처리하여 사망으로 빠져 들어갈 때 혼신의 힘을 다해 수고하여 생명의 결과를 일구어 내는 사람이라는 것을 보여 준다.

24절은 소단락을 마무리하면서 주제에 대한 두 번째 결과를 내놓고 있다. 즉, 우리는 첫 번째 결과를 통해 악을 피하고 모든 일을 조심성 있게 처리하며 야웨를 경외하는 지혜자가 이미 지혜의 면류관을 받은 것을 살펴보았다(18절). 이제 잠언의 기자는 이러한 지혜자가 야웨로부터 재물의 면류관도 받을 것이라 말한다. 하지만 분명한 것은 지혜자는 재물을 의지하는 사람이 아니라 야웨를 경외하여 재물을 선물받은 사람이라는 것이다. 미련한 자의 재물은 그와 같이 다 어리석은 결과를 초래할 것이지만 지혜자의 지혜는 그의 면류관이 되어 찬란히 빛난다는 것이다.

4) 지혜자는 생명을 건진다(25~27절)

25절은 다시 법정을 배경으로 하여 야웨를 경외하는 지혜로운 사람은 그의 증언을 통하여 다른 사람의 생명을 구하는 사람임을 말한다. 지혜자는 무죄한 사람이 어려움을 당하고 있을 때 정직한 증인이 되어 그의 생명을 구하는 사람이지만, 어리석은 사람은 거짓말을 하여 모두를 속이고 무죄한 자의 생명을 빼앗을 수도 있는 사람이다. 이러한 어리석은 자가 받을 심판은 사망이다.

26절은 소단락의 주제인 생명을 건지는 지혜자의 모습을 더욱 강하게 부각시킨다. 잠언의 기자는 직설적으로 지혜자란 야웨를 경외하는 사람이라 칭하면서 그에게는 견고한 의뢰가 있기 때문에 야웨께서도 그에게 든든한 피난처가 되어 주시고 그의 자녀 역시 그 피난처에서 안전한 삶을 살게 하실 것이라 말한다. 즉, 이 말씀은 야웨께서 야웨를 경외하는 자의 생명을 지켜 주시고 그의 자녀들의 생명 역시 보호해 주시며 든든한 요새가 되어 주신다는 약속의 말씀인 것이다.

27절의 말씀은 13:14에서 이미 한 번 언급한 말씀으로 13:14의 "지혜자의 교훈"이 "야웨를 경외하는 것"으로 바뀌었을 뿐 나머지 내용과 주제에 대한 강조는 처음의 내용과 일치한다. 야웨를 경외하는 것 자체가 생명의 샘이며 사람을 죽음의 그물에서 건져내는 생명의 원천임을 말한다.

5) 지혜로운 왕의 다스림(28~35절)

28절의 말씀들은 앞 절과는 조금 분위기가 다르다. 하지만 세밀히 살펴본다면 잠언 기자의 분명한 의도를 볼 수 있다. 잠언 기자는 야웨를 경외하는 생명의 길을 왕에게 적용하여 이후 이어지는 구절들을 통해 구체적인 실례를 들고 있다. 야웨를 경외하는 왕이 소유한 백성들은 그 수가 많을 것이고 그의 앞길에는 생명이 예비되었지만, 어리석은 왕이 통치하는 백성의 수는 적을 것이며 그의 앞길은 패망만이 있을 따름이다.

29절에서는 노하기를 더디 하는 사람과 성미가 급한 사람을 대조하면서 분노를 참고 감정에 이끌리지 않는 사람은 지혜로운 사람이고, 급한 성격 때문에 감정대로만 움직이는 사람은 어리석은 사람이라 말한다. 이 말씀은 보편적인 사람에게도 적용할 수 있지만 28절 이하에선 특별히 왕의 경우에 적용하여 노하기를 더디 하는 왕이 지혜롭고 모든 백성을 생명으로 이끄는 왕임을 말하고 있다.

30절은 29절의 말씀과 서로 연결되어 "마음이 평안하면 몸에 생명의 기운을 느끼나 시기나 질투를 하면 뼈까지 썩는다"라고 말한다. 이 말씀은 마음을 다스리고 쉽게 분노하지 않은 사람이 지혜로운 사람이라는 앞 절의 말씀과 같이 시기 질투가 없는 평안한 마음을 갖는 것이 지혜가 주는 생명에 이르는 길이라고 말한다.

31절 말씀은 신명기의 원칙인 약자에 대한 배려 사상이 잘 나타나 있다(신 15:1~11). 앞에서 살펴봤던대로 하나님께서는 약자를 배려하지 않는 사람을 용서하지 않으시고 그들의 눈에서 흐르는 눈물을 직접 닦아주는 사람을 기뻐한다고 하셨다.

이 말씀은 나라를 다스리는 왕에게는 더욱 엄격하게 적용된다. 만일 가난한 사람을 억압한다면 하나님은 그를 지으신 하나님 자신을 모욕하는 것이라고 말하며 강력히 금지한다. 하지만 반대로 가난한 사람들에게 은혜를 베푸는 것은 하나님 자신을 공경하는 일이라고 말하며 이를 지킬 것을 명령한다. 앞서 살펴보았듯이 나봇의 포도원 사건을 통해 아합이 책망받은 경우가 여기에 해당된다.

32절 말씀은 다시 어리석은 악인과 지혜로운 의인을 대조한다. 악인은 환난을 당할 때 넘어지지만, 의인은 죽음이 닥쳐도 피할 희망이 있다는 것이다. 이 말씀도 주변 문맥과 동떨어진 것이 아니라 31절과 연결하여 해석하면 쉽게 해석할 수 있는 말씀이다. 즉, 가난한 사람을 억압하는 악인은 결국 자기 악행 때문에 넘어지지만, 궁핍한 자를 불쌍히 여겼던 의인은 죽음과 같은 최악의 환경 속에서도 야웨께서 피할 길을 주신다는 것이다.

33절은 번역에 문제가 있는 구절이다. 히브리어 성경 본문에는 "지혜는 명철한 사람의 마음에 머물고 미련한 사람들에게도 알려진다"라고 쓰여 있다. 이럴 경우 지혜가 어리석은 사람에게도 나타나고 있다는 말이 되기 때문에 이전 말씀들과 전혀 부합되지 않는다. 하지만 헬라어 번역본인 칠십인역에 따르면 "어리석은 사람의 마음에는 알려지지 않는다"라고 되어 있는데 이 경우가 본문의 문맥상 타당하다. 한글번역성경 중 표준새번역이 칠십인역에 따라 이 구절을 번역하였다.

34절은 28절부터 이어져오는 왕에게 적용된 지혜의 말씀의 정점에서 말씀을 전한다. 즉, 왕이 정의로 나라를 다스릴 경우 나라가 영화롭게 되지만, 죄악으로 나라를 다스리게 되면 백성들을 욕되게 만든다는 것이다. 왕에 있어서도 야웨를 경외하는 마음으로 지혜를 가지고 나라를 다스리면 그 나라의 모든 것이 잘된다는 것이다. 지혜는 왕의 다스림의 가장 큰 덕목이다.

35절은 왕이 나라를 잘 다스리기 위한 또 하나의 덕목을 제시한다. 즉, 지혜로운 신하들이 있어야 한다는 것이다. 지혜로운 왕과 함께 나라의 이름을 높이기 위해선 그 아래에 있는 신하들도 지혜로워야 하며 그렇지 않을 경우 왕의 진노를 살 수밖에 없을 것이라 말한다. 이 말씀은 왕으로서 신하를 선택함에 큰 분별력을 발휘해야 함을 말하는 것이기도 하다.

2. 설교를 위한 적용

14장 말씀에서도 잠언의 기자는 실용적 지혜를 통해 야웨 경외의 말씀을 강조한다. 14장은 모두 다섯 개의 소단락을 통해 주제에 대한 다양한 접근을 시도한다.

첫 번째 단락(1~7절)에서 잠언 기자는 14장의 전체 주제를 이 단락에서 제시하면서 지혜의 의인화를 통해 야웨를 경외하는 지혜로운 사람이 하는 모든 일은 형통할 것이라 말한다. 하지만 잠언 기자 역시 아직도 세상의 많은 사람들이 지혜의 말씀을 외면하고 다른 길을 걷고 있음을 인정한다. 그들은 야웨를 경멸하는 사람들이며 교만하여 자신의 이익을 위해선 거짓증언도 마다하지 않는 사람이다. 참된 지혜자가 되기 위해선 이러한 어리석은 사람들의 행동에서 벗어나 야웨께서 기뻐하시는 지혜자의 길을 걸으라는 것이 잠언 기자의 외침이다. 우리의 경우도 마찬가지다. 마치 어리석은 여인이 집을 무너뜨리듯이 잠시의 안일이나 조그마한 이익을 위해 어리석음을 선택하는 우리들은 지혜가 성문에서 외치는 소리를 들어야 할 것이다. 지혜로운 사람만이 오직 생명을 얻을 수 있는 것이다.

두 번째 단락(8~15절)에서는 보이는 것과 보이지 않는 것 사이에서 혹은 드러나는 일과 드러나지 않는 일 사이에서 지혜자는 언제나 사리를 정확히 판단하고 생명의 길을 걸어가고 있음을 말한다. 지혜자는 자기가 걷는 길이 생명의 길임을 분명히 분별할 수 있으며 또 자신의 죄를 분별할 줄 알기에, 늘 하나님의 은총을 받는 사람으로 하나님께 분명한 보상을 받을 사람이다.

분별력 있는 삶의 모습은 복잡한 현대 사회에서 더욱 필요하다. 우리는 늘 참과 거짓 사이에서 선택을 강요받고 유혹에 쉽게 노출되어 있다. 어리석은 모습으로 현 시대를 살아가면서도 자신은 열심히 살고 있다고 생각할지 모른다. 하지만 그는 사망의 길을 걷고 있는 것이다. 잠언의 기자는 분별력 있는 지혜를 통해 바른 선택을 하고 유혹을 이기며 생명의 길로 나아갈 것을 우리에게 말하고 있다.

세 번째 단락(16~24절)에서는 악을 피하는 지혜자의 모습이 나와 있다. 지혜자는 늘 조심스럽게 행동하며 악을 피하고 지혜의 면류관을 쓰고 늘 선을 계획하며 생명의 길을 걸어가는 사람으로, 야웨께서는 그에게 재물의 면류관까지 주시며 그가 걸어가는 길을 인정하신다 말한다. 하지만 이 시대 많은 사람들이 속해 있는 자리는 어리석은 자의 자리이기 때문에 우리는 이 잠언을 더욱 유념해 보아야 할 것이다. 잠언에 나타난 어리석은 사람 같이 현대의 어리석은 사람들도 조심성 없고 성을 잘 내며 사망의 길을 가지만, 자신이 죽음을 향해 가고 있는지 조금도 깨닫지 못한다. 재물을 얻는데만 혈안이 되어 야웨도 재물을 주는 하나님 정도로만 인식하고 있는 이 시대 어리석은 사람들에게 잠언의 기자는 미련한 자의 재물은 설령 그것을 얻는다 하더라도 어리석은 결과를 낳을 뿐이라 말한다. 지혜자는 이러한 악을 피하는 사람이다.

네 번째 단락(25~27절)에서는 다른 사람의 생명도 구하는 지혜자의 모습을 보여 준다. 지혜자는 위기의 상황에서도 진실을 말해 다른 사람의 생명을 구하는 법정 증인과 같은 사람이며, 야웨를 경외함을 통해 죽음의 그물에서 벗어나 생명의 샘을 솟아나게 하는 사람이라 말한다. 또한 생명의 지혜자로 말미암아 주변 사람들까지도 죽음의 그늘이 드리운 곳에서 생명으로 옮겨 오는 놀라운 역사가 일어나게 됨을 아울러 말한다. 이 시대에도 교회가 있는 곳에 그리고 성도들이 있는 곳에 이러한 생명의 역사가 늘 일어나야 할 것이다.

다섯 번째 단락(28~35절)에서는 지혜로운 왕의 다스림이 나온다. 지혜로운 왕은 나라를 다스림에 있어 성을 내지 아니하며 가난한 사람에게 긍휼을 베푸는 사람이며 명철한 다스림으로 그 나라의 명성은 높아간다. 하지만 어리석은 왕은 자신을 제어하지 못하여 성을 자주 내며 가난한 사람을 억압하여 그를 지으신 야웨까지 모욕하는 사람이며, 늘 악행을 일삼기 때문에 자신도 망하고 그가 다스리는 나라도 역시 망하게 될 것임을 말한다. 우리의 지

도자는 어떤 사람인지, 또 어떤 사람을 지도자로 세워야 할 지 잠언의 말씀
에 귀를 기울어야 할 것이다.

야웨를 경외하는 지혜자(15장)

15장에서도 여러 다양한 실용적 잠언들이 나오는데, 이것은 모두 야웨를
경외하라는 잠언 전체의 주제를 다양하지만 일관되게 표현한다. 많은 학자
들은 16장부터 반의어 평행법이 급격하게 줄어들고 있는 것을 보며, 솔로몬
의 375개 잠언이 있는 10:1~22:16을 10:1~15:33과 16:1~22:16로 나누
기도 한다.

1. 본문 주해

1) 지혜로운 자의 부드러운 대답(1~7절)

1절에서는 언어생활에서 지혜로운 사람과 어리석은 사람의 차이를 말한
다. 14장에서는 두 번에 걸쳐 성을 내지 않는 사람이 지혜로운 사람임을 말
한 바 있다(17, 29절). 여기에 연관해서 1절은 성을 내지 않는 지혜로운 사람
의 부드러운 대답은 상대방의 분노를 가라앉히지만 자신의 분을 삭이지 못
하고 뿜어내는 어리석은 자의 분노의 대답은 오히려 상대방의 노를 격동시
켜 모든 대화를 그르치게 할 수 있음을 말한다.

2절에서는 분노한 사람의 화를 유순한 대답으로 가라앉히는 지혜로운 사
람은 그의 말을 통해 선한 지식을 베풀지만, 거친 말로 다른 사람의 화를 돋
우는 어리석은 사람의 입은 하는 말 모두가 어리석음만을 쏟아낸다고 말한
다. 다시 말해 지혜로운 사람의 혀는 그가 하는 말을 통해 선한 지식을 베풀
고 다른 사람들도 생명의 길로 이끌지만, 미련한 사람은 그 입을 통해 하는
말 역시 사망으로 이끄는 어리석은 말만 토해내고 있기 때문에 그 주변의 사

람들마저 사망으로 이끈다는 것이다.

3절은 1절과 2절의 결론적인 위치에 있다. 3절에서는 1, 2절에서 언급한 유순한 대답이나 지혜로운 말을 반드시 해야하는 이유로 우리의 모든 행위를 야웨께서 지켜보시기 때문이라고 말한다. 야웨의 눈은 선을 행하는 사람뿐 아니라 악을 행하는 사람 역시 지켜보신다. 그리하여 그 행위대로 반드시 갚으시기 때문에 우리는 늘 지혜로운 삶을 살아야 한다고 강조한다. 우리가 선을 행하되 낙심하지 말아야 하는 이유는 우리의 모든 행위를 야웨께서 지켜보시고 반드시 그대로 보응해 주시기 때문이다. 그렇기 때문에 이 구절에서도 우리의 삶속에서 야웨의 눈을 늘 의식하며 지혜롭게 살 것을 강조한다.

4절에서는 다시 생명나무의 은유가 나온다. 앞의 13:12에서 언급한 바와 같이 잠언의 맥락에서 생명나무는 지혜의 가르침을 받아 행복하게 사는 삶을 말하는데, 4절에서는 지혜로운 언어생활을 할 때 생명나무를 얻는 것과 같은 행복한 삶이 예약되어 있다고 말한다. 하지만 가시 돋은 말은 다른 사람의 마음을 상하게 할 뿐만 아니라 결과적으로 자신의 삶을 생명과는 관계 없는 사망으로 인도한다고 말한다.

5절에서는 아버지의 훈계를 듣는 사람과 그렇지 않는 사람의 차이를 13:1에서 언급한 바와 같이 재차 강조한다. 이 말씀은 어리석은 사람이 아버지의 훈계를 업신여기며 사망을 향해 달려갈 때, 지혜로운 사람은 그 말씀을 마음에 간직하며 결국에는 생명을 소유하게 됨을 말한다.

6절에서는 역시 앞에서 언급한 지혜를 재차 강조한다. 지혜로운 삶을 사는 의인의 집에는 많은 재물이 쌓이지만 어리석은 악인은 자신이 걸어가는 길이 사망의 길이기 때문에 그에게 재물이 들어온다 할지라도 그 재물이 그를 선한 길로 인도하지 못하고 결국에는 파멸로 인도할 것이라고 말한다. 악인에게는 소득이 고통일 따름이다.

7절에서는 소단원의 결론을 내린다. 지혜로운 사람은 그가 말하는 언어를 통하여 생명의 지혜를 모두에게 전파하지만 어리석은 사람은 그러한 생각도 없고 설혹 말한다 할지라도 모두에게 사망의 어리석음만을 전파할 따름이라는 것이다.

2) 옳은 길을 저버리는 사람은 엄한 징계를 받는다(8~12절)

8절은 아모스 5:23의 말씀을 연상하게 한다. "너희 노래 소리를 나의 앞에서 그칠지어다 너의 비파 소리도 내가 듣지 않겠다." 하나님께서는 세상에서 모든 악행을 일삼은 악인이 하나님을 위한다면서 드리는 제사를 역겨워한다고 말씀하신다. 그들 자신이 어리석은 자의 길을 걸어가면서 하나님을 향해 드린 제사가 올바를 리 없고 하나님께서도 그러한 그들의 가식적인 제사를 결단코 받아 주지 않으신다는 말씀이다. 대신 하나님께서는 하늘을 향해 지혜로운 기도를 드리는 정직한 사람의 기도를 들으시고 기뻐한다고 말씀하신다. 하나님은 3절의 말씀과 같이 선한 사람과 악한 사람을 지켜보시기 때문에 그들의 삶을 통해 드리는 제사의 중심을 분명히 알고 계신다는 것이다. 의인의 기도를 기뻐하시는 하나님은 악인의 기도는 분명 외면하신다.

9절에서는 악인의 길과 의인의 길을 대조하여 보여 준다. 악인의 제사를 받지 않으셨던 야웨는 제의에서뿐 아니라 일상생활에서도 야웨를 경외하는 지혜로운 사람들이 걷는 정의 길은 인정하시고 그 길을 걷는 사람을 사랑하시지만, 어리석은 악인이 걸어가는 길은 싫어하신다고 단언한다. 이제 우리는 8, 9절의 말씀을 통해 악인에게 하나님의 무서운 심판이 기다리고 있음을 직감할 수 있는데 이어지는 10절 말씀에서 하나님이 싫어하시는 악인에게 무서운 심판이 나타나고 있음을 볼 수 있다.

10절은 소단락의 주제구절로써 어리석은 판단으로 제의에서나 일상생활에서 악행을 저지른 사람에 대한 하나님의 무서운 심판이 나와 있다. 우선 옳은 길을 저버리는 사람은 엄한 징계를 받는다고 말한다. 옳은 길을 저버린다는 것은 9절에서 말한 악한 사람의 길로 들어선 것을 의미하는데, 하나님은 그러한 사람에 대해 엄한 징계를 내리신다고 말한다. 또한 악한 길을 지적하며 돌이킬 것을 책망하는 사람의 소리를 듣지 않는 어리석은 사람은 반드시 죽임을 당할 것임을 말한다. 징계 중 가장 무서운 징계는 죽음일 것이다. 잠언 기자는 책망을 듣고 돌이켜 회개하지 않고 끝까지 악인의 길을 고집하는 사람들을 향해, 이미 사망의 길로 들어섰고 하나님께서도 그들에게 사망이라는 심판을 예정하고 있음을 보여 준다. 마치 예언자의 선언처럼 잠언은 책망을 싫어하는 사람을 향해 반드시 죽임을 당할 것이지만 만일 그들이 죽음을 두려워한다면 돌이켜 의의 길을 걸으라고 말한다.

11절에서 '음부'와 '유명'으로 번역된 히브리어는 '스올'과 '아바돈'이다. 이 말은 공동번역성경에는 "죽어서 가는 지옥"으로 표준새번역에서는 "죽음과 파멸"로 각각 다르게 번역되어 있다. '스올'은 죽은 자들이 가는 곳으로 구약성경에 주로 나타나 있고 '아바돈'은 파멸의 장소로 '스올'의 동의어로 쓰인다. 잠언의 기자는 이렇게 인간의 삶의 영역을 벗어난 곳에서 일어난 일도 야웨 앞에 밝히 드러나는데, 하물며 야웨께서 사람의 마음을 밝히 보지 않으시겠냐고 강조하는 것이다. 그렇기 때문에 사람은 이러한 야웨를 두려워하고 생명을 주는 지혜로운 자의 길을 걸어가야 하는 것이다.

12절은 이렇게 하나님께서는 사람의 마음을 다 감찰하시는데도 불구하고 어리석은 사람은 여전히 자신의 어리석음에 빠져 하나님에게 돌아오지 않음을 말한다. 10절에서 책망을 싫어하는 사람은 죽을것이라고 말했음에도 거만한 사람은 자신을 책망하는 사람을 좋아하지 않으며, 그에게 훈계와 책망을 해줄 지혜로운 사람을 찾아가지도 않으면서 스스로 생명의 길에서 멀어지고 있다. 그에게는 사망만이 기다리고 있을 따름이다.

3) 마음이 즐거운 사람의 삶은 모든 날이 잔치하는 날과 같이 즐겁다(13~17절)

13절부터는 새 소단락이 시작하고 있는데 같은 상황이라도 마음먹기에 따라 현실이 다르게 보일 수 있다는 점을 보여 준다. 마음을 잘 다스리는 것 역시 생명의 길을 걷는 지혜자의 길임을 말한다. 즐거운 마음을 가지면 그 마음의 상태가 얼굴까지 나타나 얼굴이 빛나게 되지만 마음이 근심에 쌓이면 겉의 얼굴은 말할 것도 없고 속의 심령까지도 상하게 만든다고 말한다. 근심은 사람을 사망으로 이끄는 전령이라 할 수 있다. 지혜로운 사람은 생명이 그 마음을 지배하기 때문에 그 얼굴까지도 평화가 넘쳐 흐른다.

14절에서는 13절에서 근심하는 마음이 그 심령을 상하게 하는 것과 대조적으로 명철한 사람의 마음은 지식을 찾는다고 말한다. 명철한 사람의 마음은 항상 생명의 길로 이끄는 지식을 추구하지만, 미련한 사람은 그 마음은 물론 입으로도 사망으로 이끄는 어리석음만을 추구한다. 이 구절에서는 마음을 다스리는 것이 지혜의 근원임을 아울러 제시하며 지식을 마음의 중심에 둘 때 지혜로운 삶을 살 수 있다고 말한다.

15절 말씀은 조심스럽게 해석해야 할 것이다. 이 말씀은 "고난받는 사람은 그 날이 다 불행하지만 마음이 즐거운 사람은 모든 날이 잔칫날이다"라고 번역할 수 있는데, 고난을 받는 사람이 불행하다는 표현이 기독교인이 말하는 일반적인 고난과 같은 의미인지 분명히 밝혀야 할 것이다. 그렇지 않으면 우리가 흔히 말하는 역설적 의미의 '고난'이 '영광'이 아닌 불행한 일이 될 수도 있기 때문이다. 이 구절에서 말하는 '고난'은 우리가 말하는 일반적인 고난이 아니라 13, 14절에서 말한 바와 같이 마음을 다스리지 못해 근심을 초래해 나타난 고난이다. 근심하는 마음을 가지고 어리석은 길을 걸어 고난을 초래한 사람의 하루하루는 모든 날이 다 불행한 날이지만, 지혜의 길을 걸어 마음이 늘 평안한 사람에게는 가진 것이 없어도 어려운 환경이 닥쳐와도 그것을 고난이라 하지 않고 모든 날을 잔칫날같이 즐거운 하루하루를 보낼 수 있게 된다는 것이다.

16절 말씀은 이제 마음이 평안하여 모든 날이 잔칫날과 같은 지혜로운 사람의 구체적인 사례 중 첫 사례를 말한다. 즉, 재산이 적어도 주님을 경외하며 즐겁고 평안하게 사는 것이, 재산이 많아도 다투며 어리석고 근심하며 사는 것보다 훨씬 낫다고 말한다. 이 말씀은 물질 만능주의와 배금주의에 빠진 현대인들에게 중요한 교훈을 준다. 잠언이 말하고자 하는 것은 재산의 많고 적음이 절대 중요한 것이 아니라는 것이다. 정말 중요한 것은 야웨를 경외하며 지혜를 가지고 하루하루를 사는 것이다. 지혜 있는 자는 주신 재물에 만족하기 때문에 남들이 보기에 적은 재산을 가지고도 감사하며 하루를 보낼 수 있지만, 어리석은 사람은 많은 재물이 있어도 절대 만족하지 못하고 그의 주변에 늘 시기와 다툼과 반목이 있기 때문에 그가 사는 모든 날은 불행할 따름이다.

17절은 마음이 평안한 사람이 늘 행복한 두 번째 사례를 소개한다. 17절의 말씀은 우리에게 잘 알려진 "마른떡 하나만 가지고도 화목한 것이 육선이 집에 가득하고도 다투는 것보다 낫다"라는 17:1의 말씀을 생각나게 한다. 17절도 같은 형식으로 서로 사랑하며 채소를 먹고 사는 것이 서로 미워하며 살진 소를 먹고 사는 것보다 낫다고 말하며, 마음이 즐거운 사람이 받는 복에 대해 재차 강조한다. 진정으로 지혜롭고 마음이 즐거운 사람은 그 환경이 더 이상 문제되지 않을 것이고 그에게는 매일매일이 잔칫날과 같은 즐거움이 계속될 것이다.

4) 지혜로운 사람은 생명길을 걷는다(18~24절)

18절부터는 다시 생명의 길을 걷는 지혜로운 사람의 삶에 대해서 말씀한다. 지혜로운 사람은 노하기를 더디하기 때문에 그의 주변에는 싸움이 있을 수 없고 설혹 싸우는 상황이라도 그로 말미암아 싸움이 그치게 된다. 하지만 어리석은 사람은 쉽게 화를 내고 주변에서 문제의 원인이 되기 때문에 늘 다툼이 그의 곁을 떠나지 않는다.

19절에서는 18절과 같이 지혜로운 사람과 어리석은 사람의 삶을 부지런하고 게으른 사람의 은유로 대조한다. 게으른 사람이 가는 길은 가시덤불로 덮인 길과 같이 그의 인생은 스스로 자초한 어려움이 그를 떠나지 않을 것이지만, 부지런한 사람이 걸어가는 길은 확 트인 대로와 같아 어려움이나 장애물이 없이 하나님이 정해 주신 길을 달려가게 될 것을 말한다.

20절에서는 지혜자와 어리석은 자의 대조를 부모를 기쁘게 하는지 아닌지의 여부로 대조한다. 잠언에서 지혜로운 사람은 아비의 훈계를 듣고 자기 행동을 고치는 사람이라 이미 수차례 말한 바 있다. 20절에서 다시 생명의 길을 걷는 지혜로운 사람은 그 행동의 결과로 인해 아버지의 기쁨이 되지만,

어머니의 훈계를 듣지 않고 어리석은 자의 길을 가는 사람은 사망을 향해 걸어가면서 온갖 파멸의 모습을 보이며 그 어머니마저 무시하는 사람이라 말한다. 그에게 다가올 것은 죽음뿐이다.

21절에서는 지혜자와 어리석은 사람을 20절 행위의 결과로 대조한다. 부모를 기쁘게 하는 지혜로운 사람은 길을 똑바로 걷고 있는 사람이며 그 길의 끝에는 생명이 있다. 하지만 부모의 훈계를 무시하는 어리석은 사람은 현재 자신이 걸어가는 길이 어디인지 모르고 자신의 행동이 어떤 무서운 결과를 초래하게 될지 전혀 모르는 사람이다. 그는 끝내 어리석음을 떠나지 못하고 미련한 일을 즐겨하며 자신도 모르게 사망에 더욱 가까이 접근한다.

22절에서는 11:14과 같이 많은 지혜로운 조언자의 필요성을 말한다. "사공이 많으면 배가 산으로 올라간다"는 속담과는 반대 위치에 있는 말씀으로, 지혜로운 조언자는 많으면 많을수록 하는 일이 반드시 성공하게 된다는 말이다. 다른 사람과 의논 없이 독단적으로 일을 처리하면 그 일은 반드시 실패할 수밖에 없지만, 많은 현명한 조언자들의 자문을 듣고 일을 결정하여 경영을 하면 그 일은 반드시 성공할 수밖에 없다는 것이다. 어리석은 자는 자신의 능력을 과신하여 파멸에 빠지지만 지혜자는 다른 지혜로운 사람들과 함께 일함을 통해 지혜를 공유하고 모든 계획에 성공한다고 말한다.

23절은 때에 맞는 적절한 말을 하는 것이 얼마나 지혜로운 일인가를 말한다. 같은 말이라도 시간과 상황에 맞게 적절하게 말해야 하는데 그렇지 못한 경우는 상대방에게 큰 상처를 줄 수 있다. 욥의 세 친구들이 욥에게 했던 말은 그 내용상 적절했을지 모르지만 욥의 특별한 상황을 알지 못하고 했던 말이라 하나님께 큰 책망을 받았음을 기억해야 한다(욥 42:7).

24절은 소단락의 주제구절로써 지혜의 길의 종착점을 말한다. 지혜로운 사람은 위를 향한 생명의 길을 걷는 사람이고 어리석은 사람은 아래를 향한 사망의 길을 걷는 사람이다. 잠언 기자는 두 길을 우리에게 제시하며 선택을 요구한다. 지혜의 생명의 길인가 아니면 어리석음의 사망의 길인가?

5) 지혜가 주는 마지막 훈계: 야웨를 경외하라(25~33절)

솔로몬의 첫 번째 375개 실용적 지혜수집물 중 반어법을 중심으로 한 첫 번째 수집물이 이제 끝나게 된다. 25절 이하에서는 '야웨'가 다른 곳보다 현저하게 많이 등장하며, 이제까지 나왔던 여러 형식의 실용적 잠언들이 나열되면서 새로운 양식의 16장 이하의 말씀과 이전 말씀을 구분한다.

25절에서는 신명기의 신학적 주제인 약자에 대한 배려를 다시 강조한다. 야웨께서 과부, 고아, 나그네라는 사회적 약자 중 과부의 땅의 경계는 강자의 탐욕에 빼앗기지 않게 든든히 지켜 주시지만 어리석고 교만한 자는 세운 집이라도 허물어 버리실 정도로 싫어하신다고 말한다.

26절에서도 야웨는 이제껏 비난했던 모든 악인들의 어리석은 꾀를 몹시 미워하시지만 지혜로운 의인의 정결한 말은 귀하게 여기시며 기뻐 받으신다고 말한다. 야웨는 분명 지혜자를 사랑하시며 어리석은 자를 미워하신다.

27절은 경제 정의의 측면에서 지혜자의 행동을 말한다. 야웨께서는 불의한 이익을 탐내며 그것을 취함으로 다른 사람에게 결정적 손해를 끼치는 사람을 미워하시고, 반면 불의한 이익을 얻기 위해 타인이 주는 뇌물을 단호히 거절하는 지혜로운 사람의 생명은 보존해 주실 것임을 약속한다.

28절은 언어생활에 관한 지혜로, 지혜로운 의인은 말을 할 때 신중하여 다른 사람에게 해를 끼치지 않지만 어리석은 악인은 생각없이 말을 하기 때문에 입만 열면 악한 말을 쏟아내며 다른 사람에게 큰 피해를 입힘을 말한다.

29절은 의인과 악인의 삶의 결과에 대한 대조가 나타난 잠언으로, 하나님께서는 지혜로운 의인의 기도는 분명 들어 주시지만 어리석은 악인은 그 근원부터 멀리하신다고 말한다. 왜냐하면 지혜자의 길은 생명을 향하지만 악인은 사망을 향해 달려가기 때문이다.

30절은 시각과 청각이 대조를 이룬다. 먼저 시각적 측면에서 눈이 밝은 것, 다시 말해 표정이 좋은 것은 그 속에서부터 기쁨이 나와 결과적으로 다른 사람까지 즐겁게 만들게 되며, 청각적 측면에서 들려오는 좋은 소식은 한 사람의 전체를 가리키는 '뼈'를 윤택하게 한다는 것이다. 지혜자는 밝은 얼굴과 좋은 소식을 전하는 사람이다.

31절은 30절의 좋은 소식과 연관하여 해석해야 하는데, 책망의 소리를 들을 수 있는 귀를 가진 사람은 지혜자의 반열에 오를 수 있다는 말씀이다.

32절은 역시 앞에서 여러 번 강조했던 대조의 말씀을 반복하여 강조한다. 훈계를 싫어하는 사람은 자기 생명을 버리고 사망의 길로 들어선 어리석은 사람이며, 책망을 기꺼이 듣는 사람은 생명의 길로 들어선 지혜로운 사람이라는 것이다.

33절은 솔로몬의 실용적 잠언(10:1~22:16)의 첫 번째 대단락인 10~15장의 결론을 맺고 있다. 결론은 우리가 예상한 대로다. 즉 이제껏 강조한 잠언의 전체 주제를 다시 강조한다. 야웨를 경외하는 것이 지혜가 주는 훈계라는 것이다. 앞선 잠언에서 훈계를 듣는 사람이 지혜로운 사람이라는 것을 수없이 강조한 만큼, 겸손히 그 훈계를 따르면 영광이 함께 임한다고 강조하며 지혜의 결론을 내리고 있다.

2. 설교를 위한 적용

15장은 반의어 평행법에 의해 대조되는 구절로 이루어진 잠언 10~15장의 마지막 부분이다. 이것은 이어지는 16장 이하 다른 형식의 잠언이 나오기 전, 전체적으로 반의어 평행 잠언 구절을 정리하는 결론 역할을 한다.

첫 번째 단락(1~7절)에서는 지혜로운 사람과 어리석은 사람의 언어생활을 비교하면서 지혜로운 사람의 부드러운 대답은 분노를 가라앉히지만 어리석은 사람의 거친 말은 오히려 화를 돋운다고 말한다. 지혜로운 사람의 언어생활은 생명을 전파하지만, 어리석은 자의 언어생활은 사망만을 토해낼 따름이다. 우리도 다른 사람들이 나와 대화하고 싶어 하는지 아니면 그 자리를 떠나고 싶어 하는지 조용히 생각해 보아야 할 것이다. 만약 사람들의 평가가 좋지 않다면 하나님의 평가는 더욱 냉혹할 수밖에 없을 것이다. 지혜로운 언어생활은 하나님의 모든 자녀들이 반드시 선택해야 할 지혜일 것이다.

두 번째 단락(8~12절)에서는 지혜로운 사람들은 올바른 길을 걷고 어리석은 사람은 악인의 길을 걷고 있다는 전제에서 말씀을 전한다. 지혜로운 사람은 그가 예배를 드리든지 일상생활을 하든지 항상 야웨께서 기뻐하시는 행동을 하지만, 어리석은 사람은 하나님께 제사를 드린다 하더라도 하나님께서 그것을 역겨워하시고 그가 어떤 길을 간다 할지라도 그를 싫어하신다고 말한다. 우리 중에 옳은 길을 저버린 사람이나 책망을 싫어하며 자기 길만을 고집하는 어리석은 자가 있다면 그의 말로는 반드시 사망일 것이다. 사망의 길을 향해 가는 줄 모르고 자기 고집과 아집만을 내세우는 교회가 우리 주변에 많이 있다. 하나님은 그들의 기도를 역겨워 하시고 그들의 예배를 싫어하실 수도 있을 것이다. 우리의 예배가 버림받은 예배가 되지 않기 위해서는 어리석은 자의 길을 떠나 지혜로운 자의 길을 가는 삶이 반드시 선행되어야 할 것이다.

세 번째 단락(13~17절)에서는 마음가짐의 중요함을 말한다. 한 마디로 지혜로운 사람은 언제나 마음을 잘 다스리어 마음이 평안하기 때문에 그가 사는 모든 날이 잔칫날과 같이 즐겁지만, 어리석은 사람은 스스로 자초한 고난 때문에 그가 사는 모든 날을 불행하다고 생각한다. 이러한 생각의 차이가 삶을 낙원으로 혹은 지옥으로 만들 수 있다는 것이다. 그렇기 때문에 우리는 부자가 되는 것보다 재산은 적어도 야웨를 경외하는 삶을 통해 늘 행복한 삶을 영위해야 할 것이다.

네 번째 단락(18~24절)에서는 지혜자의 가는 길의 끝과 어리석은 자가 가는 길의 끝을 대조하여 보여 준다. 한마디로 지혜자가 가는 길은 위를 향해 있고 그 끝에는 생명이 있지만, 어리석은 자가 가는 길은 아래를 향해 있고 그 길의 끝에는 사망이 기다리고 있다는 것이다. 우리의 삶도 세상의 안위와 평안함만을 추구한다면 아래를 바라보는 삶이라 할 수 있다. 하지만 야웨를 경외하는 마음으로 늘 전능자의 시선을 두려워하며 하루하루를 산다면 분명 위를 바라보며 생명의 길을 걷고 있다고 할 수 있을 것이다. 잠언은 오늘 우리에게 이 두 길을 보여주면서 생명의 지혜의 길을 선택할 것을 명령하고 있다.

다섯 번째 단락(25~33절)에서는 10~15장을 마무리하면서 여러 실용적인 지혜를 재차 제시한다. 그러면서 지혜가 주는 마지막 교훈인 야웨를 경외할 것을 강조하고 야웨를 경외하는 지혜로운 자에게 하나님이 주시는 영광이 반드시 임하게 될 것임을 약속하며 단락을 마무리한다.

맺는 말

이상에서 살펴본 바와 같이 잠언 12~15장은 인간의 이성과 경험을 중시하는 독특한 지혜문서의 특성상 실용적인 지혜를 통해 야웨 하나님께 접근하면서 우리의 삶과 가장 밀접한 말씀을 선포한다. 또한 잠언 12~15장은 다양한 실용적 잠언을 아무 생각없이 나열해 놓은 듯하지만 자세히 살펴보면 집요할 정도로 일관된 통일성으로 '야웨를 경외하라'는 잠언 전체의 주제를 강조한다. 결론적으로 잠언 12~15장은 솔로몬의 375개 실용적 지혜를 수집해 놓은 10:1~22:16에 속해 있으면서 우리들의 구체적인 삶 속에서 일어나는 여러 실용적 지혜들을 통해 일관되게 모든 지혜의 궁극적인 끝은 '야웨를 경외하라'에 집중됨을 강조한다.

04

솔로몬의 두 번째 잠언

잠언 16:1~22:16 주해와 적용

여호와의 주권(16:1~9)

1. 들어가며

16:1~9에는 8절을 제외하고는 모두 '여호와'라는 단어가 나온다. 이것은 우리 삶의 모든 영역에 여호와께서 주권을 가지고 있음을 의미한다. 아울러 이 단락의 잠언이 하나의 주제로 연결되어 있음을 말해 준다.

2. 본문 주해

[1절] "마음의 경영은 사람이 할지라도 말의 응답은 여호와께로부터 나오느니라"는 말은 이 단락의 가장 핵심적인 잠언으로 서론에 해당한다. 인간이 일을 꾸미지만, 그것이 이루어지느냐 아니냐는 궁극적으로 여호와께서 하신다는 말이다. 이 잠언에서 서로 평행을 이루는 대구는 '마음의 경영'과 '말의 응답', 그리고 '사람이 할지라도'와 '여호와께로부터 나온다'이다. 성경에서 마음은 어떤 일의 시작을 결정하는 부분으로 이야기한다. 마음이 우리 행위의 시작이기 때문이다. 인간의 마음은 늘 순수하거나 선하지 않다. 말로는 순수하거나 선한 것을 이야기할 수 있어도, 마음과 말은 늘 같지 않다. 겉 다르고 속 다르다는 속담도 이를 잘 대변하고 있다. 하지만 본문에서는 대구를 이루는 것은 '인간의 마음의 경영'과 '여호와의 응답'이다. 본문은 인간

이 하려고 하는 모든 일을 쓸모없다거나 잘못이라고 말하지 않는다. 인간이 뭔가를 이루려는 시도를 인정하고 긍정한다. 그러나 인간의 마음의 경영이 아무리 뛰어나고 훌륭할지라도 여호와께서 허락하지 않으시면 아무것도 할 수 없다는 뜻이다. 즉 인간은 모든 영역에서 자신의 재주에 의지하기보다는 여호와의 주권적 능력과 통치를 인정해야 함을 가르친다.

[2절] 인간의 모든 인식과 행위는 여호와에 의하여 판단된다. 이 잠언은 우리의 의에 대하여 우리 스스로를 속이는 능력을 이야기한다. 잠언은 "그들 자신의 눈"에 지혜롭거나 깨끗한 사람에 대해 냉소적이다(3:7; 12:15; 26:5, 12; 30:12). 이 잠언은 우리의 내적 동기에 대한 심오한 반성으로 우리를 초대한다. 왜냐하면 그 길이 바른 길인지 아닌지에 대한 최종 심판은 하나님이 하시기 때문이다.[1] 여호와는 심령을 재는 분이시기 때문이다. 본문의 "여호와는 심령을 감찰하시느니라"에서 '감찰하다'의 히브리어는 '티켄'으로 '무게를 재다'는 의미다. 따라서 많은 학자들은 이 구절을 이집트의 서기관의 신인 토트(Thoth)와 연결시켜 이해한다. 토트는 이집트의 정의의 신인 '마아트'의 깃털을 저울에 올려 죽은 사람의 심장을 재는 자다. 그 균형이 어긋나면 죽은 사람은 처벌을 받게 된다. 이 잠언에는 바로 여호와가 심장을 재는 자로 나온다. 사람의 행위의 모든 동기는 여호와에 의해 낱낱이 파악된다. 따라서 사람은 하나님의 뜻을 알기 위해 노력해야 하며, 겸손해야 함을 가르친다.

[3절] 이 잠언은 앞의 1,2절의 신학적 선포에 대한 우리 인간의 행위를 가르쳐 준다. 여호와께서 이 세상의 모든 것을 주관하시므로, 신앙인은 어떤 일을 할 때 여호와께 맡겨야 한다. 그러면 여호와께서 그가 생각한 바를 이루어 주실 것이다. '여호와께 맡기다'의 히브리어는 '갈랄' 즉 '구르다'이다. 직역하면 '여호와께 굴러가라'는 의미다. 즉 일의 종착점까지 인도하시는 분은 여호와이시기 때문이다. 우리가 어떤 일을 계획하거나 행할 때, 신앙인들은 여호와를 믿는 믿음 안에서 해야 한다. 비신앙인들은 그 일이 잘될까 안될까 노심초사하지만, 신앙인들은 그의 삶에 있어서 여호와 하나님의 주권

을 인정하기에 어떤 일이 어떻게 되든지 작은 일 하나하나에 일희일비하지 않으며 굳건히 견디어낼 수 있다. 우리의 '일'을 여호와께 맡기면 '생각한 바'를 이루어 주실 것이라고 한다. '일'이란 것은 생각한 내용의 결과이다. 따라서 우리가 어떤 일을 해달라고 하나님께 맡기면, 모든 것을 다 파악하고 계신 하나님은 우리의 생각한 것까지 다 아시고 이루어 주신다. 우리가 어떤 일의 생각과 동기를 여호와께서 원하시는 방향으로 맞춘다면, 나머지는 여호와께서 책임져 주신다는 것을 이 잠언은 말한다.

[4절] 이 구절은 크게 두 부분으로 나뉜다. 첫 번째는 '여호와께서는 모든 것을 그 답변에 따라 지으셨다'이다. 개역개정의 "그 쓰임에 따라 적당하게"란 말은 히브리어로 직역하면 '그 응답에 따라'이다. 즉 여호와께서는 만물을 원인과 결과 사이의 상관관계 속에서 이루어지도록 창조하셨다는 뜻이다. 이 구절은 16:1~3의 내용과 연관된다. 즉 만물에 대한 여호와의 주권을 인정하라는 것이다. 두 번째 구의 히브리어 직역은 '또한 사악한 자는 악한 날을 위하여'이다. 이 부분은 16:5~6의 내용과 연관된다. 이 잠언에 대하여 대부분의 주석가들은 악한 자들은 악한 심판의 날을 위하여 만들어졌다고 해석해 왔다. 하지만 롱맨은 이 잠언을 결정론적 신학적 선언이 아니라, 악한 자들은 심판의 날에 도망가지 못할 것이라는 확신으로 해석되어야 한다고 주장한다.[2] 하나님의 주권적 섭리는 악한 자들에게도 해당되기 때문이다.

[5절] 여호와께서는 교만한 자를 미워하신다. '미워하다'의 히브리어는 '토에바'이다. 이것은 종교적인 단어로 '가증스러운, 역겨운'을 뜻하며 우상숭배의 경우에 많이 사용되었다(신 7:26; 미 3:9; 시 107:18 등). '교만한 마음'은 여호와 하나님께서 가장 싫어하는 것이다. 인간이 여호와 하나님을 알지 못하고, 자신이 모든 것을 주관할 수 있는 자로 생각하는 것은 우상숭배에 해당할 만한 가증스런 행위다. 그러므로 그들은 하나님의 심판을 피해갈 수 없다. 그들이 서로가 손을 맞잡고 함께 움직여도 그들이 맞이할 운명의 심판은 피할 수 없다. 16:4의 말씀대로 악인들의 운명조차도 하나님께서는 악인의 날을 위해 준비해두고 계시기 때문이다.

[6절] 6절은 16:4~5에 묘사된 악을 속죄의 길로 인도하는 잠언이다. 하나님께서 이 세상의 모든 것을 다 주관하고 계시기 때문에, 하나님의 뜻에 따라 살아가는 것이 최선의 선택이다. 그러나 인간의 삶은 항상 죄악 가운데 노출되어 있다. 인간은 연약함으로 말미암아 항상 하나님보다는 자신을 마음의 중심에 두는 교만의 죄를 짓기 쉽다. 그런 죄에서 벗어나는 길로 16:6은 세 가지를 제시한다.

첫 번째, '인자'로 번역된 히브리어 '헤세드'이다. 이 단어는 구약성경 전체에 245회, 잠언에 10회에 나타날 정도로 중요한 단어다. 이 단어의 용례는 매우 광범위하다. 기본적인 의미는 '친절, 자비, 인애' 등이지만, 그 의미의 범위는 매우 광범위하다. '헤세드'는 즉각적이거나, 동기가 없는 친절이 아니라, 권리와 의무에 의하여 정의된 관계에 의해서 발생하는 신실한 친절을 의미한다. 이 단어가 하나님에게 적용될 때, 언약 속에 내재한 약속의 실현과 관련되어 있다.

두 번째, '진리'로 번역된 히브리어 '에메트'이다. 이 단어의 어근은 우리가 잘 아는 히브리어 동사 '아멘'에서 왔다. 즉 '확실해지다, 안전해지다'를 의미하는 단어이며, 명사형 '에메트'는 '진리, 충성스러움' 등을 의미한다. '헤세드'와 '에메트' 즉 '인애'와 '진리'라는 두 단어는 하나님과의 관계에서 이해되어야 한다. 하나님과의 관계에서 이 두 단어는 하나님에 대한 변치 않는 충성스런 마음을 의미한다(참고 호 4:1). 구약성경에서 이 두 단어는 율법에 대한 신실하고도 변치 않는 마음을 의미한다. 우리가 죄악에서 벗어날 수 있는 길, 혹은 죄에서 사함을 입을 수 있는 길은 하나님의 주권을 전적으로 믿고, 깊은 신뢰의 마음을 갖는 데 있다. '속죄하다'의 히브리어 '키페르'라는 단어는 레위기 1~7장에 자주 나온다. 레위기에 의하면 제사로 인하여 속죄함을 입을 수 있지만, 잠언에서는 제사보다는 하나님에 대한 변치 않는 신실한 마음을 표시하는 '인애'와 '진리'라는 두 단어를 제시한다. 사실 제사도 마음의 표현이지 않는가? 마음에서 우러나오는 깊은 신뢰의 표현이 제사로 드러나야 의미가 있는 것이지, 제사 자체가 속죄의 기능을 가진다고 보기는 어렵

다. 그런 의미에서 이 잠언은 레위기의 제사법을 대신하는 말씀이라기보다
는 속죄에 대해 인간이 하나님과의 관계에서 가져야 할 기본적인 자세를 나
타낸다고 봐야할 것이다.

세 번째 길은 '여호와를 경외함'이다. 이 표현은 "여호와를 경외하는 것이
지식의 근본이거늘"이라는 1:7뿐만 아니라, 잠언 9:10; 15:33; 31:30에도
나온다. 여호와에 대한 존경에서 나오는 두려워하는 마음은 공포가 아니다.
진리 안에서 나오는 두려운 마음은 평안이고 확신이며 기쁨이다.

[7절] 인생길이 여호와의 은혜 안에 있다면, 그 원수와도 화목하게 된다.
여호와께서 우리의 삶을 보시고 기뻐하시고 즐거워하신다면, 우리의 삶은
더 이상 불평불만을 늘어놓을 필요가 없다. 그러므로 원수와도 화목하게 지
낼 수 있다. "기쁘다"라고 번역된 히브리어 '레쵸트'는 '즐거움, 기쁨'이라는
명사다. 이 단어는 16:5에 나온 "미워하시다"라는 단어와는 반대된다. 우리
는 살아가면서 불가피하게 사람과 원수 관계를 만들기도 한다. 그러나 하나
님과의 관계에서 화목하다면, 사람과의 관계도 화목을 만들 수 있다. 하나
님께서 우리에게 사랑과 은혜를 베풀어 주신다면, 사람사이의 관계는 사소
한 문제에 불과하며 용서하며 화목을 추구할 수 있다. 하나님을 사랑한다고
하면서 은혜를 받았다고 하면서, 미워하는 맘을 동시에 가질 수는 없다. 하
나님께 받은 은혜와 기쁨의 가치는 이 세상의 모든 미움을 덮고도 남을 만큼
크고 강하기 때문이다.

[8절] 이 잠언에는 16:1~9에서의 다른 잠언과는 달리 '여호와'가 없다. 하
지만 주위가 온통 '여호와' 잠언으로 둘러싸여 있다는 것은 이 잠언도 여호와
잠언의 맥락에서 해석될 것을 요구한다. 이 잠언은 공의를 가진 적은 소득이
정의롭지 못한 많은 소득보다 낫다는 의미다. 이 잠언에서 등장하는 히브리
어 두 단어는 '체다카'와 '미쉬파트'이다. 주로 '정의'와 '공의'로 번역되는 두
단어는 하나님이 이스라엘 공동체에 요구하는 가장 중요한 요구사항이다.
두 단어는 주로 평행대구에 짝 단어로 많이 등장하므로 거의 동일한 개념의
단어로 볼 수 있다. 하나님의 마음이라 일컫는 율법의 핵심적인 사항도 바

로 두 단어들이다. 이 두 단어는 이사야 5:1~7의 포도원 노래에서 잘 드러난다. "무릇 만군의 여호와의 포도원은 이스라엘 족속이요 그가 기뻐하시는 나무는 유다 사람이라. 그들에게 '정의'를 바라셨더니 도리어 포학이요, 그들에게 '공의'를 바라셨더니 도리어 부르짖음이었도다"(사 5:7). 그러므로 이 잠언은 물질적인 부를 확장하고자 할 때 하나님의 뜻을 따라서 정당한 방법을 사용하라는 메시지를 담고 있다.

[9절] 이 잠언은 16:1, 33과 유사한 내용으로, 세상 모든 일에 있어서의 하나님의 주권을 강조하고 있다. 하나님의 주권을 강조한다는 것은 인간의 연약함과 인간이 가져야 할 겸손을 강조한다는 것과 동일한 의미다.

3. 설교를 위한 적용

1) 모든 일을 여호와께 맡기라

하나님의 절대적 주권에 대한 인정은 성경이 가장 강조하는 신학사상이다. 인간이 아무리 똑똑하고 능력이 있다고 하더라도 하나님과는 비교의 대상이 될 수 없다. 살아가면 갈수록 느끼는 바지만, 우리가 아무리 훌륭한 것을 생각하고 계획할지라도 하나님께서 허락하지 않으면 우리는 궁극적으로 이룰 수 없다. 반면에 우리가 보기에는 도무지 안 될 것 같은 일이지만, 최선을 다한 후 믿고 기다리면 하나님께서 기적적으로 일을 이루시는 경우를 보기도 한다. 여호와께서는 우리 마음의 모든 것을 다 재시는 분이시므로, 우리는 하나님의 손바닥 안에서 움직일 뿐이다. 그러므로 우리는 만물을 주관하시는 하나님께 우리의 모든 것을 맡기는 훈련이 필요하다.

2) 인자, 진리, 여호와 경외

이 세 단어의 공통점은 하나님에 대한 충성스럽고도 변치 않은 신실한 마음을 의미한다. 호세아 4:1, 미가 6:8에서 요구하는 하나님의 마음은 바로 하나님에 대한 변치 않은 충성스런 마음이다. 현대는 하나님이 가치 기준의 표준이 아니라, 물질이 가치 기준의 표준이 되었다. 우리 행위의 기준의 핵심은 하나님께 더 합당한 것인가 덜 합당한 것인가라는 문제가 아니라, 물질적으로 우리에게 얼마나 더 유리한가 불리한가에 달려있다. 즉 우리는 하나님의 입장에서 보면 배은망덕의 삶을 살고 있다. 하나님이 모든 것을 지으시고 모든 것을 우리에게 주시는 데, 우리는 하나님께 감사하기보다는 더 많은 물질을 갖기 위해 불평불만을 쏟아낸다.

하나님께서 아브라함에게 외아들 이삭을 바쳐라고 명령하신 이유는 아브라함을 시험하고자 함이었다. 그 시험의 내용은 "내가 이제야 네가 하나님을 경외하는 줄을 아노라"(창 22:12)였다. 즉 시험문제에 대한 정답은 '여호와 경외'였다. 여호와에 대한 경외심을 가질 수밖에 없는 이유는 여호와께서 우리 삶의 모든 순간순간을 감찰하시기 때문이다. 이는 이집트 여인으로 아브라함의 첩이 되었던 하갈의 "나를 살피시는 하나님"(창 16:13)이라는 고백 속에 나타난다. 현 시대는 하나님께 충직스런 마음을 가진 자를 찾기 어렵다. 초스피드의 시대인 컴퓨터 시대에 살다보니 계산에 빠르고, 쉴새없이 변화를 추구하는 삶을 살다보니 충직스런 종 하나님을 두려워하는 자를 찾기 어렵다. 그런 의미에서 본문의 잠언은 우리 시대를 고발한다.

3) 공의와 정의

율법의 가장 큰 핵심사상은 공동체의 건강함이었다. 공동체의 건강함은 하나님의 마음으로 살아감으로 유지될 수 있었다. 공동체의 유지에 필요한 하나님의 마음의 핵심적인 사항은 '공의와 정의'였다. '공의와 정의'가 무너진 사회는 건강함을 유지할 수 없다. 성경은 이스라엘 역사에서 하나님의 '공의와 정의'가 세워져야만 살아남을 수 있었고, 그것이 무너졌을 때 나라가 위기에 처했고 마침내 멸망할 수밖에 없었음을 보여 준다. 공동체의 건강함의 출발은 공동체를 구성하는 개인의 건강함에서 시작된다. 법을 제대로 지키면서 살려는 기독교 실업인도 점차로 늘어가는 추세다. 탈법과 불법으로 얻을 수 있는 이익이 아무리 많아도, 거기에 마음을 빼앗기면 안된다. 하나님의 정의와 공의가 아니기 때문이다. 하나님께서 모든 것을 감찰하시기 때문이다. 인간이 아무리 꾀를 내어 생각할지라도 하나님께서 인도하지 않으면 아무것도 할 수 없기 때문이다. 하나님께서 우리의 주권자이시기 때문이다. 한편 지도자는 공동체 내에서 공의와 정의가 살아 움직일 수 있도록 관리해야 한다. 공의와 정의가 무너지면, 그 사회의 토대가 무너지고, 마침내 온 나라가 추락하게 된다.

왕에 대한 잠언(16:10~15)

1. 들어가며

이 단락에서의 핵심적인 단어는 '왕'이다. 11절을 제외하고는 모든 절에서 '왕'이라는 단어가 등장하여 이 단락의 주제를 형성하고 있다. 16:1~9의 주제가 '여호와의 주권'이라고 본다면, 16:10~15은 주로 '왕의 주권'을 말한다. 여호와께서 주권을 사용하시는 가장 큰 원칙은 공의와 정의다. 이스라엘 사회에서 왕은 여호와의 아들이자 대리인이다(삼하 7:1~17). 따라서 왕의 주된 임무도 정의와 공의를 유지하는 일이다. 이 여섯 절의 잠언은 왕의 임무에 대하여 공정한 재판(10~11절), 정의에 대한 그의 도덕적 감수성(12~13절), 생사를 가르는 왕의 법률행위(14~15절)로 나눌 수 있다.[3]

2. 본문 주해

[10절] 이 잠언은 왕에 대하여 원칙론적 입장에서 말하고 있다. 왕의 말이나 결정을 히브리어 '케셈'으로 표현한다. 이 단어는 구약성경에서 주로 이방의 예언자나 거짓 예언자의 말을 가리키는데 사용되었다(민 23:23; 신 18:10; 삼상 15:23; 왕하 17:17; 겔 13:23 등). 그러나 본문에서는 '하나님의 평결, 결정'을 의미한다.[4] 즉 왕의 결정은 하나님의 결정과 같아서 재판할 때에 정의를 배반하지 않는다는 것이다. 왜냐하면 이스라엘 사회에서는 왕은 하나

님을 대신하여 통치하는 분이기 때문이다. 즉 신정정치가 이스라엘 사회의 이상이었다. 이 잠언은 실제로 왕의 재판이 무오하다는 것을 말하기보다는 왕이 해야 할 공의의 임무를 강조하는 말이다.

[11절] 11절에는 왕이라는 단어는 나오지 않지만, 10절에 나오는 '재판'이라는 단어를 정의의 대표적인 상징인 저울을 예로 들어 공정함, 즉 정의를 구체적으로 묘사한다. '저울'은 시장에서 무게를 재는 기구다. 요즘처럼 디지털화된 저울이 아니라, 저울의 눈금을 저울추로서 조정하면서 무게를 쟀는데, 파는 사람이 자기에게 유리한 방향으로 눈금을 속이는 일이 많았다. 신명기 25:13~16은 이러한 행위를 하나님께 범죄하는 종교적인 죄로 규정하고 있다. 저울의 생명은 공정함에 있다. 이 잠언은 바로 여호와께서 공정함을 지키시는 분일뿐만 아니라 저울의 주인이 여호와라고 말함으로써 여호와의 정의와 공의를 강조한다.

[12절] 이 잠언은 왕이 지녀야 할 도덕적 감수성을 강조한다. 먼저 왕이 피해야 할 것을 말한다. 피해야 할 것은 바로 '악행을 저지르는 것'이다. 왕이 '악행을 저지르는 것'은 왕에게 '가증스러운 것' 혹은 '역겨운 것'(토아바트)이다. 이 단어는 주로 인간의 범죄행위에 대한 여호와의 반응을 묘사하는데 사용된다(신 7:26; 23:8; 미 3:9; 잠 11:20; 12:22; 16:5 등). 왕은 여호와의 대리자이므로, 왕은 여호와의 감수성을 가지도록 노력해야 한다는 것을 이 잠언은 말해 준다. 본문에서의 악행은 공의나 정의를 무너뜨리는 일로 해석될 수 있다. 왕의 임무 가운데 가장 중요한 것은 정의의 확립이다. 공의나 정의가 없는 왕권은 그 토대부터 무너지게 되어 있다. 부정과 부패는 그 사회의 토대를 무너뜨리는 폭탄과 같은 것이다. 반대로 공의와 정의는 그 사회의 토대를 굳건히 하는 반석과도 같은 것이다. 그러므로 이 잠언은 왕권의 토대는 바로 공의와 정의라는 것을 말해 준다.

[13절] 12절이 왕이 피해야 할 것을 말했다면, 13절은 왕이 적극적으로 해야 할 일을 말해 준다. 왕이 기뻐하고 사랑해야 할 것은 '의로운 입술'과 '올바른 말'이다. 이것은 바로 공의와 정의를 말한다. 또한 의로운 말을 하고 올바

른 말을 하는 사람, 즉 진실을 말하는 사람을 기뻐하고 사랑해야 한다는 말이다. 왕이 아첨하는 말을 좋아하고, 올바른 비판을 멀리한다면, 왕권의 토대는 무너지게 되어 있다.

[14절] 왕의 평결이나 결정은 사람의 생사를 쥐고 있다. 그러므로 왕권의 사용은 매우 신중해야 한다. 그러나 왕은 인간이므로 분노할 수 있다. 분노로 말미암아 평정심을 잃어버리고 정의를 왜곡하는 판결이 나와 억울한 사람을 희생시킬 수 있다. 따라서 이 잠언은 분노에서 나오는 왕의 평결이나 결정은 저승사자와 같다고 말한다. 이때 지혜자의 역할이 필요하다(15:31, 32). 왕의 진노를 가라앉히고 이성적이며 합리적인 결정을 하도록 돕는 것이 바로 지혜자의 역할이다.

[15절] 14절과는 반대로 왕의 은혜를 입게 된다면, 사형선고를 받은 자라도 살 수 있다. '왕의 얼굴의 빛'이라는 표현은 고대 근동의 전통에 의하면 '왕의 은혜'를 의미한다. 왕은 태양에 비교되었으며, 그 빛은 '은혜'를 의미한다. 이 잠언은 왕이 억울하게 죽음에 처한 자를 살릴 수 있다는 의미다. 즉 그것은 정의의 회복이며 왕의 은혜를 쌓는 일이다. 왕이 정의와 은혜를 가지고 다스리는 일은 늦은 비를 내리게 하는 구름에 비유된다. '늦은 비'는 오늘날의 3월이나 4월에 내리는 '봄비'로 곡식이 여물도록 해 준다. 즉 '봄비'는 모든 생명의 은인이다. 왕이 죽은 자를 살릴 수 있는 은혜의 권력을 가졌다면, '봄비' 역시 만물에게 생명을 주는 은혜의 힘을 가지고 있다. 그런 의미에서 왕권을 정의롭고 덕스럽게 이용한다면, 백성들에게 생명을 주는 긍정적 힘을 발휘할 수 있다.

3. 설교를 위한 적용

1) 지도자와 정의

이 단락에서의 '왕'은 오늘날의 '지도자'에 해당한다. 지도자가 갖추어야 할 기본적인 자질은 정의의 확립이다. 성경에서 이 정의의 근원은 여호와이시다. 본문의 말씀대로 정의는 여호와의 소유이고, 여호와께서 만드신 것이다. 즉 여호와의 마음인 율법의 핵심은 정의의 실현이다. 지도자는 정의를 사랑해야 하며, 그 반대되는 불의를 미워해야 한다. 단순하게 미워하는 것이 아니라, 가증스럽게 여길 정도로 미워해야 한다. 반대로 정의를 말하는 자, 옳은 말을 하는 자의 소리에 귀를 기울여야 한다. 정의의 토대가 허약한 사회는 토대가 약한 집과 같다. 토대가 약하면 튼튼하고 큰 집을 지을 수 없는 것처럼, 정의의 토대가 약한 사회는 발전 가능성이 낮다. 우리 사회도 정의의 토대가 매우 허약했다. 무질서했고, 부정부패가 만연했고, 공정의 규칙은 찾아보기 힘들 정도였다. 1990년대 이후 정치적 민주화의 덕분에 부정부패는 많이 줄었다. 그러나 불의는 여전히 암초처럼, 독버섯처럼 우리 사회의 곳곳에 숨어 삶의 발전을 가로막고 있다. 지도자는 사회의 정의를 세우는데 관심을 기울여야 한다. 또한 지도자는 아첨하며 칭찬하는 사람보다 진실을 말하고 비판하는 자의 목소리에 귀를 기울여야 한다. 아첨하는 자의 목소리는 달콤하지만, 궁극적으로 몸을 당뇨병으로 만드는 것과 같다. 건강한 사람은 달콤한 맛과 쓴맛을 동시에 느끼는 자다. 인생의 단맛과 쓴맛을 다 경험해야 성숙된 자가 될 수 있다.

2) 지도자와 은혜

'정의'와 '은혜'는 양립할 수 없는 것처럼 보인다. 그러나 이 둘은 양립해야 한다. 지도자는 이 두 가지 감수성을 동시에 지녀야 한다. 사랑이 없는 정의는 너무 메마르고 이 사회의 약한 자에게 너무 가혹하기 때문이다. 어린이, 노인, 장애우, 저소득층 등에게 지나치게 공평한 규칙을 적용한다면 정의가 아니다. 같이 더불어 살 수 있는 마음을 먼저 가져야 한다. 지도자는 '은혜'의 마음으로 자신의 권력을 가지고, 정의가 왜곡되어 빗나간 곳에 빛을 비추고 은혜를 베풀어야 한다. 즉 억울한 자를 풀어주고 배고픈 자를 먹이고 가난한 자를 도우며 외로운 자의 친구가 될 수 있어야 한다. 이 사회의 소외된 계층을 잘 조정해, 더불어 사는 상생의 공동체가 형성될 수 있도록 노력해야 한다.

지혜와 어리석음(16:16~30)

1. 들어가며

잠언 16:16~19은 지혜와 명철, 교만과 겸손에 대한 잠언이며, 20~24절은 선한 자가 선한 말로 얻게 될 유익을 이야기하며, 25~30절은 악한 자가 악한 말로 얻게 될 멸망을 말한다.

2. 본문 주해

[16절] 이 잠언은 동의적 평행대구로, 지혜와 명철이 짝 단어이며 금과 은이 짝 단어이다. 지혜와 명철을 얻는 것과 금과 은을 얻는 것 사이의 비교에서, 지혜와 명철이 금과 은보다 낫다고 말한다. 이 주제는 잠언의 3:14; 8:10, 19에도 나와 있다. 지혜와 명철은 우리 삶의 정신과 영을 풍부하게 해, 이 세상을 긍정과 따스함으로 바라볼 수 있는 힘을 주지만, 지혜와 명철이 없는 물질적인 부는 사람을 욕심쟁이로 만들어 탐욕의 노예로 만들 뿐이다.

[17절] 이 잠언 역시 동의적 평행대구이며, 주제어는 '길'이다. 앞에서는 '대로/고속도로', 뒤에서는 '길'로 나온다. '정직한 사람의 대로'와 '자기의 길을 지키는 자'가 짝이며, '악을 떠나는 것'과 '자기의 영혼/생명을 보전하는 것'이 짝을 이룬다. 결과적으로 정직한 사람은 악을 떠나는 것과 같으며, 대로를 걷는 것과 같다. 악을 떠나 정직한 삶을 사는 사람은 고속도로 인생을 사는 것과 같다. 또한 자기의 길을 지키는 자는 바로 자기의 생명을 지켜내는 자다. 이 잠언에서의 '길' '대로/고속대로'는 '율법' 혹은 '지혜'와 '명철'의 삶을 가리키는 은유다. 율법을 따라 사는 삶, 지혜와 명철에 따라 사는 삶은 답답하고 큰 물질적 부를 가져다 주진 않지만, 거기에 생명이 있다.

[18절] 이 잠언은 교만에 대한 것으로 동의적 평행대구로 이루어져 있다. '교만'과 '거만한 마음'이 짝 단어로 나오며, '패망의 선봉'과 '넘어짐의 앞잡이'가 역시 짝 단어로 나온다. 글자대로 풀이하면 '교만은 패망 앞에 있으며, 높아진 마음은 넘어짐 앞에 있다'이다. 패망 앞에는 반드시 교만이 있으며,

넘어짐 앞에는 반드시 높아진 마음이 있다. 마음이 교만하게 되면, 남의 말을 듣지 않으며 주의를 무시한다. 자기가 최고라고 생각하며 남을 무시하기 때문이다. 그 결과 패망으로 가게 된다. '거만한 마음'으로 번역된 히브리어는 '높아진 마음'이다. 스스로 높아진 마음은 늘 문제를 일으킨다.

[19절] 이 잠언은 18절의 주제의 연속으로, 가난과 교만을 이용한 '…나으리라' 잠언으로 구성되어 있다. 우리말에서 '겸손'으로 번역된 히브리어는 '아나빔'으로 '가난한 자'를 의미한다. 즉 이 잠언 역시 평행대구를 이룬다. '가난'과 '교만', '마음을 낮추는 것'과 '탈취물을 나누는 것'이 짝으로 비교되고 있다. 즉 '가난한 자와 함께 마음을 낮추는 것이 교만한자와 함께 탈취물을 나누는 것보다 낫다'로 번역하는 것이 더 적합하다. '탈취물'은 전쟁에서 승리한 전리품이나 강도짓을 하여 얻은 불법적인 재산을 말한다. 즉 이 잠언은 강도짓과 관련되어 있다. 강도짓을 하면서도 자신은 잡히지 않을 것이라고 믿는 자를 교만한 자라고 일컫는다. 그 교만으로 즉 강도짓으로 얻은 물질적인 부는 오래가지 못한다. 따라서 가난한 마음이 교만으로 이룬 물질적인 부보다 더 낫다라는 것을 말한다.

[20절] 이 잠언도 동의적 평행대구로 "말씀에 주의하는 자"와 "여호와를 의지하는 자"가 짝으로 나타나며, "좋은 것을 얻나니"와 "복이 있다"가 짝으로 나타난다. 이 잠언은 21~24절에 나오는 지혜와 미련의 대비를 이룬 '말'에 대한 잠언의 서론 역할을 한다. 즉 '말'의 근원이 여호와임을 선포하는 잠언이다.

[21절] 이 잠언은 이해하기가 매우 어렵다. 후반부의 내용인 '달콤한 입은 학식을 더한다'는 말의 의미가 불확실하기 때문이다. '학식'으로 번역된 히브리어 '레카흐'는 1:5에서는 '학식'을, 7:21에서는 '고운 말' 혹은 '설득력 있는 말'을 의미한다. 본문에서는 '달콤한 입술은 설득력을 더한다'로 번역하는 것이 적절해 보인다.

[22절] 이 잠언에서는 명철과 미련함이 대비되어 나타난다. '명철'로 번역된 히브리어는 '세켈'로 어떤 상황이나 말에 대한 본질을 재빨리 파악하고 대

처하는 능력을 의미하며, '지혜'와 유사한 의미다. 이 능력은 '생명의 샘'으로 비유된다. 반면에 '미련한 자'를 훈계하는 일은 '미련함'이라고 말한다(개역한 글은 히브리어 '무사르'를 '징계'로 번역한다. 그러나 이 단어는 잠언 1:2에서 '훈계'로 번역되어 있다). 명철한 자는 그 명철로 말미암아 생명을 얻게 되지만, 미련한 자는 미련한 자로 머물러 있게 된다고 말한다.

[23절] 이 잠언에서도 '명철'을 의미하는 히브리어 '세켈'이 동사로 사용된다. 즉 직역하면 '지혜로운 자의 마음은 그 입술을 명철하게 한다'는 의미다. 한글번역인 '슬기롭게 하다'는 적합한 단어다. 마음의 지혜에서 명철, 슬기로운 말이 나온다. 마음의 깊은 수양, 즉 여호와의 말씀의 묵상을 통해 나오는 말에는 명철과 슬기로움이 묻어있다. 그리하여 그의 말에는 '설득력'이 있다. '설득력'으로 번역된 말은 16:21에 나오는 히브리어 '레카흐'로 '학식' 보다는 '설득력'으로 이해하는 편이 더 적절하다.

[24절] 이 잠언은 '선한 말'의 효과를 말한다. '선한 말'은 꿀송이의 달콤함에 비유된다. 그 효과는 마음/영혼에 달콤하며, 뼈까지 치유할 수 있다. 말의 중요성을 잘 나타내 주는 말이다.

[25절] 25절의 잠언은 26~30절에 걸쳐 나오는 '악한 말'을 언급하는 내용이 없는 개별적인 잠언이다. 이 잠언에는 17절처럼 '길'의 은유를 가져온다. 사람이 보기에는 바르게 보이는 길이지만, 사망으로 인도하는 길을 경고한다. 이 잠언은 14:12과 같은 내용이다. 그러나 이 잠언의 문맥에서 보아 18~19절의 내용에서 경고하는 교만의 길을 암시한다고 볼 수 있다.

[26절] 이 잠언도 이해에 어려움이 있다. 첫 번째 단어인 '네페쉬'의 의미가 모호하기 때문이다. '네페쉬'는 사람의 숨, 영혼, 욕구 등으로 번역될 수 있다. 이 잠언에서는 '욕구'로 번역된다. 따라서 이 잠언을 직역하면 '일하는 자는 욕구/식욕으로 말미암아 일을 하게 된다. 왜냐하면 그의 입이 그에게 압박을 가하기 때문이다.' 이 잠언에서의 '입'은 말이 아니라, '먹는 것'에 대한 은유다. 전도서 6:7은 "사람의 수고/일은 다 자기의 입을 위함이나, 그 식욕은 채울 수 없다"라고 한다. 따라서 인간의 일에 대한 욕구는 먹고 마시기 위

함을 핑계로 하지만, 그 욕구는 채워질 수 없음을 경고한다.

[27절] 26절에서 인간의 욕구는 채워질 수 없음을 경고한다. 27~30절에서는 그러한 자의 유형을 소개한다. 첫 번째 유형의 사람은 '불량한 자'다. 이는 괴물과 같은 존재로 탐욕의 한계를 모르는 자다. 끊임없이 먹어치우는 공룡 같은 자다. 불량한 자는 끊임없이 악을 계획하며, 그 욕구를 채우기 위해 그 입술은 이글거리는 불을 머금고 있다. 즉 제어할 수 없는 욕구와 욕심이 있다.

[28절] 두 번째 유형의 악한 사람은 '패역한 자'다. 히브리어의 어원에서 본이 사람의 의미는 '뒤틀린 자'다. 이 사람은 내적으로 뒤틀려 있어, 그 뒤틀린 마음으로 인하여 외적으로 갈등과 다툼을 일으킨다. 왜냐하면 이 같은 종류의 사람은 모든 것을 제대로 보지 못하고 꼬아서 보기 때문에 사람들과 엉키게 되고 갈등을 일으킨다. 세 번째 사람은 수다쟁이다. '수다쟁이'는 친한 사람을 이간질한다. 말이 많다 보면 사람은 미련하게 되며, 남에 대하여 말하기를 좋아하여, 친구들 사이를 갈라놓는다.

[29절] 네 번째 사람은 '강포한 자' 즉 '폭력배'다. 이 사람은 이웃을 꾀어 좋지 않은 길로 인도한다. 이 폭력배에 대한 내용은 잠언 1:8~19에 잘 묘사되어 있다. 젊은이는 지혜보다는 힘을 믿고, 폭력이 주는 유혹에 매혹된다. 그러나 그 길의 끝은 너무나 자명하다.

[30절] '눈짓을 한다'와 '입술을 누르다'라는 말은 오늘날의 우리가 알 수 없는 몸짓이지만, 뭔가 비밀스런 것을 도모할 때 사용하는 행위다. 이 잠언은 27~29절에 묘사된 네 가지 유형의 악한 사람들이 악을 도모할 때 그들이 사용하는 몸짓을 빨리 파악하여, 거기에 휩싸이지 말 것을 경고하는 결론적 잠언이다.

3. 설교를 위한 적용

1) 지혜와 명철이 무엇이길래(지혜, 명철, 겸손)

지혜와 명철이 무엇이기에 금과 은보다 더 낫다고 했을까? 자본이 주인인 이 세상에서 금 보기를 돌같이 하고 지혜와 명철을 의지한다는 것은 어떤 의미이며 어떻게 가능한가? 잠언에서는 일관되게 지혜의 근원은 여호와임을 밝힌다. 여호와를 경외함이 지혜와 지식의 근원이다. 본문에서 지혜와 명철은 악에서 떠나는 것이며, 자기의 길을 묵묵히 가는 자라고 증거한다. 사람은 누구나 자기가 걸어가는 길이 있으며 선택의 갈림길에서 고민한다. 어떤 길을 갈 것인가? 악한 길을 떠나서 여호와께서 만들어 놓으신 곧은 길을 갈 것인가? 아니면 자기 마음의 교만을 믿고 악의 길을 갈 것인가? 악한 길을 걸어가는 배짱은 어디에서 오는 것일까? 그것은 교만에서 온다. 그러나 그 길은 패망의 길이다. 그 길은 넘어지는 길이다. 교만은 무엇인가? 자신에 대한 확신이다. 신앙이 여호와의 말씀에 대한 확신이라면, 교만은 자신의 지혜에 대한 확신이다. 교만한 자는 어리석은 자다. 겸손은 바로 지혜자다. 겸손은 하나님 앞에서 자신을 낮추는 자다. 자본과 자기에 대한 유명세가 재산인 사회에 살아가면서, 지혜와 겸손의 삶을 묵묵히 살아가야 한다는 것은 어려운 과제다. 그러나 본문은 여호와를 의지하면서 겸손하게 자기를 낮추는 것이 참된 지혜임을 가르쳐 준다.

2) 여호와에게서 나오는 말의 효과(선한 말)

말에 대한 잠언은 많다. 말 한마디로 천 냥 빚을 갚을 수도 있지만, 말 한마디로 도리어 천 냥 빚을 뒤집어 쓸 수도 있기 때문이다. '슬기로운 말'은 지혜로운 마음에서 온다. 그 지혜로운 마음은 '여호와를 의지'할 때에 가능하다. 여호와에게서 나오는 말의 맛은 꿀과 같이 달아서 마음이 달콤해지고 그 능력은 뼈까지 치유할 수 있다.

3) 피해야 할 사람들(불량한 자, 뒤틀린 자, 수다쟁이, 강포한 자)

자기 교만으로 말미암아 여호와의 길에서 이탈한 자들은 악을 도모하는 불량한 자, 갈등을 일으키는 뒤틀린 자, 친구 사이를 갈라놓는 수다쟁이, 이웃을 악한 길로 인도하는 폭력배 등으로 본문에서 설명한다. 이러한 종류의 사람은 오늘날 우리 사회에서도 여전히 존재한다. 의로운 길보다는 불법적인 방법으로 물질적인 이윤을 챙기려는 사람들은 오늘날에도 우글거린다. 본문은 이 사람들을 가리켜 미련한 자, 즉 어리석은 자라고 일컫는다. 반면 그 반대의 사람들은 지혜자로 불린다. 미련한 자가 될 것인가? 지혜로운 자가 될 것인가? 본문은 우리에게 그 선택을 강요한다. 선과 악이 싸울 때 어느 편에 설 건가? 라는 질문은 오늘날에도 여전히 유효하다.

노인의 영화와 여호와(16:31~17:6)

1. 들어가며

이 단락의 잠언은 16:31의 "백발은 영화의 면류관이라 공의로운 길에서 얻으리라"로 시작하여 17:6의 "손자는 노인의 면류관이요 아비는 자식의 영화니라"로 마친다. 즉 시작과 끝이 반복됨으로써 문학적인 단위를 형성하는 수미상관법(literary inclusio)으로 되어 있다. 그 가운데 '여호와' 잠언은 16:33과 17:3이 나와 전후 잠언의 해석의 열쇠를 제공한다.

2. 본문 주해

[16:31] 이 잠언은 전후 문맥과 관련이 없는 개별 잠언처럼 보인다. 그러나 32절 앞에 놓임으로써 분노와 마음을 다스리는 모티프와 연결되어 있다. '백발'은 노인을 가리키는 말이다. 노인을 '영광의 면류관'으로 묘사함으로써 존경과 권위를 대표하는 자로 설명한다. 또한 백발은 공의의 길을 걸어온 것에 대한 보상으로 설명한다. 구약성경에서 '백발'이라는 히브리어 '세바'는 22회 등장하는데 항상 노인을 의미하며, 대체로 축복과 존경의 대상으로 이해된다(레 19:32).

[16:32] 이 잠언은 '…보다 낫다' 잠언으로 첫 번째 비교대상은 '노하기를 더디하는 자'와 '용사'이며, 두 번째 비교대상은 '자기의 마음을 다스리는 자'

와 '성을 빼앗는 자'이다. 잠언은 차가운 지성을 가진 자를 성미가 급한 자보다 더 선호한다(12:16; 14:29, 30; 17:27 등). '노하기를 더디하는 자'와 '자기 마음을 다스리는 자'는 내적 전투에서 승리하는 자다. '용사'와 '성을 빼앗는 자'는 다른 대상과의 전투, 즉 외적 전투에서 승리하는 자다. 지혜는 내적인 승리를 외적승리보다 더 가치 있는 것으로 다룬다. 인생에서 대부분의 실패는 자신과의 내적 전투의 실패에서 유래하기 때문이다.

[16:33] 이 잠언은 16:1, 9에서도 나온 여호와의 주권을 강조하는 내용이다. 즉 인간이 일을 하지만, 그 일의 성취여부는 여호와의 결정에 달려있다는 말이다. 히브리어 '고랄'의 번역인 '제비'는 구약성경에서 하나님의 뜻을 묻는데 사용된 도구였다. 구약성경에 가장 흔히 사용되었던 '제비'는 제사장이 여호와의 뜻을 묻는데 사용되었던 '우림과 둠밈'이었다(민 27:21; 삼상 23:1~6). 그러나 그 물음에 대한 답변은 바로 여호와의 뜻이었다. 심지어 이방인들도 제비를 던졌지만, 그 결정은 여호와의 뜻에 의하여 결정된 예들이 있다(에 3:7; 9:1,2; 욘 1:7).[5] 여호와의 주권은 이스라엘에만 적용되는 것이 아니라, 온 우주에까지 미친다는 의미다.

[17:1] '…보다 낫다'로 된 이 잠언의 주제는 '가정의 화목'이다. 비교되는 대상은 '물질적으로는 가난하지만 화목한 가정'과 '부유하지만 다투는 가정'이다. 물질적 가난을 나타내는 것은 '한 조각의 마른 빵'이다. '마른 빵'은 물기가 부족하여 딱딱해서 먹기에 적절치 않다. 물질적인 가난을 더 심화시킨 표현이다. 물질적 부를 나타내는 표현은 '제육이 가득한 집'이다. '제육'으로 번역된 히브리어 표현은 '제사음식'을 가리킨다. 제사음식은 늘 최고의 음식으로 가득 찬다. 17:2의 "형제들 가운데 유업을 나누어 얻으리라"는 표현에 비추어 보면, 본문에서 형제들은 제사를 지내고 난 다음, 풍족한 제사음식을 앞에 두고 형제들끼리 유산을 나누면서 불화가 생긴 장면을 연상시킨다. 16:32에서 마음속의 내적인 평화가 외적인 전투에서의 승리보다 낫다는 점을 강조한 것처럼, 이 잠언은 가난하지만 내적으로 화목한 가정이, 부로 가득 차 있지만 외적으로 다툼이 있는 가정보다 낫다는 것을 강조한다.

[17:2] 이 잠언은 비록 종이라도 능력과 성품이 훌륭하다면, 주인의 수치스런 아들이 가진 권리를 물려받을 수 있음을 말한다. 즉 권리는 반드시 타고 나는 것이 아니라, 후천적으로 얻을 수도 있음을 말한다. 이스라엘은 국가적으로 종으로서의 경험을 가진 나라였다. 그러나 하나님의 선택적인 은혜로 말미암아, 종에서 해방되어 주인이 되는 경험을 했다. 이 잠언이 이스라엘의 국가적 경험에서 기원된 것인지 아닌지는 알 수 없지만, 종이 주인의 아들의 위치에 오른 예는 구약성경에서 많이 발견될 수 있다. 요셉과 다윗의 삶도 국가로서의 이스라엘의 삶과 유사하다. 태생적으로 부여된 권리 자체를 부정하지 않지만, 그 권리 자체가 절대적으로 보장된 것이 아님은 구약성경뿐만 아니라, 오늘날 우리의 삶에서도 흔히 발견할 수 있다. 타고난 권리라고 할지라도 능력과 도덕적 삶을 겸비했을 때 주어진 권리를 유지할 수 있다. 반면, 종이라고 할지라도 주어진 여건하에서 최선의 삶을 살면 하나님께서 주인의 자리로 바꾸기도 한다. 인생역전의 주제는 하나님이 원하시면, 언제든지 발생할 수 있음을 성경은 보여 준다.

[17:3] '여호와' 잠언으로 16:2과 유사한 내용이다. '도가니'와 '풀무'는 금속을 녹여서 불순물을 제거하고 순수한 제품을 만들기 위한 도구들이다. 최상의 가치를 지닌 '금'과 '은'도 용광로를 지나서 불순물이 제거되어야 가치를 지닌 상품이 된다. 사람의 순도는 역경을 통과했을 때 순도가 더 높아져 더욱더 여호와를 의지하게 된다. "그러나 내가 가는 길을 그가 아시나니 그가 나를 단련하신 후에는 내가 순금같이 되어 나오리라"(욥 23:10).

[17:4] 이 잠언은 말과 행위와의 관계를 다룬다. 앞의 단락에서 네 명의 악한 자를 등장시킨 것처럼, 이 잠언에서도 악한 말과 관련된 악한 자가 나온다. 두 사람처럼 보이지만, 동의적 평행대구로 한 사람의 악인을 가리킨다. 그 사람은 바로 '거짓말쟁이'다. 거짓말하는 사람은 악한 사람의 말에 관심을 기울여 듣고, 거짓말과 악을 행하게 된다. 즉 악한 행위는 악한 말을 하는 사람과 듣는 사람의 의지가 어우러져 발생한다.

[17:5] 17:4의 악한 자의 주제가 계속된다. 즉 악한 자는 가난한 자를 조

롱하고, 남의 재앙을 기뻐한다. 가난한 자를 저주하는 죄의 값은 그 (가난한 자)를 만드신 분에 대한 저주와 같다. 창세기 1:26; 9:6에 의하면 모든 인간은 하나님의 형상으로 지어졌으므로, 그 안에는 하나님의 모습이 들어 있다. 그러므로 인간을 멸시하고 조롱하는 것은 바로 그를 만드신 하나님을 멸시하고 조롱하는 것이다. 잠언 14:31도 이를 엄격하게 경고한다. 이 세상에 우리가 조롱하고 멸시해도 되는 사람은 없다. 모든 인간은 피부색이나 재산, 지위와는 상관없이 존중받아야 할 충분한 이유가 있다. '조롱하다'의 히브리어는 '라아그'로 구약성경에 12회 나타나며, 경멸하며 비웃음으로 조롱하는 행위를 가리킨다(왕하 19:21; 욥 9:23; 11:3; 22:19; 시 2:4 등). 남의 재앙을 보았을 때 우리가 가져야 할 태도는 그 불행을 같은 심정이 되어 나누는 것이다. 그러나 악한 자는 남의 재앙을 보고 기뻐한다. 악한 사람이 받을 대가는 형벌이다. 하나님을 조롱하는 죄에 대한 형벌이다.

[17:6] 할아버지와 손자, 아버지와 자식 사이의 관계를 묘사한다. 손자를 노인의 면류관으로 설명한다. 16:31처럼 노인은 공의로운 행위에 대한 보답이며, 축복이며, 존경의 대상으로 표현되어 있다. '손자'까지 본다는 것은 노인에게 있어 대단한 축복이다. 세대를 건너뛰어 심리적으로 연결되어 있다는 것은 면류관을 얻은 것과 같다. 반면 자식의 입장에서 보아 부모 역시 그들의 자랑이고 긍지다. 부모와 자식의 관계는 영속적이다. 성경에서는 자식을 하나님의 축복이자 선물로 보았으며(시 127:3~5; 128:3~4; 144:12~15), 무(無)자녀는 저주로 인식되었다(렘 22:30). 하지만 이를 구약적인 관점에서 지나치게 문자적으로 해석할 필요는 없다. 예수님도 자식이 없었다. 그러나 그는 교회를 통하여 영적으로 수많은 자녀들을 낳지 않았는가?[6]

3. 설교를 위한 적용

1) 외적인 승리보다는 내적인 승리

인생은 많은 것에 비유된다. 사람들은 인생을 마라톤, 야구, 골프, 바둑

등에 비교하는데, 본문에서는 전투와 비교한다. 전투의 목표는 승리다. 승과 패의 차이는 엄청나다. 그러나 인생의 지혜자들은 우리 마음의 전투에서의 승리가 외적인 전투에서의 승리보다 훨씬 더 어렵다고 한다. 좋은 학력과 훌륭한 자식들 막강한 재산을 가지고서도 마음의 전투에서 패하여, 패가 망신하는 경우를 자주 본다. 큰 명예와 재산을 얻고도 마음을 다스리지 못해 자살하는 많은 사람들을 볼 때, 진정한 승리는 마음 다스림에서 온다는 것을 알 수 있다. 마음을 다스리는 승리를 얻기 위한 조건은 무엇일까? 외적인 조건들도 중요하다. 그러나 가장 중요한 것은 여호와를 의지하는 것이다. 여호와께서 우리 마음을 훈련시키시기 때문이다. 마음의 분노, 악을 행하고 싶은 마음, 약한 자를 조롱하고 싶은 마음은 마음의 지혜가 부족하기 때문이다. 자신을 낮추고, 여호와를 의지하는 자는 마음에 참 평화를 얻게 되고 지혜를 얻어, 외적인 상황의 모든 역경을 이겨내고 순도를 높여 마침내 승리한다.

2) 화목한 가정의 조건

재산을 두고 벌이는 형제들 사이의 갈등은 어제오늘 날의 일이 아니다. 세상이 각박해짐에 따라 그 정도는 더욱 심해진다. 재산분배와 관련하여 법정까지 가서 소송을 벌이는 기막힌 일은 너무 흔하여 이제 뉴스거리도 안된다. 재산으로 인한 갈등으로 칼부림이 나서 살인사건으로까지 비화되기도 한다. 가정의 화목은 재물을 의지하는 것이 아니라, 바로 여호와를 의지하는 데서 시작된다. 그리고 부모님에 대한 섬김의 자세도 반드시 필요하다. 부모를 자식의 면류관으로 생각할 필요가 있다. 부모를 존경하고 잘 섬겨야, 집안의 화목을 이룰 수 있다. 부모를 멸시하게 되면 형제 간 혹은 자식 간의 사이도 멀어지게 된다. 건강한 가정을 이룰 수 없다. 즉 가정은 여호와 하나님을 중심으로 섬김과 사랑을 배우는 장소이지, 재물에 관심을 두는 곳이 아니다. 재물이 중심이 되면 자식들 간에 분쟁이 생길 뿐만 아니라, 부모와 자식 사이에도 분쟁이 생기고 하나님과 우리들 사이에도 불화가 생긴다.

미련한 자에 대한 잠언(17:7~28)

1. 들어가며

이 단락에서는 '미련한/어리석은 자'가 총 9회[7:7, 10, 12, 16, 21(2회), 24, 25, 28] 나와 이 단락의 잠언의 주제어 역할을 한다. 잠언에서 '미련한/어리석은 자'를 뜻하는 히브리어 단어는 세 가지가 있다. 첫째, '나발'로 7:7과 7:21 후반부에 나온다. 둘째, '케실'로 7:10, 12, 16, 21, 24, 25에 나온다. 셋째, '에 빌'로 28절에 나온다. 세 단어 사이의 의미를 구별하는 일은 불가능하다. 이 단락에는 '미련함'을 의미하는 위의 세 단어가 총출동하여 이 단락의 주제를 강화시킨다. 또한 '악한 자, 악인, 다툼을 좋아하는 자, 마음이 굽은 자' 등도 '미련한 자'를 보충하는 단어로 나온다.

2. 본문 주해

[7절] 이 잠언의 초점은 거짓말은 '존귀한 자'에게 결코 합당한 행동이 될 수 없다는 것이다. 7:4의 주제를 다시 등장시킨다. 존귀한 자에게 합당치 않은 행위를 묘사하기 위해, 어리석은 자에게 합당치 않은 것을 이야기한다. 강조점은 거짓말이다. 어리석은 자가 말을 많이 하는 것은 큰 영향을 미치지 않지만 적절한 행동은 아니다. 그러나 높은 지위에 있는 사람이 거짓말하는 행위는 그 사회적 파괴력이 크다. 따라서 고귀한 사람의 자질에서 절대 필요한 것은 정직함이며 피해야 할 자질은 거짓말이다.

[8절] 이 잠언은 현실에서 일어나는 일을 관찰한 내용이다. 뇌물은 주는 사람에게 있어 성공의 열쇠같은 역할을 한다. 얼핏 보기에 이 잠언은 뇌물에 대한 긍정적인 평가처럼 보인다. 그러나 그 평가를 한 사람이 뇌물을 준 사람이지 지혜자가 아니다. 이 잠언 자체에서는 옳다거나 그르다는 평가를 내리지 않는다. 객관적으로 뇌물의 힘을 관찰하고 묘사할 뿐이다. 뇌물은 정당하고 공정한 방법이 아닌 방식으로 뭔가를 얻고자 할 때 준다. 따라서 율법은 하나님께서 뇌물을 반대하시는 분으로 설명하며(신 10:17), 이를 금지한다

(신 16:19; 27:25; 사 1:23; 5:23 등).

[9절] 남의 허물에 대한 올바른 처신을 다룬 잠언이다. 남의 허물을 보고서도 그것을 이해하고 용서하고 덮어두려는 사람이 있다. 그 사람은 사랑을 추구하는 자다. 자신의 성품 가운데 사랑을 심화·확대시키는데 관심을 가진 자다. 사랑은 모든 허물을 덮는다. 반면에 남의 허물을 보고 그것을 덮어두지 못하고 떠들고 다니는 사람도 있다. 그 사람은 친한 친구를 서로 이간질하는 자다. 이 잠언은 사랑을 추구하는 자가 될 것인가? 이간질하는 자가 될 것인가?를 독자에게 질문함과 동시에, 이간질하는 자를 피하라는 경고를 한다.

[10절] 교육의 현실을 냉철하게 관찰한 잠언이다. 어떤 잘못을 저질렀을 때 이해력이 뛰어난 사람에게는 한마디의 질책으로 가능하지만, 미련한 자는 백 대를 때려도 안 된다. 지혜로운 자는 비판이 아무리 강해도 그것을 듣고 받아들이지만, 미련한 자는 백 대의 매를 때려도 자기의 고집에 얽매여 받아들이려 하지 않는다.

[11절] 악한 사람에 대한 경고다. 악한 사람들은 순종하고 받아들이기보다 자기 아집에 사로잡혀 늘 반역을 시도한다. 그러면 국가에서는 악한 자의 반역을 해결하기 위해 더 잔인한 통치자를 보낼 것이다. 이 잠언에서 반역이라 함은 부당한 권력에 대한 저항이 아니다. 부당한 권력은 저항하고 경우에 따라 축출시킬 필요도 있다. 그러나 정당한 권력에 대하여 늘 저항하고 반역을 시도한다면, 그 결과는 본인에게 해가 된다. 어떤 종류의 권력이든 불평불만으로 끊임없이 반란을 꿈꾸는 자들이 있다. 전도서의 전도자도 왕에 대한 반역에 대하여 경고한다(전 8:2~9). 이 잠언과 같은 경고를 하고 있다.

[12절] 미련한 자를 만났을 때의 위험을 경고한 잠언이다. 그 위험의 정도는 '새끼를 빼앗긴 암곰'에 비교된다. '곰'은 사람을 공격하는 위험한 동물이다. 보통 곰이 아니라 새끼를 빼앗긴 상태에서의 곰의 분노와 공격성은 절정에 달한다. 그 곰을 만났을 때의 위험은 생명을 담보로 해야 한다. 그러나 더 위험한 상황이 있다. 그것은 바로 미련한 자를 만나게 되었을 때다. 미련한

자를 만났을 때, 그가 저지르는 미련한 일의 파괴력은 생명보다 더 크다. 즉 미련한 자에 대한 위험을 경고하기 위하여 약간의 과장을 담은 잠언이다.

[13절] 악한 말과 악한 행동 자체도 매우 위험하다. 그러나 타인의 선한 말이나 행동을 거꾸로 악한 말과 행동으로 반응하는 것은 더욱 위험하다. 즉 배은망덕의 죄는 더욱 크다. 이런 자에게는 '악/재앙이 결코 그 집을 떠나지 않을 것이다.' 사도 바울은 이 잠언에서 한 단계 더 나아가 다음과 같이 말한다. "아무에게도 악을 악으로 갚지 말고 모든 사람 앞에서 선한 일을 도모하라 … 악에게 지지 말고 선으로 악을 이기라"(롬 12:17~21).

[14절] 댐에 구멍이 나서 물이 새기 시작하는 것을 모른 채 그냥 둔다면, 결국에는 댐 전체가 무너져 물난리를 겪게 된다. 마찬가지로 큰 싸움의 시작은 작은 다툼에서 시작한다. 그러므로 큰 싸움으로 번지기 전에, 작은 다툼 자체를 그쳐야 한다. 미련한 사람이나 악한 사람은 시비걸기를 좋아한다. 괜히 트집을 잡고 시비를 걸기 좋아한다. 그런 사람의 시비는 애초부터 받아줄 필요가 없다. 친구 사이나 부부 사이에도 작은 다툼이 발생할 수 있다. 그러나 그것이 큰 싸움으로 번지지 않도록 스스로를 절제하고 인내하는 마음의 훈련이 필요하다.

[15절] 이 잠언은 재판에서의 의도적인 오판에 대한 경고지만, '악인'의 주제가 계속된다. 재판의 판결은 정의를 찾는 과정의 결과다. 정의는 악한 사람을 악하다고, 의로운 사람을 의롭다고 선포하는 일이다. 신명기 25:1은 "사람들 사이에 시비가 생겨 재판을 청하면 재판장은 그들을 재판하여 의인은 의롭다 하고 악인은 정죄할 것이며"라고 기록한다. 이것이 올바른 재판이다. 반면에 이 잠언에서는 그것을 거꾸로 뒤집은 그릇된 재판이다. 이러한 오판의 예는 재판관이나 지도자의 욕심이 들어간 결과다. 이러한 재판은 여호와께서 '가증히 여긴다.' 이 표현은 여호와 앞에서 큰 죄가 됨을 의미한다. 재판에서의 정의는 그 사회의 최후의 보루다. 재판에서의 정의가 무너진 사회는 토대부터 잘못된 사회이므로 지탱해 나갈 수 없다.

[16절] 이 잠언의 삶의 정황은 매우 난해하다. '돈을 가지고 지혜를 사려고

한다'는 말이 실제의 삶의 현장에서 나온 것인지 은유적 표현인지 알 수 없다. 그러나 본문의 정황에서 보아 미련한 자의 미련함을 강조하려는 은유적 표현으로 해석해도 무방해 보인다. 즉 미련한 자는 워낙에 무식해서 지혜를 돈으로 사고 팔 수 있는 물건으로 오해한다는 것이다. 욥기 28장에 의하면 지혜는 광석처럼 캘 수도 없고(28:1~11) 각종 보화로 살 수도 없다(28:12~19). 지혜란 꾸준한 노력의 결과로 체득되는 것이지, 한꺼번에 돈을 주고 살 수 있는 재화가 아니다.

[17절] 친구와 형제의 역할에 대한 잠언이다. 이 잠언의 전반부와 후반부의 의미 관계는 매우 불확실하다. 전반부인 '친구는 항상 사랑한다'는 말과 후반부인 '형제는 역경의 때를 위해 태어났다'는 말 사이의 관계가 모호하기 때문이다. 전반부는 이상적인 친구관계를 묘사한다고 볼 수 있다. 이상적인 친구관계는 사랑이 끊이지 않은 관계다. 반면 핏줄로 연결된 형제 사이에 가장 이상적인 관계는 역경의 때를 이겨낼 수 있도록 돕는 것이다.

[18절] 가까운 사람 사이에 다툼이 발생할 가장 위험한 요소는 돈이다. 지혜 없는 자는 돈의 유용함과 위험함을 구별하지 못한다. 그리하여 친구를 위하여 빚보증 서기를 좋아한다. 그러나 결국은 돈도 잃고 친구도 잃게 된다. 잠언은 남에게 보증을 서는 어리석음을 일관되게 지적한다(잠 6:1~5; 11:15; 20:16; 22:26; 27:13). 친구나 형제 사이에 어려움이 발생했을 때에, 그들을 돕는 구제 행위는 적극적으로 장려된다(11:24; 28:27; 29:7, 14). 그러나 반드시 되돌려 받음을 전제로 하는 보증은 피하는 것이 지혜다. 돈을 빌려 주거나 보증을 설 경우 그냥 준다는 생각으로 해야지, 되돌려 받을 걸 전제로 준다면 친구와 돈 모두를 잃을 생각을 해야 한다.

[19절] 이 잠언은 매우 난해하다. 직역하면 "죄악을 사랑하는 자는 다툼을 사랑하며, 그의 대문을 높이는 자는 파멸을 추구한다"이다. 이 잠언의 전반부의 의미는 다툼에 대한 경고로 볼 수 있다. 후반부의 의미는 다툼을 좋아하는 사람은 스스로 자기 집 문을 높이 쌓는 것과 같다. 왜냐하면 아무도 그 사람을 좋아하지 않아 소외되기 때문이다. 결과적으로 이 구절의 의미는 '다

툼'에 대한 경고로 볼 수 있다. 한편 '대문을 높이는 자'를 은유적으로 해석하여, 이웃과의 관계에서 담을 쌓는 것으로 볼 수 있다. 그러한 사람은 결국 파멸의 길을 걷게 된다.

[20절] 이 잠언은 마음과 혀에 대한 경고다. '마음이 굽은 자'와 '혀가 패역한 자'가 맞이할 운명을 이야기한다. 즉 미련한 자에 대한 또 다른 표현이다. 마음이 삐뚤어진 사람은 11절처럼 반역에만 힘쓰다 선한 것을 찾을 수 없다. 혀는 마음의 표현이다. 마음이 삐뚤어진 사람은 혀도 삐뚤어져 재앙을 면할 수 없다. 결국 악한 사람 미련한 사람은 재난을 피할 수 없다는 것을 이 잠언은 경험적으로 말한다.

[21절] 미련한 자를 둔 부모의 근심을 잘 표현한 잠언이다. 자식이 미련하면, 부모는 마음의 근심으로 인하여 얼굴에 웃음을 잃어버린다. 삶 자체에 낙이 없기 때문이다.

[22절] 마음의 문제를 다룬다. 즐거운 마음을 가지게 되면 치료효과가 증가하지만, 걱정이 있는 마음은 뼈까지 마르게 할 정도의 질병이 된다는 것이다. 오늘날 매우 유행 중인 심리치료의 헌장처럼 들리는 잠언이다.

[23절] 뇌물에 대한 잠언이다. 8절에서 뇌물을 주는 사람의 입장에서 보아 뇌물은 모든 것을 이루는 마술과 같음을 이야기한다. 그러나 거기에는 위험이 있다. 뇌물은 정의를 왜곡시켜 불공정한 재판이 되게 하기 때문이다. 즉 뇌물에 대한 부정적인 잠언이다.

[24절] 명철한 자와 미련한 자를 대비시켜, 명철한 자는 지혜를 얻을 수 있지만 미련한 자는 지혜에 대한 관심을 두지 않는다고 말한다. 미련한 자는 지혜에 관심을 두지 않는다. 왜냐하면 당장에 돈이 생기거나 먹을거리가 생기거나 재미있는 것이 아니기 때문이다. 미련한 자는 평생을 함께 하면서 행복하게 해 줄 지혜보다는, 당장 눈앞에 있는 이익과 쾌락에 눈이 멀어 거기에 마음을 빼앗기게 된다.

[25절] 10:1, 17:21처럼, 미련한 자는 아버지와 어머니 모두에게 걱정거리와 고통이 됨을 말하는 잠언이다. 미련한 자를 둔 부모는 재산이나 명예가

하루아침에 무너지게 됨을 자주 보게 될 것이다. 따라서 부모는 자식의 지혜를 위해 관심을 기울여야 한다.

[26절] 이 잠언은 15절처럼 재판에서 정의가 왜곡된 경우에 대한 경고다.

[27절] 말에 대한 잠언이다. 잠언에서는 말이 많은 자를 미련한 자로, 말을 아끼는 자를 지혜로운 자로 평가한다. 성격이 급하거나 분노를 자주 일으키는 자는 미련한 자로, 마음을 잘 다스리는 냉철한 자는 지혜자로 평가한다. 이 잠언은 말을 아끼고, 냉철한 성품을 가질 것을 요구한다.

[28절] 27절의 주제의 연속으로 말에 대한 잠언이다. 말의 절제는 미련한 자를 슬기로운 자로 보일 수 있게 하는 방법임을 말한다.

3. 설교를 위한 적용

우리 시대에 피해야 할 다섯 가지 어리석음이 있다. 첫째, 뇌물이다. 모든 일에 뇌물이 통하던 시절도 있었다. 교통 위반을 했을 때도 관공서에서도 심지어 학교에서도 촌지라는 이름으로 만연된 적이 있었다. 사회가 민주화되면서 많이 좋아진 것은 사실이지만, 여전히 뇌물로 인해 구속되는 사건을 자주 보게 된다. 정당한 방법으로 가능함에도 뇌물을 주는 바보는 없다. 정당하게는 방법이 없으므로 뇌물을 주어 부정한 방법으로 일을 이루고자 하는데 문제가 있다. 뇌물을 기계의 기름처럼 잘 돌아가게 하는 윤활유라고 해석하기도 한다. 그러나 실상은 우리 사회의 토대를 썩게 만드는 기생충과 같은 것이다. 잠언은 작은 마음의 표현인 선물까지 부정하지는 않는다. 그러나 뇌물은 반드시 더 큰 대가를 바라는 투기에 해당한다.

둘째, 재판의 왜곡이다. 정의를 정의롭다고 인정하고, 불의를 불의하다고 선언할 수 있는 사회의 건설은 모든 지도자의 이상에 해당한다. 재판의 공정함의 확보는 정의사회 구현의 근간에 해당한다. 정의는 어디에서 오는가? 정의의 기원은 만물을 그의 법칙에 따라 지으신 여호와 하나님에게서 온다. 따라서 정의는 하나님을 아는 지식과 마음에서 온다. 그러므로 하나님의 법을 따르는 것이 정의이고, 따르지 않는 것이 불의이다.

셋째, 수다를 꼽을 수 있다. 말 많은 것 자체를 탓할 수는 없다. 그러나 말이 많으면 실수도 많아지게 되고, 남의 험담도 하게 된다. 요즘은 각종 통신 수단이나 인터넷 공간을 통하여 말을 마음껏 할 수 있는 사회다. 혼자 있어도 인터넷에 들어가면 얼마든지 수다를 떨 수 있다. 인터넷을 통해서 나오는 수많은 말들 속에는 수없는 독이 들어 있다. 어떤 경우 약간의 지혜를 얻기도 하지만 그 결과는 무의미한 공허함일 수밖에 없다. 그것은 참된 지혜가 아니기 때문이다. 참된 지혜는 마음을 다스리고, 혀를 다스릴 줄 아는 데서 온다.

넷째, 다툼이다. 다툼의 시작은 작은 것에서 시작한다. 큰 싸움으로 번지기 전에 다툼을 그만두어야 한다. 그것은 마음의 절제를 통하여 얻을 수 있다. 이혼에까지 이르게 하는 부부 싸움의 시작도 큰 주제에서 시작하는 것이 아니라, 작은 것에서 시작된다고 한다. 마음을 다스리고 말을 다스릴 수 있는 지혜는 마음을 훈련시키는 여호와에게서 온다.

다섯째, 거짓말이다. 지도자가 갖추어야 할 가장 중요한 덕목은 '정직과 진실'일 것이다. 그러나 어느 사회이건 지도자의 거짓말은 큰 이슈로 등장한다. 거짓말은 사람과 사람 사이의 신뢰를 무너뜨리는 암과 같은 것이다. 신뢰가 무너진 사회는 발전 가능성이 없다. 거짓은 진실을 이길 수 없다.

미련한 자의 말과 의로운 자의 성벽(18:1~12)

1. 들어가며

이 단락의 잠언에서도 '미련한 자의 말'에 대한 주제가 이어진다. 또한 '갈라진 자', '악한 자', '남의 말하기를 좋아하는 한', '자기의 일을 게을리하는 자' 등도 등장하여 '미련한 자'를 보다 구체적으로 표현한다. 그 반대는 '명철한 사람', '의인' 등으로 나타난다.

2. 본문 주해

[1절] '갈라지는 자'로 번역된 히브리어 단어는 '파라드'의 니팔형으로 '갈라진 자'를 의미한다. 즉 자기 마음의 내적 상태가 갈라져 있다는 것을 의미한다. 그런 사람은 남을 배려하거나 생각할 줄 모른다. 오직 자신의 욕구를 따라 움직인다. 그러다 보니 모든 건전한 정책이나 합리적인 제안을 거부한다. 개역개정판의 '참 지혜'로 번역된 히브리어는 '투샤야'로 '지혜'보다는 '건전한 정책', '합리적 제안'을 의미한다. 즉 내적으로 분열된 사람은 합리적 생각이 결여되고, 오직 자기 욕심에 따라 판단하고 행동한다.

[2절] 미련한 자의 '생각 없는 말'에 대한 잠언이다. 미련한 자는 자기 확신에 가득 차 있어, 남의 말을 듣기보다는 자기주장만 한다. 그들은 지혜나 명철을 듣고 받아들이려는 자세가 되어 있지 않다. 왜냐하면 마음의 교만으로 인해, 남의 충고나 조언을 무시하고 자기 뜻대로 행하기 때문이다.

[3절] 악한 자에게 수반되는 것들이 무엇인지를 알려 주는 잠언이다. 악한 자가 도착하면 그 사람만 오는 것이 아니라 뒤따라 수반되는 것들이 있다. 첫째, '멸시'로 번역된 히브리어 '부즈'이다. 둘째, '수치'로 번역된 히브리어 '칼론'이다. 셋째, '능욕/모욕'으로 번역된 히브리어 '헤르파'이다. 악의 정도에 따라 수반하게 될 형벌의 정도도 멸시〈수치〈능욕의 순으로 의미가 더 강화되어 나온다.

[4절] 3절의 악한 자에게 수반되는 것의 반대로 명철한/지혜로운 사람에게 수반되는 것을 묘사한다. 지혜자의 말이 주는 유익함을 설명한다. (명철한 사람의) 입의 말은 '깊은 물', '솟구쳐 오르는 시냇물', '지혜의 샘'과 같다. 지혜자의 말은 '물'과 비교되어 있다. 물은 생명의 근원이다. 지혜자의 물은 보통의 물이 아니라 지하수와 같이 깊은 곳에서 나오는 최고의 시원한 물로 비유되어 있다. 즉 최상의 생명을 얻게 될 것이라는 의미다. 또한 지하수나 샘물은 마르지 않는다. 계속해서 나온다. 지혜자의 말은 우리 마음속의 영양분을 마르게 하는 것이 아니라, 계속해서 공급하게 하는 샘물과 같다.

[5절] 재판에서의 부당한 판결에 대한 잠언이다(16:10; 17:23; 19:28). 재판

의 정의는 그 사회의 정의의 최후의 보루이기 때문에, 이스라엘 사회는 재판에서의 공정함을 무엇보다도 강조해 왔다. 반대로 예언자들은 재판에서의 왜곡을 신랄하게 공격했다(암 5:7~8; 미 3:10).

[6절] 미련한 자는 늘 다툴 준비를 한다. 지혜로운 자는 부드러운 말로 분노나 싸움을 피하지만, 미련한 자는 늘 거친 말이나 불필요한 말로 인해 다툼과 분쟁을 일으킨다. 그리하여 스스로 매 맞기를 자처한다.

[7절] 6절에 이어 '미련한 자의 말'에 대한 주제가 계속된다. 미련한 자는 말로 인하여 파멸한다. 지혜로운 자는 말로써 싸움에서 피해 나오지만, 미련한 자는 말로 인해 싸움판으로 들어가 파멸을 초래한다. 말이 자신의 삶과 생명의 그물이 되어 스스로 갇히게 된다.

[8절] 남에 대한 험담이나 소문에 대한 경고의 잠언이다. 먼저 남에 대한 험담이나 소문의 달콤함은 '맛있는 음식'에 비유된다. 남에 대한 험담이나 소문은 안 먹고는 견딜 수 없는 음식처럼 거부하기 힘들다. 그러나 일단 그것을 듣고 나면 맛있는 음식이 금방 뱃속 깊이 들어가는 것처럼, 우리 맘속 깊은 곳에까지 내려가 우리의 마음을 지배하게 된다. 그러므로 지혜자는 남에 대한 험담이나 소문에 대한 위험성을 계속 일깨운다(16:28; 17:9; 26:20).

[9절] 게으름에 대한 경고의 잠언이다. 게으름은 자기 자신을 파멸시킬 뿐만 아니라, 그 사회에도 해를 끼치는 독버섯과 같은 것이다. 따라서 게으름을 피우는 사람은 일을 파멸로 몰고 가는 사람과 형제 사이로 비교되었다. 게으름과 패망은 협력하여 집안을 허물기 때문이다.

[10절] 여호와는 가장 안전한 곳이다. '여호와'라는 이름, 즉 여호와 자신은 '견고한 망대'로 비유된다. '견고한 망대'는 가장 높은 곳에 튼튼하게 지어졌으므로 가장 안전한 곳이며 확실한 피난처가 될 수 있다. 의인이 가장 확실하게 피할 수 있는 피난처는 바로 여호와이다. 의인은 여호와께 달려가서 자신의 의를 인정받고 가장 안전하게 보호함을 받을 수 있기 때문이다. 반면에 미련한 자와 게으른 자는 안전하게 기댈 곳이 없다.

[11절] 의인은 여호와를 의지하지만, 부자는 자신의 재물을 의지한다. 부

자는 재물을 자신이 가장 안전하게 피할 수 있는 공간으로 생각한다. 그리하여 부자의 재물은 '견고한 성'으로 비유되었다. 재물은 자신을 보호할 수 있는 튼튼한 성이다.

[12절] 부자는 재물이라는 견고한 성에 살면서 자신의 성벽을 굳게 믿는다. 그들은 자신들이 가진 재물을 의지한다. 그러나 그것은 교만이다. 따라서 이 잠언은 교만의 위험을 말한다(16:18). 스스로를 높이면 망하게 된다. 겸손해야 존귀함을 받는다(참고 11:2; 29:23).

3. 설교를 위한 적용

1) 미련한 입술/지혜로운 입술

사람이 다스리기 가장 어려운 것이 '입술'인 것 같다. 우리나라에서도 지도자의 말실수는 가장 큰 뉴스거리다. 말은 마음에서 나오기 때문에 말은 그 사람 자체를 표현한다. 말을 통하여 한 사람의 지성, 감성을 다 파악할 수 있다. 사람이 어리석을수록 말을 제어하지 못한다. 그 말로 인하여 싸움을 하게 되고, 결국 파멸에 이르는 경우를 많이 본다. 또한 쓸데없는 말이나 근거가 없는 말을 퍼뜨려 곤혹을 치르고 재판까지 치르며 감옥에까지 가는 경우도 있다. 사람이 지혜로울수록 말을 잘 다스려야 한다. 지혜로운 자의 말은 생명력이 있다. 그 말은 시원한 샘물 같아서 우리의 삶을 활기차게 만들며 정의를 세우고 모든 사람들을 의롭게 한다. 의롭고 지혜로운 말은 사람들에게 감동을 주고 화해를 가져오며 마음을 살찌게 한다.

2) 여호와의 성/재물의 성

의인은 누구인가? 그것은 바로 의의 근원되신 여호와를 의지하는 자다. 시편 1편의 말씀대로 '주야로 여호와의 말씀을 묵상하는 자'다. 어떠한 종류의 어려움과 역경이 우리를 둘러쌀지라도 우리가 여호와 안에 있으면, 우리는 견고한 망대 위에 있는 것처럼 안전하다. 그러나 미련한 자들은 자신들이 가진 것으로 그 어려움이나 역경을 피하고자 한다. 자신들이 가진 재물로 망대를 쌓고 성을 쌓아, 안전성을 확보하려고 한다. 그러나 그것은 교만이다. 여호와 대신에 다른 것을 의지하는 것은 자신을 믿는 어리석음이며, 교만이다. 교만은 패망의 앞잡이다. 다시 시편 1편의 말씀처럼 재물은 아무리 튼튼한 성벽처럼 느껴질지라도 '바람에 나는 겨'와 같으며 썩은 밧줄과 같다. 환난과 역경의 때에 자신을 보호해 주지 못한다.

갈등과 다툼에 대한 지혜의 말씀(18:13~21)

1. 들어가며

이 단락의 잠언에서는 '미련한 자'는 더 이상 나오지 않는다. 주로 다툼과 갈등에 대한 주제를 다루고 있다. 형제 사이의 다툼, 송사 문제, 말의 중요성에 대한 내용이 주를 이룬다.

2. 본문 주해

[13절] 들음의 중요성에 대한 잠언이다. 미련한 자는 잘 듣지 않으며 즉흥적이고 전후관계를 고려하지 않고 함부로 말한다. 왜냐하면 그들은 마음에 교만이 가득하여 남에게서 배우려고 하지 않기 때문이다. 반대편의 이야기도 잘 듣고 답해야 한다. 그러나 미련한 자는 자기 이야기만 한다. 그리하여 수치를 당한다. 지혜자는 상대방의 이야기를 끝까지 잘 듣고 말한다. 지혜는 상대의 이야기를 잘 들음에서 시작한다. 상대의 이야기를 잘 듣는 것은 사람과의 관계에서 지도자가 가져야 할 가장 중요한 덕목이다.

[14절] 이 잠언은 사람의 마음과 몸의 관계를 말한다. 사람은 누구나 좋은 일을 만날 수도 있고 나쁜 일을 당할 수도 있다. 그러나 마음가짐에 따라 결과는 달라진다. 만일 병을 얻었다고 했을 때 마음이 망가지면 도저히 병을 이길 수 없다. 구약성경은 마음과 몸의 엄격한 구분을 이야기하지 않는다.

반대로 마음과 몸은 밀접하게 관련되어 있음을 말한다. 어떤 질병이나 역경을 당했을 때 마음을 굳건히 하고 긍정적인 태도를 갖으면 그것을 극복할 수 있지만, 마음이 무너져 포기하게 되면 상황을 더욱더 악화시킬 뿐이다.

[15절] 지혜자는 마음과 귀를 기울여 지식을 더해 나가고자 한다. 마음은 그 사람의 행동을 결정하는 의지의 중심이다. 지혜를 얻고자 하는 사람은 배우고자 하는 의지를 가져야 한다. 귀는 듣는 신체적 기관이다. 성경은 들음의 전통을 매우 강조한다. 말하기보다는 잘 듣기를 더 강조한다. 말을 잘하는 것도 중요하지만 잘 듣는 것은 더욱 중요하다. 성경에서 '듣는다'는 말은 '순종하다'라는 말과 같다. 잘 들어야 잘 순종할 수 있다. 부모와 스승과 하나님의 말씀을 잘 듣는다는 것은 잘 순종한다는 의미다. 반대로 잘 순종한다는 말은 잘 듣는다는 말이다. 그러므로 바울은 다음과 같이 말한다. "그러므로 믿음은 들음에서 나며 들음은 그리스도의 말씀으로 말미암았느니라"(롬 10:17).

[16절] '선물'의 유용함에 대한 잠언이다. 이 잠언에서는 '뇌물'이 아니라 '선물'이다. 얼핏 보기에 '선물'에 대해서 이 잠언은 긍정적인 것처럼 보인다. 즉 '선물'의 효과를 이야기하기 때문이다. 선물은 길을 넓게 해 주며, 중요한 사람에게로 인도한다. 그러나 이런 기능이라면 뇌물의 기능과 크게 다르지 않아 보인다. 잠언에서는 뇌물과 선물에 대하여 모호한 태도를 취한다. 그 차이란 상황과 때에 따라 적절하냐 아니냐를 결정할 수 있다고 보며, 절대적인 입장을 말하지는 않는다.

[17절] 송사에서 재판을 하려면 진실을 알아야 한다. 그 진실은 당사자들의 말을 끝까지 들어봐야 한다. 먼저 온 사람이 사건을 이야기하면 그 말이 진실로 들리지만, 진실은 또 다른 당사자의 말까지 들어봐야 드러나는 법이다. 따라서 재판에서 성급한 결론은 금물이다. 그런 일은 재판뿐만 아니라 모든 분쟁에도 적용된다. 한쪽이 100% 잘못하고, 다른 한쪽이 100% 잘하는 경우는 분쟁의 여지가 없다. 분쟁에는 항상 양 편에 잘잘못이 혼재되어 있다. 따라서 진실은 모든 상황을 다 들어보고 난 후 가려져야 한다.

[18절] 17절과 관련시켜 이해하면, 이 잠언은 힘 있는 자들끼리의 시시비비를 가리는 일에 있어서 제비뽑기가 더 좋은 방법일 수도 있음을 말한다. 제비뽑기는 고대 이스라엘에서 하나님의 뜻을 묻기 위해 제사장이 우림과 둠밈을 사용했던 방법이었다(출 28:30). 그리하면 힘 있는 소송 당사자들끼리의 분쟁을 해결하는데 불공정의 시비는 사라진다. 왜냐하면 그 결과를 하나님의 뜻으로 받아들였기 때문이다.

[19절] 이 잠언에서는 '노엽게 한 형제'와 '다툼'이 평행으로 나오며, '성읍보다 강하며'와 '성의 문빗장과 같다'가 평행으로 나온다. 형제 사이에 다툼이 벌어져 분노가 발생하면, 그 분노는 문빗장으로 걸어 잠근 성읍보다 더 강하게 마음을 닫는다는 의미다. 형제는 마음의 분노를 문빗장으로 걸어 잠그고 어느 누구도 들어올 수 없도록 한다. 가까운 사이에 다툼이 벌어지면 화해하기가 그만큼 어렵다는 뜻이다. 그러므로 지혜로운 자는 형제 사이에 이러한 문제가 해결되지 않은 채 남지 않도록 지혜를 발휘해야 한다. 그렇지 않으면 도저히 풀 수 없는 단계로까지 문제가 악화되기 때문이다.

[20절] 사람은 말에서 자신의 성취감을 맛본다. '입에서 나오는 열매'는 말로 인하여 얻게 되는 유용한 결과로 만족감을 얻게 됨을 표현한 말이다. 이 잠언에서의 '배부르게 되다'와 '만족하게 되다'는 마음의 만족감을 음식을 먹은 후의 만족감으로 표현한 것이다. 그러나 이 잠언에는 말로 인한 지나친 만족감에 대한 경고의 성격도 지닌다. 자신의 의견이 이루어지고 원하던 결과를 얻게 되더라도 그것에 지나치게 만족하는 일은 위험하다. 지혜자는 말의 힘을 잘 알고 그것을 함부로 쓰기보다는 제한적으로 사용해야 함을 지속적으로 강조한다.

[21절] 20절과 마찬가지로 말의 힘을 강조한다. 말 한마디가 어떤 사람에게는 생명으로 이어질 수도 반대로 죽음으로 이어질 수도 있음을 강조한다. 후반부인 "혀를 사랑하는 자는 혀의 열매를 먹으리라"는 말하기를 지나치게 좋아하는 것의 위험을 경고한다. 혀의 열매는 항상 달콤한 것이 아니기 때문이다.

3. 설교를 위한 적용

1) 영적 건강함의 비결: 마음이 약이다

‘건강’에 대한 관심이 역사상 오늘날만큼 높은 적이 있을까? 건강을 도와
준다는 약, 보조식품, 체육 시설은 너무 많아 일일이 열거할 수 없을 정도다.
그 결과 평균수명은 점차 늘어나 80세에 이른다. 잠언은 가장 중요한 건강
의 비결은 좋은 약을 먹는 것도 아니고, 좋은 식사도 아니고, 마음에 달려 있
다고 한다. 겸손한 마음으로 늘 뭔가를 배우고자 하는 의지는 마음을 강건하
게 한다. 지혜와 명철은 하나님께서 우리에게 주신 선물이다. 하나님을 의지
할 때 지혜와 명철을 얻게 되고, 우리 마음의 건강을 보증해 준다. 반대로 미
련함과 악함은 우리 맘속의 지혜와 명철을 무너뜨리고 분열시켜 늘 불안하
게 만들며, 온 몸에 병을 일으킨다. 영적인 건강이 튼튼해야 육적인 건강도
튼튼해지며, 영적인 건강이 약하면 육적인 건강도 약해진다.

2) 다툼 속에 담긴 독: 제비뽑기로 뿌리 뽑기

세상을 살다보면 다툼에서 자유로울 수 없다. 다툼은 가급적 피해야 하
지만 어쩔 수 없이 맞게 되었을 때, 해결을 위해 재판으로 가는 경우가 있다.
재판의 경우 공정성이 가장 큰 문제겠지만, 공정하더라도 한편은 이기고 한
편은 패하게 된다. 물론 둘이 조정되는 경우도 있기는 하지만, 서로 이기기
위해 모든 수단방법을 동원한다. 그 결과 둘 사이의 감정의 골, 분노와 시기,
질투의 골은 건널 수 없을 정도로 깊어진다. 특히 유력한 자들 사이의 재판
은 더욱 그러하다. 가급적 피해야 한다. 그 방법은 제비뽑기가 될 수도 있다.
제비뽑기란 하나님의 뜻을 구하라는 의미일 것이다. 하나님의 뜻 가운데서
해결되는 것이 가장 확실한 방법이다. 가까운 사이, 즉 형제나 공동체 내의
가까운 구성원끼리의 다툼은 더욱 해결하기 곤란하다. 그래서 어떤 교파의
총회장 선거는 ‘제비뽑기’로 결정할 것이라고 한다. 서로를 헐뜯고 돈을 쓰
고 하는 갈등보다는 평화로운 해결책일 수도 있을 것이다. 그러나 하나님의

뜻임을 주장하기 위해서는 공동체의 기도와 합치된 마음이 전제되어야 더욱 빛나는 방법이 될 것이다.

3) 혀의 열매 먹기를 조심하라

말을 잘해서 그 말에 취하여 스스로 만족해하는 사람은 어리석다. 말은 사람을 죽이기도 하고 살리기도 한다. 요즘 인터넷의 악성 댓글로 인하여 충격을 받고 죽음에 이른 경우도 있다고 한다. 악한 말은 상대방의 영혼을 죽인다. 반대로 선한 말은 상대방의 마음속 깊이 들어가 절망을 극복하고 마침내 위대한 업적을 이루기도 한다. 그러나 말하는 자는 스스로 말의 유익함에 취하여 자신을 높이는 경우 교만의 열매를 먹게 된다. 말 잘 하는 사람은 실수하기 쉽다. 말에 따르는 행동은 그만큼 더 어렵기 때문이다.

가난, 재물, 친구(18:22~19:7)

1. 들어가며

이 단락의 잠언에는 재물에 대한 잠언이 주를 이룬다. 먼저 '가난'이라는 히브리어 '라쉬'가 18:23과 19:7에 나와 수미상관(literary inclusio)을 이루어 한 단락임을 말해 준다. 또한 '라쉬'는 19:1에도 나온다. 19:4에는 히브리어 '달'(가난)이 나온다. '친구'라는 단어도 18:24; 19:4상; 19:4하; 19:6; 19:7에도 나와 이 단락의 한 주제를 형성한다.

2. 본문 주해

[18:22] 이 잠언은 아내에 대한 내용이다. 새로운 단락의 서론 역할을 한다. 사회적 관계는 아내와의 밀접한 관계에서 시작한다. 아내란 남편에게 가장 가까이 놓인 사회다. 아내와의 관계가 순조로워야 사회생활이 순조로우며, 아내와의 관계가 순조롭지 못하면 사회생활도 순조로울 수 없다. 이 잠

언에서의 '아내'는 8:35의 지혜 여인의 말과 유사하다. "대저 나를 얻는 자는 생명을 얻고 여호와께 은총을 얻을 것임이니라." 따라서 22절의 '아내'는 '지혜'를 암시한다(참고 11:1; 12:2; 19:14; 31:10~31).[7]

[18:23] 가난한 자와 부자를 대비시키는 평행대구지만, 둘 사이의 의미 관계는 명확하지 않다. 하나의 이야기로 연결시켜 본다면, '가난한 자가 부자에게 가서 (도와달라고) 간청했지만, 부자는 그 도움 요청에 차갑게 반응한다'가 될 것이다. 즉 가난한 자의 요구를 묵살하는 부자에 대한 부정적인 잠언으로 볼 수 있다.

[18:24] 친구에 대한 잠언이다. 친구도 경우에 따라 해가 될 수도 있고, 형제보다 더 친밀하게 되는 경우도 있다고 말한다. 첫째, 친구가 해가 되는 경우는 너무 많은 친구를 두었을 때다. 이 경우 대부분의 시간을 친구와 보내다 보니 자기 발전을 위한 시간이 없기 때문이다. 둘째, 참된 친구의 경우다. 이때의 친구는 사귐의 정도가 깊고 친밀하여 친형제보다 더 친밀하게 지내는 경우도 있다.

[19:1] '… 보다 나으리라' 잠언으로, 비교의 대상은 '가난하여도 성실히 행하는 자'와 '입술이 패역하고 미련한 자'다. 이 잠언 후반부의 경우, '비윤리적인 부자에 대한 평가'로 보인다. 즉 '부자지만 패역하고 미련한 자'로 보아야 전반부의 '가난하여도 성실히 행하는 자' 사이에 의미상 평행을 이룬다.

[19:2] 이 잠언의 의미 파악도 난해하다. 두 구절 사이의 의미관계가 명확하지 않기 때문이다. 대략적인 의미는 다음과 같다. '지식이 없는 욕구/열심도 좋지 못한데, 하물며 발을 급하게 움직여 잘못된 길을 가는 것은 말해 무엇이냐?' 무지한 채 욕심을 가지고 움직이는 것은 매우 위험하다. 지식이 그 욕구를 통제하는 것이 아니라, 무지한 채 욕구에 이끌려 가다보면 낭패에 이르기 때문이다. 본문에서의 무지는 '하나님을 아는 지식이 없음'을 의미한다. 그것은 율법에 대한 무지다. 그런 상태에서 급하게 움직여서는 더 심각한 문제가 된다. '잘못된 길로 가다'는 히브리어 '호테'는 '정해진 길에서 이탈하다'를 의미한다. 즉 '죄를 짓다'는 단어다. 성격이 급하면 하나님이 만들어

놓은 올바른 길 즉 율법을 따라 가지 아니하고, 빗나가는 죄악을 저지르게 된다는 잠언이다.

[19:3] 사람이 자기 삶의 길을 굽게 만드는 이유는 미련함 때문이다. 자신의 미련함 때문에 잘못된 삶을 살게 된다. 그러나 그들은 자신의 문제점이 무엇인지를 알지 못한다. 대신에 여호와를 원망한다. 이에 대하여 와이브레이는 "미련함과 신성모독은 본문에서 밀접하게 연결되어 있다."[8]고 했다. 사실 문제점의 대부분은 마음에서 비롯된다. 그러나 미련한 자는 항상 남 탓을 한다. 자기 맘속의 잘못을 보기보다는 남에게 책임을 미룬다. 그러다가 하나님까지 원망하게 된다. 누구를 원망하기보다는 내 맘속의 굽어진 것을 바르게 펴려는 노력이 선행되어야 함을 이 잠언은 말한다.

[19:4] 재물과 친구 사이에 대한 관찰 잠언이다. 즉 돈이 많으면 친구가 많지만, 가난하면 친구도 떠나게 된다는 것이다. 이에 대한 지혜자의 평가는 제시되지 않지만, 사실 인간 사회에 존재하는 재물과 사람 사이의 관계를 냉소적으로 서술하고 있다. 가난하면 어디 친구뿐이겠는가? 형제도 떠나고, 부모와 자식도 떠나게 됨을 본다.

[19:5] 거짓 증언과 거짓말에 대한 경고의 잠언이다. 법정에서의 거짓증언과 거짓말하는 자는 형벌에서 자유로울 수 없다. 진실은 언제나 드러나게 마련이고, 죄는 반드시 죄값을 치르게 마련이다.

[19:6] 관찰 잠언이다. '너그러운 사람'으로 번역된 히브리어 '나디브'는 '너그럽다'는 의미도 있지만, '유력한, 영향력이 있는' 의미도 있다. 6상절의 의미는 '사람들은 유력한 자의 얼굴을 찾는다'이다. 하절은 '선물을 주는 사람은 모두에게 친구이다'라는 의미다. 이 잠언은 세상 사람들이 힘 있는 사람이나 물질적으로 유익한 사람만 찾는 세상 풍토를 냉철하게 관찰한 것이다.

[19:7] 가난한 자가 겪게 될 소외감을 표현한 잠언이다. 가난하게 되면 형제도 싫어하게 된다. 친구도 당연히 가난한 자를 멀리한다. 가난한 자는 형제나 친구로부터 소외를 당한다. 따라가면서 이야기를 하고 싶어도 형제나 친구는 가버린다. 가난으로 인하여 겪게 된 소외감을 냉철하게 관찰한 후 만

든 잠언이다. 재물에만 관심을 둔 세상 풍토에 대한 냉소적 고발적 성격을 가진 잠언이다. 한편 지나치게 가난한 자가 되지 말 것을 촉구한 잠언이기도 하다.

3. 설교를 위한 적용

누가 가난한 자의 친구인가? '가난'은 비참하다. 배가 고파서라기보다는 세상 사람으로부터 당하는 소외감은 가난한 사람을 더 비참하게 만든다. 본 단락은 가난으로 인하여 형제와 친구로부터 당하는 소외감을 냉철하게 보여 준다. 오늘날 우리 시대에도 이 같은 현상은 여전히 유효하다. 재물이 너무 많아도 형제들 사이에 분란이 일어나고, 재물이 너무 없어도 형제 사이에 문제가 일어난다. 재물이 있는 곳, 힘이 있는 곳에는 사람들이 몰리지만, 가난하고 힘없는 자에게 사람들은 관심을 두지 않는다. 그러나 예수님은 가난하고 힘없는 자의 친구가 되길 원하신다. 이 세상에서는 관심 밖에 놓인 사람들, 예수님은 그들의 친구가 되길 원하신다. 누가 진정한 친구인가? 누가 진정한 친구를 소유하였는가? 예수는 참 지혜이자 참 친구이다. 예수를 소유한다는 것은 지혜를 소유함이며, 친구를 소유함과 동일하다.

사회 및 가정에서의 지혜(19:8~15)

1. 들어가며

이 단락은 8절의 서론적 잠언에 이어서, 사회적 질서 유지에 관련된 지혜 (9~12절)와 가정에서의 지혜 (13~15절)로 이루어져 있다.

2. 본문 주해

[8절] 이 잠언은 이 단락의 서론 역할을 한다. '지혜'로 번역된 단어의 히브리어는 '레브'로 '마음'을 뜻한다. 따라서 이 잠언의 상절은 '마음을 얻는 자는

그의 영혼을 사랑하고'이다. '마음을 얻는 자'라는 의미는 평행을 이루는 하절의 '명철을 지키는 자'와 비교해보면 '마음을 다스릴 줄 아는 자', 확대하여 '지혜를 얻는 자'로 볼 수 있다. '복'으로 번역된 단어도 히브리어로 '토브', 즉 '선한 것'이다. 마음을 다스리고 명철을 지킬 줄 아는 자는 궁극적으로 열린 미래를 얻게 될 것이다.

[9절] 이 잠언은 5절과 거의 유사한 내용이다. 법정에서 거짓 증언하고 거짓말함으로써 정의와 사회질서를 어지럽히는 것에 대해 경고한다.

[10절] 이 잠언에서의 초점은 후반부인, 종이 사회질서를 뒤집고 주인되는 것에 대한 비판이다. 그 비교의 대상은 '미련한 자가 사치하는 것'이다. 미련자의 사치는 돼지 목의 진주 목걸이처럼 격에 맞지 않는 것이다. 그러나 더욱더 격에 안 어울리는 것은 바로 종이 자기가 섬기던 주인을 내쫓고 자기가 주인이 되는 일이다.

[11절] '슬기'로 번역된 단어는 히브리어로 '지혜'를 뜻한다. 지혜로운 자는 쉽게 화내지 않는다. 그리고 남의 허물을 함부로 지적하거나 드러내지 않는다. 반대로 미련한 자는 쉽게 화내고 남 험담하기를 좋아한다. 이 잠언은 12절 앞에 놓여, '왕의 분노'에 대한 의미를 보충해 주는 역할을 한다.

[12절] 왕에 대한 잠언이다. 왕은 한 개인이지만 막강한 권력이 있으므로, 왕을 화나게 만드는 것은 어리석음을 일깨워 준다. 왕의 분노는 '사자의 부르짖음' 만큼 무섭다. 반대로 왕이 주는 은혜는 '풀 위의 이슬'처럼 신선하고 아름답다. 이 잠언이 궁정의 신하들을 위한 것이라면, 신하로서 왕을 화나게 하기보다는 은혜로운 일을 많이 할 수 있도록 잘 도와야 한다는 내용일 것이다. 반면 왕을 위한 잠언이라면, 왕이 가진 힘이 워낙에 크므로 쉽게 분노하기보다는 은혜를 갖도록 조언하는 내용이라고 볼 수 있다. 왕은 피라미드 형태로 된 사회 질서의 최고점에 있다. 따라서 공의로서 사회 질서를 유지할 책임이 있다. 그런 왕이 분노한다면, 사회질서에 균열이 일어날 수 있다. 그러므로 분노보다는 '은총'을 베풀 수 있어야 함을 말한다.

[13절] '미련한 아들'과 부모와의 관계를 다룬 잠언과 '바가지 긁는 아내'에

대한 잠언이다. 전반부인 '미련한 아들은 아버지에게 재앙'이라는 내용은 잠언에서 반복된다(10:1; 17:25). 후반부인 바가지 긁는 아내는 '연이어 떨어지는 물방울'에 비유된다. '바가지 긁는 아내'의 히브리어는 '사람을 자극하여 화를 돋우고 소송까지 거는 행위'를 말한다(21:9; 25:24). '연이어 떨어지는 물방울'이라는 표현은 잠언 27:15; 전도서 10:18에도 나오는데 '지붕이 새는' 것을 묘사한 것이다. 지붕이 새는 소리는 신경을 매우 거슬리게 한다. 바가지 긁는 아내도 마찬가지로 남편의 신경을 건드려 화를 돋운다. 그러한 아내는 '미련한 자'처럼 남편에게 재앙이다. 남편의 화를 자극하여, 남편을 무너뜨림으로써 집안을 무너뜨린다.

[14절] 13절이 미련한 아내에 대한 잠언인 반면에, 이 잠언은 '슬기로운 아내'에 대한 잠언이다. 집과 재산이 조상에게서 상속받는 것처럼, 슬기로운 아내는 여호와로부터 온다는 내용이다. '슬기로운 아내'는 여호와께서 주신 축복이다(18:22). 잠언 31:10~31에 나타난 '현숙한 아내'처럼, 슬기로운 아내는 어떤 상황이 오더라도 그 상황에 맞게 잘 대처해 나간다. '슬기로운 아내'는 지혜와 같은 역할이다. 지혜는 바로 여호와로부터 온다.

[15절] 게으름에 대한 잠언이다(참고 6:6~11; 10:4, 5; 26:13~16). 게으른 사람의 삶에 대한 철학은 일하는 것보다 자는 것이다. 그들은 일하려는 의지 자체가 없다(19:24). 그리하여 굶주린 상태로 머물다가 죽게 될 것이다(21:25). 게으른 자는 잠자는 상태처럼 멍한 상태로 살아간다. 그래서 그가 처한 현재의 상태를 의식하지 못하며, 장차 다가올 비극도 생각하지 못한다.

3. 설교를 위한 적용

1) 정의로운 사회 질서 확립

오늘날은 성경 시대에 존재했던 주인과 종이라는 개념이 없다. 오히려 주인과 종의 개념이 반대로 되었다는 이야기도 있다. '섬김'의 지도력, 민주주의의 이데올로기가 확대되면서 진정한 의미의 종과 주인의 문제를 이야기하기도 한다. 그것은 지도자가 가져야 할 태도를 의미하지만, 지도력은 주어진 권력임을 부인하지는 못한다. 국가 조직뿐만 아니라 모든 조직은 체계와 질서를 가지고 있다. 그 체제와 질서는 존중할 필요가 있다. 성숙된 사회일수록 성숙된 체제와 질서를 가지고 있으며 존중을 받는다. 지도력의 최정점에 있는 '왕'은 매우 중요한다. 높은 지위에 있을수록 그 사람의 권력이 중요하기 때문에 함부로 화를 내는 일보다는 정의를 세우고 그 가운데서도 은혜를 베풀 줄 알아야 한다.

2) 슬기로운 가정

잠언은 '슬기로운 아내'는 여호와로부터 온다고 한다. 어디 슬기로운 아내뿐이겠는가? 슬기로운 남편, 슬기로운 자녀 모두 여호와로부터 온다. 슬기로운 아내와 남편과 자녀가 모여서 슬기로운 가정을 이룬다. 반대로 미련한 가정은 어떤가? 미련한 아내는 바가지를 긁고, 미련한 남편은 게으름을 피운다. 미련한 자녀는 늘 말썽을 피워 부모님의 재앙거리가 된다. 슬기로운 가정과 미련한 가정을 나누는 가장 중요한 요소는 바로 슬기로움의 근원인 '여호와'의 있고 없음에 있다(참고 찬송가 305장). 조상으로부터 물려받은 집과 재물은 유한하고 없어질 물건들이지만, 여호와께서 주시는 지혜는 끊이지 않은 샘물과 같다.

지혜로운 삶과 여호와 경외(19:16~23)

1. 들어가며

이 단락의 시작은 계명을 지키는 삶(19:16)에서 시작하여 여호와를 경외하는 삶(19:23)으로 끝난다.

2. 본문 주해

[16절] '계명'의 중요성을 강조한 잠언이다. 본문에서의 '계명'은 반드시 구약성경의 '율법'을 의미하는 것이 아니다. 부모의 말씀, 학교의 가르침을 포함한 사회가 가진 규범을 포함한다. 하나님, 부모님, 선생님의 말씀은 이미 경험을 통하여 확증된 진리다. 그 말씀들을 잘 지키면 안전하게 생명을 지켜 나갈 수 있지만, 자기의 길, 즉 하나님, 부모님, 선생님을 통하여 따라가라고 알려 준 계명을 경멸하는 자는 자기에게 주어진 생명을 다하지 못하고 죽게 될 것이라는 잠언이다.

[17절] 가난한 자에 대한 구제를 장려하는 잠언이다. 가난한 자에 대한 구제는 하나님께서 준 계명이다. "땅에는 언제든지 가난한 자가 그치지 아니하겠으므로 내가 네게 명령하여 이르노니 너는 반드시 네 땅 안에서 네 형제 중 곤란한 자와 궁핍한 자에게 네 손을 펼지니라"(신 15:11). '가난한 자'를 비롯한 사회적 약자들도 하나님의 형상에 따라 지어졌으므로, 그들 안에도 '하나님'의 일부가 있다. 그러므로 그들을 돕는 것은 하나님을 돕는 것이다. 즉 하나님께서 빚을 지신 것이다. 그러므로 하나님께서는 반드시 도와줄 것이라고 약속하신다(14:31; 17:5; 22:2). 이는 신약의 마태복음 25:31~46의 양과 염소의 비유에서도 잘 나타나 있다.

[18절] 자녀 교육에 대한 잠언이다. 자녀에 대한 어떤 희망이라도 남아 있다면, 그를 '훈련시켜라'고 권고한다. 히브리어로 이 단어의 의미에는 신체적 징계의 의미도 포함한다. 따라서 희망이 있다고 생각하면, 때려서라도 사람을 만들라는 의미다. 그러나 죽일 마음을 가져서는 안 된다고 신체적 징계의 한계를 명확히 해 준다.

[19절] '화를 심하게 내는 사람'에 대한 잠언이다. 지혜자는 이런 종류의 사람을 많이 관찰한 후 이들을 다루는 지혜를 가르쳐 주는데, 자기 감정을 조절하지 못하고 화를 심하게 내어 사고를 치는 사람은 구해 주지 말라고 한다. 왜냐하면 그들의 행위는 습관화되어 있어 그 행위를 반복하기 때문이다. 잠언에서는 '화를 불같이 내는 사람'을 경계한다(6:34; 15:1, 18; 16:14). 대

신 '화를 다스리는 지혜'를 배우고 훈련하라고 가르친다.

[20절] 이 잠언은 16절의 '계명'에 대한 잠언과 유사하다. '충고'를 잘 듣고 '훈계'를 받아들이라고 가르친다. '충고'와 '훈계'는 지혜자와 같은 인생의 선배들이 아직 미성숙한 후배나 제자들에게 해 주는 말이다. 지혜자는 이미 후학들의 길을 이미 걸어온 자들이다. 그러므로 그들은 더 많은 경험에서 축적된 지혜를 가지고 있다. 충고나 훈계는 수많은 시간과 재물을 소비한 후에 얻은 일종의 '엑기스'와 같은 것이다. 그러므로 잘 듣고 받아들여야 한다. 그러면 마침내 지혜를 얻게 될 것이라고 가르쳐 준다. 지혜는 잘 듣고 받아들여야 얻게 된다.

[21절] 이 잠언은 16:1, 9, 33에서 보듯이, 인간이 아무리 많은 생각을 하고 노력하더라도 하나님의 주권적 개입이 가장 중요하다는 것을 말한다. 이 것은 인간 노력의 무의미함을 말하는 것이 아니라 하나님의 뜻이 가장 중요하므로, 인간의 모든 삶에서 하나님의 주권을 인정하고 하나님의 뜻을 먼저 구하라는 잠언이다.

[22절] '가난한 자'에 대한 잠언이다. 이 잠언은 전반부와 후반부의 의미 관계가 불확실하여 이해하기가 어렵다. 전반부를 직역하면 '사람의 소망은 그의 충성스런 사랑에 있다'이며, 후반부는 '거짓말쟁이보다는 가난한 자가 낫다'이다. 전반부의 '인자함'은 히브리어 '헤세드'이며, '신실한 사랑'을 의미한다. 후반부의 '거짓말쟁이'는 전반부의 '헤세드'와 반대된다. 그러므로 전반부의 맥락에서 후반부를 해석하면, '가난하지만 충성스런 자가 상황에 따라 거짓말을 일삼아 뭔가를 얻은 사람보다 낫다'가 될 것이다.

[23절] '여호와 경외' 잠언이다. 여호와를 경외하여 얻는 유익을 말한다. 첫째, 생명을 소유하게 된다. 여호와는 우리 생명을 만드신 분이다. 생명을 만드신 분이므로, 그분을 경외하면 우리의 생명을 지켜낼 수 있다. 둘째, 밤을 보내더라도 안전하게 지낸다. 히브리어 '린'은 '밤을 보내다'이다. '밤'은 우리가 닥치게 될 위험한 상황이다. 어떤 위기 상황이 오더라도 여호와께서는 우리를 안전하게 지킬 것이다. 셋째, 재앙을 당하지 않을 것이다. 여호와

안에 있으면 우리에게 닥칠 재앙도 우리를 찾지 않을 것이다. 왜냐하면 재앙도 여호와의 주권 하에 있기 때문이다. 지혜와 지식의 근원은 바로 '여호와 경외'에 있다.

3. 설교를 위한 적용

1) '계명'과 자녀교육

'가르침'은 교육의 가장 중요한 내용이다. 그 가운데서도 교훈이나 훈계는 '알약'과 같은 것이어서 효과가 크다. 작은 말 한마디가 한 사람의 인생을 바꿀 수 있는 것처럼, 작은 교훈이나 훈계 하나가 많은 사람을 바꿀 수 있다. 그래서 사람들은 한 두 마디의 교훈을 교육의 목표로 삼기도 한다. 그래서 집에서는 '가훈'을 학교에서는 '교훈'을 학급에서는 '급훈'을 만든다. 교회에서도 한 해마다 '주제가 되는 말씀'을 슬로건으로 내건다. 교훈이나 훈계, 본문과 같은 잠언은 많은 경험을 통하여 축적된 지혜다. 절대적은 아니지만, 그 말대로 행하면 약 80%이상의 효력을 볼 수 있다. 가장 중요한 교훈이나 훈계는 성경 말씀 안에 있다. 왜냐하면 말씀은 신앙의 선배들이 하나님과의 교감 속에서 형성되고 검증되었기 때문이다. '계명'은 모든 삶의 영역에서 나올 수 있고 필요한 것이다. 그 계명의 핵심은 말씀이다.

2) 가난한 자의 구제

자본주의 시대에서 자본이 부족함으로 겪는 고통은 눈물 젖은 빵을 먹어본 자만이 알 수 있을 것이다. 그러다 보니 자본을 좇아 다니는 부나비들의 향연에는 수단과 방법이 없다. 부동산 시장이 그렇고, 주식 시장이 그렇다. 우리 시대의 가난은 무능력이요, 저주처럼 보인다. 가장 공정해 보이는 교육시장도 이제는 자본의 순서대로 만들어진다는 한탄이 이어진다. 그러나 성경은 가난이 결코 죄가 아니라고 말한다. 비윤리적이고 불의로 얻는 재물보다는 깨끗한 가난을 더 긍정한다. 그러나 가난하여 굶어서 최소한 인간적 삶을 유지하지 못하는 경우는 이를 적극적으로 도와야한다고 가르친다. 그것은 율법이며 하나님의 마음이다. 그 구제행위는 바로 하나님께 하는 것이다. 가난한 자나 부자나 모두 가져야할 요소는 '여호와 하나님에 대한 변치 않은 사랑의 마음'이다. 즉 하나님과의 신뢰관계이다. 신뢰의 끈에 연결되어 있다면, 가난하든 부하든 그것은 큰 문제가 아니다.

게으른 자, 미련한 자, 거만한 자(19:24~20:11)

1. 들어가며

이 단락의 잠언에는 '게으른 자'(19:24, 20:4), '미련한/어리석은 자'(19:25; 19:29; 20:3), '거만한 자'(19:25, 29; 20:1)에 대한 잠언이 주로 등장하여 전체적인 주제를 형성한다.

2. 본문 주해

[19:24] '게으른 자'를 매우 익살스럽게 묘사한 잠언이다(비교 26:15). 게으른 자는 음식을 구하기 위하여 노력하지 않는다. 그럴 마음조차 없으며 앉아서 죽음을 기다린다(19:15). 그러나 설령 음식이 앞에 놓여도 입에 떠놓기조차 싫을 정도로 게으르다. 그들에게 있어서는 굶주림도 게으름을 이길 힘이 없다.

[19:25] 이 잠언은 매우 난해하다. 전반적인 의미는 거만한 자와 명철한 자에 대한 다른 교육방식을 말한다. 먼저, '거만한 자'는 때려라. 그러면 마음이 단순한 친구라면 슬기로워질 것이다. '거만한 자'로 번역된 히브리어의 원래 의미는 '조롱하는 자'다. 이들은 마음속의 교만함으로 인하여 남이 하는 이야기를 조롱하며 잘 듣지 않는다. 이런 자들은 때려보라고 충고한다. '어리석은 자'로 번역된 히브리어의 원래 의미는 '마음이 단순한 자'다. 그러면 어리석은 자는 '슬기로워/지혜로워' 질것이다. 둘째, 명철한 자는 꾸짖어

라. 이해력과 분별력이 있는 사람은 때릴 필요가 없다. 말로 꾸짖어도 잘 듣고 필요한 지식을 얻게 될 것이다(비교 21:11). 참 지혜란 적절한 상황과 때에 따라 효과적인 방법을 잘 활용하는 것이다.

[19:26] 부모 학대에 대한 경고의 잠언이다. 십계명은 '부모를 공경하라'(출 20:12)고 가르친다. 고대 이스라엘 사회는 체면을 매우 중요시하는 사회다. 즉 명분을 소중히 여긴다. 즉 명예와 수치 둘 다 중요한 가치 개념이다. 본문에서는 부모학대 시 받게 될 수치를 다룬다. 부모를 소홀히 다루는 자녀는 가장 수치스런 일임을 말한다.

[19:27] '내 아들아'라는 말은 잠언 1~9장에 자주 등장하는 말이다. 이 말은 26절과 연결되어 있다. 문자대로 번역하면, '내 아들아, 교훈 듣기를 그만두라. 그리하면 지식의 말씀에서 떠나 방황하게 될 것이다'이다. '교훈'으로 번역된 단어의 히브리어는 '징계, 훈계' 등으로 번역하는 것이 낫다. 즉 아들에게 계속 훈련 받기를 독려하는 잠언이다. 이만하면 됐다고 훈련을 그만두고 게을리하는 자는 미래에 큰 비전이 없는 자다.

[19:28] 거짓 증언에 대한 잠언이다. '업신여기다'는 단어의 원래 히브리어 의미는 '조롱하다'로 25, 29절의 '거만한 자'와 같은 어근이다. 즉 거짓 증거는 정의를 조롱하는 것이라는 의미다. 하절의 '삼키다'(발라)라는 단어는 '망령된'(블알)이라는 단어와 히브리어에서 같은 어근으로 언어유희이며, 전반부와 연결되어 있음을 의미한다. 악한 자는 악을 삼켜 악이 몸 속에서 피가 되고 살이 되어 악 자체가 된다는 의미다.

[19:29] '거만한 자'와 '어리석은 자'의 징벌에 대한 잠언이다. '거만한 자'에게는 심판이, '어리석은 자'에게는 채찍이 준비되어 있으므로 조심하라는 내용이다. 25절에서는 '거만한 자'를 '때려라'고 가르친다.

[20:1] 술에 대한 잠언이다(23:20~21; 29:35; 31:4~5). '포도주'와 '독주'를 의인화하여 '조롱하게 하는 자'와 '떠들게 하는 자'로 묘사한다. 이들을 친구처럼 묘사하여 이들과 같이 놀다가 유혹당해 지혜를 잃어버리는 것으로 설명한다. 술을 마시게 되면 괜히 용감해지고, 교만해져 함부로 떠벌리게 된다.

또한 말이 많아지고 시끄럽게 소리를 지른다. 지혜란 정신이 맑은 상태에서 이루어진다. 그래야 제대로 판단하고 결정을 내릴 수 있다.

[20:2] 왕의 진노의 파괴력을 사자에 비교한다. 이는 19:12과 동일하지만, 그 이유를 설명한다는 점에서 다르다. 왕은 사람을 살릴 수도 죽일 수도 있는 권력을 가진 자이므로 왕의 화를 돋우는 자는 죽을 수 있다는 점에서, 왕을 화나게 하지 말라는 잠언이다.

[20:3] 다툼을 피하라는 잠언이다. 다툼을 멀리하라는 잠언은 15:18; 17:14에도 나온다. 사람이 영예를 지키는 법은 다툼에서 멀리 떨어지는 것이다. 미련한 자는 괜히 싸움을 걸기도 하고, 싸움에 끼어들어 수치를 당한다.

[20:4] 게으른 자에 대한 잠언이다. 심고 거두는 이치는 농사의 기본적인 질서다. 우리나라는 봄에 심고 가을에 거두지만, 이스라엘은 주로 가을에 심고 늦은 봄에 거둬들인다. 왜냐하면 여름은 건기로 비가 거의 오지 않기 때문이다. 겨울은 지중해성 기후로 그다지 춥지 않기 때문에 식물이 자랄 수 있다. 심어야 거두지만 게으른 자들은 심지 않았으므로 거둘 수 없다. 그런데 그들은 거둘 때에 구걸하지만 심지 않았으므로 얻을 수 없을 것이라고 말한다. 곡식을 심고 가꾸는 과정은 고된 과정이다. 그러므로 게으른 자는 힘든 과정에는 참여하지 않고 거두는 곳에 가서 곡물만 얻겠다는 심산이다. 이는 자연의 이치에 맞지 않은 미련한 일이다.

[20:5] '모략'은 지혜자가 어려움에 처한 다른 사람들에게 권고하는 말이다. 하나님은 모든 인간을 하나님의 형상을 따라 지었으므로, 인간 안에는 다른 피조물과는 다른 지혜가 숨어있다. 그 지혜를 '모략'이라고 부르며, 맘 속의 깊은 물과 같다. 원래 '깊은 물'은 땅 속 깊은 곳에 숨어있다. '모략'은 겉으로 드러나 흐르는 것이 아니라, 우리 맘속의 깊은 곳에 감추어진 샘물과 같다(18:4). 그러므로 모든 사람이 가지고 있지만, 모든 사람이 다 사용할 수는 없다. 오직 지혜와 명철을 가진 자만이 그것을 퍼 올릴 수 있는 재능을 가지고 있다.

[20:6] 이 잠언은 '신실한 사람'에 대한 잠언이다. '많은 사람들이 자신이

신실하다고 이야기하지만, 누가 진실한 사람을 찾을 수 있는가?'라는 의미다. '인애'로 번역된 단어는 히브리어 '헤세드'로 '계약에 근거한 변치 않는 신실함'을 의미한다. 예언자 미가는 이렇게 한탄한다 "경건한 자(하시드)가 세상에서 끊어졌고 정직한 자가 사람들 가운데 없도다"(미 7:1). '충성된 자'로 번역된 히브리어 단어는 '에무님'으로 이 단어의 의미는 '충성심, 신실함'을 의미한다. 이 잠언은 '신실한 자'가 사라진 이 세상을 한탄한 것이라고 볼 수 있다.

[20:7] 이 잠언은 6절에 대한 한탄의 결과 의인이 되기를 권고한 잠언이다. '의인'은 온전한 길을 걷는 자이며, 후손들이 복을 받게 될 것이라고 말한다. 이 잠언은 십계명의 내용과도 일치한다. "내 계명을 지키는 자에게는 천대까지 은혜를 베푸느니라"(출 20:6).

[20:8] 의를 베푸는 왕에 대한 잠언이다. 왕이 가질 재판에서 베풀 수 있는 의의 영향력을 이야기한다. 즉 왕은 정의로운 재판을 통하여 의를 회복시키고 악을 제거할 수 있다. 정의로운 재판은 내적인 통치에서 가장 중요하다. 외적으로는 군사력이나 경제력이 중요하지만, 내적으로는 의를 통한 통치로 인한 악의 제거가 가장 중요하다. 내적인 악의 제거는 가난한 자의 구제, 억울한 자의 구제 등을 포함한다.

[20:9] 죄의 보편성에 대한 잠언이다. 이 세상의 어느 누구도 자기 스스로 죄를 사하였다고 말할 수 없다. 의인으로 알려진 욥조차도 자신의 무죄함에서 자유로울 수 없었다(욥 9:2). 하나님 앞에서 의인은 아무도 없다(롬 3:9~20). 잠언에서는 의인과 악인, 지혜로운 자와 미련한 자의 이분법을 사용하지만, 이 잠언은 그러한 이분법의 절대성을 부정하는 것처럼 보인다. 사실 누가 스스로 하나님 앞에서 깨끗하다고 할 수 있겠는가? 죄를 짓지만 여호와 앞에 죄를 드러내 고백하고 순종하는 자를 여호와께서 의롭다고 인정하는 것이다.

[20:10] 이 잠언은 부정한 상거래 행위에 대한 경고의 내용이다. 11:1; 16:11; 20:23에서도 같은 내용의 잠언이 나온다. 속이는 상거래는 신뢰를

깨뜨리고, 유통 질서를 어지럽히고, 정의와 공의의 주인 되신 여호와를 속이는 행위이다. 그러므로 여호와는 그것을 가증스럽게 여긴다.

[20:11] 이 잠언은 첫 번째 동사인 히브리어 '나카르'의 의미를 어떻게 해석하느냐에 따라 번역과 의미가 달라진다. 첫째, '나카르'를 '알리다, 인식하다'로 번역하면, '어린이라도 그들의 행동으로 그들이 청결하고 정직한지를 알릴 수 있다'(NRSV, 개역개정 등)이다. 이 잠언은 어린이도 어른들처럼 온전하게 의의 길을 걸을 수 있음을 의미한다. 둘째, '나카르'를 '변장하다, 속이다'로 번역하면, '심지어 어린이라도 그들의 행위로 청결하고 정직한 것처럼 속일 수 있다'(NIV 등)이다. 클리포드(Clifford)는 이 잠언을 다음과 같이 해석한다. "어린이도 의로운 행위를 속이는데, 어른들이야 말하면 무엇이랴?"[9] 이해석은 9절의 죄의 보편성과 맥을 같이한다.

3. 설교를 위한 적용: 게으른 자, 어리석은 자, 거만한 자

'게으름'은 성경적인 삶의 태도가 아니다. 지혜자는 게으른 자의 삶을 유심히 관찰한 후, 때로는 익살스럽게 때로는 냉철하게 묘사한다. 신앙적인 삶은 주어진 삶에 대한 적극적 활동을 강조한다. 부지런히 열심히 살아갈 것을 요구한다. 우리에게 주어진 하나님에 대한 목적적인 삶에 확신을 가지고 최선을 다해 살아가야 한다. 우리에게 있어서 '일'은 창세기 3:17의 "너는 네 평생에 수고하여야 그 소산을 먹으리라"는 말씀처럼, 태생적으로 주어진 임무이다. 일을 해야 소산을 먹을 수 있다. 그러나 게으른 자는 우리에게 주어진 태생적 임무를 소홀히 하는 자다. 창조질서와 어긋난다. 게으른 삶은 자신의 삶을 불행하게 할 뿐만 아니라, 가족과 공동체에도 해를 끼치며 하나님 앞에서도 죄스런 행위다.

'어리석음'도 성경적인 삶의 태도가 아니다. 하나님께서는 우리가 따라야 할 우주적, 자연적, 사회적, 인간적 질서를 부여하셨다. 그 질서를 '지혜'라 부른다(잠 3:18~19; 8:22~31). 그 질서는 저절로 주어지는 것이 아니라, 인간이 찾기 위해 노력해야 한다. 우리가 배우는 모든 '학문'도 하나님께서 주신 질서다. 자연의 질서를 '자연과학,' 사회의 질서를 '사회과학,' 인간의 질서를 '인문과학'이라고 부른다. 이러한 지혜/학문은 깊은 샘처럼 감추어져 있다. 단지 공부하고 배우는 자들만이 끌어올려 마실 수 있다. 그 노력을 게을리 하는 자는 미련하고 어리석은 자다. 그러나 우리가 하는 모든 학문/지혜의 근원은 바로 '여호와 경외'에 있다(잠 1:7). 여호와께서 모든 것을 지으셨기 때문이다.

'거만함'도 성경적 삶의 태도가 아니다. 가장 어리석은 자는 '스스로 지혜롭다고 여기는 자'다. 이런 자들은 자기가 최고라고 여기기 때문에, 또는 마음의 완악함으로 인하여 남의 말을 듣지 않는다. 남의 훈계나 교훈을 업신여기고 자기의 뜻대로 살아가는 자다. 잠언은 그러한 상태를 '포도주'나 '독주'에 취한 상태로 표현한다(20:1). 술에 취하면 과감해지고 말이 많아진다. 마음의 침착함을 유지할 수 없다. 술취한 뒤의 행위는 대개 후회로 이어진다. "교만은 패망의 선봉이요 거만한 마음은 넘어짐의 앞잡이니라"(16:18)라는 말씀처럼 교만과 거만한 마음은 우리 인생을 몰락으로 이끈다. 우리 인간은 교만하고프고, 우쭐하고픈 마음의 유혹에서 벗어나기 힘들다. 여호와를 마음의 주인으로 모시고 살아가게 된다면, 지혜롭고 겸손한 삶을 살 수 있다.

말과 상거래(20:12~21)

1. 들어가며

이 단락의 잠언에는 말(14, 15, 18, 19절)과 상거래(14, 16, 17절)에 대한 잠언이 주를 이룬다. 12절의 귀와 눈에 대한 잠언은 서론 역할을 한다. 즉 귀는 19절과 연결되어 있으며, 눈은 13절과 연결되어 있다. 그러므로 이 단락의 잠언은 귀, 눈, 입과 관련된 주제들로 구성되어 있다.

2. 본문 주해

[12절] 귀의 역할은 듣는 것이고, 눈의 역할은 보는 것이다. 이 잠언은 눈과 귀를 여호와의 작품이라고 말한다. 어디 귀와 눈뿐이겠는가? 우리 몸의 어느 것 하나 여호와의 작품 아닌 것이 있는가? 그런데 잠언이 된 이유는 뭘까? 우리는 모든 일을 듣고 봄으로써 사물을 판단한다. 눈과 귀는 우리가 사물을 판단하는 가장 중요한 도구다. 그러나 이 세상사는 보고 듣는 것이 전부는 아니다. 중심이 아니다. 중심은 지혜를 얻는 것이다. 우리는 보고 듣는 것을 잘 활용하여 지혜를 얻는 데 사용하는 것이 아니라, 보고 듣는 것에 유혹되어 우리의 판단을 믿고 따라갈 때가 많다. 그러므로 이 잠언은 눈과 귀를 우리에게 주신 여호와를 생각하고, 눈과 귀를 여호와의 뜻을 찾는데 사용하라는 의미다.

[13절] 게으름에 대한 잠언이다. 게으른 자는 일하러 가는 것보다는 잠자는 것을 더 좋아한다. 시편 127:2의 "여호와께서 그의 사랑하시는 자에게는 잠을 주시는도다"는 말씀은 잠자는 것에 대한 무한 긍정이 아니다. 잠자는 일도 여호와의 축복이 아니면 할 수 없다는 여호와의 주권적 능력을 강조하기 위함이다. '빈궁하다'의 히브리어 동사는 '펜 피바레쉬'로 '재산을 상속하지 못할 것이다'는 의미다. 즉 부모는 게으른 아들에게 재산을 물려주지 않을 수 있다는 의미다. '너의 눈을 떠라'의 의미는 '정신을 차려라'는 의미다(왕하 19:16; 욥 14:3; 렘 32:19; 단 9:18; 슥 12:4). 그래야 먹을거리를 확보할 수 있다. 잠언은 게으름과 반대되는 성실과 근면함을 강조한 잠언이다(참고 잠 12:11).

[14절] 상행위는 물건을 파는 자와 사는 자 사이의 거래로 이루어진다. 오늘날도 중동 지역을 가면 물건 값을 부르고 절반 이하로 깎는 협상과정을 통하여 적정선에서 가격이 형성되면 거래가 이루어진다. 몇 십 년 전의 우리나라도 비슷했다. 사는 사람은 적게 주려 하고, 파는 사람은 많이 받으려 한다. 주로 파는 사람의 부도덕한 행위에 대한 많은 경고로 이루어져 있다(11:1; 16:11; 20:10 등). 그러나 본문은 사는 사람의 지혜를 이야기한다. 어떤 물건을

보고 흠집을 잡아 값을 싸게 주어 사고 난 후, 돌아가서는 자랑한다는 것이다. 즉 '보는 행위'의 중요성과 관련되어 있다.

[15절] 14절은 값을 두고 흥정을 벌이는 장면을 연상한다. 이 잠언도 물건을 두고 값을 비교한다. 비교의 대상은 '금과 진주'와 '지혜로운/지식이 가득한 입술'이다. 금과 진주는 보석으로 가장 값이 많이 나가는 물건이다. 보기에 매우 아름답고 귀하다. 그러나 이보다 더 중요한 것은 '지혜/지식으로 가득 찬 입술'이다. 즉 보이는 것의 아름다움보다 보이지 않은 지혜가 더 중요하다는 것을 말해 준다.

[16절] 보증에 대한 경고의 잠언이다. 낯선 사람에 보증서는 일에 대한 위험은 잠언에서 일관되게 경고의 대상으로 나온다(잠 6:1~5; 11:15; 17:18; 22:26; 27:13). 사람의 옷은 전당잡을 수 있다. 그러나 율법에 의하면 해 지기 전에 돌려주어야 한다(신 24:10~13). 이 잠언은 보증으로 인하여 몸까지 볼모로 잡힐 수도 있음을 말한다.

[17절] '거짓된 빵'은 부당한 상거래로 얻은 물질적 이익을 뜻한다. 그 열매는 처음에는 달다. 그 단맛에 길들여지면 입 안에서 빵을 먹는 것이 아니라 모래를 씹어야 할 상황이 온다. 듣고 보는 것에서의 유혹뿐만 아니라, 이 잠언은 맛에 대한 유혹의 이미지를 가져와 인간의 욕심을 경계한다. 부정한 방법으로 얻는 모든 이익은 달콤하다. 그러나 그 유혹을 벗어나지 못하면 모래를 씹어야 하는 최악의 상황이 도래하게 됨을 경고한다.

[18절] 모든 일에 있어서 '조언'을 강조한 잠언이다. '경영'으로 번역된 히브리어 단어의 원의미는 '생각한 것'이다. 즉 어떤 일의 생각을 확실한 계획으로 바꾸기 위해서는 '조언, 논의'를 거쳐야 한다. 이 잠언의 전반부는 조언과 논의를 통하여 확실한 계획을 세우고 일을 진행해야 함을 강조한다. 후반부는 그 구체적인 예로 전쟁을 든다. 전쟁에서 확실한 전략을 세우지 않고 싸울 수 없듯이 전쟁에서의 전략의 중요성을 강조한다(14:7). 전략 역시 '조언과 논의'를 통하여 확실해질 수 있다. 전쟁에서의 패배는 공동체 전체의 패망을 뜻하기 때문에 지혜를 짜내기 위해 머리를 맞대고 논의하는 일은 어

떤 일보다 중요하다.

[19절] 중상모략에 대한 경계의 잠언이다(참고 10:18; 11:13). 특히 남의 비밀을 누설하는 자를 멀리하라고 경고한다(25:9). 공동체 생활에서 신뢰의 문제는 매우 중요하다. 남의 약점이나 비밀을 누설하는 사람이 있다면, 그 사람과는 신뢰관계를 쌓기 어렵다. 이런 사람은 공동체 전체의 평화와 안녕을 해치는 자다. 이런 자를 멀리하는 것이 지혜다.

[20절] 이 잠언은 말의 오용에 대한 것으로 부모를 저주하는 자녀의 재앙을 경고한다. 부모를 공경하는 일은 고대 이스라엘 사회의 근본이었다(출 21:17; 레 20:9). 그것을 어기는 자가 받게 될 형벌은 '등불이 꺼지는 것'에 비유되었다. 성경에서 '등불'은 가족을 잇는 은유로 사용되었다(왕상 11:36; 15:4; 왕하 8:19). 따라서 부모는 자녀에게 생명의 등불을 주어 살아가게 했다. 그러므로 '등불이 꺼진다'는 의미는 자식이 없이 죽는다는 것을 의미한다.

[21절] 빨리 물려받은 유산의 위험을 경고한다. 부모가 빨리 돌아가 일찍 유업을 물려받았을 때 조심해야 한다고 가르친다. 어릴 때 물려받은 재물은 위험하다. 왜냐하면 아직 관리할 능력이 없기 때문이다. 함부로 쓰게 되면 결코 그 인생에 도움이 안 된다. 그것은 오히려 그의 인생에 복이 아니라 재앙이 되기 쉽다. 재물의 참된 가치, 땀의 가치를 모르기 때문이다. 누가복음 15장의 탕자 비유도 재물을 관리할 지혜를 갖지 못한 상태에서 재물을 물려받았을 때 당할 수 있는 위험을 잘 설명해 준다.

3. 설교를 위한 적용: 말과 상거래

말은 큰 힘을 가진다. 말은 사람의 생각과 마음을 표현하기 때문이다. 한 사람의 신뢰도는 그 사람의 말 속에 가장 잘 드러난다. 신뢰관계는 보고 듣고 말하면서, 서로의 마음을 확인할 때 느껴지는 것이다. 보고, 듣는 것도 중요하지만, 지혜로운 말이 훨씬 더 중요하다. 보고 듣는 것이 금과 은과 진주 같은 보석이라면, 지혜로운 말은 더욱 귀하다. 사람의 실수 가운데 가장 큰 치명타는 '말로 인한 것'이다. 지도자일수록, 책임이 큰 사람일수록 말에 담긴 신뢰의 비중은 더 커지기 마련이다. 장사꾼의 말은 믿을 수 없다고 한다. 그러나 정직과 신뢰의 문제는 상거래에도 반드시 필요하다. 한 순간의 거짓말로 인한 결과는 달콤하지만, 그것은 오래가지 못한다. 달콤함에 유혹되어 속여 판다면 그 상거래는 오래갈 수 없다. 그 사람은 밥벌이를 못하고 모래를 씹어야 될 것이다. 정직과 신뢰관계는 모든 영역에서 필요하다. 진실은 거짓보다 강하고 오래가기 때문이다. 어떤 일이든지 혼자 하는 것보다는 지혜로운 자의 '조언'을 모아야 한다. '조언'도 말로 이루어진다. 남의 말을 잘 안 듣는 완고함은 교만에서 온다. 어떤 지도자든지 잘 듣고 의견을 종합해야 좋은 정책이 나오고, 그 정책으로 인하여 많은 사람이 유익을 얻게 된다.

여호와와 왕(20:22~21:2)

1. 들어가며

이 단락의 잠언에는 '여호와'와 '왕'이라는 단어가 주제어로 반복되어 나온다. '여호와'는 20:22, 23, 24; 21:1,2에 나온다. 반면 '왕'은 20:26, 28; 21:2에 나온다. 여호와와 왕의 각각의 기능과 역할, 상호관계에 대한 잠언이 나온다. 21:22~25은 여호와에 대한 잠언이며, 21:26~21:2은 왕에 대한 잠언이다. 21:2는 20:22와 문학적 수미상관을 형성하여, 이 단락이 하나의 문학적 단위임을 암시해 준다.

2. 본문 주해

[20:22] 복수에 대한 잠언이다. 지혜자는 어떤 악한 일을 당하더라도 직접 복수에 나서지 말아야 한다고 가르친다(잠 24:29). 인간이 인간에 대해 복수하게 되면, 다툼이나 싸움의 정도가 점점 더 커진다. 그러므로 사람이 사람에게 직접 복수하는 일을 성경은 금한다. 대신 여호와가 악한 자에게 복수할 것이라고 한다. 여호와는 정의와 공의의 하나님이시기 때문에 직접 챙겨서

정의를 이루시는 분이기 때문이다(신 32:35~36). 로마서 12:17, 데살로니가전서 5:15 등에서도 바울은 악을 악으로 갚지 말라고 가르친다.

[20:23] 공정한 상행위를 권고하는 잠언이다. 상거래에서 저울의 눈금과 저울추를 속이는 행위는 공의를 왜곡하는 것이며, 공의의 근원되신 여호와를 속이는 일이다. 따라서 그것은 여호와 앞에서 역겨운 죄가 된다.

[20:24] 이 잠언은 16:1, 9의 잠언과 같은 내용으로 우리 삶의 모든 영역을 주관하시는 여호와의 주권을 드러낸다. 사람이 가는 길에는 많은 제약과 한계가 있다. 사람이 보기에 아무리 완벽해 보여도 잘못된 길일 수 있다. 그러므로 우리 삶의 모든 영역에서 여호와의 주인됨을 고백하고 겸손하게 걸어갈 것을 이 잠언은 주문한다.

[20:25] 거룩함에 대한 무관심을 다룬 잠언이다. 즉 함부로 하나님을 이름을 걸고 서원해 놓고, 나중에 그 생각이 달라지는 것을 경고한다. 서원은 감사의 표시로 하나님께 자원하여 결단하는 것이다(레 7:16~17; 22:18~23). 서원은 기도의 응답에 의한 감사의 표시로 이후에 돈이나 동물을 드리겠다고 결단하는 것이다. 그러나 하나님께 성급하게 서원하는 일은 스스로 함정을 파는 일이다. 왜냐하면 서원은 한 번 하게 되면 바꿀 수 없기 때문이다(삿 11:29~40). 그 서원을 지키지 않으면, 하나님께 속이는 죄를 범하기 때문이다. 예수님도 신약성경에서 함부로 서원하는 일의 위험을 지적한다(마 5:33~37).

[20:26] 왕의 임무 가운데 하나는 공동체에서 악인을 제거하는 일이다. 이 잠언은 이것을 알곡과 겨를 구분하기 위한 키질하는 것과 (타작하는) 바퀴를 굴리는 것에 비유한다. 8절과 비슷한 잠언이다.

[20:27] '사람의 숨/영혼은 여호와의 등불이다. 그는 사람의 깊은 곳을 살피신다'이다. '숨'으로 번역된 단어는 히브리어 '니쉬마트'로 창세기 2:7에서 하나님이 아담의 코에 불어넣은 것이다. 이 단어는 히브리어 '루아흐' 즉 '영혼'과 비슷하다. 멀피(R. Murphy)는 이것을 사람의 양심을 가르킬 수 있다고 보았다.[10] '여호와의 등불'이 무엇을 의미하는지는 불확실하다. 그러나 후반

부와 연결지어 본다면 의미는 명확해진다. 인간의 모든 곳을 비추어 드러나게 한다(잠 15:11). 즉 하나님은 사람의 양심을 통하여 마음속 깊은 곳을 알 수 있다는 의미라고 볼 수 있다. 또한 인간에게 있어서 '숨, 양심'은 하나님의 선물이다. 그것으로 말미암아 하나님과 교제할 수 있으며, 인간의 내적인 면까지 살펴볼 수 있기 때문이다.

[20:28] 왕이 베풀어야 할 덕목으로 '헤세드' 즉 '신실한 사랑'과 '에메트' 즉 '진리'를 들고 있다. 이 잠언은 '헤세드'와 '에메트'를 왕이 스스로를 보호하기 위한 무기로 보고 있다. 왕이 왕권을 유지할 수 있는 최대의 무기는 군대가 아니라, 백성들에 대한 '신실한 사랑'과 '진리'이다.

[20:29] 젊은이와 노인의 아름다움을 대비시킨 잠언이다. 젊은이는 힘을 자랑하지만, 노인은 백발을 자랑한다. 젊은이는 육체적으로 강한 힘을 가지고 있지만, 절제되지 않은 혈기로 인해 지혜가 부족하다. 노인은 육체적인 힘은 부족하지만, 지혜를 가지고 있다. '백발'은 지혜의 상징이다. 노인은 많은 경험을 통하여 축적된 지혜를 가지고 있다. 그러므로 젊은이는 힘이 있다고 지혜를 지닌 노인을 무시해서는 안 된다.

[20:30] 잠언은 교육적 목적으로 이용되는 매를 긍정한다. 매를 사용함으로써 악을 제거하고 나쁜 버릇을 고치는데 유용한 수단으로 이해한다(10:13; 13:24; 19:18, 25; 20:30; 22:15; 23:13~14; 26:3; 29:15, 17, 19).

[21:1] 왕은 이 땅에서 가장 큰 권력을 가진 자다. 그럼 '여호와'와의 관계는 어떠한가? 왕과 여호와의 관계에서, 왕은 보통 인간과 같다. 즉 왕도 철저하게 여호와의 뜻에 따라 움직일 수밖에 없다. 왕은 절대적 권한을 가짐과 동시에 절대적으로 자유로운 자다. 누구도 그의 마음을 통제할 권한이 없다. 그러나 그는 '여호와의 손에 있는 봇물'과 같다. '봇물'은 정해진 길을 따라 간다. 물은 길이 놓인 대로 따라 흘러갈 뿐이다. 여호와에게 왕은 이와 같다. 여호와의 의지대로 움직여야 하는 존재다. 따라서 왕도 철저하게 여호와를 의지해야 하는 존재다.

[21:2] 16:2와 유사한 잠언이다. 인간은 자기의 행위의 옳고 그름을 완벽

하게 파악할 수 없다. 인간의 가진 옳고 그름의 기준은 하나님과 같지 않다. 여호와만이 모든 것을 다 파악할 수 있다. 왕의 '마음'도 여호와의 감찰해야 할 '마음'에 포함된다.

3. 설교를 위한 적용

1) 복수에 대한 반성

살다보면 억울한 일을 당할 때가 많다. 그럴 경우, 누구나 마음속에 원한을 품게 되고 복수를 꿈꾼다. 그러나 성경은 인간이 직접 복수에 나서는 것을 금지한다. 정의와 공의의 하나님께서 직접 복수하실 것이기 때문이다. 인간이 직접 복수에 나서게 되면 원한을 더 키우게 되고, 복수를 당한 사람은 복수를 가한 사람에게 더 잔인한 복수를 계획한다. 즉 반복되어 살인에까지 이르게 된다. 지혜자는 억울한 일을 당하더라도, 하나님께 기도하고 자신의 마음을 다스려 인내해야 한다. 그것이 궁극적으로 이기는 길이다.

2) 성급한 서원

함부로 하나님께 서원하는 일은 매우 위험하다. 부흥회에 가면 부흥사가 그 자리에서 헌금액을 정하는 경우도 있다. 이러한 부흥사의 태도는 매우 비성경적이다. 성도의 경우도 마지못해 그 자리에서 서원하고, 나중에 괴로워하는 경우를 본 적도 있다. 성급하게 서두르는 일은 인간 앞에서나 하나님 앞에 모두 위험하다. '서원'이란 자발적으로 기쁜 마음에서 드리는 것이다. 함부로 서원하는 것은 스스로 함정을 파놓는 격이다. 그렇다고 그것을 지키지 않는 것도 하나님을 무시하는 행위다. 하나님 앞에서의 일은 매우 신중해야 하며, 그것은 끝까지 지킬 수 있어야 한다. 그러므로 함부로 서원하는 일은 위험하며 피해야 한다. 그렇지 않으면 하나님을 속이고 무시하는 일이 되기 때문이다.

3) 노인의 지혜

노인의 백발은 지혜를 상징한다. 그러나 요즘은 노인도 백발을 자랑하지 않고 오히려 숨기기 위해 염색을 한다. 그리고 젊은이가 지닌 힘을 갖기 위해서 운동 등의 노력을 한다. 한 살이라도 젊게 보이기 위해서다. 백발보다는 '젊음'이 지혜보다는 힘이 우상이 된 것 같다. 나이에 어울리는 얼굴과 머리색을 받아들이고 인정하며, 나이에 걸맞는 지혜를 갖기 위해 노력하는 편이 건강할 것이다.

공의와 정의(21:3~31)

1. 들어가며

이 단락의 잠언은 '공의와 정의'의 내용이 주를 이룬다. 3절은 '공의와 정의'가 제사보다 여호와를 기쁘게 한다는 여호와 잠언이며, 31절은 전투를 위해 마병을 준비하기보다는 이김을 결정하는 여호와를 의지하라는 여호와 잠언으로 끝남으로써 이 단락의 수미상관을 형성한다. '공의'(츠다카)와 '정의'(미쉬파트)라는 단어는 이 단락의 곳곳에 등장하며, 많은 잠언은 공의와 정의에 대한 내용을 다루고 있다.

2. 본문 주해

[3절] 이 잠언은 이 단락의 서론 역할을 한다. 고대 근동지역에서 '공의와 정의'의 실현은 왕의 임무였다. 그러나 이스라엘은 모든 공동체가 그것을 지킬 것을 요구했다. '공의와 정의'의 내용은 율법의 실천이었다. 이것은 이스라엘 공동체 내의 문제였다. 제사제도는 하나님과 이스라엘 사회를 연결하는 것으로 매우 중요하게 다루어졌다. 이스라엘 사회의 지도자들은 제사를 통하여 이스라엘의 하나님이신 여호와와의 화해, 즉 속죄의 문제를 해결하려고 했다. 그러나 여호와는 제사보다는 이스라엘 공동체 내의 공의와 정의

문제의 해결이 더 중요하다고 가르친다. 그런 의미에서 이 잠언은 사무엘상 15:22과 많은 예언자들의 목소리(사 1:10~17; 암 5:2127; 미 6:6~7)와 맥락을 같이 한다.

[4절] 이 잠언은 세 가지 죄를 이야기한다. 첫째는 '눈이 높은 것'이며, 둘째는 '마음이 교만한 것'이며, 셋째는 '악인의 등불'이다. 첫째, 눈이 높은 것은 '교만함' 혹은 '거만함'을 뜻한다(잠 6:17; 30:13). 따라서 첫째와 둘째의 의미는 유사하다. 셋째는 '악인의 등불'이다.[11] 그 의미는 20:27의 '여호와의 등불'과 대비된다. 인간의 영혼이 여호와의 등불이라면, 악인의 '등불'은 악인이 악을 저지르기 위해 살피는 도구다.

[5절] 이 잠언은 '부지런한 자'와 '조급한 자', '풍부함'과 '궁핍함'이 대조되어 있다. '부지런한 자'로 번역된 히브리어 단어는 '날카로운, 결정된, 결단의' 또는 '열심이 있는' 등의 뜻이다. 따라서 NIV는 '결단력이 있는 자'로 번역하기도 한다. 그러나 본문의 경우는 잠언 10:4; 12:24의 예에서 보아 '부지런한'으로 번역하는 것이 더 적절해 보인다. 본문에서 '부지런한'과 대조되는 단어는 '조급한'으로 나온다. 잠언에서는 성격이 급한 자를 부정적으로 묘사한다. 아마도 이 잠언은 농사일과 관련되어 이해할 수 있을 것이다. 농사일은 부지런해야 한다. 급하게 서두른다고 이익을 많이 얻을 수 없다. 급한 것은 대개 욕심이 앞섰을 때 발생한다. 때에 맞게 열심히 일하고 기다려야지 서두르다 보면 오히려 손해를 본다. 자연에서의 정의와 공의는 인과응보의 법칙을 따른다. 씨를 뿌릴 때와 거둘 때는 하나님께서 정하신 것이다(전 3:1~8).

[6절] 불법적인 방법으로 재물을 얻는 일에 대한 위험을 경고하는 잠언이다. 즉 '속이는 말'로 재물을 쌓는 일의 부당함을 경고한다. 불의한 재물의 결과는 죽음이라는 점에서 10:2의 잠언과 유사하다. 거짓말로 인하여 재물을 축적하는 행위의 결과는 두 가지에 비유된다. 첫째, '증기, 숨'을 좇는 것이다. '안개'로 번역된 히브리어는 '헤벨'로 사람의 입에서 나오는 '김, 수증기'와 같은 것으로 금방 사라지는 것들을 의미한다. 전도서에서 이 단어는 '헛

된 것'으로 번역되어 있다. 즉 불의로 쌓은 재물은 곧바로 사라질 것이라는 뜻이다. 둘째는 '죽음'을 좇아가는 것이다. 정의로운 재물의 추구는 긍정하지만, 거짓으로 인한 재물의 추구의 결과는 죽음이라고 말한다.

[7절] '악인의 폭력성'에 대한 잠언이다. 악인이 저지르는 폭력은 스스로 소멸한다고 말한다. '소멸하다'라고 번역된 히브리어 단어는 '가라르'로 '강탈하다, 낚아채다'를 의미한다. 즉 악인의 폭력은 스스로를 강탈할 것이라는 의미다. 왜냐하면 폭력은 또 다른 폭력을 가져와 궁극적으로 스스로 망하게 될 것이기 때문이다. 악인이 폭력성에 빠져드는 이유는 '정의'로 번역된 히브리어 '미쉬파트'를 싫어하기 때문이다. 폭력은 가깝고, 정의는 멀고 지키기가 힘들다.

[8절] 이 잠언의 정확한 의미 파악은 매우 난해하다. '죄를 크게 범한 자'의 히브리어는 '이쉬 바자르'이다. '바자르'라는 단어의 의미는 아랍어 어근인 '유죄의' 혹은 히브리어 '자르'에서 온 '낯선'을 의미한다. 그러므로 이 구절에 대한 번역은 다양하며 의미도 혼란스럽다. "사람의 길은 구불구불하며 낯설다//비록 그의 행위가 흠이 없고 적절할 지라도"(TNK), "사람의 길은 구불구불하며 낯설다//그의 행위가 흠없고, 덕스러울지라도"(NIV). "죄인의 길은 구불구불하나, 순수한 자의 행동은 올바르다"는 개역개정의 번역은 NRSV의 번역과 유사하다(NRSV의 번역이 본단락의 대조 잠언과 가장 잘 어울리기 때문에 적절하다).

[9절] '…보다 낫다'라는 잠언으로 아내에 대한 잠언이다. 바가지 긁는 아내에 대한 부정적인 내용은 잠언에 매우 흔하다(19:13; 21:19; 25:24; 27:15~16). 남편에게 있어서 아내의 중요성은 매우 중요하다. 반대로 아내에게 있어서 남편의 중요성도 마찬가지다. 그러나 이 잠언은 남편의 관점으로 이야기한다. 즉 마음이 편한 '움막' 집에 사는 것이 바가지 긁는 아내와 함께 사는 것보다 낫다는 것이다.

[10절] 악한 사람의 마음을 묘사한 잠언이다. 악한 사람은 항상 악한 것을 갈망한다. '재앙'으로 번역된 단어의 히브리어 원의미는 '악'이다. 사람의 행

위는 마음의 결정에서 나온다. 즉 악한 사람의 악한 행위는 악한 마음에서 나온다. 그러므로 악한 사람은 악에 매몰되어 이웃을 무시한다. 악한 사람은 이웃에게도 전혀 도움이 되지 못한다.

[11절] 이 잠언은 정의가 이루어질 때 배울 수 있는 교훈을 말한다. 전반부의 의미는 '조롱하는 자가 벌을 받게 될 때, 어리석은 자는 지혜를 얻는다'이다. 이 잠언은 조롱하는 자가 벌을 받게 될 때 그것을 보고 교훈을 얻어 어리석은 자도 지혜로워진다는 의미가 될 것이다. 즉 죄를 지은 자에 대한 정의가 실현될 때, 그 교훈의 힘은 커서 어리석은 자조차도 깨닫게 하는 힘이 있다는 것이다. 후반부의 의미는 '슬기로운 자가 지혜를 얻을 때 지식을 얻게 될 것이다'이다. 후반부의 의미는 전반부의 의미에 비추어볼 때 공의라는 관점에서 해석할 수 있다.

[12절] 정의에 대한 잠언이다. '의로운 자'는 여호와 하나님을 의미한다. 그는 공의롭기 때문에 악인의 집을 감찰하다가 악인을 재앙으로 밀어 넣는 분이시다. 즉 공의의 하나님에 대한 선포이다.

[13절] 12절이 하나님 편에서의 공의를 선포한 것이라면, 13절은 인간의 편에서의 공의의 실천을 의미한다. 즉 히브리어 동사 '자악'은 '가난하고 억울한 자가 부르짖는 소리'를 의미한다. 성경은 이런 소리에 매우 민감하게 반응할 것을 요구한다. 출애굽 당시 이스라엘 백성의 부르짖는 소리를 하나님께서 들으신 것처럼, 주위의 가난한 사람이 도움을 요청할 때는 과감하게 도와야 한다는 것이 사람의 편에서 공의와 정의를 실천하는 일이다.

[14절] 뇌물에 대한 잠언의 견해는 모호하다. 뇌물은 비정상적인 방법으로 일을 이루려한다는 의미에서, 즉 정의를 왜곡시킨다는 의미에서 부정적이다(15:27; 17:23). 그렇다고 모든 뇌물이 다 부정적이며 정의를 왜곡시키는 것이라 볼 수는 없다(17:8; 18:16; 19:6). 적절한 시간과 공간의 문제다. 14절은 선물이나 뇌물에 대하여 긍정적인 입장을 취한다. 이 잠언의 출현 배경은 법정에서, 재판까지 가지 않고 물질적 보상을 통하여 소송을 해결하는 장면을 생각해 볼 수 있다. 법 보다는 사람의 분노를 누그러뜨리는 선물이나 뇌

물이 더 적합한 것일 수도 있다는 내용이다.

[15절] 정의가 올바로 적용된다면, 당연히 의인에게는 이익이 되겠지만, 죄인에게는 패망이 된다. 정의란 사회질서의 정상화라는 측면에서 반드시 필요한 일이다. 사회가 발달되고 성숙된 사회일수록 정의의 개념이 발달되고 제도화 되어서, 의인에게는 기쁨이 되고 죄인에게는 패망이 된다.

[16절] '슬기로움/명철'의 길을 거부한 사람, 즉 어리석은 자가 겪게 될 궁극적 운명을 묘사한 잠언이다. 그 결과는 죽은 자들의 회합에 함께 거할 것이라는 말씀이다. '사망'으로 번역된 히브리어 '르파임'은 죽은 조상들을 가리킨다. 따라서 이 잠언의 결론은 어리석은 자는 죽게 될 것이라는 말씀이다.

[17절] 가난에 대한 잠언으로, 가난에 이르는 법을 이야기한다. 대부분의 잠언은 게으름이 가난하게 되는 지름길이라고 말하지만, 이 잠언은 수입에 비해 많이 쓰고 즐기는 것이 가난하게 되는 길이라고 말한다. 두 번째 지름길은 술과 기름을 좋아하는 자다. 술은 취하게 하는 기능을 하고, 기름은 사람의 피부를 신선하게 해주므로 사람의 몸치장에 이용된다. 즉 향락을 즐기고 사치를 일삼는 자는 가난하게 된다는 의미다.

[18절] 이 잠언의 문자적 번역은 '사악한 자는 의인의 속전이 되며, 경건치 못한 자는 올바른 자의 자리에 있다'이다. 의인이 받게 될 징벌의 자리에 악인이 대신하게 될 것이라는 의미다. '속전'으로 번역된 히브리어 '코페르'는 '속죄물'이라는 의미다. 즉 대속적 기능을 하는 돈이나 짐승을 가리킨다. 이 잠언의 난해성은 '의인'이나 '올바른 자'는 속죄가 필요 없는 자라는데 있다. 따라서 이 잠언을 지나치게 문자적으로 해석할 필요는 없다. '사악한 자'나 '경건치 못한 자'는 결국에 벌을 받게 될 것이라는 의미다.

[19절] 바가지 긁는 아내에 대한 부정적인 잠언 가운데 하나다. 9절은 '움막에서 사는 것'과 비교되었는데, 이 잠언에서는 '광야에서 사는 것'과 비교되었다. '광야'는 도저히 사람이 살 수 없는 척박한 땅이다.

[20절] 이 잠언은 17절의 잠언과 '기름'이라는 단어로 서로 연결되어 17절의 '가난'에 대한 잠언과 같은 맥락이다. '귀한 보배'와 '기름'은 재물을 의미

한다. 지혜자는 그 재물을 모았지만 함부로 사용하지 않고 아껴 쓴다. 즉 향락이나 사치로 낭비하지 않는다. 그러나 미련한 자는 함부로 써버린다. 부자가 되는 가장 확실한 법은 많이 버는 것보다, 아껴 쓰고 절약하는데 있음을 이 잠언은 말해 준다.

[21절] 이 단락의 전체주제인 '공의와 정의'의 문제를 다시 선포하는 잠언이다. 이 잠언에 공의와 같이 나온 단어는 '인자/신실한 사랑' 즉 히브리어 '헤세드'이다. '헤세드'는 '하나님에 대한 신실한 사랑, 충성심' 혹은 '사람 사이의 신뢰와 사랑'을 의미한다. 따라서 이 잠언은 공의와 정의보다 훨씬 폭넓은 관계를 포함한다. 그 결과 얻게 될 유익은 생명과 공의와 영광이다. 이는 미련한 자나 악한 자가 얻게 될 결과인 죽음, 패망, 수치와는 반대된다.

[22절] 이 잠언은 전쟁에서의 지혜가 군사력보다 낫다는 것을 말한다 (16:32; 20:18). 따라서 이 잠언은 전도서 9:13~16과 관련된다. 이 세상에서의 어떤 군사적인 힘도 지혜가 뒷받침되지 않으면 힘을 쓸 수 없다. '그 성이 의지하는 방벽을 헌다'는 말은 군사력을 이용한 맞대응으로 허는 것이 아니라, 지혜의 말로 한다는 의미가 된다.

[23절] 말의 중요성에 대한 잠언으로 13:3과 유사하다. 말 한마디로 천 냥 빚을 갚을 수도 있지만, 말 한마디로 죽을 수도 있다. 특히 환난의 때의 일수록 말을 절제하는 것은 매우 중요하다.

[24절] 교만한 자에 대한 잠언이다. 이 잠언은 '거만하며 조롱하는 자'를 교만한 자로 규정한다. 교만한 자는 눈이 높아 거만하며, 남의 말을 잘 듣지 않는다. 그들의 행동은 너무나 거만하여 무례하다.

[25절] 게으른 자에 대한 잠언이다. 게으른 자의 욕망이 그들을 죽일 것이라고 한다. 게으른 자도 삶과 재물에 대한 욕망 등을 가지고 있다. 게으른 자는 욕망을 가지고 있지만 일하기를 싫어한다. 그러므로 그들은 욕망과 현실 사이의 괴로움으로 스스로를 죽음으로 가게 한다.

[26절] 25절과 관련지어 해석할 수 있다. 즉 게으른 자는 하루 종일 욕심만 피운다. 즉 일은 하지 않고 욕망할 뿐이다. 그러므로 아무것도 얻을 수 없

다. 또한 후반부과 관련지어 본다면, 욕심 많은 자를 뜻할 수도 있다. 왜냐하면 의인의 베풂과 반대되는 의미로 나오기 때문이다. 즉 미련한 자는 끊임없이 욕심을 채우기 바쁘지만, 의인은 반대로 넉넉한 마음으로 남을 도와준다.

[27절] 악인의 제물에 대한 잠언이다. 악인은 순수하지 않다. 심지어 하나님 앞에서도 그렇다. 그리하여 하나님께 제물을 가지고 오면서도 악한 계획을 가지고 온다. 하나님은 악한 자들에게 속을 분이 아니다. 하나님은 인간의 마음을 감찰하시는 분이기 때문이다. 그러므로 하나님은 악인들이 악한 의도를 가지고 바치는 제물을 가증스럽게 여기신다. 악한 자가 드리는 제물의 종류보다도 제사 드리는 자의 악한 마음이 문제인 것이다.

[28절] 거짓 증인에 대한 일련의 잠언 가운데 하나다(19:5, 9, 28). 거짓 증언은 패망하게 될 것이고, 진실한 증언은 오래 간다는 내용이다. '확실히 듣는 사람'(문자적으로 '듣는 사람')은 말을 잘 듣는 사람이라기보다는 재판관을 의미한다.[12] 거짓 증언하는 자는 곧 사라질 것이지만, 재판관의 말은 오랫동안 지속되는 결과를 가져올 것(문자적으로 '확실하게/오래 동안 말할 것이다')이라는 의미이다.

[29절] 이 잠언을 문자적으로 번역하면 '악인은 두꺼운 얼굴을 하지만, 올바른 자는 그의 길을 확고히 한다'이다. 이 잠언의 '두꺼운 얼굴'은 7:13의 유혹하는 음녀를 묘사하는 데 사용되었다. 따라서 이 잠언은 음녀가 두꺼운 얼굴을 하고 유혹하지만, 올바른 자는 그녀의 유혹에 넘어가지 않고 자신의 길을 간다는 의미가 될 것이다.

[30절] 이 잠언은 여호와의 지혜와 명철과 모략은 여호와를 이길 수 없다고 선포한다. 여호와께서 지혜와 명찰과 모략의 근원이기 때문이다. 원래 지혜는 고대근동의 메소포타미아와 이집트에서 유래되었다. 이스라엘은 후발주자로서 고대 근동의 지혜운동에 동참하게 되었다. 그러나 이스라엘은 참된 지혜의 근원을 메소포타미아나 이집트의 전통에 두지 않고, 여호와의 신앙 내에서 해석하고 있다.

[31절] 이 잠언은 구약성경의 거룩한 전쟁 신학과 맥락을 같이 한다. 고대 근동에서 국가 간의 전쟁은 각 국가의 수호신들 간의 전투로 이해되었다. 그러므로 이스라엘에서는 전쟁의 승패여부는 여호와의 의지에 달려있다고 보았다. 사람들은 전쟁을 위해 군사적 힘을 키우기 위해 마병을 확대하고, 무기와 군대에 힘을 쏟지만, 전쟁의 승패는 여호와께 있음을 선포한다.

3. 설교를 위한 적용

'정의'는 하나님과 이 땅의 지도자, 일반 사람들 사이에 모두 이루어져야 한다. 구약성경에서 여호와는 정의의 하나님이다. 여호와께서는 그의 백성들에게 자신에게 제사 드리는 것보다 이 땅에서 정의를 실천하는 일이 더 중요하다고 말씀하신다. 순종이 제사보다 낫다는 말씀처럼, 진실로 여호와께서 기뻐하시는 것은 여호와께 온전히 드리는 마음이다. 그 마음은 율법과도 연결된다. 율법은 여호와의 마음이기 때문이다. 그러므로 이 땅에서의 참된 정의는 율법을 이 땅 위에서 온전히 실천하는 일이다. 그것은 가난한 자를 도우며, 억울한 자를 풀어 주며, 정의를 따라 사는 삶이 유익이 되는 사회를 만드는 일이다. 이 땅의 지도자들은 하나님과 일반 사람들 사이의 매개체 역할을 잘해야 한다. 그것은 하나님의 뜻을 구하고, 그 뜻이 제도나 조직에 잘 적용되어 세밀하게 전개되는지를 살펴야 한다. 재판에서의 공의를 이룩하는 것은 매우 중요하다. 정의의 왜곡이 일어나는 영역이 발생하지 않도록 잘 살펴야 한다. 이런 의미에서 정책의 결정은 매우 중요하다. 정책 가운데 내재한 법칙이나 정신이 주의 뜻과 합치되는지를 살펴야 한다. 한 개인에게 있어서의 정의는 지혜를 얻는 일이다. 지혜를 얻는 방법은 말씀과 우리 삶과의 괴리를 줄일 수 있도록 끊임없이 기도하고 실천하며 노력하는 길이다.

재물과 도덕적 교훈(22:1~16)

1. 들어가며

이 단락에는 재물, 가난, 부에 대한 내용이 많다(22:1, 2, 4, 7,9, 16). 1절과 16절은 둘 다 재물에 대한 내용을 다루어 수미상관을 형성하며, 이 단락의 문학적 통일성을 강화시켜준다.

2. 본문 주해

[1절] 이 잠언은 이 단락의 서론으로, 재물에 대한 상대적 가치를 이야기한다. 재물을 많이 가진 이점은 분명히 존재한다. 그러나 그 가치는 상대적일 뿐이다. 더 훌륭한 가치는 뭘까? 평행대구를 통하여 두 가지를 이야기한다. 첫째, '명예'다. 문자적 의미는 '이름'을 뜻한다. 한 사람에게 있어서 '이름'은 바로 그 사람의 정체성을 말한다. 따라서 그 사람의 이름에 붙어 다니는 가치가 더 중요하다. 그러나 돈이 많다고 반드시 명예가 높아지는 것은 아니다. 둘째, '은총/은혜'이다. 이것도 사람이 지니는 명예와 유사한 것으로, 다른 사람과의 관계에서 형성되는 '호감/호의'와 비슷하다. 이 잠언은 재물의 가치를 '이름'과 '은총'과 비교해서 상대화시킨다.

[2절] 이 잠언은 가난한 자와 부자가 함께 놓인 현실 자체를 하나님이 창조했다는 의미가 아니다. 가난한 자든 부자든 다 같이 하나님의 피조물이라는 것이다. 그러므로 부자가 가난한 자를 무시하거나 멸시해서는 안 된다는 의미다. 왜냐하면 가난한 자에게도 하나님의 형상이 있기 때문이다. 그러므로 이 잠언은 가난한 자에 대한 하나님의 권리장전과 같은 것이다.

[3절] 슬기로운 자와 어리석은 자의 삶을 관찰한 결과를 비교한 잠언이다. 슬기로운 자는 악을 만나면 피해 다닌다. 그러나 어리석은 자는 악을 만나면 그 악을 따라가 결국은 그것 때문에 고통을 당하게 된다.

[4절] '겸손'과 '여호와 경외'는 다른 단어처럼 보이지만, 겸손은 여호와를 경외함에서 얻어질 수 있다는 점에서, 여호와 경외의 표시다. 여호와를 경

외하는 자는 겸손할 수밖에 없다. 여호와를 경외하는 자가 어찌 거만하고 교만할 수 있겠는가? 자신을 높이거나 자기중심적인 삶을 살아갈 수 없다. 따라서 '겸손'과 '여호와 경외'는 같은 의미이며, 그 결과 받게 될 보상은 재물과 영광과 생명이다.

[5절] 이 잠언은 패역한 자의 운명을 경고하고 피할 것을 경고한다. 패역한 자의 길에는 가시와 올무가 놓여있기 때문이다. '가시'와 '올무'는 길에 놓인 함정이다. 패역한 삶의 길에는 항상 함정이 놓여있지만 미련하여 그 함정 속에 빠져든다. 함정 속에 빠져들면 결국 죽음이다. 따라서 생명/영혼을 지키려고 하면 패역한 자를 멀리해야한다. 그것이 지혜다.

[6절] 어릴 적 교육을 강조한 잠언이다. 어릴 때에 올바른 길을 걷도록 훈련시켜야, 늙었을 때 그 길을 떠나지 않기 때문이다. 반대로 이야기하면 어릴 때 훈련시키지 않으면, 어긋난 길을 걷게 될 것이다.

[7절] 이 잠언은 현실에 대한 관찰을 통하여 부자와 가난한 자의 관계, 즉 채권자와 채무자의 관계를 묘사한다. 가난한 자는 부자에게서 재물을 빌린다. 그러면 둘은 종속관계가 된다. 가난한 자가 돈을 갚지 못하면, 종으로 전락해 자신의 노동으로 돈을 갚아야 하는 신세가 된다. 따라서 이 잠언은 은연 중에 빚지는 일의 위험을 경고한다.

[8절] 심고 거두는 자연의 이치를 빌려와, 악한 자가 받게 될 재앙을 설명한다. 악한 자는 악을 뿌리고 그 대가로 재앙을 거둬들인다. 그러면 '분노의 지팡이'는 한풀 꺾이게 된다. 심고 거두는 이치에서, 심은 것은 곡식 한 톨이지만 거두는 것은 수 십 배, 수 백 배로 열매를 맺는다. 따라서 작은 악을 심었더라도, 받게 될 재앙의 양은 엄청나게 커진다. '지팡이'는 지도력을 나타낸다. 따라서 악인이 휘두르던 악의 힘은 엄청난 재앙으로 인하여, 더 이상 힘을 발휘할 수 없게 된다. 악인의 운명은 이와 같다.

[9절] 8절과는 반대의 잠언으로, 복을 받게 될 자를 묘사한다. 복 받을 자는 복을 심었기 때문이다. 씨앗이 되는 '복'은 가난한 자에게 양식을 준 것이다. 그것이 씨앗이 되어, 거두게 될 복의 열매는 뿌린 복의 씨앗보다 수 십

배, 수백 배 클 것이다.

[10절] '조롱하는 자'는 거만한 자며 모든 것을 냉소적으로 보며, 모든 것을 다 아는 체 한다. 그는 마음이 교만해져 남의 말을 듣지 않고 자기의 주장만 펼치는 자다. 따라서 그는 공동체 내의 분란과 싸움을 일으키고, 수치를 가져오는 자다. 따라서 그 공동체 내에서 공동체의 평화를 위해 그 사람을 쫓아낼 필요가 있다.

[11절] 이 잠언의 히브리어는 난해하다. '마음의 정결을 사모하는 자'가 처음에 나옴으로써 이 잠언의 주제를 말한다. '정결'이라는 단어는 종교적인 용어로 죄가 없는 상태를 가리킨다. 이런 사람의 말은 매우 은혜롭다. 왜냐하면 말은 마음의 표현이기 때문이다. 그러므로 왕이 그들을 신뢰하고 친구로 삼으려 한다. 이 잠언은 이 단락의 주제인 '재물'과는 대조되어 이해할 수 있다. 재물을 사모하기 보다는 마음의 정결을 사모하는 것이 왕을 친구로 삼는 명예와 영광을 얻을 수 있다는 내용이다.

[12절] '눈'은 감시하고 지키는 역할을 한다. '여호와의 눈'이라는 표현은 신인동형론적 표현으로 여호와의 감찰하시고 보호하는 역할을 의미한다. 이 잠언에서 여호와는 '지식'을 보호하고 지키신다. '지식'은 '지혜'와 유사한 용어로 잠언에 나타난다. 여호와는 지혜의 창조자이므로 지식의 근원이다. 여호와는 지식으로 이 땅을 관리하시고 보호하신다. 창조주로서의 여호와는 인간의 삶에서도 그의 지식과 지혜가 굽어지지 않고 올바로 사용되도록 지키시고 감시하신다. 그러나 반대로, 악하고 패역한 자의 말은 여호와의 지혜와 지식의 보호를 받을 수 없다. 그러므로 그들의 말은 이 땅에서 승리할 수 없다. 왜냐하면 이 땅은 여호와의 감찰 하에 있기 때문이다.

[13절] 게으른 자를 조롱하는 말이다. 게으른 자는 밖에 나가서 일하기를 싫어한다. 그래서 그들은 일하지 않기 위해 가급적 핑계를 댄다. 그 핑계가 '사자가 밖에 있어서, (일하러) 밖에 나가면 죽을 것이다'이다. 고대 이스라엘 사회에 '사자'는 존재했지만, 사람들이 사는 거리에 나오지는 않는다. 따라서 이 잠언은 게으른 자의 말도 안 되는 핑계를 비판하며, 게으른 자에 대해

경고한다. 게으른 자는 결코 재물을 얻을 수 없으며, 그 결과는 죽음이기 때문이다.

[14절] 1~9장에서 반복된 음녀에 대한 경고의 잠언이다. 음녀는 히브리어로 '낯선 여자' 혹은 '이방 여인'을 의미한다. 그녀는 이스라엘 사회의 경계를 안팎으로 드나들면서 젊은 남성들을 유혹한다. '그녀의 입'은 유혹적인 아양이나 애교를 뜻하거나 혹은 성기를 뜻하기도 한다(잠 30:20). 따라서 그녀의 달콤한 말에 유혹되어 성적인 쾌락에 빠지는 것은 '함정'이다. 함정은 빠지면 나오기가 어렵다. 그 함정의 깊이가 얼마나 치명적인 것인지 이 잠언은 '여호와의 분노를 당한 자가 거기에 빠질 것이다'고 경고한다.

[15절] 어린이에게 있어서 교훈의 중요성을 강조한 잠언이다. 성경은 어린이를 결코 순수한 상태로 보지 않는다. 어린이는 혼돈스럽고 성숙되지 않은 존재이므로 교육을 필요로 한다. 지혜가 습득되지 않은 상태이므로 미련하고 어리석은 상태다. 그러므로 지혜를 얻기 위한 훈련이 필요하다. 필요하다면 채찍도 교육에 이용될 수 있다고 가르치며, 그러면 어리석고 미련한 것이 사라지게 될 것이라고 말한다. 세 살 버릇 여든까지 간다는 속담처럼, 어릴 때의 잘못된 습관은 교육을 통하여 바로잡아야 함을 가르쳐 준다.

[16절] 재물을 늘이기 위해 행하는 두 가지의 잘못을 지적하고 경고하는 잠언으로, 이 단락의 서두인 1절과 평행을 이룬다. 첫 번째 잘못은 '가난한 자를 학대하는 것'이다. 성경은 가난한 자를 도와주라고 한다. 왜냐하면 가난한 자든 부자든 하나님의 형상에 따라 지어졌으므로, 가난한 자를 돕는 것이 바로 하나님을 돕는 일이기 때문이다(14:31; 17:5; 22:2). 두 번째 잘못은 '부자에게 주는 자'이다. 즉 재물을 늘이기 위해 부자에게 재물을 주는 경우는 뇌물이나 대가를 바라고 부자에게 물질적인 것을 주는 일이다. 첫 번째 행위는 율법과 어긋나므로 하나님께서 재앙을 불러와 재물을 빼앗아 갈 것이기 때문에, 두 번째 행위는 자기의 재물이 빠져나가기 때문에 가난해질 것이라고 잠언은 말한다.

3. 설교를 위한 적용(재물에 대한 묵상)

재물은 이중적이다. 재물 자체가 선악이라는 가치를 가지지는 않는다. 선한 사람이 가지면 선하게 사용될 것이며, 악한 사람이 가지면 악하게 사용될 것이다. 그러므로 재물을 선하게 사용할 수 있는 지혜를 가질 수 있어야 한다. 재물을 갖기 위해 비정상적인 방법을 사용하거나 너무 인색하면 그 사람의 이름에 흠이 간다. 성경은 재물보다는 명예가 낫다고 말한다. 우리의 삶에서 재물 자체가 목적이 된다면 너무나 삭막하다. 성경은 먼저 '하나님 나라와 그 의를 구하라'고 가르친다. 여호와 경외함을 배우는 일이 가장 중요하다. 재물은 수단일 뿐 목적이 될 수는 없다. 심고 거두는 원리는 자연의 법칙이다. 뿌린 대로 거둔다는 말처럼, 무엇을 뿌리는가에 따라 무엇을 거두는가가 결정된다. 재물이 아무리 많아도 인심을 잃으면 무슨 소용이 있는가?

지혜 있는 자의 말씀

잠언 22:17~24:34 주해와 적용

형식과 주제들

잠언 10:1~22:16은 각 구절이 서로 관계가 없는 짧은 경구들로 이루어져 있지만, 본단락(22:17~24:34)에서는 또다시 잠언 1~9장과 같은 '훈계 형식'이 시작된다. 그러나 잠언 1~9장과 달리, 본단락에서는 '훈계'가 길지 않다. 물론 '서론'(22:17~21), '관원과 함께 음식 먹기에 대한 경고'(23:1~8), '술에 대한 경고'(23:29~35), '게으름에 대한 경고'(24:30~34) 등은 꽤 많은 설명이 덧붙여져 있지만, 대부분의 경우 두세 구절에 걸쳐서 '경구'와 거기에 대한 설명을 보충하는 방식으로 이루어져 있다. 본단락의 말미에 나오는, '이것도 지혜로운 자의 말씀이라'(24:23)라는 표현도 역시 제목으로 볼 수 있다. 그러나 형식과 내용면에서 큰 차이는 없다. 본단락에 나오는 잠언들은 크게 세 가지 형식으로 구분할 수 있다.

첫째, 1형식 잠언: 선포 또는 선언의 형식만으로 이루어진 잠언을 말한다. "네 선조의 세운 옛 지계석을 옮기지 말찌니라"(22:28)를 예로 들 수 있다. 위 잠언에는 전후 문맥이 없다. 왜 지계석을 옮기면 안 되는지, 지계석을 옮기면 어떻게 되는지 아무런 언급이 없다. 다만 선포할 뿐이다. 이런 형식의 잠언으로는 23:12, 22, 23; 24:27, 28, 29 등이 있다.

둘째, 2형식 잠언: 선포 또는 선언 다음에 그 이유, 결과 등에 대한 보충

설명이 뒤따르는 형식으로 본단락에 가장 많이 나타나는 형태다. "옛 지계석을 옮기지 말며 외로운 자식의 밭을 침범하지 말지어다 대저 그들의 구속자는 강하시니 너를 대적하사 그 원을 펴시리라"(23:10~11)를 예로 들 수 있다. 1형식의 보기로 언급한 22:28과 비교할 때 똑같이 '지계석'에 대한 잠언을 말하고 있지만, 2형식에서는 뒤따르는 설명(23:11)을 통해 지계석을 옮기면 안 되는 이유가 강조된다. 이어서 언급하게 될 3형식과 위의 1형식을 제외한 모든 잠언이 2형식에 속한다.

셋째, 3형식 잠언: '경구'에 대한 설명이 확대되어 일정한 형식을 갖추는 경우이다. 잠언 1~9장과 마찬가지로 본단락에서도 '지혜'와 '지식'의 당위성에 대한 서론이 나온다(22:17~21). 이 서론은 훈계의 형식으로 이루어져 있는데, 이 서론 외에 '관원과 함께 음식을 먹는 것에 대한 경고'(23:1~8), '술에 대한 경고'(23:29~35), '게으름에 대한 경고'(24:30~34) 등은 '본론'에 해당하는 경고 외에도 '도입부'와 '결론' 등을 갖추고 있어, 3형식이라고 할 수 있다. 아울러 '음녀에 대한 경고'(23:26~28)는 단지 세 구절로 이루어져 있지만, 26절의 '내 아들아'라는 서두에 이어서 음녀에 대한 경고가 나온다.

3형식 잠언들 사이에서는 공통된 주제가 발견되지 않지만, 3형식과 2형식('술에 대한 경고' 23:20~21/ '게으름에 대한 경고' 22:13), 2형식과 1형식 사이에서는('지계석' 관련, 23:10~11과 22:28의 비교) 공통된 주제가 나타난다. 이로 미루어 볼 때, 잠언은 1형식에서 2형식으로, 2형식에서 3형식으로 발전했다고 할 수 있다. 2형식과 3형식이라는 것은 결국 1형식이 확장된 것인데, 보충설명은 잠언이 전하는 내용의 당위성을 설득하려는 목적도 있지만 때로는 잠언의 모호한 내용을 해설하려는 목적도 있다. 따라서 같은 주제에 다른 형식의 잠언이 존재한다는 사실은 잠언이 단순히 수집되고 보존된 것이 아니라, 해석·첨가·수정의 과정도 거쳤음을 암시한다.

본단락의 특징은 비슷한 주제가 여러 번 반복된다는 점이다. 물론 주제가 비슷하다고 해서 내용이 같은 것은 아니지만 비슷한 주제가 다르게 표현됨으로써, 잠언들끼리 비교 분석이 가능하고 내용 이해에 도움을 받을 수 있다. 가장 많은 부분을 차지하고 있는 2형식의 경우, 어떤 주제든지 적어도 한 번 이상은 반복된다. 그리고 1형식과 3형식의 경우도 2형식의 주제 가운데 적어도 한 가지는 공유한다. 따라서 본단락의 주해는 본문의 장절 순서에 따르지 않고 주제별로 수행될 것인데, 먼저 2형식 잠언들을 주제별로 나눈 후에 거기에 대응하는 1형식과 3형식 잠언들을 배치한다. 2형식 잠언들은 크게 '사회 정의에 대한 주제'와 '인간 관계에 대한 주제'로 나누어진다. 그리고 각각의 주제별로 내용들이 분류된다. 본단락은 '인간 관계'에 초점이 맞추어져 있다고 해도 과언이 아니다. 대부분의 주제가 사람들과 어떻게 관계를 맺어야 할 것인지에 집중되어 있다. 본문 주해의 방식은 '주제별 분류'에 따르도록 한다. 가장 많은 분량을 차지하는 2형식 잠언을 기준으로 1형식, 3형식 잠언들이 주제에 맞는 2형식 잠언들과 함께 논의될 것이다. 각 구절들이 주제별로 배열된 전체 현황은 아래를 참고하도록 한다.

I. 서론(잠 22:17~21)

II. 사회정의에 대한 주제

1. 사회정의의 수동적 참여
1) 탈취와 압제에 대한 경고
[2형식](22:22~23)
2) 옛 지계석에 대한 훈계
[2형식](23:10~11)
[1형식](22:28)
3) 원수에 대한 태도
[2형식](24:17~18)
[1형식](24:9)

2. 사회 정의의 능동적 참여
1) 변명할 수 없는 의무
[2형식](24:11~12)
2) 사회 정의의 책임
[2형식](24:23b~25)
[1형식](24:28)

3. 공익에 대한 권면
[2형식](22:29)
[1형식](24:27)
[3형식](24:30~34)

III. 인간관계에 대한 주제

1. 이런 사람이 되지 말라
1) 미련한 자
[2형식](24:7)
2) '사특한 자'
[2형식](24:8)
3) 거만한 자
[2형식](24:9)

2. 이런 사람들과 사귀지 말라: 교제 금지 대상들
1) 영혼에 올무가 되는 사람들
[2형식](22:24~25)
2) 방탕한 자들
[2형식](23:20~21)
[3형식](23:29~35)
[3형식](23:1~8)
3) 반역자
[2형식](24:21~22)
4) 보증 관계
[2형식](22:26~27)
5) 여자 관계
[3형식] (23:26~28)

3. 이런 사람이 되라
1) 부러워하지 않기
[2형식](24:1~2)
[2형식](24:19~20)
[2형식](23:17~18)
2) 환난 날에 낙담 않기
[2형식](24:10)
[2형식](24:15~16)
3) 지혜로 살기
[1형식](23:12)
[1형식](23:23)
[2형식](24:3~4)
[2형식](24:5~6)
[2형식](24:13~14)
4) 참된 우정(또는 사랑)
[2형식](24:26)
5) 참된 가르침
[2형식](23:13~14)
6) 부모가 원하는 것
[1형식](23:22)
[2형식](23:24~25)
[2형식](23:15~16)

서론(잠 22:17~21)

1. 본문의 개요

본서론은 '지혜 있는 자의 말씀'(17절)을 들어야 하는 이유를 설명한다. 첫째, 그 자체로서 아름다운 일이기 때문이다(18절). 둘째, 여호와를 의뢰하는 방법이기 때문이다(19절). 셋째, '보낸 자'에게 진리로 회답해야 하기 때문이다. 즉, '지혜 있는 자의 말씀'을 통해 얻는 모략과 지식은 진리이기 때문이다(21절). 잠언 전체에서 제목 다음에 설득의 목적으로 서론이 나오는 대표적인 경우로 1:2~7을 들 수 있다.

2. 본문 주해

[17절] '지혜 있는 자의 말씀': 히브리어로 '지혜 있는 자의 말씀'은 '디브레이 하카밈'이다. 성경에서 '디브레이'는 정황에 따라 개인의 '말'('아비의 말' 창 27:34; '라반의 아들들의 말' 31:1 등), '사건'('암나귀들의 염려' 삼상 10:2; '전쟁의 모든 일' 삼하 11:18, 19 등) 또는 어떤 인물에 대한 행적을 나타낸다('여로보암의 그 남은 행적' 왕상 14:19; 15:7, 23, 31; 16:5 등). '디브레이'는 그 뒤에 '날'을 가리키는 '야밈'이 올 때 '역사 기록물'을 의미하게 되는데, 구약성경의 '역대기'를 히브리어로는 '디브레이 하야밈'으로 표현한다. 그렇다면 '디브레이 하카밈'의 경우도 '지혜 있는 자의 말씀'으로 해석하는 것은 맞지만, 사실상 이 표현은 모종의 형식을 갖춘 '텍스트'를 의미할 수도 있다. 이를테면 「논어」라고 할 때, 비록 '공자의 말씀'인 것은 맞지만, 더 이상 개인의 어록으로 취급하지 않고 '경전'으로 여기는 것과 같은 이치다. 그런 의미에서 '디브레이 하카밈'을 '지혜의 서(書)' 정도로 이해할 수도 있다. 그렇다면 '지혜 있는 자(들)의 말씀을 들으며 내 지식에 마음을 둘찌어다'라는 표현에서, '지혜 있는 자(들)의 말씀'과 '내 지식'을 동어반복으로 볼 필요는 없다. 아울러 이 둘을 동어반복으로 볼 경우, '지혜 있는 자들'은 복수형인 반면 '내 지식'은 단수형이기 때문에 둘을 일치시키기 곤란하다. 이런 정황에서, '지혜 있는 자들의 말씀'이 일종의 텍

스트를 가리키는 것이라면, '내 지식'은 이러한 텍스트에 대한 가르침을 의미한다고 볼 수 있다. 이러한 이해는 20~21절에 잘 적용된다.

[20절] "내가 모략과 지식의 아름다운 것을 기록하여": 이미 17절의 '지혜 있는 자(들)의 말씀'과 '내 지식'은 동일한 대상을 가리키는 것으로 볼 수 없다는 사실을 지적했는데, 20절에서 '(내가) 기록하여'(카타브티)라는 언급 자체가, 본서론의 화자는 자신의 말을 하기보다는, 무엇인가 제삼자의 말이나 다른 자료를 전달한다는 의미를 나타낸다. 그렇다면 본 화자가 기록한 것은 무엇일까? 우리말로 '아름다운 것'이라 번역된 히브리어 단어는 자음의 경우 '쉴숌'으로 씌어 있지만, 모음은 '샬리쉼'으로 읽게끔 표기되어 있다. 이런 현상을 히브리어 성경에서 '케티브'와 '케리'라고 하는데, '케티브'는 성경 본문에 원래 씌어져 있는 자음의 형태를 가리키고, '케리'는 그러한 형태와 상관없이 해당 단어를 어떻게 읽어야(발음해야) 할지를 가리키는 후대 마소라 학자의 각주이다. '케리'는 성경의 여백에 히브리어 알파벳 '쿠프'와 함께 해당 단어의 발음 형태를 자음으로 명시하고 그 발음에 해당하는 모음은 '케티브'에 표시한다. 회당에서 성경을 읽을 때 '케리'를 따르는 것이 불문율이지만, 엄밀한 의미로 '케리'는 단지 후대(주후 9~10세기) 마소라 학자들의 견해에 불과하다. 따라서 '케티브'의 형태를 전적으로 무시할 수는 없다.

잠언의 본구절에서 '쉴숌'(케티브)과 '샬리심'(케리)의 의미가 각각 다르다. '쉴숌'은 우리말로 대개 '전에, 이전에, 본래, 여전히'(창 31:2, 5; 출 4:10; 신 19:4, 6; 수 3:4; 4:18 등)로 번역되지만, '여러 번'이라는 뜻으로 해석되기도 한다(삼하 3:17). 그렇다면 20절의 경우도 "내가 '전에' 모략과 지식으로 기록하여"라고 번역하는 것이 자연스럽다. 그러나 문제는 오직 20절을 제외하고는, 성경의 모든 본문에서 '쉴숌'은 항상 '트몰' 또는 '에트몰'이라는 단어와 함께 쓰인다는 것이다(현대 히브리어에서는 '어제'라는 뜻). 사실상, 마소라 학자들이 본문의 '쉴숌'을 '샬리심'으로 읽은 것도 오직 잠언의 본구절에서만 '쉴숌' 앞에 '트몰' 또는 '에트몰'이라는 단어가 수반되지 않았기 때문인지도 모른다. 그래서 '쉴숌'이라는 '케티브'의 형태를 받아들이지 못하고 '케리'인 '샬리심'의 의미에 주목할 수밖에 없다. '샬리심'은 히브리어에서 '(군대) 장관, 군장, 존귀한 자' 등을 의미한다(출 14:7; 왕하 7:2; 겔 23:15, 23). 이러한 맥락에서 '존귀한 자의 말씀'이라는 해석이 나온다. 직책을 가리키는 단어가 갑자기 '말씀'을 의미하는 것이 어색할 수도 있지만, 잠언 8:6에서 비슷한 현상이 나타난다. "내가 가장 선한 것을 말하리라"라는 표현의 히브리어 원문은 '네기딤 아다베르'로서, 여기서 '네기딤'의 단수형은 '나기드', 그 뜻은 '지도자, 주권자, 족장' 등이다(삼상 9:16; 삼하 5:2; 대상 12:28 등). 그런데 이 단어를 잠언 8:6에서는 '가장 선한 것'으로 해석했다. 아마 '최고'를 나타내기 위해 사용한 듯하다. 그럼에도 불구하고 본 단어에 대하여 칠십인역이나 루터 등은 '세 번, 여러 번, 반복해서' 등으로 번역하기도 했는데 히브리어 자체에는 이런 의미가 없다.

전혀 새로운 각도에서 '샬리심'이란 단어가 이집트의 지혜 문서인 '아메네모페트(Amen-em-opet)'를 가리킨다는 해석도 있다. 대략 주전 7세기 또는 주전 6세기 것으로 추정되는 이 파피루스는 많은 부분이 잠언 22:17~24:22의 내용과 비슷하다는 이유로 1920년대부터 학자들의 주목을 받았는데, 이 파피루스의 27번째 문단 6행에서 "너는 이 서른 개의 장들을 보아라…" 라는 구절이 있는 것으로 보아, 이 파피루스는 모두 서른 개의 장으로 이루어져 있음을 알 수 있다. 이러한 이유에서 20절의 '샬리심'이 바로 이 서른 개의 장, 곧 '아메네모페트'를 가리킨다고 추정한다. 그러나 히브리어로 '서른'은 '슐로심'이다. 어쨌든 '쉴숌' 또는 '샬리심'은 본문의 화자가 기록한 모종의 자료인 것은 분명하다.

[21절] "… 또 너를 보내는 자에게 진리의 말씀으로 회답하게 하려 함이 아니냐." '너를 보내는 자'라는 말에서, 본 잠언은 단순히 화자(話者)와 청자(聽者) 사이에서만 이루어진 것이 아니라 제삼자와 관련이 있음을 알 수 있다. 화자와 청자와 제삼자(혹은 청자를 보낸 자) 사이의 관계는 무엇일까? 스승(화자)과 제자(청자)와 부모(보낸 자)의 관계일까? 아니면 청자는 국가의 젊은 관리이고, '보낸 자'는 그들의 상관일까? 가르침의 내용으로 판단할 수 있겠지만,

이어지는 잠언의 주제들이 너무 다양해서 쉽게 결정되지 않는다. 사실 본서론이 이 단락의 잠언들과는 상관없는 독립된 내용일 수도 있다. 원래는 다른 부분의 서론이었는데 본단락의 편집과정에서 이 서론만 인용되었거나, 아니면 본단락의 화자가 아예 새롭게 지어 낸 것일 수도 있다.

그렇다면 본구절(22:21)에서 말하는 '진리의 말씀'(이므레이 에메트 또는 아마림 에메트)은 무엇을 의도하는 것일까? 성경의 용법에 따르면 단순히 옳고 그른 것 중에서 '옳은 것, 참된 것'을 가리키는데 쓰이기도 한다(신 13:15; 렘 2:21; 10:10; 겔 18:8; 단 8:26; 10:1 등). 그러나 본구절에서 '진리의 말씀'은 바로 앞 20절에서 '기록한 아름다운 것'과 관련이 있다. 즉, '진리의 말씀'도 기록되어 있다. '진리'(에메트)가 기록된 것이라는 개념은 지혜 문학에서 잘 알려져 있다. 예를 들면, "전도자가 힘써 아름다운 말을 구하였나니 기록한 것은 정직하여 진리의 말씀이니라"(전 12:10). 흥미로운 사실은 잠언에서 '기록하다'(쓰다)라는 동사(카타브)가 단 세 번 밖에 사용되지 않는데(3:3; 7:3; 22:20), 그 중의 두 번이 '진리'(에메트)와 관련된다는 점이다.

본구절과 관련된 잠언 22:20 외에 잠언 3:3에서 "인자와 진리로 네게서 떠나지 않게 하고 그것을 네 목에 매며 네 마음 판에 새기라"의 바로 '새기라'는 표현이 '카타브' 동사의 번역이다. (인자와) 진리는 곧 새겨야(기록해야) 한다는 것이다.

이상으로 본서론에서는 잠언이 모종의 텍스트와 관계되었다는 사실을 알 수 있는데, 이 점에서 잠언의 다른 부분보다도 본단락이 이집트의 지혜 문학인 '아메네모페트'와 비슷한 내용을 꽤 많이 공유하는 이유를 알 수 있다. 본단락은 이미 '기록되어 있던', 다시 말해서 그 형식이나 내용이 이미 정해져 있는 텍스트에서 비롯되었기 때문인 것이다. 그렇다면 이스라엘의 전통적인 교훈과 상관없는, 외국의 문서일 수도 있는 '모종의 텍스트'가 어떻게 성경의 일부분이 될 수 있었던 것일까? 19절에서 그 단서를 찾을 수 있다.

[19절] "내가 너로 여호와를 의뢰하게 하려 하여 이것을 오늘 특별히 네게 알게 하였노니." '오늘 특별히 네게'에 해당하는 히브리어는 '하욤 아프 아타'

이다. '아프 아타'라는 말은 원래 '너에게도'라는 의미다. 이 의미를 좀더 풀이하면, 원래 '네게'는 해당되지 않지만 만약 '이것을' 알게 된다면 오히려 '여호와를 의뢰하는데' 더 도움이 될 것이기에 '너에게도, 특별히' 가르친다는 뜻이 내포되어 있다. 이 표현에서 본단락의 본질을 이해할 수 있다. 히브리어 문장에 '이것'에 해당하는 단어는 없지만, '아프-아타'라는 표현이 본단락은 아무나 배울 수 있는 내용이 아니라는 암시를 하고 있다. 그러므로 '모종의 텍스트'가 성경의 일부가 될 수 있었던 것은 '가르치는 자'와 '배우는 자' 사이의 긴밀한 신학적 연대감 때문이었을 것이다.

3. 설교를 위한 적용: 말씀을 전하는 자의 사명

지혜 있는 자가 원하는 것은 첫째, 말씀을 듣는 자가 오직 '여호와를 의뢰하게 하려는 것'이며, 둘째, '진리의 확실한 말씀을 깨닫게 하는 것'이다. 이것은 이 시대 말씀을 전하는 자와 말씀을 듣는 자들도 명심해야 할 사항인데, 첫 번째 사항과 관련하여 바울은 다음과 같은 표현을 사용했다. "내가 하나님의 열심으로 너희를 위하여 열심을 내노니 내가 너희를 정결한 처녀로 한 남편인 그리스도께 드리려고 중매함이로다"(고후 11:2). 말씀을 전하는 자는 바울이지만, 말씀을 듣는 자들의 마음은 오직 그리스도에게 향해야 한다는 것이다. 그래서 바울은 다음 구절에서 다음과 같이 염려한다. "뱀이 그 간계로 이와를 미혹케 한 것 같이 너희 마음이 그리스도를 향하는 진실함과 깨끗함에서 떠나 부패할까 두려워하노라"(고후 11:3). 그러므로 말씀을 전하는 자나 듣는 자나 말씀을 배우는 목적은 오직 그리스도를 향한 마음이 굳세지는 것임을 기억해야 한다. 두 번째 사항과 관련하여 역시 바울은 다음과 같이 고백한다. "형제들아 내가 너희에게 나아가 하나님의 증거를 전할 때에 말과 지혜의 아름다운 것으로 아니하였나니 내가 너희 중에서 예수 그리스도와 그의 십자가에 못 박히신 것 외에는 아무 것도 알지 아니하기로 작정하였음이라"(고전 2:1~2). 예수 그리스도만이 진리요(요 14:6), 그의 십자가에 못 박히신 것만이 복음이기 때문이다(행 2:36).

사회 정의에 대한 주제

본 주제와 관련된 2형식 잠언들은 크게 세 가지 부류로 나눌 수 있다. 첫 번째는 단순히 하지 말아야 할 것을 권면한다는 점에서 수동적인 것으로 분류했고, 두 번째는 사회 참여를 적극적으로 권면한다는 점에서 능동적인 것으로 분류했다. 세 번째는 사업에 대한 권면인데 공익을 강조한다는 점에서 사회 정의와 관련된 주제에 포함시켰다.

1. 사회정의의 수동적 참여

1) 탈취와 압제에 대한 경고

[2형식] "약한 자를 약하다고 탈취하지 말며 곤고한 자를 성문에서 압제하지 말라 대저 여호와께서 신원하여 주시고 또 그를 노략하는 자의 생명을 빼앗으시리라"(22:22~23).

22절의 '약한 자'와 '곤고한 자'는 히브리어로 각각 '달'과 '아니'이다. 두 단어 모두 사회적·경제적 약자를 의미한다. '탈취'는 히브리어로 '가잘'이라는 단어를 사용했는데, 남의 소유를 강제로 빼앗는 것을 의미한다. 그러나 이 단어의 동어반복으로 사용된 '성문에서 압제하다'라는 표현을 보면, 이 정황은 재판 과정에서 이루어지는 '유전무죄, 무전유죄'의 상황이지 강도나 폭력배의 강탈을 의미하지 않는다. 성경에서 '성문'은 재판, 매매 등의 '공적 활동'이 이루어지는 장소이기 때문이다. 23절에서 '신원'이라는 표현이 사용되었는데, 히브리어로는 '야리브 리밤'('그들의 논쟁을 논하다')이다.

다시 말하면 '여호와께서 그들을 재판하신다'라는 뜻이다. 이어서 '카바아'라는 동사가 나오는데, 이 동사는 말라기 3:8~9에서 '도적질하다'라는 의미로 사용되었다. 따라서 직역을 하면, '(여호와께서) 그들을 도적질하는 자들(코브에이헴)의 생명을(나페쉬) 빼앗으시리라(카바아)'이다. 본구절에서 경고의 대상은 공권력을 이용해서 약자의 재산을 탈취하는 자들이 해당된다.

2) '옛 지계석'에 대한 훈계

[2형식] "옛 지계석을 옮기지 말며 외로운 자식의 밭을 침범하지 말찌어다
대저 그들의 구속자는 강하시니 너를 대적하사 그 원을 펴시리라"
(23:10~11).

'지계석'이라는 표현을 사용했다고 해서 어떤 비석을 의미하는 것은 아니다. 히브리어로는 '그불'이라는 단어를 썼는데, 단순히 (토지의) 경계'라는 뜻이다. 따라서 그 '경계'가 비석인지 돌무더기인지 논두렁의 형태인지는 알수 없다. '외로운 자식'은 히브리어로 '예또밈', 즉 '고아들'이라는 뜻이다. 성경에서 '고아'는 '과부'와 함께 사회적·경제적 약자의 상징으로 사용된다. 신명기 27:17; 욥기 24:2; 잠언 15:25 등에서도 '지계표(석)'을 옮기는 문제에 대한 언급이 나오는데, 이러한 행위는 그 대상이 고아나 과부가 아니라도 '저주'의 대상이며(신 27:17) 벌 받을 행위인데(욥 24:2), 잠언에서는 본구절과 함께 이러한 행위를 단순히 정죄하기보다는 여호와께서 보호하신다는 사실을 강조하고 있다(15:25).

'(그들의) 구속자'라는 말은 히브리어로 '고알람'이라 표현했는데, 오경(토라)에서는 '고엘'이 사람으로서, '구속자'라기보다는 '보수자', '무를 자' 등으로 번역된다(레 25:25; 민 35:21; 신 19:6 등). 그러나 시편(19:15; 78:35)과 제2이사야(41:14; 43:14; 44:16, 24; 48:17 등, 참고 렘 50:34)에서는 여호와 하나님께서 '고엘'이 되신다. 잠언에서는 단 한 번, 본구절에서 이 단어가 사용되었는데(욥기에서도 단 한 번, 19:25), 의심의 여지없이 여호와 하나님을 가리킨다. 그렇다면 본구절은 적어도 제2이사야 시대와 관련이 있을 것이다.

'너를 대적하사 그 원을 펴시리라'는 문장은 히브리어로 앞에서 다룬 구절 22:23의 앞 부분과 비슷하다. '후 야리브 에트 리밤 이트카'. '야리브 (에트) 리밤'이라는 표현을 22:23에서는 '신원하다'라고 번역했는데 본구절에서는 '원을 펴시리라'라고 번역했다. 모두 재판을 통해서 억울함을 풀어준다는 의미를 내포하고 있다. 마치 암행어사가 출두해서 억울하게 옥에 갇히거나 피해를 입은 사람들을 구제하는 정황과 같다. 따라서 '대적하다'라는 말은 재판

과정에서 원고와 피고로 맞선다는 의미인데, 여호와께서(또는 구속자가) 억울하게 '피고'가 되었던 사람 편에 서서 원고였던 사람을 도리어 '피고석'에 세운다는 뜻이다. 본잠언에서는 경고의 대상이 굳이 '공권력'을 가진 자에게 한정되지 않는다. 누구든지 다른 사람의 약점을 이용해서 자신의 이익을 추구하는 사람은 이 경고의 대상이 된다.

[**1형식**] "네 선조의 세운 옛 지계석을 옮기지 말찌니라"(22:28).

1형식에 속하는 본구절의 '옛 지계석'과 2형식 잠언(23:10)의 '옛 지계석'은 우리말 뿐만 아니라 히브리어로도 '게불 올람'이라는 같은 표현을 사용한다. 그러나 본구절에서는 위의 2형식 잠언과 달리, "네 선조의 세운"이라는 수식어가 있다. 따라서 같은 '옛 지계석'이지만 위의 2형식에서는 '옛 지계석'의 임자가 '고아들'이나 약자인데 반해, 본 1형식에서는 '옛 지계석'의 임자가 '조상들'이다. 다른 사람의 조상이 아닌 이 훈계를 듣고 있는 인물의 조상들이다. 그렇다면 본구절에서 '옛 지계석을 옮기지 말찌니라'라고 훈계한 의도는 앞의 2형식에서 요구한 것과 완전히 다르다. 다른 사람의 것을 탈취하지 말라는 것이 아니라, 오히려 자신의 것을 빼앗기지 말라는 의미이다. 한 마디로 조상들께서 물려주신 영토를 잘 간수하라는 뜻이다. 정의란 무엇인가? 타인의 권리를 존중하되, 자신의 권리를 지키는 것도 의미한다. 자신의 권리를 포기하고 타인의 권리만 존중하는 것은 정의가 아니라 '박애'이다. 무릇 자신의 것을 지킬 수 있는 사람이 이웃의 것을 지켜줄 수 있다. 자신도 지키지 못하면서 사회정의를 실현할 수는 없는 것이다.

3) 원수에 대한 태도

[**2형식**] "네 원수가 넘어질 때에 즐거워하지 말며 그가 엎드러질 때에 마음에 기뻐하지 말라 여호와께서 이것을 보시고 기뻐 아니 하사 그 진노를 그에게서 옮기실까 두려우니라"(24:17~18).

'원수'라는 말은 히브리어로 '오예브'이고 '적'이라는 뜻이다. 따라서 감정적으로 사이가 나쁜 정도를 말하는 것이 아니라 투쟁의 대상을 의미한다. 반드시 어느 한 쪽이 사라져야 할 관계인 것이다. 국방백서에서 다루는 '주적'의 개념이다. 여기서 '넘어지다'(나팔)의 의미는 뒷부분의 '엎드러지다'에 잘 표현되었듯이, 일시적인 실패를 가리키는 것이 아니라 완전한 파멸을 말한다. 전투의 상황에서 '나팔'(넘어지다, 엎드러지다)이라는 표현을 사용하면 그것은 곧 죽음을 의미한다(삼하 1:25, 27). 따라서 '원수가 넘어진다'는 것은 적이 완전히 파멸당했다는 것이다. 그렇다면 이것이야말로 정말 기뻐하고 즐거워할 일이 아닌가?

그러나 이런 상황에서 본 잠언은 '즐거워하지 말며, 기뻐하지 말라'고 한다. 한 마디로 상식을 벗어난다. 그렇다면 그 이유는 무엇일까? 이어지는 18절 말씀에 따르면 '여호와께서 이것을 보시고 기뻐 아니 하시기' 때문이다. 히브리어 표현에 의하면, '라아 베에이나브', '그 분의 눈에(보시기에) 악하기' 때문이다. 그 어떤 정황에도, 그 어떤 타당성에도, '여호와 하나님 보시기에 나쁘다'는 이 한 가지 기준이 모든 것을 좌우한다. 바로 여기서 윤리와 신앙의 상관관계가 분명히 드러난다. 삶을 규율하는 것이 윤리지만 윤리가 모든 삶을 규정할 수는 없다는 것이다. 윤리적으로 아무런 문제가 없는 삶에 있어서도, 이를테면 '원수의 멸망을 보며 기뻐하는', 윤리적으로는 지극히 정상적인 태도조차도 여호와 하나님의 눈에 '나쁘게' 여겨질 수 있는 것이다. 그렇다면 윤리의 잣대로 하나님의 기준에 저항할 것인가? 그런 의미에서 본 잠언은 단순히 '원수의 멸망에 대한 태도'를 다룬다기보다는 근본적으로 사회정의의 기준이 무엇인지를 가르쳐 준다고 보아야 맞다. 사회정의의 실현은 원수의 멸망으로 성취되는 것이 아니라, 여호와 하나님 보시기에 좋아야 한다.

[1형식] "너는 그가 내게 행함 같이 나도 그에게 행하여 그 행한 대로 갚겠다 말하지 말찌니라"(24:29).

'행한 대로 갚겠다'는 것은 법적으로 보장된 권리다(출 21:23~25; 레

24:19~21; 신 19:21). 그럼에도 불구하고 본구절에서는 이러한 '권리'조차 금지한다. 바로 위에서 살펴 본, '원수의 재앙'에도 기뻐하지 말라는 2형식 잠언과 일치한다. 그러나 2형식 잠언과 달리, 본구절에서 이렇게 '차원이 다른 윤리'의 근거는 밝히지 않는다. 어떤 정황에서, 누구에게, 무엇 때문에 이러한 명령이 주어졌는지 알 수는 없다. 다만 분명한 사실은 율법에서 가르치는 것과는 다른 새로운 윤리라는 점이다. 윤리는 삶과 밀접한 관계가 있다. 따라서 새로운 윤리는 새로운 삶을 전제한다. 원수일지라도 '공존'에 가치를 두며, '복수' 대신 '화해'를 모색하는 삶이다. 더 이상 '그 행한 대로' 갚겠다고 말하지 않음으로써 복수의 악순환을 단절하려는 지혜가 있다. '진실과 화해 위원회'를 통해서 사회정의를 달성한 넬슨 만델라의 모습을 떠올리게 한다.

지금까지 다룬 세 가지의 2형식 잠언들은 단순히 무엇인가를 하지 않는다는 측면에서 사회정의의 수동적 참여와 관계가 있는데, 이들 모두 여호와 하나님의 간섭하심을 전제로 하고 있다. 이 잠언들의 또 다른 특징은 사회정의의 '대상'이 별로 중요하지 않다는데 있다. 빈민이나 고아와 함께 심지어 원수까지도 그 대상에 포함되기 때문이다. 그렇다면 본잠언들은 사회정의의 실현 그 자체를 목표로 한다기보다는 사회정의, 곧 윤리의 당위성이 근거하는 곳을 가르치려는데 목적을 두고 있다. 윤리의 근거는 두말할 필요도 없이 여호와 하나님의 뜻이다. 신앙은 윤리의 승화, 다시 말해서 지고의 선에 놓여 있는 것이 아니라 윤리의 근본에 위치한다. 따라서 윤리를 통해 신앙을 판단하는 것이 아니라 신앙을 통해 윤리를 규정한다.

2. 사회 정의의 능동적 참여

1) 변명할 수 없는 의무
[2형식] "너는 사망으로 끌려가는 자를 건져주며 살육을 당하게 된 자를
　　　　〈구원하지〉 아니치 말라 네가 말하기를…"(24:11~12).
11절에서 '사망으로 끌려가는 자' 또는 '살육을 당하게 된 자'가 누구인지,

무엇 때문에 그런 상황에 처하게 되었는지, 어떤 방법으로 구원할 수 있는지 전혀 알 수 없다. '사망으로 끌려가는 자'가 실제로 죽을 죄를 지은 것인지 아니면 억울한 처지에 있는 것인지도 알 수 없다. 그럼에도 불구하고 이어지는 12절의 설명은 오직 한 가지 사실에만 초점을 맞추고 있다. '나는 그것을 알지 못하였노라 할찌라도 마음을 저울질 하시는 이가 어찌 통찰하지 못하시겠으며 네 영혼을 지키시는 이가 어찌 알지 못하시겠느냐.' 한 마디로 여호와 하나님 앞에서 '몰랐다'는 변명이 통할 수 없다는 것이다.

12절의 장황한 설명에서 '사망으로 끌려가는 자'의 정황을 전혀 언급하지 않는 것 자체가, 본잠언의 관심은 '사망으로 끌려가는 자'의 구출이 아니라는 사실을 보여 준다. 본잠언에서 중요한 것은 오히려, '사망으로 끌려가는 자를 구출하지 못한 정황'이다. 본문에 명시된 것은 아니지만, 추궁과 비슷한 12절의 책망을 참고할 때, 당연히 해야 할 일 혹은 당연히 할 수 있었던 일을 왜 하지 않았느냐는 질문이 내포되어 있다. 그래서 죽게 된 자를 구출하지 못한 정황은 바로 '몰랐다'는데 있었음을 밝히게 되는데, 문제는 그 정황이 거짓이라는 것이다. 사람들은 그 정황을 믿을지 몰라도 그 속마음을 아시는 분, 곧 여호와 하나님이 보실 때는 거짓이라는 것이다. 따라서 본잠언의 의도는 역시 사회정의의 실현 대상을 말하려는 것이 아니라, 사회정의의 적극적 참여를 방해하는 것이 바로 우리들의 위선임을 지적하려는 것이다. 윤리의 한계는 마음까지 바꿀 수는 없다는데 있다. 그러나 마음이 바뀌지 않으면 사람들은 자신의 행위에 대하여 얼마든지 납득할만한 핑계를 찾을 수 있다. 신앙은 행위에 있지 않고 마음에 있다. 사회정의의 능동적 참여는 무엇을 하느냐에 달려 있는 것이 아니라, 어떤 마음을 갖고 있느냐에 달려 있다. 물론 12절 마지막 부분에서 '그가 각 사람의 행위대로 보응하시리라'고 선언함으로써, 본 잠언이 마치 '행위'를 강조하는 것처럼 보인다. 그러나 이 행위는 '마음'(레브)과 '영혼'(네페쉬)의 상태를 보여주는 눈금에 불과할 뿐이다. 위선은 연료를 채우지도 않았는데 눈금은 맨 위에 놓여 있는 '고장 난 상태' 와 같다.

2) 사회정의의 책임

[2형식] "재판할 때에 낯을 보아주는 것이 옳지 못하니라; 무릇 악인더러
옳다 하는 자는… 오직 그를 견책하는 자는 기쁨을 얻을 것이요…"
(24:23하~25).

23하절의 '낯을 보아주다'라는 말은 히브리어로 '하케르 파님'이라 표현
한다. 히브리어로는 거의 동일한 표현이 신명기 1:17; 16:19; 잠언 28:21
에 반복된다. 따라서 이것은 그리 새로운 것은 아니다. 이어지는 '설명', 곧
24~25절의 내용이 새로운 지침을 제시한다. '재판할 때에 낯을 보아주는
것'은 어떤 의미에서 '인지상정'으로 받아들여질 수 있는 문제이다. 그럼에도
불구하고 본구절에서는 이것이 곧 '악인에게 옳다 하는 것'을 의미한다고 규
정한다. 그 결과 백성들과 국민들로부터 저주와 미움을 받을 수밖에 없다고
본다(24절). 그러므로 여기서 말하는 '낯'은 일반인의 낯이 아니라 악인의 낯
이다. 본구절은 '낯'의 실체를 규정하고 있다. 따라서 '악인을 견책하는 자'가
'재판할 때에 낯을 보지 않는 자'라는 결론에 이르게 된다(25상절). '견책하는
자(들)'을 히브리어로 '모키힘'이라 했는데, 그 어원은 '야카흐'로서 '어떤 일
의 해결'(창 20:16), '책망, 책선, 견책, 경책, 꾸짖음, 징계' 등으로 번역된다(창
21:25; 왕하 19:4; 대상 12:17; 욥 5:17; 잠 3:12; 28:23 등). 동시에 '변론, 판결, 판
단'(사 1:18; 2:4; 11:3; 미 4:3; 6:2 등)으로 해석되어 단순히 개인적인 책망뿐 아
니라 재판의 결과를 나타낼 수도 있다.

"스스로 기쁨을 얻을 것이며 '좋은 복'(비르카트-토브)을 받게 될 것이다"(25하
절)라는 말은 이러한 행동에 대한 보상처럼 보인다. 그러나 본구절이 재판
의 정황을 언급하고 있다는 사실을 염두에 둔다면, 공정한 재판의 결과로
'보상'을 말한다는 것 자체가 어울리지 않는다. 재판관으로서 당연히 해야
할 일을 한 것에 대하여 '보상'이 주어진다면 그 자체로서 재판은 공정한 것
이 아니다. 그러므로 이 구절에서 사용된 '복'(브라카)이라는 단어는 그 어떤 물
질적·외형적 보상과 관련이 없는 그야말로 '스스로 기쁨을 만끽하는' 것뿐
이다.

흥미로운 사실은 '재판할 때에 낯을 보지 않는 것'이 단순히 공정한 판결을 한다는 다소 소극적인 사회정의 문제를 넘어, '악인을 견책'한다는 보다 더 적극적인 사회 참여의 문제로 확대된다는 점이다. 악인을 견책한다는 것은 어떤 면에서 신변의 위협까지 초래할 수 있는 상당히 구체적인 지침이다.

[1형식] "너는 까닭 없이 네 이웃을 쳐서 증인이 되지 말며 네 입술로 속이지 말찌니라"(24:28).

'까닭 없이 네 이웃을 쳐서 증인이 되지 말며'라는 말은 잠언 3:30에 나오는 "(사람이 네게 악을 행하지 아니하였거든) 까닭 없이 더불어 다투지 말며"와 표현이 비슷하다. 특히 '까닭 없이'라는 의미로 사용된 히브리어 단어는 모두 '힌남'인데, 잠언 3:30에서는 "사람이 네게 악을 행하지 아니하였거든"이라는 말 때문에 '까닭 없이'에서의 '까닭'은 상대방이 행한 악과 관련 있음을 알 수 있다. 그러나 잠언 3:30에서는 '까닭 없이'에 해당하는 인물이 다툼(또는 재판)의 당사자인 반면, 본구절에서는 제삼자(증인)이기 때문에 여기서도 같은 '까닭'으로 즉 '악을 갚기 위해' 증인이 된다고 할 수는 없다. 여기서는 단순히 '근거(증거) 없이'라고 해석하는 것이 타당하다.

본구절 후반부의 "네 입술로 속이지 말찌니라"에서 '속이다'의 의미로 '하피타'라는 히브리어를 사용했는데 원래의 뜻은 '유혹하다'이다. '유혹'은 대개 나쁘게 말하는 것보다는 좋게 말하는 경우가 많다. 그러므로 여기서 증언을 한다는 것은 이웃을 해롭게 하기 위한 것일 수도 있고 도움을 주기 위한 것일 수도 있다. 때로는 '악인'을 두둔하기 위해 증인이 될 수도 있다. 우리말 번역의 '이웃을 쳐서'라는 표현은 본문의 의도를 한 가지 방향, 즉 이웃을 모함하기 위해 위증하는 정황으로만 해석하게 한다. 히브리어에는 나오지 않는 '쳐서'라는 표현을 생략할 필요가 있다. 위의 2형식 잠언은 훈계의 대상이 재판장인데 반해, 본1형식의 대상은 어떤 의미에서 재판과 전혀 상관없는 사람일 수도 있다. 재판의 정황에서 사회정의를 실현할 때 재판의 당사자들만 노력하는 것이 아니라, 사회 구성원 전체의 협조가 필요하다는 사실을 알 수 있다. 사회 정의의 수동적·능동적 참여에 대한 구절 주해 자체를 설교에 사용할 수 있을 것이다.

3. 공익에 대한 권면

[2형식] "네가 자기 사업에 근실한 사람을 보았느냐 이러한 사람은 왕 앞에 설 것이요 천한 자 앞에 서지 아니하리라"(22:29).

본문의 우리말번역과 히브리어는 차이가 있다. 첫째, '자기 사업에 근실한 사람'이라는 표현에서 '근실한'으로 번역된 히브리어 '마히르'는 '재빠른, 신속한'이라는 뜻으로 많이 쓰이지만, 에스라서에서 '율법에 익숙한 학사'(7:6)라고 할 때의 '익숙한', 시편 45:1에서 '필객의 붓' 할 때의 '필객' 등으로도 번역된다. 히브리어로는 에스더 7:6이나 시편 45:1이나 '소페르 마히르'라는 동일한 표현을 사용하는데 '소페르'는 우리말로 '서기관'이라는 왕궁의 직책으로서, '소페르 마히르'는 '재능 있는 서기관'을 의미한다. 그러므로 본 잠언에서 '자기 사업에 근실한 사람'이라는 표현은 '자기 일에(비므라크토) 능력을 발휘하는 사람(이쉬)'이라고 해석하는 것이 타당하다. '마히르'에 '근실(근면 성실)'이라는 뉘앙스는 없다.

둘째, '천한 자'라고 번역된 히브리어 단어 '하슈킴'은 성경에서 오직 본구절에만 사용되기 때문에 정확한 의미를 알 수 없다. 단지 '왕'의 상대어라는 사실만으로 의미를 유추할 따름이다. 영어 주석에서 이 단어를 'obscure'로 번역하는데, 이 단어가 '모호한, 어두운'의 의미에서 '천한 자'라는 뜻이 파생되기 때문이며, 이것은 히브리어 '하슈킴'이 '어두워지다'로 해석되는 '하샤크'와 관계 있다는 사실도 반영한다. 따라서 '어두움'의 뉘앙스를 갖고 '왕'의 상대어로 쓰인다는 점에서, '천한 자'로 번역되는 '하슈킴'의 의미는 밖으로 드러나지 않는 '비공식적인 일'을 상징한다. 본구절의 의도는 '재능 있는 사람'은 공적으로 인정받게 될 것임을 강조하는데 있다.

[1형식] "네 일을 밖에서 다스리며 밭에서 예비하고 그 후에 네 집을 세울

찌니라”(24:27).

바로 위에서 다룬 2형식 잠언(22:29)과 본구절 사이에는 공통점이 있다. 첫째, 본구절에서는 ‘일’, 잠언 22:29에서는 ‘사업’으로 번역된 ‘멜라카’라는 단어의 중요성이 강조된다. 양쪽 다 메시지의 핵심은 ‘멜라카’와 관련되어 있기 때문이다. 둘째, 위의 2형식에서 ‘왕의 앞에 서다‘라는 말의 의미를 공식적이거나 대외적인 일을 감당하게 된다는 의미로 이해했는데, 본1형식에서는 그 의미가 더욱 분명하다. 우선순위를 ‘밖에서 하는 일’로 분명히 못 박아 두고 있다. 유교의 원리 중에 ‘가화만사성(家和萬事成)’이라는 말이 있지만, 잠언에서는 그 순서가 반대이다. 공적인 일이 우선이다. ‘밭에서 예비하고’라는 표현은 본구절을 단순히 개인의 농사일에 대한 권면으로 여기게끔 하지만 고대 사회에서 ‘농업’은 국가적인 사업으로서, 역대상 27:26에서 “글룹의 아들 에스라는 밭가는 농부를 거느렸고”라는 표현을 보면 농업을 전담하는 왕의 신하가 있었음을 알 수 있다. 본구절이 개인적인 일에 대한 권면이라면, “그 후에 네 집을 세울찌니라”라는 말은 불가능할 것이다. 상식에서 벗어나기 때문이다.

[3형식] “내가 증왕에 게으른 자의 밭과 지혜 없는 자의 포도원을 지나며 본즉… 〈네가〉 좀 더 자자, 좀 더 졸자, 손을 모으고 좀 더 눕자 하니 네 빈궁이 강도 같이 오며 네 곤핍이 군사 같이 〈이르리라〉”(24:30~34).

본구절은 잠언 6:6~11과 비슷한 내용을 담고 있다. 특히 본문의 33~34절은 표현까지 거의 같다. 이미 잠언 6:6~11의 주해에서 언급했듯이 본 잠언은 단순히 게으름에 대한 훈계가 아니다. 33~34절에 대한 정치적 의미는 잠언 6:11에 대한 주해를 참고하기로 하고, 30~31절의 내용은 위에서 언급한 1형식 잠언(24:27)을 이 부분에 대한 결론으로 사용할 수 있을 만큼 주제가 같다. 33절을 참고할 때 본문의 ‘게으른 자’는 적어도 누워서 잠 잘 ‘집’은 소유하고 있다. 게으른 자가 ‘좀 더 자자, 좀 더 눕자’라고 말할 수 있는 것은 ‘집’ 안에서만큼은 아무런 문제가 없기 때문이다. 문제는 ‘밭’과 ‘포도원’으로 상징되는 밖에 있다. '가시덤불이 퍼지고 거친 풀이 지면에 덮이고 돌담이 무너진'(31절) 상황이다. 이것을 '게으른 자'는 전혀 깨닫지 못하고 있다. 그런 의미에서 본문의 '게으름'은 신체적인 비활동성을 말하는 것이 아니라 '상황 판단의 결여'를 말한다.

30절에서도 '게으른 자의 밭과 지혜 없는 자의 포도원'이라는 표현을 사용하는데, '게으른 자'를 '지혜 없는 자'와 동의어로 취급한다. '게으른 자'는 무엇을 먼저 해야 하는지 '우선순위'를 깨닫지 못한다. 그래서 '지혜 없는 자'인 것이다. 잠언에서 지적하는 '게으른 자'는 나름대로의 이데올로기를 갖고 있다. 특히 '밖'에 나가는 것을 거부한다. "게으른 자는 말하기를 사자가 밖에 있은즉 내가 〈나가면〉 거리에서 찢기겠다하느니라"(22:13), "게으른 자는 길에 사자가 있다 거리에 사자가 있다 하느니라"(26:13), '게으른 자'가 '밖'에 나가기를 거부하는 핑계가 잠언에서 두 번이나 비슷한 내용으로 반복된다는 점이 흥미롭다. 단순히 '일하기 싫어하는' 차원이 아니라 '밖에서 하는 일'을 싫어하는 모습이 나타난다. 따라서 '게으른 자'는 궁극적으로 자신도 도태되겠지만 일차적으로는 다른 사람에게 피해를 준다. "게으른 자는 그 부리는 사람에게 마치 이에 초 같고 눈에 연기 같으니라"(10:26). 한 마디로 '공공의 적'이라 할 수 있다. 본3형식 잠언에서, '게으른 자'의 구체적 상황 묘사는 위에서 살펴 본 2형식, 1형식 잠언에 나타난 '공익에 대한 권면'과 일치한다. '집' 안에서 좀 더 자자 좀 더 졸자 하지 말고, 밖에 나와 '밭'과 '포도원'을 다스리고 가꾸라는 것이다. 이것을 좀 더 확대하면 결국 '집'은 개인의 관심사이고 '밭'과 '포도원'은 '공익'을 상징한다고 볼 수 있다.

설교를 위한 적용으로는 다음과 같은 것들이 있다.

첫째, "너희는 먼저 그의 나라와 그의 의를 구하라 그리하면 이 모든 것을 너희에게 더하시리라"(마 6:33). 공익에 대한 구절을 설교함에 있어, 성경이 말하는 세상은 단순히 이 세상에 한정되어서는 안 된다. '하나님 나라'로까지 넓혀져야 한다.

둘째, "각각 자기 일을 돌아볼뿐더러 또한 각각 다른 사람들의 일을 돌아

보아 나의 기쁨을 충만케 하라"(빌 2:4), "너희가 짐을 서로 지라 그리하여 그리스도의 법을 성취하라"(갈 6:2). 신약에서의 '다른 사람'은 신앙공동체의 멤버를 의미한다. 성도들끼리 서로 돌보지 않으면, 하나님 나라의 확장은 이루어질 수 없기 때문이다. '짐'은 누구나 회피한다. 자신의 '짐'조차도 지기 싫어한다. 그러나 '남의 짐'까지 지는 것이 '그리스도의 법을 성취하는 것'이다. 그렇다면 무엇 때문에 이런 일을 해야 하는가? 바로 다음과 같은 이유 때문이다. "우리가 선을 행하되 낙심하지 말찌니 피곤하지 아니하면 때가 이르매 거두리라 그러므로 우리는 기회 있는 대로 모든 이에게 착한 일을 하되 더욱 믿음의 가정들에게 할찌니라"(갈 6:9~10).

인간 관계에 대한 주제

인간 관계를 다루는 본 주제에 1형식 잠언은 극히 드물다. 대신 3형식 잠언이 두 개나 포함되어 있는데, 본 주제에 나타나는 3형식 잠언들은 그 분량이 많다. 아울러 그 내용들은 매우 '세속적'이다. 그만큼 본단락에서 인간 관계에 대한 주제가 중요하게 다루어진다는 의미로 받아들일 수 있다.

1. 이런 사람이 되지 말라

1) 미련한 자

[2형식] "지혜는 너무 높아서 미련한 자의 미치지 못할 것이므로 그는 성문에서 입을 열지 못하느니라"(24:7).

'어리석은 자'와 '미련한 자'는 히브리어 단어도 다르지만 (페티/에빌), 성경에서 취급하는 방식도 다르다. '어리석은 자'는 훈계를 통해서 지혜롭게 만들여지가 있지만(시 19:7; 116:6, 130; 잠 1:4; 8:5; 9:4; 21:11), '미련한 자'는 개선의 여지가 전혀 없다(참고 잠 1:7). 본문에서(잠 24:7) '지혜가 너무 높아서' 미련한 자에게 미치지 못할 것이라 했지만, 히브리어 본문을 직역하면, "미련한 자에게는 지혜가 높아서"이다. 미련한 자에게만 지혜가 높은 것이지, 모든 사람에게 지혜가 높은 것은 아니라는 의미이다. '어리석은 자'조차 지혜로울 수 있다. 본구절의 후반부인 "그는 성문에서 입을 열지 못하느니라"는 표현은 단순 미래로 해석되었지만, 화자(話者)의 소망이 담긴 의지 미래로 보는 것이 낫다. 즉 "그가 성문에서 입을 열지 않았으면 좋겠다"라는 의미로 볼 수도 있다. 왜냐하면 잠언에서 지적하는 '미련한 자'의 특징 가운데 하나가 '입'으로 매와 멸망을 자초하는 것이기 때문이다(잠 10:8, 10, 14; 14:3, 참고 17:28 등).

'성문에서 입을 열지 않는다'는 말은 '공적인 활동을 하지 말라'는 뜻이다. 성경에 나타난 고대 사회의 관습에 따르면, '성문'은 모든 공적활동이 이루어지는 장소이기 때문이다.

설교를 위한 적용으로는 다음과 같은 것을 생각해 볼 수 있다. 신약에서는 미련한 자들에 대한 평가가 더 심하다. '열 처녀 비유'(마 25:1~13)에 나오는 '미련한 다섯 처녀'는 잔치에 들어가지 못한다. '어리석은 부자의 비유'(눅 12:13~21)에서, 이 부자는 '생명'을 잃는다. 그런데 신약성경에서 말하는 '미련함'은 이 세상의 지혜가 부족한 상태를 가리키는 것이 아니다. 위의 두 비유에서 미련한 다섯 처녀와 어리석은 부자의 공통점은 자신들에게 필요한 것이 무엇인지를 몰랐다는 것이다. 마찬가지로 위의 잠언에서 '미련한 자'의 문제도 무엇인가? '성문'에서 해야 할 일에 대한 '자격조건'을 갖추지 못한 것이다.

2) '사특한 자'

[2형식] "악을 행하기를 꾀하는 자를 일컬어 사특한 자라 하느니라"(24:8).

'사특한 자'는 히브리어로 '바알 메짐모트'이다. '바알'이라는 단어에 여러 가지 뜻이 있지만(주인, 남편, 가나안 신의 이름 등), 다른 명사 앞에 사용되어 "~하는 사람"의 의미를 나타내기도 한다. '메짐모트'는 '메짐마'의 복수형으로서, '궤휼, 꾀, 계교, 행음'(욥 21:27; 시 10:2; 21:11; 렘 11:15) 등의 부정적인 의미와, '경영, 근신, (하나님의) 뜻'(욥 42:2; 잠 1:4; 2:11; 5:2; 8:12; 렘 23:20; 30:24; 51:11)이라는 긍정적인 의미를 모두 갖고 있다. 여호와 하나님에 대해서도 '메짐마'를 사용한다('경영', '뜻'). 잠언 1장의 주해에서 밝힌 대로, '메짐마'가 '근신'이라는 긍정적 기능을 하기 위해서는 거기에 수반되는 윤리적 조건들 [지혜, 훈계, 명철의 말씀, 의롭게, 공평하게, 정직하게 행할 일에 대한 훈계(잠 1:2~3)]이 충족되어야 한다. 본구절에서 '메짐모트'는 이러한 '윤리적 조건'들이 수반되지 않는다. 그러므로 '악을 행하기를 꾀하는 자'일 수 밖에 없고 '사특한 자'가 될 수밖에 없다. 따라서 '사특한 자'란 미련하지는 않으나 그 꾀를 악한데 사용하는 자다.

3) 거만한 자

[2형식] "미련한 자의 생각은 죄요 거만한 자는 사람의 미움을 받느니라"
(24:9).

24:9에는 7절과 8절의 요소와 함께 새로운 인간상이 나타난다. 7절과 8절의 요소는 '미련한 자의 생각'으로 번역된 '짐마트 이벨레트'라는 표현에 들어 있는데, '짐마트'는 8절의 '메짐모트'와 어원도 같고 뜻도 같은 단어이며, '이벨레트'는 7절의 '에빌'(미련한 자)과 어원이 같으면서 주로 '어리석음, 우매함'이라는 추상명사로 쓰이는 단어다. 본문에서는 '미련한 자'라고 번역했지만 이것은 히브리어 텍스트를 반영한 것이 아니라 헬라어 텍스트인 칠십인역을 따른 것으로, 헬라어로는 '이벨레트'를 '아프론' 즉 '에빌'이라 번역했다. 따라서 히브리어 텍스트를 따를 때는 '미련한 자' 대신 '미련함'이라고 번역해야 한다. 이 경우 '짐마트 이벨레트'는 명사연결형 구조로 '미련한 생각'으로 번역된다. 이를 토대로 본구절을 다시 해석하면 "미련한 생각은 죄로되, 거만한 자는 사람의 미움을 받느니라"라고 할 수 있다.

그렇다면 본구절에서 소개하려는 인물은 오직 '거만한 자'(레츠)뿐이며, '거만한 자'는 '미련한 생각' 때문에 죄를 짓게 되고 또한 사람들에게 미움을 받는다는 것이다. '거만한 자'가 '미련한 생각'을 한다는 해석과 관련해서 잠언 14:6을 참고할 때, "거만한 자는 지혜를 구하여도 얻지 못하거니와 명철한 자는 지식 얻기가 쉬우니라" 즉 지혜를 얻기 힘들다는 점에서 '거만한 자'도 '미련한 자'와 다를 바 없다. 아울러 '미련한 자'와 '어리석은 자'가 다른 것처럼 '거만한 자'와 '교만한 자'도 다르다. '교만한 자'의 경우 '레츠'라는 히브리어 단어를 사용하지 않고, 주로 '마음이 높다, 눈이 높다'는 표현을 사용한다. 그리고 '교만한 자'는 여호와께 미움을 받지만(잠 6:17; 15:25; 16:5 등), '거만한 자'는 사람들에게 미움을 받는다.

2. 이런 사람들과 사귀지 말라: 교제 금지 대상들

1) 영혼에 올무가 되는 사람들

[2형식] "노를 품는 자와 사귀지 말며 울분한 자와 동행하지 말찌니 그 행위를 본받아서 네 영혼을 올무에 빠칠까 두려움이니라"(22:24~25).

'노를 품는 자'는 히브리어로 '바알 아프'이다. '바알'은 잠언 24:8에서, '사특한 자'라는 표현에도 사용되었다(바알 메짐모트). '아프'는 원래 신체의 일부인 '코'(창 2:7; 7:22 등)를 뜻하지만 '노, 분노' 등의 의미로 더 많이 쓰인다(창 27:45; 출 4:14; 민 12:9; 신 11:17 등). '울분을 품는 자'는 히브리어로 '이쉬 헤모트'이다. '헤모트'는 역시 '노, 진노, 분노' 등으로 쓰이는 '헤마'에서 비롯된 형태인데, 시편 76:10(히. 11절)에 '바브' 없이 본구절과 같은 형태가 나온다(헤모트). '영혼을 올무에 빠친다'는 표현은 죽음에 이른다는 의미이다. 사무엘상 28:9에서 본구절과 마찬가지로 '영혼'을 뜻하는 히브리어 '네페쉬'와 '올무'를 뜻하는 히브리어 '모케쉬'를 사용했는데, "내 생명에 올무를 놓아"라고 번역했다. 잠언에서 '모케쉬'는 '그물'로도 번역되었는데 역시 '사망'과 관련된다(13:14; 14:27).

잠언에서는 '분노' 자체에 대해서도 경고를 한다. "노하기를 맹렬히 하는 자는 벌을 받을 것이라 네가 그를 건져 주면 다시 건져 주게 되리라"(19:19, 참고 14:17, 19; 15:1, 18; 16:32; 19:11 등). 문제는 '분노'가 단지 사람의 타고난 성품에서만 기인하는 것이 아니라 '학습'을 통해서도 가능하다는 것이다. '분노'와 '울분'은 전염성이 있다. 옆에서 보고 듣다 보면 배우게 된다. 공산주의 혁명이 '분노의 학습'에 의해서 이루어졌다는 사실은 잘 알려져 있다. '가진 자들'의 횡포와 사회 구조의 모순을 지적한 것까지는 문제가 없지만, '민중'에게 분노를 학습시켜 그들을 타도의 대상으로 삼은 것은 결국 모두가 몰락하는 결과를 가져오게 한 것이다.

설교를 위한 적용으로는 다음과 같은 것들을 생각해 볼 수 있다. "분을 내어도 죄를 짓지 말며 해가 지도록 분을 품지 말고 마귀로 틈을 타지 못하게 하라"(엡4:26~27). 분노 자체로 망하는 것은 아니다. 분노는 죄를 짓게 한다. 그 죄로 말미암아 영혼을 올무에 빠지게 한다. 여호와께서 가인에게도 같은 취지로 말씀하신다. "네가 분하여 함은 어찜이며 안색이 변함은 어찜이뇨 네가 선을 행하면 어찌 낯을 들지 못하겠느냐 선을 행치 아니하면 죄가 문에 엎드리느니라 죄의 소원은 네게 있으나 너는 죄를 다스릴찌니라"(창 4:6~7). 가인이 심히 분하여 안색이 변한 상태를 여호와께서는 '선을 행치 않는 것'이라 말씀하시고, 그 결과 '죄'를 짓게 될 것이라 경고하셨다. 그렇다면 어떻게 해야 할 것인가? 분노 자체가 생기지 않게 하는 '예방법'은 없다. 대신 '후속 조치'가 있다. 분노가 '죄'로 이어지는 길만 차단하라는 것이다. 그리하여 여호와께서는 가인에게 '분노'를 다스리는 것이 아니라 '죄를 다스릴찌니라'고 하셨는데, 바울은 그 방법을 좀 더 구체적으로 가르쳐 준다. '시간'의 도움을 받는 것이다. 갑작스럽게 치밀어 오른 분노를 일단 품되, 해가 지는 순간 재빨리 버리는 것이다. 어둠이 내리면 마귀는 더욱 활개를 칠 것이기 때문이다. 그리하여 마귀로 틈타지 못하게 하는 것, 이것은 분노 자체를 다스리려고 애쓰는 것보다는 어쩌면 가장 현실적인 방법일 것이다.

2) 방탕한 자들

[2형식] "술을 즐겨하는 자와 고기를 탐하는 자로 더불어 사귀지 말라 술 취하고 탐식하는 자는 가난하여질 것이요 잠자기를 〈즐겨하는 자

는〉 해어진 옷을 입을 것임이니라"(23:20~21).

'술을 즐겨하는 자'는 히브리어로 '소브에이 야인', 원 뜻은 '술 취하는 자'이다. 단순히 '즐기는' 차원이 아니라 술에 절어 있는 상태를 말한다. '고기를 탐하는 자'는 히브리어로 '졸랄레이 바사르'라는 표현을 사용했는데, '졸랄'이라는 히브리어 자체가 '방탕한 자'(신 21:20), '탐식자'(잠 28:7)의 의미를 나타낸다. 따라서 고기를 먹는 것에 문제가 있다는 뜻이 아니라, 그 대상이 '고기'가 되었든 뭐가 되었든 사람 자체가 '방탕함'에서 기인한 '탐식자'라는데 문제가 있다는 의미다. 그리하여 잠언 28:7에서는 "… 탐식자를 사귀는 자는 아비를 욕되게 하는 자니라"라고 하여 '탐식자' 자체가 문제임을 밝힌다. 이들의 문제는 경제적인 피해를 가져 온다는데 있다. 20절에서는 이런 자들을 사귀지 말라하고, 21절에서는 이런 자들의 문제점을 지적하고 있는데, 20절에서는 단지 '술을 즐겨하는 자'와 '고기를 탐하는 자'만 언급되어 있으나, 21절은 '잠자기를 〈즐겨하는 자〉'가 추가되었다. 히브리어로는 '누마'라는 표현을 썼는데, 어원은 '눔'으로[시 76:5(히. 6절); 121:3, 4; 사 5:27; 56:10; 홈 3:18] 대부분 정상적인 잠을 의미하는 것이 아니라 파수꾼이나 병사가 임무 중에 '조는' 정황을 나타낸다. 결국 위의 잠언 22:24~25에서 언급한 것처럼, 이런 자들을 사귀게 되면 이들의 행위를 따라하게 된다는 사실이 전제되어 있다. '분노' 뿐만 아니라 '술 취함'과 '방탕함'도 배우게 된다는 것이다. 잠언에서는 '교제'를 단순한 인간 관계가 아니라, '서로 배우고 영향을 주는' '학습효과'의 차원으로 보고 있다.

[3형식] "재앙이 뉘게 있느뇨 근심이 뉘게 있느뇨 … 내가 언제나 깰까 다시 술을 찾겠다 하리라"(23:29~35).

'술을 즐겨하는 자'와의 교제에 대해서 자세한 해설을 시도한 것으로 보인다. 그만큼 이 문제를 중요하게 다루고 있다. 첫 구절(29절)에서 사용된 '재앙이 뉘게 있느뇨, 근심이 뉘게 있느뇨' 라는 표현에서 각각 '재앙'과 '근심'의 의미로 쓰인 히브리어는 '오이'와 '아보이'인데, 현대 히브리어에서도 누군가

해서는 안 되는 일을 함으로써 사고를 냈을 때 "오이 아보이!"라고 혀를 끌끌 차면서 사용하는 관용어이다.

29절에서만 '뉘게'라는 말이 여섯 번이나 반복된다. 그리고는 30절에서 그 사람이 바로 '술에 잠긴 자요 혼합한 술을 구하러 다니는 자'라고 답변을 한다. 수사학적으로 '술에 잠긴 자' 또는 '혼합한 술을 구하러 다니는 자'에게 관심을 집중시키는 역할을 하고 있다. 31절의 '포도주'에 대한 묘사에서 "그 것을 보지도 말라"는 권면은 32절의 뱀과 독사에 대한 비유를 통해서 더욱 강조되는데, 붉은 포도주가 잔을 따라 흘러내리는 모습을 마치 뱀이 날렵하게 움직이는 것처럼 시각적으로 표현하고 포도주가 입 속에 들어와 톡 쏘는 느낌을 뱀에게 물렸을 때의 따끔함과 같은 상황과 비교했다.

33~34절은 온 몸에 독이 퍼진 상태를 나타낸다. '눈에는 헛것이 보이고'(33절), '정신은 몽롱하며'(34절), '몸에는 감각이 없다'(34절). 따라서 그 다음 상황은 두말할 필요도 없이 '죽음'이라는 사실을 암시한다. 그럼에도 불구하고 "다시 술을 찾겠다 하리라" – 알콜 중독자의 모습을 이보다 더 실감나게 묘사하지는 못할 것이다. 포도주를 뱀의 독에 비유한 것은 본잠언에만 해당되는 것은 아니며, 신명기 32:33에서 이미 사용되었는데 포도주 자체가 뱀의 독이라는 의미가 아니라 이스라엘의 대적들이 만들어내는 포도주가 뱀의 독이라는 뜻이다.

본단락에서도 '술 자체'를 거부하는 것이 아니다. 포도주 자체는 성경에서 긍정적으로 받아들여진다(삿 9:13; 전 9:7; 10:19 등). 문제는 '누가', '누구의' 포도주를 마시느냐에 있다. 성소에 들어가는 제사장의 경우(레 10:9), '나실인'의 경우(민 6:2~3), 재판하는 왕의 경우(잠 31:4~5) 포도주나 독주를 마실 수 없다. 그런 의미에서 본잠언은 '술을 즐겨하는 자'와 '고기를 탐하는 자'와의 교제 때문에 술을 마시게 되는 정황을 말하는 것이다. 이런 자들과 교제의 잔을 나누게 되면 반드시 뱀이나 독사에게 물린 것과 같은 결과를 가져오게 된다는 것이다.

[3형식] "네가 관원과 함께 앉아 음식을 먹게 되거든 삼가 네 앞에 있는 자

가 누구인지 생각하며 네가 만일 탐식자여든 네 목에 칼을 둘 것이
니라 그 진찬을 탐하지 말라 그것은 간사하게 〈베푼〉 식물이니라
부자 되기에 애쓰지 말고 네 〈사사로운〉 지혜를 버릴찌어다 … 네
가 조금 먹은 것도 토하겠고 네 아름다운 말도 헛된데로 돌아가리
라”(23:1~8).

본주제와 관련된 3형식 잠언들은 더 이상 '교제'를 문제 삼지 않는 것처럼
보인다. 바로 위에서 주해한 '술 취함의 문제'를 다룬 잠언 23:29~35에서도
어떤 교제 대상의 문제를 지적하는 것이 아니라 훈계를 듣는 사람 본인의 문
제를 지적했듯이, 본단락에서도 '탐식하는 자'는 훈계를 듣는 사람 자신이기
때문이다. 그러나 두 3형식 잠언들의 주제가 '술'과 '탐식'이라는 사실은 교제
의 금지 대상을 다룬 위의 2형식 잠언(23:20~21)을 여전히 의식하지 않을 수
없게 한다. 그런 의미에서, 본3형식 잠언들은 훈계를 듣는 자가 교제금지의
대상들에게 동화된 그 이후의 문제를 다룬다고 볼 수 있다. 이제 본단락의
주해로 들어가서, 본문 자체만 놓고 볼 때는 단지 '관원'과의 교제를 경고하는
것처럼 보인다. 그러나 본단락의 핵심은 '탐식'으로 상징되는 '탐심'에 있다.
위에서 이미 살펴보았듯이, '고기를 탐하는 자'라는 표현은 방탕한 자에 대한
상징적 의미였는데, 이제 이러한 '방탕한 자'의 모습이 어떠한지, 이들이 주의
해야 할 것은 무엇인지 본단락에 자세히 언급된다.

첫째, 때때로 '관원'들은 여러 가지 목적에서 '방탕한 자'라 할지라도 교제
를 한다. 그러나 주의해야 한다. '관원'들은 자신의 목적에 부합되지 않는다
면 언제든지 그 태도가 돌변할 수 있기 때문이다. 1절에서, '삼가 네 앞에 있
는 자가 누구인지 생각하며'라는 말에서 '생각하며'는 히브리어로 '빈 타빈'인
데, 동사의 명령형과 미완료형을 동시에 사용하는 용법은 강조의 의미다. 따
라서 단순히 '생각하며'가 아니라, '잘 이해하라' 또는 '꼭 주의하라'라는 뜻이
다. '관원'의 속성을 잊지 말라는 의미로도 해석할 수 있다. 그렇다면 '관원'
의 속성은 무엇일까? 6~7절을 참고할 때, 그는 '악한 눈이 있는 자'로 묘사
된다. '악한 눈이 있는 자'라는 표현은 잠언 28:22에도 나오는데, '재물을 얻

기에 급급한 자'이다. 참고로 잠언 22:9에서는 '선한 눈을 가진 자'를 언급하는데, 이러한 자는 자기의 양식을 가난한 자에게 준다. 따라서 이러한 설명을 종합할 때, '악한 눈이 있는 자'는 '재물에 욕심이 있는 자' 곧 '탐욕스러운 자'임을 알 수 있다. 2절의 '네 목에 칼을 둘 것이니라'라는 표현에서 '칼'이라는 히브리어는 '사킨'인데, 현대 히브리어에서는 널리 쓰이는 단어지만 성경에서는 오직 여기에 한 번 나왔다. '목에 칼을 두다'라는 말은 '죽음을 각오하라'는 의미이다.

둘째, '방탕한 자'도 대박을 추구한다. 만약 '관원'과의 식사가 목숨을 걸 정도로 이렇게 위험한 일이라면, '방탕한 자'는 이러한 사실을 전혀 모르기 때문에 또는 단지 '탐식자'이기 때문에 '관원'과의 식사를 원하는 것일까? 그렇지 않다. '방탕한 자'에게도 나름대로는 목숨을 걸어야 할 이유가 있다. 바로 4절에 해답이 있다. "부자 되기에 애쓰지 말고 네 〈사사로운〉 지혜를 버릴찌어다." '방탕한 자'의 목적은 사실 '음식'에 있는 것이 아니다. '관원'과의 식사에서 먹는 음식 자체가 중요한 것이 아니라, 그러한 교제를 통해서 얻게 될 '경제적 이익' 그것도 손쉽게 아주 크게 얻을 수 있는 '경제적 이득'을 목표로 하고 있다. 결국 '관원'의 지위를 갖고는 있지만, '악한 눈을 가진 자'와 그와의 교제를 통해서 부자가 되려는 방탕한 자(탐식자)나 목표가 같다. 따라서 둘 사이의 교제는 계속 이어질 수 없다. 둘의 이익이 충돌하는 순간, 더 큰 힘을 갖고 있는 '관원'에 의해서 '방탕한 자'는 무참하게 목숨을 잃게 될 것이다.

설교를 위한 적용으로는 다음과 같은 것들을 생각해 볼 수 있다. '술을 즐기고 고기를 탐하는 자'는 한 마디로 '방탕한 자'다. 신약에서도 술 자체가 문제인 것은 아니다. "술 취하지 말라, 이는 방탕한 것이니"(엡 5:18). 술로 인해서 방탕해지는 것이 문제다. 신약에서도 포도주가 약으로 사용되는 경우가 있지만(눅 10:34; 딤전 5:23), 바울은 포도주를 '조금씩 쓰라'(딤전 5:23)고 했다. 취하는 순간부터 방탕에 빠질 것이기 때문이다. 그렇다면 술 취함과 방탕은 무엇이 문제일까?

첫째, 마음이 둔해진다. 심지어는 말세의 징조가 와도 깨닫지 못한다(눅

21:34). 에베소서 4:19에 따르면 자신을 방탕에 방임하는 자는 '감각 없는 자'다. 더러운 것도 깨닫지 못한다. 둘째, 하나님 나라를 유업으로 받을 수 없다(갈 5:21). 여기서 말하는 '하나님 나라'는 내세를 말하는 것이 아니라, 하나님의 능력과 권세가 역사하시는 곳을 의미한다. 따라서 하나님 나라를 유업으로 받을 수 없다는 말은 '구원받을 수 없다'는 의미는 아니다. '하나님 나라'의 일을 할 수 없다는 것이다. 그런 의미에서 디도서 1:6은 '감독'의 직분과 관련하여 여러 자격조건 중에 '방탕하다 하는 비방'을 받지 말아야 한다고 명시했다. 셋째, 하나님의 뜻이 아니라 사람의 요구이기 때문이다(벧전 4:3~4). 음란과 정욕과 술 취함과 방탕과 연락과 무법한 우상숭배 등은 '이방인의 뜻'을 좇는 것(벧전 4:3)이요 '하나님의 뜻을 좇지 않고 사람의 정욕을 좇는 것'(벧전 4:2)이라 했다. 따라서 사람들에게 비방을 받을지라도(벧전 4:4) 따를 수 없는 것은, 하나님의 뜻이 아니기 때문이다. 넷째, 더 이상 '어둠의 자식'이 아니기 때문이다. 로마서 13:12~13에서 이제는 '어두움의 일을 벗고 빛의 갑옷을 입자'고 권면하며, '낮에와 같이 단정히 행하고 방탕과 술 취함, 음란, 호색, 쟁투, 시기' 등을 말자고 한다. 술 취함과 방탕은 실제로 '어둠의 일'이다. 대낮에 술 취하고 방탕하는 것을 극히 드물다. 모두 밤에 이루어진다. 영적으로도 '어둠의 일'이다. 양심을 속이고 몰래하는 일이기 때문이다.

3) 반역자

"내 아들아 여호와와 왕을 경외하고 반역자로 더불어 사귀지 말라 대저 그들의 재앙은 속히 임하리니 이 두 자의 멸망을 누가 알랴"(24:21~22).

21절에서 '반역자'라는 표현은 히브리어로 '쇼님'이다. 히브리어로 '쇼나'는 '변화시키다'라는 의미를 갖고 있기 때문에, '쇼님'의 대상이 '여호와'와 '왕'이라는 점에서 '반역자'라고 번역했다. 그런데 바로 앞에서 "여호와와 왕을 경외하라"라는 말이 나오기 때문에, 여기서 말하는 '반역'은 구체적인 행동을 가리키기보다는 왕과 여호와를 두려워하지 않거나 대수롭지 않게 여기는 마음의 상태나 태도를 나타낸다고 볼 수 있다. 본구절에서 두려움의 대상으로 왕과 여호와가 함께 언급된다는 사실이 흥미롭다. 잠언 25:2에서도 "일을 숨기는 것은 하나님의 영화요 일을 살피는 것은 왕의 영화니라"라고 하여, 왕을 하나님과 대등한 수준으로 비교하고 있다. 22절에서도 '이 두 자의 멸망'이라는 표현은 왕에게 반역하는 자나 여호와께 반역하는 자는 같다는 사실을 의미한다. 그러므로 본구절에서 교제 금지의 대상으로 지목하는 '반역자'는 정치적인 인물에만 국한되는 것이 아니다. 종교생활에서도 이러한 사상이나 태도를 가진 자는 교제 금지의 대상이다.

설교를 위한 적용으로는 다음과 같은 것들을 생각해 볼 수 있다. "뭇사람을 공경하며 형제를 사랑하며 하나님을 두려워하며 왕을 공경하라"(벧전 2:17). 이러한 권면에는 전제 조건이 있다. 베드로전서 2:13 "인간에 세운 모든 제도를 '주를 위하여' 순복하되 혹은 위에 있는 왕이나…"는 단순히 왕이나 권력자에게 순복하라는 것이 아니다. '주를 위하여'라는 전제가 있다. 자칫 권력자에게 아부하는 것으로 비칠 수 있지만, 기본적으로 예수 그리스도께서는 '세상 권력'을 멸하러 오신 것이 아니다. "…하나님의 아들이 나타나신 것은 마귀의 일을 멸하려 하심이니라"(요일 3:8). 그래서 주님은 칼을 빼든 제자에게 다음과 같이 말씀하셨다. "너는 내가 내 아버지께 구하여 지금 열두 영 더 되는 천사를 보내시게 할 수 없는 줄로 아느냐 내가 만일 그렇게 하면 이런 일이 있으리라 한 성경이 어떻게 이루어지리요 하시더라"(마 26:53~54). '마귀의 일'을 멸하러 오신 주님께서 '세상 권력'과 싸운다면 하나님의 뜻을 이룰 수는 없는 것이다. 그래서 인간에 세운 모든 제도에 순복하는 것이다. 거기에 빌붙어 개인의 안락과 욕심을 채우기 위함이 아닌 것이다. '주를 위하여' 즉 '하나님의 뜻을 이루기 위하여' – "우리의 씨름은 혈과 육에 대한 것이 아니요 정사와 권세와 이 어두움의 세상 주관자들과 하늘에 있는 악의 영들에게 대함이라"(엡 6:12)는 사명을 위하여 '순복할' 뿐이다. 베드로전서 2:17에서 공경의 대상은 '왕' 뿐만이 아니라 '뭇사람'이다. 그러나 형제들에게는 '사랑'이요 하나님께 대해서는 '두려움'이다. 왕이 두려움의 대상은 아닌 것이며, 뭇사람이 사랑의 대상도 아닌 것이다. 왕과 권력자에 대해서는 단지 '주를 위하여' 공경하고 순복할 따름이다.

4) 보증 관계

[2형식] "너는 사람으로 더불어 손을 잡지 말며 남의 빚에 보증이 되지 말
라 만일 갚을 것이 없으면 네 누운 침상도 빼앗길 것이라 네가 어찌
그리하겠느냐"(22:26~27).

본문에서 '사람으로 더불어 손을 잡지 말며'라는 말이 히브리어로는 '토크
에이-카프'라고 표현되는데, 여기서 사용된 동사 '타카아'를 잠언의 몇몇 구
절에서는 단순히 '보증하다'로 번역했지만(6:1; 11:15), 본구절과 17:18에서
는 '손을 잡다'로 번역했다. '손을 잡다'라는 표현은 보증 과정의 한 절차를 나
타내기도 하지만 동시에 금전거래를 통한 '교제'를 의미한다.

잠언에서 '보증 금지'는 아주 중요한 주제이지만, 잠언 6:1~5의 주해에
서 이미 다루었기 때문에 자세한 설명은 생략하기로 한다. 잠언 6:1~5의 주
해에서 '보증금지'의 가장 주된 이유는 그 대상이 '외인'과 다를 바 없는 '이웃'
이라는 사실 때문임을 밝혔다. 본구절에서 우리말 번역에는 '사람', '남(의 빚)'
이라는 표현이 나오지만, 히브리어 본문에는 그 대상이 명시되지 않는다.
따라서 '보증'에 대한 보편적 교훈으로 이해될 수 있지만, '보증'을 뜻하는 히
브리어 '타카아-카프'와 '오르빔'이라는 단어 속에 이미 '타인'들은 전제되어
있다.

5) 여자 관계

[3형식] "내 아들아 네 마음을 내게 주며 네 눈으로 내 길을 즐거워할지
어다 대저 음녀는 깊은 구렁이요 이방 여인은 좁은 함정이라 그
는 강도 같이 매복하며 인간에 궤사한 자가 많아지게 하느니라"
(23:26~28).

내용상으로는 26절과 27절이 관계가 없는 것처럼 보이지만, 히브리어 문
장에서 두 구절은 긴밀하게 연결되어 있다. 우리말로 '대저'라고 번역된 27

절의 첫 단어는 히브리어로 '키'라는 단어인데, 앞 내용의 이유나 결과를 설명하는 기능을 한다. '내 아들아'라는 간곡한 부름은 27~28절의 훈계가 매우 중요한 것임을 나타낸다.

27절의 음녀는 히브리어로 '조나'인데 창기를 가리킨다. 그 상대어로 쓰인 '이방 여인'(노크리야)은 상징적으로 해석할 수도 있고 실제적으로 해석할 수도 있는데, 상징적으로는 정상적인 사회생활을 할 수 없다는 의미에서 즉 사회로부터 버림받은 존재라는 의미에서 창기를 이방여인이라고 부를 수 있다. 실제적으로는 "이스라엘 여자 중에 창기가 있지 못할 것이요…"(신 23:17)라는 율법조항에 근거하여, 성경에서는 '창기'를 무조건 '이방 여인'이라고 지칭했을 수 있다. 중요한 것은 이들이 하는 일이다.

28절에서 '인간에 궤사한 자가 많아지게 한다'고 했는데, '궤사한 자'는 히브리어로 '보그딤' 쉽게 말해서 '배신자'라는 뜻이다. 결국 '창기'로 인해서 사람들은 종교적으로든 법적으로든 사회적으로든 불성실한 자 곧 '배신자'가 될 수밖에 없다는 것이다. 그런 의미에서, '창기'는 결코 교제의 대상이 될 수 없다는 뜻이 내포되어 있다. 삼손 이야기에서 이러한 여인과의 교제가 초래하는 파국(삿 16:4 이하)을 설교 주제로 삼을 수 있을 것이다.

3. 이런 사람이 되라

1) 부러워하지 않기

[2형식] "너는 악인의 〈형통을〉 부러워하지 말며 그와 함께 있기도 원하지 말찌어다 그들의 마음은 강포를 품고 그 입술은 잔해를 말함이니라"(24:1~2).

[2형식] "너는 행악자의 〈득의함을〉 인하여 분을 품지 말며 악인의 〈형통을〉 부러워하지 말라 대저 행악자는 장래가 없겠고 악인의 등불은 꺼지리라"(24:19~20).

[2형식] "네 마음으로 죄인의 〈형통〉을 부러워하지 말고 항상 여호와를 경

외하라 정녕히 네 장래가 있겠고 네 소망이 끊어지지 아니하리라"
(23:17~18).

위의 세 구절은 거의 동어반복 수준이다. 부러워하지 말라는 것이다. 인간관계를 말하면서, 잠언에서 중요하게 다루는 주제 중의 하나는 바로 이것이다. 그 이유는 분명하다. 첫째, 부러워할 대상이 아니기 때문이다. 이들은 모두 '악인', '행악자', '죄인'이다. 히브리어로는 각각 '라아'(또는 메라아), '레샤임', '하타임'이라는 단어로, 성경 전체에서 매우 보편적으로 사용된다. 따라서 이러한 대상을 부러워한다는 사실 자체가 마치 배부른 돼지나 편안히 누워서 잠자는 개를 부러워하는 것과 같다. 둘째, 이들이 현재 하는 일과 앞으로 닥칠 미래의 일은 부러워할 것이 아니기 때문이다. 현재 하는 일은 '강포'와 '잔해'이다(24:2). 이들에게는 '장래가 없고', 설명 미래가 온다고 해도 이들의 '등불은 꺼질 것이다'(24:20). '등불이 꺼진다'는 표현은 소망이 없다는 추상적 의미로 볼 수도 있지만(참고 삼하 21:17), 성경에서는 '후손이 없다'는 실제적 의미로도 사용된다(참고 왕상 15:4). 셋째, 한 번 형통이 영원한 형통은 아니기 때문이다. 영원한 미래는 오직 '여호와를 경외하는 자'에게 있기 때문이다(23:17~18). 인간 관계는 영원하지 않다. 언제든지 끊어질 수 있다. 그러나 그 분과의 관계는 영원하다. 사람들과의 관계가 다 끊어져도 '여호와를 경외하는 자'는 미래와 소망이 있다.

2) 환난 날에 낙담 않기 / 사람을 두려워하지 않기

[2형식] "네가 만일 환난 날에 낙담하면 네 힘의 미약함을 보임이니라"
(24:10).

본구절에서 '환난'은 히브리어로 '차라', (힘의) 미약은 '차르'라는 단어를 사용했다. '차르'는 원래 '좁다'는 뜻인데, '힘'이라는 표현과 관련해서 '줄어든다'는 의미로 '미약'이라 번역할 수 있다. '낙담하면'에 해당하는 히브리어는 '히트라피타' 즉 '라파' 동사의 히트파엘형을 사용했는데, 이 형태는 성경에 오직 세 번 나온다. 본구절을 제외하고 첫 번째는 여호수아 18:3에서 '지체하다'라는 뜻으로, 두 번째는 잠언 18:9에서 '(자기 일을) 게을리하다'라는 뜻으로 사용되었다. 따라서 본구절의 '낙담하면'의 의미는 '환난 날'에 무엇인가 해야 할 일을 하지 않고 지체하거나 머뭇거리는 정황을 나타낸다. 이렇게 하면 '힘이 오히려 약해진다'는 뜻으로 해석할 수 있다. 그러므로 '환난 날'에 오히려 해야 할 일을 담대히 하는 것이 더욱 힘을 낼 수 있는 원동력이 된다는 뜻이다.

[2형식] "악한 자여 의인의 집을 엿보지 말며 그 쉬는 처소를 헐지 말찌니라 대저 의인은 일곱 번 넘어질찌라도 다시 일어나려니와 악인은 재앙으로 인하여 엎드러지느니라"(24:15~16).

본문에서 의인이 넘어지는 이유는 명시되지 않는다. 다만 15절에서 '악한 자'가 의인의 집을 엿보고 그 처소를 헐었기 때문이라고 추측할 수 있다. 즉 '악한 자'의 행동이 의인으로 하여금 넘어지게 하는 원인인 것이다. 그러나 '악한 자'로 인해서 넘어지는 경우에, 의인은 일곱 번이라도 일어날 수 있다. 그것은 '재앙'이 아니기 때문이다. 사람을 완전히 넘어뜨리는 것은 '재앙'(라아)이다. '재앙'은 두말할 필요도 없이 하나님께로부터 말미암는다. 따라서 단 한 번의 '재앙'에도 악인은 엎드러지고 일어나지 못한다. 인간 관계에서 일어날 수 있는 '사람의 방해'에 대한 훈계로 볼 수 있다. '사람의 공격'은 두려워할 필요가 없다는 것이다.

설교를 위한 적용으로는 다음과 같은 것들을 생각해 볼 수 있다. "그러므로 우리가 낙심하지 아니하노니 겉사람은 후패하나 우리의 속은 날로 새롭도다 우리의 잠시 받는 환난의 경한 것이 지극히 크고 영원한 영광의 중한 것을 우리에게 이루게 함이니 우리의 돌아보는 것은 보이는 것이 아니요 보이지 않는 것이니 보이는 것은 잠간이요 보이지 않는 것은 영원함이니라"(고후 4:16~18). 의인과 악인의 차이는 넘어지느냐, 넘어지지 않느냐에 있지 않다. 둘 다 넘어질 수 있기 때문이다. 결정적인 차이는 일어나느냐 일어나지 못하느냐에 있다. 일어나는 것은 오직 의인에게만 해당된다. 그래서 의인은 악인과 다르다. 사람은 다 죽는다. 의인도 죽고 악인도 죽는다. 그러나 생명의 부활은 오직 의인에게만 해당된다. 그래서 의인은 악인과 다르다. 바울은 한 걸음 더 나아가서 겉사람과 속사람의 차이를 발견한다. 겉사람은 누구나 다 후패하지만, 속이 날로 새로워지는 사람이 있다. 이 사람은 분명히 남들과 다르다. 환난을 받지만 그것이 오히려 지극히 크고 영원한 영광을 이루는 사람이다.

3) 지혜로 살기

[1형식] "훈계에 착심하며 지식의 말씀에 귀를 기울이라"(23:12).

[1형식] "진리를 사고서 팔지 말며 지혜와 훈계와 명철도 그리할지니라"
(23:23).

본단락에 흩어져 있는 1형식 잠언들은 그 자체로서 아무런 설득력이 없다. 단지 공허한 메아리로 들릴 뿐이다. 그러나 이것들이 아래의 2형식 잠언들과 연결되면 다시 살아난다. '훈계'에 마음을 두고 '지식의 말씀'에 귀를 기울일 이유가 생겨나고, '진리'와 '지혜'와 '훈계'와 '명철'을 사야 할 목표가 분명해진다.

[2형식] "집은 지혜로 말미암아 건축되고 명철로 말미암아 견고히 되며 또 방들은 지식으로 말미암아 각종 귀하고 아름다운 보배로 채우게 되느니라"(24:3~4).

[2형식] "지혜 있는 자는 강하고 지식 있는 자는 힘을 더하나니 너는 모략으로 싸우라 승리는 모사가 많음에 있느니라"(24:5~6).

[2형식] "내 아들아 꿀을 먹으라 이것이 좋으니라 송이꿀을 먹으라 이것이 네 입에 다니라 지혜가 네 영혼에게 이와 같은 줄을 알라 이것을 얻으면 정녕히 네 장래가 있겠고 네 소망이 끊어지지 아니하리라"
(24:13~14).

'지혜'로 집을 건축하고 그 방은 지식으로 말미암아 '보배로 채운다'는 개념은 성경에서 이미 익숙하다. 솔로몬의 지혜가 부귀와 밀접한 관계를 갖고 있기 때문이다. "스바 여왕이 솔로몬의 모든 지혜와 그 건축한 궁과 그 상의 식물과 그 신복들의 좌석과 … 여호와의 전에 올라가는 층계를 보고 정신이 현황하여"(왕상 10:4~5). 본구절에서, 특히 솔로몬의 지혜와 함께 그가 건축한 궁에 대한 묘사가 따른다는 점에서, '지혜'와 '건축'은 밀접한 관계가 있음을 알 수 있다. 잠언 24:3~4의 표현을 단순히 상징적인 의미로만 해석할 필요가 없다. 잠언 24:5~6의 '지혜로 인한 승리'는 국가 간의 문제에만 적용되는 것이 아니라, 일반 사람들의 관계에도 해당된다. 아울러 24:13~14에 묘사된 '장래'와 '소망'에 대한 언급은 위에서 살펴 본 '부러워하지 않기'의 주제와 밀접한 관련이 있다. 여기서의 '지혜'는 인간관계에서 특히 유익한 것이다.

설교를 위한 적용으로는 다음과 같은 것들을 생각해 볼 수 있다. "보라 내가 너희를 보냄이 양을 이리 가운데 보냄과 같도다. 그러므로 너희는 뱀 같이 지혜롭고 비둘기 같이 순결하라"(마 10:16). 잠언 본단락의 '지혜'는 '인간관계'에 초점이 맞추어져 있다. 특별히 24:5~6은 일반 사람들이 인간관계에서 승리하는데도 지혜가 필요하다는 사실을 강조한다(주해 참고). 그런 의미에서 본잠언은 예수께서 제자들을 파송하실 때 당부하신 말씀과 연결된다. 양과 이리의 만남. 소통이 절대로 불가능한 만남이다. 그러나 주님께서는 '양들의 침묵'을 원하지 않으신다. 이리들을 변화시키고 소통하라는 것이다. 그렇다면 어떻게 하는 것이 지혜일까? 이어지는 마태복음의 말씀을 보면, 첫째, 염려하지 않는 것이 지혜다. 무엇을 말할까, 어떻게 말할까 염려하지 않는 것이 지혜이다(마 10:19). 양이 아무리 염려하고 궁리해 보았자, 이리에게 적합한 말을 찾아내는 것은 불가능하기 때문이다. 둘째, 사람을 의지하지 않고, 성령의 도우심을 믿는 것이 지혜이다(마 10:20). 심지어는 극한 상황에 처하게 되면, 형제가 형제를, 아비가 자식을, 자식들이 부모를 대적하여 죽게 할 수 있는 것이 인간관계이기 때문이다(마 10:21). 셋째, 끝까지 기다리는 것이 지혜이다(마 10:22~23). 어리석은 자는 쉽게 포기한다. 터널의 어둠만을 의식할 뿐, 터널의 출구는 찾지 않는다. 깊은 밤에 탄식할 뿐, 곧 광명한 아침이 올 것을 믿지 않는다. 지혜는 그 영혼에 송이꿀과 같아서, 장래가 있고 소망이 있게 한다(잠 24:13~14). 즉, 지혜는 기다리는 힘이다. 구원의 소망을 버리지 않는 것이다.

4) 참된 우정(또는 사랑)

[2형식] "적당한 말로 대답함은 입맞춤과 〈같으니라〉"(24:26).

본구절은 히브리어 본문에서 문단상으로는 27절("네 일을 밖에서 다스리며 밭에서 예비하고 그 후에 네 집을 세울찌니라")과 연결되어 있다. 그러나 내용상으로는 아무런 관계가 없다. 그럼에도 불구하고 본구절은 분명히 '인간 관계의 주제'와 연결된다. '적당한 말'에 해당하는 히브리어는 '나코악'이라는 단어인데, '바르다, 정직하다, 옳다'(삼하 15:3; 사 30:10; 57:2; 59:14; 암 3:10) 등의 의미이다. 문맥상 '적당한 말'이라는 표현은 상대방의 질문에 '맞는 대답, 어울리는 답변'이라는 뜻이지만, '나코악' 자체는 '바른 말'이라는 의미가 강하다. 따라서 본구절은 '정직한 답변'이라고 해석해야 한다. 그렇다면 본문의 의도는 설령 불이익을 초래하더라도 '정직하게 답변하는 것이 진정한 우정 또는 사랑(입맞춤)'임을 말하려는 것이다.

설교를 위한 적용으로는 다음과 같은 것들을 생각해 볼 수 있다. "오직 너희 말은 옳다 옳다, 아니라 아니라 하라. 이에서 지나는 것은 악으로 좇아 나느니라"(마 5:37). '정직이 최선이다'라는 말을 잠언에서는 '입맞춤'이라는 낭만적인 표현으로 나타냈다. 진정한 사랑이나 우정을 말하기 위한 것이다. 본 잠언의 '적당한 말' 즉 '정직한 답변'의 반대를 '아첨'이라고 한다면, 잠언에서는 아첨에 대해 다음과 같이 경고한다. "이웃에게 아첨하는 것은 그의 발 앞에 그물을 치는 것이니라"(잠 29:5). 그러므로 "사람을 경책하는 자는 혀로 아첨하는 자보다 나중에 더욱 사랑을 받느니라"(잠 28:23). 이런 맥락에서, 예수께서 하신 말씀은 더욱 중요하다. '아첨' 대신 예수께서는 '맹세'를 지적하셨지만, '아첨'이나 '맹세'나 '정직하지 못한 답변'이나 한 가지 공통점은 '아름답게 포장된 거짓말'이라는 것이다. '거짓말'을 아름답게 포장한 것 자체가 또 거짓이므로, 보통 거짓말의 '제곱'이 되는 셈이다. 그러므로 예수께서 이러한 상태를 '악으로 좇아 나는 것'이라 규정하신 것은 옳다.

5) 참된 가르침

[2형식] "아이를 훈계하지 아니치 말라 채찍으로 그를 때릴찌라도 죽지 아니하리라 그를 채찍으로 때리면 그 영혼을 음부에서 구원하리라" (23:13~14).

본구절의 '아이'는 히브리어로 '나아르'이며 잠언 1:4에서는 '젊은이'로 번역되었다. 그러나 정황에 따라 이 단어가 '자식'을 가리킬 수도 있고(창 21:12; 22:5, 12; 삼상 1:27; 16:11 등), 종, 사환(창 22:5; 삿 19:11, 13; 삼상 2:25 등)을 가리키기도 하며, 병사(창 14:24; 삼하 13:34; 18:15 등)를 나타낼 수도 있다. 따라서 단순히 자식에 대한 훈계를 말하는 것으로 볼 수는 없다. 마을의 원로에게 젊은이들을 이와 같이 훈계하라는 권면일 수도 있고, 주인에게 종을 이렇게 훈계하라는 권면일 수도 있다. 특별히 종과 관련해서, "종은 말로만 하면 고치지 아니하나니 이는 그가 알고도 청종치 아니함이니라"(잠 29:19)라는 구절과 "종을 어렸을 때부터 곱게 양육하면 그가 나중에는 자식인체하리라" (잠 29:21)라는 구절을 참고할 때, 본구절도 종에 대한 훈계로 보는 것이 타당한 듯하다. 그러나 본구절은 '채찍'이라는 수단과 함께, 그 목적도 언급한다. "그 영혼을 음부에서 구원하리라." 만약 종에 대한 훈계라면 '그 영혼을 음부에서 구원하기 위해' 채찍으로 때린다는 것은 매우 어색하다. 종은 오직 주인을 위해 맞을 뿐이다. 그러므로 본구절은 종에 대한 훈계와는 관계가 없다. 가능성은 '자식' 아니면 '제자'일 것이다. 그런데 자식과 관련하여 "네가 네 아들에게 소망이 있은즉 그를 징계하고 죽일 마음은 두지 말찌니라" (잠 19:18)라는 구절을 참고할 때, '자식'을 채찍으로 때리는 것은 아닌 듯하다. 그렇다면 본구절은 스승과 제자 사이의 교육 방법에 대한 것으로 볼 수 있다. 이른바 '사랑의 매'에 관한 것이다. 한 영혼을 음부에서 구원하기 위해

'채찍'을 드는 것은 참된 스승만이 할 수 있다.

설교를 위한 적용으로는 다음과 같은 것들을 생각해 볼 수 있다. "너희가 무엇을 원하느냐 내가 매를 가지고 너희에게 나아가랴 사랑과 온유한 마음으로 나아가랴"(고전 4:21). 이미 바울은 고린도전서 4:15에서, "그리스도 안에서 일만 스승이 있으되 아비는 많지 아니하니 그리스도 예수 안에서 복음으로써 내가 너희를 낳았도다"라고 한다. 이 정도의 자신감에서 바울은 '매'를 언급한다. 그야말로 부모가 자식을 훈계하는 모습처럼 보인다. 바울과 고린도교회의 관계야말로 보기 드문 스승과 제자의 관계라고 할 수 있다. 고린도교회 성도들의 영혼을 위해 '매'까지 들 수 있는 바울에게서 참된 스승이 어떤 것인지를 본다. 그런데 중요한 사실은 '매'를 언급하기 전에 이미 '아비'라고까지 말할 수 있는 관계가 형성되어 있다는 점이다. 또한 바울은 고린도교회 성도들에게 "내가 그리스도를 본받는 자 된 것 같이 너희는 나를 본받는 자 되라"(고후 11:1)라고 말할 수 있었다는 점이다. 아무나 '매'를 들 수 있는 것은 아니다. 본받을 수 있는 스승, 제자를 위해 '산고'에 준하는 고통까지 감수할 수 있는 스승만이 '매'를 또는 '채찍'을 들 수 있는 것이다. 잠언에서는 이러한 스승만이 '(제자의) 영혼을 음부에서 건지리라'라고 했다.

6) 부모가 원하는 것

[1형식] "너 낳은 아비에게 청종하고 네 늙은 어미를 경히 여기지 말찌니라"(23:22).

[2형식] "의인의 아비는 크게 즐거울 것이요 지혜로운 자식을 낳은 자는 그를 인하여 즐거울 것이니라 네 부모를 즐겁게 하며 너 낳은 〈어미를〉 기쁘게 하라"(23:24~25).

[2형식] "내 아들아 만일 네 마음이 지혜로우면 나 곧 내 마음이 즐겁겠고 만일 네 입술이 정직을 말하면 내 속이 유쾌하리라"(23:15~16).

본단락에 나오는 부모에 대한 훈계는 위의 세 잠언들인데, 내용이 계속 보완된다. 1형식 잠언에서는(23:22), 단순히 아비에게 청종할 것과 어미를 경히 여기지 말 것을 권면하고 있으나 구체적인 지침은 언급되지 않는다. 2형식 잠언인 23:24~25에서 구체적인 지침이 나오는데, 의인이 되는 것과 지혜로운 자식이 됨으로써 부모를 기쁘게 하는 것이 바로 그 방법이다. 그런데 또 다른 2형식 잠언인 23:15~16에서는 무엇이 의로움이고 무엇이 지혜인지를 더욱 자세히 가르쳐 준다. 그것은 바로 그 입술로 정직을 말하는 것이다. '정직한 입술'은 부모와 자식 간의 관계에서도 가장 근본적인 요구사항이다.

"자녀들아 너희 부모를 주 안에서 순종하라 이것이 옳으니라 네 아버지와 어머니를 공경하라 이것이 약속 있는 첫 계명이니 이는 네가 잘 되고 땅에서 장수하리라"(엡 6:1~3). 부모와 관련하여 바울이 말하는 '주 안에서'라는 조건이 잠언에서 말하는 '정직한 입술'과 일맥상통한다. 비록 유교에서는 부모공경을 최우선 과제로 삼고 있지만, 어떻게 부모를 위하는지 살펴볼 때 성경과 유교는 커다란 인식의 차이를 보인다. 성경은 결코 입신양명과 출세를 부모에 대한 효도라고 가르치지 않는다. 유교는 '이 세상'에서 잘 사는 것을 효도의 기준으로 보지만, 성경은 '주 안에서' 잘 사는 것을 부모 공경의 기준으로 삼는다. '입신(立身)' 대신에 '마음을 지혜롭게 하는 것'(잠 23:15)이 부모를 즐겁게 하는 일이며, '양명(揚名)' 대신에 '입술로 정직을 말하는 것'(잠 23:16)이 부모를 유쾌하게 하는 일이다.

설교를 위한 적용

1. 사회정의의 수동적 참여

우리는 '사회정의'에 대하여 좋지 않은 기억을 갖고 있다. 무력으로 법과 질서를 유린했던 사람들의 입을 통해서 '정의사회 구현'이라는 구호를 접했었기 때문이다. '사회정의'는 멋진 구호를 만든다고, '삼청교육대'와 같은 강압과 폭력 시설을 세운다고 이루어지지 않는다. 먼저 '사회정의'를 위한 내면적 토대가 갖추어져야 한다. 그 내면적 토대를 우리는 '사회 정의의 수동적 참여'라 부를 수 있다. 잠언은 이러한 내면적 토대를 위한 구체적 방법을 제시한다.

첫째, 하나님께서 '신원하심'을 의식하라(잠 22:22~23; 23:10~11). '강자'가 '약자'를 삼키는 것, 이른바 '약육강식'은 정글의 법칙이다. 이 법칙은 하나님께서 허락하셨다. 짐승들은 원초적으로 하나님을 알 수 없기 때문이다(잠 30:2~3). 이 법칙에 따라 힘센 동물은 아무런 거리낌 없이 약한 동물을 잡아먹는다. 그러나 인간에게는 이러한 법칙을 허락하신 적이 없다. 인간은 '하나님의 형상대로' 창조되어 하나님의 법칙을 따라 살아야 하기 때문이다. 그럼에도 불구하고 우리는 정글의 법칙을 '성공의 법칙'과 혼동한다. 노래 제목으로도 잘 알려져 있는, "The winner takes all", 이른바 '승자독식'을 성공이라고 착각한다. 그러나 '하나님의 형상대로' 지음 받은 사람에게 이것은 성공이 아니라 '범죄'다. 하나님의 명령인 "땅에는 언제든지 가난한 자가 그치지 아니하겠으므로 내가 네게 명하여 이르노니 너는 반드시 네 경내 네 형제의 곤란한 자와 궁핍한 자에게 네 손을 펼지니라"(신 15:10), 곧 하나님의 법칙을 어겼기 때문이다. 그러므로 여호와께서 '신원' 다른 말로 '재판'하실 것이며(주해 참고), 그 판결은 '사형'에 준하게 된다. 그래서 본문은 '강자'의 위치에 있는 자들에게 '너는 약자들에게 재물을 빼앗았지만 여호와께서는 너로부터 생명을 빼앗을 것이다'라고 경고한다. 주님의 말씀을 생각나게 하는 경고이다. "사람이 만일 온 천하를 얻고도 제 목숨을 잃으면 무엇이 유익하리요…"(마 16:26).

그러나 본문은 '강자'만을 대상으로 하지 않는다. 동시에 '약자'에게도 메시지를 준다. '강자'에게 준 메시지가 '경고'라면 '약자'에게 주는 메시지는 '소망'이다. 비록 지금 탈취를 당하고 성문에서 압제를 당할지라도 그 사정을 아시고 '신원'하시는 여호와를 믿으라는 것이다. 누가복음 18장에서 '항상 기도하고 낙망치 말아야 될 것'을 주님은 비유로 가르쳐 주시며 다음과 같이 말씀하신다. "하물며 하나님께서 그 밤낮 부르짖는 택한 자들의 원한을 풀어

주지 아니하시겠느냐 저희에게 오래 참으시겠느냐 내가 너희에게 이르노니 속히 그 원한을 풀어 주시리라"(7~8절).

둘째, 하나님께 기준을 두라(잠 24:17~18; 24:29). 대개 '사회정의'의 기준은 사람을 만족시키는데 둔다. 대중이 원하는 것, 다수의 욕구가 충족되는 것을 '사회정의'라고 착각할 때가 많다. 그러나 잠언은 '사회정의'의 기준은 많은 사람들의 요구를 따르는 것이 아니라, '하나님께서 기뻐하시는 일'이라고 선언한다. '원수가 넘어지는 것' 또는 '그가 엎드러지는 것'을 보고 많은 사람들은 '사회정의'가 실현되었다며 기뻐할지도 모른다. 그러나 '원수'에 관한 일이라 할지라도 하나님께서 기뻐하지 않으신다면 그 일에 박수 칠 수는 없다. 성경에서는 사울 왕에 대한 다윗의 태도를 통해 '하나님의 마음에 합한 자'(행 13:22)가 어떤 것인지를 잘 보여준다. 평생 다윗의 원수였던 사울 왕이 블레셋의 손에 죽임을 당했을 때, 다윗은 '슬픈 노래'로 사울과 그 아들 요나단을 애도한다(삼하 1:17~27). 그러한 행동이 비록 정치적이었을지언정, 또한 다윗의 부하들에게는 못마땅한 모습이었을지언정 하나님께서는 분명히 기뻐하실 행위였다. 예수께서 "나는 너희에게 이르노니 너희 원수를 사랑하며 너희를 핍박하는 자를 위하여 기도하라"(마 5:44)고 가르치신 이유는 다음과 같다. "이같이 한즉 하늘에 계신 너희 아버지의 아들이 되리니"(45절). '원수사랑'의 이유는 '하늘에 계신 아버지' 곧 '하나님' 때문인 것이다. 바울도 "네 원수가 주리거든 먹이고 목마르거든 마시우라 그리함으로 네가 숯불을 그 머리에 쌓아 놓으리라"(롬 12:20)라고 권면할 때, 그 이유는 "악에게 지지 말고 선으로 악을 이기라"(21절)이다. '선으로 악을 이긴다'는 개념, 그것이 바로 성경에서 말하는 '사회정의'의 기준에 해당한다.

2. 사회 정의의 능동적 참여

소위 '진보'라는 이름으로 교회가 사회정의에 참여해야 한다는 것은 옛말이 되었다. 그 때의 사회정의는 정치적 의미였기 때문이다. 정치적 의미가 퇴색한 오늘날에는 '복지'라는 이름으로 사회정의에 교회가 참여할 것을 요구 받는다. 요즘의 사회정의는 경제적 의미가 강하기 때문이다. 그러나 잠언에 따르면 사회 정의는 다른 사람에게로 향하는 것이 아니라 나 자신으로부터 출발한다. 나 자신의 변화를 먼저 요구한다. 그렇다면 사회정의에 능동적으로 참여하기 위해 필요한 것은 무엇일까?

첫째, 핑계하지 않기(잠 24:11~12). '처녀가 애를 낳아도 할 말이 있다'는 속담도 있듯이, '핑계'는 어쩌면 사람들로 하여금 위기를 모면하게 해 주는 유익한 수단일지 모른다. '핑계'가 받아들여져서 '말 한 마디로 천냥 빚을 갚는' 상황이 생길 수도 있다. 그러나 핑계가 항상 유익한 것만은 아니다. 자기 자신에게는 위기를 모면하게 해 줄 유익한 수단일지 모르지만, 원칙을 따르고 성실하게 살아가는 다른 사람에게 치명적인 피해를 줄 수도 있다. 그런 면에서 사회정의의 가장 큰 장애물은 핑계일지도 모른다. 본문은 사람이 죽었어도 '몰랐다'라는 말 한마디면 책임을 모면할 수도 있다는 얄팍한 생각을 질타한다. "그가 각 사람의 행위대로 보응하시리라"(12하절). 여기에서는 적어도 다른 사람의 생명이 걸린 문제에 관한 것만큼은 '핑계' 그 자체가 거짓이요 위선이라는 사실을 지적한다. 누군가 '사망으로 끌려가고 살육을 당하게 될' 정도의 일을 '몰랐다'는 것 자체가 있을 수 없다. 그러므로 사회정의를 위한 능동적 참여는 거창한 사업을 벌이는 것이 아니라, '핑계치 않는' 것에서 출발한다. "하나님의 진노가 불의로 진리를 막는 사람들의 모든 경건치 않음과 불의에 대하여 하늘로 좇아 나타나나니 창세로부터 그의 보이지 아니하는 것들 곧 그의 영원하신 능력과 신성이 그 만드신 만물에 분명히 보여 알게 되나니 그러므로 저희가 핑계치 못할지니라"(롬 1:18~20).

둘째, 용감해지기(잠 24:23하~25, 28). 잠언의 두 본문 모두 재판의 정황에서 '사회정의' 문제를 다루고 있다. 첫 구절(24:23하~25)은 '재판장'에게 해당되는 말씀이고, 두 번째 구절(24:28)은 '증인'에게 해당되는 말씀이다. '재판장'에게는 외형적으로 막강한 권한이 부여되어 있다. 그의 판결로 선과 악, 생과 사가 갈리게 된다. 그럼에도 불구하고 그 권한의 배후에는 '인간적인 약점'이 있을 수 있다. 이른바 '낯을 보아준다'는 표현에 그의 권한을 제한하는 요소가 드러난다. 문제는 그 낯이 친지를 가리키는 것이 아니라 '악인'의 낯이라는데 있다. 악인을 견책하지 못하고 도리어 '옳다'하는 이유는 무엇일까? 두려움 때문일 것이다. 열왕기상 21:8을 보면, 아합의 아내 이세벨이 나봇의 포도원을 빼앗기 위하여 그 성의 장로들과 귀인들에게 편지를 보내는 장면이 나온다. '아합의 이름으로 편지들을 쓰고 그 인을 쳐서'라는 구절은 결국 그 성의 장로들과 귀인들을 협박했다는 의미다. 이들은 '아합의 이름과 그 인'에 대한 두려움 때문에 결국 거짓 증인을 내세워 나봇을 돌로 쳐 죽인다(왕상 21:11~13). 사회정의가 '두려움' 때문에 철저하게 짓밟힌 본보기가 되었다. 따라서 사회정의의 적극적 참여는 다른 것이 아니다. 자신의 책임에 충실할 정도로만 용감하라는 것이다. 합법을 가장한 사회정의의 파괴에 맞서는 길은 합법적인 책임과 의무를 가진 자의 용기이기 때문이다.

06

솔로몬의 세 번째 잠언

잠언 25~29장 주해와 적용

왕과 질서(25:1~3)

1. 들어가며

이 단락의 잠언은 잠언의 다섯 번째 표제(25:1)를 포함하며 왕에 대한 내용이다. 이 표제는 25~29장 전체에 대한 내용임과 동시에, 왕이라는 단어를 통하여 25:1~15의 주제어 역할을 한다. 2~3절은 히브리어 동사 '하카르'(살피다)를 통하여 서로 연결되어 있다.

2. 본문 주해

[1절] 잠언에서 솔로몬의 잠언이라는 표제는 1:1; 10:1에 이어 세 번째로 나온다. 이 표제는 25:1~29:27까지의 잠언이 하나의 독립된 수집단위라는 것을 말해 준다. 유다 왕 히스기야(주전 715~686년)는 북왕국 이스라엘이 멸망한 후 고대 근동의 제국주의로 세력을 키워가던 앗시리아의 위협을 여호와에 대한 신앙의 회복을 통하여 극복하고자 했다. 따라서 그는 과거의 많은 문서들을 수집하고, 정리하는 문예부흥을 이루고자 했을 것이다. 이것은 후에 요시아 왕이 성전 수리 중에 발견한 율법책을 통하여 종교개혁을 단행했던 것에 비교할 수 있다(왕하 22:3~23:27; 대하 34:8~35:19).

예부터 통치자들은 민족주의 정책을 펼치고자 했을 때, 과거의 훌륭한 업적을 부활시켜 종교부흥의 교재로 선택해 왔다. 따라서 히스기야의 경우 궁정의 서기관을 통하여 민족의식을 고취시키는 정책의 일환으로 고대의 자료를 정리하는 작업을 시켰을 것이라고 추측할 수 있다. '편집하다'로 번역된 히브리어는 '아티크'로 '전달하다, 앞으로 나아가다'의 의미를 지닌다. 따라서 궁정의 서기관들이 단순하게 베낀 역할뿐만 아니라, 수집하고 정리하면서 수정하는 제2의 저자 역할까지 감당한 것으로 볼 수 있다.

[2절] 하나님의 영광과 왕의 영광을 대비시켜 각자의 역할을 규명한 잠언이다. 하나님의 영광은 일을 숨기는 것이다. 하나님은 이 세상을 신비스럽게 창조했다(신 29:29; 사 45:15; 욥 11:8; 15:8; 26:14; 전 8:17). 우리는 아직도 하나님이 만들어 놓은 창조의 질서와 원리를 다 이해하지 못한다. 그러나 사람들은 하나님이 만들어 놓은 창조의 원리를 밝혀내고 이를 이용하여 수많은 발명품을 만들어 낸다. 이 잠언은 이것을 왕의 영광이라고 말한다. 왕은 이러한 일들을 지원하고 도와 주는 역할을 한다. 창조질서를 발견하고 이를 활용하여 백성들에게 유익을 주고, 역사적 삶 가운데 공의와 정의를 세워 하나님의 정의를 드러냄으로써 영광을 받을 수 있다.

[3절] 이 잠언은 왕의 마음도 하나님이 만들어 놓은 세상의 원리와 법칙처럼 신비로워 측량할 수 없다고 말한다. 하늘의 높음과 땅의 깊음은 하나님이 만들어 놓은 신비로운 창조의 영역이라 인간이 도달할 수 없고 이해할 수 없다. 인간으로서는 접근할 수 없는 한계를 지닌다. 오직 하나님만이 알 수 있다. 잠언은 이 신비로운 영역을 왕의 마음에 비유한다. 왕의 마음은 하나님의 계획처럼 신비롭고 알기 어렵다. 오직 지혜로운 자만이 이해할 수 있다. 왕이 하나님의 마음을 알기 위해 노력해야 하는 것처럼, 신하는 왕의 마음을 알기 위해 노력해야 함을 말한다.

3. 설교를 위한 적용

이 단락은 두 가지 주제를 포함한다. 첫 번째는 하나님과 인간의 관계다. 하나님은 이 세상을 창조하시면서 많은 보물들을 숨겨두셨다. 하나님께서 만들어 놓은 이 세상 속에는 상상할 수 없는 법칙들이 있다. 인간은 그 법칙들을 발견하여 과학을 발전시키고, 삶에 적용하여 발명품들을 만들어 낸다. 따라서 인간이 과학과 기술을 발전시키고자 애쓰는 행위를 구태여 거부할 필요는 없다. 그러나 인간은 살상무기나 파괴적인 물품들을 만들어 반(反)창조적인 행위를 일삼기도 한다. 지혜로운 지도자는 하나님이 만들어 놓은 창조세계를 발전시키고자 노력하되, 지식의 근원되시는 여호와의 마음을 헤아려야 한다. 과학에도 윤리와 통제가 있어야 하는 이유도 바로 거기에 있다. 두 번째는 지도자와 일반인 사이의 관계다. 어느 조직체에나 지도자는 존재하고 한 나라에도 나라를 대표하는 지도자가 있다. 그 지도자도 인간이라 실수가 많을 것이다. 그러나 참모들이나 그를 돕는 사람들은 참된 조언을 아끼지 말아야 한다. 하나님의 세계도 다 알 수 없지만, 인간의 마음도 다 알 수 없다. 왕의 마음도 마찬가지다. 신정정치의 이상처럼 그 지도자를 하나님처럼 믿고 따를 필요는 없다. 그러나 지도자로 세운 이상, 그가 빗나가지 않도록 최선을 다해 돕는 자세가 필요하다.

신하들을 위한 잠언(25:4~15)

1. 들어가며

이 단락은 주로 신하들이 가져야 할 태도를 다룬다. 25:4~7은 왕 앞에서 신하가 해야 할 일을 이야기하며, 25:8~10은 다툼에 대한 내용을, 25:11~15은 신하가 갖추어야 할 자질로서의 언변력을 강조한다.

2. 본문 주해

[4절] 이 잠언은 '제하라'는 단어로 5절과 연결되어 있으며, 그 해석 또한 5절과 밀접하게 관련되어 있다. 4절 자체는 은의 제련과정을 다룬다. 원광석에서 불순물을 많이 제거할수록 순도는 높아지고 은으로서 더욱 빛나게 될

것이다. 그래야 값어치가 나가는 은제품을 만들 수 있다.

　[5절] 이 잠언을 4절과 비교하면 그 유비관계가 더욱 명확해진다. 왕 주위에 있는 악한 자는 4절의 '찌꺼기' 내지는 '불순물'에 해당되며, 왕은 '은'에 비유된다. 악한 자들은 왕의 곁에서 공의를 세우는 일을 돕기보다는 권력을 이용한 자신의 사리사욕을 채우는데 집착한다. 그러므로 왕의 권위를 훼손시키고, 왕이 가장 우선적으로 해야 할 공의의 실천을 그르치게 만든다. 인사가 만사라는 말처럼, 왕은 아첨하는 자들을 조심해야 한다. 그리고 올바른 정책을 제시하고 진심으로 왕을 돕는 지혜자를 세우고 그의 말을 경청해야 한다. 그래야 공의가 살아나고, 왕으로서의 권위와 영광이 더욱 빛나게 될 것이다.

　[6절] 이 잠언은 신하들이 가져야 할 겸손의 미덕을 가르친다. 그 경고는 두 가지다. 첫째는 '스스로 높은 체하지 말라'이다. 높은 자는 왕이다. 그러나 왕의 신뢰를 받는 유능한 신하들이 범하기 쉬운 실수는 자신을 높여서 자신이 가진 지위의 한계를 넘어서려는 경향이다. 그것을 이 잠언은 '높은 체하는 것'이라고 부른다. 이것은 실제 자기가 가진 능력과 한계를 벗어나 스스로 과대평가하는 것이다. 높아지려고 하는 자는 늘 추락하게 된다. 둘째는 '대인의 자리에 서지 마라'이다. 여기에서 '대인'은 자기보다 더 높은 사람들을 의미한다. 히브리어에서 이 단어는 복수형이므로 왕을 포함한 자신보다 높은 지위의 사람들을 의미한다. 자신의 현재적 지위를 잘못 판단하고 스스로 잘난 체하며 동일한 자리에 서지 말라고 경고한다.

　[7절] 이 잠언은 6절과의 관계에서 명확하게 이해될 수 있다. 즉 6절의 잠언에 대한 이유와 근거를 말해 준다. 스스로 교만한 체하는 자는 추락하게 된다. 이 상황을 이 잠언은 '…보다 나으니라'는 문구로 소개한다. 비교되는 대상은 낮은 자리에서 높은 자리로 올라가는 것과 높은 자리에서 낮은 자리로 내려가는 것이다. 당연히 전자가 후자보다 낫다. 직장에서는 승진이 일반적인 것이다. 즉 낮은 자리에서 높은 자리로 올라가는 것은 영광이다. 그러나 높은 자리에서 낮은 자리로 내려가는 것은 수치이고 경우에 따라서는 파

면을 의미한다. 따라서 이 잠언은 스스로 높은 체하는 자는 자신의 지위를 망각한 처사로 수치를 당하게 될 것이므로 조심하라고 경고한다.

[8절] 히브리어 본문에서 이 잠언은 7하절과 연결하여 해석하는 것이 더 적절하다. 즉 7하절은 7절보다는 8절에 더 잘 어울린다. 번역하면 다음과 같다. '너의 눈으로 보고 급하게 나가서 다투지 말라'이다. '다투다'의 히브리어는 '리브'로 갈등으로 인한 소송까지 포함하는 단어이다. '눈으로 보는 것'은 전부가 아니다. 성경은 눈에 보이는 것의 위험성을 자주 경고한다(창 3:6). 좀 더 깊이 있게 사건을 파악하고 난 다음에 행동해야지, 눈으로 보자마자 나가서 다투는 일은 지혜자가 가져야 할 적절한 행동은 아니다. 그럴 경우 법정 소송에 휘말리게 되며, 이웃으로부터 수치를 당하게 된다. 궁정 안의 세계는 음모와 시기질투가 만연한 사회이다. 쉽게 흥분하고 분쟁에 휩싸이게 되면 신하로서의 지위는 치명적이 된다. 그러므로 이 잠언은 급하게 서둘러 싸움에 휘말리지 말 것을 경고한다.

[9절] 8절에 이어 다툼의 주제가 이어진다. 이 잠언에서 말하는 다툼의 원칙은 다툴 것은 다투되, 그 과정에서 얻은 비밀을 누설하지 말라는 것이다. 분쟁에 휩싸여 다툴 때가 있다. 그럴 경우 그 사안에 대해서만 다루어야지, 분쟁의 과정에서 얻은 다른 사적인 비밀은 누설하지 말라는 내용이다. 잠언은 남의 비밀이나 허물을 함부로 이야기하지 말라고 누차에 걸쳐 강조한다(17:9; 18:8). 남의 비밀이나 허물을 지켜 주는 것은 인간이 가져야 할 근본적인 신의다. 비록 다툼과정 중에 얻은 것이라고 하더라도, 즉 상대가 아무리 밉더라도, 인간이 가져야 할 근본적인 신의를 지켜라고 이 잠언은 권고한다.

[10절] 이 잠언은 9절의 연장선상에 있다. 즉 남의 비밀을 누설하게 될 경우 당하게 될 피해를 이야기한다. 첫째 피해는 그 다툼을 중재하는 자, 즉 듣는 자로부터 받게 될 책망이다. 왜냐하면 그것은 비겁한 것이며 비신사적인 행위이기 때문이다. 둘째 피해는 비밀을 누설하는 자에 대한 나쁜 평판이다. 어떤 비밀을 가진 자도 문제이지만, 그 비밀을 지켜 주지 않고 누설하는

자는 더욱 나쁜 평판을 받게 된다. 왜냐하면 인간 관계에서 가장 중요한 것은 사람들 사이의 신의이기 때문이다.

[11절] 경우에 적합한 말의 가치를 은유로 표현한 잠언이다. 은유는 '아로 새긴 은 쟁반에 금 사과'이다. 이 은유에서 '금 사과'는 최상급을 표현한 것이다. 즉 '최고의 사과'라는 의미다. '아로새긴'은 예술가의 손길을 표현한 말이다. 즉 예술가가 만든 최고의 은쟁반 위에 놓인 최고의 사과이다. 최고의 사과는 최고의 쟁반에 놓여있을 때 가치를 인정받게 된다. 반대로 "돼지코에 금사슬"은 어울리지 않은 짝을 가리킬 때 사용하는 말이다. 말의 가치도 경우에 따라 다르다. 같이 말이라도 경우에 어울려야 빛을 발한다. 적합한 말은 신하들이 가져야 할 필수적인 덕목이다.

[12절] 적합한 말의 가치를 다룬 11절처럼 12절은 '슬기로운 자의 책망'의 가치를 다룬다. '슬기로운 책망'은 '잘 듣는 귀'와 어울릴 때 최고의 가치를 지닌다. '잘 듣는 귀'는 배우려는 의지와 순종을 의미한다. 이런 자에게 어울리는 것은 '금 고리와 정금 장식'이다. 최고의 사람에게만 최고의 장식품이 어울리는 법이다. 신하는 잘 들어야 한다. 잘 듣고 순종하는 일은 지도자가 반드시 가져야 할 덕목이다.

[13절] '충성스런 사자'의 가치를 다룬 잠언이다. '사자'는 심부름꾼이다. 그는 주인의 말을 잘 전달해야 한다. 왕의 사자는 매우 중요한 역할을 한다. 그는 왕의 말을 단순 전달하는 앵무새가 아니다. 오늘날에도 국가 간의 중요한 현안을 풀 때 특사를 파견한다. 그때 특사는 개인적인 자격이 아니라, 국가를 대표하는 자격이다. 그는 현안들을 잘 파악해야 하며 잘 전달해 상대를 설득해야 한다. 그러므로 사자의 역할은 매우 중요하다. 이때의 '충성스런 사자'의 가치는 '추수하는 날의 얼음'[1]에 비유된다. 이때 '사자'와 '추수'라는 두 히브리어 단어는 '치르'와 '카치르'로 절묘한 언어유희로 연결되어 있다. 고대 이스라엘의 추수 때는 더운 계절이다. 따라서 얼음이 담긴 냉수는 더위를 식혀 준다. 왕의 사자가 사자 역할을 훌륭히 마치고 돌아왔을 때의 효과는 더운 여름날에 얼음 냉수를 한 잔 마실 때의 시원함과 견줄만하다고 말한다.

[14절] 충성스런 사자와는 반대로 선물한다고 자랑하는 자가 나온다. 그는 '비 없는 구름과 바람'에 비유된다. 높은 사람에게 선물을 한다는 것은 높은 사람의 지위를 이용하여 더 큰 것을 얻고자 함을 의미한다. 이런 자는 선물을 주었다는 사실 하나로 현실을 왜곡하여 부풀려 상대를 속이려는 자다. 이런 자들의 어리석음을 이 잠언은 '비 없는 구름과 바람'으로 비유한다. 비는 생명을 준다. 비 없는 구름은 알맹이가 없는 쭉정이에 불과하다. 바람은 잡을 수 없는 찰라적인 것, 즉 아무것도 건질 수 없다는 것이다.

[15절] 이 잠언은 오래 참음과 말의 미덕을 강조하고 있다. 첫째, '오래 참음'은 말과 행위의 절제를 의미한다. 자신의 감정을 억누르지 못하고 할 말 안할 말을 구분하지 못하고 함부로 뱉어내고 나면 주어 담을 수 없다. 가급적 자신의 감정을 절제하고 꾸준히 참고 인내하면 결국 '관원' 즉 '높은 사람, 통치자'를 설득할 수 있다. 둘째, '부드러운 혀'의 미덕을 이야기한다. 혀는 신체 가운데 가장 부드러운 부분이다. 반면 뼈는 신체 가운데 가장 단단한 부분이다. 부드러움이 단단함을 부러뜨릴 수 있다는 말이다. 남에게 상처를 주는 말이 아니라 부드러운 말로 인내하고 설득하면, 상대방의 마음이 아무리 견고하고 단단할지라도 상대를 변화시킬 수 있음을 말해 준다.

3. 설교를 위한 적용

왕은 많은 영화를 지니는 한편 많은 책임도 지니고 있다. 잘 될 때는 역사에 이름을 남기고 정의를 세울 수 있지만, 잘못하면 수많은 사람을 궁지로 몰아넣고 죽일 수도 있고 역사에 불명예를 남길 수도 있다. 인사가 만사라는 말처럼, 왕은 사람을 선별할 수 있는 지혜가 있어야 한다. 사람은 누구나 자기를 인정하고 칭찬하는 말을 듣고 싶어한다. 그러나 왕은 그런 사람을 경계해야 한다. 아첨하는 사람과 진실로 왕을 위해 일하는 사람을 구별할 수 있어야 한다. 그래야 왕의 지위를 영화롭게 할 수 있으며, 그 지위는 도덕적인 견고함을 확보할 수 있다. 마찬가지로 어느 조직이든 교회나 직장에서 지도자의 위치에 선 사람은 사람을 조심해야 한다. 모든 문제의 시작과 끝은 사람의 문제이다. 사람을 어떻게 관리하며 사용하느냐에 따라 시작과 결과는 달라진다. 그런 의미에서 지도자의 지혜는 매우 중요하다.

겸손은 모든 사람이 가져야 할 첫 번째 덕목이다. 특히 우리 그리스도인은 먼저 하나님 앞에 겸손해야 한다. 그것이 일차적인 덕목이다. 그러면 내가 사는 삶이 얼마나 은혜이며, 축복인지를 알며 감사할 수 있다. 그러면 나 스스로 높은 체 할 수 없으며, 다른 사람을 멸시할 수도 없다. 교만은 패망의 선봉이라고 하지 않았던가? 내가 겸손해야 남들이 나를 높이게 된다. 내가 스스로를 높이게 되면, 남들이 나를 깎아내린다. 다툼은 내적 안정감을 상실한데서 시작된다. 즉 사태를 온전히 파악한 다음에 다툼을 시작하는 경우는 별로 없다. 대개는 상대에 대한 사소한 오해에서 비롯된다. 따라서 눈에 보이는 대로 급하게 말하거나 행동하는 일을 피해야 한다. 가급적 신중한 대화로 오해를 풀면 다툼이나 소송으로 가지 않는다. 내 마음과 삶에 하나님이 살아계심을 확신할 때 내적인 불안정, 불확실함이라도 우리의 마음을 지배할 수 없다. 지도자는 남의 허물이나 비밀을 함부로 누설해서는 안된다. 가장 무서운 것은 말이다. 사람 관계는 말에서 시작하고 말로 끝난다. 그러므로 말에 경솔함이 묻어나거나 욕심이 묻지 않도록 신중해야 한다. 자신을 과시하거나 우쭐대는 자는 오래갈 수 없다. 부드러운 혀가 **뼈**를 꺾는다는 말은 참으로 멋진 잠언이다. 말의 부드러움이 인내와 결합할 때 진가를 발휘할 수 있다. 상황에 적합한 말의 가치는 아무리 강조해도 지나치지 않는다. 지혜로운 말은 지혜의 근원되시는 하나님을 통해서, 예수 그리스도를 믿는 믿음을 통하여 얻을 수 있다.

일상적인 삶의 지혜들(25:16~28)

1. 들어가며

이 단락의 잠언은 16절의 '꿀'로 시작하여 27절의 '꿀'로 끝나 수미상관을 이루어, 이 단락이 하나의 문학적인 단위임을 말한다. 28절은 27절과 마찬가지로 절제를 언급함으로써 27절 뒤에 위치하며 26:1~12와도 의미상 연결되어 있다. 이 단락에는 특정한 주제의 잠언이 주를 이루지는 않고, 각각의 개별 잠언 한 둘이 의미군을 형성한다.

2. 본문 주해

[16절] 꿀은 달콤하다. '젖과 꿀이 흐르는 땅'이라는 은유에서 알 수 있듯이 성경은 '꿀'을 매우 중요하게 다룬다. 약속의 땅에서 말하는 꿀은 주로 대추야자 열매를 의미한다. 본문에서의 꿀은 야생꿀을 의미하며, 발견하기가 쉽지 않았다(삿 14:8~9; 삼상 14:26~27). 그래서 발견하게 되면 한꺼번에 많이 먹게 된다. 그러나 아무리 귀하고 좋은 것이라도 한꺼번에 많이 먹게 되면 좋지 않다. 너무 많이 먹어서 토할 수 있기 때문이다. 그러면 꿀이라도 독이 될 수도 있다.

[17절] 이 절은 16절과 같은 구조로 되어 짝을 이룬다. '이웃 집'이 '꿀'의 자리에 위치한다. 마음에 잘 맞는 이웃이 있다면 꿀처럼 달콤하다. 그러나 지나치게 자주 방문하면 서로에게 싫증을 느낄 수도 있고, 예기치 않은 일로 서로를 미워할 수도 있다. 아무리 맛있는 꿀이라도 너무 많이 먹는 것이 좋지 않은 것처럼, 이웃이 아무리 친하더라도 너무 자주 만나고 방문하다보면 좋지 않게 될 것이라는 잠언이다.

[18절] 17절과 마찬가지로 이웃에 대한 잠언이다. 구약성경은 이웃에 대한 거짓증언을 정죄한다(출 20:16; 신 5:7; 잠 6:19; 12:17; 14:5; 19:5, 9, 28; 24:18). 이 잠언은 그 죄를 세 가지의 직유로 표현한다. 첫째, 방망이, 둘째, 칼, 셋째, 뾰족한 화살이다. 즉 전쟁에서 사용하는 살상 무기로 비유되어 있다. 방망이와 칼은 근접했을 때 상대를 치고, 찌르는 살상무기다. 화살은 멀리 있는 사람을 쏴 죽이는 무기였다. 이웃에 대한 거짓 증언은 이웃을 죽이는 살상무기와 같이 치명적이다.

[19절] 환난의 때가 되면 사람의 진위가 드러난다. 환난의 때가 되어도 변

하지 않고 신념을 지키는 자가 있는 반면, 환난의 때가 되면 모든 것을 뒤집어 버리는 자도 있다. 원래 친하게 지내는 사이였기에 환난의 때 친구를 믿었지만 배신 당했을 때의 황당한 느낌을 '부러진 이'와 '위골된 발'로 비유한다. '이'는 신체 기관 중 맨 위에 있고, '발'은 맨 아래에 있다. 이것은 정반대되는 두 개를 위치시켜 전체를 표현하는 히브리 성경의 문학적 기법인 'merism'에 해당한다. 즉 친구에게 배반당한 사람의 상처는 이빨과 발에만 있는 것이 아니라, 온몸이 부상을 입은 것과 같다는 말이다. 친한 친구로부터 당한 배신의 아픔의 크기를 잘 표현한 잠언이다.

[20절] 18, 19절에 이어 여기서도 직유법을 사용한다. 이 잠언은 상황에 맞지 않게 행동하는 일의 부당함을 두 가지의 직유로 설명한다. 상황에 대한 부적절한 행동은 '마음이 상한 자에게 노래하는 것'이다. 마음이 상한 자에게는 위로해 주고 같이 애통해하는 것이 예법이다. 그러나 반대로 '노래하는 행위'는 상대방의 기분을 고려하지 않고, 자기의 감정만 생각하고 행동해 상대방을 더욱더 아프게 하는 행위의 부적절함을 표현한 것이다. 첫째, 그것은 '추운 날에 옷을 벗음' 같다. 상대방에게 혹한에 알몸으로 노출시킨 고통을 안기는 것이다. 추위 자체도 견디기 힘들지만 옷까지 입지 않는다면 고통은 더 심해질 수밖에 없다. 둘째, 그것은 '소다 위에 식초' 같다. 이 표현은 새 번역처럼 '상처에 초를 붙는 것과 같다'로 번역하는 것이 더 적합하다.[2] 상처에 식초를 붓게 되면 고통은 더욱더 심해진다. 우리말 표현의 '불난 집에 부채질 한다'와 어울리는 표현이다.

[21절] 이 잠언은 20절의 부적절한 행동을 비판하며 올바른 행위란 무엇인지를 알려 준다. 먼저 매우 난처한 상황을 설정한다. 원수가 배고파하고 목말라하는 상황이다. 원수는 18~20절에 나타난대로, 이웃에게 거짓증거하고, 환난 날에 친구를 배신하고, 마음의 상처입은 자를 조롱하는 자다. 이 상황에서 그에게 배고파하면 먹이고, 목말라하면 물을 마시게 하라고 권고한다. 원수를 인간적으로 다루라는 말이다. 원수지만 인간으로서 누려야 할 최소한의 것을 누리지 못할 때에 그를 도와 주어야 한다고 말한다. 이는 구

약성경의 율법(출 23:4~5)뿐만 아니라, 신약성경의 산상수훈을 연상시킨다
(마 5:38~48).

[22절] 21절의 행위를 한 사람의 가치를 은유로 표현하고, 하나님과의 관
계를 끌어들인다. 즉 21절의 행위를 한 자는 '핀 숯을 그의 머리에 놓는 것'에
비유된다. 의미가 명확하게 들어오지 않는다. 이 은유를 부정적으로 해석하
면, 원수에게 모욕과 참회의 고통을 안겨주는 것이 된다. 핀 숯을 머리에 두
게 되면 원수는 숯이 뜨거워지면서 고통을 받게 될 것이라는 의미다. 그러나
이것은 원수에게 인간적인 사랑을 베풀라는 21절의 의도와는 어울리지 않
는다. 따라서 많은 주석가들은 어거스틴과 제롬의 해석을 따라 '핀 숯'을 '뜨
거운 수치의 고통'을 의미한다고 해석한다. 그러나, 구약성경에서 숯불은 무
시무시한 고통을 야기할 수 있는 하나님의 심판의 도구로 해석된다(시 11:6;
140:10). 따라서 이 잠언의 해석은 이집트의 지혜문학에서 그 해석의 실마리
를 찾을 수 있다. 이집트의 '차엠베제'(Cha-em-wese) 이야기에 의하면 차엠
베제는 도둑이었다. 그는 핀 숯불을 담은 그릇을 자신에 머리 위에 둠으로
써 양심을 회복하고 무덤에서 훔친 마법의 돌을 돌려 주었다. 이 이야기에
서 '핀 숯을 머리에 두는 행위'는 수치와 참회를 표현한 것으로 해석된다.[3] 따
라서 이 잠언의 '핀 숯을 원수의 머리에 놓는 것'은 원수로 하여금 참회와 뉘
우침의 기회를 주는 것으로 해석할 수 있다. 원수에게 선을 베푸는 것은 궁
극적으로 하나님께서 갚아 주실 것이라고 이 잠언은 말한다. 원수도 인간이
다. 죄는 밉지만 인간은 미워할 수 없다. 왜냐하면 원수에게도 하나님의 형
상이 있기 때문에 선하게 다루어야 한다. 그러면 원수에게 한 것도 하나님께
한 것과 동일한 것이 되어, 하나님이 선한 일을 한 사람에게 빚을 지게 되는
것이다. 따라서 하나님께서 갚아주실 것이라고 약속한다.

[23절] 이스라엘에서 북풍은 비를 몰고 오지 않는다. 이스라엘에서 비는
지중해에서 오는 서풍이다. 따라서 학자들은 이 잠언을 이집트에서 온 잠언
으로 보기도 하고, 북서풍에 대한 불완전한 표현으로 보기도 한다. 또한 텍
스트를 수정하여 신비로운 바람, 감추어진 바람으로 보기도 한다. 즉 이 잠

언에서의 북풍은 예고 없이 갑자기 나타나는 비바람을 의미하는 것으로 볼 수 있다. 갑자기 불어오는 비바람은 많은 피해를 불러온다. '참소하는 혀는 사람의 얼굴에 분을 일으킨다'는 번역의 원문은 '비밀스런 혀는 사람의 얼굴을 어둡게 하다'이다. 즉 갑자기 불어오는 비밀스런 바람이 많은 피해를 불러오는 것처럼, 비밀스런 혀도 사람의 얼굴을 어둡게 한다는 의미다. 혀의 피해를 입은 사람은 고통 가운데 어두운 얼굴을 하고 다닐 수밖에 없을 정도로 치명적이다.

[24절] 이 잠언은 21:19을 반복하고 있다. 그러나 현재의 문맥에 놓이므로, 23절의 예기치 않은 바람의 고통은 예기치 않은 바가지 긁기의 고통으로 비유된다.

[25절] 이 잠언은 21절의 '목마른 자'와 연결되어 있다. 목마른 자에게 냉수는 생명처럼 필수적인 것이다. 목마를 때 한 잔 마시는 냉수의 효과는 이 잠언에서 멀리서 오는 좋은 소식에 비유되어 있다. '좋은 소식' 자체도 기쁨이 되겠지만, '먼 땅에서 오는'은 '좋은 기별'의 가치를 훨씬 더 강화시켜 준다. 오랫동안 간절히 기다려온 기쁜 소식일 수 있다.

[26절] 이 잠언에서의 의인은 문맥상 배고픈 자에게 음식을 먹이고 목마른 자에게 물을 마시게 한 자다. 그러나 그도 자신의 의를 끝까지 지키지 못할 수도 있기에 타협함으로써 악인에게 굴복하는 경우를 가정하고 있다. 유혹에 굴복하는 나약한 인간으로서의 의인을 의미할 수 있다. 이 상황을 '우물이 흐려짐'과 '샘이 더러워짐'에 비유하고 있다. 우물이 흐려지면 더 이상 우물로서의 가치가 없으며, 샘이 더러워지면 더 이상 샘으로서의 가치를 유지할 수 없다. 우물과 샘은 공동의 재산이다. 우물과 샘이 더러워지면 공동체에 치명상을 입는다. 의인의 사라짐도 공동체의 손실이다. 선지자 미가는 다음과 같이 말한다. "경건한 자가 세상에서 끊어졌고 정직한 자가 사람들 가운데 없도다"(미 7:2). 그러므로 미가는 심판을 선포한다(미 7:4~5). 의인의 손실은 공동체 전체의 오염을 가져오고, 마침내 죄로 인하여 멸망할 수밖에 없다.

[27절] 이 잠언에서의 '꿀'은 달콤함을 상징한다. 양지만 찾아다니며 달콤함을 추구하는 자는, 꿀이 늘 몸에 좋은 것이 아닌 것처럼 늘 행복하고 좋은 것은 아니다. 그러므로 자기의 영광만 추구하는 자의 결말을 경고한다. 그 결말은 꿀을 너무 많이 먹고 토하여 냄으로써 해가 되는 것처럼, 영광만 추구하는 자의 결말은 허사가 될 것이다. 19:16에서 꿀의 달콤함으로 시작한 단락은 달콤함만 추구하는 인간의 영광의 헛된 결말로 마친다.

[28절] 이 잠언은 '마음의 절제'를 다룬 잠언이다. 달콤함만을 추구하고 쫓아다니며 마음을 다스리지 못하는 자는 '성읍이 무너지고 성벽이 없는 것'에 비유된다. 마음이 무너지면 모든 것이 무너진다. 성벽이 무너지고 성읍이 없다면 적들이 침략할 때 스스로를 지킬 수 없다. 그러므로 마음을 다스리지 못하면 자신이 가진 모든 것, 심지어 생명까지 지킬 수가 없다. 반면 지혜를 얻어 마음을 다스릴 줄 아는 삶은 난공불락의 성벽을 가진 성읍과 같다.

3. 설교를 위한 적용

꿀은 달콤하다. 달콤하다고 한꺼번에 너무 많이 먹으면 독이 될 수 있다. 인간이 추구하는 꿀은 무엇일까? 돈이나 권력이나 명예일 것이다. 그것은 겉보기에 달콤해 보이고 화려해 보인다. 그래서 수많은 사람들이 불나비처럼 돈, 권력, 명예 주위로 몰려든다. 그러나 달콤함은 금방 싫증을 느끼게 한다. 매일 꿀만 먹고 살 수는 없기 때문이다. 그러나 우리 주위에는 인간의 신의나 도리를 저버리고 돈이나 권력과 명예를 좇아 다니는 불나비들이 수도 없이 많다. 이 단락의 잠언은 꿀의 유용함을 부정하는 것이 아니다. 다만 너무 많이 먹지 말라고 권고한다. 지나치게 돈이나 권력이나 명예를 추구하는 행위를 견제하고 있다.

친구 사이의 우정이나 신의보다는 돈이 우선적인 가치를 가진 세상이 된 것 같다. 옛날에는 사람됨의 가치를 어떤 가치보다 우선했지만, 요즘은 자본의 가치를 최고로 두는 것 같다. 그러나 잠언은 우정이나 신의를 희생시킨 배신의 상처는 상대에게 치명적임을 말한다. 그럼에도 불구하고 잠언은 원수라도 벌을 받아 배고프고 목말라 하거든 도와 주라고 가르친다. 그렇게 되면 원수는 뉘우치고 회개할 것이라고 말한다. 악을 앞으로 갚지 말고 선으로 갚으면, 결국에는 승리하게 될 것이라고 말한다. 우리 사회도 의인이 점차로 사라져감을 보게 된다. 정의나 도덕적 삶을 따라가는 자는 어리석어 보인다. 그 결과 사회의 정의와 도덕성은 점차로 흐려지고 더러워지고 있다. 시대가 혼탁할수록 의인과 지혜자의 역할을 매우 중요하다. 그들이 제시하는 올바른 길로 가야 생명을 유지할 수 있기 때문이다. 오염된 우물과 샘물을 계속 마시게 되면 공동체 전체가 멸망하게 된다. 기독교인들은 사회의 빛과 소금이 되어야 한다. 의인의 역할을 필요로 할 때 진정으로 준비된 의인이 있어야 이 사회를 구원할 수 있다. 왜냐하면 하나님은 궁극적으로 의인들을 통하여 자신의 뜻을 펼치시기 때문이다.

미련한 자(26:1~12)

1. 들어가며

이 단락의 잠언에서 가장 많이 나오는 단어는 '미련한 자'다. 2절을 제외한 모든 잠언에 '미련한 자'가 등장하여, 이 단락의 주제를 형성한다. 또한 '스스로 지혜롭게 여기는 자'라는 단어가 5, 12절에 나와 '미련한 자'의 이미지를 보충한다.

2. 본문 주해

[1절] '영예'라는 히브리어 단어 '카보드'는 25:1, 27에도 나와, 이 단락이 서로 연결되어 있음을 암시한다. 이 잠언은 미련한 자가 영광을 얻을 수 없음을 '여름에 눈 오는 것'과 '추수 때에 비가 오는 것'처럼 전혀 가능성이 없음을 말한다. 이스라엘의 여름은 매우 더워 눈이 올 수가 없으며, 추수 때에도 우기가 끝난 때이므로 비가 올 수 없다. 마찬가지로 미련한 자는 사람들로부

터 영광을 얻을 수 없다. 반대로 미련한 자가 높은 지위에 올라 영광을 누린다면 그 사회는 비정상적이며 파멸을 초래할 것이라는 잠언이다.

[2절] 1절이 '영광'을 다루고 있는 반면, 2절은 그 반대인 '저주'를 다루고 있다. 이 잠언은 이유 없는 저주는 없음을 말한다. 이유 없는 저주는 효력이 없다(민 22:6; 23:8; 신 23:4; 삼상 17:43). 그것에 대한 은유는 참새와 제비가 날아다니는 것과 같다. 참새와 제비가 안착할 곳을 찾지 못해 날아다니는 것처럼, 이유 없는 저주는 안착할 곳이 없음을 설파한다. 즉 이유 없는 저주는 이루어지지 않을 것이라는 말씀이다.

[3절] 1~2절이 적합하지 않은 예를 제시한 반면, 이 잠언은 미련한 자에게 적합하며 어울리는 예를 제시한다. 미련한 자에게 '영광'은 어울리지 않는다. 어울리는 것은 '매질'이다. 두 가지의 또 다른 은유가 이 잠언의 주제를 강화한다. 첫째 은유는 말에게 어울리는 것은 채찍이라는 것이다. 채찍이 있어야 말을 잘 몰 수 있으며, 나귀에게는 재갈을 물려야 통제할 수 있는 것처럼, 미련한 자는 매질이 있어야 다스릴 수 있음을 가르쳐 준다. 잠언은 교육적인 의미의 매질을 긍정적으로 설명한다(10:13; 17:10; 18:6; 19:29; 27:22).

[4절] 5절과 더불어 미련한 자를 다루는 법을 설명한다. 4절은 '미련한 자의 어리석을 것을 따라 대답하지 말라'고 가르친다. 그 이유는 대답하는 자도 미련하게 될 것 같은 두려움 때문이다. 이 잠언은 미련한 자의 용어로 미련한 자를 다루지 말라는 말이다. 그렇게 하다보면 그것이 습관화되어 자신도 미련해질 수 있기 때문이다. 즉 따라하다 보면 따라하는 자도 미련해질 수 있으므로 조심하라는 경고다.

[5절] 이 잠언은 4절과 반대로 하라고 가르친다. 즉 '미련한 자의 어리석은 것을 따라 그에게 대답하라'고 말한다. 이 말은 미련한 자의 말을 대답할 가치가 있는 것으로 생각하라는 의미다. 그렇지 않으면 미련한 자는 스스로를 똑똑하다고 여겨서 모든 사람에게 해가 되는 충고를 할 수 있기 때문이다. 미련한 자의 말에 잘 대답하여 미련한 자의 어리석음을 공적으로 드러내어 퍼져 나가지 못하도록 막아야 한다. 4절과 5절은 정반대로 서로 모순되는

것처럼 보이지만, 이것은 현실세계의 다양한 상황을 반영한 지혜 문학의 특성에 해당한다. 지혜 문학은 절대적인 답을 가진 것이 아니라, 상황에 따라 처신해야 할 행동이 다를 수 있음을 말해 준다. 즉 상황에 따라 적절하게 행동해야 함을 말한다.

[6절] 1절에서 제시된 미련한 자에게 어울리지 않은 것의 주제가 다시 나온다. 이 잠언은 미련한 자에게 중요한 임무를 맡기는 어리석음을 말한다. 그것은 미련한 자를 통하여 소식을 전하게 하는 임무를 맡기는 것이다. 전달자의 임무는 매우 중요하다. 주인의 뜻을 잘 알고 협상력을 갖춘 자여야 한다. 그러나 미련한 자는 그러한 일을 잘 감당할 수 없다. 그 위험은 자기의 발을 베어버림에 견줄만한 손실이다. 사람에게 다리가 없다면 치명적이다. 미련한 자에게 일을 맡기는 일은 그만큼 위험하므로 조심하라는 경고의 잠언이다.

[7절] 6절에서는 '발을 베어버림'의 은유가 나왔는데, 7절에서는 '다리 저는 자'의 은유가 등장한다. 다리를 저는 자의 다리는 튼튼하지 못해 힘을 쓰지 못한 채 달려있는 것처럼, 미련한 자의 잠언도 효력을 발휘하지 못한 채 매달려 있다. 즉 미련한 자의 잠언은 들어도 알맹이가 없으며, 쓸모가 없음을 강조한 잠언이다.

[8절] 이 잠언은 미련한 자와 영광이 어울릴 수 없다는 주제에 대한 새로운 은유를 소개하고 있다. 미련한 자에게 돌을 이용한 살상용 무기인 물매를 맡기는 일은 매우 위험하다. 다윗이 골리앗을 죽인 것처럼 미련한 자가 물매를 사용한다면, 수많은 선량한 사람을 다치게 할 수 있다. 미련한 자가 지도자가 되어 온 백성을 공포로 몰아넣고 다치게 하는 경우는 허다하다. 권력이나 힘은 그것을 적절히 다룰 줄 아는 지혜를 지닌 자에게 맡겨야 한다. 미련한 자는 자신의 욕심을 채우기에 바빠 공동의 정의나 선을 추구할 줄 모르는 자다.

[9절] 7절이 미련한 자의 잠언의 쓸모없음을 다루었다면, 9절은 그 위험성을 다루고 있다. 그 위험성은 '술 취한 자가 가시나무를 손에 들고 있는 것'과 같다. 술 취한 자는 정상적인 판단력과 분별력을 가진 자가 아니다. 그가 가

시나무라는 무기를 들고 있다면 매우 위험하다. 왜냐하면 자신을 찌를 수도 있고, 남을 찔러 다치게 할 수 있기 때문이다. 미련한 자의 잠언은 그만큼 위험하다. 남을 찔러 상처를 줄 수 있다. 미련한 자는 자신의 욕심에 사로잡혀 남의 입장이나 감정을 사려 깊게 고려할 줄 모른다. 그리하여 그의 말은 다른 사람을 찌르는 비수가 되기도 하며, 마침내 자신을 찌르는 무기가 된다. 그러나 미련한 자는 결국에 닥칠 자신의 운명을 알지 못한다.

[10절] 이 잠언의 정확한 번역은 어렵다. 새번역, RSV, NIV는 다음과 같이 번역한다. "미련한 사람이나 지나가는 사람을 고용하는 것은 궁수가 닥치는 대로 사람을 쏘아대는 것과 같다." '지나가는 사람'은 문외한이다. 궁수가 되려면 고도의 훈련을 거쳐야 한다. 그러한 훈련을 거친 고도의 전문인이 되어야 활을 다룰 수 있다. 그러나 미련한 자나 지나가는 사람을 고용해 활 쏘는 일을 맡기는 것은 대단히 위험하다. 엉뚱한 사람에게 치명상을 입히는 결과를 초래할 것이기 때문이다. 그러므로 9절에서 미련한 자의 잠언이 지닌 위험성이 물매에 비유된 반면, 10절에서는 활을 다루는 궁수에 비유되어 있다.

[11절] 구약성경에서 개는 더러운 존재로 부정적으로 묘사된다(삼상 17:43; 왕상 14:11; 21:23~24). 본문에서 미련한 자는 '토한 것을 도로 먹는 개'로 은유된다. 개는 자신이 볼일 본 것을 되돌아가서 냄새를 맡는 습성을 지녔다. 토한 것이나 대변은 사용할 가치가 없는 버려야 할 것이다. 그러나 개는 그것을 다시 먹는다. 미련한 자는 자신의 미련함을 버리지 못해, 계속 반복하는 자다. 미련함은 토한 것이나 대변처럼 버려야 할 것이지만, 미련한 자는 거기에 미련을 두고 계속 반복한다.

[12절] 이 잠언은 가장 미련한 자를 '스스로 지혜롭다고 여기는 자'라고 말한다. 그런 자는 미련한 자보다 더 못한 자라고 말한다. 지혜를 많이 쌓으면 쌓을수록 사람은 자신의 어리석음을 깨닫게 되고 겸손해진다. 왜냐하면 지혜의 근원되시는 하나님 앞에 선 인간의 나약함을 잘 알기 때문이다. 그러나 '스스로를 지혜롭다고 여기는 자'들이 있다. 그런 자들은 자신의 한계를 잘

모르는 자다. 하나님을 알지 못하고 인정하지 않는 자다. 마음의 교만은 어리석음보다 더 구제 불가능한 죄악임을 이 잠언은 말하고 있다.

3. 설교를 위한 적용

미련한 자는 어떤 자인가? 이 단락의 잠언은 가장 치명적인 미련함을 '스스로를 지혜롭다고 여기는 자'로 규정한다. 지혜는 여호와로부터 온다(잠 3:18~19; 8:22~31). 그러므로 참된 지혜는 여호와를 경외하는 것이다(잠 1:7; 9:10). 만물을 지으시고 숨겨두신 여호와의 지혜를 하나씩 깨달을 때마다 흥분과 희열을 느끼지만, 그로 말미암아 지혜자는 인간의 연약함을 알고 하나님께 지혜를 구하는 자다. 반면 미련한 자는 자신의 능력으로 그것을 안다고 느낀다. 그런 자에게는 구제책이 없다. '익은 벼는 스스로 머리 숙인다'는 속담처럼 삶의 지혜를 체득한 자는 매우 겸손하다. 자신의 분수를 알기에 적절한 행동을 한다. 반면 미련한 자는 자신의 분수와 한계를 모른다.

이 세상의 모든 것에는 어울림이 있다. 지혜로운 자에게는 그 나름의 어울림이 있고, 미련한 자에게는 또 다른 나름대로의 어울림이 있다. 이 단락의 잠언은 미련한 자가 어울리지 않는 권력이나 임무를 가졌을 때의 위험성을 경고한다. 우리 시대는 자화자찬의 시대다. 많은 사람들의 자신의 잘남을 홍보하면서 과시한다. 남들이 알아 주지 않음을 못견디어 하는 자기 과시에 중독된 자도 많다. 그런 자에게는 큰 일을 맡길 수 없다. 많은 사람들에게 큰 해를 가져올 것이 명확하기 때문이다. 교회의 사역에도 마찬가지다. 항상 자기가 인정받아야 하고 자기가 주도해야 직성이 풀리는 사람이 있다. 이런 사람은 매우 위험하다. 자기의 미련함을 빨리 알고 되풀이하지 않은 지혜를 얻어야 한다. 자신의 한계와 분수를 알고 지켜나가는 사람이 지혜로운 자다.

게으른 자(26:13~16)

1. 들어가며

잠언은 게으른 자에 대한 잠언을 집단적으로 다루고 있는데, 첫 번째는 6:6~11이며, 두 번째는 24:30~34, 본단락이 세 번째에 해당한다. 이 단락의 잠언은 게으른 자의 움직이기 싫어하는 행동 습성을 잘 묘사하고 있다.

2. 본문 주해

[13절] 이 잠언은 22:13과 유사하다. 사자를 핑계 삼아 밖으로 나가지 않으려는 것을 고발한 것이다. 고대 이스라엘에 사자는 존재했지만, 사람이 다니는 길거리에 나타나는 일은 매우 드물었다(왕하 17:25). 하지만 게으른 자는 혼자만의 상상으로 자신의 비정상적인 행동을 합리화시키고자 핑계를 댄다.

[14절] 게으른 사람의 행동반경은 침대이다. 매우 좁은 범위에서만 움직인다. 게으른 자의 이러한 행동은 돌쩌귀에 붙어서 움직이는 문짝에 비유된다. 문짝의 행동반경은 아무리 확대되어도 돌쩌귀를 벗어나지 못하는 것처럼, 게으른 자의 행동반경은 침대를 벗어나지 못한다. 이것은 게으름의 극치를 보여 준다.

[15절] 19:24의 반복이다. 게으른 자는 움직이기를 싫어하여 그릇에서 입까지의 손동작조차 귀찮아하며 움직이기를 힘들어한다. 즉 게으른 자를 과장되게 희화화시킨 잠언이다.

[16절] 이 잠언은 게으른 자의 미련함의 극치다. 26:13은 '스스로를 지혜롭게 여기는 자'는 미련한 자보다 더 못하다고 선포했다. 유사하게 이 잠언은 게으른 자의 미련함을 적나라하게 드러낸다. 즉 게으른 자는 사리에 맞게 대답하는 사람 일곱보다 자신을 더 지혜롭게 여긴다고 고발한다. 본문에서 '일곱'은 완전수를 가리키므로 완전한 지혜의 총합을 가리킨다 ('일곱 자문관'에 7:14). 따라서 게으른 자는 자신이 가장 완벽한 지혜를 지닌 사람의 총합보다 더 지혜롭게 여긴다고 고발함으로써 게으른 자의 어리석음을 드러낸다. 게

으른 자는 행동뿐만 아니라 생각조차도 미련함을 보여 준다.

3. 설교를 위한 적용

이 단락의 잠언은 게으름에서 가장 큰 문제는 뭔가 하려는 의지가 없음을 말해 준다. 개인이 가진 재능이 아무리 훌륭해도 뭔가를 하려는 의지가 부족하면 활동할 수 없다. 우리나라 사람들은 매우 부지런해 게으름이 크게 문제 되지는 않지만, 물질이 풍부해지고 사회가 발달하면서 마땅히 해야 할 일을 하지 않고 컴퓨터로 모든 것을 처리하면서 스스로 대단하다고 여기는 과대망상을 지닌 사람들도 많이 있다. 성경은 인간은 땀 흘려 일한 대가로 먹고 살도록 되어 있음을 말한다. 게으름은 인간의 창조섭리에 어긋나는 것이다. 게으름은 하나님의 뜻 안에 있지 않음을 말한다. 주님께서는 아무리 작은 일이라도 자신에게 주어진 일을 성실히 감당하는 자를 인정하시고 사랑하신다(마 25:14~30).

사회의 문제 아들(26:17~28)

1. 들어가며

이 단락의 잠언은 악한 말로서 공동체의 안녕을 훼방하는 사람들을 다루고 있다. 그것은 남의 싸움에 간섭하는 자(26:17), 재앙을 가져오는 자(27:18~19), 중상 모략하는 자(27:20~22), 기만하는 원수들(27:23~26), 악인이 겪게 될 패망(27:27~28)이다.

2. 본문 주해

[17절] 자기와 상관없는 싸움에 간섭하여 말려든 미련하고 어리석은 자에 대한 잠언이다. 길을 가다가 싸움의 전후관계를 파악하지도 않은 채 무모하게 간섭하는 일의 어리석음을 지적한다. 이런 자가 처하게 될 위험은 개의

귀를 잡는 자와 같다. 개의 귀를 잡아당기면 개는 매우 공격적이 되어 귀를 잡은 사람을 문다. 즉 남의 싸움에 함부로 간섭하는 일은 개에게 물릴 위험과 같다고 이 잠언은 말해 준다.

[18절] 두 번째 사람은 대책 없이 위험한 인물이다. 이 사람은 "횃불을 던지며 화살을 쏘아서 사람을 죽이는 미친 사람"이다. 17절의 인물은 자기의 미련함으로 자신만이 손실을 입지만, 18절의 이 사람은 불특정 다수를 향하여 횃불과 활을 사용하는 자다. 횃불과 활은 전쟁에서 살상용으로 사용하는 무기다. 정상적인 사람이라면 아무 때나 이런 일을 하지 않는다. 미친 사람만이 이런 일을 하게 된다.

[19절] 이웃에 대해 희롱하는 자에 대한 잠언이다. 18절의 미친 사람의 정의가 19절까지 확대된다. 즉 이웃을 속이고 난 후, 장난삼아 그랬다고 말하고 다니는 자는 미친 사람이라는 것이다. 상대방이 받게 될 고통이나 피해를 생각하지 않고 자기가 느끼는 재미만을 즐기는 대책 없는 자다. 이런 자의 행위도 사람에게 상처를 입힌다는 점에서 18절의 횃불과 활을 함부로 쏘는 사람의 행위와 동일하게 미친 자의 미친 짓으로 비교된다.

[20절] 중상모략하는 말로서 남에게 상처를 주는 자에 대한 잠언이다. 나무와 불의 관계를 말쟁이와 다툼으로 비유하고 있다. 나무가 계속 있는 한 불은 계속 타오르고, 나무가 떨어지면 불은 그치게 된다. 마찬가지로 중상모략을 일삼는 말쟁이(16:28)가 계속 있는 한 다툼은 그치지 않을 것이지만, 말쟁이가 없어지면 다툼도 그치게 될 것이다. 중상모략을 하는 사람은 작은 흠을 큰 것으로 확대시켜 공동체를 이간질시키며 다툼을 불러일으키는 자다.

[21절] 앞 절에서 중상모략하면서 다툼을 일으키는 자를 생생한 이미지로 설명한 잠언이다. 다툼을 좋아하는 자를 두 가지의 은유로 설명한다. 첫째, 숯불 위에 숯을 더하는 것 같다. 이미 불이 붙어 타고 있는 곳에 숯을 더하면 화력이 더 강해진다. 다툼을 좋아하는 자는 더해지는 숯처럼, 다툼을 더 확대시키는 자다. 둘째, 타는 불에 나무를 더하는 것 같다. 타는 불에 나무를 계속 공급하면 불은 더 활활 타오른다. 이미 싸우고 있는 마당에 다툼을 좋

아하는 자가 참여하면 싸움은 더 확대된다.

[**22절**] 이 잠언은 18:8을 반복한 것으로, 남에 대한 험담이나 소문에 대한 경고의 잠언이다. 20~21절에서 비유된 불의 이미지에서 이 잠언은 남에 대한 험담이나 소문의 달콤함을 '맛있는 음식'에 비유한다. 남에 대한 험담이나 소문은 안 먹고는 견딜 수 없는 음식처럼 거부할 수 없다. 그러나 일단 그것을 듣고 나면 맛있는 음식이 금방 뱃속 깊이 들어가는 것처럼, 우리 맘속 깊은 곳에까지 내려가 우리의 마음을 지배한다. 남에 대한 험담이나 소문에 현혹된다면 공동체 전체의 안녕과 화합은 무너지게 된다.

[**23절**] 이 잠언은 인간의 위선을 고발하고 있다. 인간의 악한 내면과 그것을 가리는 외적 표현을 토기 그릇에 은을 입힌 것과 같다는 이미지로 그려내고 있다. '온유한 입술'에서의 '온유한'은 히브리어 원문상 '불타는'으로 되어 있어 그 의미파악에 난해함이 있다. 우리말 번역의 '온유한'은 70인역에서 온 것이다. 그러나 '불타는'은 16:27에서 악한 자를 '불'과 연결시키고 있다. 따라서 본문에서의 '불타는 입술'은 악한 마음에서 나오는 화려한 입술을 의미한다고 볼 수 있다. 그것의 값어치는 토기에 은 찌꺼기를 입히는 것과 같다. 즉 빛깔은 화려하게 나지만 싸구려일 수밖에 없다. 말이 청산유수라고 해서 그 사람의 내면까지 그런 것이 결코 아님을 이 잠언은 알려 준다.

[**24절**] 이 잠언은 23절의 확대로 겉과 속이 다른 그 사람을 '원수'라고 부른다. 그는 마음속으로 속임의 계략을 품고 있으며, 입술은 화려한 자다. 그는 상대를 속이기 위해 자신의 마음 속에 있는 것을 감추고 말만 그럴싸하게 하는 자므로 믿고 신뢰할 수 없다.

[**25절**] 말만 화려한 사람의 말은 말이 아무리 그럴싸해도 믿어서는 안 된다. 그 이유로 이 잠언은 그 사람의 마음 속에는 일곱 가지의 가증스러운 것이 있기 때문이라고 한다. '일곱 가지의 가증스러운 것'은 마음속의 죄악의 총집합을 의미한다. '가증스러운 것'은 하나님이 가장 싫어하시는 종류의 죄악을 표현할 때 쓰는 말이다. 따라서 이런 사람은 구제불능인 자다. 그러므로 말이 화려한 사람은 신뢰할 수 없으며, 그 사람의 참 내면이 어떤지를 분

별하는 지혜를 갖출 것을 요구하고 있다.

[26절] 25절의 확대로, 결국 원수의 속임수는 드러나게 되어 있음을 말해 준다. 이 잠언에는 '속임'과 '미움'과 '악'이라는 단어가 나온다. '속임'의 주제는 23절 이후 반복되어 나타나며, '미움'은 악한 자의 내면 속에 숨겨진 것이다. 그 내면의 드러남은 곧 '악'이 된다. 그 위선자, 원수의 악은 온 회중 가운데 드러나게 됨을 말해 준다. 본문에서의 '회중'은 법정이나 공동체의 모임을 의미한다.

[27절] 이 잠언은 함정을 파서 남을 빠뜨리려는 악한 자 혹은 원수는 자신이 그곳에 빠질 것이라고 경고한다. 마찬가지로 돌을 굴려 남에게 해를 끼치고자 계획하는 자는 그 돌에 자신이 치일 것이라고 말한다. '함정을 판다'는 은유는 이 본문의 문맥에서 '속임'으로 남을 희생시켜 자신의 이익을 취하고자 하는 자다. 그러나 세상의 법칙은 인과응보이므로 결국은 자신이 당하게 될 것이라고 지혜자는 말해 준다.

[28절] 이 잠언의 의미는 명확하지 않다. 원문을 직역하면 '거짓 혀는 그의 억눌린 자를 미워하고, 아첨하는 혀는 패망을 일으킨다'이다. 전반부의 '그의 억눌린 자'는 거짓말로 인하여 고통을 당한 자로 볼 수 있다. 그러나 후반부의 경우 목적어가 불확실하다. 아첨하는 혀가 패망한다는 것인지, 억눌린 자를 패망시킨다는 것인지 불확실하다. 문맥상 '거짓 혀'와 '아첨하는 혀'는 같은 사람이다. 거짓말과 아첨으로 미움을 일으키지만, 궁극적으로 자신이 파멸당한 것으로 봐야 한다. 따라서 27절의 이미지를 확대해 생생하게 묘사한 잠언이다.

3. 설교를 위한 적용
거짓말, 속임수는 아담과 하와 시절부터 존재해왔다. 인간 사는 세상에 어찌 거짓말과 속임수가 사라질 수 있겠는가? 잠언은 거짓말과 속임수로 남에게 피해를 입히고 자기가 얻게 될 유익은 결코 없다고 말한다. 우리 사회의 전반적인 도덕적 수준도 많이 높아진 것 같아, 예전처럼 사기와 거짓말이 판을 치지는 못하지만 여전히 우리 주위에 가장 흔한 죄악은 거짓말이다. 친구 사이, 연인 사이, 혹은 부부 사이에도 사소한 것에서부터 치명적인 것에 이르기까지 거짓말은 우리의 삶 속 가까이에 존재한다. 거짓말의 위험성에 대한 교육은 어릴적부터 해야 좋을 것이다. 작은 거짓말을 그냥 넘기면 더 큰 거짓말을 하게 될 것이고 나중에는 습관성이 될 것이고, 그것은 그 사람이 지위가 높을수록 거짓말로 인한 사회적 파장은 더 크게 되고 치명적이 된다.

몇 년 전 연예인들의 학력에 대한 속임수가 논란이 된 적이 있다. 겉으로 자신을 치장하고픈 마음에서 학력으로 현재의 자아를 포장한 것이다. 정치인의 거짓말이야 원래부터 그랬다고 쳐도, 도덕적으로 영적으로 존경을 받는 많은 분들의 학력위조 사건을 대할때마다 우리 사회의 이중성을 보는 것 같다. 사람을 대할 때 그 사람 자체로 판단하기 보다는 학력, 재력, 외모로 판단하기 때문이다. 따라서 대학교수의 거짓 학위증명에서부터, 목회자들의 허위학력도 도마 위에 오른 적이 있다. 예수님은 학교에 다녔다는 기록이 없다. 바울이 학교를 다녔다는 것으로 보아 그 당시에도 학교가 있었지만, 예수님은 학력이 없지 않은가? 내면을 채우기보다는 겉모습으로 자신을 치장하려는 우리의 모습은 거짓된 사회의 한 단면이다. '겉 다르고 속 다르다'는 우리말 속담도 유사한 의미를 담고 있다. 겉으로 드러나는 것은 얼굴과 말이다. 호감형 얼굴과 부드럽고 화려한 말투를 겸비한다면 그 사람은 남에게 인정받을 기본은 갖춘 셈이다. 그러나 가장 중요한 것은 내면이다. 잠언은 인간의 마음속에는 온갖 가지의 악이 존재하므로, 보이는 외면을 그 사람의 내면으로 동일시했을 경우 벌어질 위험을 경고하고 있다.

중상모략하는 말은 참으로 무섭다. 요즘은 인터넷을 통하여 중상모략하는 거짓말을 퍼뜨려 피해자를 자살로까지 몰고 가는 경우가 있다. 자기에게는 사소한 것일 수 있고 재미일 수는 있어도, 당하는 사람에게는 회복불능의 치명적인 것일 수 있다. 인터넷 공간에서 마구 뱉어대는 댓글은 마치 인간의 악한 독성을 보는 것 같다. 약자나 소수자에게 '이지매'를 가하며 희롱하고 조롱하는 모습을 보다보면 너무 잔인하다는 생각이 든다. 거짓보다는 진실이, 외적인 것보다는 내적인 것이, 말보다는 올바른 사고와 행위가 훨씬 더 중요한 가치이지만, 우리 사회 스스로가 거짓, 외적인 화려함, 유창한 언변에게 속임수를 당하고 있다는 생각이 든다. 내면의 강화를 통한 자신감을 회복시키려는 노력이 매우 절실하다.

삶과 우정에 대한 잠언(27:1~22)

1. 들어가며

이 단락의 잠언은 하나의 통일성을 가진 것은 아니지만, 주로 삶에 대한 일상적인 내용과 친구에 대한 내용이 주를 이룬다. 이 단락은 11절에서 '내 아들아'로 시작하는 새로운 단락을 이룬다. 따라서 1~10절과 11~22절로 크게 나눌 수 있다. '친구'에 대한 잠언은 6, 9, 10, 17절에 흩어져 나와 이 단락의 주제어를 형성한다.

2. 본문 주해

[1절] 미래의 불확실함에 대한 잠언이다. 인간의 미래는 5분 앞을 정확하게 내다볼 수 없다. 예측은 가능하지만 예측대로 다 이루어지지 않는다. '내일'은 일반적인 의미에서 가장 가까이에 있는 미래다. 그러나 미래는 불확실하다. 어떤 예기치 않은 일이 발생할지 모른다. 그러므로 내일 일을 미리 자랑하지 말라고 한다. 왜냐하면 오늘 하루 동안에 어떤 일이 일어날지 모르기 때문이다. 이집트의 지혜(아멘엠오페, *ANET*, 423)에서부터 전도서(8:16~18)와 야고보서(4:14)에 이르기까지, '내일 일을 자랑하지 말라'는 격언은 광범위하게 나타난다.

[2절] '칭찬하다'는 1절의 '자랑하다'와 같은 히브리어 동사 '할랄'이다. 따라서 1절과 2절은 밀접하게 관련되어 있다. 어떤 일이든지 스스로 자랑하지 말라는 내용이다. 내용은 이해에 어려움이 없다. 칭찬은 스스로 하는 것이

아니라, 남이 하는 것이라는 말이다. 스스로 하는 칭찬은 인격적 수양이 모자라는 교만한 사람임을 드러낸다(16:2; 21:2). 스스로 칭찬하는 사람을 칭찬하거나 좋아하는 사람은 없다. 인격적 수양이 쌓일수록 겸손해져야 한다. 자신이 자신을 자랑한다면 그 사람의 평판은 점차 나빠질 것이다. 칭찬의 가장 큰 유효성은 남이 할 때다. 남이 하는 칭찬으로 인하여 그 사람의 평판이 좋아지며, 그 사람은 사회적으로 높은 신망을 얻을 수 있기 때문이다.

[3절] 미련한 자의 분노가 주는 정신적 괴로움을 돌과 모래에 비유한 잠언이다. 돌은 무겁고, 많은 모래도 들기가 만만치 않다. 건물을 짓는 데 필요한 모래와 돌을 옮기는 일은 무척 힘든 노동에 속한다. 왜냐하면 그 무게가 무겁기 때문이다. 그러나 미련한 자의 분노는 사람을 돌과 모래의 무게가 주는 괴로움보다 더 크다. 왜냐하면 미련한 자와는 합리적 의사교환이 안되기 때문이다. 화를 내는 이유가 말이 안 되기 때문에, 그로 인한 정신적 피로와 고통은 힘든 육체적 노동보다 심하다.

[4절] 이 잠언은 3절의 분노의 주제를 끌어와 질투심이 갖는 파괴력을 설명한다. 먼저 분노의 파괴력을 잔인하며 급하게 밀려오는 홍수로 표현한다. 허리케인이나 태풍으로 인하여 발생하는 홍수의 범람은 피할 수 없다. 마찬가지로 분노가 폭발할 때 그것을 제어하는 일은 불가능하다(15:1; 21:14). 그러나 분노보다 더 큰 파괴력을 지닌 것은 질투다. 질투라는 홍수를 막기 위해 그 앞에 서 있을 수 있는 자는 없다고 이 잠언은 단언한다. 그러므로 질투는 분노보다 파괴력이 더 크다.

[5절] 이 절은 '…보다 나으리라'로 된 짧은 비교 잠언이다. 비교의 대상은 '면책'과 '숨은 사랑'이다. '면책'은 새번역의 표현에 의하면 '드러내 놓고 꾸짖는 것'이다. '숨은 사랑'은 드러내지 않고 표현하지 않은 사랑이다. 즉 면책이 숨은 사랑보다 낫다는 말은 사랑에서 비롯된 꾸짖음이 표현하지 않은 사랑보다 낫다는 말이다. 사랑의 표시는 상대에게 항상 좋은 것만 주는 것이 아니라, 때로는 꾸짖음과 책망도 그 사람을 진정으로 위한 사랑이 될 수 있다고 이 잠언은 가르친다.

[6절] 이 잠언도 5절과 마찬가지로 '…보다 나으리라'로 되어 있다. 비교하는 두 개의 대상은 '친구의 뼈아픈 책망'과 '원수의 빈번한 입맞춤'이다. '책망'은 상처를 주고, 입맞춤은 달콤함을 가져다 준다. 보통의 경우 원수가 뼈아픈 책망을 가져다 주고, 연인이 입맞춤을 가져다 준다. 본문에서는 그 경우가 뒤바뀐 경우이다. 그러므로 본문에서 친구가 주는 뼈아픈 책망은 진심에 나오는 권고인 반면, 원수의 입맞춤은 속마음을 숨기기 위한 유혹이다. 따라서 진실은 거짓보다 강하며, 사람을 더 건강하게 만든다.

[7절] 꿀은 달기 때문에 모든 사람이 좋아한다. 그러나 상황에 관계없이 다 좋아하는 것은 아니다. 너무 많이 먹어서 배부른 사람은 꿀이라도 싫을 수밖에 없다. 반대로 소태나무는 쓰기 때문에 모든 사람이 싫어한다. 그러나 상황에 관계없이 다 싫어하는 것은 아니다. 먹을 것이 없어서 무엇이라도 먹어야 하는 자에게는 소태라도 달게 먹을 수밖에 없다. 사람에게 있어서 절대적으로 좋은 것이나 싫어하는 것은 없다. 모든 것은 상황에 따라 달라질 수 있다.

[8절] 이 잠언은 고향을 떠나 타향살이 하는 자를 소개한다. 그 사람은 '보금자리를 떠나 떠도는 새'에 비유된다. '유리하는'으로 번역된 단어의 원의미는 자기 고향에서 쫓겨나 거주할 곳이 없는 상태를 나타낸다(창 31:40; 사 21:14). 어떤 이유인지는 알 수 없으나 고향에서 쫓겨나 떠날 수밖에 없는 이 사람의 심리상태는 매우 불안할 수밖에 없을 것이다. 새처럼 작은 소리에도 놀라 도망칠 수밖에 없다.

[9절] 6절처럼 친구의 충고의 아름다움의 가치를 잘 표현하고 있다. 친구의 충고는 기름과 향에 비유된다. 기름과 향료는 몸과 마음을 즐겁게 하는 귀한 물품이다. 이와 같이 진심에서 우러나온 친구의 충직한 충고는 기름과 향료처럼 친구의 마음에 기쁨과 감동을 가져다 준다.

[10절] 친구의 가치는 충고에 그치는 것이 아니라, 친구가 이웃사촌이 되어 구체적인 도움을 주는 예를 설명한다. '네 친구와 네 아비의 친구를 버리지 말라'는 말은 친구란 세대간을 넘어서 지속되는 소중한 존재임을 말한다. 진정한 친구란 세대를 넘어선다. 그리고 진정한 친구 사이는 형제보다 더 소

중하다. 그러기에 환난을 겪을 때 멀리 있는 형제보다는 가까운 이웃, 즉 친구가 낫다고 말한다. 그러므로 이 잠언은 가까이에 있는 친구나 이웃이 멀리 있는 혈육보다 도움을 구하기에 용이하므로, 가까이에 있는 사람과 잘 사귈 것을 요구한다.

[11절] '내 아들아'라고 부르면서 지혜자는 다시 아들에게 지혜를 얻을 것을 일깨운다. 자식이 지혜를 얻게 되면 부모는 마음이 기쁘다(10:1; 15:20; 23:15). 이스라엘에서의 많은 교육은 집에서 이루어졌으므로, 부모가 자녀를 가르칠 때 자녀가 잘 이해하고 따라오면 그 기쁨은 배가 된다. 이 잠언에서 지혜자는 자녀에게 다소 색다른 이유를 제시한다. 그것은 '나를 비방하는 자에게 내가 대답할 수 있으리라'이다. 아마 아버지는 먹을 것을 가져다 주는 노동보다는 지혜를 얻고 가르치는데 빠져 귀한 시간을 보낸다고 이웃으로부터 비난을 받은 것으로 보인다. 아들이 지혜를 얻게 된다면 그것은 부모에게도 기쁨이 되며, 대내외적인 비난을 막을 수 있다.

[12절] 이 잠언은 22:3과 거의 유사하다. 다만 현재의 문맥에서 '슬기로운 자'는 재앙을 피할 줄 아는 지혜를 가져야 함을 말해 준다. 즉 지혜자는 현재의 상황에서 미래를 예측하고 그것을 미리 준비하는 자다. 그래야 재앙이 닥쳤을 때 재빨리 피할 수 있기 때문이다. 반면에 어리석은 자는 미리 준비하지 않았으므로 재앙을 온몸으로 받을 수밖에 없다.

[13절] 이 잠언은 20:16과 거의 유사하다. 함부로 보증을 서는 일의 위험을 경고하는 내용이다.

[14절] 모든 사람은 축복받기를 원한다. 그래서 남이 해주는 축복기도를 소중하게 생각한다. 그러나 그것도 상황에 맞아야 한다. 이 잠언은 이른 아침에 큰 소리로 축복을 할 경우, 그것은 축복이 아니라 인사를 받는 사람에게 저주가 될 수 있음을 설명한다. 그것은 예의도 아니며, 진심을 가지고 하는 축복이 아니다. 아무리 좋은 축복의 말이라고 해도 단잠까지 깨우는 상황이라면 그것은 축복을 받는 사람에게 축복이 아니라 저주라는 말이다. 즉 아무리 좋은 것이라도 상황에 맞아야 함을 말한다.

[**15절**] 이 잠언은 19:13과 같으며, 21:9, 19; 25:24과도 유사하다. 싸움을 좋아하고 바가지 긁는 것을 좋아하는 아내는 남편에게 '비 오는 날에 이어 떨어지는 물방울'로 비유된다. 즉 그것은 사람의 마음을 살살 긁어 짜증나게 한다. 이에 대하여 골딩게이는 다음과 같이 말한다. "사랑받는 여인은 바가지를 긁지 않는다. 그러나 바가지를 긁는 여인은 사랑받지 못한다. 이것은 악순환이다."[4]

[**16절**] 바가지 긁는 여인에 대한 묘사가 이어진다. 그녀가 긁는 바가지는 바람을 제어할 수 없는 것처럼 도무지 통제할 수 없다. 후반부의 '오른손으로 기름을 움키는 것과 같다'는 다소 논란이 있다. 그러나 기름은 미끄러워 통제할 수 없음을 나타내는 은유로 보인다. 즉 '바람을 제어하는 것'이 불가능한 것처럼, 기름을 손으로 잡는 것도 불가능하다. 그러므로 바가지 긁는 여인은 어찌할 수 없음을 말한다.

[**17절**] 친구에 대한 잠언이다. 철은 가장 단단한 금속이다. 고대에 이보다 더 강한 금속이 없었으므로, 철로서 철을 벼린 관습을 반영하고 있다. 철로써 철을 벼려 무뎌진 농기구나 도구를 날카롭게 만들 수 있었다. 마찬가지로 친구와 친구 사이는 서로가 서로를 벼려 서로에게 도움이 되는 관계다. 서로의 장단점을 솔직하게 이야기하고, 서로의 어려움과 즐거움을 나누어 가짐으로써 서로의 마음을 기쁘게 할 수 있다. 사람은 사람을 통하여 길러지고 성숙된다.

[**18절**] 무화과는 이스라엘에서 매우 중요한 과일 가운데 하나였다(신 8:8). 그 과일을 먹기 위해서는 나무를 잘 가꾸어야 한다. 정성껏 가꾼 다음 귀한 열매를 먹을 수 있는 것처럼, 좋은 주인을 잘 섬기며 도와야 한다. 그래야 주인이 주는 사랑과 물질을 먹을 수 있기 때문이다.

[**19절**] 17절과 유사한 의미다. 철이 철에게 도움이 되는 것처럼 친구 사이에 서로 도와 서로에게 보탬이 되는 관계가 새로운 은유로 나타난다. 얼굴을 물에 비추면, 그 얼굴과 물에 비친 얼굴은 같다. 서로를 비추고 있다. 마찬가지로 사람의 마음도 서로가 서로를 비출 수 있다. 좋은 친구란 서로에게 마

음을 비추는 거울과 같다. 친구의 말과 마음과 행동을 통하여 나의 말과 마음과 행동을 되돌아 볼 수 있기 때문이다.

[20절] 사람의 욕심에는 끝이 없음을 나타낸 잠언이다. 사람의 욕심은 '사람의 눈'으로 비유된다. '음부'와 '유명'은 히브리어로 각각 '스올'과 '아바돈'으로 죽음 이후에 가는 장소이지만, 때로는 생명체를 삼키는 죽음의 의인화이기도 하다(사 5:14; 호 13:14). 죽음의 세력은 쉼 없이 생명을 삼키려 한다. 그들의 욕심에는 한계가 없다. 마찬가지로 사람의 욕심에도 한계가 없다. 아무리 가져도 만족할 수 없다.

[21절] 제련의 과정과 사람을 비유한 잠언이다. 도가니와 풀무는 각각 은과 금을 제련한다. 제련과정에서 도가니와 풀무는 은과 금으로부터 불순물을 제거하고 순도가 높은 은과 금을 만들어 낸다. 사람도 마찬가지다. 사람의 순도는 칭찬을 통하여 높아진다고 말한다. 27:2처럼 자신이 자신을 칭찬하는 것은 문제가 되지만, 대부분의 경우 칭찬을 통하여 사람은 자신의 존재감을 확인하고 자존감을 높일 수 있는 계기가 된다.

[22절] 미련한 자의 구제불능을 다룬 잠언이다. 곡식의 껍질을 벗길 때, 곡식을 절구에 넣어 공이로 찧어 알곡과 껍질을 분리해낸다. 알곡은 필요한 것이지만, 껍질은 쓸모없으므로 벗긴 후 버리게 된다. 그러나 미련한 사람은 아무리 찧어도 미련이라는 껍질을 벗겨낼 수 없다. 미련한 사람은 미련이라는 껍질만 쓰고 있는 것이 아니라 속까지 통째로 미련하기 때문이다. 따라서 미련한 자를 교화시키는 일은 불가능하기 때문에, 그들을 피하라고 가르친다.

3. 설교를 위한 적용

미래의 특징은 불확실성에 있다. 내일 나에게 어떤 일이 닥칠지 확신할 수 있는 사람은 없다. 내일을 믿고 오늘을 자랑하거나, 내일을 믿고 오늘 최선을 다하지 않는 사람도 있다. '내일 지구의 종말이 올지라도, 나는 오늘 한 그루의 사과나무를 심겠다'는 소피노자의 말은 오늘 최선을 다해야 한다는 것을 강조한 잠언이지만, 역설적으로 내일 지구의 종말이 온다는 것은 확실치 않다는 말이기도 하다. 불확실하지만 내일을 준비하고 기다리는 자세는 매우 중요하다. 하나님을 믿는 우리는 내일이 불확실하지만, 하나님 안에 있다면 불확실할지라도 불안해하지 않는다. 많은 사람들은 내일이 불확실하고 불안하기 때문에 내일을 자랑하고, 내일을 위해 욕심을 부린다. 그러나 하나님 안에서의 삶은 내일도 하나님의 섭리 가운데 있음을 믿는다. 하나님의 뜻이 담겨있다는 믿음이 있다면 내일은 오늘과 다르지 않으며 불안해할 필요가 없다.

진실한 친구는 우리 삶에 매우 중요하다. 좋은 친구란 서로에게 허물없이 모든 말을 할 수 있는 사이다. 서로를 비추어보고 서로에게 도움이 되는 관계다. 그러므로 친구가 잘못된 방향으로 나갈 때 과감히 그에게 쓴 소리도 할 수 있어야 한다. 그러면 상대는 그 소리를 고맙게 받아들일 수 있어야 한다. 그것이 진정한 친구이다. 친구 사이에 좋은 일만 있을 때는 문제가 되지 않는다. 진정한 친구 관계는 환난의 때, 고통의 때를 지나봐야 그 관계의 진실성을 시험할 수 있다. 가장 중요한 것은 서로 간의 신뢰관계다. 예수님은 우리의 가장 멋진 친구이기도 하다(요 15:15).

네 양떼를 살피라(27:23~27)

1. 들어가며
이 단락의 잠언에는 양, 소, 염소, 풀, 산 등 목가적인 단어들이 등장한다. 즉 목자의 삶을 생생하게 그리며, 충성스런 목자가 되라는 내용이다.

2. 본문 주해
[23절] 목자의 역할은 자기에게 주어진 가축 떼를 열심히 살피며 키우는 일이다. 목자는 가축을 짐승으로부터 보호해야 하며, 좋은 초지와 물을 찾아

이동해야 한다. 그러므로 이 잠언은 양과 소를 부지런히 살피며, 그들에게 마음을 쏟으라고 충고한다. 목자가 가져야 할 최고의 덕목은 책임감과 사랑이다. 성경에서 고대 이스라엘의 목자는 왕으로 비유되기도 했다(렘 23:4~6; 겔 34:23).

[24절] 왜 가축을 열심히 돌봐야 하는가? 이스라엘에서 가축은 가장 중요한 재물이었다. 그러므로 이 잠언은 23절의 이유를 제공해 준다. 왜냐하면 재물은 소홀히 다루면 금방 사라지기 때문이다. 부지런히 돌봐야 그 재물을 유지할 수 있다. 면류관도 마찬가지다. '면류관'은 왕권에 대한 상징이다. 왕권도 저절로 무조건적으로 지킬 수 있는 것이 아니다. 목자가 사랑을 가지고 부지런히 돌봐야하는 것처럼, 왕도 사랑을 가지고 열심히 백성들의 재물을 지켜 주고 열심히 돌봐야 함을 말한다.

[25절] 목자는 가축에게 먹일 풀을 베야 한다. 전반부의 '풀을 벤 후에는 새 움이 돋는다'는 의미는 풀을 베더라도 새로운 풀이 자랄 것이므로 염려하지 말라는 말이다. 들에서 베는 풀이 모자랄 경우 산에 가서 벨 수도 있다. 하나님께서 자연의 섭리를 따라 모든 가축이 먹고 살 수 있을 만큼의 충분한 양식을 준비했으므로, 목자가 부지런하기만 하면 가축을 충분히 키울 수 있다.

[26절] 목자가 열심히 가축을 키운다면 얻게 될 유익을 표현한다. 가축들은 목자의 가정의 재산이 될 것이고, 그 가정을 부자로 만들어 준다. 어린 양 털은 옷으로 이용하고, 염소는 팔아서 밭을 사는 돈이 될 수 있다.

[27절] 26절의 연장이다. 염소의 젖은 충분한 음식이 되어 집안의 온 식구를 먹일 수 있을만큼 충분하다.

3. 설교를 위한 적용

자연은 우리에게 땀 흘린 만큼의 유익을 가져다 준다. 농부는 부지런히 땀 흘려 일하여 많은 곡식과 과일을 얻을 수 있다. 목자도 부지런히 땀 흘려 일한다면, 좋은 옷과 밭을 구할 수 있고 충분한 먹거리도 얻을 수 있다. 자연은 인간을 배반하지 않으며 속이지 않는다. 하나님은 인간에게 땀 흘려 일하여 먹거리를 얻도록 했다(창 3:18~19). 오늘날 우리시대는 땀 흘림의 가치, 노동의 가치를 소홀히 하는 경향이 있다. 거대 자본이 집중된 도시로 몰려와 살면서, 우직스런 노동이나 근면보다 약삭빠른 머리로 먹거리를 채가는 법을 더 선호하는 것 같다. 그러면서 자연이 주는 정직, 근면, 넉넉함, 감사를 잊어버리고 거짓말, 약삭빠름, 메마름, 불평불만과 친구 되어 매일매일 살아가는 것은 아닌지 생각해 본다.

율법과 부와 권력과의 관계(28:1~12)

1. 들어가며

이 단락의 잠언은 1절에서 의인과 악인을 대비시켜 시작한 후 12절에서 의인과 악인을 대비시켜 마침으로, 수미상관을 이루어 한 단락임을 보여 준다. '율법'이라는 단어가 3, 6, 9절에 나와 이 단락의 주제어를 형성한다.

2. 본문 주해

[1절] 이 잠언은 의인과 악인의 심리를 대비시켜 그 행위를 대조한다. '악인'은 그를 추격하는 사람이 없어도 도망을 다니는 반면, '의인'은 사자같이 담대하다는 내용이다. '악인'의 심리적 상황은 불안이다. 잡히지 않기 위하여 항상 이리저리 살펴야 하고, 남을 의심하고 도망치지 않아도 되는 상황에서 지레 겁을 먹고 도망을 다닌다. 반면 의인은 항상 당당하여, 어떤 상황에서도 흔들리지 않은 심리적 안정감을 가지고 있다. 사자는 동물 가운데 왕과 같아 두려워해야 할 대상이 없다. 마찬가지로 의인도 두려워해야 할 대상이 없어, 늘 마음이 편하다.

[2절] 나라에 죄가 많으면, 그 죄를 통제할 많은 관리가 필요하다. 백성들이 많은 죄를 지으면 나라의 정의는 무너지고 기강이 허물어져 통제가 불가능하다. 따라서 많은 관리들이 나서서 죄 지은 자를 처벌해야 한다. 그러나

강제력을 동원한 통제는 한계가 있다. 아무리 많은 관리가 나서도 일반 백성이 전부 죄를 짓는다면 통제할 방법이 없기 때문이다. 이때 필요한 것이 '명철과 지식 있는 사람'이다. 한 사람의 지혜자는 수 천, 수 만 명의 사람을 수렁에서 건져낼 수 있으며, 죄악으로 인한 혼란을 잠재울 수 있다. 그것이 바로 지혜의 힘이요 능력이다. 한 사람의 지혜자로 말미암아 나라는 오랫동안 지탱해나갈 수 있다.

[3절] 가난한 자를 학대하는 가난한 자에 대한 잠언이다. 매우 특이한 잠언이다. 구약성경에서 가난한 자는 보호와 도움을 받아야 할 대상이다. 또한 가난한 자를 학대하는 부자는 예언서에서 많은 비난을 받는다. '가난한 자를 학대하는 가난한 자'라는 표현은 본문이 유일하다. 이 상황은 매우 비극적이다. 가난한 자가 부자의 물건을 훔치는 것이 아니라, 자기와 같은 위치의 또 다른 가난한 자를 학대해 수탈하는 상황은 최악의 사회적 혼란 상태를 의미한다. 가난한 자를 학대하는 가난한 자의 행위는 모든 곡식을 다 쓸어 가버려 한 톨의 알곡도 남기지 않은 폭우에 비유된다. 다 잃어버린 가난한 사람에게 그 상황은 죽음과도 같다. 다만 이 잠언은 가난한 자를 학대한 가난한 자가 받게 될 형벌에 대해서는 침묵한다.

[4절] 이 잠언은 '토라'(율법)와 악인과의 관계를 설명한다. 본문에서의 '토라'는 모세오경의 율법 혹은 부모나 선생님의 가르침을 의미한다. 토라를 따르지 않는 자는 악인과 친구이므로 악인을 칭찬하는 반면, 토라를 지키는 자는 악인과 원수가 될 수밖에 없다. 토라와 악인을 동시에 지킬 수는 없다. 토라를 따르는 삶은 악인을 멀리해야 한다. 즉 의인은 악인과 대적하는 관계이기 때문이다.

[5절] 이 잠언에서는 '악인'과 '여호와를 찾는 자'가 대조되어 나온다. 악인은 정의를 깨닫지 못하며, 여호와를 찾는 자는 모든 것을 깨달을 수 있다고 말한다. '정의'란 '올바르고 정당한 것'이다. 악인의 마음은 늘 뒤틀리거나 미련하여 무엇이 올바르며 무엇이 그릇된 것인지를 분별할 능력이 없다. 반면에 여호와를 찾는 자들(시 27:4, 8; 40:16; 69:6; 83:16; 105:3; 122:9)은 모든 것을

깨달을 수 있다. 왜냐하면 '정의'와 '지혜'를 비롯한 모든 것의 근원은 만물의 창조주, 여호와시기 때문이다. 여호와를 찾는 자에게 여호와께서는 정의와 지혜를 주실 것이기 때문이다.

[6절] 이 잠언은 '…보다 나으리라'로 되어 있다. 비교되는 두 가지 대상은 '가난하여도 성실하게 행하는 자'와 '부유하면서 굽게 행하는 자'이다. '성실하게'로 번역된 히브리어의 원의미는 '온전하게'이다. '굽게 행하는 자'는 잠언에서 자주 나타나는(10:9; 11:20; 22:5) 말로 의도적으로 하나님이 제시하는 율법의 길을 이탈하는 자다. 도덕적으로 흠이 없는 가난한 자와 흠이 많은 부자 사이에서, 이 잠언은 전자 편을 든다. 물질적 부보다는 도덕적 온전함에 더 무게를 둔다. 왜냐하면 그러한 부는 오래가지 못할 것이며, 하나님의 심판 아래 놓일 것이기 때문이다.

[7절] 두 아들이 대비되어 나온다. 첫째는 지혜로운 아들이다. 그는 율법을 잘 지키는 자다. 그리하여 아버지의 마음을 기쁘게 하는 자다. 둘째는 아버지를 욕되게 하는 아들이다. 그는 음식을 탐하는 자와 사귀는 자다. '음식을 탐하는 자'는 23:20, 21에서 '술을 즐겨하고 고기를 탐하는 자'다. 즉 친구들과 어울려 방탕한 삶을 사는 자다. 그런 아들을 둔 아버지는 사회적으로 욕을 먹고 수치를 당하게 된다.

[8절] 가난한 자를 대상으로 고리대금을 하는 자와 가난한 자를 불쌍히 여기는 자와의 관계를 다룬 잠언이다. 첫째, 고리대금업을 하는 자다. 그는 가난한 자들을 대상으로 돈을 빌려 주고 비싼 이자를 받아 많은 부를 쌓았다. 구약성경의 율법에는 돈을 빌려 주고 이자를 받는 고리대금을 금하였다(출 22:25; 레 25:36; 신 23:10). 그러나 일상에서는 탈율법적인 고리대금업이 존재했음을 알 수 있다. 따라서 이러한 행위는 반율법적 행위다. 둘째로, 가난한 사람을 불쌍히 여기는 자다. 그는 가난한 자를 위해 자기의 재산을 나누는 자다. 불의한 고리대금업으로 얻은 이익은 가난한 자를 불쌍히 여기는 자에게로 갈 것이라고 말한다. 잠언 14:31, 19:17에 의하면 가난한 자에 대한 베풂은 곧 여호와께 베푼 것이다. 따라서 여호와께서 불의한 부자의 재산을 빼

앗아 가난한 자를 도운 자에게 돌아갈 것이다. 결과적으로 가난한 자를 도운 자는 도움으로써 자신의 재산을 잃은 것이 아니라, 저축한 것과 같아 결국에는 도로 찾게 될 것이라고 한다. 그 모든 과정을 이루실 분은 여호와이시다.

[9절] '율법'과 '기도'와의 관계를 다룬 잠언이다. '율법을 듣는다'는 말은 율법에 순종하고 율법을 지키는 삶을 산다는 의미다. 그러나 율법을 지키지 않고 기도만 드린다면 그 기도는 여호와께 '가증한' 것이다. 율법적인 삶과 하나님께 드리는 제사와 기도는 같은 것이다. 율법적인 삶 없이 바치는 기도와 제사를 여호와께서는 가증히 여긴다(사 1:10~17).

[10절] 대조 잠언이다. 대조되는 두 사람은 '정직한 자를 악한 길로 유인하는 자'와 '성실한 자'다. 두 사람이 얻게 될 결과 또한 대조된다. 즉 '스스로 자기 함정에 빠짐'과 '복을 얻음'이다. 자기의 유익을 위하여 정직한 자를 악한 길로 유인하는 자는 자기 스스로 그 함정에 빠지게 될 것이다. 반면에 온전함 가운데 행하는 자는 그 길이 느리고 답답해 보여도 궁극적으로 복을 얻게 될 것이다. 선한 자가 결국은 이길 것이라는 확신을 주는 잠언이다.

[11절] '부자'와 '가난해도 명철한 자'를 대조한 잠언이다. 부자는 자기 스스로를 지혜롭다고 여긴다. 본문에서의 부자는 부당한 방법으로 재물을 축적한 자다. 그는 자기가 이룩한 부와 부를 이룬 방법에 매우 만족하며 스스로 매우 지혜롭다고 여긴다. 그것은 자가당착이다. 반면에 가난하지만 명철한 자는 부자의 교만함과 부당함을 잘 알고 있다. 왜냐하면 그는 부자의 감추어진 동기와 왜곡된 가치를 파악할 지혜를 지니고 있기 때문이다.

[12절] 이 잠언은 1절의 잠언과 마찬가지로 의인과 악인을 대조한다. 반면 이 잠언은 28절과도 연결된 야누스 절이다. 한 사회에 의인이 득세했을 때와 악인이 득세했을 때의 현상을 관찰한 잠언이다. 의인이 득세하면 그 사회는 영광을 얻게 될 것이지만, 악인이 일어나면 사람들은 불의를 견디지 못해 숨어버린다.

3. 설교를 위한 적용

우리 시대의 비극은 똑똑한 사람은 많은데 지혜로운 자가 없다는 것이다. 초등학교부터 시작되는 교육전쟁에서 지혜를 가르치기보다는 전문적인 지식만을 가르치기 위해 불철주야로 뛰어다닌다. 그 결과 많은 물질적인 부를 이루고 미국 유명 대학의 합격자 명단에 많은 이름을 올린다. 그런 사람들이 우리 사회의 엘리트가 되어 영향력을 행사하는 지도자가 된다. 그 결과는 더 많은 죄, 더 많은 자살자, 더 많은 가난한 자가 나와 사회를 어지럽힌다. 전문가보다는 지혜자를 길러내야 한다. 그 지혜는 어렸을 때부터 하나님을 알고, 예수 그리스도의 십자가 정신을 알 때 습득된다. 학력과 재력이 뛰어난 성공한 지도자가 많지만 그들은 자신의 앞가림만 할뿐 이 사회를 이끌어나갈만한 지혜와 희생정신이 부족해 우리 사회를 구원할 수 없다.

하나님께서는 행위가 없는 기도를 들어주실까? 아무리 열심히 기도해도 기독교인으로서의 삶이 뒷받침되지 않으면, 우리의 기도는 허사가 된다. 삶과 신앙의 분리는 현재 우리 개신교가 처한 위기의 진원지이다. 우리의 이기심과 욕심만 담아서 하나님께 기도하면서, 자신이 무슨 일을 했는지를 되돌아보는 반성과 회개의 사라짐이 오늘날 교회의 현실이다. 교회는 위선적이며 이기적인 종교집단이라는 것이 오늘날 교회가 공격받는 주된 이유다. 삶과 신앙은 별개가 아니라 하나여야 한다. 삶 속에서 기독성이 회복될 때, 우리의 기도는 위선적이 되지 않으며 기독교도 위선적인 종교가 아님을 다른 사람들이 알게 될 것이며 하나님께 영광이 될 것이다.

물질적인 부와 가난 사이의 관계는 참으로 난해하다. 가난 자체가 미덕이고 부 자체가 악인 것은 아니다. 깨끗한 부자론도 있지 않은가? 그런데 오늘날 처한 문제는 우리 사회 대부분의 부가 부동산을 끼고 형성되었다는 데 있다. 즉 부동산 값의 폭등으로 인한 부의 증가가 주원인이라는 데 있다. 그것은 정당한 노동으로 얻은 대가라고 보기 어렵다. 그래서 온 국민이 부동산, 주식, 펀드에 몰입하게 되면서 비정상적이 되었다. 교회의 할 일은 그 가운데서도 소외된 자를 돕는 것이다. 그것은 바로 하나님을 돕는 것이며, 그 이익의 수혜자는 교회가 될 것이다. 하나님께서 섭리 가운데 이런저런 방법으로 도와 주실 것이기 때문이다.

하나님과 부와 권력과의 관계(28:13~28)

1. 들어가며

이 단락의 주로 잠언은 물질적인 부를 이루기 위한 권력의 오용과 남용, 그리고 하나님과의 관계를 다룬다. 또한 재물 사용의 올바른 원칙도 다루고 있다.

2. 본문 주해

[13절] '자기의 죄를 숨기는 자'와 '죄를 자복하고 버리는 자'를 대조한 잠언이다. 전반부에서 '죄를 숨기는 자'는 형통할 수 없다고 말한다. 하나님은 모든 것을 아신다. 하나님 앞에서는 죄를 숨길 수 없다. 따라서 죄를 숨기는 일은 하나님을 속이려는 일이다. 따라서 하나님의 간섭으로 그는 형통하지 못하게 될 것이다. 후반부에서 '죄를 자복하고 버리는 자'는 하나님의 주권을 인정하고 하나님으로부터 죄사함을 받게 될 것이다. 죄를 자백하는 것은 하나님의 전능하심과 영광 앞에 자신을 낮추는 것이다. 그런 자는 하나님으로부터 불쌍히 여김을 받고, 하나님의 은총 가운데 놓이게 된다.

[14절] '경외하는 자'와 '마음을 완악하게 하는 자'를 대조한 잠언이다. 이 잠언의 의미는 14:16과 비교하면 의미가 더 명확하다. '경외하는 자'로 번역된 단어의 문자적 의미는 '두려워하는 자'다. '두려워하는 자'는 조심스러운 자, 자신의 약점을 두려워하는 자다. 두려운 마음에 악을 떠나고 하나님을 찾는 사람이다. 그런 사람은 행복할 것이라고 한다. '완악하게 하는 자'의 문자적 의미는 '강하게 하는 자'이다. '자기 마음을 강하게 하는 자'는 자신을 믿는 자다. 스스로를 믿고 강하게 버티다가 재앙에 빠지게 될 것이다.

[15절] 악한 관원에 대한 잠언이다. 악한 관원은 가난한 자를 압제한다. 통치자가 권력을 이용하여 서민들을 못살게 구는 일은 고대로부터 계속되어 온 문제였다. 본문은 이런 사람을 부르짖는 사자와 굶주린 곰에 비유한다. 악한 관원은 자신의 개인적인 이득을 취하기 위하여 약한 자를 수탈하는 자다. 이같은 사람들은 사자와 곰처럼 잔인한 짐승 같은 자들이다.

[16절] 15절의 악한 관원의 주제가 확대된다. 이 잠언은 '무지한 치리자'와 '탐욕을 미워하는 자'로 대조되어 나온다. 전반부의 '무지한 치리자'는 15절처럼 악한 관원으로 온갖 종류의 폭력을 일삼는 자다. 그는 무지하기에 합리적인 말이나 행동 대신에, 폭력으로 모든 것을 처리하는 자다. 반대로 '탐욕을 미워하는 자'는 장수할 것이라고 한다. 즉 청백리는 부패하지 않기 때문에 수명이 길다. 그리하여 사회적 덕망과 좋은 평판을 얻어 오랫동안 관직을 유지할 수 있다.

[17절] 이 잠언의 '사람의 피를 흘린 자'는 16절의 '포학을 행하는 무지한 치리자'와 연결되어 있다. 사람의 피는 생명을 상징한다. 즉 사람을 죽인 자다. 사람의 피 값은 피로써만 갚을 수 있다. 그러므로 사람을 피를 흘리게 한 자, 포학을 일삼는 자의 결과는 함정에 빠지는 것이다. 그것을 막을 방법이 없다. 그러므로 지혜자는 함정으로 달려가는 자를 막지 말라고 한다. 왜냐하면 그것은 정의가 이루어지는 과정이기 때문이다. 하나님이 하시는 일이기 때문이다.

[18절] '성실하게 행하는 자'와 '굽은 길로 행하는 자'를 대조한 잠언이다. '성실하게 행하는 자'는 '온전히 행하는 자'로 율법을 지키는 자, 여호와를 찾는 자이므로 환난 가운데서도 두려워하지 않고 구원을 얻을 것이다. 반대로 '굽은 길로 행하는 자'(잠 10:9; 11:20; 22:5; 28:6)는 기존의 정의와 질서를 뒤바뀌게 하는 자이므로 넘어질 것이다.

[19절] 이 잠언은 12:11과 거의 같다. '자기의 토지를 경작하는 자'와 '방탕을 좇는 자'로 대조된 잠언이다. '자기의 토지를 경작하는 자'는 자기에게 주어진 땅을 열심히 일구는 자다. 그런 사람에게는 추수의 기쁨과 더불어 먹거

리가 풍부할 것이다. 그러나 '방탕을 좇는 자'는 히브리어로 '빈 것'이다. 성실히 열심히 일하는 것이 아니라, 헛된 꿈을 좇아 일확천금을 꿈꾸는 자다. 이런 자는 결국 '빈 것'을 좇았기 때문에 '빈 것'을 수확할 것이다. 수확한 것이 없기에 당연히 궁핍해질 것이다.

[20절] '충성된 자'와 '속히 부하고자 하는 자'를 대조한 잠언이다. '충성된 자'는 신실한 사람으로 요행을 바라지 않고 묵묵히 자기 일을 하는 사람이다. 그런 사람은 하나님의 섭리 안에 있는 자이므로 복을 받게 된다. 반면 '속히 부하고자 하는 자'는 일확천금을 꿈꾸는 자이거나 정당한 방법이 아니라 속임수나 거짓말로 부를 이루고자 하는 자다. 아무리 급하더라도 정당한 절차와 방법을 거쳐서 이룬 부가 정당성을 인정받는다(19:2; 20:21). 성급한 부를 탐하다가, 탈법이나 불법의 유혹에 빠지게 되면 결국 벌을 받게 된다.

[21절] 이 잠언은 대조잠언이 아니라, 옳지 못하는 행위 둘을 나열하고 있다. 첫 번째 옳지 못한 것은 '낯을 보아주는 것'이다. 잠언 24:23에서 이 구절은 '재판할 때'를 첨가하고 있다. 따라서 본문의 의미는 '재판할 때 낯을 보아주는 것'이다. 즉 법정의 상황을 반영한다. 재판할 때 아는 사람이라고 사적인 감정을 개입시켜 재판한다면, 정의를 왜곡시키는 결과이며, 그것은 하나님께 대한 범죄이다. 두 번째로 옳지 못한 것은 '한 조각의 떡으로 말미암아 범법하는 것'이다. 본문에서 '한 조각의 떡'은 조그마한 선물이나 뇌물을 의미한다. 그러나 작은 것이라도 사람의 마음에 영향을 줄 수 있다.

[22절] '악한 눈이 있는 자'는 23:6에서 '구두쇠, 욕심쟁이'를 의미하며, 22:9의 '선한 눈을 가진 자'와 반대된다. 악한 눈을 가진 자는 급하게 재물을 얻으려고 한다. 20절의 예처럼 급하게 재물을 얻으려하다 보면 불법과 탈법의 유혹에 빠지게 되고, 결국 '빈 것'을 얻게 되고 남은 것은 궁핍함이다. '악한 눈'을 가진 자는 자기 탐욕에 빠져, 자기 눈을 멀게 하며, 자신의 비참한 미래를 보지 못한다.

[23절] 이 잠언은 '경책하는 자'와 '아첨하는 자'가 대조되어 있다. 그 결과는 경책하는 자가 아첨하는 자보다 나중에 사랑을 받게 된다는 것이다. '경

책하다'는 말의 의미는 '책망하다, 꾸짖다'이다. 이러한 행위는 처음에 인정을 받지 못한다. 왜냐하면 당장에 그 말은 쓰기 때문이다. 반면에 아첨하는 말은 달콤하기 때문에 처음에 달콤하기 때문에 쉽게 삼킨다. 그러나 나중에 어느 말이 자기에게 유익했는지를 알게 되고, 책망한 자가 더 사랑을 받게 될 것이라는 내용이다.

[24절] 부모의 재산을 도적질 한 자에 대한 잠언이다. '도적질'의 종류가 무엇인지는 나와 있지 않지만, 어떤 술수를 부려 부모의 재산을 강탈한 것으로 보이는 행위이다. 그러나 그 후에도 뻔뻔하게 '죄가 아니다'라고 자기의 죄를 부인하는 자는 도무지 상대할 자가 못된다. 성경은 부모를 공경하라고 가르치며, 부모를 무시하는 자는 사형에 처하도록 한다. 그러므로 부모의 재산을 강탈한 자는 사회의 미풍양속을 해치는 것이고, 그 사회의 구성원으로 살아갈 자격이 없다. 따라서 사회의 질서를 송두리째 흔드는 '파괴자'와 같으므로 공동체에서 격리시켜야 한다.

[25절] '욕심이 많은 자'와 '여호와를 의지하는 자'를 대조한 잠언이다. 욕심을 가진 자는 자기 마음을 다스릴 수 없어 이웃과 다툼을 자주 일으키게 된다. 자기가 탐하는 영역이나 재화에 눈이 멀어, 그것을 무조건 차지하려고 하기 때문에 다툼이 일어나게 된다. 그러나 '여호와를 의지하는 자'는 재물이나 욕심에 휩싸이지 않으므로 주어진 여건에서 자족의 삶을 살아가기에 늘 풍족하게 살 수 있다. 편안한 마음으로 풍족함을 느끼며 살아갈 수 있다.

[26절] '자기의 마음을 믿는 자'와 '지혜롭게 행하는 자'를 대조한 잠언이다. '자기의 마음을 믿는 자'는 자기의 생각과 의지에 사로잡혀 사는 자다. 25절의 '여호와를 의지하는 자'와는 반대된다. 그는 남의 가르침이나 충고를 따르지 않는다. 그는 인간의 마음이 얼마나 부패하고 악한 것인지 알지 못한다. 결국 자기 생각과 의지의 노예가 되어 하나님의 생각과 의지를 알지 못한다. 따라서 미련하고 교만한 자다. 반면 '지혜로운 자'는 자기의 생각과 인식의 한계를 아는 자다. 따라서 겸손하여, 여호와의 율법과 의지를 따르는 자다. 자기 마음의 부패와 악을 알고, 그것을 다 내어놓고 여호와 앞에 맡기

는 자다. 그런 자는 결국 구원을 얻게 된다.

[27절] '가난한 자를 구제하는 자'와 '가난한 자를 못 본체 하는 자'를 대조한 잠언이다. 잠언 19:17에 의하면 가난한 자에게 주는 것은 여호와께 꾸어 주는 것이다. 그러므로 여호와께서 그것을 채워 주어 풍족하게 할 것이다. 반면에 가난한 자를 보고 무시하는 자는 결국 여호와를 무시하는 자이므로, 여호와의 저주로 말미암아 자신이 가난해질 것이라고 암시한다(11:24).

[28절] 이 잠언은 28:1, 12과 연결되어 '의인'과 '악인'의 대조를 형성한다. '악인'이 사회에 많아지면 사회는 대혼란을 겪게 되고 사람들은 그 혼란을 피하여 피하게 된다. 악인이 사라져야 의인이 득세할 수 있다. 즉 숨어있던 많은 의인들이 다시 사회로 나오고 일반 백성들이 기뻐하며 사회의 건강성을 회복할 수 있다(잠 29:2).

3. 설교를 위한 적용

로또에 당첨되면 단시간에 재물을 얻을 수 있다. 인생 로또를 꿈꾸는 많은 사람들이 있다. 그리하여 정직하게 자기 밭을 일구며 사는 많은 사람들은 어리석고 미련한 자 취급을 받지만, 부동산 시장, 펀드 시장, 주식 시장을 찾아다니며 일확천금을 노리는 자들이 판을 치는 세상이다. 정직하고 우직함보다는 우리 사회의 빈틈을 노리는 약삭빠름이 활개를 치는 한 우리 사회의 희망은 흐릴 수밖에 없다. 젊었을 때부터 좋은 머리를 활용하여 한탕주의에 물든다면, 그 삶은 험난할 수밖에 없다. 지혜자는 우리에게 그런 허황된 꿈을 버리라고 가르친다. 여호와께서 주신 일에 만족하며 충실히 일하면 풍족하게 살 수 있다고 가르친다. 사실 여호와 안에 있으면, 어떤 외적인 상황이 오더라도 늘 풍족함을 누릴 수 있다. 재물의 노예가 되어서는 안 된다. 인생에 성공한 많은 사람들은 돈을 좇지 말고 좋아하는 일과 사람을 좇으라고 말한다. 욕심이 앞서면 일을 그르치게 된다. 그러므로 항상 일과 사람의 원칙을 충실히 하며 인내하는 지혜가 필요하다. 욕심이 앞서면 마음이 급하게 되고 마음이 급하게 되면 성과주의에 빠져 절차적 정당성과 명분을 잃고 불법과 탈법의 유혹에 빠지게 된다. 그러면 결국 자기에게 돌아오는 것은 처참한 궁핍함이다.

진실한 충고 내지는 견책이 필요한 때가 많다. 그러나 사람들은 비판받기를 두려워하고 충고 듣기를 싫어한다. 대신 항상 좋은 말, 긍정의 말을 듣고 싶어 한다. 그러나 쓴 것은 삼키기는 힘들지만 몸에는 좋지만, 단것은 삼키기는 좋으나 몸에는 해롭다. 진정한 지도자는 일단 아첨과 진실어린 충고를 구분할 줄 알아야 하고, 주위에 아첨하는 자보다는 뼈아픈 말도 허물없이 해줄 지혜자를 존중해야 지도자 자신뿐만 아니라 그 공동체가 건강해질 수 있다. 맹목적으로 늘 비판만 하는 자도 문제지만, 비판의 통로가 막힌다면 독재화되고 전체주의화되어 그 사회의 건강성은 지켜질 수 없다.

의인과 여호와의 통치(29:1~16)

1. 들어가며

악한 자와 의로운 자를 대조하는 잠언은 이 단락에서도 계속 나오며(2, 6, 7, 16절), 가난한 자에 대한 잠언(7, 13, 14절), 그리고 왕과 관원들에 대한 잠언들(2, 4, 12, 14절)이 등장한다.

2. 본문 주해

[1절] 책망을 받아도 교정이 불가능한 미련한 자를 다룬 잠언이다. 이 주제는 잠언에 자주 등장한다(1:23; 3:11; 5:12; 12:1; 13:18 등). 지혜로운 자는 책망을 받으면 곧바로 그것을 교정한다. 그러나 미련한 자는 책망을 받아도 자기 마음속의 교만을 떨치지 못하고 여전히 목을 세운다. '목이 곧다'는 표현은 잘못을 시인하지 않고 뻔뻔하다는 의미다. 이 표현은 주로 하나님께 대적하는 이스라엘 백성을 표현할 때 사용되었다(출 32:9; 신 10:16; 왕하 17:14; 대하 36:13~16 등). 책망을 들어도 교정이 불가능한 자에게 주어진 형벌은 '갑자기

패망을 당하고 피하지 못한다'이다(참고 6:15).

　[2절] 이 잠언은 28:12, 28과 더불어 28~29장 전체의 주제를 형성한다. 즉 이 잠언은 의인과 악인의 관계를 대조하여 다룬다. 의인과 악인이 권력을 잡았을 때의 백성의 반응을 묘사한다. 권력을 잡은 사람의 도덕적 성품은 매우 중요하다. 의인은 마음에 사심이 없고 올곧아 백성들에게 정의와 사랑을 베풀기 때문에 백성들이 좋아하지만, 악인은 마음이 굽고 자기 욕심을 채우기에 바빠 온 나라에 불의와 부패를 불러온다. 그러므로 백성들에게 피해를 끼치므로 백성들의 탄식이 끊어지지 않는다.

　[3절] '지혜를 사모하는 자'와 '창기를 사귀는 자'를 대조시킨 잠언이다. 자녀가 지혜를 사모하면, 그것은 부모에게 큰 즐거움이 된다. 부모와 자녀 사이의 정신적 연대감이 강해지고, 부모는 큰 위안이 된다. 그러나 자녀가 지혜 대신에 창기를 사랑하고 사귄다면, 그것은 부모에게 큰 상처가 되고 절망이 된다. 부모와 자녀 사이에는 건널 수 없는 단절의 벽이 생기게 된다. 특히 창기와 더불어 흥청망청 하느라 부모가 가진 재물에까지 손실을 가져온다. 그러므로 부모는 자녀에게 유산을 물려주기보다는 지혜를 물려 주기 위해 애써야 함을 이 잠언은 가르쳐 준다.

　[4절] 이 잠언은 정의로운 왕과 뇌물을 받아 챙기는 관원을 대비시켜 다룬다. 왕의 보좌는 공의로 인하여 굳게 세워지며, 그로 인하여 나라의 토대가 튼튼해진다. 반면 '뇌물을 받는 사람'이 있다면 그 나라의 정의는 왜곡되며, 지도자와 백성 사이의 신뢰관계가 무너져 나라는 몰락의 길을 걷게 된다.

　[5절] 아첨하는 자에 대한 경고의 잠언이다. '아첨하다'는 '말을 부드럽게 하다'를 의미한다. 즉 달콤한 말로서 상대를 기분 좋게 한다는 뜻이다. 본문은 '이웃에게 아첨하는 자는 그의 발 앞에 그물을 치는 것이다'라고 말한다. '그의 발'은 아첨하는 자의 발일 수도 있으며 이웃의 발일 수도 있다. 먼저 아첨하는 자의 발이면, 이웃은 가까이에 있는 절친한 사이이므로 아첨이 일시적으로는 통할지 몰라도 언젠가는 그 사람의 진실이 드러나, 자기가 친 그물에 자기가 걸린다는 의미가 된다. 둘째, '이웃의 발'이라면, 그 이웃은 아첨

하는 자의 감언이설에 속아서는 안 된다. 그 감언이설은 아첨하는 자가 이웃에게 쳐놓은 그물과 같다. 그러므로 그 그물에 걸려들지 말라는 경고이다. 6절의 빛에서 읽으면 첫째 해석이 더 어울린다.

[6절] '악인의 범죄'와 '의인'을 대조시킨 잠언이다. 악인이 죄를 범하는 것은 스스로의 올무, 즉 자기가 쳐놓은 그물에 자신이 빠지는 것이다. 악인은 자신의 꾀로서 남을 잡기 위하여 그물을 쳐놓지만 궁극적으로 자기의 꾀에 자기가 그물 속에 걸려든다. 반대로 의인은 욕심이나 부끄러움이 없으므로 항상 노래하며 기쁘게 지낼 수 있다.

[7절] 의인과 악인의 대조는 계속된다. 가난한 자에 대한 의인과 악인의 상반된 태도를 설명한다. 의인은 가난한 자의 사정을 알고 헤아리는 자다. 가난한 자는 사회적 약자로 스스로 경제적인 어려움을 헤쳐 나갈 수 없는 자다. 그러나 그들도 하나님의 형상대로 지음받은 자이기에, 하나님은 그들 편에 서 계신다. 따라서 의인은 가난한 자의 형편을 이해하고 도와 주고 보살펴 준다. 반면 악인은 하나님과 가난한 자 사이의 관계를 알지 못한다. 오히려 가난한 자를 무시하고 착취의 대상으로 생각한다.

[8절] '거만한 자'와 '슬기로운 자'를 대조시킨 잠언이다. 거만한 자는 성읍을 요란하게 한다. 거만한 자는 성읍의 입구에 서서 상대를 비웃고 자신의 지식을 자랑하며, 성읍을 소란스럽게 만든다. 백성들은 그들에게 분노를 품고 그들과 대적하게 된다. 그러나 슬기로운 자는 분노와 분쟁의 자리에서 그들을 설득하고 분노를 잠재워 화평을 추구하는 자다.

[9절] 지혜로운 자와 미련한 자가 서로 다투는 상황을 그린 잠언이다. '다투다'의 히브리어는 법적인 소송을 의미한다. 왜 소송까지 갔는지에 대한 구체적인 상황을 알 수 없다. 새번역의 '지혜로운 사람이 어리석은 사람을 걸어서 소송하면'이라는 번역은 의역이다. 본문은 누가 누구에게 소송을 걸었는지를 알 수 없다. 다만 둘 사이의 다툼이 커져서 법정으로까지 가 있는 상황이다. 이때 지혜로운 자는 노할 수도 있고 웃을 수도 있지만, 어떤 태도를 취하던지 평화가 없다. 왜냐하면 미련한 자와는 합리적인 대화로 사건을 풀

어나갈 수 없기 때문이다. 노하면 노한다고 덤빌 것이고, 웃으면 웃는다고 시비를 걸 것이기 때문이다.

[10절] '피 흘리기를 좋아하는 자'와 '정직한 자'를 대조시킨 잠언이다. 이 잠언의 전반부는 '피 흘리기를 좋아하는 자는 온전한 자를 미워한다'이다. 피 흘리기를 좋아하는 자는 폭력을 행사하는 자로 인간의 생명을 무시하는 자다. 그런 사람은 온전한 자를 미워한다. 자신과는 반대의 사람이기 때문에 서로 같이 갈 수는 없다. 후반부의 문자적 의미는 '정직한 자는 그의 생명을 찾는다'이다(개역한글/개역개정판의 번역은 불확실하다). '그의 생명'은 온전한 자의 생명으로 보는 것이 타당하다. 즉 피 흘리기 좋아하는 자는 온전한 자를 미워하여 살해하려고 하는 반면, 의로운 자는 온전한 자의 생명을 찾으려 한다는 의미다.

[11절] 분노에 대한 '어리석은 자'와 '지혜로운 자'의 태도를 대조시킨 잠언이다. 어리석은 자는 분노를 다 드러내고, 지혜로운 자는 분노를 억제한다는 내용이다. 자기 억제력은 어리석은 자와 지혜로운 자를 구분 짓는 요소다(참고 잠 12:16; 14:29)

[12절] 거짓말에 귀를 기울이는 통치자와 그에 상응하는 신하와의 관계를 다룬다. 통치자가 어떤 상황을 타개하기 위해 신하가 조언하는 거짓말에 귀를 기울이고 받아들인다면, 통치자를 돕는 신하들은 모두 악으로 가득한 한 통속이 된다. 통치자의 가치와 행위는 신하들에게도 그대로 반영된다. 통치자가 의롭지 못한 조언을 받아들인다면, 공동체 전체에 불의한 영향을 끼치게 된다. 통치자가 신하들에게 도덕적 약점을 잡히게 된다면, 통치자의 권위는 상실되며 보좌는 오래가지 못할 것이다. 거짓말은 통치자가 경계해야 할 가장 위험스런 것이다.

[13절] 22:2와 유사하다. '부자' 대신에 '포학한 자'가 나온다는 것이 차이점이다. 가난한 자와 포학한 자가 같이 사는 상황은 사회적 양극화 혹은 사회적 혼란이 극심해진 상황을 반영한다. 가난한 자는 도움을 받아야 할 자들인 반면, 포학한 자는 심판 받아야 할 자다. 그러나 하나님은 모두에게 그의

눈빛을 비추신다. 하나님의 '눈빛'은 생명을 의미한다. 하나님은 빈부의 차이나 도덕적 죄악의 차이가 있어도 당장에 심판하지 않으신다.

[14절] 13절의 가난한 자의 주제를 왕에게 적용시킨다. 왕의 역할은 '가난한 자'를 돌보는 것이다. 왕은 지상에서 여호와의 통치를 대신하는 자다. 따라서 하나님의 관심의 대상인 가난한 자를 돌볼 의무를 가진다. 그것은 정의의 일환이며 정의를 실천함으로써 왕의 권위는 더 높아지고 왕의 보좌는 더 견고해진다.

[15절] 자녀교육에 대한 잠언이다. 잠언은 체벌의 유용함을 누차 강조한다(13:24; 19:18; 22:15; 23:13~14). 자녀에게 지혜를 가르치는 일은 쉽지 않다. 그렇다고 자녀를 멋대로 자라도록 내버려두어서는 안 된다. 자녀를 내버려두면 어머니를 욕되게 한다고 한다. 3절은 아버지를 언급한다. 자녀는 부모의 영광이 되기도 하고 수치가 되기도 한다.

[16절] 이 잠언은 28:12, 28; 29:2의 주제를 확대시킨 것이다. 이 잠언은 악인의 확대를 다룬다. 악인이 많아지면 죄가 많아지고 그 사회는 멸망할 것이다. 그 과정에서 의인은 악인의 멸망을 목도하게 된다. 그 결과 의인은 안타까움과 동시에 하나님의 공의와 정의가 살아있음을 경험하게 될 것이다.

3. 설교를 위한 적용

자녀 교육에 대한 우리나라 부모의 관심은 과히 세계적이다. 그러나 그 교육은 주로 지식을 습득하는 초점을 둔다. 잠언은 자녀에게 지혜를 가르칠 것을 권고한다. 지식이 많아도 지혜가 없으면 그 지식은 독이 될 수도 있고 살인무기가 될 수도 있기 때문이다. 지혜가 있어야 마음을 다스릴 수 있고 마음을 다스릴 수 있어야 부정부패의 유혹에서 자유로울 수 있으며 그의 삶이 오래갈 수 있다. 지식과 지혜의 시작은 여호와이시다. 그러므로 여호와 없이는 지식도 지혜도 생각할 수 없다.

지도자에게 도덕성은 매우 중요하다. 지도자는 하나님을 대신하여 정의를 세우고 이 땅의 소외받은 자들을 돌보는 임무를 게을리하지 말아야 한다.

그래야 백성들이 즐거워하고 기뻐할 수 있기 때문이다. 지도자가 술수를 부리고 거짓말로 상황을 타개하려고 한다면, 아랫사람들도 오염되고 공동체 전체가 오염되어 마침내 망하게 된다. 윗물이 맑아야 아랫물도 맑기 때문이다. 범죄는 욕심이나 분노를 절제하지 못한데서 온다. 욕심을 버리고 분노를 잠재우면 범죄에 휩싸일 이유가 없다. 마음의 절제, 분노의 절제는 하나님에 대한 강한 믿음에서 비롯된다. 하나님의 율법과 말씀에 강하게 뿌리를 내리고 있다면 재물이나 명예와 같은 세상의 욕심에 흔들리지 않을 수 있다.

양육과 하나님과의 관계(29:17~27)

1. 들어가며

이 단락의 잠언은 17절의 자녀 양육에서 시작하여, 27절에서 의인과 악인을 대조하면서 마무리된다. 그 사이에는 자녀양육에 대한 품성, 즉 분노를 절제함과 겸손 그리고 하나님과의 관계를 설명한다.

2. 본문 주해

[17절] '네 자녀를 징계하라'는 잠언은 19:18의 반복이다. 징계, 책망, 체벌과 같은 것은 자녀의 잘못에 대한 교정의 수단이다. 자녀의 잘못을 바로잡지 않으면, 부모에게 수치가 오고 부모가 남겨준 유산까지 일시에 날려버릴 수 있다. 그러므로 이 잠언은 부모에게 자녀를 징계하라고 가르친다. 그래야 부모의 마음에 평화가 찾아오고, 이어서 기쁨이 온다는 내용이다.

[18절] '묵시'는 '이상' 혹은 '환상'으로 하나님이 예언자를 통하여 자신의 뜻을 전달하는 수단이다. 즉 하나님의 말씀이 없으면, 즉 하나님의 말씀에 대한 기강이 해이해지면 백성은 생각과 행동의 기준점을 상실하고 자기 멋대로 행동하게 된다. 사울 시대에 하나님의 말씀은 씨가 말라 사울은 행동의 방향을 정하지 못한다. 그리고 여호와께 물었지만 "여호와께서는 꿈으로도,

우림으로도, 선지자로도 그에게 대답하지 아니하신다.”

사울 시대에는 하나님의 말씀이 없어서 혼란스러운 시기였으며, 사울은 방자히 행한 자가 되었다. 그런 가운데서도 율법은 묵시와 같은 효력을 지닌 하나님의 말씀이며 하나님의 마음이다. 그러므로 의인은 율법을 지킴으로써 환난의 시대를 견디어 낼 수 있으며 복을 받을 수 있다는 말씀이다.

[19절] 종의 교육에 대한 잠언이다. 말을 잘 안 듣는 종에 대한 관찰 잠언이다. 즉 교육이 안 되었거나 심성이 악한 혹은 미련한 종은 말만으로는 주인을 따르지 않는다. 알고서도 주인의 말을 듣지 않는다. 그러므로 자녀와 마찬가지로 징계와 체벌로 종을 다룰 필요가 있다고 말한다.

[20절] 19절은 ‘말을 안 듣는 종’에 대한 잠언인 반면, 20절은 ‘말을 성급히 하는 사람’에 대한 잠언이다. ‘말을 성급히 하는 사람’은 말을 빨리하는 사람이 아니라, 말보다 행동이 앞선 사람을 의미한다. 잠언에서 말하는 ‘급하게 돈을 벌려는 사람’ (19:2; 21:6; 28:20)일 수도 있다. 말을 앞세우는 인물은 과정의 정당성을 무시한 채 성취와 결과에만 관심을 둔다. 이런 인물의 위험성은 ‘미련한 자’보다 더하다. 즉 미련한 자에게 더 희망이 있다고 말한다.

[21절] 19절의 종의 양육에 대한 주제이다. 어릴 때부터 종을 자녀처럼 곱게 양육한다면, 성인이 된 후에도 종은 자신의 신분을 인정하지 않으려 할 것이므로, 종으로 부릴 수 없게 된다. 그렇게 되면 주인에게도 손해가 되고 종 자신에게도 손해가 되기 때문이다. 자신의 신분과 지위의 한계를 명확히 하도록 가르치고 양육해야 함을 말한다. 그래야 서로에게 혼란이 없고 책임 소재가 명확해지기 때문이다.

[22절] 자녀 양육의 주제가 이어진다. 즉 ‘화를 내는 자’에 대한 잠언이다. 화를 잘 내는 자는 쉽게 분노하므로 싸움으로 이어지게 된다. 화를 자신에게 내는 것이 아니라 상대에게 내기 때문에 다툼으로 번지게 된다. 그 결과 자신을 제어하지 못하고 범죄로까지 이어진다. 자신의 분노를 억제하지 못하고 폭력을 휘둘러 범죄에 연루되기 쉽다.

[23절] 교만과 겸손을 대조한 잠언으로 역설의 관계를 잘 보여 준다. 즉 사

람이 교만하면 낮아지고, 겸손하면 영예를 얻게 된다는 말이다. '교만'은 스스로 자신을 높이는 것이다. 그리하여 하나님을 필요로 하지 않는 자다. 자신의 한계와 분수를 알지 못하는 어리석은 자다. 이런 자에게 수반되는 것은 추락이다. 올라갈만큼 올라갔으므로 추락하는 일만 남았다(16:19; 25:7). 반대로 겸손한 자는 자신을 스스로 낮추는 자다. 하나님과의 관계에서 자신의 연약함을 알고, 자신의 한계와 분수를 지켜나가는 자다. 이런 사람에게 찾아오는 것은 영광과 명예이다.

[24절] 도적질의 위험을 경고한 잠언이다. '도적질'은 부당한 방법으로 남에게 피해를 입히면서 일확천금을 꿈꾸는 행위인데, 특히 젊을 때 도적질의 유혹에 많이 노출된다. 그러나 도적질에 연루되는 자는 결국 '자기 영혼을 미워하는 자'라고 말한다. 자기를 사랑하지 않으므로 자기의 영혼에 대한 책임감이 없어서 함부로 몸과 마음을 더럽히는 자다. 그러므로 그에게 남은 것은 결국 감옥행뿐이다. 그는 법정에서 '저주'의 심판을 받아도, 아무런 말을 할 수 없다. 화인 맞은 양심처럼, 뉘우침도 없고 반성도 하지 않는다.

[25절] 사람을 두려워하는 자와 여호와를 의지하는 자를 대조한 잠언이다. 사람을 두려워하고, 여호와를 두려워하지 않는 자는 올무에 빠지게 된다. 자기 꾀에 자기가 빠지는 꼴이기 때문이다. 그러나 여호와를 의지하는 자는 사람을 두려워하지 않는다. 반석 같은 안정감이 마음속에 자리잡고 있으므로 마음이 안정되고, 그의 삶 역시 하나님의 보호 아래 있으므로 안전하다.

[26절] '주권자에게 은혜를 구하는 자'와 '여호와께 은혜를 구하는 자'가 은연중에 대조된다. '주권자'는 왕이나 통치자이다. 즉 '주권자에게 은혜를 구하는 자'는, 25절에서 말하는 사람을 두려워하는 자다. 눈앞에 보이는 자가 주권자이므로 그에게 잘 보이고 싶은 것은 당연하나, 그것은 보이지 않는 하나님을 무시하는 일이다. 왜냐하면 모든 일을 이루게 하시는 이는 여호와이기 때문이다. 여호와의 주권적 행위에 대한 인정은 잠언에 잘 드러난다(16:1, 9, 33).

[27절] 의인과 악인을 대조시킨 잠언이다. 불의한 자와 정직한 자는 서로

대적되며, 의인과 악인도 서로 대적된다. 이 잠언은 부정적인 동사인 '미워하다'를 사용해 '의인은 불의한 자를 미워하고, 악인은 정직한 자를 미워할 것'이라고 말한다. 반대로 긍정적인 동사인 '사랑하다'를 사용하면, '의인은 정직한 자를 사랑하고, 악인은 불의한 자를 사랑한다'가 된다. 즉 유유상종이라고 볼 수 있다. 이 잠언은 25~29장의 솔로몬의 잠언의 결론으로 의인과 악인, 불의한 자와 정직한 자 사이에서 어느 편에 설 것인지 결단을 요구한다.

3. 설교를 위한 적용

오늘날은 방송매체의 발달로 말씀의 홍수 시대에 살고 있다. 묵시가 없으면 백성이 방자히 행한다고 했지만, 오늘날은 말씀이 넘쳐나는 시대다. 방송과 인터넷에 수많은 설교가 널려있어 백화점에서 물건을 사듯 입맛대로 선택해서 들을 수 있다. 서점에 가면 설교집도 넘쳐난다. 그러나 사람들의 마음은 더 방자해지고, 죄악이 더 넘쳐나는 세상이 되고 있다. 왜 그럴까? 진실한 주의 말씀이 없기 때문이 아닐까? 많은 설교가 선포되지만, 참된 메시지는 찾을 수 없기 때문이 아닐까?

자녀 교육은 아무리 강조해도 지나치지 않는다. 인성 교육이 부족한 이 시대에 참된 인간 교육을 위해 무엇부터 가르쳐야 할 것인지 막막할 수 있다. 잠언은 자녀 교육에 필요한 말씀이 풍부한 교재다. 마음의 분노와 욕심을 절제하는 법, 교만을 누르고 겸손하는 법 등은 우리 시대의 자녀 교육에 너무나 필요한 말씀들이다.

우리 시대는 여호와보다 사람을 두려워하는 시대다. 사람들은 자기에게 유익한 사람과 관계를 가지기 위해 아첨하고 뇌물을 준다. 그러나 진정으로 두려워해야 할 분은 여호와시다. 여호와 하나님과의 관계가 올바르다면 모든 일에 자신감을 가지고, 부끄럼 없이 살 수 있다. 궁극적으로 우리의 모든 일을 이루시는 분은 하나님이심을 문자 그대로 믿을 수 있는 믿음이 있어야 한다.

아굴의 잠언
잠언 30장 주해와 적용

지혜를 얻을 수 있는 능력과 무능력(30:1~9)

1. 들어가며

이 단락은 아굴의 잠언으로 1절의 표제에 나오며, 2~9절은 1인칭의 고백으로 나온다. 자신의 무능함을 고백하고, 하나님께 간절히 호소하는 기도로 이루어져있다. 70인역에서 이 단락은 22:17~24:22 다음에 나온다 (30:1~14; 24:23~24; 30:15~33; 31:1~9; 25~29장; 31:10~31의 순서). 즉 이 단락의 잠언의 위치에 대하여 다양한 전승이 존재해왔음을 말해 준다. 따라서 어디까지가 아굴의 잠언인가에 대하여 논란이 많다 하지만, 확실하게 알 수는 없다. 다만 마소라 성경에서 30장의 표제는 1절에 한번 나오므로, 30장 전체를 아굴의 잠언으로 소개한다.

2. 본문 주해

[1절] 이 단락의 잠언의 표제(superscription)로, 잠언 전체로 보아 솔로몬의 잠언(1:1; 10:1; 25:1), 지혜있는 자의 말씀(22:17; 24:23)에 이어 나온다. 즉 잠언 전체로 보아 아굴은 세 번째 저자로 나온다. '아굴'은 구약성경 전체에서 여기에만 나온다. 이스라엘적인 이름이 아니다. 개역개정에서 '잠언'으로 번역된 히브리어 단어 '맛사'는 두 가지로 번역할 수 있다.

첫째, 이 단어를 '신탁' 즉 계시받은 말씀으로 보는 경우다. 이 단어는 예언자가 하나님으로부터 받은 말씀을 가리키는데 자주 사용되었다(사 13:1; 렘 23:36; 슥 9:1; 12:1; 말 1:1 등). 이 해석을 따르면 "이 말씀은 야게의 아들, 아굴의 계시"라고 번역할 수 있다. 그러나 지혜문학은 장르상 '계시'의 성격에 잘 어울리지 않는다. 지혜문학은 율법이나 예언서와는 달리 하나님으로부터 직접 받은 계시의 말씀이 아니라, 인간이 하나님께 다가가려는 노력 가운데 발생한 '영감된' 문학이기 때문이다.

둘째, 이 단어를 '맛사'라는 지명으로 해석하는 경우다. 이 지역은 아라비아 반도 지역의 사막지역으로, 성경에서는 이스마엘의 후손으로 나온다(창 25:14; 대상 1:30). 두 해석 다 가능하나, 오늘날의 많은 학자들은 '맛사'를 지명으로 본다. 따라서 아굴은 맛사 사람이며 야게의 아들이다. 이 잠언 후반부의 해석은 매우 난해하며 번역 사이에도 일치점을 보기 어렵다. 새번역은 '이디엘'과 '우갈'을 인명으로 보고 이렇게 번역한다. "이 사람이 이디엘에게 말하고, 또 이디엘과 우갈에게 말하였다." 이 번역에 의하면 아굴의 말의 수신자로 이디엘과 우갈이 등장한다. 그러나 '이디엘'이 두 번이나 등장하기 때문에 문맥에 잘 어울리지 않는다. 그리하여 개역한글이나 개역개정판은 두 번 나오는 '이디엘'을 한 번으로 줄인 후 번역한다. 그러나 인명으로 번역한 부분을 의미로 전환할 경우, 혹은 앞의 '이디엘'을 인명으로, 뒤의 '이디엘과 우갈'을 의미로 풀어 번역하거나, 모두를 의미로 풀어 번역하기도 한다. 1하절을 의미로 풀어 번역하면, "나는 피곤합니다, 오 하나님, 나는 피곤합니다, 오 하나님, 나는 완전히 지쳤습니다"(REB). 또한 "나는 피곤합니다, 오 하나님, 나는 피곤합니다, 오 하나님, 내가 어떻게 이길 수 있겠습니까?"(NRSV) 등이 있다.

필자는 2절의 절망적인 상황에 비추어, 1하절을 절망과 탄식의 시작으로 봐야 한다고 생각한다. 따라서 '이디엘'과 '우갈'을 의미로 풀어서 번역하는 것이 더 적절하다. 하나님 앞에 비추어 본 인간의 모습은 연약하기 그지없다. 다만 하나님을 인식할 수 있는 피조물은 인간 이외에 없다.

[2절] 아굴은 자신이 인간이 되기에는 부족하며 짐승과 같은 존재라고 고백한다. 이어서 그는 자신이 인간이 되기에는 지혜가 부족하다고 말한다. 하나님과 비교했을 때, 인간의 자기 인식은 너무나 초라하고 짐승과 같은 존재라고 고백할 수밖에 없다. 짐승은 하나님을 인식하거나, 훈련된 지혜로 행동하는 존재가 아니다. 따라서 본문에서의 '짐승'은 자기중심의 본능으로 행동하는 어리석고 미련한 존재를 나타낸다. 하나님의 주권과 지혜 앞에 놓인 인간의 자기고백은 철저하게 절망적일 수밖에 없다. 욥은 자신의 지혜를 믿고 하나님의 지혜와 겨루고자 했다(욥 31:35). 그러나 하나님이 나타나셔서 욥에게 말씀하신 후(욥 38~41장), 욥은 자신의 지혜와 하나님의 지혜 사이의 엄청난 차이를 인식하고, 자신의 미련함과 어리석음을 깨닫고 회개한다(욥 42:1~6). 욥의 고백과 회개가 다른 사람에 비해 상대적으로 부족했기 때문이 아닌 것처럼, 아굴의 고백도 다른 사람에 비해 상대적으로 자신의 지혜가 부족했음을 인식했기 때문은 아니다. 하나님 앞에 선 인간의 나약함에 대한 고백이다. 인간의 지혜는 하나님을 인정하고 그 앞에 겸손할 때 얻을 수 있다.

[3절] 아굴은 지혜가 하나님에게서 오는 것을 아는 자다. 그러므로 그는 '지혜'와 '거룩하신 자를 아는 지식'을 동일시했다. 아굴은 잠언 1:7의 말씀대로 '여호와를 아는 것이 지식의 근본'임을 아는 자다. 왜냐하면 여호와께서 천지만물을 창조하시고, 법칙을 만들어 돌아가게 하신 분이시기 때문이다. 그러나 아굴은 자신은 참 지혜에 이르지 못했음을 고백한다.

[4절] 이 절은 여섯 개의 수사 의문문으로 되어 있으며, 하나님과 인간 사이의 차이를 강조하는 내용이며, 욥기 38~41장에 나오는 하나님의 답변과 유사하다. 따라서 이 질문의 화자가 아굴인지, 하나님인지 불확실하다. 즉 하나님이 아굴에게 하는 질문인지, 아굴이 자기 제자에게 하는 질문인지 불확실하다. 수사 의문문이므로 정답은 당연히 '아니다'이다.

첫 번째 질문은 "하늘에 올라갔다가 내려온 자가 누구냐"이다. 신명기 30:12의 "하늘에 있는 것이 아니니 네가 이르기를 누가 우리를 위하여 하늘에 올라가 그의 명령을 우리에게로 가지고 와서 우리에게 들려 행하게 하랴

할 것이 아니요”라는 질문에서 알 수 있듯이 하늘과 땅은 다른 세계이기 때문에 서로 넘나들 수 없다. 하늘과 땅의 간격을 확인시켜 주는 질문이다.

두 번째 질문은 “바람을 그 장중에 모은 자가 누구냐?”이다. ‘장중’은 ‘손바닥 안’이라는 의미다. 70인역은 이 단어를 ‘옷 안’으로 번역한다. ‘바람’의 거주지는 하늘과 땅 사이의 궁창이며(암 4:3) 실재를 느낄 수는 있어도 볼 수 없고 만질 수도 없다. 바람을 손이나 옷으로 잡을 수 없다.

세 번째 질문은 “물을 옷에 싼 자가 누구냐”이다. 욥기 26:8에 의하면 하나님은 “물을 빽빽한 구름에 싸시는” 분이시다. 따라서 본문의 ‘옷’은 ‘구름’이다. 하나님만이 비를 구름에 싸실 수 있다. 네 번째 질문은 “땅의 모든 끝을 정한 자가 누구냐”이다. 하나님은 이 땅의 경계를 정하실뿐만 아니라, 이 땅에서 일어나는 모든 것을 주관하시는 분이시다. 다섯 번째와 여섯 번째는 “그의 이름이 무엇인지, 그의 아들의 이름이 무엇인지를 너는 아느냐?”이다. 앞의 질문이 여호와의 주권과 능력에 대한 질문이었다면, 이 질문은 여호와의 정체성에 대한 것이다. 고대 근동의 전통에 따르면 이름은 그 존재의 본질을 담고 있는 것으로 생각되었다. 따라서 이 질문은 모세가 던졌던 질문과 유사하다(출 3:14). 구약성경에서 여호와의 아들의 존재는 알려진 바가 없다. 그러나 지혜전승에서 지혜는 아버지와 아들을 통하여 전달되기 때문이다. 이 질문은 여호와께서 욥에게 한 질문처럼, 하나님과 인간 사이의 건널 수 없는 간격을 확인시키며, 인간의 지혜의 한계를 명확히 해 준다. 강한 역설적 질문을 통하여 본문은 하나님과 인간 사이의 한계를 지적해 주며, 궁극적으로 지혜는 하나님에게서 오기 때문에 그의 말씀에 순종해야 함을 말해 준다. 이 주제는 5~6절로 이어진다.

[5절] 앞에서 아굴은 하나님과 인간 사이의 간격을 이야기했으므로, 이제 인간은 지혜의 근원되시는 하나님의 말씀의 본질과 유용함을 피력한다. 아굴은 하나님의 말씀을 ‘순전하다’고 선언한다. 이는 시편 18:30(=삼하 22:31)의 말씀을 인용한 것이다. ‘순전하다’의 히브리어는 용광로를 통하여 제련된, 즉 찌꺼기나 불순물이 전혀 없는 순수함을 의미한다(시 12:9; 17:3; 18:30;

26:2; 119:140). 순전하기 때문에 불순물이 없어 100% 신뢰하고 의지할 수 있음을 말한다. 그러므로 후반부에서 아굴은 하나님을 그를 의지하는 자의 방패라고 주장한다. 방패는 보호 무기이다. 하나님은 신뢰할 수 있는 분이므로, 그를 의지하는 자를 보호하고 지키시는 분임을 고백한다.

[6절] 말씀을 더하지 말라는 내용은 신명기 4:2 그리고 13:32의 말씀과 같다. 이는 5절에서 말한대로 하나님의 말씀은 '다 순전하기' 때문이다. 아굴은 하나님의 말씀의 순전성과 유용성을 철저하게 신뢰하기 때문에, 그의 말씀에 권위를 더한다. 후반부는 그의 명령에 대한 이유를 제공한다. 주의 말씀은 순전하기 때문에 거기에 가감하게 되면 흠이 되고 불순물이 되어 말씀의 권위를 손상하게 된다. 따라서 하나님으로부터 책망을 받게 될 것이고, 하나님의 말씀을 거짓말로 둔갑시키는 결과를 가져온다.

[7절] 이제 아굴은 두 가지 일을 하나님께 구하였기 때문에, 죽기 전에 이루어 달라고 기도한다. 그는 지혜자로서 자신의 삶을 맡기고 의지해야 함을 잘 아는 자였다. 그리하여 지혜자로서 자신의 삶을 살아왔다. 그에게는 오래 전부터 드려왔던 두 가지의 기도 내용을 간절히 이루어 달라고 하나님께 기도한다. 그러므로 그는 '죽기 전에'라는 표현을 사용한다. 아마도 그는 죽음을 앞둔 상황인 것으로 보인다.

[8절] 아굴이 드린 기도의 내용이다. 내용은 두 가지로 볼 수도 있지만, 정확하게는 세 가지다. 첫째, '허탄'과 '거짓말'은 같은 단어의 반복으로 '헛된 거짓말'을 의미한다. 즉 일반적인 거짓말 이상의 것을 의미한다. 이것은 십계명(출 20:7)에 나타난 대로, 하나님이나 사람을 거짓말로 속이는 행위를 의미한다(시 24:4). 둘째, 물질적 부에 대한 것으로 '가난하게도 마옵시고 부하게도 마옵시고'라고 간청한다. 즉 극단적인 가난이나 부에 빠지지 말도록 요구한다. 사무엘상 2:7에 의하면 "여호와는 가난하게도 하시고 부하게도 하신다." 따라서 아굴은 여호와께 자족의 삶을 살 수 있게 해달라고 기도한다. 사람은 지나치게 가난하거나 부하게 되면 영적인 건강을 유지할 수 없기 때문이다. 셋째, 아굴은 '필요한 양식만 주십시오'라고 기도한다. '필요한 양식'

은 우리에게 필요한 최소한의 물질이다. 사막에 거하던 이스라엘에게 일용할 양식은 만나와 메추라기였다. 더 가질 수도 없었고, 더 가질 필요도 없었다. 그런 의미에서 '필요한 양식'은 하나님의 은혜를 체험하고 경험하면서 자족할 수 있는 영적 자양분이다.

[9절] 8절에 대한 이유를 설명한다. 첫째, 자신이 지나치게 부자가 되었을 경우 맞이할 영적인 위험을 설명한다. 즉 하나님을 부인하고 여호와를 인정하지 않게 된다는 것이다. 물질적인 부를 갖게 되면 마음에 간절한 필요가 없어진다. 하나님도 필요치 않게 된다. 하나님 없이도 잘 살 수 있다고 믿기 때문이다. 또한 스스로 교만해져 자기 스스로 부자가 되었다고 교만하게 되어, 과거를 잊어버리고 하나님을 부인하게 될 수 있기 때문이다. 둘째, 자신이 지나치게 가난하게 되었을 때, 남의 것을 훔치려는 유혹에 빠져 하나님의 이름을 욕되게 할 수 있는 가능성 때문이다. 하나님을 믿는다고 하면서 십계명(출 20:15)을 어기는 일은 결과적으로 하나님의 이름을 가리는 일이 되기 때문이다.

3. 설교를 위한 적용

지혜자로 살아간다는 것, 즉 성도로서 하나님의 말씀 안에 살아간다는 일은 때로는 매우 고달프다. 바울이 고백한대로 때로는 죄악으로 인한 절망 가운데 스스로 포기하고픈 때가 한두 번이 아니다(롬 7:22~24). 우리를 둘러싼 세상이라는 울타리는 만만한 상대가 아니다. 억울한 일을 당할 때나 지치고 힘들 때 하나님은 욥의 하나님처럼 우리에게 멀리 계시는 분처럼 느낄 때도 있다. 그리하여 하나님께 따지고 대들고 싶을 때도 있다. 그러나 가장 중요한 것은 아굴처럼 하나님 앞에 철저하게 자신을 낮추고 간구하는 자세다. 하나님 앞에 우리 스스로를 비출 때 우리는 아굴처럼, 바울처럼 '짐승같은 나 자신' '곤고한 사람'으로 고백할 수밖에 없다. 하나님의 지혜와 능력 앞에 누가 감히 나설 수 있겠는가? 철저하게 주의 말씀을 믿고 신뢰할 수밖에 없다. 주의 말씀만이 우리의 방패이다. 하나님의 말씀은 가감할 필요 없이 완전하기 때문이다. 하나님의 능력은 우주 만물을 지으시고 다스릴 정도로 크시기 때문이다.

악의로 가득찬 세상에서 거짓말은 우리 삶과 늘 함께한다. 그러나 그 거짓말로 인하여 수많은 사람들이 추락하는 것을 보게 된다. 거짓말로 얻는 이익은 근시안적이다. 궁극적으로는 정직이 거짓보다 강하며, 진실이 거짓보다는 강하기 때문이다.

물질적 부와 우리의 삶과의 관계 설정은 매우 난해하다. 사람은 많은 돈을 벌기 원한다. 교회에서도 물질적 부를 강조한다. 그러나 본문은 물질적 부나 가난 자체를 문제시하지 않는다. 다만 하나님과의 관계에서 판단될 문제이다. 물질이 많아 하나님을 모른 체 하게 되면 하나님께 범죄하게 되고, 물질이 없어 도적질하게 되도 하나님께 범죄하게 되기 때문이다. 물질의 유무보다는 하나님과의 관계가 우선이 되어야 함을 말한다. 기독교인도 부자가 될 수도 있고, 가난하게 될 수도 있다. 그러나 성경은 그것보다도 하나님과 어떤 관계 속에 놓여있느냐가 훨씬 더 중요함을 일관되게 전한다.

일곱 개의 숫자 잠언(30:10~33)

1. 들어가며

이 단락은 숫자 잠언이 주를 이루고 있으며, 사회생활에 있어서 비정상적인 경우(10~14, 17, 21~23절)를 자연현상에 있어서 비정상적인 경우(15~16절)와 탁월한 경우(24~31절)에 비추어 일곱 가지로 말하고 있다. 첫째는 10~14절로 사회질서의 근간을 뒤흔드는 경우, 둘째는 15~16절로 만족하지 못하는 욕망의 네 종류, 셋째는 17절로 불효에 대한 잠언, 넷째는 18~20절로 네 가지의 기이한 자취, 다섯째는 21~23절로 사회질서를 뒤흔드는 네 가지 예, 여섯째는 29~31절로 위풍있게 다니는 네 짐승을 다루며, 마지막으로 일곱째는 32~33절로 결론이다.

2. 본문 주해

[10절] 2인칭으로 시작하는 권면의 잠언으로, 전반부에서 '종을 상전에게 훼방하지 말라'고 말한다. '훼방하다'는 잠언에서 주로 거짓말로 남을 비방하는 경우를 말한다(16:28; 18:1; 25:23 등). 종은 이스라엘 사회에서 스스로를 보호할 수 있는 존재가 아니다. 자신의 억울함에 대해 하나님께만 아뢸 수 있다. 하나님이 그들을 지켜 보호하신다. 그러므로 강자에게 사회적 약자를 근거없이 비방하는 일은 매우 비인도적이다. 후반부의 주어인 '그'는 종을 가리킬 수도 있고, 상전을 가리킬 수도 있다. 종으로 볼 경우, 근거없이 비난을 당한 종이 자신을 무고하게 비난한 자를 저주해 달라고 하나님께 호소하는 내용이다. 따라서 이 잠언의 의미는 하나님께서는 약자의 부르짖음을 잘 들으시기 때문에, 약자를 함부로 비난하지 말라는 내용이다. 상전으로 볼 경우, 상전이 종을 비난한 자에게 항의하는 내용이다. 그러면 이 잠언의 의미는 네 자신의 일에 신경 쓰고 남의 일에 끼여들지 말라는 내용이다. 문법구조상은 상전이 맞지만, 문맥으로 보아 종으로 보는 것이 더 적합하다.

[11절] 11절에서 14절까지는 '무리'로 번역된 히브리어 단어 '도르'로 시작한다. 첫 번째 '무리'는 부모를 공경하지 않는 자다. 부모에 대한 공경은 모든 시대와 문화를 넘어 동일하다. 특히 구약성경은 십계명과 율법에서 부모에 대한 공경을 강조한다(출 20:12; 21:17; 신 5:16). 그런데 본문에서는 소극적 의미에서 '공경하지 않은 자'가 아니라 '부모를 저주하는 자'다. 이런 자들은 기존의 사회적 통념을 완전히 무시하는 자로, 율법에 따르면 이런 자들에게 사형을 선고할 수 있다(출 21:15, 17; 신 27:16). 후반부는 '어미를 축복하지 않는 자'다. 어머니는 자녀에게 생명을 가져다 준 자다. 그러므로 어머니를 위해 늘 감사하고 기도해야 하지만, 그렇지 못한 자는 미련한 자다.

[12절] 이 잠언은 자신을 속이는 어리석은 자의 전형을 제시한다. 스스로 깨끗하다고 생각하지만, 자기의 더러움을 씻지 아니하는 자다. 본문의 '더러움'은 히브리어 단어 '미쪼아'로 '배설물'을 의미한다(왕하 18:27; 사 4:4; 36:12). 자기의 대변도 씻지 않고 자신은 청결하다고 여기는 사람이다. 즉 자기 스스

로는 높이고 있지만, 자신의 어리석음과 미련함을 인정하지 않는 자다. 자기의 미련함과 어리석음은 깨닫지 못하고, 남에게 자꾸 뭔가를 가르치려고 하는 자다. 자신을 스스로 '깨끗하다'고 여기는 자들은 미련하고 어리석은 자다(잠 16:2).

[13절] '눈이 심히 높은 자' 즉 '교만한 자'에 대한 잠언이다. '눈이 높다'는 표현은 외적인 거만함을 의미한다(잠 4:25; 6:17). 본문은 '눈이 심히 높은 자여서 그 눈꺼풀이 높이 들린 무리'이다. 이런 자들은 자신이 가장 똑똑하고 잘났다고 생각해, 남을 무시하고, 하나님마저 상관하지 않은 자다.

[14절] 13절이 신체기관 가운데 눈을 이용하여 거만한 자를 표현했다면, 이 절은 이빨을 가리키는 두 단어를 사용하여 가난하고 궁핍한 자를 괴롭히고 착취하는 자들을 묘사한다. '앞니'와 '어금니'의 순서로 되어 있어서 난폭함의 강도가 심해지는 것을 설명할 수 있다. 그들의 앞니와 어금니는 각각 '장검'과 '군도'로 비유되어 있다. 즉 칼과 같은 것이다. 따라서 그들은 칼을 지닌 강도와 같은 자들이다. 그들은 욕심의 노예가 되어 포악스럽게 남의 것을 빼앗는다. 그들이 만만하게 생각하는 자들은 '가난하고 궁핍한 자'들이다. 이들은 스스로를 보호할 수 없는 사회적 약자들이다. 그리하여 재물에 욕심이 난 탐관오리들은 이들을 희생삼아 맛있는 요리를 만들어 '삼키는 자'로 묘사되어 있다. 그러나 그들은 궁극적으로 어리석은 자들이다. 하나님이 '가난하고 궁핍한 자'들의 보호자이기 때문이다.

[15절] 본문의 '거머리'는 구약성경에서 한 번만 나오는 단어이다. 이 잠언에서 거머리는 탐욕스런 자의 상징으로 나온다. 그런 맥락에서 14절의 욕심의 노예가 된 잔혹한 탐관오리와 연결된다. 거머리의 두 딸은 거머리의 몸에 달린 두 개의 빨판이다. 이 빨판을 통하여 피를 빨아 먹는다. 그러면서 늘 부족하여 달라고 보챈다. 거머리의 몸과 행태를 의인화한 잠언으로, 아무리 피를 빨아도 만족하지 못하는 존재를 그리고 있다. 거머리에서 유추하여, '족한 줄을 알지 못하여 족하다 하지 아니하는 것 서너 가지'를 언급하는 숫자잠언을 이야기한다. '서너 가지'란 표현은 고대 근동의 문학작품에서 'x/x+1'

의 형태로 자주 등장하는 어구이다. 이는 우리말에도 나온다(한두, 두세, 서너, 너댓, 대여섯, 예닐곱 등).

[16절] 15절과 연결된 네 가지의 예들이 제시된다. 첫째, '음부'이다. 다른 세 가지와는 달리, 음부에는 아무런 설명도 없다. 본문에서 음부는 죽으면 가게 되는 공간의 의미가 아니라, 인격화된 존재로 끊임없이 생명을 파괴하고 삼키려는 존재이다(잠 1:12; 7:27; 사 5:14; 합 2:15). 둘째, '아이 배지 못하는 태'이다. '태'는 생명을 잉태할 수 있는 공간이다. 따라서 태는 생명을 잉태하려는 강한 욕망을 가진 존재로 의인화되어 있다(창 30:1; 삼상 1:20). 즉 여성이 생명을 잉태하려는 욕구를 태로 의인화하고 있다. 셋째, '물로 채울 수 없는 땅'이다. 이스라엘의 땅은 메마른 지역으로 아무리 물로 채워도 금방 메마르게 된다. 물은 생명과 관련되어 있다. 땅은 생명을 낳기 위해 끊임없이 물을 요구한다. 가뭄 때 이스라엘의 사막지역은 물을 갈구하며 이글거리게 된다. 그때의 땅의 모습을 의인화하고 있다. 넷째, '족하다 하지 아니하는 불'이다. '불'도 음부처럼 의인화되어 끝없이 파멸하려는 존재로 표현되어 있다. 이 잠언에 등장하는 네 요소는 음부, 태, 땅, 불이다. 음부와 불은 파멸적인 욕구이며, 태와 땅은 생명에의 욕구이다. 따라서 이 잠언은 A B B′A′의 구조로 되어 있다.

[17절] 불효에 대한 잠언으로 '아버지'와 '어머니'라는 단어로 11절과 연결되어 있다. 본문에서 불효하는 자는 '아비를 조롱하고 어미 순종하기를 싫어하는 자'로 묘사되어 있다. 즉 부모의 말을 무시하고 조롱하는 자다. 그런 자가 받게 될 처벌은 '눈'이 까마귀에게 쪼이고 독수리 새끼에게 먹힐 것이라는 섬뜩한 내용이다. 사람의 '눈'은 가장 중요한 신체기관 중 일부일 뿐만 아니라, 눈을 보면 그 사람의 행동거지를 알 수 있다. 본문에서의 '눈'은 탐욕과 교만과 불순종을 의미한다. '까마귀'와 '독수리'는 성경에서 부정한 동물이다(레 11:15). 왜냐하면 시체를 먹는 짐승이기 때문이다(사 34:11; 렘 16:3~4). 또한 '눈'이 먹히리라는 표현은 그 사람이 객사해 땅에 묻히지 못한다는 의미다(왕상 14:11; 삼하 21:10). 이것은 고대 이스라엘 사람들에게 있어서 매우 큰 위

협이었다. 따라서 이 잠언은 불효자를 사형에 해당하는 중범죄로 규정한 율법에 어울릴만한 인과응보를 설명한다.

[18절] 새로운 단락을 시작하는 x/x+1의 잠언으로 '보고 깨닫는' 관찰에 근거해 지혜를 얻는다. 즉 이 땅에서 불가사의한 서너 가지를 제시하고자 한다. 깨닫지 못하는 자신의 무능함에 대한 고백이라기보다는 너무나 신기하여 경탄의 대상이 된 네 가지를 예로 든다.

[19절] 불가사의한 네 가지 현상은 개역한글성경에서 '자취'로 번역된 '길'이라는 단어다. 19절에 네 번 나온다. 첫째는 '공중에 날아다니는 독수리의 자취'이다. 독수리는 매우 크고 빠르며 수평이나 수직으로 공중을 날아다닐 수 있다. 그러나 인간이 보기에 독수리의 길을 알 수도 없고 다닌 흔적도 알 수 없다. 둘째, '반석위로 기어 다니는 뱀'이다. 다리도 없이 움직이며 다니는 뱀의 활동도 신기하다. 그 흔적을 남기지 않기 때문이다. 셋째, '바다로 지나다니는 배의 자취'이다. 배가 다닐 때는 매우 뚜렷한 흔적을 남기지만, 곧 사라져 지나온 흔적을 찾을 수 없다. 위의 세 길은 하늘, 땅, 바다에 있다. 넷째 길은 '남자와 여자가 함께한 자취'이다. 남자와 여자가 만나서 하나가 되는 길의 과정도 신기하고 놀라운 일이다. 숫자 잠언에서 클라이맥스는 마지막에 온다. 따라서 이 잠언의 클라이맥스도 남녀간의 신비로움에 있다.

[20절] 이 잠언은 '음녀의 길'을 언급함으로써 19절에 언급된 남녀의 길이라는 주제를 가져오지만, 신비감보다는 충격과 경고를 주는 내용을 소개한다. 자취를 남기지 아니하는 19절의 네 가지와는 달리, 이 잠언에 소개된 자취는 매우 충격적이다. 잠언 7장에 소개된 대로 음녀는 왕성한 성욕을 해결하기 위해 젊은이를 유혹해서 성관계를 맺는다. 그러나 그 뒤에는 흔적이 남지 않는다. 즉 '먹고 입을 씻음 같다'라고 표현한다. 이 표현에서 '입'은 여성 성기에 대한 은유이며, '먹다'는 성관계를 암시한다. 성관계 후에 씻으면 그 흔적이 남지 않은 현상을 음식을 먹은 후 씻은 후의 장면으로 연결시킨다. 흔적이 남지 않기 때문에 음녀는 자신이 한 일을 부정할 수 있다. 그녀의 뻔뻔스러움은 자연 세계 속에 존재하는 불가사의한 일에 근거하여 이루어진

다. 세상사 돌아가는 자취도 역시 불가사의하다고 말할 수밖에 없다.

[21절] 이 절은 '세상을 진동시키며 세상으로 견딜 수 없게 하는 것' 서너 가지를 소개하는 도입의 역할을 한다. '세상'은 히브리어 '에레쯔'로 '땅'을 의미한다. 땅을 진동시키는 것은 지진이다. 지진이 일어나면 땅은 견딜 수 없게 되어 위아래가 바뀌고 파괴된다. 그것은 자연의 전복사건이다. 이 세상의 사람들 사이에도, 즉 사회적 관계에서도 지진과 같은 파괴력을 가진 일들이 존재한다. 네 가지 예를 22~23절에 소개한다.

[22절] 첫째 예는 '종이 임금이 된 것'이다. 본문에서의 '종'은 노예가 아니라, '왕의 신하'를 의미한다. 왕이 신하를 세울 때는 자기를 도와달라는 의미이며, 둘 사이에는 근본적으로 깊은 신뢰가 형성되어야 한다. 그래서 왕은 신하를 믿고 일을 맡겼다. 하지만 신하는 쿠데타나 혁명을 일으켜 정권을 빼앗은 상황이다. 이는 배반이며, 상하의 수직적 관계에서 보아 지진에 해당하는 파괴력을 지닌 일이다. 그는 배반의 열매를 삼켰으므로 그를 싫어하는 많은 의로운 사람들을 처단할 것이며, 그와 같은 류의 사람을 세우고 자신을 반대하는 자를 억압하는 독재자의 자리에 앉을 것이다. 둘째 예는 '미련한 자가 배부른 것'이다. 이 예의 의미는 명확하지 않다. 창조세계의 질서에 따르면 정당한 노동을 통하여 먹거리를 얻도록 되어 있다. 따라서 미련한 자는 배불리 먹을 만한 먹거리를 얻을 수 없어야 한다. 그러나 현재 미련한 자가 배부른 상황이다. 이것은 정당한 질서가 뒤집힌 상황이다. 그런 의미에서 첫째 예와 맥을 같이 한다고 볼 수 있다.

[23절] 세 번째 예는 '거리낌을 받는 계집이 시집간 것'이다. '거리낌을 받는'의 히브리어 의미는 '미움을 받는'이다. 즉 본문에서 '미움 받는 여인'이 누구인지 명확하지 않다. 결혼했다가 미움을 받아 이혼을 당한 여인인지, 남자의 사랑을 받지 못하는 여인인지 불확실하다. 잠언 전체의 맥락에서 보면 문제가 있는 여인은 잠언 7장에 나오는 '음녀'와 관련되어 있다. 따라서 이러한 여인이 결혼을 하게 되면 집안에 불화를 가져와 화평을 깨뜨리고 집안을 붕괴시키는 결과를 가져올 수 있다. 네 번째 예는 계집종이 주인의 자리를 차

지하는 일이다. 사라와 하갈의 예에서 보듯이, 하갈은 사라의 계집종이었으나 주인의 자리에 오르려고 하면서 집안은 풍비박산이 난다. 숫자 잠언에서는 마지막에 강조점이 온다. 따라서 세상이 뒤집어지는 최악의 예는 바로 계집종이 본부인을 밀어내고 아내의 자리에 오르는 경우이다.

[24절] 이 절은 작고 하찮게 여겨지지만 매우 지혜로운 짐승 넷을 소개한다. 이는 앞의 21~23절에 소개된 인간의 지혜를 자랑하며 세상을 전복시킨 네 종류의 사람들과 대비된다. 이들은 자신들에게 주어진 것에 자족하며 성실하게 살아간다.

[25절] 첫째는 '개미'이다. 개미는 힘이 없지만 먹을 것을 여름에 대비하는 존재로 묘사되어 있다. 개미는 다른 동물들의 공격에 대항할 힘이 없다. 하지만 그는 부지런하고 지혜로워 겨울을 대비해 여름에 열심히 일하여 양식을 저축한다(잠 6:6~8).

[26절] 둘째는 '사반'이다. '사반'은 '바위 너구리'로 '약한 종류지만 집을 바위 사이에 짓는 자'로 묘사되어 있다. 이 짐승은 바위 틈에 집을 짓고 살기 때문에 다른 동물의 공격을 피할 수 있는 지혜를 가지고 있다(시 104:18).

[27절] 셋째는 '메뚜기'이다. '메뚜기'는 "임군이 없으나 떼를 지어 나아가는 자"로 묘사된다. 메뚜기도 약하고 보잘 것 없는 존재이지만, 왕과 같은 강력한 지도자도 없지만 움직일 때는 일사분란하게 떼를 지어 다닌다. 그러므로 메뚜기 떼의 힘은 강한 군대와 같다(욜 2:7~9; 암 7:1~2).

[28절] 넷째는 '도마뱀'이다. 27절에 나오는 '임금'이라는 단어는 28절의 '왕궁'과 연결된다. '도마뱀'은 '손에 잡힐만하여도 왕궁에 있는 자'이다. '도마뱀'으로 번역된 히브리어 '세마미트'는 본문에만 나온다. 따라서 정확한 의미는 알 수 없다. 영어의 NRSV는 '거미'로 번역하고 있다. 하지만 '손에 잡힐만 하다'는 표현은 '손에 잡힐만 하여도 잘 잡히지 않은'이라는 의미를 내포한다. 따라서 '도마뱀'이 더 적절해 보인다. 도마뱀은 작지만 잡히지 않으면서 왕궁에 사는 혜택을 누릴 수 있다. 이 잠언도 서너 가지 예 가운데 마지막에 오기 때문에 이 절이 가장 강조되어 있다. 따라서 본문에서의 '도마뱀'은

자신의 분수를 모르고 왕궁에 와서 살고 있는 자에 대한 풍자로 보인다. 앞에서 예를 든 셋은 '작지만 지혜로운 짐승'의 예로 어울리지만, 네 번째는 분수를 모르며 왕궁에 와서 온갖 특권을 누리는 인간에 대한 풍자이다.

[29절] 이 절은 '위풍있게 다니는 서넛의 짐승'을 예(30~31절)로 들기 위한 서론 역할을 한다. 앞에서 작은 짐승 넷을 소개한 다음, 이 단락의 잠언은 위엄있는 자 넷을 소개하며 앞과 대조를 이룬다. 맨 마지막에는 '왕'이 등장하며 이 숫자 잠언의 클라이맥스를 형성한다.

[30절] 위풍있게 다니는 짐승 가운데 첫 번째로 소개된 것은 동물의 왕인 사자다. '사자'는 짐승들 가운데 가장 강하고 위험하며, 공포스러운 존재이다. '강하다'로 번역된 단어의 히브리어는 '용사'이다. 따라서 사자는 용맹스런 장수처럼 결코 물러서지 않는다. 따라서 위풍있게 다니는 짐승으로 당연히 첫 번째 위치에 온다.

[31절] 둘째 짐승은 히브리어 '자르지르'로 정확한 번역이 어렵다. 개역한 글과 새번역은 '사냥개'로 번역하지만, 공동번역, 영어의 NIV, NRSV는 70인역에 근거하여 '수탉'으로 번역하고 있다. 따라서 히브리어 '자르지르 마트나임'은 '당당한 수탉'으로 번역하는 편이 나아 보인다. 셋째 짐승은 '숫염소'로 번역된 히브리어 '타이쉬'로 사자의 히브리어인 '라이쉬'와 유사하다. 넷째, '왕'은 '당할 수 없는 자'로 묘사되어 있다. 그러나 '당할 수 없는 자'의 히브리어는 매우 난해하지만 '백성들 앞에 선 왕'으로 번역하는 편이 나아 보인다. 따라서 넷째 왕은 사자처럼 모든 백성들 앞에서 당당하게 걸어다니는 자로 묘사되었다. 왕이 앞의 짐승처럼 묘사되었다는 것은 왕도 매우 무서운 자로 인식된다는 것이다.

[32절] 아굴은 앞에서 자연에서 존재하는 다양한 예들을 소개하면서 인간 세계와 연결지어 지혜를 가르쳤다. 이 모든 지혜에 비춰 자기 학생에게 반성을 유도한다. '미련하다'는 히브리어 '나발'로 사무엘하 25장에 나오는 '완고한 자'와 같은 단어이다. 따라서 완고하며 교만하여 스스로 높은 체하였거나, 사회적 권위나 질서를 전복시키기 위해 악을 도모한 적이 있다면 '입을

막아라'고 권고한다. '입을 막아라'는 것은 명령형으로 침묵을 하고 조용히 물러나 반성하라는 의미다.

[33절] 이 절은 32절에 대한 이유를 제공한다. 히브리어 '미츠'는 본문에만 세 번 나오므로 의미가 불확실하다. 우리말은 각각 '저으면' '비틀면' '격동하면'으로 번역하지만, 원문은 동일한 하나의 단어이다. 의미는 '누르다'이다. 세 개의 은유가 제시되며, 맨 마지막이 가장 중요한 의미를 지닌다. 첫째, 우유를 누르면 (저으면) 단단해져 버터가 된다. 둘째, 코를 누르면 피가 난다. 셋째, 분노를 누르면 폭발하여 다툼이 일어난다. 첫째와 둘째의 누름은 셋째의 예를 설명하는 보조적인 역할이다. 다른 사람의 분노를 계속 누르면, 즉 분노를 계속 압박해서 누르면 그 분노는 폭발할 수밖에 없다. 지혜자는 다툼을 자제하는 자이다.

3. 설교를 위한 적용

이 단락은 자연 세계를 유심히 관찰한 결과를 인간의 문제와 연결시켜 교훈을 찾고자 한다. 자연의 세계를 보면 작은 미물은 미물대로 큰 짐승은 짐승대로 각자의 역할을 성실히 감당하며 열심히 살아가고 있다. 만물은 조화에 있다. 자연은 하나님이 만들어 놓은 법칙에 따라 조화를 이루면서 살아간다. 작은 자에게서나 큰 자에게서나 인간은 자연으로부터 나름대로 배울 점이 있다. 그러나 인간은 이미 만들어놓은 조화의 질서를 뒤흔든다.

이 단락의 잠언은 기존 사회의 질서를 매우 소중하게 생각한다. 우리는 불의에 근거한 권력에 대해서는 마땅히 저항해야 하지만, 정당성이 있는 조직의 권위나 힘에 대해 인정하고 따라가야 한다. 그것을 방해하는 가장 중요한 우리 내적인 요소는 욕심과 교만이다. 우리 마음속에는 한계와 절제를 모르는 욕심이 숨어 있다. 끊임없이 파괴시키고자 하는 악한 욕심에서부터 끊임없이 채우고자 하는 속된 욕심이 주를 이룬다. 가장 위험한 것은 권력에 대한 욕심을 채우고자 신의를 저버리고 사회 질서를 뒤엎는 경우다. 신하로서 혹은 아랫사람으로서 지녀야 할 예의와 역할과 본분을 저버리고 자꾸 지각변동을 일으키려 흔든다면 그 조직은 제대로 지탱해나갈 수 없다. 욕심은 욕심을 가진 자 스스로를 멸망시키려 할 뿐 아니라, 사회적 악을 가져와 공동체에 큰 손실을 입히게 된다.

교만도 우리를 파멸로 몰고 가는 중요한 요인이다. 교만은 동물 근성에서 비롯된다. 동물 세계의 원칙은 약육강식이다. 인간 세계에서 자기보다 못한 자는 없다. 저마다의 역할과 재능이 다를 뿐이다. 따라서 자기보다 못한 자를 무시하고 모든 것을 자기 뜻대로 하려고 하는 자는 결국 공동체 내에서 분란을 일으키고 파멸을 불러온다.

08

르무엘 왕의 어머니의 잠언

잠언 31장 주해와 적용

왕을 위한 잠언(31:1~9)

1. 들어가며

이 단락의 잠언은 르우엘 왕의 어머니가 왕에게 행한 훈계를 담고 있다. 이러한 장르는 고대 이집트의 메리카레, 아메넴헤트와 같은 이집트의 지혜 문학, 바벨론의 지혜 문학에서 매우 빈번히 발견된다. 그러나 본문에서처럼 왕의 어머니가 왕을 훈계한 내용은 없다. 이 단락의 주된 훈계의 내용은 "여자와 술"에 대한 것이다.

2. 본문 주해

[1절] 1~9절에 대한 직접적인 표제이지만, 31장 전체의 표제역할도 한다. 즉 1~9절은 10~31절과 '여인'이라는 주제에서 연결된다. 이 절에서 '잠언'으로 번역된 히브리어 '맛사'는 30:1처럼 아라비아 반도의 맛사 지역으로 번역하여 '맛사의 왕 르무엘의 말씀, 그의 어머니가 그에게 훈계한 것'으로 이해하는 것이 더 나아 보인다. 즉 르무엘이 이방의 왕이라는 말이 된다. 그러나 '르무엘'이라는 이름의 의미는 '하나님께 속한'을 뜻한다. 즉 구약성경에는 나오지 않지만 히브리식 이름이다. 따라서 이 잠언은 원래 이방지역에서 기인되었지만, 이스라엘 신앙으로 개종한 왕으로 볼 수 있다.

[2절] '내 아들아'를 세 번 이용하여, "내가 무엇을 말할꼬?"를 세 번 반복한다. 다만 아들에 대한 형용어가 첫 번째는 안 나오지만, 두 번째는 '내 태에서 난'을, 세 번째는 '서원대로 얻은'을 덧붙인다. 모든 생명은 어머니의 태에서 나온다. 따라서 어머니의 자녀교육에 대한 관심은 정서적으로 남다를 수밖에 없다. 르무엘 왕은 그 어머니가 서원하여 낳은 아들로 소개된다. 한나의 서원기도처럼 르무엘 왕의 어머니는 남다른 정성으로 아들을 낳았음을 알 수 있다.

[3절] 아들에게 행한 첫 번째 훈계는 '힘을 여자에게 쓰지 말라'이다. 고대 세계의 왕은 절대적 힘을 가지고 있어서 아내를 많이 둘 수 있었다. 그리하여 왕이 젊어서부터 나라를 위하기보다 여자에게 힘을 과도하게 사용한다면, 왕은 도덕적 권위를 회복하기 어렵고, 여자를 끼고 왕궁에 들어오려는 세력으로 인하여 나라 전체의 기강을 제대로 세우기 어렵게 된다. 남자는 여자에게 빠지면 이성적 판단을 상실할 수 있다. 따라서 후반부에서는 '왕들을 멸망시키는 일을 행하지 말라'고 한다. 여자를 미끼로 왕을 넘어뜨리는 세력들이 존재하기 때문에 왕은 늘 조심해야 한다. 그런 유혹에 넘어가면 왕은 스스로 파멸의 길을 걷게 된다. 그래서 신명기 17:17은 왕에 대한 권고로 "그에게 아내를 많이 두어 그의 마음이 미혹되게 하지 말 것이며"라고 기록한다.

[4절] 술에 대한 훈계의 잠언의 시작이다. 이 절에서는 '포도주'와 '독주'의 순서로, 6절에서는 '독주'와 '포도주'의 순서로 나오며, 가운데에 위치한 5절은 권고에 대한 동기를 제공한다. 구약성경에서 '포도주'와 '독주'는 평행대구로 자주 등장한다(삿 13:7; 잠 20:1). 4절에서는 '왕에게 마땅하지 않다'가 세 번 반복된다. 왕과 술과의 관계의 부적절함을 강조하는 표현이다. 다른 사람에게는 마땅할지 몰라도, 왕에게는 마땅치 않다는 것이다. 술을 마시게 되면 사람은 마음과 집중력을 잃어버려 맡은 바 책무를 감당할 수 없다. 만일 왕이 술에 빠지게 되면, 그 파장은 매우 심각해진다. 신하들이 술을 마시고 미치는 영향보다 훨씬 더 심각하다. 왕은 모든 일에 있어서 중심을 잃지 말아

야 한다. 그래야 국가의 중심이 올바로 설 수 있기 때문이다.

[5절] 왕이 술을 마시지 말아야 하는 이유를 제공한다. 술을 마시게 되면 마음의 중심과 평정심을 잃어버린다. 그리하여 법을 잊어버리기 쉽다. 법은 나라의 정의를 세우는 근간이다. 법이 제대로 집행이 안 되면 나라의 정의는 설 수 없다. 그러므로 왕은 공정한 법집행을 위해 노력해야 한다. 고대 근동지역에서 왕의 가장 중요한 임무는 공정한 법집행으로 정의를 세우고, 가난하고 억눌린 자를 구제하는 일이다. 그러므로 신명기 17:18~20은 율법을 곁에 두고 좌로나 우로나 치우치지 않도록 하라고 권고한다. 마찬가지로 르무엘 왕의 어머니는 왕이 술 취하여 왕의 임무를 소홀히 하지 말라고 훈계한다.

[6절] 술은 왕에게는 마땅치 않지만, 마땅하게 이용될 수 있는 사람들이 있다. 우선 독주는 '죽게 된 자'에게 유용할 것이라고 한다. 육체적 고통이 심해 죽을 정도로 아프다면 독주는 마취효과가 있어 고통을 더는데 유용할 것이다. 마음이 우울하거나 근심거리가 있는 자에게 포도주는 일시적이나마 우울이나 근심거리를 덜 수 있다.

[7절] 마음에 근심이 있는 가난한 자는 포도주를 마심으로써 일시적이나마 어려움을 잊을 수 있다. 즉 술은 마음에 고통이 있는 자에게 위로를 줄 수 있다. 그러나 왕이 백성들에게 술을 권하여 위로한다는 것은 왕으로서 적절한 태도는 아니다. 따라서 본문의 권고는 왕에게는 술이 마땅한 것이 아님을 강조하기 위함이다.

[8절] 이제 왕의 어머니의 충고는 고대 근동 지역에서 왕이 가져야 할 기본적인 책무를 강조한다. 즉 약한 자가 억울하게 당하지 않도록 하라는 명령이다. 8절은 '벙어리와 고독한 자'의 송사를 위하여 입을 열라고 말한다. 본문에서 '벙어리'는 사회적 약자로 제대로 자기 변론을 하지 못하는 자다. 즉 그런 사람을 위하여 왕에게 '입을 열라'고 말한다. 공정한 재판을 하라는 말씀이다.

[9절] 왕이 신원해야 할 또 다른 사람은 '곤고한 자'와 '궁핍한 자'이다. 즉

가난한 자와 약하여 억눌린 자들이다. 권력자들은 재물이나 권력을 이용하여 부정한 재판을 하고 연약하고 가난한 자를 궁지로 몰아넣을 수 있다. 그러므로 왕은 이들을 위하여 정의로운 재판을 통하여 나라의 기강을 바로 잡을 수 있다.

3. 설교를 위한 적용

'왕의 길'은 지도자의 길이다. 우리 시대의 지도자들이 가져야 할 지침을 말해 준다. 어머니가 아들에게 주는 교훈인 만큼 사랑과 절실함이 묻어난다. 어머니의 교육이 중요함을 말한다. 지도자가 가져야 할 중요한 요소는 '건전한 이성 관계'이다. 남녀 모두에게 해당된다. 성적인 욕구를 정상적인 방법이 아닌 방식으로 해결하려고 하다가 망신을 당한 경우를 자주 볼 수 있다. 정치, 종교, 사회 등의 각계 사람들이 이성 문제로 인해 추락하는 경우를 자주 보게 된다. 비정상적인 이성 관계에 집착하다 보면 마음의 평정심을 잃어버리고 자기가 해야 할 일에 집중할 수 없게 되고 판단을 그르치게 된다. 성의 문제가 개방되는 시대라고 하지만, 지도자는 자신의 판단과 집중이 흐려지지 않도록 노력해야 한다.

우리 사회의 술 문화는 매우 좋지 못하다. 술로 인한 폐해는 매우 심각하다. 그러나 지도자는 술에 미혹되지 않아야 한다. 술로 인하여 패가망신 하는 경우도 매우 흔하다. 술을 마시는 이유는 현재의 고통을 잊고 마음의 위로를 얻기 위함이다. 성도들은 말씀을 묵상하고 하나님께 기도함으로 위로를 얻을 수 있다. 술의 위로가 일시적이라고 한다면, 기도로부터 얻는 위로는 보다 더 안정되고 깊은 기쁨을 포함한다.

한 나라의 정의는 재판의 공정성에 있다. 사법부가 신뢰를 받지 못하면, 나라 전체의 기강은 무너지게 되어 있다. 성경은 '가난한 자'와 '억눌린 자'에 대한 지도자의 마음을 매우 중요하게 생각한다. 재판에 재물과 권력이 개입해 정의를 왜곡시킨다면 정의로운 사회로 나갈 수 없다. 가난한 자에 대한 배려가 없는 사회는 따뜻함이 없어 삭막하다. 정의란 사회적 약자에 대한 따스한 시선을 포함할 때 이루어진다.

현숙한 아내(31:10~31)

1. 들어가며

소위 '현숙한 아내'로 알려진 이 단락의 잠언은 1~9절의 르무엘 왕의 어머니의 잠언이 아니라, 잠언서의 결론이다. 이 시의 문학적 형식은 답관체(alphabetic acrostic)로 되어 있다. 한편 가렛은 이 시의 구조를 다음과 같은 동심형으로 제시했다.

A 현숙한 아내의 가치(10절)

  B 아내 덕을 본 남편(11~12절)

    C 열심히 일하는 아내(13~19절)

      D 가난한 자를 도우는 아내(20절)

        E 눈을 두려워하지 아니함(21상절)

          F 홍색 옷을 입은 자녀(21하절)

            G 아름다운 방석, 세마포, 자색(22절)

              H 남편이 존경을 받음(23절)

            G′ 베옷/띠를 파는 아내(24절)

          F′ 존귀의 옷을 입은 남편(25상절)

        E′ 미래를 두려워하지 아니함(25하절)

      D′ 지혜를 말하는 아내(26절)

    C′ 열심히 일하는 아내(27절)

  B′ 남편과 자녀들의 칭찬을 받는 아내(28~29절)

A′ 현숙한 아내의 가치(30~31절)

이 구조에 의하면 이 단락의 핵심은 23절이다. 현숙한 아내로 인하여 남편이 사회적으로 존경 받고 인정을 받게 된다는 내용이다. 훌륭한 아내는 남편의 삶의 성공에 기여하게 된다. 이 시는 젊은 여인에게 이런 여인이 되어야 한다는 것이 아니라, 젊은 남성에게 이런 여인을 찾으라는 권고다. 잠언 전체의 수신자는 젊은 남성을 대상으로 하고 있다. 음녀를 조심하라는 이야기는 있지만, 음남을 조심하라는 이야기는 없다. 남성을 독자로 해서 썼기 때문이지, 성경이 남성중심이라는 신학적 편견을 굳이 가질 필요가 없다. 음녀를 멀리하고 현숙한 여인을 얻으라는 것은 독자가 남성이기 때문이다.

한편 이 시는 잠언의 결론이다. 이 잠언의 배경은 가정이다. 즉 집이다. 독자들은 지혜란 집을 짓는 것과 같다는 말을 기억할 것이다(14:1). 지혜가 짓는 집은 평화, 안녕, 근면, 성공과 같은 것이다. 9장에서 보듯, 미련한 여인이 짓는 집과는 정반대이다. 지혜란 삶 가운데서 얻을 수 있다. 지혜있는 여인은 온 집안을 윤택하고 평화롭게 한다. 지혜로 가득 찬 삶은 가정에 평화를 가져온다. 여기에서의 그 여인은 바로 지혜이다. 즉 9장에 나타난 의인화된 지혜 여인과 같은 의미이다.

2. 본문 주해

[10절] '현숙한 여인'이라는 의미는 '도덕적 순결과 삶의 지혜를 가진 여인'을 뜻한다. 그러나 히브리어 구문 '에셋 하일'을 문자적으로 풀이하면 '힘 있는 여인'을 의미한다. 즉 역량이 뛰어난 여인, 유능한 여인을 의미한다. 이 명칭은 룻에게 적용된다(룻 3:11). 룻과 본문에 묘사된 '현숙한 여인' 사이에는 충성심, 독립심, 결혼(룻 4:11; 잠 31:28), 칭찬(룻 3:10~11; 잠 31:30~31) 등[1]의 공통점이 있다. '누가 찾겠는가?'는 수사의문문으로 그 일이 매우 어려운 일임을 말한다(참고 욥 28:12). 반면 불가능한 것은 아니다. 젊은 남성에게 그 일은 도전할 만한 가치가 있는 일이기 때문이다. '현숙한 아내' 혹은 '지혜'를 찾는 일은 어려운 과제지만, 그만한 가치가 있기에 도전할 만한 일이다. 즉 본문은 수사 의문문으로 젊은이에게 도전의식을 불러일으킨다. 그러나 '찾

다'의 히브리어 동사 '마짜'는 지혜와 관련해 1:28과 8:35에서도 사용되었는데, 두 경우 모두 우연한 획득이 아니라 하나님께 선택받은 사람만이 지혜를 선물로 받는다는 것을 말하기 위해 사용되었다. 따라서 본문에서의 물음은 어떤 사람도 자기 노력만으로는 훌륭한 아내를 얻을 수 없으며, 오직 하나님의 은총으로 얻는 선물이라는 의미를 포함한다. 따라서 하나님께 의지해야 함을 역설하고 있다. 그 여인의 가치는 진주보다 더 비싸다. 진주는 잠언에서 지혜의 가치를 설명할 때 자주 언급되는 보물이다(3:15; 8:11; 20:15).

[11절] 현숙한 여인과 남편과의 관계를 설명해 준다. 남편은 그 아내를 믿고 신뢰한다. '믿는다'로 번역된 히브리어 '바타흐'의 목적어는 주로 여호와이지만, 본문에서는 '현숙한 여인'이다. 그 여인의 지혜로 말미암아, 남편과 아내 사이의 관계는 마음과 마음으로 연결된 밀접한 영적인 긴밀감이 있다. 후반부에서 '산업'으로 번역된 히브리어 '샬랄'은 전쟁에서 적을 물리치고 빼앗은 '노획물, 약탈품'을 가리킨다. 아내를 통하여 남편이 얻는 이익을 '노획물, 전리품, 약탈품'으로 보는 것은 문맥상 어울리지 않아 보인다. 그러나 훌륭한 아내는 남편에게 있어 전쟁에서 얻은 전리품과 같은 존재일 수도 있다. 구약성경에서 전쟁의 승리는 여호와께 달렸다. 전리품은 여호와께서 주신 승리의 상징이다. 따라서 '현숙한 아내'가 생산하는 경제적 이익은 남편에게 하나님이 주시는 승리의 상징과도 같다는 뜻으로 풀이할 수 있다.

[12절] '현숙한 아내'의 남편에 대한 역할을 윤리적, 도덕적 기준에서 평가한 구절이다. 11절이 현숙한 아내의 경제적 유익을 설명한 반면, 12절은 선과 악을 대비시켜 인격적, 윤리적, 도덕적 유익을 설명한다. 즉 그녀는 남편에게 선을 행하며, 악을 행치 아니할 것이라고 말한다.

[13절] 현숙한 아내가 가지는 근면함을 설명한다. 고대 이스라엘의 여인들은 여가 시간에 양털을 짜며 옷을 만들었다. '양털'과 '삼'은 옷감의 재료들이다(수 2:6). 아내는 그 재료를 구하기 위해 직접 나선다. 남편에게 의지하지 않고 직접 자기가 나선다. 후반부의 '부지런히 손으로 일하다'의 문자적 의미는 '그녀의 손은 기쁨으로 움직였다'이다. 그녀는 아름답고 유용한 옷을

만드는데 큰 기쁨을 가지고 일했다고 풀이할 수 있다. 즉 그녀는 노동을 힘들다고 생각하지 않고, 가족을 위해 즐거움과 기쁨으로 일한다.

[14절] 그녀의 폭넓은 상업활동을 '상인의 배'에 비유한다. 즉 지중해를 오가며 상업활동을 펼쳤던 페니키아의 상인에 비유된다. 과장법이지만 옷을 만들어 양식과 물물교환하는 과정을 설명한 것이다. 상인이 먼 곳에서 물건을 사서 다른 지역에 가서 비싸게 파는 것처럼, 이 여인도 집안에서 가장 중요한 양식을 먼 곳에서 가져온다. 그 여인은 집 주위에서 쉽게 구하는 것으로 만족하지 않고, 먼 지방에서 생산되는 갖가지 물품을 모아 거래하는 매우 적극적이고 활발한 경제적 활동을 한다.

[15절] 그녀의 부지런함은 계속된다. 14절의 양식을 벌어들일 뿐 아니라, 이 여인은 가족을 위해 날이 새기 전에 일어나 '식물'을 만들어 먹인다. '날이 새기 전에'란 표현은 일과가 매우 빨리 시작됨을 이야기한다. '식물'로 번역된 히브리어는 '타랖'으로 구약성경에서 짐승의 먹이를 의미한다(욥 24:5; 시 111:5; 말 3:10). 따라서 새끼 짐승에게 먹이를 먹이는 충직한 어미 짐승의 모습을 연상시킨다. 또한 여종에게도 각자 해야 할 일을 맡긴다.

[16절] 여인의 경제적 활동은 확대되어 밭을 사는 장면으로 이어진다. 그녀는 깊이 생각하여 살핀 다음에 구입한다. 그 구입비용은 13~14절에서 말한 경제적 활동으로 얻은 이익에서 나온 것이다. 그 표현의 문자적 번역은 '그녀의 손들의 열매로부터'이다. 그것은 13절에서 말한 양털과 삼을 가지고 하는 일의 열매를 의미한다. 그녀는 자신의 수입에서 얻은 돈으로 밭을 사고 포도원을 만들어 가꾼다.

[17절] '힘있게 허리를 묶으며 자기의 팔을 강하게 하며'라는 표현은 일할 준비가 된, 혹은 일하는 모습을 직접적으로 표현한 것이다(출 12:11; 왕상 18:46; 왕하 4:29). 그녀는 종도 거느린 부자지만, 자신이 직접 일하는 모습을 보이는 자다.

[18절] 이 여인은 자신의 사업에 고무되어 일상적인 일과를 넘어서 새벽까지 일한다. 이 구절은 3:14의 "이는 지혜를 얻는 것이 은을 얻는 것보다 낫

고 그 이익이 정금보다 나음이라"는 말과 연결되어 있다. 여인의 역할이 지혜의 역할과 비교되어 있기 때문이다. 그는 무역활동으로 말미암아 얻은 이익이 좋다는 것을 알게 된다. 그 결과 그녀는 밤에도 등불을 끄지 않는다. 구약성경에서 '집안에서 등불이 꺼지지 않았다'는 것은 집안이 지속적으로 번창한다는 의미다(잠 13:9; 20:20; 렘 25:10; 욥 18:6; 왕상 11:36; 15:4; 왕하 8:10). 즉 그 여인으로 말미암아 재앙을 상징하는 밤은 그 집안에서 사라지게 되었음을 의미한다. 여인의 활동으로 말미암아 온 집안이 번창하게 되었다.

[19절] 개역개정판의 번역인 '손으로 솜뭉치를 들고 손가락으로 가락을 잡으며'라는 표현은 잘 이해가 안 된다. 새번역은 '한 손으로는 물레질을 하고, 다른 손으로는 실을 탄다'로 되어 있다. 이미지가 더 선명하게 와 닿는다. 13절과 비슷한 장면이며, 그녀의 옷 짜는 기술이 매우 뛰어나다는 것과 근면과 성실함이 잘 표현되어 있다.

[20절] 그녀는 자기의 집안만 아는 이기적 여자는 아니다. 그녀의 두 손은 가난한 자에게도 미친다. 19절에 묘사된 부지런한 그녀의 손은 20절에서 가난한 자에게 내미는 손으로 설명된다. 가난한 자를 돕는 행위는 구약성경에서 정의로운 일로 설명된다(신 15:7~8). 그녀는 부지런한 여인일뿐만 아니라, 따뜻한 마음을 지닌 정의로운 여인이기도 하다.

[21절] '홍색 옷'으로 번역된 히브리어는 '샤님'이다. 그러나 70인역은 이 단어를 '쉐나임' 즉 '이중으로'로 번역한다. '홍색 옷'은 값비싼 옷으로 부를 상징한다. 그녀의 활발하고도 부지런한 경제적 활동으로 인하여 집안이 풍요로워졌음을 의미한다. 한편 '이중 옷'은 '겹으로 깁은 옷'으로 이 잠언의 후반부인 '눈이 와도 그는 자기 집 사람들을 위하여 염려하지 아니하며'와 어울린다. 그러나 본문의 경우 '홍색 옷'으로 번역하는 것이 타당해 보인다. 왜냐하면 22절의 '세마포'와 '자색 옷'도 21절의 '홍색 옷'처럼 부를 상징하는 옷이기 때문에 21절의 짝으로 잘 어울리기 때문이다.

[22절] 그녀는 가족들을 위하여 일한 다음 이제 자신을 위해 일한다. 즉 자신을 위해 '아름다운 방석을 만들며 세마포와 자색 옷을 입는다.' '방석'으로

번역된 히브리어는 '마르바딤'으로 7:16에는 '요'로 번역되어 있다. 따라서 본문에서의 '방석'은 침상에 사용될 '요'(새번역: '이부자리')로 번역하는 것이 더 타당하다. '세마포'와 '자색 옷'은 주로 이집트에서 수입된 비싸고 사치스런 옷이었다. 그녀의 경제적 부에 잘 어울리는 옷이다.

[23절] 그 여인으로 인하여 얻게 될 남편의 유익함을 잘 설명한다. 위에서 설명한 이 단락의 구조에 따르면 이 절은 한 가운데 위치해, 이 단락의 핵심임을 보여 준다. 그 여인으로 말미암아 남편의 지위가 올라갈 것이라는 이야기다. 즉 남편은 '그 땅의 장로들과 함께 성문에 앉게 될 것'이라고 설명한다. 고대 이스라엘에서 성문은 그 지방의 장로들이 모여 정치와 재판을 하던 장소이다. 그 여인의 지혜로 말미암아 남편이 정치적, 경제적, 사회적 지위를 인정받아 그 마을의 장로들과 같은 자리에 앉게 된다는 의미다. 그 결과 모든 마을 사람들이 그 남편을 존경하고 따르게 되었다. 따라서 이 잠언은 '어진 여인은 지아비의 면류관'(12:4하)임을 확인해 준다.

[24절] 남편과의 관계를 설명한 후, 이제 그 여인의 경제적 활동에 대한 주제로 되돌아 온다. 여인은 '베옷과 띠'를 만들어 상인에게 판매하는 자다. 그녀는 베로 옷을 만든다. 그것이 어떤 옷인지는 명확하지 않지만, 높은 상품적 가치를 지닌 옷으로 귀부인이 입었다(사 3:23). '띠'는 삼으로 만들며, 넓고 늘어진 옷이 활동하기에 불편하지 않도록 허리에 매는 용도로 사용된다(렘 13:1; 겔 16:10).

[25절] 그 여인의 활발한 상업 활동을 은유적으로 표현함과 동시에 미래의 낙관적인 전망을 그리고 있다. 그녀의 활발한 경제활동은 '옷 입는' 이미지로 묘사되었다. 그녀는 '능력과 존귀'의 옷을 입게 될 것이다. 구약성경에서 이 표현은 왕과 귀족의 모습을 나타낼 때 사용된다(시 8:5; 96:6). 그녀가 왕과 귀족의 일원으로 편입되었음을 말해 준다. 그러므로 그녀의 삶은 안정적인 단계로 접어들어 미래에도 웃을 수 있다. 미래는 불확실하지만, 그녀는 성실함과 부지런함으로, 가난한 자를 돕는 의로운 행위로 안정된 미래를 준비할 수 있다. 항상 준비하는 자는 미래를 두려워할 필요가 없다.

[26절] 그 여인의 말의 지혜를 평행대구로 다룬다. 그 여인은 말을 다루는 지혜자이다. 그녀는 지혜로서 자녀와 여종을 가르치며 훈계한다. '지혜'와 짝 단어로 나오는 말은 '인애의 법'이다. 이 어구는 구약성경에서 본문에서만 나오는 말로 그녀의 인애로운 태도나 인애에 대한 가르침을 가리키는 말이다.

[27절] '보살피다'로 번역된 히브리어는 '쪼피야'이다. 이 단어의 원래 형태는 '쪼페'이다. '쪼피야'로 된 것은 헬라어의 지혜를 의미하는 '소피아'를 생각나게 하기 위한 언어유희로 볼 수 있다. 이 단어는 시편 113:6의 "(여호와는) 스스로 낮추사 천지를 살피시고"에서 '살피다'라는 단어와 같다. 여호와께서 위에서 모든 것을 관망하시는 모습을 연상할 수 있다. 따라서 이 여인의 행위는 집안의 모든 일을 다 관망하는 지혜자의 자세와 같다. '게으름의 양식'을 먹지 않는다는 말은 모호하다. 게으름이 양식을 생산할 수 없기 때문이다. 따라서 이 말은 그녀가 직접 일하지 않고 그녀의 종을 시켜서 얻은 양식을 의미한다. 그녀는 종만 시키는 것이 아니라, 자신도 종과 더불어 일하여 나온 양식을 먹는다.

[28절] 그녀에 대한 가족들의 반응을 보여 준다. 먼저 자녀들이 일어나 감사한다. '감사하다'를 문자적으로 번역하면 '복되다고 부르다'이다(잠 3:13; 8:32). 자녀들은 어머니의 지혜와 인품을 공적으로 선포한다. 이 구절은 시편 1편의 '복 있는 사람'에 대한 묘사를 연상시킨다. 그녀는 지혜를 알고, 토라를 실천하여 얻은 결과 '복'을 얻게 된다. 그리하여 그녀의 남편도 그녀를 칭찬한다. 이 말의 히브리어 표현은 '와예할라'로 할렐루야 소리를 듣는 것 같다. 그녀의 남편의 찬양은 이러한 아내를 주신데 대한 감사로 여호와를 찬양하는 의미로 연상할 수 있다.

[29절] 그녀에 대한 남편의 찬양을 구체적으로 부연설명하고 있다. 10절에서 '현숙한'으로 번역된 히브리어 '하일'이 이 절에서 '뛰어나다'로 번역되어 이 단락의 잠언이 수미상관을 이루고 있음을 보여 준다. 덕행이 있는 많은 여자 가운데, 가장 탁월하다고 남편은 평가한다. 그녀는 가장 훌륭한 여

인의 모델이 된다.

[30절] 이 단락의 결론 부분이다. 지금까지 이 여인의 근면함과 성실함을 찬양했다면, 결론에서는 여호와를 경외하는 삶의 가치를 강조한다. 여호와를 경외하는 삶의 가치는 이 세상의 '고운 것'과 '아름다운 것'에 대조된다. '고운 것'과 '아름다운 것'은 이 세상에서 매우 좋은 것이지만, 거짓되고 헛된 것이다. 거짓되다고 함은 보이는 것이 본질이 아니기 때문이다. 겉이 고와보여도 시간이 가면 추함이 다 드러나 보이기 때문이다. 이 땅에서 추구하는 고움과 아름다움은 헛된 것이다. 왜냐하면 그것들은 세월이 지나면 사라지기 때문이다. 그러나 '여호와를 경외하는 여인'만이 칭찬받을 가치가 있다. 여인의 고움과 아름다움은 여호와 경외의 삶으로 채워져야 비로소 완성된다. 왜냐하면 '여호와 경외'는 지혜의 근원이자, 지혜 자체이기 때문이다. 따라서 이 절에서의 '여호와 경외'는 잠언 1:7의 '여호와 경외'와 잠언 전체의 수미상관을 이룬다.

[31절] 그 여인의 삶의 총체는 '손의 열매'로 표현된다. 즉 부지런한 경제적 활동으로 인하여 얻은 결실이기 때문이다. 그 과정은 쓰고 고통스러웠을지라도 그 열매는 달다. 그러므로 그녀는 사회적으로 인정을 받고 지도자로서 성문을 드나드는 모든 사람들의 존경을 받게 될 것이다. 그녀의 삶은 여호와 경외함의 뿌리에 근거하고 있으므로 흔들림이 없다. 그 여인은 바로 지혜이다.

3. 설교를 위한 적용

이른바 '현숙한 여인'으로 알려진 이 잠언에 묘사된 여인의 삶은 슈퍼우먼이다. 집안 일과 직장 일을 완벽하게 해내는 현대판 슈퍼우먼의 모습이다. 따라서 지나치게 남성중심적 가부장적 여성관이라는 비판을 받을 수 있다. 그러나 고대 이스라엘 사회의 여인에 대한 대우는 동시대의 다른 고대 근동 사회에서의 여인의 대우에 비해 매우 진보적인 것으로 알려져 있다. 성경에서 많은 경우 여인들의 적극적인 활동을 다루고 있다. 첫 번째 여인인 하와,

족장의 아내들, 미리암, 사사 드보라, 이스라엘 민족을 구한 에스더 등의 이야기에서 우리는 하나님 앞에 헌신된 많은 여인들의 이야기를 읽을 수 있다. 따라서 성경에 묘사된 많은 여성들의 모습은 고대 이스라엘 사회에서 매우 중요한 역할을 담당했음을 알 수 있다. 잠언에서 묘사된 이상적인 여성상은 가부장적 사회의 반영이라기보다는 이 책의 청중이 주로 남성이기 때문이다. 그러므로 저자의 관점은 남성 중심적일 수밖에 없다. 반대로 에스더서나 룻기의 경우 여성중심적 관점을 가진 책이다. 따라서 이 단락의 잠언에 대해 여성주의적 관점에서 지나치게 비판할 필요가 없다. 또한 이 단락에 묘사된 '현숙한 여인'은 잠언 1:20~33과 9:1~12에 묘사된 지혜 여인과 마찬가지로 지혜가 의인화된 것이다.

요즘의 남성들은 대부분 '돈 잘 벌고 유능한 여성'을 배우자로 원한다. 결혼은 현실이기 때문에 그 사람의 마음과 사랑보다는 현실적 필요인 경제적 사회적 지위를 따져본다. 이 단락의 잠언에서 제시한 훌륭한 아내상도 세속적인 기준에서 선호하는 결혼 상대자의 모습과 다르지 않다. 문제는 누가 이런 아내를 얻을 수 있는가? 라는 질문에 대한 답을 생각할 필요가 있다. 오직 하나님께서 허락하는 자만이 그런 아내를 얻을 수 있다. 그러므로 '여호와 경외'는 남녀 모두가 가져야 할 필수적인 자세이다.

여성이 가진 중요한 장점 중 하나는 '보살피는 마음'이 아닐까? 자녀를 생산하기 때문에 여성은 남성보다 '보살피고 배려하는 마음'이 더 강하다고 알려져 있다. 본문에 묘사된 '현숙한/유능한 여인'의 모습도 자녀와 남편에 대해 강한 배려의 마음을 가진 자로 나온다. 그러나 오늘날 세상이 워낙 각박하다 보니 이러한 마음도 돈의 가치에 눌려 점차로 약해지는 느낌이다. 세상을 따스하게 하는 것은 약육강식의 생존논리나 자본이 아니라, 사랑이라는 가치에서 나오는 배려의 마음이다. 교회도 사랑의 샘물 공장이 아닌가? 그러나 오늘날 교회도 자본과 약육강식의 논리에 휩싸이다 보니 본래의 역할을 감당하지 못하고 있다.

'여호와 경외'는 우리 삶의 알파와 오메가이다. 왜냐하면 그것은 우리 마음속의 가장 깊은 곳에 뿌리내려야 할 근본이자, 지혜 그 자체이기 때문이다. 기독교인과 교회의 중심도 바로 '여호와 경외'에 뿌리를 내려야 하지만, 오늘날은 '거대주의'와 '자본주의'에 뿌리를 내리고 있는 현실이다. 오늘날 한국 교회에 발생하는 대부분의 문제도 우리가 근본을 잃어버리고 세상이 요구하는 가치에 지나치게 맞추어가다 보니 발생한 문제라는 생각이 든다. 세상이 아무리 빠르게 변화해도 '여호와 경외'의 가치를 우선할 수 없다.

주(註)

1부

3장

1. 인류역사상 그 어느 때 보다도 현대인들에게 주어진 난제들은 많고도 심각하다. 현대를 가리켜 무한경쟁 시대, 우주 시대, 문명과 종교의 충돌 시대, 환경오염 시대, 포스트모던 시대, 종교다원주의 시대, 인터넷홍수 시대 등으로 부를 정도로 현대인들은 엄청난 난제들에 직면해 있으며, 이들 난제들이 야기하는 세계적 핵전쟁의 위협, 국가적 지도력의 위기, 가정과 학교 교육의 몰락, 극도의 폭력적 범죄행위, 도박과 알코올중독과 미신의 난무, 자살과 이혼율의 급증 등, 이들 문제들을 해결하는데 있어서 지혜는 필수적이다. 시대적 관심이 온통 행복한 삶, 건강한 삶, 생명이 넘치는 삶 등에 쏠려있는데, 이를 한 마디로 요약하면 지혜의 추구라 할 수 있을 것이다.

2. 성경의 최후 편집 및 정경화 과정에 참여했던 사람들을 '이스라엘 사람'이라 부르지 않고 '유대인'이라 부르는 것은 구약학자들의 공통된 견해를 따른 것이다. 즉 오경과 시편(참고 시 126, 137편)을 비롯한 구약성경 전체의 최종 편집 및 정경화 과정을 마무리한 사람들은 앗수르에 포로로 잡혀갔던 (북왕국 출신) 이스라엘 사람들이 아니라 바벨론 포로에서 귀환하여 성전을 재건한, 에스라와 느헤미야를 주축으로 한, (남왕국 출신) 유다 사람들이었기 때문이다. 또한 오경에 언급된 달력(첫째 달, 둘째 달…)과 도량형(에바, 스아 등)은 통일왕국 또는 분열왕국 시대의 것이 아닌, 바벨론 포로기 당시 또는 페르샤 시대의 것으로 통일되어 있음에 유의할 필요가 있다.

3. 유대인의 지혜와 관련된 수많은 유머들 가운데 (잘 알려진) 두 가지만 소개해 본다.

    (1) 천주교 신부와 개신교 목사, 그리고 유대교의 랍비, 이 세 사람이 포커로 도박을 하던 중 적발되어 판사 앞에 불려왔다. 판사가 먼저 신부에게 물었다. "당신은 도박을 한 죄로 고발되었소. 당신의 죄를 시인하시지요?" 신부가 판사에게 대답했다. "판사 어른, 한번 생각 좀 해 보세요. 하나님의 신부인 제가 어떻게 도박을 할 수 있겠습니까? 저는 그런 죄를 지을 사람이 아닙니다." 판사는 그 신부의 말을 믿고 그 신부를 석방하였다. 잠시 후 판사가 목사에게 물었다. "당신이 도박을 한 것이 사실이지요?" 목사가 대답했다. "그건 누명입니다. 맹세코 저는 그런 수치스런 일을 할 사람이 아닙니다. 저를 믿어 주십시오." 판사는 고개를 끄덕이며 그 역시 풀어주었다. 이제 마지막으로 랍비를 심문하기 위하여 판사가 말을 꺼내기도 전에 랍비가 먼저 입을 열었다. "죄송하지만, 한번 생각해 보십시오. 어떻게 저 혼자서 포커를 치면서 도박을 할 수 있겠습니까?" 도박은 본래 두 사람 이상이 모였을 때만 가능한 것임을 부인할 수 없었던 판사는 결국 랍비도 풀어주었다(〈이스라엘 투데이〉 2007.3.no.6/ www.israeltoday.co.il).

    (2) 어느 세계적 재벌이 임종을 맞이하였으나 천국과 영생에 대한 확신이 없어 신부와 목

사와 유대인 랍비를 불러 설교를 듣고 기도를 받은 후 그 대가로 자신의 재산 가운데 수만 불씩을 그 세 사람에게 나누어 주면서 자신의 재산이 선하게 쓰기를 부탁하였다. 그러나 임종의 시간이 다가오면서 그 부자는 아무래도 죽은 뒤에 천국으로 가는 여행 길에 노잣돈(여행경비)이 필요하겠다는 생각이 들어 다시 그 세 사람을 불러 자신이 죽으면 장례식 때 자신의 관 안에 자신의 천국여행 경비를 위하여 각각 5천 불($)만 넣어달라고 부탁하였고 그 세 사람 모두 그 부탁을 반드시 이행하겠다고 약속하였다. 이윽고 그 부자는 죽었고 장례식장에 목사와 신부와 랍비가 어김없이 참석하여, 먼저 목사와 신부가 그 부자의 관에 각각 5천 불씩 현금을 넣어주었다. 이를 물끄러미 바라보던 랍비는 이미 준비해 온 종이 쪽지 한 장을 지갑에서 꺼내어 거기에 1만 5천불이라 쓰더니 그 종이 쪽지를 관 안에 밀어 넣은 다음 목사와 신부가 이미 넣은 현금(만 불)을 모조리 꺼내 갖는 것이 아닌가? 그 종이 쪽지는 그 랍비의 자기앞 수표(personal check)였던 것이다. 랍비는 (지혜롭게) 현금 대신 수표로 그 부자의 여행경비를 지불하고 그 대신 목사와 신부가 지불한 현금을 차지한 것이다(참고로 미국에서는 자기앞 수표나 여행자 수표도 현금과 동일하게 간주된다).

4. 잠언 1:20~33; 7:4; 8:1~21; 9:1~6; 14:1; 31:10 등.

5. Bruce Vawter, "Prov. 8:22: Wisdom and Creation," *The Path of Wisdom: Biblical Investigation* (Michael Glazier, 1986), 161~177.

6. 잠언 2:26~19; 5:3~6, 20; 6:24~35; 7:5~27; 14:1 등.

7. 잠언 3:19; 8:22~31; 시 104:24; 136:5; '내가 그 곁에 있어서 건축감독 ("창조자")이 되어 날마다 그의 기뻐하신 바가 되었으며 항상 그 앞에서 즐거워하였으며"(잠 8:30 사역).

8. 개역한글에서는 '신'(神)으로, 개역개정판에서는 '영'(靈)으로 번역되어 있음에 유의하라.

9. R. W. L. Moberly, *Where Shall Wisdom be Found?* Edit. by Stephen Barton (T. & T. Clark, 1999), 16.

10. "모세가 이스라엘 자손에게 이르되 '볼지어다. 여호와께서 유다 지파 훌의 손자요 우리의 아들인 브살렐을 지명하여 부르시고, 하나님의 영을 그에게 충만하게 하여 지혜와 총명과 지식으로 여러 가지 일을 하게 하시되, 금과 은과 놋으로 제작하는 기술을 고안하게 하시며, 보석을 깎아 물리며 나무를 새기는 여러 가지 정교한 일을 하게 하셨고'"(출 35:30~33).

11. "그들이 모두 술 취한 사람처럼 비틀거리며 흔들리니, 그들의 지혜가 모두 쓸모없이 된다"(시 107:27 표준새번역), "술취한 듯 비실비실 비틀거리니 그들의 모든 재주가 쓸모없이 되었다"(공동번역 개정판).

12. "땅에 작고도 가장 지혜로운 것 넷이 있나니, 곧 힘이 없는 종류로되 먹을 것을 여름에 준비하는 개미와 약한 종류로되 집을 바위 사이에 짓는 사반과 임금이 없으되 다 떼를 지어 나아가는 메뚜기와 손에 잡힐 만하여도 왕궁에 있는 도마뱀이니라."

13. 잠언 3:5~10; 9:10; 14:26~27; 15:16,33; 16:6; 19:23; 내향적 지혜의 핵심인 야웨 경외 사상에 대하여는 장영일, "잠언 9:10 지혜는 어디에서 기원하나?" 「교회와 신학」 60호 (2005. 봄호), 76~86쪽을 참고하라.

14. 지혜로도 못하고, 명철로도 못하고 모략으로도 여호와를 당하지 못하느니라 싸울 날을 위하여 마병을 예비하거니와 이김은 여호와께 있느니라(잠 21:30~31)

15. 네 마음으로 죄인의 형통을 부러워하지 말고 항상 여호와를 경외하라 / 정녕히 네 장래가

있겠고 네 소망이 끊어지지 아니하리라(23:17~18); 너는 행악자들로 말미암아 분을 품지 말며 악인의 형통함을 부러워하지 말라; 대저 행악자는 장래가 없겠고 악인의 등불은 꺼지리라(24:19~20).

16. R. W. L. Moberly, "Solomon and Job: Divine Wisdom in Human Life", 앞의 책, 14~15.

17. 잠언 8:22~31; "여호와께서 그 조화의 시작 곧 태초에 일하시기 전에 나를 가지셨으며" (8:22); "대저 여호와는 지혜를 주시며 지식과 명철을 그 입에서 내심이며"(잠 2:6); "그런즉 지혜는 어디서 오며 명철이 머무는 곳은 어디인고 모든 생물의 눈에 숨겨졌고 공중의 새에게 가려졌으며 멸망과 사망도 이르기를 우리가 귀로 그 소문은 들었다 하느니라 하나님이 그 길을 아시며 있는 곳을 아시나니…"(욥 28:20~23).

18. Ronald E. Murphy, *Wisdom Literature and Psalms* (Abingdon Press, 1983), 34

19. 앞의 책, 26.

20. "내가 심히 기이히 여기고도 깨닫지 못하는 것 서넛이 있나니, 곧 공중에 날아다니는 독수리의 자취와 반석 위로 기어 다니는 뱀의 자취와 바다로 지나다니는 배의 자취와 남자가 여자와 함께 한 자취며"(잠 30:18~19).

21. G. von Rad, *Wisdom in Israel* (Abingdon, 1972), 62.

22. "지혜로도 못하고, 명철로도 못하고 모략으로도 여호와를 당하지 못하느니라"(잠 21:30); "사람의 걸음은 여호와로 말미암나니 사람이 어찌 자기의 길을 알 수 있으랴"(잠 20:24); "그러나 지혜는 어디서 얻으며 명철이 있는 곳은 어디인고 그 길을 사람이 알지 못하나니, 사람 사는 땅에서는 찾을 수 없구나"(욥 28:12~13); "그런즉 지혜는 어디서 오며 명철이 머무는 곳은 어디인고? 모든 생물의 눈에 숨겨졌고 공중의 새에게 가려졌으며… 하나님이 그 길을 아시며 있는 곳을 아시나니"(욥 28:20~23); "오호라 지혜자의 죽음이 우매자의 죽음과 일반이로다"(전 2:16하); "하나님이 모든 것을 지으시되 때를 따라 아름답게 하셨고 또 사람들에게는 영원을 사모하는 마음을 주셨느니라 그러나 하나님이 하시는 일의 시종을 사람으로 측량할 수 없게 하셨도다"(전 3:11); "또 내가 하나님의 모든 행사를 살펴 보니 해 아래에서 행해지는 일을 사람이 능히 알아낼 수 없도다 사람이 아무리 애써 알아보려고 할지라도 능히 알지 못하나니 비록 지혜자가 아노라 할지라도 능히 알아내지 못하리로다" (전 8:17); "바람의 길이 어떠함과 아이 밴 자의 태에서 뼈가 어떻게 자라는지를 네가 알지 못함 같이 만사를 성취하시는 하나님의 일을 네가 알지 못하느니라"(전 11:5).

23. "여호와께서 온갖 것을 그 쓰임에 적당하게 지으셨나니 악인도 악한 날에 적당하게 하셨느니라 사람의 행위가 여호와를 기쁘시게 하면 그 사람의 원수라도 그와 더불어 화목하게 하시느니라"(잠 16:4, 7).

24. 이 부분은 필자의 책 「구약신학의 역사적 기초」(장신대출판부, 2001), 62~96의 내용을 수정, 보완, 요약한 것임을 밝힌다.

25. 여기에서 지면 관계상 생략한 신앙적 지혜의 역사적 배경에 대하여는 필자의 책, 「구약신학의 역사적 기초」(장신대출판부, 2001), 98~238을 참고하라.

26. 고대 세계에서 전쟁이 보편적으로 자주 일어났던 이유는 우선 제국의 황제들도 결코 예외일 수 없는 바 인간의 본능적 정복 욕구 때문이었다. 인간의 본능 가운데 쾌락을 추구하려는 본능이 있고, 그 쾌락 가운데 하나가 게임(game)에서의 승리였고, 게임 중의 게임은 워

게임(War Game)이었다. 헬라의 황제 알렉산더가 인도를 점령한 뒤에 인더스강가에서 더 이상 정복할 땅이 없다하여 통곡하였다는 일화가 있지 않은가? 전쟁에 한 번 승리하면 패자의 모든 것이 "내것"이 되는 상황에서 그리고 전쟁 이후에도 속국으로부터 엄청난 조공을 받게 되는 재미를 보는 상황에서 이와 같은 참혹한 전쟁은 빈번할 수 밖에 없었다.

정치 사회학적 측면에서 분석할 때, 빈번한 전쟁의 또 다른 이유는 고대의 군주들이 자신들의 정권유지의 차원에서 전쟁을 하나의 통치 수단으로 이용하여, 왕의 권위를 확립하고 왕권에 도전하는 불만세력을 잠재우며, 쿠데타 음모를 막고 군인들의 사기와 출세를 보장할 수 있었기 때문이었다. 전쟁에서 승전할 경우 승전국이 획득하는 엄청난 부와 탈취물을 나누는 군인들의 쾌락이 사사기 5:30에서 시스라의 어머니가 창가에서 아들의 개선을 기다리며 시녀들에게 하는 말 가운데 잘 표현되어 있다. "그들이 어찌 노략물을 얻지 못하였으랴. 그것을 나누지 못하였으랴. 사람마다 한 두 처녀를 얻었으리로다. 시스라는 채색옷을 노략하였으리니 그것은 수놓은 채색옷이리로다. 곧 양편에 수놓은 채색옷이니 노략한 자의 목에 꾸미리로다…."

27. 고대 가나안 땅에서 일어난 전쟁을 더욱 혹독하고 잔인하게 만든 동기는 (종교사회학적 관점에서 볼 때) 고대 중동의 전쟁이데올로기, 즉 '神의 전쟁'(현대 아랍어로 '지하드')때문이었다. 특히 고대 이스라엘의 전쟁은 인간의 전쟁이 아니라 하나님께서 싸우시는 전쟁 곧 "야웨의 전쟁"(The War of Yahweh)이었고 따라서 '거룩한 전쟁'이자 '神의 전쟁'(Divine War)이었는데(민 21:14; 신 4:34; 삼상 18:17; 25:28), 이러한 거룩한 전쟁의 개념은 이스라엘 백성에게만 국한된 것이 아니었고 주변의 이방국가들 아니 고대 중동의 모든 나라들에게도 보편적인 개념이었다. 이스라엘과 블레셋의 전쟁에서 볼 수 있듯이, 이스라엘 백성은 그 군대의 대장이신 야웨의 보좌 곧 법궤를 앞세우고 나갔으며, 이스라엘이 패하자 그 법궤가 블레셋의 포로가 되어 블레셋 군의 대장인 다곤의 신전에 전리품으로 바쳐지게 되었던 것이다. 장로회신학대학교 강사문 교수의 박사학위 논문, "Divine War in the OT"에 제시된 거룩한 전쟁의 원칙은 다음의 다섯 가지 요소로 요약될 수 있는데, 이 가운데 다섯 번째 항목이 고대 중동의 전쟁을 잔인하게 만든 주요 요소였음에 유의하라. (1) 전쟁 개시 여부를 예언자 또는 제사장을 통해 국가 수호신에게 물어야 한다. (2) 원정을 나갈 때 군대의 총사령관인 수호신의 신상이나 깃발(이스라엘의 경우엔 법궤)을 앞세워야 한다. (3) 전쟁의 승패는 군대의 숫자나 무기의 강약과는 상관없이 전적으로 수호신의 능력에 달려 있으므로 수호신을 의지하는 백성의 믿음이 승패를 좌우한다. 이에 대한 실례로서 기드온이 미디안과 전쟁할 때 3만 명의 군인 가운데 300명만 뽑아 적을 물리친 사건, 이스라엘이 르비딤에서 종려나무 가득한 오아시스를 놓고 아말렉과 전쟁할 때 모세가 손을 들고 기도함으로 승리한다든지, 여리고 정복 작전에서도 무력을 동원하기보다 일주일 동안 성을 도는 행동만으로 성이 무너진 사건을 들 수 있다. (4) 거룩한 神들의 전쟁이므로 군인들 또는 진영의 성결에 만전을 기해야 하며, 특히 군인들의 성행위가 금지되었다. 특히 다윗의 소환을 받은 우리야 장군이 아내와의 동침을 거부한 사례를 참고하라. (5) 헤렘: 거룩한 전쟁의 풍습 가운데 가장 특징적이라 할 수 있는 것이 '헤렘' 제도이다. 이것이야말로 고대 중동 사람들로 하여금 그 어느 시대의 사람들보다 전쟁이 일어날 때마다 고난의 극치를 맛보게 했던, 가장 잔인한 요소 가운데 하나였다. '헤렘'(수 7:1에서는 '바친 물건'으로 번역됨)이라는 전문용어(a technical term)는 글자 그대로 '멸망/진멸시켜 (신에게) 봉헌하는 것'

(devotion to destruction) 즉 거룩한 전쟁에서 획득하는 전리품 자체(사람이든 물질이든)를 가리키거나 또는 이 전리품을 신 또는 신전에 봉헌하는 행위를 의미했다. 특히 이 전리품이 사람일 경우 죽이거나 불태워 신에게 바쳤다. 그 유명한 '아간 사건'(수 7장)에서 아간이 죽어야 하는 이유는 그가 야웨의 전리품(금, 은, 외투)에 손을 대어 함께 야웨의 전리품이 되었기 때문이었다. 그 외에도, 가나안을 정복한 뒤에 총사령관이신 야웨께서 12지파에게 땅을 분배한 것이나, 출애굽한 이스라엘이 애굽 사람들에게서 얻은 물건을 성막 재료로 봉헌한 것, 그리고 다윗이 전쟁에 승리할 때마다 노획한 재료를 성전 건축 재료로 바쳐 그것으로 솔로몬이 성전을 지은 사례 등도 고대 이스라엘의 헤렘 제도를 반영한다고 볼 수 있다.

28. 가나안 땅에 전쟁이 얼마나 자주 일어났었는가를 단적으로 증언해 주는 증거 가운데 하나가 바로 텔(Tel)이다. 텔은 폐허(ruin)의 언덕(mound), 또는 폐허로 남아 있는 무더기(heap)를 가리키는데, 반복된 전쟁 과정에서 필연적으로 형성된 것이다. 가나안의 거의 모든 텔들(예루살렘, 여리고, 단, 브엘세바, 벧엘, 실로, 세겜, 기브온, 기브아, 벧샨 등)은 끊임없는 전쟁과 약탈의 소용돌이 속에서 수 없이 파괴되고 재건된 자취들이라 할 있으며, 이 자취들이야말로 천 년 이상 이 가나안 땅에 거주했던 이스라엘 백성들이 겪어야 했던 고난에 대한 살아 있는 증거들이라 말 할 수 있다. 텔 여리고의 지층은 23개나 되며, 이것은 적어도 23회 무너지고 다시 건축되었음을 가리킨다.

29. 괴테의 말, "눈물에 젖은 빵을 먹어보지 못한 사람과는 인생을 논하지 말라"를 참고하라.

30. 참고 장영일, 「이스라엘의 경건과 학문」(장신대출판부, 1995), 181~206.

31. 특히 (제2)이사야서에 등장하는바 온 인류를 대신하여 고난을 당하게 될 '고난의 종' 또는 '야웨의 종'의 정체에 대하여 유대인 주석가들은 다음 네 가지로 설명하고 있음에 유의하라. (1) (제2)이사야 당시의 바벨론에 유배당했던 여호야긴과 같은 왕적 수난자. (2) 모세 또는 예레미야와 같은 예언자적 수난자. (3) 인류의 구원을 위하여 고난의 역사를 경험해야 했던 이스라엘 백성. (4) 미래에 나타날 메시야로서의 제사장적 수난자.

5장

1. 로스트는 사무엘하 9~20장과 열왕기상 1~2장이 하나의 문학 단위인 것을 권위있게 증명한 사람이다. 그는 이 부분을 동일한 저자의 작품으로, 그리고 그 저자는 사건을 직접 목격한 증인일 것이라고 말한다. 로스트는 이를 '왕위계승사화(Succession Narrative)'라고 호칭하였다. 그는 성경의 본문에 나타나는 '계승' 주제를 밝히려는데 주안점을 두어서, 열왕기상 1~2장에 나오는 "누가 왕위를 이어받아 우리를 다스려야 하는가?"라는 질문에 대답하기 위해 계승사화가 기록되었다고 보았다. 로스트의 저작을 통해 왕위계승사화에 대한 인식이 확대되었는데, 단지 다윗 개인과 그의 가족사에 대한 관심만이 아니라, 야웨의 언약과 그리고 그 언약을 보증하시는 야웨의 행위에 대한 신학적인 문제와 왕권의 문제가, 밀접하게 연결되어 있음을 보여 주고 있다. 로스트(Leonhard Rost)의 책 *Die Überlieferung von der Thronnachfolge David*가 1929년에 출판된 이후로 학자들의 논의가 많아졌다. 군(Gunn)은 계승사화를 사무엘하 2~4장에 나오는 아브넬의 죽음에 관한 기사를 포함하여야 한다고 주장한다. 왜냐하면 열왕기상 2:5에서 다윗이 요압을 살려두지 말라는 유언을 할 때, 아브

넬과 아마사의 죽음에 요압이 관계되어 있다고 말하는 것과 연관지어야 하기 때문이다. D. M. Gunn, *The Story of King David : Genre and Interpretation*. JSOT Sup 6, (Sheffield : JSOT, 1982), 65~70; 그리고 키즈(Keys)는 열왕기상 1~2장을 제외한 사무엘하 10~20장을 왕위계승사화로 보아야 한다고 주장한다. 오히려 열왕기상 1~2장은 사무엘서의 부록으로 보아야 한다고 조심스럽게 제안하고 있다. Gillian Keys, *The Wages of Sin : A Reappraisal of the 'Succession Narrative'*. JSOT Sup 221 (Sheffield : JSOT Press, 1996). 특히 43~70을 보라.

2. 이 문제에 대해서 Gerhard von Rad, *The Problem of the Hexateuch and other essays*, E. W. Trueman Dicken 옮김 (London: Oliver & Boyd, 1965); W. 부르그만, 「지혜전승연구」, 장일선 옮김(서울: 대한기독교출판사, 1993)을 참고하시오.

3. 특히 부르그만은 인간이 야훼로부터 신뢰를 받기 시작하는 시점을 다윗에게 두고 있다. 다윗 이전의 사회는 부족동맹의 생활 체계를 유지하며 종교적으로는 제의(祭儀) 체험에 속해 있었지만, 다윗 통치부터 왕정과 국제화의 생활체계로 바뀌고 또 제의에서 정치와 역사적인 문제로 그 관심의 중심이 바뀌기 시작하였다. 또 다윗은 '거룩함'의 개념도 바꾸었다. 이는 거룩함의 범위가 너무나 컸기 때문에, 세속적인 여정도 여기에 속한다고 생각했다. 다윗은 신전에만 속한 '거룩함'을 일상생활 속으로 끌어내었다. 부르그만, 「지혜전승연구」, 38~70.

4. 압살롬의 운명은 아히도벨의 계략 대신에 후새의 계략을 택한, 그의 선택에 의해 갈라진다. 이 때 야훼는 행동하지 않으신다. 다만 결정하게 하는 생각에는 개입하신다.

5. R. N. Whybray, "지혜문학 저자들의 사회적 세계", R. E. Clements 엮음, 「고대 이스라엘의 세계」, 황승일 옮김(서울: 은성, 1996). 320; 이집트에서도 이러한 지혜문학의 민주화가 일어났음을 볼 수 있어서 이 주장에 신빙성을 더해준다. Miriam Lichtheim, *Late Egyptian Wisdom Literature in the International Context : A Study of Demotic Instructions*. Orbis Biblicus Orientalis 52. (Göttingen : Vandenhoeck & Ruprecht, 1983)에서 후대 이집트 텍스트에서 지혜문헌이 다양한 계층에 의해 서술되었음을 잘 볼 수 있다. 이같은 논법에 따라 전문적인 서기관들만이 읽고 사용했던 잠언의 격언이 아니라, 일반 대중들에게까지 그 영역을 넓혔음을 추론할 수 있다.

6. 여기에 사용된 어휘와 표현은, 열왕기상 1:6에서 다윗이 아도니야의 교만한 모습을 꾸짖지 않았음을 지적하는 기록과 같다.

7. 보증을 서는 문제는 재물에 대한 갈등 주제 뿐 아니라, 인간관계에 대한 갈등 주제에 있어서 매우 중요한 주제다.

8. 지혜는 사람의 삶을 안전하게 만드는데, 그것은 사람의 삶을 '예측가능'한 삶으로 이끈다는 말이다. 즉 부지런하고 야훼를 경외하며, 이웃과의 관계에서 성실한 사람은 풍요로우며 평안한 삶을 살게 될 것이지만, 그 반대로 게으르거나 불성실하고, 주님을 경외하지 않거나 음녀에게 홀리면 그 삶은 망치게 되는 것이 자명하다. 그리고 그 '선택-결과'의 분명한 가능성을 격언으로 말하고 있는 것이 잠언이기 때문이다. 잠언에서 '재난'에 대해 다양한 격언들이 있다. 이 중에서 특히 '죽음'으로부터의 안전은 매우 중요하다. 우리가 다루는 본문에서는 어리석게 살다가(10:21), 악을 따르다가(11:19), 미련함이(12:28), 책망을 싫어하다가(15:10), 왕의 진노를 사서(16:14), 행실에 주의하지 않다가(19:16Q), 게으른 자의 욕심이(21:25) 죽음에 이르게 한다고 말한다. 죽음은 어리석음의 결과로 온다. 하지만 '의'는 죽을

사람도 건져낸다(10:2; 11:4). 자기 재산만 의지하면 넘어지지만 의인은 푸른 나무처럼 번성한다(11:28). 죽음 외에도 다른 재난의 위험이 곳곳에서 기다리고 있다. 갑자기 나타나는 재앙으로부터 안전하게 피할 수 있는 길은 지혜를 찾는 것이다.

9. 히브리어 동사 rēʾâ는 성경에서 이웃과 친구 모두에서 사용되었다. 특히 명사형으로 쓰여 왕의 이름이나 왕의 호칭과 함께 쓰일 때, '왕의 공식적인 친구'를 나타낸다(삼하 15:37; 16:16; 대상 27:33). 이는 이집트의 존칭 호칭인 rḥ nsw "왕의 지우(知友)"에서 유래된 것이다. '왕의 지우'는 이집트 왕궁에서 삶의 규율을 실천하는 사람들을 가리킨다. 크리스티앙 자크, 「나일 강 위로 흐르는 빛의 도시: 이집톨로지Ⅳ」, 우종길 옮김(서울: 영림카디널, 1999). 26, 32.

10. 하지만 유목민적인 사고를 하며 지파공동체를 옹호하는 경구와 새로운 질서를 추구하려는 경구가 섞여 있어서, 때로는 같은 문제에 대해 서로 다른 교훈을 한다.

11. 흔히 잠언은 서로 상관이 없는 각각의 격언으로 되어있다고 생각한다. 그래서 두 구절이 모순되더라도 문제가 없다고 여기지만, 잠언에도 일정하게 내용이 연관되는 '덩어리'들로 구성되었다고 할 수 있다. 이 문제에 관해서는 다음의 책을 참고하라. Heim, Kunt Martin, *Like Grapes of Gold Set in Silver: An Interpretation of Proverbial Clusters in Proverbs 10:1~22:16* (Berlin: Walter de Gruyter, 2001).

12. 주전 28~25세기의 고대 수메르의 유명한 지혜문학인 「아버지가 아들에게 준 가르침(슈루파크의 가르침)」의 첫 번 단락(280절 중에서 19~20번째 절)에 보증을 금지하는 경구(警句)가 쓰여 있다.

다른 사람을 위해 보증을 서지 말라, 빛을 준 사람이 너를 대신 잡을 것이다.
너 자신, 너도 다른 사람에게 빚보증을 요구하지 말라.

고대 수메르도 보증을 금지하는 면에서, 고대 이스라엘의 지파사회의 전통과는 다른 가치관을 가졌음을 여기서 찾아 볼 수 있다. 또 "슈루파크는 그의 아들에게 '내 아들아, 내가 가르치겠다. 주의하여 들어라'…"로 시작되는 단락들로 이루어지는 가르침을 주었다. 보증을 금지하는 경구가 주어진 다음에 '도둑질, 살인, 간음, 언쟁, 거짓 등을 하지 말라'는 아버지의 가르침이 주어진다. 즉 고대 근동의 다른 도시화된 왕정 사회에서는 가족적인 도움보다는 개인적인 책임의식이 더욱 중요한 가치관이었다.

13. 22:17~24:22은 이집트의 아멘엠오페의 가르침과 밀접한 연관을 맺고 있어서 '현자의 말씀'이라는 부제를 달고 앞뒤에 있는 격언들과 구별해야 한다. 마소라 본문에 22:17이 약간 안으로 들어가 시작되고 있고, 70인역에도 "이 구절"(ἐμὸν λόγον에몬 로곤)이 첨가되어 있기 때문이다.

14. 프타호텝의 교훈에 대해서는 Miriam Lichtheim, *Ancient Egyptian Literature: A Book of Readings*. vol.1: The Old and Middle Kingdoms, (L. A.: University of California Press, 1976), 61~80; W. K. Simpson(엮음), *The Literature of Ancient Egypt* (New Haven: Yale University Press, 1973), 159~176; 크리스티앙 자크 역해, 「현자 프타호텝의 교훈」, 홍은주 옮김(서울: 문학동네, 1999)를 보라.

7장

1. 잠언의 목적에 대해서 목회상담학적으로 반추해서 쓴 글을 참고하려면 이관직, 「개혁주의 목회상담학」(대서, 2007)을 참고할 것.

2. 네 가지 영역은 사고(인지), 감정(정서), 자기조절능력(충동조절능력) 그리고 대인관계이다. 성격장애는 장애적인 요소가 비교적 예측할 수 있고 반복적이 될 것이라는 것을 전제로 하고 있다. 즉 성격장애는 웬만한 외부적인 영향에 의해서는 쉽게 변화하지 않으려는 특성을 갖고 있다는 것이다. 성도들이 한두 번의 설교에 은혜 받거나 부흥회를 통해 은혜 받는다고 해서 성격장애가 많이 치료가 되는 것은 아니라는 점을 목회자들은 이해할 필요가 있다. 쉽게 바뀌지 않는 성도들을 이해할 필요가 있다는 것이다. DSM-IV에서 진단명으로 나와 있는 열 가지의 성격장애의 구체적인 내용에 대해서 관심이 있는 분들은 이상심리 교재들을 참고하면 될 것이다.

3. Michael D. Coogan (ed.), *The New Oxford Annotated Bible*, 3rd Edition (Oxford University Press, 2001), 907.

4. Carlfred Broderick, *Couples* (New York: Simon and Schuster, 1979), 163; 헨리 버클러, 「외도상담」, 김의식 옮김(서울: 두란노, 1997), 51에서 재인용.

5. 평행과정이란 한 과정의 역동성과 다른 과정의 역동성이 같거나 유사한 것을 의미한다. 수퍼비전이론에서 이 용어를 자주 사용하는데 수퍼바이저와 수퍼바이지의 관계는 수퍼바이지가 내담자와 맺는 관계와 같거나 유사할 경우가 많다. 이런 경우 평행과정이 일어나고 있다고 말한다.

6. 칠계명과 분노의 역동성과의 관계에 대해서는 필자의 책, 「성경과 분노심리」(대서, 2007), 67~70을 참고할 것.

7. M. 스콧 펙, 「거짓의 사람들: 악의 심리학」, 윤종석 옮김(서울: 두란노, 1991).

2부

2장

1. 구약성경의 평행법에 대해서 이 글에 별도의 설명을 제공할 공간이 부족하다. 근자에 출간되는 구약 개론서들이나 구약 문학기법 안내서들을 참고하면 이에 대한 설명을 쉽게 찾아볼 수 있다. 「신학정론」에 게재된 필자의 글도 기본적인 설명을 제공한다. 현창학, "선지서 주해의 원리(III)," 「신학정론」 23, 1(2005년 5월): 61~71.

2. 10:1~22:16의 경우 모두 두 반절 평행시인데 19:7 한 절만 세 반절 평행시(tricolon 혹은 tristich)이다[즉 (삼)반절이 세 개 병렬된 평행시]].

3. James L. Crenshaw, *Old Testament Wisdom: An Introduction*, rev. and enlarged ed. (Louisville, KY: Westminster John Knox Press, 1998), 64.

4. 이 부분은 필자의 "잠언의 성격과 메시지," 「신학정론」 26, 1(2008년 6월): 224~240에 의존함.

5. 잠언은 이 땅에서의 번영과 행복을 나쁜 것으로 말하지 않는다. 3:16, 17에 보면 장수, 재물,

명예, 즐거움, 평안 등을 모두 좋은 것으로 언급한다. 잠언은 인간이 이 땅에서 필요로 하는 것들에 대해 긍정하는 책이다. 다만 그것을 미신적 방법에 의해 얻으려는 시도는 단호히 거부한다. 오직 지혜, 즉 의로운 삶을 통해서 얻도록 권장한다. 잠언은 오히려 내세의 복락 같은 것에 대해서는 알지 못한다. 한편으로는 인간이 이 세상에서 필요로 하는 것들을 긍정하고 또 다른 한편으로는 그것을 얻는 방법에 대해 '옳음'이라는 수단을 엄격히 요구하므로 잠언의 축복의 성격은 요약해서 말하면 속세적이면서(earthly) 동시에 윤리적이라(ethical) 할 수 있다.

6. 10~29장 사이의 금언만 살펴더라도 의에 대한 교훈은 절대 다수를 점한다. 10:3, 9, 16, 24, 25, 28~31; 11:3, 5~8. 18~21, 23, 31; 12:2, 3, 7, 12, 13, 21, 26, 28; 13:6, 9, 21, 22, 25; 14:9, 11, 14, 19, 32; 15:6, 9, 26; 16:4, 17, 31; 17:20; 18:10; 21:7, 12, 18; 22:5, 8; 24:1, 2, 15, 16, 19, 20; 25:26, 27; 28:1, 10, 18; 29:6.

7. 지혜(또는 지혜로운 자)와 의(또는 의인 또는 정직 등)를 동의어(평행어)로 사용하는 구절은 2:20; 4:11; 9:9; 23:19; 23:24 등이다. 특히 9:9와 23:24을 보라.

> "지혜있는 자에게 교훈을 더하라 그가 더욱 지혜로와질 것이요 의로운 사람을 가르치라 그의 학식이 더하리라"(9:9).

> "의인의 아비는 크게 즐거울 것이요 지혜로운 자식을 낳은 자는 그를 인하여 즐거울 것이니라"(23:24).

그러나 이 예들은 지혜와 의가 시의 한 절(line) 안에서 평행어로 쓰인 경우에 불과하다. 금언 모음들에 보면 지혜(또는 지혜로운 자)에 관한 금언과 의(또는 의인)에 관한 금언들이 인접 문맥 안에서 서로 교차하며 쓰이는 수가 수도 없이 많다. 거의 '지혜 = 의'라고 느껴질 정도로 두 종류의 금언이 인접하여 등장한다.

8. 사실 폰 라드(von Rad)와 같은 학자는 잠언의 교훈에는 오늘날 우리가 생각하는 '의'(義)와 같은 윤리적 교훈은 존재하지 않는다는 매우 모호한 주장을 한다. 아마 폰 라드의 주장의 부정적 영향 때문인지 크렘쇼(Crenshaw)와 머피(Murphy) 같은 그의 영향을 받은 학자들도 잠언과 지혜서의 중심 사상은 물론 그것들의 성격에 대해 결론을 내려야 할 때면 극구 단언적인 언명을 피하고 모호한 방향에서 결론은 짓는 경우가 많은 것을 본다. 폰 라드는 잠언의 '의'라는 말이 윤리적인 함의가 없는 말인 이유는 잠언이 '의'에 대해 한번도 정의한 적이 없기 때문이라고 말한다. 그저 공동체에 '좋게' 하는 것이 의일 뿐 그것이 어떤 윤리적 규범(norm)이나 도덕적 이상을 가리킨 말은 아니라는 것이다. Gerhard von Rad, *Wisdom in Israel*, trans. J. D. Martin (London: SCM Press, 1972), 74~96(특히 75, 77~78, 87, 94). 그러나 필자의 생각은 이와 다르다. 잠언이 의라고 말할 때 독자들은(어느 시대거나 할 것 없이) 그것이 윤리적 "바름"을 의미하는 말이라는 것을 금방 알아차릴 수 있다. 그것은 독자들의 마음속에 "의"는 정의가 필요 없을만큼 분명한 그 무엇으로 이미 자리잡고 있기 때문이다. 잠언은 정의가 필요 없는 것을 정의하지 않고 있을 뿐이다. 잠언은 인간의 양심에 하나님이 심어 놓으신 가장 기본적인 윤리의식을 당연한 개념으로 생각하고 사용하는 것일 뿐이다. 잠언은 인간의 양심 속에 있어서 인간이면 누구나 알 수 있는 의라는 개념을 인간의 양심 속에 막연한 상태로만 머물게 두지 않고 밝은 빛 가운데로 끌어내어 인간에게 요구되는 치열한 삶의 한 양상으로 명료히 제시하고 있다. 의를 한 인간이 성공적인 삶을 일궈내기 위한 필수 불가결의 조건으로 법칙화하여 제시하고 있다.

9. 보응의 원리는 잠언의 주된 사상이다. 그러나 욥기와 전도서도 철저히 이 사상의 배경 아래 쓰여졌다. 따라서 욥기와 전도서에도 보응의 원리를 언급한 구절은 수없이 많다. 다만 이 두 책은 보응의 원리에 대해 회의하는 입장일 따름이다.

10. 여기서 한 가지 생길 수 있는 오해는 불식시키는 것이 필요하다. 우리가 사는 우주에 보응의 원리가 심겨져 있다고(implanted, built-in) 했는데 그렇다면 이 원리는 하나님과는 독립적으로 돌아가는 자율적 원리인가 하는 질문이 생길 수 있다. 그러나 그것은 그렇지 않다. 이론적인 설명만 들었을 때, 심지어 보응의 원리를 가르치는 잠언의 몇몇 구절들을 보았을 때 그런 인상을 받을 수 있는 것은 사실이다(여러 구절이 그런 인상을 줄 수 있는데 그 중에도 11:3, 5, 6, 13:6 같은 것들은 특히 더 그러하다). 그러나 진실은 그것이 아니다. 보응의 원리는 우주의 내적 법칙이긴 하지만 −이신론자(理神論者)들이 자연계의 법칙들과 관련하여 갖는 오해처럼− 자율적인 법칙이 아니고 어디까지나 하나님의 통제를 받는 법칙이다. 하나님 자신이 바로 이 원리(법칙)를 직접 운영하는 분이시라는 말이다. 우주(도덕 우주)의 내재적 법칙이면서 동시에 어떤 인격의 통제를 받는다는 것은 사람의 이성으로는 납득하기 어렵다. 그러나 이것은 잠언을 포함한 지혜서의 계시 자체가 지니는 신비라 할 수밖에 없다. 우주에는 이미 심겨진 하나의 대 도덕법칙이 있다. 그러나 그 법칙은 스스로의 논리와 힘만으로 돌아가지 않고 여호와 하나님이 그 분의 주권에 의해 통제하며 운영하신다(클리포드는 이러한 하나님을 "하나님이 심어 놓으신 세계의 체계에 대한 보장자" ['the guarantor of the divinely implanted system of the world'라는 이름으로 부른다. Richard J. Clifford, *The Wisdom Literature*, IBT (Nashville: Abingdon Press, 1998), 51]. 하나님이 보응의 원리를 시행하는 궁극적 주체라는 사실을 다음 구절들이 명료히 증거하고 있다.

> "악인의 집에는 여호와의 저주가 있거니와 의인의 집에는 복이 있느니라"(3:33).
> "여호와께서 의인의 영혼은 주리지 않게 하시나 악인의 소욕은 물리치시느니라"(10:3).
> "마음이 패려한 자는 여호와의 미움을 받아도 행위가 온전한 자는 그의 기뻐하심을 받느니라"(11:20).
> "선인은 여호와께 은총을 받으려니와 악을 꾀하는 자는 정죄하심을 받으리라"(12:2).
> "악인의 길은 여호와께서 미워하셔도 의를 따라가는 자는 그가 사랑하시느니라"(15:9).
> "여호와께서 온갖 것을 그 씌움에 적당하게 지으셨나니 악인도 악한 날에 적당하게 하셨느니라"(16:4).

욥기와 전도서는 보응의 원리의 시행에 회의하며 결과적으로 이 원리의 배후에 궁극적으로 하나님이 개입하고 계시고 있음을 증언하는데 이 또한 하나님이 보응의 원리의 최종 집행자이심을 천명해주는 좋은 증거라 할 것이다.

11. 이런 연유로 크렌쇼는 지혜를 "실천적 지식"이라 불렀다. 그는 지혜를 정의하기를 "경험을 통해 얻어진, 생과 우주의 법칙들에 대한 실천적 지식"이라 하였다. Crenshaw, *Old Testament Wisdom*, 9. 그는 또한 지혜를 "모든 실재에 하나님이 심어놓으신 진리를 찾아내고 이 진리에 근거하여 우주의 질서와 조화롭게 살아가는 것을 배우는 것"이라고도 하였다. *Old Testament Wisdom*, 10.

12. 사실 전 세대의 학자들은 보응의 원리라는 말을 큰 거부감을 갖지 않고 썼다. 다만 작금에

들어 학자들이 이 표현의 노골적인 사용을 주저하고 있다. 전 세대 학자들은 잠언을 비롯한 구약성경 전체에서 이 보응의 원리라는 도덕 질서를 읽어내고 그것을 흔쾌히 그 이름으로 부른 것을 볼 수 있다. 궁켈(Gunkel)과 아이히로트(Eichrodt)가 대표적인 예다. 궁켈은 말하기를 "아주 시초부터 이스라엘의 종교는 보응에 대한 믿음을 유지하고 있었다"고 했다. H. Gunkel, *Die Religion in Geschichte und Gegenwart*, 2nd ed. [Tubingen: J. C. Mohr(Paul Siebeck), 1927~30], V: col. 1529(이 책은 통상 RGG2라고 약기됨). 아이히로트도 그의 유명한 *Theology of the Old Testament*에서 이스라엘 신앙의 두드러진 특징의 하나는 보응의 원리라고 거듭 밝힌다. 그는 보응에 대한 뿌리 깊은 믿음이 선지자들이 활동하기 이전 시기부터 이미 이스라엘에 나타난다고 설명한다. 이스라엘이 가진 보응 신앙에 대해 그는 다음과 같은 말을 덧붙인다. "바벨론 사람들은 그들에게 발달된 신탁이나 점술학이 있었음에도 신이 사람을 다루는 방식에 대해 두려울 정도의 극심한 불안을 느끼고 있었다. 그러나 이스라엘은 그렇지 않았다. 그들은 때가 되면 하나님께서 자신들이 잘 아는 어떤 법칙들에 근거해 자신들을 위해 행동해 주실 것이라고 확신하고 있었다" W. Eichrodt, *Theology of the Old Testament*, transl. J. A. Baker, vol. I (London: SCM Press, 1961), 242~43, 382. 참고 앞의 책, vol. II (1967), 371~74.

13. Von Rad, *Wisdom in Israel*, 79; Klaus Koch, "Is there a Doctrine of Retribution in the Old Testament?" *Theodicy in the Old Testament*, ed. James L. Crenshaw (Philadelphia: Fortress Press, 1983), 57~83; Clifford, *The Wisdom Literature*, 42~68. 클리포드(Clifford)는 보응의 원리란 말의 적절성에 대해 명시적 언급은 하지 않지만 이 표현의 사용은 굳이 피하는 것으로 보인다. 폰 라드(von Rad)와 코흐(Koch)는 보응의 원리라는 말이 적절치 않다고 명시적으로 밝힌다. 적절치 않다고 말하는 이유에 있어서는 두 사람이 서로 다르다. 코흐는 기본적으로 보응(Vergeltung)이라는 어휘가 "법정적"(judicial) 개념이기 때문에 적절치 않다고 말한다. 잠언이 행위와 결과에 관한 상관 법칙을 말할 때 결코 우주 밖의 어떤 권위를 염두에 둔 적이 없다고 본다(행위와 결과의 상관성은 우주의 내적 법칙일 뿐이다). 하나님은 고작해야 이 법칙이 '완성'되도록(completes) 하는 '산파'(midwife) 정도의 역할을 할뿐이다. 따라서 어떤 행위에 대해 상응하는 결과가 오도록 판정하고 그것을 시행하는 외부 권위(재판관이나 경찰 같은 법정적 권위)의 존재를 전제하는 개념인 보응(Vergeltung)은 잠언의 사상을 나타내는 적절한 표현이 될 수 없다. Koch, *Theodicy in the Old Testament*, 58~64. 폰 라드는 도대체 잠언이 개념적인 '원리'(교리)를 가르치려 한 책이 아니므로 보응의 원리라는 말을 쓸 수 없다고 한다(폰 라드는 잠언에는 윤리적 규범으로서의 "의"도 존재하지 않고, 도덕 법칙으로서의 "보응"이라는 것도 존재하지 않는다고 주장한다). 보응은 다만 오랜 세대의 사회적 경험의 집적일 뿐이라는 것이다. 폰 라드에 있어 의나 보응은 다만 사회적인 경험일 뿐 종교적 차원의 이상(理想)이나 법칙은 아니다. Von Rad, 앞의 책.

14. 앞의 주 10을 참고하라.

15. 이에 대한 상세한 소개는 앞의 주 13을 참고할 것.

16. 예컨대 Kenneth T. Aitken, 「잠언」, 장귀복 옮김, 바클레이패턴 구약주석(서울: 기독교문사, 1987); Daniel J. Estes, 「지혜서와 시편 개론」, 강성열 옮김(고양: 크리스챤 다이제스트, 2007) 등이 그러함.

17. 히브리어를 한글로 음역하는 방법이 통일되어 있는 것은 없다. 따라서 이 글에서는 음역에 ' '를 붙여 표시하기로 한다.

18. '의'를 개역한글은 "의리"로 오역하고 개역개정은 "공의"로 적절치 않게 번역하고 있다.

19. Richard J. Clifford, *Proverbs: A Commentary*, OTL (Louisville, KY: Westminster John Knox Press, 1999), 112.

20. 참고 Clifford, *Proverbs*, 112.

21. 참고 디모데후서 3:9.

22. 참고 Clifford, 앞의 책, 113~114.

23. 개역한글 "지혜없는 자"는 원문의 뜻을 오해하게 할 수 있는 바람직하지 않은 번역이다.

24. 참고 Roland E. Murphy, *The Tree of Life: An Exploration of Biblical Wisdom Literature*, 3d ed. (Grand Rapids: Erdmans, 2002), 8.

25. 개역한글 "교육하나"는 의역을 시도한 것인데 단어의 원래 뜻대로 '먹이나'로 하는 것이 의미가 정확히 전달된다.

26. 마태복음 7:24~27의 비유는 이 금언의 생각이 반영된 것인 듯하다.

27. 참고 시편 46:1.

28. 타흐푸코트는 문자적으로는 "위아래가 뒤죽박죽 된 것, 가치가 전도된 것"(being upside down)이란 의미이다.

29. 개역한글은 10:2에서처럼 여전히 여기서도 '의'를 "의리"로 오역한다. 개역개정 역시 10:2에서와 같이 "공의"로 적절치 않게 번역한다.

30. 10:2은 악한 재화라 하고 있음.

31. 칠십인역을 따라 재구성한 16절은 다음과 같다. "은혜로운 여인은 영광을 얻으나 덕을 싫어하는 여자는 수치에 싸이게 된다. 소심한 자는 궁핍하게 되나 공격적인 사람은 부를 얻는다"(NRSV). 밑줄 친 부분이 칠십인역이 맛소라 텍스트에 첨가한 내용이다.

32. 개역한글이 두 주어를 번역한 것이 모두 적절치 않아 보인다. "유덕한 여자"는 '은혜로운 여인'이 더 적합할 것이고 "근면한 남자"는 '공격적인(폭력적인) 사람'으로 해야 옳다.

33. ASV, NASB, NRSV가 이 해석을 따른다.

34. ASV가 난외주에 하나의 가능한 해석으로 이 번역을 제시하고 있다.

35. 혹은 (속어로) '자기 주제를 파악 못하는' 또는 '싹수가 없는.'

3장

1. 메소포타미아 지역의 지혜문서에 대해선 J. B. Pritchard(ed.), *Ancient Near Eastern Text: Relating to the Old Testament* (New Jersey: Princeton University Press, 1969), 434~440을 참고하라.

2. 이집트 지역의 지혜문서에 대해선 J. B. Pritchard(ed.), *Ancient Near Eastern Text*, 412~425을 참고하라.

4장

1. Tremper Longman III, *Proverbs* (Grand Rapids, Michigan: Baker Academic, 2006), 328.
2. Longman, 앞의 책, 329.
3. Waltke, *The Book of Proverbs Chapters 15~31* (NICOT; Eerdmans: Grand Rapids, 2005), 16~17.
4. HALOT, 1115~1116.
5. Waltke, *Proverbs*, 38.
6. 앞의 책, 43.
7. 앞의 책, 94.
8. Whybray, *Proverbs*, 276.
9. Clifford, *Proverbs*, 184.
10. R. Murphy, *Proverbs*, 154.
11. 개역한글은 '형통'으로 번역한다. 이 단어의 히브리어는 '니르,' 즉 '경작지'를 뜻한다. 그러나 어떤 사본은 '네르,' 즉 '등불'로 되어있다. 필자는 20:27과 대비된다는 의미에서 '등불'로 번역한다.
12. Van Leeuwen, Raymond C., *Proverbs* (NIB Vol V; Nashville: Abingdon Press, 1997), 194~95.

6장

1. 원문에는 '눈이 내린다'로 되어 있다.
2. Waltke, *The Book of Proverbs* (NICOT; Eerdmans: Grand Rapids, 2005), 306.
3. S. Morenz, "Feurige Kohlen auf dem Haput," *TLZ* 78(1953), 187~92. Waltke, 앞의 책, 331에서 재인용.
4. J. Goldingay, "The Bible and Sexuality," *SJT* 39(1986), 155.

7장

1. Thomas P. McCreesh, "Wisdom as Wife: Proverbs 31:10~31," *RevBib* 92 (1985), 39.

P. 24
마샬 משל

P. 25
호크마 חכמה
하캄 חכם
호크모트 הכמוח

P. 27
야레 ירא
이르아트아웨 יראת יהוה

P. 29
차띠크 צדיק
야샤르 ישר
라샤 רשע

P. 30
크씰 כסיל
에빌 אויל
하싸르렙 חסר-ל

P. 59
아샤르 עשר
아쉬르 עשיר
오쉐르 עשר

P. 97
레브 לב
레바브 לבב
리바 לבה

P. 98
네페쉬 נפש
루아흐 רוה

P. 103
샤마 שמע

P. 179
호크모트 חבמות
호크마 חבמה

P. 181
알레프 א

P. 182
하사르 레브 חסר-לב
레츠 לץ
레침 לצים
타슈부 תשובו

---

* ה, ס, צ, ו 는 원칙적으로 'ㅎ', 'ㅆ', 'ㅊ', '부'로 음역했으나, 필자가 'ㅋ', 'ㅅ', 'ㅉ', '우'를 선호한 경우 필자의 의견을 존중했습니다.

* יהוה 는 필자에 따라 '야웨'(혹은 '야훼')나 '아도나이'로 표기했습니다.